BRAVO!

EIGHTH EDITION

BRAVO!

JUDITH A. MUYSKENS
Nebraska Wesleyan University

LINDA L. HARLOW
Professor Emeritus of French
The Ohio State University

MICHÈLE VIALET
University of Cincinnati

JEAN-FRANÇOIS BRIÈRE
Professor Emeritus of French Studies, SUNY-Albany

Australia • Brazil • Japan • Korea • Mexico • Singapore • Spain • United Kingdom • United States

Bravo!, Eighth Edition
Muyskens | Harlow | Vialet | Brière

Product Director: Beth Kramer

Senior Product Manager: Nicole Morinon

Managing Developer: Katie Wade

Content Developers: Isabelle Alouane and Thomas Pauken

Senior Content Project Manager: Esther Marshall

Content Coordinator: Gregory Madan

Managing Media Developer: Morgen Gallo

Market Development Manager: Ben Rivera

Manufacturing Planner: Betsy Donaghey

Production Service: PreMediaGlobal

Senior Art Director: Linda Jurras

Text Designer: Anne Dauchy

Cover Designer: Anne Dauchy/ One Visual Mind

Rights Acquisition Specialist: Jessica Elias

Cover Credit: © Gettyimages/Design Pics/ David Chapman

Compositor: PreMediaGlobal

Library of Congress Control Number: 2013945753

Student Edition
ISBN-13: 978-1-285-43388-2
ISBN-10: 1-285-43388-2

Loose Leaf Edition
ISBN-13: 978-1-285-43392-9
ISBN-10: 1-285-43392-0

Cengage Learning
20 Channel Center Street
Boston, MA 02210
USA

Cengage Learning is a leading provider of customized learning solutions with office locations around the globe, including Singapore, the United Kingdom, Australia, Mexico, Brazil and Japan. Locate your local office at **www.cengage.com/global**

Cengage Learning products are represented in Canada by Nelson Education, Ltd.

For your course and learning solutions, visit **www.cengage.com.**

Purchase any of our products at your local college store or at our preferred online store **www.cengagebrain.com.**

Printed in China
3 4 5 6 7 18 17 16 15

Sommaire

Table des matières

RÉALISATEUR

RÉALISATEUR

RÉALISATEUR

Introduction to the Eighth Edition

Introduction

The Eighth Edition of **BRAVO! Communication, Grammaire, Culture et Littérature** is an intermediate program created to provide students with the opportunity to use their language skills in a highly functional way and to bridge the gap between intermediate and upper division work. It is different from other comprehensive intermediate programs in a variety of ways. Special features include:

- organization of chapter materials around high-frequency functions of language;
- expressions, vocabulary, and grammar selected according to what is needed to carry out each organizing function of language;
- division of chapter content into three **leçons**, with built-in lesson planning and culminating activities for each **leçon;**
- contextualized activities that relate to real-life situations;
- a focus on culture (photographs, authentic documents) and ***Liens culturels*** readings develop cultural insights and provide information on the practical, everyday culture of the French-speaking world; ***Regards sur la culture*** focuses on different francophone countries or regions, discussing their geography, history, architecture, music, cuisine, and language;
- Web-based Internet activities related to chapter functions and themes that explore contemporary culture through task-based format;
- a video program, ***Ciné Bravo,*** that builds both listening comprehension and cultural competence;
- a literary reading with corresponding ***Avant*** and ***Après la lecture*** activities to develop further skills in reading comprehension and literary analysis;
- a process-oriented writing component, ***Dossier d'expression écrite,*** that enables students to expand their writing skills in an organized fashion;
- a ***Compréhension*** section in the Student Activities Manual (SAM) Audio Program consisting of authentic recordings, such as radio ads, interviews, weather and news reports that are intended to stretch students' listening skills;
- a music component at the end of each chapter to enhance listening comprehension and discussion skills through songs related to chapter themes and grammar topics by some of the most popular singers in the French and francophone world.

Philosophy and Approach

The approach used in developing **BRAVO!** originally came from a desire on the part of the authors to make intermediate-level study of French an opportunity for the learner to actively use the language rather than spend time reviewing the entire grammatical system. The following beliefs guided their writing:

- **The goal of functional use of language is aided by an organization centered around the different communicative uses to which language can be put.** Thus, functions of language, such as expressing opinions, persuading, and apologizing, are the point of departure for each chapter.
- **Language is not used in a vacuum.** The settings, social roles, and topics likely to be needed most when performing given language functions are presented and practiced to allow students to become aware of language use in different sociocultural contexts.
- **Students come to an intermediate class with widely divergent skills and knowledge of French.** Because of this, instructors often spend time in class reviewing everything, even when this goes beyond the individual needs of students. By means of the separate review grammar

section *La grammaire à réviser,* comprised of simple grammar points that students are expected to have mastered by the end of the beginning-level courses, students will be able to review prerequisite grammar at home, spending as much time as needed. Instructors can then use class time for practicing new material. The result is a more productive, motivating experience for learners and instructors alike.

- **Exploration of the French culture, begun in most first-year books, should be continued at the intermediate level as well.** Thus, culture plays an important role in **BRAVO!** A ***Liens culturels*** section is included in each **leçon,** and every chapter concludes with an ***Intermède culturel.*** Throughout the chapters, authentic documents, paired with thought-provoking questions, illustrate various aspects of culture. At the end of each odd-numbered chapter, the new ***Regards sur la culture*** section focuses on a different francophone country or region. And after each even-numbered chapter, a video section, ***Ciné Bravo,*** introduces a short French film.
- **A distinction should be made between language for productive and receptive use.** The music selections, short films, Internet sources, and materials in the ***Compréhension*** section of the SAM Audio Program were produced for native speaker audiences. Thus, it is understood that students will not need to produce everything that they hear on the audio. Rather, the accompanying activities guide students to listen for specific purposes and, thus, give them practice in using context to extract the essential information without understanding every word.
- **A cyclical approach to language learning rather than a linear organization provides a built-in review across chapters.** In **BRAVO! Communication, Grammaire, Culture et Littérature,** Eighth Edition, important language functions, themes, and structures are recycled throughout the program.
- **Learning to write well is a process not learned overnight.** Writing multiple drafts of a paper following a step-by-step approach produces better writing skills than simply writing one product for the instructor. Thus students are directed to complete drafts of their papers at least four times during every chapter, incorporating new strategies and techniques each time.

Major Changes in the Eighth Edition

The authors collected reactions to the Seventh Edition from instructors and students who have used the book. Based on this input and on their own experience and insights, they decided to make the following changes:

- At the end of each odd-numbered chapter, the new ***Regards sur la culture*** section focuses on a different francophone country or region, discussing its geography, history, architecture, cuisine, and language. Each cultural presentation is accompanied by comprehension and vocabulary activities, as well as opportunities for expansion.
- Chapters have been redesigned so that instructors and students can easily differentiate between presentation and practice.
- The Eighth Edition of **BRAVO!** is accompanied by the iLrn™ Heinle Learning Center, the all-in-one, online language learning system and the Premium Website that offers the audio and video programs.
- Several of the ***Liens culturels*** and ***Intermède culturel*** readings have been updated or replaced.
- The ***Activités musicales*** section has been expanded to include a biography of the artist.
- Additional instructor annotations incorporate more helpful teaching tips.
- Student annotations have also been expanded, addressing both popular culture and high culture, and are now all written in French to provide more practice.
- The integration of themes reflecting current French preoccupation with such topics as contemporary technologies are reflected throughout the book.

- The ***Liens culturels*** section has been repositioned at the end of each ***leçon,*** and is now accompanied by ***Compréhension, Réactions,*** and ***Extension*** activities.
- The National Standards for Foreign Language Learning again guided the revision of this edition.

National Standards for Foreign Language Learning

BRAVO! reflects the principles of the National Standards for Foreign Language Learning. The rich and diverse content and activities enable students to meet each of the goals of the National Standards in the following ways: Instructors who wish to read more on the National Standards for Foreign Language Learning should refer to materials published by the American Council on the Teaching of Foreign Languages. This website: http://www.actfl.org/files/public/StandardsforFLLexecsumm_rev.pdf is particularly helpful for the instructor who is new to the standards.

	Communication	Cultures	Connections	Comparisons	Communities
Conversations/ Blogs	X	X		X	
Expressions typiques pour...	X	X	X		
Mots et expressions utiles	X	X	X		
Grammaire	X	X	X	X	
Liens culturels	X	X		X	
Dossier d'expression écrite	X	X		X	
Interactions	X	X			
Activités musicales	X	X	X	X	X
Intermède culturel	X	X	X	X	X
Ciné Bravo	X	X	X	X	X
Regards sur la culture	X	X	X	X	X

Chapter Organization

BRAVO! Communication, Grammaire, Culture et Littérature, Eighth Edition, is composed of ten chapters whose format is presented below:

List of objectives Each chapter begins with a list of specific instructional objectives—the functions of language, the grammar, the cultural topics, and the themes—for each of the three lessons in the chapter.

La grammaire à réviser Grammatical structures that students should review before beginning the chapter are presented in this section. Brief presentations of the grammar topics are given in English. Charts and examples are also used to aid students in quick review. An activity to check students' understanding is located in the margin. For students needing extra review, exercises are provided in the Student Activities Manual.

Conversation/Blog Each conversation or blog is preceded by the ***Premières impressions*** section that provides practice in skimming and scanning for information. The conversation or blog illustrates the functions, vocabulary, cultural focus, and grammatical principles within each **leçon.** The conversations and blog form a unit or story within the chapter. New vocabulary words are glossed to provide for immediate understanding of the dialogue. The ***Observation et analyse*** questions check comprehension by asking for information and inferences. In addition, the ***Réactions*** questions invite students to provide their personal thoughts on the topics discussed during the conversation or blog.

Expressions typiques pour...* and *Mots et expressions utiles The ***Expressions typiques pour...*** section contains commonly used expressions and vocabulary needed to communicate a particular speech act or function, or a group of related functions. Language for both formal and informal styles of expression is presented.

The ***Mots et expressions utiles*** section provides thematic vocabulary related to the functions and/or the chapter theme(s) that are grouped by meaning. These words are to be learned for active use. A paragraph or dialogue, called ***Mise en pratique,*** follows the vocabulary section to provide a context for use of the words. An ***Activités*** section provides practice using these expressions by asking students to create conversations in different contexts or by identifying contexts for the expressions. All formats are contextualized and communicative.

La grammaire à apprendre Grammar principles directly related to the functions appear in each **leçon.** They are presented in English to maximize understanding by the student. Examples are translated into English when necessary. The ***Activités*** to practice the grammatical concepts proceed from structured to more open-ended. They attempt to simulate natural conversation. Many of these activities are adapted from authentic texts. Small-group activities provide students with additional practice.

Interactions The ***Interactions*** section at the end of each **leçon** contains role play activities. These interactions are designed to promote real language use in interesting contexts. Many of these situations are comparable to those used in the ACTFL Oral Proficiency Interview for intermediate learners. These activities encourage the use of the functional expressions and vocabulary, grammar, and culture of the **leçon.**

Dossier d'expression écrite Each writing activity constitutes an additional step in the student's portfolio of personal writing. In the ***Préparation,*** students are directed to write a specific type of paper (e.g., personal narrative, description, argumentative) and are given a choice of topics relating to chapter material. A brainstorming activity involving vocabulary and sometimes arguments or points of view is then presented, along with directions to share ideas with a classmate. In the ***Premier brouillon,*** students are taken step-by-step through the process of writing a first draft. In the ***Deuxième brouillon,*** additional hints and suggestions are given for the writing of the second draft (e.g., incorporate more detail, add examples). New ***Expressions utiles*** that would make the type of paper stronger are provided for students to incorporate as they wish. The ***Révision finale*** section asks students to reread the paper, making changes to reflect still other suggestions. Students are asked to check for spelling, punctuation, and the specific grammar points studied in the chapter, and then are told to prepare their final version. A post-writing activity asks students to complete a real-world task related to the writing assignment.

Liens culturels* and authentic material** Each **leçon** contains realia and a ***Liens culturels section, which have been chosen for their cultural significance and their relation to the function being taught. The cultural information is practical and up-to-date, providing abundant demographic information. It gives students insights about French speakers and contemporary French society. These sections are accompanied by questions to develop cultural insights or cross-cultural comparisons.

Synthèse The end-of-chapter activities are combined in the ***Synthèse*** section, which, as the name implies, is provided to enable students to synthesize all functions, vocabulary, and grammatical topics introduced throughout the chapter. These listening, oral, and written tasks serve as culminating activities so that any material that may have been originally memorized will be used in a meaningful and functional way by the end of the chapter.

Intermède culturel Literary readings are found in the ***Intermède culturel*** to develop students' analytical and context skills and prepare them for upper division study. These poems or excerpts from short stories or novels include pre-reading activities that prepare students to read by activating their background knowledge of the topic. In addition, the readings teach useful reading strategies such as skimming, scanning, predicting, using context, and understanding word formation. Post-reading activities check comprehension, encourage discussion of themes, and enable students to synthesize and apply what they have read to new contexts.

Ciné Bravo, a video section at the end of each even-numbered chapter, offers students a chance to further practice their comprehension and listening skills. ***Ciné Bravo*** introduces a short French film and engages students in activities that help enhance their viewing experience.

Regards sur la culture, a section found at the end of each odd-numbered chapter, focuses on a different francophone country or region, discussing its geography, history, architecture, music, cuisine, and language. Each presentation is accompanied by comprehension and vocabulary activities, as well as opportunities for expansion.

End Matter The following appendices and indexes are included in **BRAVO! Communication, Grammaire, Culture et Littérature,** Eighth Edition:

Appendix A: Évaluation des compositions

Appendix B: Vocabulaire utile

Appendix C: Expressions supplémentaires

Appendix D: Les temps littéraires

Appendix E: Les verbes

Lexique français-anglais

Index A: Expressions typiques pour...

Index B: Mots et expressions utiles

Index C: Grammaire

Appendix A provides a list of grammar codes for students to use during peer reviewing sessions. The authors have chosen to provide supplementary expressions such as dates, months, numbers, weather expressions, seasons, and telephone expressions in ***Appendix C.*** Instructors may wish to refer students to this section or may use it actively in class at some point. Indexes of functional expressions, thematic vocabulary, and grammar conclude the main text of the **BRAVO!** program.

Other BRAVO! Components

BRAVO! is used in conjunction with several ancillary components. Together they comprise a comprehensive, integrated learning system.

- **BRAVO! Student Activities Manual (SAM),** Eighth Edition, contains the following sections for each chapter:

    —***Exercices écrits***

    —***Exercices de laboratoire***

    —***Compréhension***

Written exercises practice the ***La grammaire à réviser*** grammar and the vocabulary and grammar of the three **leçons.** There are a variety of writing opportunities coordinated with the themes and functions of the chapter. All activities are contextualized and some are based on realia.

Also available, the answers to the Student Activities Manual and the script to accompany the SAM audio portion are included in the Answer Key with Audio Script. The SAM Audio Program provides listening practice of the ***Conversations*** of each **leçon** in the student text and a review of phonetics. The sounds featured in the phonetics section are those that are most difficult for learners of French and which, therefore, require the most practice. Oral and listening practice of each of the main grammar topics of the **leçons** is provided, as well as a dictation passage to synthesize functions, vocabulary, and grammar of the chapter. The ***Compréhension*** section consists of authentic listening materials to enable students to have access to French in natural contexts. These include interviews, conversations, radio commercials, weather and news reports, and train and airport announcements.

The Text Audio provides the ***Conversations*** recordings separate from the rest of the Audio Program for convenient use in class.

- **iLrn™ Heinle Learning Center** The iLrn™ Heinle Learning Center includes an audio- and video-enhanced eBook, assignable textbook activities, companion videos with pre-, during, and post-viewing activities, partnered voice-recorded activities, an online Student Activities Manual with audio, interactive enrichment activities, and a diagnostic study tool to help students prepare for exams.
- **Premium Website** With the Premium Website, students have access to the complete in-text audio program, the complete SAM audio program, and the complete video program.
- **BRAVO! Video Program** The updated **BRAVO!** Video Program includes five award-winning **court métrage**-style films. The films are featured in the ***Ciné Bravo*** section and include pre-, during, and post-viewing activities. The films can be accessed via the Premium Website or iLrn.
- The ***Vidéo Voyages*** is an exciting new resource that allows students to practice their French comprehension skills while learning about the culture and diversity of the francophone world. Each video features a specific French-speaking country or region of France and includes authentic language input from native speakers. These videos can be viewed on iLrn, where they are accompanied by a set of pre- and post-viewing activities.

Acknowledgments

The publishers and authors would again like to thank those professional friends who participated in reviewing and content creation:

Brian Arganbright, *Transylvania University*
Daniele Arnaud, *Miracosta College*
Jody Ballah, *University of Cincinnati — Raymond Walters College*
Diane Beckman, *North Carolina State University*
Jana Brill, *Georgetown College*
Susan Clay, *Clemson University*
Nathalie Cornelius, *Bloomsburg University of Pennsylvania*
Laura Dennis-Bay, *University of the Cumberlands*
Nathalie Degroult, *Siena College*
Jean Fouchereaux, *University of Southern Maine*
Françoise Frégnac-Clave, *Washington and Lee University*
Deborah Gaensbauer, *Regis University*
Kirsten Halling, *Wright State University*
Lorie Heggie, *Illinois State University*
Marie-Laure Hinton, *Long Beach City College*
Becky Iacopetti, *Waubonsee Community College*
Myriam Krepps, *Pittsburgh State University*
Michele Langford, *Pepperdine University*
Kathleen Llewellyn, *Saint Louis University*
Pamela Long, *Auburn University — Montgomery*
Lora Lunt, *State University of New York — Potsdam*
Brigitte Martin, *Indiana University — Purdue University Fort Wayne*
Françoise Mizutani-Rousseau, *Virginia Polytechnic Institute and State University*
Christine Moritz, *University of Northern Colorado*
Marcella Munson, *Florida Atlantic University*
Aparna Nayak-Guercio, *California State University — Long Beach*
Jean-François Orszag, *DeSales University*
Pamela Paine, *Auburn University*
Amy Ransom, *Central Michigan University*
Nicole Rudolph, *Adelphi University*
Jeorg Ellen Sauer, *University of Kentucky*
Gabriella Scarlatta Eschrich, *University of Michigan — Dearborn*
Robert Skinner, *Oral Roberts University*
Gregg Siewert, *Truman State University*
Victoria Steinberg, *University of Tennessee — Long Beach*
Jessica Sturm, *Purdue University*
Françoise Sullivan, *Tulsa Community College*
Steven Taylor, *Marquette University*
Deirdre Wolownick, *American River College*

BRAVO! Eighth Edition List of Supplements Freelancers

iLrn Tutorial Quizzes: Eileen M. Angelini (Canisius College); iLrn Cultural Web Activities: Scott Powers (The University of Mary Washington); iLrn Diagnostics: John Angell; Student Activities Manual: Sylvie Updegraff

Many other individuals deserve our thanks for their support and help. Among them are: the teachers and students at Ohio State University and the University of Cincinnati for their many suggestions.

Our special thanks also go to the Cengage staff, and in particular to Beth Kramer and Nicole Morinon. Additional thanks extend to Esther Marshall, Isabelle Alouane, Tom Pauken, Greg Madan, Morgen Gallo, Patrick Brand, and Linda Jurras. Our thanks also go to the freelancers, and in particular to Séverine Champeny, and to the PreMediaGlobal project manager, Jenna Gray.

And most of all, our deepest thanks to our spouses and family members, especially Jessica and Julian Herraghty, Joe Harlow, Paul and Suzanne Vialet and Éloïse Brière, for the encouragement and support that kept us going to the end.

France
MER DU NORD
Pays-Bas
Allemagne
Angleterre
Dunkerque
Calais
Belgique
NORD-PAS-DE-CALAIS
Lille
Valenciennes
LA MANCHE
Luxembourg
Amiens
HAUTE-NORMANDIE
Cherbourg
Le Havre
Rouen
PICARDIE
Reims
Meuse
Metz
Rhin
Caen
Seine
LORRAINE
ALSACE
BASSE-NORMANDIE
Paris
CHAMPAGNE-ARDENNE
Saint-Malo
Versailles
Nancy
Strasbourg
Brest
ÎLE-DE-FRANCE
VOSGES
Fougères
Moselle
BRETAGNE
Troyes
Rennes
Le Mans
Seine
Orléans
Mulhouse
PAYS DE LA LOIRE
Blois
Chambord
Saône
Angers
BOURGOGNE
St-Nazaire
Loire
Tours
Besançon
Dijon
Nantes
Chenonceaux
Chinon
Azay-le-Rideau
Bourges
Chalon-sur-Saône
FRANCHE-COMTÉ
Suisse
JURA
Nevers
CENTRE
Loire
Poitiers
La Rochelle
LIMOUSIN
Vichy
Clermont-Ferrand
Annecy
OCÉAN ATLANTIQUE
POITOU-CHARENTES
Limoges
Rhône
Lyon
Saint-Étienne
RHÔNE-ALPES
Italie
Périgueux
AUVERGNE
Grenoble
Bordeaux
ALPES
MASSIF CENTRAL
Rhône
PROVENCE-ALPES-CÔTE-D'AZUR
Rodez
AQUITAINE
Garonne
MIDI-PYRÉNÉES
Avignon
Monte-Carlo
Nîmes
Tarascon
Monaco
Grasse
Biarritz
Montpellier
Aix-en-Provence
Bayonne
Toulouse
Béziers
Nice
Pau
Marseille
Toulon
Carcassonne
Narbonne
Cannes
PYRÉNÉES
LANGUEDOC-ROUSSILLON
Perpignan
Espagne
Andorre
MER MÉDITERRANÉE
CORSE
Ajaccio
0 75 km

Le monde francophone

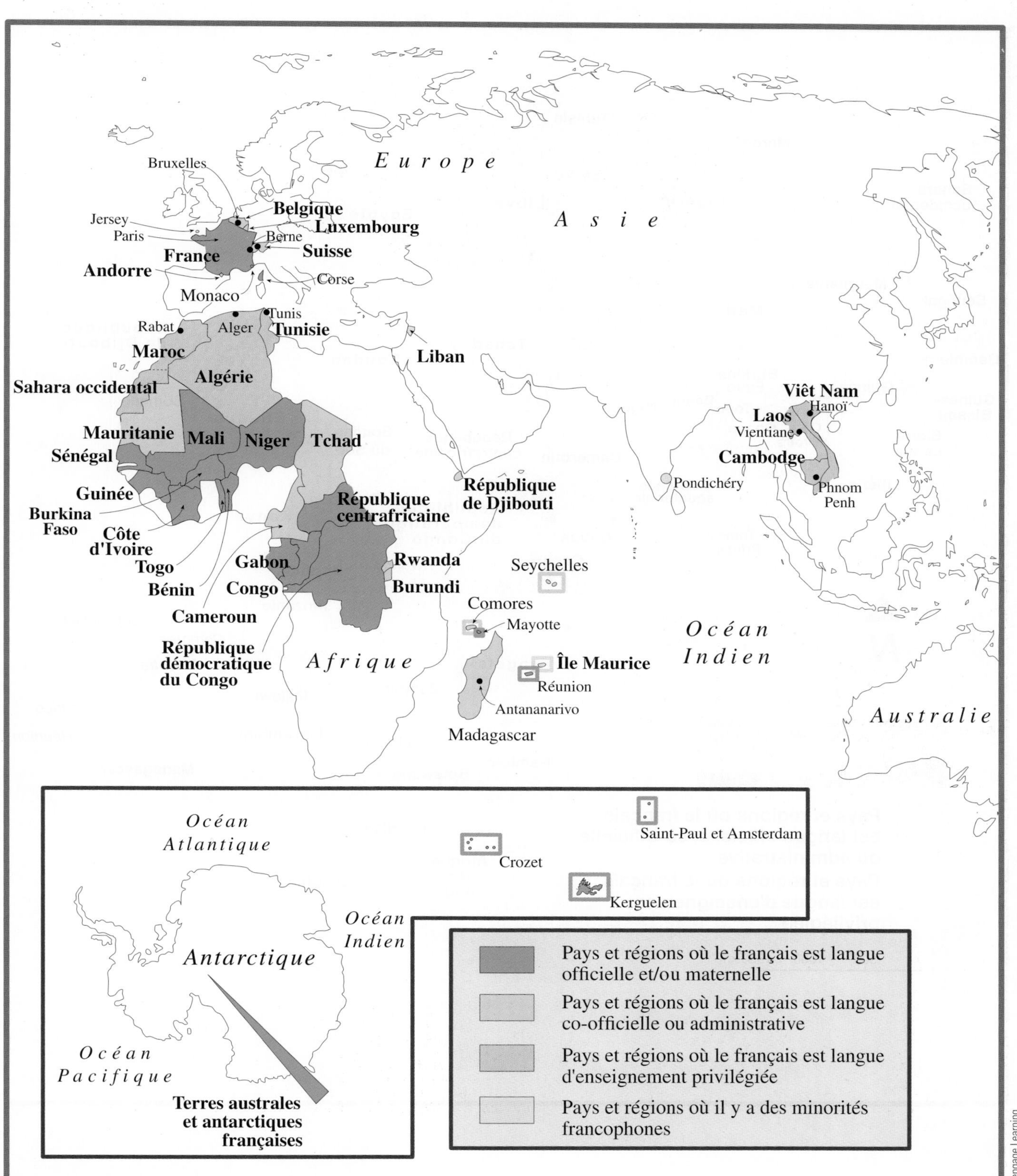

Europe
Asie
Bruxelles
Belgique
Luxembourg
Jersey
Paris
Berne
France
Suisse
Andorre
Corse
Monaco
Rabat
Alger
Tunis
Tunisie
Maroc
Liban
Algérie
Sahara occidental
Viêt Nam
Hanoï
Laos
Vientiane
Mauritanie
Mali
Niger
Tchad
Cambodge
Sénégal
Guinée
République centrafricaine
République de Djibouti
Pondichéry
Phnom Penh
Burkina Faso
Côte d'Ivoire
Togo
Bénin
Gabon
Congo
Rwanda
Burundi
Seychelles
Cameroun
Comores
Mayotte
République démocratique du Congo
Afrique
Île Maurice
Réunion
Océan Indien
Antananarivo
Madagascar
Australie
Océan Atlantique
Saint-Paul et Amsterdam
Crozet
Kerguelen
Océan Indien
Antarctique
Océan Pacifique
Terres australes et antarctiques françaises
Pays et régions où le français est langue officielle et/ou maternelle
Pays et régions où le français est langue co-officielle ou administrative
Pays et régions où le français est langue d'enseignement privilégiée
Pays et régions où il y a des minorités francophones

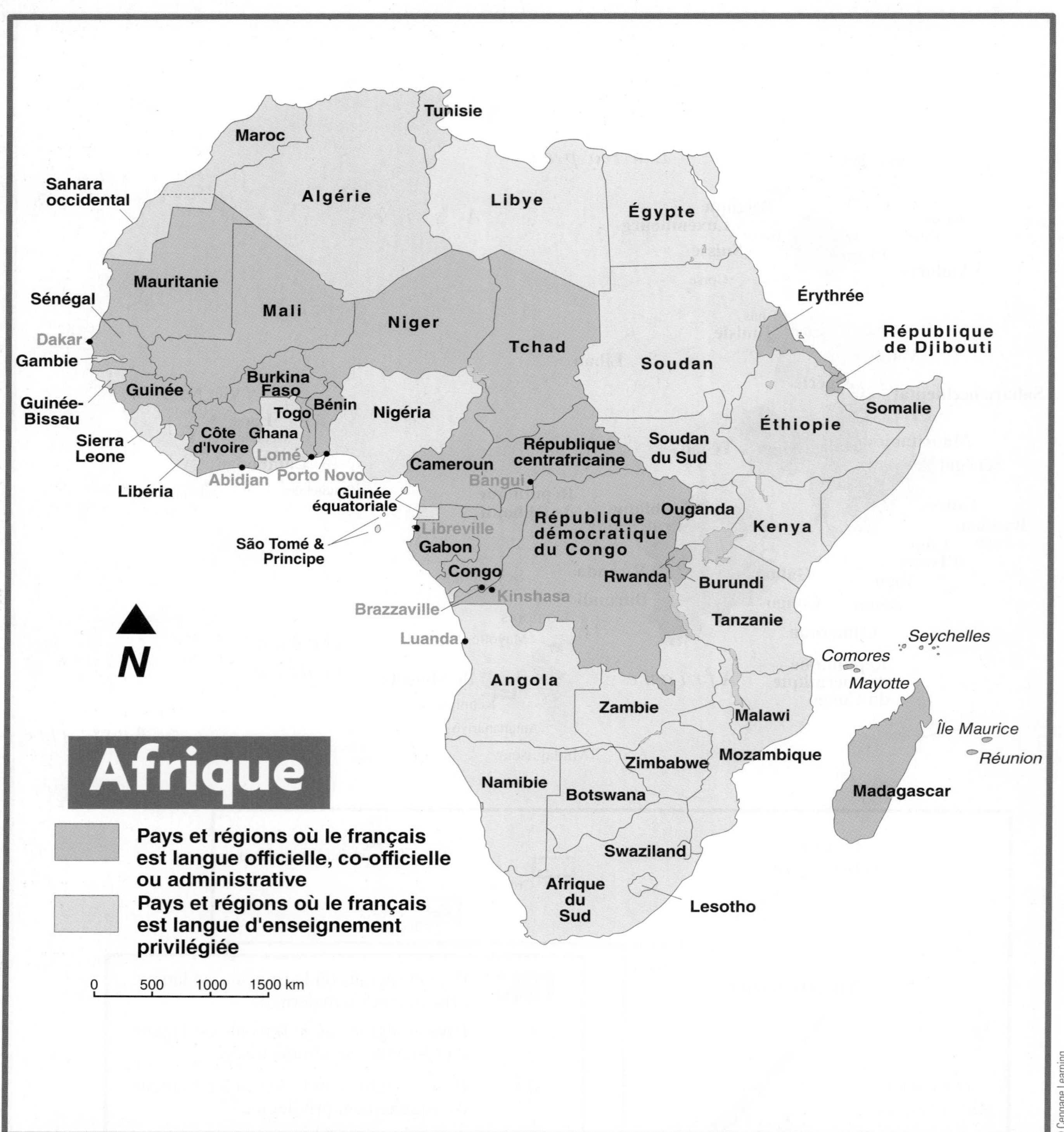
Tunisie
Maroc
Sahara occidental
Algérie
Libye
Égypte
Mauritanie
Sénégal
Mali
Niger
Érythrée
République de Djibouti
Dakar
Tchad
Soudan
Gambie
Burkina Faso
Guinée
Guinée-Bissau
Bénin
Togo
Nigéria
Somalie
Éthiopie
Sierra Leone
Côte d'Ivoire
Ghana
République centrafricaine
Soudan du Sud
Lomé
Cameroun
Porto Novo
Abidjan
Bangui
Libéria
Guinée équatoriale
Ouganda
République démocratique du Congo
Kenya
Libreville
São Tomé & Principe
Gabon
Congo
Rwanda
Burundi
Kinshasa
Brazzaville
Tanzanie
Seychelles
Luanda
Comores
N
Mayotte
Angola
Zambie
Malawi
Île Maurice
Réunion
Mozambique
Zimbabwe
Afrique
Namibie
Botswana
Madagascar
Pays et régions où le français est langue officielle, co-officielle ou administrative
Swaziland
Afrique du Sud
Pays et régions où le français est langue d'enseignement privilégiée
Lesotho
0 500 1000 1500 km

HEUREUX DE FAIRE VOTRE CONNAISSANCE

1

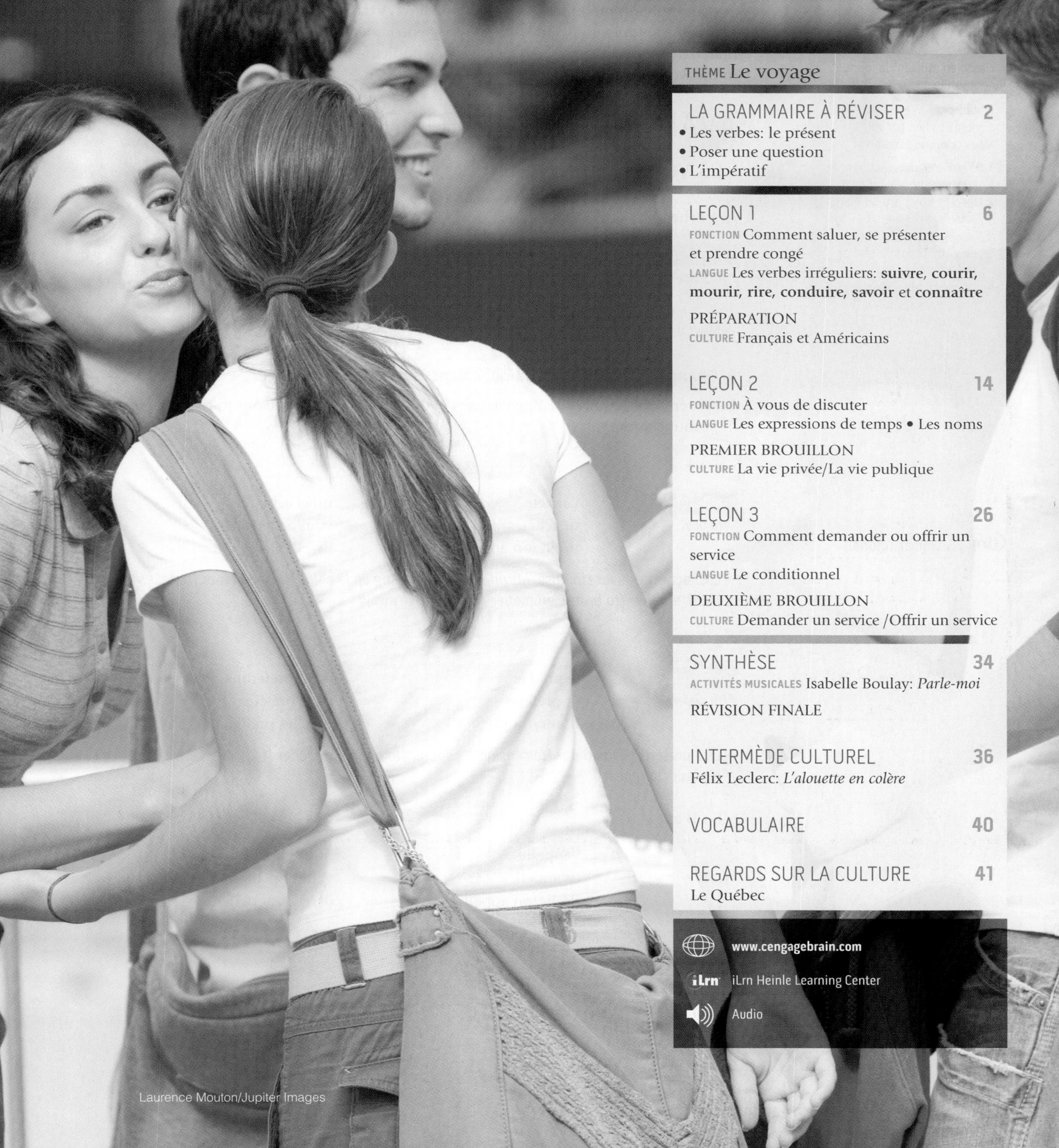

Laurence Mouton/Jupiter Images

THÈME Le voyage

www.cengagebrain.com

iLrn Heinle Learning Center

Audio

LA GRAMMAIRE À RÉVISER

En classe.

Décrivez ce qui se passe en classe en utilisant la forme appropriée du verbe.

Modèle:
J'adore étudier. (nous)
Nous adorons étudier.

1. J'arrive 5 minutes avant le cours. (nous/vous/Éliane)
2. Le professeur attend mon arrivée. (mes amis/tu/vous)
3. J'espère arriver à l'heure demain. (nous/Robert et ses amis/tu)
4. Les étudiants réfléchissent aux questions du professeur. (je/toi et moi/vous)
5. Sophie essaie de bien travailler en classe. (les étudiants/je/tu)

iLrn Grammar Tutorial

The information presented here is intended to refresh your memory of various grammatical topics that you have probably encountered before. Review the material and then test your knowledge by completing the accompanying exercises in the workbook.

AVANT LA PREMIÈRE LEÇON

Les verbes: le présent

A. Verbes en *-er*

parler *(to speak)*	je parl**e** tu parl**es** il/elle/on parl**e**	nous parl**ons** vous parl**ez** ils/elles parl**ent**

→ Most verbs that end in **-er** in the infinitive are conjugated like **parler**.

B. Changements orthographiques dans certains verbes en *-er*

Some **-er** verbs require spelling changes in the stem of certain persons to reflect changes in pronunciation.

- **e → è**

acheter *(to buy)*	j'achète tu achètes il/elle/on achète	nous achetons vous achetez ils/elles achètent

→ Like **acheter: lever** *(to raise, lift up)*, **élever** *(to bring up [a child], raise)*, **mener** *(to take; to lead)*, **amener** *(to bring)*, **emmener** *(to take, take away)*

- **é → è**

préférer *(to prefer)*	je préfère tu préfères il/elle/on préfère	nous préférons vous préférez ils/elles préfèrent

→ Like **préférer: considérer** *(to consider)*, **espérer** *(to hope)*, **posséder** *(to possess, own)*, **répéter** *(to repeat)*

- **l → ll or t → tt**

appeler *(to call)*	j'appelle tu appelles il/elle/on appelle	nous appelons vous appelez ils/elles appellent

→ Like **appeler: jeter** *(to throw, throw away)*, **rappeler** *(to remind; to call back)*

- **y → i**

ennuyer *(to bore, to bother)*	j'ennuie	nous ennuyons
	tu ennuies	vous ennuyez
	il/elle/on ennuie	ils/elles ennuient

→ Like **ennuyer: envoyer** *(to send)*, **nettoyer** *(to clean)*, **essayer** *(to try)* and **payer** *(to pay)*.

- **c → ç** (when followed by the letters **a** or **o**)

commencer *(to begin)*	je commence	nous commençons
	tu commences	vous commencez
	il/elle/on commence	ils/elles commencent

→ Like **commencer: agacer** *(to get on someone's nerves; to provoke)*, **avancer** *(to advance)*, **lancer** *(to throw)*, **placer** *(to place)*, **remplacer** *(to replace)*

- **g → ge** (when followed by the letters **a** or **o**)

manger *(to eat)*	je mange	nous mangeons
	tu manges	vous mangez
	il/elle/on mange	ils/elles mangent

→ Like **manger: changer** *(to change)*, **voyager** *(to travel)*, **nager** *(to swim)*, **ranger** *(to tidy up; to put away)*, **venger** *(to avenge)*

C. Verbes en *-ir*

finir *(to finish)*	je finis	nous finissons
	tu finis	vous finissez
	il/elle/on finit	ils/elles finissent

→ Like **finir: bâtir** *(to build)*, **choisir** *(to choose)*, **obéir** *(to obey)*, **remplir** *(to fill, fill out)*, **réunir** *(to gather; to join)*, **réfléchir** *(to reflect)*, **réussir** *(to succeed)*, **punir** *(to punish)*

D. Verbes en *-re*

rendre *(to give back; to return)*	je rends	nous rendons
	tu rends	vous rendez
	il/elle/on rend	ils/elles rendent

→ Like **rendre: attendre** *(to wait for)*, **défendre** *(to defend)*, **descendre** *(to descend, go down)*, **entendre** *(to hear)*, **perdre** *(to lose)*, **répondre** *(to answer)*, **vendre** *(to sell)*

Aimez-vous les livres?

Parlez des livres en utilisant la forme appropriée du verbe.

Modèle:
Natalie aime beaucoup lire. (tu)
Tu aimes beaucoup lire.

1. Natalie possède plus de 200 livres. (Marc et Tara/on/vous)
2. Elle achète des livres sur Internet. (nous/je/mes sœurs)
3. Natalie choisit souvent des livres de science-fiction. (tu/mes amis/nous)
4. Les parents de Natalie préfèrent les classiques. (je/mon professeur/vous)
5. Ils vendent des livres sur eBay. (toi et moi/Natalie/tu)

AVANT LA DEUXIÈME LEÇON

Poser une question

Formation et emploi

To ask a yes/no question in spoken French:

iLrn Grammar Tutorial

- Begin with **est-ce que** and continue with the subject and verb.

  Est-ce que vous parlez français?

  Est-ce qu'il parle français?

  Est-ce qu'il ne parle pas anglais?

- With friends, use rising intonation.

  Vous parlez français?

  Vous ne parlez pas anglais?

- When you want to speak in a more formal or proper way, or write formal letters and compositions, invert the order of the subject and verb.

  Parlez-vous français? **N'êtes-vous pas** français?

  Parle-t-elle anglais? **Ne parle-t-elle pas** français?

  In the third-person singular, a **-t-** is inserted between the verb and the pronoun when the preceding verb ends in a vowel.

- When asking a question about someone or something, start with the name of the person(s) or the noun designating the thing(s), continue with the verb, and add the pronoun that corresponds to the noun subject:

  Thiphanie est-elle étudiante?

  ↑ ↑ ↖

  noun + verb + pronoun

NOTE When **je** is the subject of the sentence, it is seldom inverted. **Est-ce que** is usually used:

Est-ce que je suis en retard?

- Finally, to confirm an assumption you are making, add **n'est-ce pas** at the end of your statement.

  Vous parlez français, **n'est-ce pas**?

Les vacances.

Posez des questions sur les vacances en utilisant l'intonation, **est-ce que** et **n'est-ce pas.**

Modèle:

Vous aimez le soleil et la chaleur.

Vous aimez le soleil et la chaleur? Est-ce que vous aimez le soleil et la chaleur? Vous aimez le soleil et la chaleur, n'est-ce pas?

1. Tu voyages souvent.
2. Elle préfère voyager en avion.
3. Mes amis espèrent bientôt partir en vacances.
4. On achète toujours trop de vêtements pour partir en vacances.
5. Vous choisissez un hôtel intéressant.

© Marmaduke St. John/Alamy

Est-ce que vous demandez de l'aide à quelqu'un quand vous êtes perdu(e)?

AVANT LA TROISIÈME LEÇON

iLrn Grammar Tutorial

L'impératif

The imperative is used to give directions, orders, requests, or suggestions. There are three forms of the imperative in French. To form the imperative, drop the subject pronoun. Note that the **s** is dropped in the **tu** form of **-er** verbs and the irregular verb **aller (Va!)**.

A. Formes régulières

	PARLER	FINIR	ATTENDRE
tu form:	**Parle!**	**Finis!**	**Attends!**
nous form:	**Parlons!**	**Finissons!**	**Attendons!**
vous form:	**Parlez!**	**Finissez!**	**Attendez!**

B. Formes irrégulières

	ÊTRE	AVOIR
tu form:	**sois**	**aie**
nous form:	**soyons**	**ayons**
vous form:	**soyez**	**ayez**

	SAVOIR	VOULOIR
tu form:	**sache**	**veuille**
nous form:	**sachons**	**veuillons**
vous form:	**sachez**	**veuillez**

NOTE In negative commands, **ne** precedes the verb; **pas** follows it:

N'oublie **pas** notre rendez-vous! — *Don't forget our meeting!*

Ne sois **pas** en retard! — *Don't be late!*

Brzi/iStockphoto.com

Regarde là-bas!

Des ordres stricts aux élèves.

Vous êtes le professeur et vous donnez des ordres aux élèves. Utilisez la forme impérative de **tu** et de **vous.**

Modèle:
bien écouter le professeur
Écoute bien le professeur!
Écoutez bien le professeur!

1. avoir un peu de courage
2. écrire la forme de **tu** sans fautes
3. ne pas oublier de préparer des questions
4. être original(e)
5. savoir les dates des examens

Des ordres aux enfants.

Vous donnez des ordres à vos enfants avant d'aller à l'école. Complétez les phrases avec la forme impérative de **tu** ou de **vous.**

Modèle:
Céline, ______ ton frère! (attendre)
Céline, attends ton frère!

1. Les enfants, ______ vos livres. (ne pas perdre)
2. Thierry, ______ bien en classe. (travailler)
3. Thierry et Céline, ______ le surveillant. (ne pas agacer)
4. Céline, ______ de la patience avec ton frère. (avoir)
5. Les enfants, ______ sages *(good)*! (être)

LEÇON 1

COMMENT SALUER, SE PRÉSENTER ET PRENDRE CONGÉ

Conversation

Track 2

Rappel: Have you reviewed the present tense of regular and stem-changing verbs? Did you practice forming yes/no questions? (Text pp. 2–4 and SAM [Student Activities Manual] pp. 1–3)

Premières impressions

1. Identifiez: les expressions formelles et informelles pour saluer et présenter quelqu'un
2. Trouvez: a. la destination de Madame Flanoret et des Kudot (les Martiniquais), et celle de Nicole (la Belge)
   b. la nationalité de Laurence

Il est sept heures du matin, dans le train Paris-Nice. Les cinq personnes qui ont passé la nuit en couchette° dans le même compartiment se réveillent et se disent bonjour. Il y a un jeune couple martiniquais°, Valérie et Jacques Kudot, qui voyage avec la mère de la jeune femme, Madame Flanoret. Par ailleurs, Nicole et un ami, Manu, vont à un congrès° de technologie. Les deux groupes ne se connaissent pas mais, en s'installant° pour le voyage, ils échangent quelques mots.

cot, train bed
from Martinique
conference
s'installer *to get settled*

MANU Bonjour, Nicole! Tu vas bien, ce matin? J'ai bien dormi, et toi, tu es reposée?

NICOLE Pas trop... J'ai mal dormi. J'étais trop fatiguée! Je n'ai pas arrêté de me tourner et de me retourner° toute la nuit! Mais ça ne fait rien°! La journée s'annonce belle... Regarde... Il fait un beau soleil!

me tourner... *to toss and turn* / **ça**... *it's OK*

MANU *(qui est à côté de Madame Flanoret)* J'espère que nous ne vous avons pas dérangée°, madame.

déranger *to bother*

MME FLANORET Mais pas du tout, voyons! Ça fait partie de l'aventure! Je ne voyagerais pas en couchette si je n'aimais pas les rencontres inattendues°! Et d'ailleurs, permettez-moi de me présenter. Je m'appelle Madame Annette Flanoret. *(Madame Flanoret tend sa main droite pour serrer° celle de Nicole et celle de Manu.)*

rencontres... *unexpected encounters*
serrer la main de quelqu'un *to shake someone's hand*

NICOLE Enchantée, madame. Je m'appelle Nicole. Et voici mon ami, Manu.

MME FLANORET Enchantée de faire votre connaissance, à tous les deux. Je voyage avec ma fille et mon gendre°. Les voici, justement, qui reviennent de la voiture-restaurant. Nicole et Manu, je vous présente Valérie et Jacques Kudot. Ce couple adorable m'a offert le meilleur cadeau du monde: un voyage en Europe!

son-in-law

VALÉRIE Oh, ce n'est rien... Bonjour, Manu. Bonjour, Nicole. Je suis heureuse de faire votre connaissance. Et je vous présente mon mari, Jacques.

JACQUES Enchanté. Comment allez-vous?

MANU Très bien, merci. Vous allez loin?

JACQUES Pour le moment, nous allons en Grèce, mais on verra. Vous avez déjà visité la Grèce? *(Le train s'arrête à la gare de Marseille Saint-Charles.)*

LAURENCE *(une jeune Française qui vient d'entrer)* Est-ce qu'il y a une place de libre°?

une place... *an unoccupied seat*

VALÉRIE Oui, certainement. Là, à côté de la porte.

LAURENCE Excusez-moi de vous déranger. J'ai vu que la place n'était pas réservée. C'est la seule dans cette voiture. Je me présente. Je m'appelle Laurence Delage.

MANU Bonjour, mademoiselle.

À suivre

Observation et analyse

1. Comment est-ce que Manu et Nicole ont dormi?
2. De quel endroit viennent Madame Flanoret et les Kudot? Pourquoi est-ce qu'ils voyagent?
3. Où vont Manu et Nicole?
4. Expliquez l'emploi de **tu** et de **vous** entre les voyageurs.

Réactions

1. Avez-vous déjà voyagé en train? Si oui, est-ce que vous avez aimé ce voyage en train? Expliquez.
2. Est-ce que vous voudriez visiter la Grèce? Expliquez.

Expressions typiques pour...

Saluer *(rapports intimes et familiaux)*

—Salut/Bonjour, Marc/Sylvie.

—Salut/Bonjour.

Ça va?
Comment ça va?

{ Oui, ça va. / Très bien. / Ça va bien, merci. / Pas mal, merci. } Et toi?

(rapports professionnels et formels)

—Bonjour, monsieur/madame/mademoiselle. Comment allez-vous?

—Très bien, merci. Et vous(-même)?

Présenter quelqu'un *(rapports intimes et familiaux)*

Avant les présentations

Tu connais Jeanine?
Vous vous connaissez?
Vous ne vous connaissez pas, je crois.

Les présentations

J'aimerais te présenter...
Je te présente Julien, mon frère.
Sylvie, voici Georges, un copain de la fac.
Martine, Georges. Georges, Martine.

Répondre aux présentations

{ Salut! / Enchanté(e). / Très heureux/heureuse. }

(rapports professionnels et formels)

Avant les présentations

Vous connaissez M. Marchand?
Vous vous êtes déjà rencontrés?
Est-ce que vous vous connaissez?

Tutoyer ou vouvoyer? This is not always an easy choice, because strict rules do not exist, and changes within French society continue to influence modern use of **tu/vous.** Age, socioeconomic background, status, familiarity can all have an influence on the choice of pronoun. In general, though, **tu** is used: within families • between adults and children • among children • among friends • with pets • among relatives • among young people in almost any situation • among people who are on a first-name basis.

Vous is used everywhere: in stores, supermarkets, banks, airports, open air markets. It is the form used among: people who don't know each other • brief acquaintances • speakers in situations clearly marked for status, such as customer/shopkeeper, student/teacher.

The workplace is the area of most controversy where usage is still difficult to define. When in doubt, use **vous.**

You will need to actively learn the **Expressions typiques pour...** and the **Mots et expressions utiles** in order to complete the activities.

Arrivées et départs Les Français ont une manière particulière de marquer l'existence des autres. Cela se manifeste par ce que l'on pourrait appeler un sens approfondi des arrivées et des départs. Lorsque les Français voient des amis pour la première fois de la journée, ils leur serrent la main ou ils les embrassent (les hommes se serrent la main). En les quittant, ils leur donnent à nouveau une poignée de main ou ils les embrassent. La tradition exige *(demands)* parfois trois ou quatre bises au lieu de deux. C'est une question de région ou d'habitude personnelle. Le plus souvent, on commence par la joue *(cheek)* droite.

These expressions can also be used in informal situations.

St. Tropez est une jolie petite ville du sud-est de la France. Elle est célèbre pour ses plages, la jeunesse dorée qui y vient, mais aussi pour son rôle dans la libération de la France à la fin de la Seconde Guerre mondiale.

Les présentations

Je voudrais/J'aimerais vous présenter Sylvie Riboni.

Permettez-moi de vous présenter ma femme, Sylvie.

Je vous présente Karim Nouassa.

Répondre aux présentations

Je suis heureux(-euse) de faire votre connaissance *(meet)*.

Très heureux(-euse)/content(e) de vous connaître *(meet)*.

Enchanté(e) de vous rencontrer *(meet)*.

Se présenter

Je me présente. Je m'appelle...

Je me permets de me présenter. Je m'appelle...

Prendre congé *(To take leave) (rapports intimes et familiaux)*

Salut! À plus! (pour «À plus tard!») Au revoir! Ciao!

On peut ajouter...

Bonne journée. Bonne soirée. Bon week-end.

Bonnes vacances. Bon retour. À la prochaine *(Until next time)*.

(rapports professionnels et formels)

Au revoir, monsieur/madame.

On peut ajouter...

À demain. À lundi.

À ce soir. À tout à l'heure.

À bientôt. Alors, à dans quinze jours...

Mots et expressions utiles

Saluer/Prendre congé

faire la connaissance (de) *to meet, make the acquaintance (of)*

(se) connaître *to meet, get acquainted with; to know*

(se) rencontrer *to meet (by chance); to run into*

(se) retrouver *to meet (by prior arrangement)*

(se) revoir *to meet; to see again*

(s')embrasser *to kiss; to kiss each other*

se faire la bise *to greet with a kiss*

à la prochaine *until next time*

Divers

une couchette *cot, train bed*

s'installer *to get settled*

une place (de) libre *unoccupied seat*

une place réservée *reserved seat*

Mise en pratique

Tu ne pourras jamais deviner qui j'**ai rencontré** hier à la bibliothèque. Je devais y **retrouver** mon amie Catherine, mais elle a oublié notre rendez-vous. En l'attendant, tu sais qui j'ai vu entrer dans la salle? Georges Pivot! Tu te souviens de lui? C'est l'homme dont j'**ai fait la connaissance** l'été passé? Nous **nous sommes connus** à la plage à St. Tropez pendant nos vacances d'août. Mais depuis, je ne **l'ai** jamais **revu.** Bon, alors nous **nous sommes fait la bise,** nous avons parlé longtemps, et puis nous avons décidé de nous **revoir** la semaine prochaine. Quelle surprise, hein?

Activités

A. Présentations. Utilisez les ***Expressions typiques pour...*** pour faire les présentations suivantes.

MODÈLE: votre mère à un professeur

—Maman, je te présente le professeur Lédier. Monsieur le professeur, j'aimerais vous présenter ma mère, Madame Dumont.

—Enchantée de faire votre connaissance, monsieur.

—Très heureux de vous rencontrer, madame.

1. votre meilleur(e) ami(e) à un(e) autre ami(e) devant le cinéma
2. vous-même au président de votre université pendant une réception pour les nouveaux étudiants
3. un(e) collègue de bureau *(colleague)* à votre femme/mari pendant un cocktail
4. un(e) camarade de classe à votre tante Madeleine

B. Conversation entre étudiants. Complétez les phrases avec les ***Mots et expressions utiles.*** Vous pouvez utiliser une expression plusieurs fois. Faites les changements nécessaires.

Par hasard, Anne et Sylvie se (s') ________ entre deux cours à l'Université de Bordeaux. Comme ce sont des amies d'enfance, elles se (s') ________ et décident de l'heure à laquelle elles peuvent ________ plus tard.

—Tu veux me ________ après le cours?

—D'accord, mais je n'aurai pas *(will not have)* beaucoup de temps. Je dois ________ Monique à une heure. Elle s'installe dans sa nouvelle chambre et je vais l'aider à emménager *(to move in)*.

—J'aimerais bien ________ de Monique. Est-ce que je peux t'accompagner?

—Bien sûr! On a toujours besoin de bras quand on emménage! Et puis, tu verras, elle est vraiment sympa.

C. Les scènes. Par groupes de trois, jouez les scènes suivantes où vous vous saluez et faites les présentations.

MODÈLE: En cours: Bonjour, Stéphanie...

—Bonjour, Stéphanie. Comment ça va?

—Ça va bien, merci. Et toi, ça va?

—Oui, très bien. Écoute, tu connais Christophe?

—Non, je ne pense pas.

—Eh bien, Stéphanie, je te présente Christophe. Christophe, Stéphanie.

—Bonjour.

—Bonjour.

1. Dans la rue: Bonjour, Monsieur Dupont. Vous connaissez ma tante... ?
2. En ville, avant une réunion d'étudiants: Je me présente. Je m'appelle...
3. Dans une salle de jeux vidéo: Salut. Je m'appelle... Voici...

D. Dans la salle de classe. Trouvez une personne dans la salle de classe que vous ne connaissez pas. Présentez-vous *(Introduce yourself)* à cette personne. Maintenant, présentez cette personne à quelqu'un d'autre ou laissez cette personne vous présenter à un(e) autre étudiant(e). (N'oubliez pas de vous serrer la main!) Circulez dans la classe jusqu'à ce que vous ayez fait la connaissance de la plupart des *(most of the)* étudiants. Après les présentations, essayez de vous rappeler les noms des autres étudiants. Le professeur vous aidera. Commencez par: **Il/Elle s'appelle...**

Bonjour, monsieur! Bonjour, madame! Quand les Américains voyagent en France ou dans les autres pays francophones, ils ont souvent du mal à comprendre pourquoi les vendeurs, les agents de sécurité à l'aéroport ou tout autre professionnel les regardent d'un air bizarre quand ils n'utilisent pas la bonne formule de politesse. En effet, les Français saluent tout le monde quand ils entrent quelque part disant un «Bonjour!» aimable, accompagné d'un titre de respect. Les Américains qui entrent dans les magasins sans reconnaître l'existence des employés peuvent être considérés trop informels ou pire, grossiers *(rude)*. N'oubliez pas de faire les salutations convenables!

La grammaire à apprendre

Les verbes irréguliers: *suivre, courir, mourir, rire, conduire, savoir* et *connaître*

A. You have already reviewed the present tense of the regular verbs ending in **-er**, **-ir**, and **-re**, as well as some stem-changing **-er** verbs. The following irregular verbs may not be quite so familiar to you, but can be used in talking about yourself or everyday life.

suivre	participe passé: suivi	
(to follow; — un cours to take a course)	je **suis**	nous **suivons**
	tu **suis**	vous **suivez**
	il/elle/on **suit**	ils/elles **suivent**

→ Like **suivre: vivre** *(to live)* participe passé: **vécu**
→ Nous **suivons** Marc qui rentre chez lui. Il **vit** près d'ici.

courir	participe passé: couru	
(to run)	je **cours**	nous **courons**
	tu **cours**	vous **courez**
	il/elle/on **court**	ils/elles **courent**

→ Elle **court** dans le marathon de Paris.

mourir	participe passé: mort	
(to die)	je **meurs**	nous **mourons**
	tu **meurs**	vous **mourez**
	il/elle/on **meurt**	ils/elles **meurent**

→ Je **meurs** de faim. Dînons tout de suite!

rire	participe passé: ri	
(to laugh)	je **ris**	nous **rions**
	tu **ris**	vous **riez**
	il/elle/on **rit**	ils/elles **rient**

→ Like **rire: sourire** *(to smile)*
→ Je **ris** quand je vois des films de Seth Rogan.

conduire	participe passé: conduit	
(to drive)	je **conduis**	nous **conduisons**
	tu **conduis**	vous **conduisez**
	il/elle/on **conduit**	ils/elles **conduisent**

→ Like **conduire: construire** *(to construct, to build)*, **détruire** *(to destroy)*, **séduire** *(to seduce; to charm; to bribe)*
→ Cette étudiante **conduit** une Peugeot.

savoir	participe passé: su	
(to know from memory or from study; to know how to do something; to be aware of)	je **sais**	nous **savons**
	tu **sais**	vous **savez**
	il/elle/on **sait**	ils/elles **savent**

connaître	participe passé: connu	
(to know; to be acquainted with, be familiar with; to meet, get acquainted with)	je **connais**	nous **connaissons**
	tu **connais**	vous **connaissez**
	il/elle/on **connaît**	ils/elles **connaissent**

→ Like **connaître: apparaître** *(to appear, come into view; to become evident)*, **disparaître** *(to disappear)*, **paraître** *(to seem; to come out)*

B. The verbs **savoir** and **connaître** both mean to *know*. It will be important, however, to distinguish when to use one versus the other.

- **Connaître** is always used to indicate acquaintance with or familiarity with people, works of art, music, places, academic subjects, or theories:

  Laura **connaît** assez bien la France. Elle **connaît** aussi assez bien la Belgique.
  Laura knows France rather well. She is also quite familiar with Belgium.

NOTE In past tenses, **connaître** sometimes means *to meet* in the sense of getting to know someone or getting acquainted with someone:

  Où est-ce que vous **avez connu** vos amis parisiens?
  Where did you meet your Parisian friends?

- **Savoir** means to know from memory or study:

  Est-ce que vous **savez** la date de la Fête nationale en France?
  Do you know the date of the national holiday in France?

  Oui, je la **sais.**
  Yes, I know it.

NOTE **Savoir** may be used before a relative clause or before an infinitive. Before an infinitive, it means *to know how to do something:*

  Elle **sait** où se trouve la tour Eiffel.
  She knows where the Eiffel Tower is located.

  Elle **sait** conduire dans Paris.
  She knows how to drive in Paris.

Nataliia Kasian / Shutterstock.com

Est-ce que vous connaissez la Belgique? Saviez-vous que la Belgique est un pays européen de plus de 11 076 000 habitants, situé au nord de la France? Ses langues officielles sont le néerlandais *(Dutch)*, le français et l'allemand. C'est un état fédéral, gouverné par le roi des Belges.

Activités

A. Voyage. Un groupe de jeunes Français organise un voyage en Belgique pour les vacances de Pâques. Ils expliquent ce qu'ils vont faire et comment ils vont organiser le voyage. Pour chacune des observations suivantes, remplacez le sujet en italique par les sujets entre parenthèses et faites les modifications nécessaires.

1. Bruxelles est à 242 kilomètres de Paris. C'est *moi* qui conduis! (Marc et Manon/Élise/toi)
2. *Nous* suivons la route de Mons à Bruxelles. (On/Vous/Tu)
3. *Je* connais bien Bruxelles. (Vous/Manon et Marc/Tu)
4. *Il* court souvent dans les parcs pour rester en forme, n'est-ce pas? (Tu/On/Vous)
5. *Je* meurs d'envie de voir le défilé du Carnaval. (Tu/Manon/Nous)

B. Un mot. Vous travaillez dans un hôtel à Liège, en Belgique. Une Anglaise a laissé un mot *(message)* pour le propriétaire. Traduisez-le en français.

Mrs. Robinson called. She asked for the address of the hotel. She doesn't know where the hotel is located **(se trouver)** because she does not know Liège well. She does not know how to drive, so **(donc)** she will take a taxi at the airport. She met your brother in London last year. She is looking forward to **(Elle se réjouit à l'idée de)** meeting you.

C. Faisons connaissance! Utilisez les suggestions suivantes pour poser des questions aux autres étudiants de la classe. Faites un résumé des réponses.

1. combien / cours / suivre
2. est-ce que / courir / quand / être en retard
3. quelle / ville / connaître / bien
4. que / savoir / bien / faire
5. au cours de *(during)* / quel / émission télévisée / rire
6. qui / conduire / quand / aller / en vacances
7. où / vivre

Interactions

Utilisez les suggestions suivantes pour créer des conversations avec un(e) partenaire. Essayez d'employer autant que possible le vocabulaire et la grammaire de la **Leçon 1.**

A. Au café. Vous vous trouvez au Petit Café près de la Sorbonne avec un(e) ami(e). Vous rencontrez un(e) autre ami(e) de la Sorbonne. Saluez-le/la. Présentez-le/la à votre ami(e). Discutez des cours que vous suivez. Dites que vous écrivez une dissertation pour un cours demain. À la fin de la conversation, vous remarquez qu'il se fait tard. Qu'est-ce que vous dites en partant?

B. Au travail. Vous entrez dans votre bureau avec un(e) client(e). Le directeur/La directrice passe et vous vous saluez. Vous le/la présentez à votre client(e). Demandez-lui s'il/si elle sait si M. Bricard sera à la réunion *(meeting)* à trois heures. Il/Elle ne le sait pas. Remerciez-le/la et dites quelque chose d'approprié en partant.

DOSSIER D'EXPRESSION ÉCRITE Préparation

In this chapter, your instructor may ask you to write a friendly letter to your classmates to introduce yourself. First, you'll need to come up with some ideas for your letter. You will refine your ideas and then write your letter.

1. Begin by brainstorming in four different categories: things you do, the places you go and where you have traveled, people you know, and what you know how to do. Write down your ideas as you think of them. Try to have at least six ideas for each category. Remember that you will narrow down your ideas later.
2. Discuss your brainstorming ideas with a classmate. Consider which ideas would help someone best get to know you. As you discuss these ideas, try to add new ones.

Liens culturels

foodfolio/Alamy

Français et Américains

Les Français et les Nord-Américains ont souvent une vision stéréotypée les uns des autres. Les stéréotypes sont des images simplistes et souvent déformées d'un autre peuple; elles sont transmises par le milieu familial ou les médias et elles remplacent la connaissance venant de l'expérience acquise en vivant au contact de l'autre. Ces images peuvent être positives ou négatives.

Selon les stéréotypes français, les Nord-Américains sont tous grands et athlétiques car ils font beaucoup de sport et travaillent peu à l'école. Ils sont audacieux, innovateurs, efficaces et font tout très vite. Ils sont ouverts aux autres, souriants, optimistes. Ils aiment beaucoup l'argent au détriment d'autres choses, n'ont pas beaucoup de culture et sont excessifs dans tout ce qu'ils font. Ils sont prudes, un peu naïfs, ne savent pas faire la cuisine, ne suivent pas les règles de politesse, et ne mangent que des hamburgers. Ils sont aussi un peu racistes.

Selon les stéréotypes nord-américains, la France est le pays du charme, de l'élégance, du style. Les Français sont petits et maigres. Ils sont très intellectuels, gourmets, experts en vins et en fromages. On les voit romantiques, passionnés en amour, frivoles et volages[1]. Ils vivent dans des châteaux ou dans de toutes petites maisons. Les femmes suivent la mode et sont élégantes. Mais les Français sont aussi arrogants, cyniques, sales, rebelles et difficiles à gouverner.

Selon les stéréotypes nord-américains, les Québécois sont athlétiques et ils jouent tous au hockey. Ils sont sophistiqués et européens dans leurs coutumes et leur façon de s'habiller. Ils mangent bien (comme les Français) en général, mais ils ne connaissent pas le bon vin et ils adorent le sirop d'érable et la poutine (pommes frites noyées dans une sauce au cheddar[2]). Ils conduisent très vite et s'impatientent si vous roulez à moins de 120 kilomètres à l'heure (75 miles) sur l'autoroute. Ils sont tous catholiques et ont des familles nombreuses.

[1] *flighty* [2] *cheddar cheese*

© Hemis/Alamy

Compréhension

1. Que sont les stéréotypes en général, d'après le texte? D'où viennent-ils?
2. Nommez deux stéréotypes français des Américains et des Québécois qui traitent des traits physiques. Lesquels ont trait à la nourriture?
3. Quels clichés est-ce que les Nord-Américains ont sur le logement et la personnalité des Français?
4. Comment est-ce qu'on peut découvrir les vraies caractéristiques d'un peuple selon l'article?

Réactions

1. Que pensez-vous de ces stéréotypes? Lesquels sont vrais? Lesquels sont faux?
2. Après avoir commencé vos études de français, est-ce que vos idées ont changé? Expliquez comment et pourquoi.
3. Y a-t-il un meilleur moyen de briser les stéréotypes que d'aller vivre dans le pays? Expliquez.

Extension

Faites une enquête pour savoir quels stéréotypes caractérisent les «baby boomers». Parlez avec 3–4 personnes de moins de 40 ans et essayez de trouver quels stéréotypes s'appliquent aux traits physiques des «baby boomers», à leur personnalité, à la musique qu'ils écoutent, aux sports qu'ils pratiquent ou regardent, etc. Écrivez un paragraphe qui résume ce que vous avez trouvé.

LEÇON 2

À VOUS DE DISCUTER

Blog (suite)

Premières impressions

1. Identifiez: trois sujets de discussion différents dans le blog de Laurence
2. Trouvez: quel temps il fait en Italie en ce moment

Dans le train. Le temps passe... Laurence écrit son blog. Les autres passagers ne veulent pas la déranger.

LE BLOG DE LAURENCE B – FREELANCEUSE POUR LA STATION DE TÉLÉ RÉGIONALE – FRANCE 3 RHÔNE-ALPES-AUVERGNE

france 3 .fr

www.france3.fr

Bonjour! Je suis dans le train à destination de Florence où je dois faire un documentaire sur la ville et ses environs. La région est si pittoresque et si riche en histoire de l'art que je n'aurai pas le temps de tout voir. Après Florence, j'irai en Grèce, le pays que j'aime le plus au monde. Là, je ferai un autre documentaire sur la Grèce actuelle. Je passerai le mois de septembre à Athènes et à Thessalonique. C'est le mois le plus beau – il fera chaud, mais l'air sera sec. Le ciel sera toujours bleu. Ça me fera du bien. De plus, il n'y a pas beaucoup de touristes à cette époque-là. Je consacrerai une partie de mon reportage aux incendies[1] qui ont ravagé la région cet été. En fait, ces incendies à Keratease se sont dangereusement approchés d'Athènes et les pompiers ont dû les combattre jour et nuit. On ne sait pas si ces feux de forêt sont d'origine criminelle ou s'ils résultent de la sécheresse. Tout est sec: l'air, la terre, les sous-bois.

Je mettrai aussi l'accent sur la montée du chômage[2] qui a atteint 25,4% de la population active. Malgré les efforts d'austérité, la récession continue. Le chômage touche plus les femmes et les jeunes. Plus d'un jeune sur deux est à la recherche d'un emploi. Je veux tenir le monde francophone au courant des activités et des problèmes des jeunes Grecs.

Bien entendu, je vais consacrer une partie de mon documentaire aux sports et aux loisirs. Je parlerai aussi de l'actualité politique qui est très intéressante en ce moment. Le président de la République grecque est socialiste, mais la majorité de l'assemblée législative est centre-droite. Je ferai attention à ce qui se passera dans les semaines qui viennent.

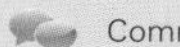
Commentaire

COMMENTAIRES

RICHARD
J'ai fait le tour des théâtres antiques en Grèce l'été dernier. J'étais très content que le gouvernement ait rénové beaucoup de ces sites antiques et qu'on puisse voir des pièces classiques, même aujourd'hui.

Réagir contre cet avis?

MARTINE
J'espère que vous allez dire la vérité sur le chômage en Grèce. On ne dit pas la vérité sur le nombre de chômeurs – il y en a beaucoup plus qu'on ne le dit.

Réagir contre cet avis?

[1]*fires* [2]*unemployment*

Observation et analyse

1. Quels sont les projets *(plans)* de Laurence?
2. Pourquoi est-ce que Laurence adore l'Italie?
3. Quels sont les problèmes actuels les plus graves en Grèce?
4. De quels autres sujets Laurence va-t-elle parler?
5. Quel âge Laurence a-t-elle d'après ce que vous avez appris sur elle?

Réactions

1. De quoi est-ce que vous parlez quand vous écrivez un e-mail ou un blog? Et quand vous écrivez des tweets?
2. De quoi est-ce que vous parlez avec quelqu'un que vous connaissez bien?
3. De quoi parlerait un Français/une Française qui visite les USA pour la première fois?

Expressions typiques pour...

Discuter

Sans sujet défini de conversation, on parle du temps qu'il fait, de l'endroit où l'on se trouve et de ce qui s'y passe. Voici quelques sujets typiques:

Le temps

Quel temps fait-il?[1]
Quel beau temps!
Comme il fait beau/mauvais/chaud/froid!
Vilain temps, non?
Quel sale temps!
Est-ce qu'il va pleuvoir demain?
Belle journée, vous ne trouvez pas?

L'heure

Quelle heure est-il?
Il est tôt/tard.
Vous auriez l'heure, s'il vous plaît?
Le temps passe vite quand on bavarde *(chats)*.

Les éléments du lieu

le paysage: C'est intéressant.
C'est joli.
C'est vraiment triste comme endroit.

les gens: Elle est gentille.
Cette robe vous/lui va bien.
C'est choquant, ce qu'ils portent/font.

l'ambiance: On est bien ici.
C'est sympa, comme endroit/café/plage.
J'aime bien.

Ce qui se passe dans cet endroit

Qu'est-ce qu'ils font là-bas?
De quoi parlent-ils?

Quand on ne connaît pas très bien quelqu'un, mais qu'on essaie de mieux le connaître, on peut aborder *(touch on)* les sujets suivants:

La santé

Je suis un peu fatigué(e) ces jours-ci.
Vous avez/Tu as l'air en forme *(look in good shape)*.

Les études – si on est étudiant(e)

Depuis quand est-ce que vous étudiez/tu étudies le français?
Combien de cours est-ce que vous suivez/tu suis?
Comment est votre/ton professeur de français?

Les actualités *(Current events)*

Vous avez/Tu as lu le journal ce matin?
Vous avez/Tu as entendu parler de ce qui s'est passé?

Les sports

Est-ce que vous faites/tu fais du sport?
Vous aimez/Tu aimes le sport?

Rappel: Have you reviewed how to form questions? (Text p. 4 and SAM p. 3)

[1] In informal spoken French today, speakers eliminate the inversion when asking questions and rely more on intonation. For example, instead of **Quel temps fait-il?**, they are more likely to say: **Quel temps il fait?** Another example: **D'où est-il?** will often be stated as **D'où il est?** or even **Il est d'où? Est-ce que** is also used, although less often than rising intonation.

De quoi est-ce qu'ils parlent? Faites une liste de sujets possibles.

D'autres idées

les loisirs *(leisure activities)*
la musique
l'enseignement et votre attitude envers l'enseignement
la politique et vos opinions politiques
vos expériences personnelles
le travail

Avec ceux qu'on connaît bien, on peut parler des choses mentionnées ci-dessus ou de la vie privée:

Qu'est-ce que tu vas faire ce soir?
Tu as beaucoup de boulot *(work)*?
Tu as passé une bonne journée?

Mots et expressions utiles

Les voyages

un aller-retour *round-trip ticket*
atterrir *to land*
un (billet) aller simple *one-way (ticket)*
un billet électronique *electronic ticket*
valable *valid*
l'arrivée [f] *arrival*
le départ *departure*
un tarif *fare, rate*
un demi-tarif *half-fare*
une réduction *discount*
annuler *to void, cancel*
les frais d'annulation [m pl] *cancellation fees*
la consigne *checkroom*
le guichet *ticket window, office; counter*
desservir une gare, un village *to serve a train station, a village*
un horaire *schedule*
indiquer *to show, direct, indicate*
le quai *platform*
les renseignements [m pl] *information*
un vol *flight; theft*

La conversation

les actualités [f pl] *current events*
avoir l'air *to look, have the appearance of*
bavarder *to chat*
le boulot *(familiar) work*
être en forme *to be in good shape; to feel well*
les loisirs [m pl] *leisure activities*
le paysage *landscape*

Mots utiles
décoller *to take off*
partir en voyage d'affaires *to leave on a business trip*
le panneau d'affichage électronique *electronic schedule*

Mise en pratique

—Tu as entendu les nouvelles?
—Non, quoi?
—Il y a une guerre des prix sur les plus grandes lignes aériennes! On peut avoir une **réduction** sur presque tous les **vols** intérieurs en ce moment.
—C'est pas vrai!
—Si! Moi, je vais **annuler** tous mes rendez-vous de vendredi pour pouvoir passer un long week-end à la plage. J'ai déjà acheté mon **aller-retour.** Regarde!
—Hmm... Ce serait super bien si je pouvais rendre visite à mon petit ami. Merci beaucoup pour les **renseignements!**

Activités

A. Parlons! Choisissez un ou deux sujets de conversation tirés de la liste des ***Expressions typiques pour...*** et commencez une conversation avec les personnes indiquées dans les situations suivantes.

1. votre professeur dans l'ascenseur, sur le campus
2. un(e) copain/copine de classe devant la salle de classe
3. un(e) collègue de bureau pendant un cocktail
4. votre mère pendant le dîner
5. votre fille/fils pendant le bain
6. une personne dans le train
7. la personne près de vous au match de basket

B. À la gare Saint-Lazare. Un voyageur américain veut utiliser son Eurail Pass pour la première fois. Complétez ses phrases avec les ***Mots et expressions utiles*** appropriés. Faites les accords nécessaires.

—Pardon, monsieur... J'ai besoin de quelques ______ sur mon Eurail Pass. Pourriez-vous m'______, par exemple, où il faut aller pour valider la carte? Je l'ai achetée il y a quatre mois. Est-ce que vous sauriez si elle est toujours ______? Si je veux l'annuler, y aura-t-il des ______? Pourriez-vous aussi m'aider à comprendre les ______ de trains? Je voudrais savoir quel est le prochain ______ pour Rouen et quelles autres villes sont ______ pendant le trajet... Je vous remercie, monsieur. Vous êtes bien aimable.

Un Eurail Pass vous donne des voyages illimités en train dans toute l'Europe pour une durée de trois jours à trois mois, selon le Pass que vous choisissez.

Il y a sept gares à Paris qui servent de terminus aux grandes lignes (les trains qui vont au-delà de la région parisienne): la Gare d'Austerlitz, la Gare de Bercy, la Gare de l'Est, la Gare de Lyon, la Gare Montparnasse, la Gare du Nord et la Gare Saint-Lazare. Certaines – les Gares d'Austerlitz, de Saint-Lazare, de Lyon et du Nord – sont aussi desservies par le métro.

C. Dis-moi, s'il te plaît... Emma, qui a six ans, va accompagner sa mère en voyage d'affaires. Pendant que sa mère fait leurs valises, Emma lui pose sans cesse des questions. Jouez le rôle de sa mère et expliquez-lui ce que veulent dire les mots suivants qui se trouvent sur leurs billets d'avion.

MODÈLE: un billet aller simple
un billet pour aller à sa destination, mais pas pour revenir

1. un aller-retour
2. un vol
3. un demi-tarif
4. une réduction

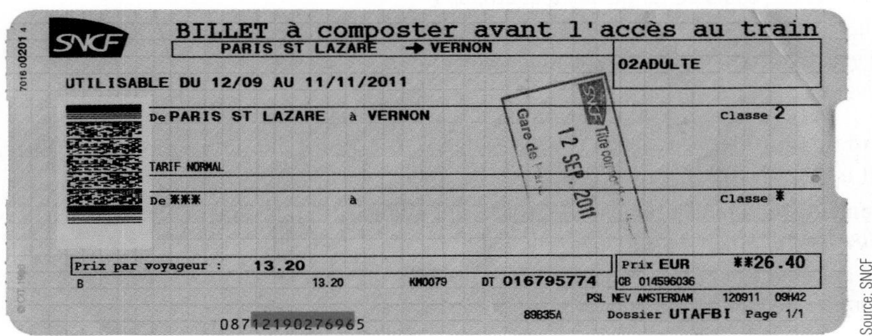
SNCF
BILLET à composter avant l'accès au train
PARIS ST LAZARE → VERNON
02ADULTE
UTILISABLE DU 12/09 AU 11/11/2011
De PARIS ST LAZARE à VERNON Classe 2
TARIF NORMAL
De *** à Classe *
12 SEP. 2011
Prix par voyageur : 13.20
Prix EUR **26.40
B 13.20 KM0079 DT 016795774
08712190276965
Dossier UTAFBI Page 1/1

Source: SNCF

D. Circulez. Circulez dans la salle de classe et parlez avec vos copains/copines de classe. Choisissez au moins trois des sujets suivants: les actualités, le temps, les loisirs, la politique, la vie à l'université, ce qui se passe dans la salle de classe. N'oubliez pas d'utiliser les expressions pour saluer et prendre congé. Après, parlez de votre expérience en tenant compte des questions suivantes.

1. Avec combien de personnes est-ce que vous avez parlé?
2. De quoi est-ce que vous avez préféré parler? Pourquoi?
3. Est-ce qu'il était difficile de commencer une discussion avec quelqu'un? Expliquez.
4. Vous préférez parler de sujets comme le temps, le sport et les actualités ou bien de votre vie de tous les jours et de sujets plus intimes?

La grammaire à apprendre

Les expressions de temps

- When you want to ask a question regarding how long an action that began in the past has continued into the present, use an expression with **depuis.** Note that French uses the present tense, whereas English uses a past tense.

  Depuis quand êtes-vous en Belgique?
  How long *have you been in Belgium?*

  Depuis combien de temps est-ce que vous jouez au tennis?
  How long *have you been playing tennis?*

- Questions such as these are answered in the present tense with **depuis.** In English, **depuis** is translated as *for* when a period of time is given.

  Je suis en Belgique **depuis** six mois. — *I have been in Belgium* ***for*** *six months.*
  Je joue au tennis **depuis** quatre ans. — *I have been playing tennis* ***for*** *four years.*

- When you answer using a specific point in time or date, **depuis** means *since.*

  Je suis en Belgique **depuis** le 5 juin. — *I've been in Belgium* ***since*** *June 5th.*
  Il est en vacances **depuis** vendredi. — *He's been on vacation* ***since*** *Friday.*

- The expressions **il y a... que, ça fait... que,** and **voilà... que** have the same meaning as **depuis** when used with the present tense, but notice the different word order.

  Il y a six mois **que** je suis en Belgique. — *I've been in Belgium* ***for*** *six months.*
  Ça fait trois heures **que** je travaille. — *I've been working* ***for*** *three hours.*
  Voilà quatre ans **que** je joue au tennis. — *I've been playing tennis* ***for*** *four years.*

NOTE When you use **il y a** followed by a period of time and without **que,** it means *ago.* A past tense must be used with this construction.

  J'ai pris des cours de tennis **il y a** quatre ans.
  I took tennis lessons four years ***ago.***

  Il y a cinq ans, il était en très bonne forme.
  Five years ***ago,*** *he was in great shape.*

- **Pendant combien de temps** is used when asking about the duration of an action that is completed.

  Pendant combien de temps est-ce qu'ils ont étudié aux États-Unis?
  How long *did they study in the United States?*

  Ils ont étudié aux États-Unis **pendant** deux ans.
  They studied in the United States ***for*** *two years.*

- When asking about the duration of a repeated action in the present, the expression **passer du temps à + infinitive** is used.

  Combien **de temps** est-ce que vous **passez à** lire le journal?
  How much ***time*** *do you* ***spend*** *reading the newspaper?*

  Je **passe** une heure par jour **à** le lire sur Internet.
  I ***spend*** *an hour a day reading it on the Internet.*

Note that *on the Internet* is expressed in French as **sur Internet,** i.e., no article is used with **Internet.**

Activités

A. Répétitions. Aïssa donne de ses nouvelles à sa tante Jasmina qu'elle n'a pas vue depuis plusieurs années. Mais Jasmina n'entend pas très bien et lui demande de répéter. Pour formuler les réponses d'Aïssa, choisissez parmi les différents modèles donnés ci-dessous.

MODÈLES: Ça fait six ans que je joue au volley-ball.
Voilà six ans que je joue au volley-ball.
Je joue au volley-ball depuis six ans.

1. J'étudie l'anglais depuis douze ans.
2. Voilà quatre mois que Mme Marchand me trouve indispensable. J'enseigne l'anglais à ses enfants.
3. Ça fait déjà cinq ans que je donne des leçons d'anglais.
4. Voilà deux ans que je suis volontaire pour l'organisation Sauvez la Planète.
5. Ça fait six mois que je prépare des dossiers de demandes de subventions pour l'organisation.
6. Je réussis à en décrocher *(get)* depuis quatre mois!

B. Une histoire. Lisez cette petite histoire et répondez aux questions.

Depuis l'âge de quatre ans, la petite Karine, qui a sept ans, va à beaucoup de fêtes d'anniversaire. Elle semble les adorer et on adore l'avoir comme invitée. Sa mère, par contre, n'aime pas acheter des cadeaux ou trouver une jolie robe pour chaque anniversaire! En plus, lorsqu'elle emmène *(brings)* Karine à une fête qui commence à deux heures, elle ne peut en général pas partir avant trois heures parce que les autres parents la retiennent en bavardant avec elle. Au mois de décembre, la maman a dit à sa petite fille qu'elle ne pouvait plus aller à ces fêtes d'anniversaire. La petite lui a tout de suite demandé qui viendrait fêter son anniversaire si elle n'allait plus chez les autres. Sa mère a compris que Karine avait raison. Nous sommes en mars et Karine continue à aller à des fêtes d'anniversaire!

1. Depuis combien d'années Karine fête-t-elle les anniversaires de ses copains/copines?
2. Pendant combien de temps la maman doit-elle rester à ces fêtes avec Karine?
3. Quand la maman a-t-elle dit à Karine qu'elle ne pouvait plus aller aux fêtes d'anniversaire?
4. Pourquoi la maman a-t-elle changé d'avis?

C. Ne soyez pas indiscrets! Posez les questions suivantes à un(e) partenaire. Faites un résumé de ses réponses à la classe. Ne posez pas certaines questions si vous les trouvez trop indiscrètes!

1. Depuis combien de temps tu es à l'université/au lycée?
2. Depuis quand tu étudies le français?
3. Combien de temps est-ce que tu passes chaque jour à étudier pour ce cours?
4. Quel sport est-ce que tu préfères? Depuis combien de temps est-ce que tu fais ce sport?
5. Quelle musique est-ce que tu préfères? Depuis quand est-ce que tu préfères cette musique?
6. Quel parti politique est-ce que tu préfères? Depuis quand?
7. Est-ce que tu as déjà échoué à un examen? Si oui, il y a combien de temps?
8. Qu'est-ce que tu faisais il y a trois heures? il y a trois mois? il y a trois ans?
9. Qui est-ce que tu n'aimes pas du tout? Depuis quand?
10. À quel moment dans ta vie est-ce que tu t'es senti(e) le/la plus heureux/heureuse?

La grammaire à apprendre

Les noms

A. Le genre des noms

All nouns in French have a gender: masculine or feminine. When you learn a noun, it is beneficial to memorize the article with it in order to learn the gender. If you are not sure of the gender of a word, look it up in the dictionary.

- As a general rule, the gender of a noun referring to a person or animal is determined by the sex of the person or animal:

  un homme/une femme un roi/une reine un bœuf/une vache

- The names of languages, trees, metals, days, months, and seasons are usually masculine:

  le français le chêne *(oak)* l'argent *(silver)*
  le lundi le printemps

- The names of continents, countries, provinces, and states ending in an unaccented **e** are usually feminine:

  la France la Caroline du Nord l'Australie

  EXCEPTIONS le Mexique le Maine

- Certain endings to nouns may give clues as to their genders. The following are common masculine and feminine endings:

Masculin			
-age	un paysage	**-eau**	un bureau
-ail	un travail	**-et**	un objet
-al	un journal	**-ier**	un cahier
-asme	le sarcasme	**-ent**	l'argent
-isme	le communisme	**-ment**	un appartement

Féminin			
-ance	une ambiance	**-ette**	une couchette
-ence	une conférence	**-oire**	une histoire
-ture	une lecture	**-ière**	une matière
-son	une chanson	**-ie**	la géographie
-ion	une expression	**-ié**	la pitié
-tion	l'inscription	**-ée**	une journée
-esse	la vitesse	**-té**	la santé
-ace	une place	**-anse**	une danse
-ade	une salade	**-ense**	la défense

- Some nouns that refer to people can be changed from masculine to feminine by adding an **e** to the masculine form:

  un ami → une ami**e** un étudiant → une étudiant**e**
  un assistant → une assistant**e** un avocat → une avocat**e**

- Nouns with certain endings form the feminine in other ways:

-(i)er	→	**-(i)ère**	**-on/-en**	→	**-onne/-enne**
un banquier		une banquière	un patron		une patronne
un ouvrier		une ouvrière	un musicien		une musicienne
un boulanger		une boulangère	un pharmacien		une pharmacienne
un couturier		une couturière			
-eur	→	**-euse**	**-et**	→	**-ette**
un chanteur		une chanteuse	un cadet		une cadette
un danseur		une danseuse			
-teur	→	**-trice**	**-f**	→	**-ve**
un acteur		une actrice	un veuf		une veuve
un directeur		une directrice			
-x	→	**-se**	**-eau**	→	**-elle**
un époux		une épouse	un jumeau		une jumelle

- Some nouns have the same gender whether they refer to males or females:

  un mannequin   une vedette   une personne

- A few nouns denoting professions have no feminine form. These are usually the professions that were traditionally male. For clarity, the phrase **une femme** is added:

  une femme cadre   une femme ingénieur   une femme médecin

  The feminine personal pronoun can also be used:

  Mon médecin m'a dit qu'**elle** va déménager.

- Two nouns had only a masculine form until recently:

  un auteur   un professeur

  Although today one sometimes hears the following, the masculine forms are still more common.

  une auteure   une professeure

- Several French nouns have different meanings in the masculine and feminine:

  un aide *helper* — une aide *help, aid*
  un critique *critic* — une critique *criticism; review*
  un livre *book* — une livre *pound*
  un tour *trip* — une tour *tower*
  un poste *job; radio, television set* — une poste *post office*

giovanni mereghetti/Marka/Age Fotostock

Comment passez-vous le temps à l'aéroport quand votre vol est retardé?

B. Le pluriel des noms

- Generally, nouns are made plural by adding an **s**:

  un homme → des homme**s**

  une femme → des femme**s**

- Nouns ending in **-s**, **-x**, or **-z** do not change in the plural:

  un pays → des pays

  un nez → des nez

- Nouns ending in **-eu**, **-au**, and **-eau** take an **x** in the plural:

  un cheveu → des cheveu**x**   un matériau → des matériau**x**

  l'eau → des eau**x**

  EXCEPTION un pneu → des pneus *(tires)*

- Seven nouns ending in **-ou** take an **x**:

  un bijou → des bijou**x** *(jewels)*

  un caillou → des caillou**x** *(pebbles, stones)*

  un chou → des chou**x** *(cabbages)*

  un genou → des genou**x** *(knees)*

  un hibou → des hibou**x** *(owls)*

  un joujou → des joujou**x** *(toys)*

  un pou → des pou**x**[2] *(lice)*

  NOTE All others add an **s**: un trou → des trou**s** *(holes)*

  un clou → des clou**s** *(nails)*

- Nouns ending in **-al** and **-ail** change to **-aux**:

  un journal → des journ**aux**   un travail → des trav**aux**

  EXCEPTIONS un festival → des festival**s**

  un détail → des détail**s**

- Certain nouns are always plural in French:

  les gens   les vacances   les mathématiques (les maths)

- Some plurals are completely irregular:

  un ciel → des cieux   mademoiselle → mesdemoiselles

  un œil → des yeux   madame → mesdames

  monsieur → messieurs

- Some nouns have different pronunciations for the singular and plural:

  un œuf [œ] → des œufs [ø]

- A compound noun is a noun formed by two or more words connected by a hyphen. The formation of the plural depends on the words that make up the compound noun. In general, verbs do not take the plural. It is best to look up compound nouns in the dictionary when making them plural.

  le beau-frère → les beau**x**-frère**s**   le gratte-ciel → les gratte-ciel

- The plural of family names in French is indicated by the plural definite article. No **s** is added to the family name itself:

  Les Martin ont salué des amis dans la rue.
  The Martins greeted some friends in the street.

[2] For generations French children have learned this short list by heart and it has become a cultural joke: **bijou-caillou-chou-genou-hibou-joujou-pou.**

Activités

A. L'égalité! Vous essayez d'apprendre à votre petite fille que les femmes peuvent faire le même travail que les hommes. Corrigez-la, en suivant le modèle.

MODÈLE: directeur
Votre fille: Les hommes sont directeurs!
Vous: Oui. Et un jour tu seras peut-être directrice.

1. chanteur
2. homme d'affaires
3. écrivain
4. avocat
5. artisan
6. pharmacien
7. patron
8. ingénieur

B. Quel est le genre? Servez-vous de votre connaissance des terminaisons pour indiquer le genre de chaque mot.

location / serment / russe / Louisiane / qualité / animal / pilier / prêtresse / carnet / cuillère / couteau / Colombie / lion / couture / marxisme / adage / victoire / fusée / fourchette

C. Une lettre. Un jeune Français écrit pour la première fois à un correspondant américain. Reconstituez ses phrases. Attention aux articles.

Lyon, le 5 janvier

Cher Jack,

Je / être / de Lyon. Je / aller / aller / à New York cet été. Ma sœur / être / critique de musique / très connu / à New York. Ce / être / ancien / chanteur / d'Opéra. Son mari / être / banquier / important / qui / travailler / à la Banque nationale de Paris à New York. Ils me feront faire / tour / de / ville. Je / vouloir / voir / gratte-ciel / et / théâtre / de Manhattan. Peut-être que je pourrais faire / connaissance / en juillet. En attendant, je / vouloir / aller / tout de suite / à / poste.

À bientôt, j'espère.

Lucas

Interactions

Utilisez les suggestions suivantes pour créer des conversations avec un(e) partenaire. Essayez d'employer autant que possible le vocabulaire et la grammaire de la **Leçon 2.**

A. Dans l'ascenseur *(elevator)*. Vous vous trouvez dans un ascenseur avec un(e) copain/copine de classe et l'ascenseur s'arrête entre deux étages. Votre partenaire explique qu'il/qu'elle est un peu claustrophobe. Pour le/la calmer, vous initiez la conversation.

- Discutez de vos cours, de vos notes, de vos profs, etc.
- Discutez de vos intérêts. Est-ce que vous avez des intérêts en commun?
- Posez une question ou initiez une conversation à partir de quelque chose d'intéressant que vous avez remarqué chez votre interlocuteur/interlocutrice (son iPhone, un chapeau, le journal, l'accent anglais qu'il/qu'elle a, etc.).

B. Présentations. Faites la connaissance de quelqu'un dans la classe. Parlez avec lui/elle d'où il/elle habite, de ses loisirs et d'où il/elle voudrait aller. Après, présentez-le/la aux autres étudiants de la classe.

Thinkstock/Comstock Images/Getty Images

Quand vous êtes dans l'ascenseur, est-ce que vous vous adressez aux autres personnes? De quoi est-ce que vous leur parlez?

DOSSIER D'EXPRESSION ÉCRITE Premier brouillon

1. Look over your brainstorming notes from **Leçon 1** and circle the points you want to use in your informal letter. Use at least three examples in each of the four categories: things you do, the places you go and where you have traveled, people you know, and what you know how to do. As you choose your examples, ask yourself which ones would best serve to introduce you to your classmates. You might decide to give more detail on one example and keep the others short. Or you may choose to use a large number of very short examples. Look at each category and consider your message and your audience to decide.
2. Follow the format below as you begin to write your letter. In an informal letter, note that you will write your name and address on the top, left-hand side. On the right, put the date. Choose an appropriate salutation. For the body of your letter, arrange your thoughts in paragraphs. You may want to use the four categories as your organizing principle, or you may prefer to organize the body of your letter around some multi-category examples. Choose a suitable closing.
3. Select from the salutations and closings shown below, or write your own. Consider to whom you are writing and the extent of your familiarity with your audience as you make your selections. Examine the sample letter for help with your formatting and organization.

Salutations:

Chère Marie, *Chers amis,* *Chers toutes et tous,* *Mes chers copains/copines,*

Closings:

À bientôt, *À la semaine prochaine,* *À mardi,* *Gros bisous,* *Amicalement,*

À demain, *Grosses bises,* *Je t'embrasse,* *Affectueusement,*

Note: You will find reference to formal openings and endings in letters in the **Dossier d'expression écrite** section of **Chapitre 7** of ***Bravo!*** Many bilingual dictionaries are also good references.

Mathéo Leroy
33, avenue de Grenoble
45000 Orléans
France

le 28 août

Chers amis américains,

Je suis ravi d'avoir l'occasion de me présenter. Je voudrais vous parler un peu de moi pour vous aider à mieux me connaître.

Vous vous demandez peut-être ce que je fais...

Chaque vendredi, je vais à...

Je connais pas mal de monde. Ma famille, bien entendu, mes parents, ma tante Camille, qui enseigne au Maroc,... À l'université, j'ai fait la connaissance de...

Je sais faire beaucoup de choses. J'ai appris à nager quand j'avais six ans, et maintenant je suis champion de natation. Quand...

Bon, j'espère vous avoir donné une assez bonne idée de qui je suis. Et vous,...

Amicalement,

Mathéo

Liens culturels

La vie privée/La vie publique

Les Français accordent énormément d'importance à la vie privée, qui est mieux protégée du regard public qu'aux États-Unis. Cela se voit quand on se promène dans la rue en regardant les maisons, les appartements et le paysage autour des bâtiments. Par exemple, les fenêtres ont souvent des volets que les gens ferment le soir pour être à l'abri des regards dans leurs salons et dans leurs chambres à coucher. Des murs entourent les maisons et les jardins des rues passantes. Beaucoup de familles ont un chien de garde ou un portail d'entrée de cour. De même dans la maison, l'hôte français serait choqué de voir un invité qui irait ouvrir le frigo pour y prendre une boisson. Ce comportement est tout à fait acceptable dans la culture américaine où on ne veut pas embêter l'hôte parce qu'il a le droit de s'amuser, et l'hôte veut que vous vous sentiez comme chez vous. Chez les Français, cependant, qui gardent férocement la vie privée, suivre les hôtes dans la cuisine ou entrer dans d'autres pièces que le salon ou la salle à manger est considéré comme malpoli ou déplacé[1]. Les Français qui reçoivent chez eux ont aussi tendance à garder les portes des chambres à coucher et des WC et salles de bains fermées.

De plus, la loi française interdit aux médias d'informer le public sur la vie privée des individus. Personne ne pose de questions trop personnelles. Par exemple, on ne demande pas à un(e) Français(e) qu'on ne connaît pas bien: «Quel métier exercez-vous?» ou «Qu'est-ce que vous avez fait hier soir?» parce que les réponses à ces questions révèlent l'origine et le statut social de ces personnes et sont donc considérées comme trop directes. Il est permis, néanmoins, de lui demander son opinion, par exemple, sur les actualités. Les opinions appartiennent à tout le monde, donc il n'y a pas de risque sérieux. Toutefois, il est bon d'être prudent. Ne demandez pas: «Vous êtes socialiste ou êtes-vous de droite?» Dites plutôt: «Qu'est-ce que vous pensez de la crise de l'euro?» ou, «Est-ce que vous êtes d'accord avec la critique du nouveau film de Marion Cotillard?» Si la personne que vous interrogez ne veut pas se compromettre, elle peut avoir recours à une réponse évasive. Par contre, il est parfaitement acceptable de demander des renseignements à des inconnus, par exemple, «Pardon monsieur! Pourriez-vous me dire où se trouve la poste?» Les Français aiment rendre service. Beaucoup se détourneront de leur chemin pour vous aider à trouver le bureau, le magasin ou la rue que vous cherchez.

[1] *uncalled-for*

Compréhension

1. Nommez 2 à 3 aspects physiques des bâtiments et des paysages qui démontrent l'importance de la vie privée des Français.
2. Quand on passe du temps dans une maison ou un appartement français, dans quelles pièces est-ce qu'on reste typiquement?
3. Si vous ne connaissez pas très bien quelqu'un, quelles sortes de questions pouvez-vous poser, sans risque d'intrusion, en France?
4. Quelles questions sont considérées impolies? Pourquoi?

Réactions

1. Quelles questions est-ce que les Américains peuvent trouver impolies?
2. Avez-vous déjà posé une question indiscrète? Décrivez les circonstances et les réactions de votre interlocuteur/interlocutrice.
3. Comment est-ce que vous réagissez quand on vous pose une question indiscrète? Pourquoi?

Extension

Trouvez des photos de maisons françaises et américaines. Montrez-les à la classe et utilisez-les pour parler des différences entre les Français et les Américains en ce qui concerne l'importance accordée à la vie privée.

LEÇON 3

Rappel: Have you reviewed the formation and the use of the imperative? (Text p. 5 and SAM pp. 3–4)

COMMENT DEMANDER OU OFFRIR UN SERVICE

Conversation (conclusion)

Track 5

Premières impressions

1. Identifiez: les expressions pour demander et offrir un service
2. Trouvez: qui déjeune au wagon-restaurant

Dans le train. Il est presque midi trente. Tout le monde commence à avoir faim.

NICOLE Mme Flanoret, si ça ne vous dérange° pas, est-ce que vous pourriez nous parler de la Martinique? Manu et moi, nous n'avons jamais visité les Antilles°.

déranger *to bother*
the West Indies

MME FLANORET Ah, c'est dommage, mais je vais trop vous donner envie d'y aller, si je vous en parle. La Martinique est une île° tellement belle, vous savez. Il y fait chaud toute l'année, il y a de la musique et des fleurs partout, même à Noël! Les gens sont chaleureux° et aiment la vie, mais il n'y a pas assez de travail. Dans les grandes villes comme Fort-de-France, la pauvreté est un problème. Il y a trop de chômage°.

island
warm, warm-hearted
unemployment

LAURENCE Vous savez, mon éditeur a mentionné un projet possible dans une île antillaise et je lui ai déjà dit que je voudrais bien le faire. S'il me donnait cette mission, est-ce que vous auriez la gentillesse de me donner une interview après votre retour en Martinique?

JACQUES Bien sûr! Avec plaisir! De plus, si vous voulez, nous pouvons vous montrer beaucoup de sites très intéressants.

LAURENCE C'est très gentil. Je vous remercie d'avance, Jacques.

NICOLE Dis, Manu, tu n'as pas un peu faim? Il est quelle heure, à propos°?

à propos *by the way*

MANU Il est midi et demi.

NICOLE Ah oui, je me disais bien que c'était l'heure du déjeuner. On va prendre quelque chose au wagon-restaurant? Vous venez avec nous?

VALÉRIE Nous, en fait, nous avons nos sandwichs dans nos sacs. Je pense qu'on va déjeuner ici. Tu veux descendre° notre sac, Jacques?

to bring down

JACQUES OK... Tu pourrais me donner un coup de main? Tiens, là... Pendant que je soulève° la valise, tu tires° le sac vers toi.

lift (up) / pull

VALÉRIE Comme ça?

JACQUES Oui, voilà. Ça y est. Attention. Je vais le prendre maintenant... Il est lourd!

NICOLE Bien, alors, nous, euh... nous, on va au wagon-restaurant. Laurence, vous voulez venir?

LAURENCE Oui, c'est une bonne idée. À tout à l'heure...

MME FLANORET Oui, à tout à l'heure. Bon appétit!

MANU Merci. À vous aussi...

amskad/Shutterstock.com

Observation et analyse

1. Qu'est-ce que Nicole demande à Mme Flanoret? Pourquoi?
2. Parlez des contrastes de la Martinique.
3. Qu'est-ce que les passagers font pour le déjeuner?
4. Quel service est-ce que Laurence demande au couple martiniquais? Quelle expression est-ce qu'elle emploie? Quel est le mode du verbe qu'elle utilise?
5. Quel service est-ce que Valérie demande à Jacques? Comparez sa demande à celle de Laurence. En quoi est-ce que ces demandes diffèrent?
6. Quelle expression est-ce que Jacques emploie pour demander l'aide de Valérie quand il prend leur sac? En quoi est-ce que sa demande diffère de celle de Laurence?

Réactions

1. Qu'est-ce que vous faites quand vous vous trouvez dans une situation où vous devez déranger quelqu'un?
2. Donnez plusieurs exemples de situations dans lesquelles vous demandez ou vous offrez un service à quelqu'un. En quoi est-ce que votre façon de vous exprimer change selon les situations?

Expressions typiques pour...

Demander à quelqu'un de faire quelque chose

(rapports intimes et familiaux)

Est-ce que tu pourrais m'aider à mettre cette valise sur le porte-bagages *(suitcase rack)*, s'il te plaît?
Tu peux ouvrir la fenêtre, s'il te plaît?
Excuse-moi, papa/maman, mais tu pourrais me prêter *(lend)* ta voiture?
Tu veux bien me donner un morceau de pain, s'il te plaît?
Chéri, donne-moi un petit coup de main! *(familiar—give me a hand)*

(rapports professionnels et formels)

Pardon, est-ce que vous pourriez ouvrir la fenêtre, s'il vous plaît?
Excusez-moi de vous déranger, madame/monsieur, mais j'ai un problème...
Pardon, madame/monsieur, est-ce que vous pourriez m'aider à mettre cette valise sur le porte-bagages?
Est-ce que cela vous ennuierait *(bother)* si on enlevait *(took down)* cette valise?
Excusez-moi, madame/monsieur, est-ce que vous auriez la gentillesse de me dire où se trouve la réception?

Proposer de l'aide

(rapports intimes et familiaux)

Tu veux que je t'accompagne?
Je te donne un coup de main? *(familiar)*
Tu as besoin d'un coup de main?
Je peux t'aider?
Laisse-moi t'aider.

(rapports professionnels et formels)

Je vous aide?
Si vous voulez, je peux vous accompagner.
Si cela peut vous rendre service, je veux bien m'en charger.
Laissez-moi vous aider.

Accepter une offre d'aide

Oui, je vous remercie.
Oui, d'accord. Merci.
Oui, c'est très gentil. Merci.
Oui, c'est sympa. *(familiar)*
Merci, ça va beaucoup mieux.

Refuser une offre d'aide

Merci. Je peux le faire moi-même.
Merci, mais ce n'est pas nécessaire.
C'est très gentil, mais j'ai presque terminé.
Non, non. Je crois que ça va.
Merci, mais ce n'est pas la peine. *(There's no need.)*

Mots et expressions utiles

L'argent

une carte de crédit *credit card*
un chèque de voyage *traveler's check*
le chéquier *checkbook*
le portefeuille *wallet, billfold; portfolio*
un prêt *loan*
encaisser *to cash (a check)*
emprunter *to borrow*
prêter *to lend*

Le voyage

les Antilles [f pl] *the West Indies*
descendre *to go down; to get off (train, etc.); to bring down (luggage)*
monter *to go up; to get on (train, etc.); to bring up (luggage)*
enlever *to take something out, off, down*
le porte-baggages *suitcase rack*
le quai *(train) platform*

Rendre un service

aider quelqu'un (à faire quelque chose) *to help someone (do something)*
donner un coup de main à quelqu'un *(familiar) to give someone a hand*
Ce n'est pas la peine. *There's no need.*
déranger, ennuyer *to bother*

Divers

à propos *by the way*

Mise en pratique

—Laura, j'ai un petit problème. Je n'ai plus d'argent! J'ai oublié d'**encaisser** un **chèque de voyage** et je n'ai pas apporté mon **chéquier.** Pourrais-tu me **prêter** de l'argent pour le déjeuner?

—Bien sûr! J'ai ma **carte de crédit.** Je peux bien t'offrir le déjeuner.

—Merci! Tu es vraiment sympa!

—Tu es prête? Nous n'avons que quelques minutes avant de partir.

—Oui. Euh... non! J'ai laissé un sac sur le **porte-bagages.** Donne-moi un **coup de main,** s'il te plaît... Voilà. Merci.

Additional vocabulary for **Le voyage: une malle** *trunk;* **un porteur** *carrier;* **prendre le train** *to take the train;* **une salle d'attente** *waiting room*

Activités

A. J'ai un petit problème. Trouvez deux façons de demander de l'aide à chacune des personnes suivantes. Variez, bien sûr, vos expressions.

MODÈLE: une amie / vous n'avez pas d'argent
Excuse-moi, Julie, je voudrais te demander un grand service.
Tu pourrais me prêter de l'argent?
OU: *Tu peux me prêter de l'argent, s'il te plaît?*

1. votre mère / votre voiture ne marche pas
2. un agent de police / vous avez perdu votre portefeuille
3. dans le bus / vous ne savez pas où descendre
4. à l'ambassade de France / vous avez besoin d'un visa tout de suite
5. la concierge / vous allez en vacances
6. un dîner en famille / votre viande n'est pas assez salée

B. Offrir de l'aide. Maintenant, proposez de l'aide à la personne dans cette situation difficile.

1. votre mère / sa voiture ne marche pas
2. un ami / il a perdu son portefeuille
3. dans le bus / une personne âgée essaie de mettre un gros paquet sur le porte-bagages
4. une amie / elle doit aller chez son père à la campagne parce qu'il est très malade

C. Jouez le rôle. Choisissez maintenant une des situations de l'exercice A ou B et jouez les rôles avec un(e) partenaire. N'oubliez pas de vous saluer et de prendre congé d'une façon adaptée à la situation.

D. Imaginez. Demandez de l'aide à quelqu'un dans les contextes suivants. Imaginez un problème, puis sa solution.

MODÈLE: en classe
Excuse-moi. Je n'ai pas de stylo. Tu peux m'en prêter un?
OU: *Excusez-moi, Monsieur Goudin. Je n'ai pas entendu la dernière phrase. Auriez-vous la gentillesse de la répéter?*

1. dans un train
2. à la bibliothèque
3. au restaurant
4. à la banque
5. à l'hôpital
6. au travail

Franck Dunouau/Photononstop/Glow Images

Où se trouvent ces personnes? Que font-elles?

La grammaire à apprendre

Le conditionnel

Formation

The conditional in French is useful when making a request or asking for favors. It is equivalent to a compound verb form in English (*would* + infinitive).

Pardon, Monsieur. Je **voudrais** un renseignement, s'il vous plaît.
*Pardon me, sir. I **would like** some information, please.*

To form the conditional, add the imperfect endings (**-ais, -ais, -ait, -ions, -iez, -aient)** to the infinitive. Notice that the final **e** of **-re** verbs is dropped before adding the endings.

- Changements orthographiques dans certains verbes en **-er**
Some **-er** verbs undergo changes in the infinitive before the endings are added:
Verbs like **acheter:**
j'ach**è**terais; nous l**è**verions
Verbs like **essayer:**
j'essa**i**erais; vous pa**i**eriez
Verbs like **appeler:**
j'appe**ll**erais; ils je**tt**eraient

▪ Verbes réguliers

	parler	**finir**	**rendre**
je	parler**ais**	finir**ais**	rendr**ais**
tu	parler**ais**	finir**ais**	rendr**ais**
il/elle/on	parler**ait**	finir**ait**	rendr**ait**
nous	parler**ions**	finir**ions**	rendr**ions**
vous	parler**iez**	finir**iez**	rendr**iez**
ils/elles	parler**aient**	finir**aient**	rendr**aient**

▪ Verbes irréguliers

The following verbs have irregular stems:

aller	j'**irais**	devoir	je **devrais**
avoir	j'**aurais**	envoyer	j'**enverrais**
courir	je **courrais**	être	je **serais**
faire	je **ferais**	savoir	je **saurais**
falloir	il **faudrait**	tenir	je **tiendrais**
mourir	je **mourrais**	valoir	il **vaudrait**
pleuvoir	il **pleuvrait**	venir	je **viendrais**
pouvoir	je **pourrais**	voir	je **verrais**
recevoir	je **recevrais**	vouloir	je **voudrais**

Emploi

- The conditional is often used to express wishes or requests.
  Maman, tu **pourrais** m'aider à faire mes devoirs?
  *Mom, **could** you help me with my homework?*
- It also lends a tone of deference or politeness, which makes a request less abrupt.
  Pourriez-vous me dire où se trouve la gare, s'il vous plaît?
  ***Could** you please tell me where the train station is?*
- Often, expressions such as **Pardon, madame** or **Excusez-moi, monsieur** are used to make a request more polite.
  Pardon, monsieur, auriez-vous la gentillesse de m'indiquer où se trouve la rue Victor Hugo?
  ***Pardon me, sir, would** you be so kind as to show me where Victor Hugo Street is?*
- The conditional of the verb **devoir** corresponds to *should* in English. It is frequently used to give advice.
  Vous **devriez** bien étudier pour cet examen! *You **should** study hard for this test!*
- The use of the conditional to indicate a hypothetical fact that is the result of some condition will be presented in **Chapitre 7.**

Activités

A. Soyez poli(e)! Vous êtes en voyage en Provence et vous avez besoin d'un billet. Mettez ces phrases au conditionnel.

1. Pardon, monsieur. Pouvez-vous m'aider à acheter un billet?
2. Il me faut un billet aller-retour.
3. Puis-je vous poser une question?
4. Acceptez-vous la carte American Express?
5. Je préfère voyager en première classe.
6. Est-il possible de m'envoyer des renseignements sur les tarifs réduits à mon adresse permanente?

B. Les rêves. Si nous pouvions partir en voyage (n'importe où)...

MODÈLE: Nous visitons des pays exotiques. ***Nous visiterions des pays exotiques.***

1. Marianne passe tout son temps à faire du ski en Suisse.
2. Mes autres amis choisissent l'Espagne.
3. Je connais très bien les pays d'Asie.
4. Tu suis tes cours de langue avec beaucoup plus d'enthousiasme.
5. Nous n'avons plus le temps d'aller en cours.
6. Nous sommes très sensibles aux différences culturelles.

C. Dans le métro. On parle très peu aux inconnus dans le métro, mais on entend de temps en temps les phrases suivantes. Complétez-les avec le verbe approprié. Utilisez le conditionnel.

pouvoir / vouloir / savoir / devoir / avoir

1. _________-vous la gentillesse de me céder votre place? J'ai mal aux jambes.
2. _________-vous m'aider à descendre ma valise au prochain arrêt? Elle est très lourde. Merci bien, monsieur!
3. _________-vous l'heure, monsieur?
4. _________-vous vous asseoir, madame? Vous êtes pâle comme tout.
5. Est-ce que je _________ m'asseoir à côté de vous, monsieur?

D. Si c'était possible... Complétez les phrases suivantes. Comparez vos réponses à celles de vos copains/copines de classe.

1. Ça me plairait de...
2. Vous devriez...
3. Je voudrais...
4. Il me faudrait...
5. J'aimerais...

Robert Francis/Eye Ubiquitous/Alamy

Pourriez-vous me montrer où se trouve la Gare de Lyon, s'il vous plaît?

Le jardin des Tuileries, situé près du Louvre et de la Place de la Concorde, est le plus ancien et le plus important jardin de Paris. Créé en 1564 sur l'ordre de Catherine de Médicis, mère du roi Charles IX, qui réside au Palais des Tuileries, il a été rénové plusieurs fois en l'espace de 450 ans. Le jardin a servi de lieu de tournois, de fêtes somptueuses, de révolutions, de musée de sculptures en plein air et de site des jeux Olympiques d'été de 1900. Aujourd'hui, c'est un lieu de promenade très populaire auprès des Parisiens et des touristes.

Interactions

Utilisez les suggestions suivantes pour créer des conversations avec un(e) partenaire. Essayez d'employer autant que possible le vocabulaire et la grammaire de la **Leçon 3**.

A. Une situation embarrassante. Vous êtes en voyage à Marseille et vous avez laissé votre serviette *(briefcase)* dans un taxi à Paris. Vous quittez la France dans deux jours et vous voulez que la compagnie de taxi vous l'envoie aux États-Unis. Téléphonez à la compagnie de taxi et décrivez votre serviette en détail, bien sûr, et ce qu'il y avait dedans. Si la compagnie la trouve et refuse de vous l'envoyer, demandez-lui de l'envoyer à votre frère qui viendra en France dans deux semaines. Prenez les mesures nécessaires, en utilisant toutes les expressions polies que vous connaissez!

B. Soyez ferme! Il y a des moments où on ne doit pas être poli. Un jeune homme essaie de vous vendre des montres et des bijoux dans le jardin des Tuileries. Il vous montre ses produits tout en marchant près de vous. Vous ne voulez rien acheter. Soyez ferme, mais pas grossier/grossière *(rude)*. Expliquez que vous n'avez besoin de rien. Demandez-lui d'être gentil et de vous laisser partir. Exigez qu'il vous laisse tranquille et expliquez que, s'il continue, vous allez appeler la police.

DOSSIER D'EXPRESSION ÉCRITE Deuxième brouillon

1. Write a second draft of your letter from **Leçon 2**, focusing on the most interesting examples. Provide adequate details for those illustrations. Ask yourself if you have used the examples that best typify the category and whether you have used an appropriate number of examples to provide an accurate portrait of yourself to your readers. Check that the organization of your letter is effective and conveys the impression you want.
2. Add some expressions of politeness at the beginning and end to smooth the way to getting to know your classmates and to have them get to know you: **Je suis content(e) de faire votre connaissance**, etc.
3. Make your letter read more smoothly by using transition words and combining very short sentences to form longer ones. Use some of the following expressions:
   - **Transition words that qualify: mais** *(but)*, **cependant** or **pourtant** *(however)*, **sauf** *(except for)*
   - **Transitions that contrast: par contraste** *(in contrast)*, **tandis que** *(but on the other hand, whereas)*, **à la place de** *(instead of)*, **d'un autre côté** *(on the other hand)*
   - **Transitions that concede: néanmoins** *(nevertheless)*, **bien sûr** *(of course)*, **après tout** *(after all)*, **par conséquent** *(therefore)*

Liens culturels

culture-images GmbH/Alamy

Demander un service

Quand vous demandez à un(e) Français(e) de vous rendre un service, certaines expressions peuvent vous aider à obtenir une réponse affirmative, surtout dans les situations formelles. Utiliser des expressions telles que «Pardon, monsieur/madame», «Excusez-moi de vous déranger», «Auriez-vous la gentillesse/la bonté de..., s'il vous plaît?» montrera votre sensibilité socioculturelle et sociolinguistique. De même, employer le conditionnel est plus poli: «Est-ce que vous pourriez me dire...?» Quant aux tournures interrogatives, même si l'inversion est plus formelle, et donc plus appropriée, vous pouvez également utiliser «est-ce que» pour poser vos questions («Est-ce que tu pourrais m'aider, s'il te plaît?»), surtout avec des amis ou des enfants.

Offrir un service

À l'inverse d'un stéréotype assez commun, les Français ne sont pas toujours indifférents et froids envers ceux qu'ils ne connaissent pas. Polly Platt, une Américaine qui a vécu à Paris pendant 20 ans, a trouvé que les Français sont très généreux avec leur temps quand ils voient un étranger/une étrangère en détresse. Elle donne pas mal d'exemples d'actes de gentillesse et d'offres d'aide qu'elle a observés, dans son livre *Ils sont fous, ces Français*, y compris cette petite histoire qui lui est arrivée sur les Champs-Élysées:

Peu de temps après notre arrivée à Paris, je suis tombée sur un bon samaritain. Je conduisais les enfants à l'école à l'heure de pointe[1], sous une pluie battante, lorsque ma 4L[2] a calé[3] dans une rue à sens unique[4]. Derrière moi, une vingtaine de voitures... se sont mis[5] à klaxonner[6]. Mais impossible de redémarrer[7]. Les klaxons ont monté d'un ton... Je tirais éperdument[8] sur le starter. Peine perdue[9]. Les klaxons faisaient maintenant un bruit assourdissant[10]. C'est alors que le conducteur de la voiture de derrière se présenta[11] poliment devant ma portière, tout dégoulinant[12] de pluie, et me demanda[13] si je voulais qu'il essaie de démarrer la voiture. Soulagée[14], je me glissai[15] sur le siège du passager. Devant cette initiative, les autres chauffeurs m'ont prise en pitié, et ils ont cessé de klaxonner. Mais mon sauveur n'est pas arrivé, lui non plus, à démarrer la voiture. Il m'a aidée à la pousser sur une place de stationnement et m'a dit: «Madame, j'ai peur que vous ne[16] soyez obligée d'emmener vos enfants à l'école en taxi. Pendant ce temps, j'enverrai quelqu'un examiner votre voiture. Je travaille chez Renault.»

Quand je suis revenue, un peu plus tard, deux mécanos[17]...s'affairaient[18] autour de ma voiture. Ils m'apprirent[19] que, malheureusement, ils ne pouvaient pas la réparer sur place et qu'il fallait qu'ils l'emmènent... chez Renault; «Avenue de la Grande-Armée. Elle sera prête à six heures.» Lorsque j'arrivai[20] pour la chercher, on m'apprit[21] que je n'avais rien à payer. On refusa[22] même de me donner le nom de mon bienfaiteur. «Monsieur le directeur préfère garder l'anonymat.» Mon français n'était pas assez bon pour que je puisse plaider ma cause...

C'était il y a longtemps, mais je le revois marchant sous la pluie et frappant à ma portière. S'il lit cette histoire et qu'il se souvient de la pauvre Américaine avec ses trois enfants à l'arrière de sa 4L, j'espère qu'il se fera connaître.

Adapted from Polly Platt, *Ils sont fous, ces Français (French or Foe)*, www.pollyplatt.com

[1]**l'heure de...** *rush hour* [2]*Renault 4L* [3]*stalled* [4]**à sens...** *one way* [5]**se sont...** ont commencé [6]*to honk* [7]*start up again* [8]*violently* [9]*Lost cause* [10]**faisaient...** *made it hard to hear* [11](passé simple) s'est présenté [12]**tout...** *dripping wet* [13](passé simple) m'a demandé [14]*Relieved* [15](passé simple) me suis glissée *(slid over)* [16]*no negative meaning in this instance* [17]**deux...** *mechanics* [18]*were working hard* [19](passé simple) m'ont appris [20](passé simple) je suis arrivée [21](passé simple) m'a appris [22](passé simple) a refusé

Compréhension

1. Comment est-ce qu'on peut poliment demander un service à un(e) Français(e)? Donnez deux caractéristiques qui inciteront un Français à vous aider.
2. Qu'est-ce qui est arrivé à Mme Platt et à ses enfants sur les Champs-Élysées le jour où il pleuvait beaucoup? Décrivez la situation en donnant des détails.
3. Qu'est-ce que le bon samaritain a fait pour eux?
4. Qu'espère Mme Platt?

Réactions

1. Comparez la façon de demander un service en France et aux États-Unis (ou dans votre État).
2. Est-ce que cela vous gêne de demander un service? Si oui, dans quelles circonstances?
3. Est-ce que vous avez déjà eu l'occasion d'aider quelqu'un qui avait sérieusement besoin d'aide? Si oui, qu'est-ce que vous avez fait?

Extension

Allez sur Internet et faites des recherches sur le constructeur automobile Renault. Écrivez une brève histoire de cette compagnie. Est-ce que vous connaissez d'autres constructeurs automobiles français? Lesquels?

SYNTHÈSE

David Wolff-Patrick/WireImage/Getty Images

La chanteuse québécoise Isabelle Boulay

To experience this song, go to **www.cengagebrain.com**

Turn to the end of the chapter for a complete list of active chapter vocabulary.

Activités musicales

©istock.com/Angel

Isabelle Boulay: *Parle-moi*

Biographie

- Née en 1972 à Sainte-Félicité, au Québec
- Chante en public depuis l'âge de 7 ans
- Premier album sorti en 1996
- Bien connue au Québec, en Europe et dans le monde francophone
- Chanson folk, country, jazz

Avant d'écouter: Le contexte et les réflexions

1. Regardez le titre de la chanson d'Isabelle Boulay. À qui est-ce que la chanson s'adresse, à votre avis? À un(e) inconnu(e) ou à quelqu'un que la chanteuse connaît bien? D'après le titre, est-ce que vous pensez que la chanson va parler de la vie publique ou de la vie privée? D'après vous, quel est le sujet de la chanson?
2. Est-ce que vous connaissez des chansons qui parlent de relations sentimentales? Est-ce qu'il y en a une que vous aimez particulièrement? Laquelle? Décrivez le sujet de cette chanson et expliquez pourquoi vous la trouvez belle.
3. En général, est-ce que les chansons d'amour sont tristes ou heureuses? Pourquoi, à votre avis?

Pendant que vous écoutez: Compréhension

1. Quelles expressions la chanteuse répète-t-elle? Pourquoi?
2. Quelles expressions illustrent un style informel?

Après avoir écouté: Communication

1. Résumez en quelques phrases le problème décrit dans la chanson. Est-ce que la personne qui dit «je» (la narratrice/la voix de la narratrice) est heureuse ou triste? Décrivez ses sentiments.
2. «Je ne sais plus...» est répété tout au long de la chanson. Qu'est-ce que cela indique au sujet de la situation de la narratrice? Faites une liste de ce qu'«elle ne sait plus».
3. La narratrice dit: «Tu es là, mais tu es si loin de moi». Est-ce que la personne à qui la chanson s'adresse est partie? Où est cette personne? Expliquez le sens *(meaning)* de la phrase.
4. Imaginez le début de la relation de la narratrice et de la personne aimée dans la chanson. Depuis combien de temps est-ce qu'ils se connaissent? Où est-ce qu'ils ont fait connaissance? Dans quelles circonstances? De quoi ont-ils peut-être parlé pendant leur première rencontre? Donnez plusieurs sujets de conversation possibles.
5. À votre avis, est-ce que cette relation va avoir une fin heureuse? Pourquoi ou pourquoi pas? Imaginez ce qui va se passer.
6. Parlez à la place de la narratrice et écrivez une lettre ferme mais gentille qui explique son point de vue de façon très claire.
7. Donnez des conseils ou faites des suggestions à la narratrice pour l'aider à faire face à sa situation.

©istock.com/red_frog

Activités orales

A. Ah, le temps! Vous dormez et, dans votre rêve, vous êtes dans une situation où vous ne trouvez aucun sujet de conversation, à part la pluie et le beau temps. Jouez les rôles avec un(e) partenaire. Discutez des sujets suivants:

- le temps aujourd'hui
- le temps d'hier; le temps qu'il fera demain
- la même saison, mais l'année passée
- le temps dans d'autres parties du pays ou en Europe

B. Dîner avec une célébrité. Vous avez gagné une soirée en ville avec votre acteur préféré ou votre actrice préférée. Vous allez dîner au meilleur restaurant de la ville. Saluez votre idole et bavardez un peu. Parlez des sujets suivants:

- pourquoi votre idole a choisi ce métier
- ses futurs projets
- ses rôles ou ses films que vous avez admirés
- sa vie personnelle (frères, sœurs, loisirs, etc.)
- demandez-lui s'il/si elle pourrait signer votre menu
- demandez-lui si vous pourriez lui rendre visite

Activité écrite

Un(e) correspondant(e). Vous avez un(e) nouveau/nouvelle correspondant(e). Écrivez une courte lettre dans laquelle vous vous présentez. Parlez-lui de la région dans laquelle vous habitez, de votre famille, de vos intérêts et de votre vie (à l'université/au lycée ou au travail). Posez-lui des questions sur sa vie. Commencez la lettre par «Cher/Chère...» et terminez-la par «Amicalement».

DOSSIER D'EXPRESSION ÉCRITE Révision finale

1. Reread your letter and focus on the tone. Do you sound friendly and energetic or dull and boring? If the tone conveys the latter, go through and enliven the content without exaggerating the examples.
2. Examine your letter one last time. Check for correct spelling, grammar, and punctuation. Pay special attention to your use of the present tense, the conditional, the time expressions, and topics of conversation.
3. Prepare your final version using interesting stationery or paper. The appearance of the letter should make the impression that you want to give. Remember that this letter will be your introduction to the class. Make sure that there are no mistakes and that everyone can read your handwriting if you don't type your letter.
4. Be aware that your instructor may read your letter for the class. Anticipate questions your classmates might ask and be prepared to answer them.

Félix Leclerc
Chanteur, acteur, poète, écrivain, auteur-compositeur *(song writer)*

L'ALOUETTE° EN COLÈRE° de Félix Leclerc

lark / anger

Biographie

- Né en 1914 à La Tuque, au Québec
- Célèbre dans le monde francophone
- A gagné beaucoup de prix au cours de sa carrière
- S'est engagé pour la souveraineté du Québec
- Est mort en 1988 à Saint-Pierre-de-l'Île-d'Orléans au Québec

Sujets à discuter

- Connaissez-vous la chanson d'enfants *Alouette, gentille alouette, alouette, je te plumerai*? De quoi s'agit-il? Si vous ne connaissez pas cette chanson, jetez un coup d'œil à l'introduction.
- Comment est-ce qu'on peut décrire le ton de cette chanson? amusant? sérieux? frivole? intellectuel? tragique? Expliquez.
- Qu'est-ce que vous savez sur le Québec (population, langue, culture, histoire, économie, etc.)? Est-ce que vous y êtes déjà allé(e)? Combien de fois? Expliquez.

Stratégies de lecture

A. **Technique poétique: la répétition.** Dans sa chanson, Félix Leclerc utilise la technique poétique de la répétition. Combien de fois trouvez-vous les mots «J'ai un fils»? Quels autres mots y sont répétés? Quel est l'effet de ces répétitions?

B. **Vocabulaire thématique:** Parcourez la chanson et trouvez les mots suivants:

écrasé dépouillé chômeur humilié abattre prison

D'après le titre de cette chanson de Leclerc et les questions ci-dessus, essayez de deviner ce qu'a voulu dire le poète/chanteur et précisez-en le thème.

Introduction

This reading includes one of the chapter themes of a request for help, in this case, by an anguished parent. It also continues a focus on Quebec that began with the musical selection and is the topic of the **Regards sur la culture** *at the end of the chapter.*

Alouette, gentille Alouette *is a traditional song that is very popular among children in France and Quebec. The Quebec singer Félix Leclerc transformed this song into one of revolt in which he expresses his strong support for the independence of the province of Quebec from Canada.*

In the 1970s, Leclerc became politically active, especially after the War Measures Act was invoked. These measures meant that anyone who seemed to be a sympathizer with the separatist Front de Libération du Québec *party could be arrested.*

Leclerc remained active throughout his life and received much recognition for his work. In fact, his name is on many schools, streets, and buildings in Quebec.

Alouette, gentille Alouette

phdwhite/Shutterstock.com

1

Alouette, gentille Alouette
Alouette, je te plumerai.
Je te plumerai la tête
Je te plumerai la tête
Et la tête,
Et la tête,
Alouette,
Alouette,
Ooooh...

2

Alouette, gentille Alouette,
Alouette, je te plumerai.
Je te plumerai le bec,
Je te plumerai le bec,
Et la tête,
Et la tête,
Et le bec,
Et le bec,
Alouette,
Alouette,
Ooooh...

(Each time the verse is repeated, a new line is added, which is sung twice. Use verse 2 as a model for verses 3 through 8.)

3 le cou
4 le dos
5 les ailes
6 la queue
7 les jambes
8 les pieds

AP Photo

Lecture

J'ai un fils enragé
Il ne croit ni à Dieu ni à diable ni à moi
J'ai un fils écrasé°
Par les temples à finances où il ne peut entrer
Et par ceux des paroles d'où il ne peut sortir
J'ai un fils dépouillé°
Comme le fut son père, porteur d'eau, scieur de bois
Locataire et chômeur dans son propre pays
Il ne lui reste plus que la belle vue sur le fleuve
Et sa langue maternelle qu'on ne reconnaît pas
J'ai un fils révolté, un fils humilié
Un fils qui demain sera un assassin
Alors, moi j'ai eu peur et j'ai crié
À l'aide, au secours, quelqu'un
Le gros voisin d'en face est accouru°
Armé, grossier°, étranger
Pour abattre° mon fils [...] et lui casser les reins°
Et le dos et la tête et le bec et les ailes°
Alouette. Ah!
Mon fils est en prison
Et moi je sens en moi, dans le tréfonds° de moi
Pour la première fois, malgré moi, malgré moi
Entre la chair° et l'os°
S'installer la colère.

crushed

stripped, shorn; here, deprived, stripped of everything

est accouru *rushed up*

coarse, rude

To knock down / **lui casser...** *to punch his back* / *wings*

the inmost depths

flesh / *bone*

Paroles et Musique: Félix Leclerc avec l'aimable autorisation des Éditions Olivi Musique

Maridav/Shutterstock.com

Compréhension

A. Observation et analyse. Répondez aux questions suivantes.

1. Qu'est-ce que c'est que «les temples à finances»? Pourquoi est-ce que le fils ne peut pas y entrer?
2. D'après vos connaissances sur le Québec, quel est le fleuve qui fait la richesse de la province?
3. Expliquez le vers «sa langue maternelle qu'on ne reconnaît pas» et le fait que le fils soit «chômeur dans son propre pays».
4. Pourquoi est-ce qu'on a mis le fils en prison?
5. Quel est le sentiment du père à la fin de la chanson?

B. Grammaire/Vocabulaire. Techniques poétiques.

1. Le renouvellement d'un cliché: Pourquoi, selon vous, est-ce que Leclerc a choisi «Alouette, gentille Alouette» comme base de cette œuvre? Quels mots de cette chanson est-ce qu'il a utilisés dans sa propre chanson? Quel est l'effet de ces mots dans sa chanson?
2. Le récit d'une transformation: Pourquoi est-ce que le père utilise le mot «alouette» pour décrire le fils en prison?

C. Réactions

1. Quels sont vos sentiments en lisant les paroles de la chanson? Expliquez pourquoi.
2. Qu'est-ce qui vous met en colère? Expliquez pourquoi. Est-ce que les raisons de votre colère sont plutôt personnelles ou politiques?

Interactions

1. Avec un(e) partenaire, imaginez ce qui arrive au fils et au père après l'entrée du fils en prison. Qu'est-ce qui se passera s'il est libéré de prison? Écrivez une suite à la chanson en utilisant vos propres idées.
2. En petits groupes, discutez au sujet d'autres groupes, en dehors des Québécois, qui ont été opprimés, enragés, écrasés et dépouillés par leur situation politique. Comparez vos réponses avec celles de vos copains/copines de classe.

Expansion

1. Faites des recherches sur Internet et à la bibliothèque sur la vie de Félix Leclerc et sur celles d'autres chanteurs/chanteuses québécois(es) qui se sont engagé(e)s politiquement, et faites un reportage à leur sujet pour la classe.
2. Faites des recherches sur Internet ou à la bibliothèque sur un chanteur/une chanteuse américain(e) ou français(e) qui parle de politique. Faites un reportage pour la classe en parlant de la vie de cette personne et des thèmes politiques qu'il/elle aborde.

VOCABULAIRE

SALUER/PRENDRE CONGÉ *(TO TAKE LEAVE)*

à la prochaine *until next time*

(se) connaître *to meet, get acquainted with; to know*

(s')embrasser *to kiss; to kiss each other*

se faire la bise *(familiar) to greet with a kiss*

faire la connaissance (de) *to meet, make the acquaintance (of)*

(se) rencontrer *to meet (by chance); to run into*

(se) retrouver *to meet (by prior arrangement)*

(se) revoir *to meet; to see again*

LES VOYAGES

un aller-retour *round-trip ticket*

annuler *to void, cancel*

l'arrivée [f] *arrival*

atterrir *to land*

un (billet) aller simple *one-way (ticket)*

un billet électronique *electronic ticket*

la consigne *checkroom*

un demi-tarif *half-fare*

le départ *departure*

desservir une gare, un village *to serve a train station, a village*

les frais d'annulation [m pl] *cancellation fees*

le guichet *ticket window, office; counter*

un horaire *schedule*

indiquer *to show, direct, indicate*

le quai *platform*

une réduction *discount*

les renseignements [m pl] *information*

un tarif *fare, rate*

valable *valid*

un vol *flight; theft*

LA CONVERSATION

les actualités [f pl] *current events*

avoir l'air *to look, have the appearance of*

bavarder *to chat*

le boulot *(familiar) work*

être en forme *to be in good shape; to feel well*

les loisirs [m pl] *leisure activities*

le paysage *landscape*

L'ARGENT

une carte de crédit *credit card*

un chèque de voyage *traveler's check*

le chéquier *checkbook*

emprunter *to borrow*

encaisser *to cash (a check)*

le portefeuille *wallet, billfold; portfolio*

un prêt *loan*

prêter *to lend*

RENDRE UN SERVICE

aider quelqu'un (à faire quelque chose) *to help someone (do something)*

Ce n'est pas la peine. *There's no need.*

déranger, ennuyer *to bother*

donner un coup de main à quelqu'un *(familiar) to give someone a hand*

LE VOYAGE

les Antilles [f pl] *the West Indies*

descendre *to go down; to get off (train, etc.); to bring down (luggage)*

enlever *to take something out, off, down*

monter *to go up; to get on (train, etc.); to bring up (luggage)*

le porte-bagages *suitcase rack*

le quai *(train) platform*

DIVERS

à propos *by the way*

une couchette *cot, train bed*

s'installer *to get settled*

une place (de) libre *unoccupied seat*

une place réservée *reserved seat*

REGARDS SUR LA CULTURE

©istock.com/Nastco

LE QUÉBEC

Introduction à la «Belle Province»

«Je me souviens» est une forme abrégée de: «Je me souviens que né sous le lys, je croîs *(grew up)* sous la rose.»

Où parle-t-on français en Amérique du Nord? Au Québec, on parle français. Alors qu'il y a des Canadiens francophones un peu partout au Canada (les trois-quarts sont dans le Manitoba, le Nouveau-Brunswick et l'Ontario), la grande majorité des Francophones vit dans la «Belle Province». La devise «Je me souviens» traduit l'attachement à la langue des Français venus explorer la vallée du Saint-Laurent dans les années 1600.

Megapress/Alamy

SF photo/Photos.com

Géographie et histoire

Le Canada a été «découvert» au XVIe siècle par des explorateurs français qui cherchaient, au nord du continent américain, encore mal connu, un passage maritime vers les Indes. En 1534, Jacques Cartier, commandité par le roi François Ier, découvre l'île de Terre-Neuve et le golfe du Saint-Laurent qu'elle protège. Il remonte l'estuaire du fleuve Saint-Laurent jusqu'à l'île de Montréal. Comme Giovanni da Verrazzano avant lui, Jacques Cartier nomme la côte allant de Terre-Neuve à la Floride «Nouvelle-France». On y parle français et beaucoup de langues amérindiennes dont l'iroquois et les langues algonquiennes. Avec le Traité de Paris en 1763, la France cède la province du Québec à la Grande-Bretagne. Les Canadiens francophones veulent continuer à parler français, mais les autorités royales britanniques imposent l'anglais comme langue officielle.[1] Juste au sud, treize ans plus tard, les Treize Colonies forment un nouveau pays indépendant, les États-Unis d'Amérique. Faisant partie du «Commonwealth of Nations», le Canada reconnaît Élisabeth II comme souveraine.

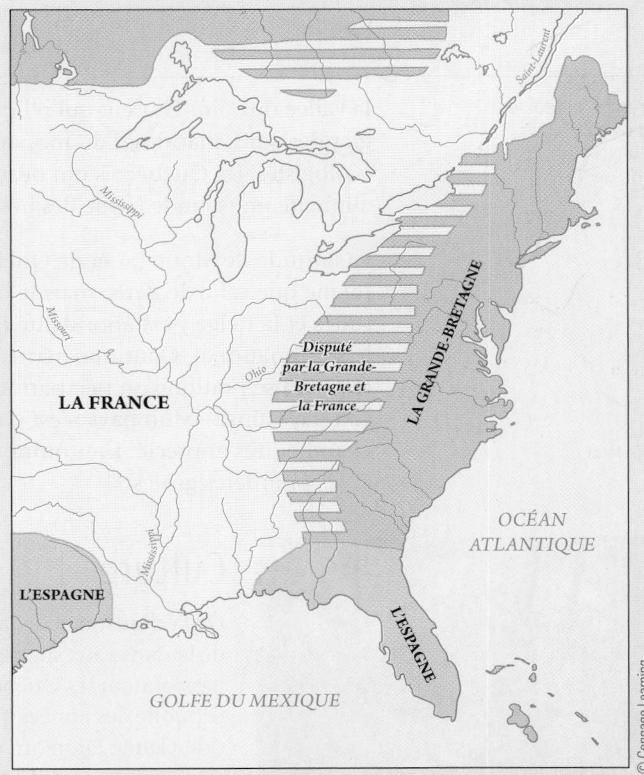

© Cengage Learning

Carte montrant le contexte impérial et politique en Amérique du Nord avant le traité de Paris de 1763.

Avec la Révolution tranquille (1960–70), l'arrivée au pouvoir du Parti québécois sous la direction de

[1] L'historien Maurice Séguin a écrit que «l'histoire du Canada était en fait l'histoire des Canadas», «l'histoire de deux nationalismes inquiets».

Carte montrant le contexte impérial et politique en Amérique du Nord après le traité de Paris de 1763.

René Lévesque et la loi des langues officielles promue par Pierre Trudeau, le Québec s'est modernisé et le français a réacquis droit de cité, devenant langue officielle du Québec. Au niveau fédéral, la Constitution donne au français et à l'anglais «un statut et des droits et privilèges égaux [dans] les institutions du Parlement et du gouvernement du Canada». La loi prescrit que tous les textes soient publiés dans les deux langues. Cela s'applique aux enseignes de magasins, aux emballages alimentaires, aux panneaux de code de la route, aux taxis, etc. Dans des débats, les travaux de comités, les colloques, des interprètes assurent la traduction simultanée des propos tenus dans l'autre langue. Grâce à des programmes d'immersion dans les écoles, le bilinguisme anglais-français des jeunes de 15–19 ans s'est accru de 47% en 1971 à 82% en 1996. (Stacy Churchill, *Guide for the development of language education policies in Europe: from linguistic diversity to plurilingual education).*

La «Belle Province» est la plus grande des dix provinces du Canada, lui-même un des pays les plus grands et les plus riches du monde. C'est un immense territoire de plateaux, de collines, de lacs et de forêts, qui est bordé à l'est par l'Atlantique et la mer du Labrador et au nord-ouest par la baie d'Hudson. Mais le Québec a aussi des frontières terrestres avec deux autres provinces canadiennes (l'Ontario et le Labrador) et avec les États-Unis. La majorité de la population vit dans la vallée du Saint-Laurent qui relie les Grands Lacs à l'océan et qui est une des plus grandes voies maritimes du monde. Reconnaissants des richesses naturelles de leur pays et écologistes, les Québécois ont beaucoup investi dans la production d'hydroélectricité qui alimente une grande partie des besoins de la Nouvelle-Angleterre (États-Unis).

La latitude de Montréal et de Québec, les deux grandes villes du Québec, est presque la même que celle de Paris, mais le climat y est beaucoup plus continental. Les hivers sont rudes et la neige y est abondante (jusqu'à trois mètres de neige). Le hockey sur glace est le sport national. Coutume héritée des Amérindiens, la pêche blanche (ou pêche sous la glace) se pratique un peu partout. Le chanteur-compositeur Gilles Vigneault explique son pays ainsi: «Mon pays n'est pas un pays. Mon pays, c'est l'hiver.» L'été est court, chaud et très apprécié. L'automne est une explosion de couleurs avivées par les érables° et les premières gelées.

érables *maple trees*

Cabane à sucre au milieu des érables

Culture

De la chanson et de la poésie à la photographie, du théâtre au cinéma, de la danse aux spectacles de cirque, tous les domaines artistiques passionnent les Québécois. Félix Leclerc et Gilles Vigneault ont conquis le public des années 1950 par leurs textes lyriques et vrais. Aujourd'hui, c'est Céline Dion qui représente la voix francophone canadienne sur la scène internationale. Gabrielle Roy, Anne Hébert, Nicole Brossard, Louise Dupré et Nancy Huston (qui écrit aussi en français) sont aussi connues que les romanciers Réjean Ducharme et Jacques Poulin, le conteur Roch Carrier ou le dramaturge exceptionnel Michel Tremblay.

Gastronomie

Le Québec continue à désigner les trois repas par leurs noms classiques: le matin, on prend le déjeuner, on dîne entre midi et 14 heures et on soupe le soir. Comme dans presque tous les foyers d'Amérique du Nord, les Québécois ont des bocaux de beurre de pinottes (ou beurre d'arachides ou de cacahuètes) dans leurs placards. Ils aiment le prêt-à-manger et prennent volontiers des crêpes ou des croissants garnis dans une des crêperies ou croissanteries du quartier. Ils apprécient aussi les beignes, les moufflets, les sous-marins, les hot dogs (qu'on appelle encore parfois les chiens chauds) et les deux spécialités québécoises, la tourtière et la poutine. Les autres spécialités renommées sont le sirop d'érable sous toutes ses formes (glaces, bonbons, salé), les tartes aux bleuets, les poissons et fruits de mer et les fromages. Le Québécois est gastronome: il aime les produits frais et savoureux. Même le pain est délicieux car il est fait de farines fraîchement moulues. Le bon blé des Plaines est aussi excellent pour la pâtisserie, qu'on l'achète ou qu'on la fasse à la maison avec de la poudre à pâte Magic.

Vocabulaire des Québécois

du blé d'Inde	un épi de maïs
une pinotte	une cacahuète; du beurre de pinottes: du beurre d'arachides
un beigne	un beignet (pâte frite sucrée en forme de couronne) *(donut)*
un moufflet	une pâtisserie qui se mange le matin *(muffin)*
un sous-marin	une sorte de sandwich
une tourtière	une pâte (une tourte) remplie de viande de porc hachée
des bleuets	des myrtilles (des baies bleues ou noires sucrées)
la poudre à pâte	levure *(yeast)* spéciale pour la pâtisserie (Magic est une marque populaire)
magasiner	faire les magasins, faire du shopping
toffer	endurer, supporter
une souffleuse	un chasse-neige *(snow plough)*
on est encabané	on est enfermé chez soi
fret(te)	froid(e)
une mitaine	une moufle *(mitten, fingerless glove)*
une brassière	un soutien-gorge
de la pâte à dents	du dentifrice
moé / toé[2]	moi / toi
mon chum	mon copain, mon petit ami
ma blonde	ma copine, ma petite amie (brune ou blonde, peu importe)
c'est ben le fun	c'est vraiment amusant
c'est plat	c'est ennuyeux (on prononce */plèt/*)
c'est cheap	c'est bon marché
un clip	un trombone (gadget de bureau pour attacher des feuilles de papier)
une piastre	un dollar (seulement à l'oral)
une napkin	une serviette de table
un flat	une crevaison de pneu
flat	ma bière est flat (elle n'a plus de bulles *[bubbles]*)

Data from Jacques Maurais, "Le vocabulaire des Québécois, étude comparative (1983 et 2006)" in *Suivi de la situation linguistique, Étude II*, Office québécois de la langue française

Madlen/Shutterstock.com

[2]Si l'on dit *moé* et *toé* (prononcés */mwe/* et */twe/*) au Québec, on prononce *mouâ, touâ* (*/mwa/* et */twa/*) en Acadie, ce qui se rapproche du français standard actuel. Mais en bon français, on a dit *moé* et *toé* jusqu'au milieu du XIXe siècle. Le roi Louis-Philippe disait qu'il était le *roé* (*/rwé/*) des Français.

Compréhension

1. Que cherchaient les explorateurs français au nord de l'Amérique au XVIe siècle?
2. Qui a découvert l'île de Terre-Neuve et le golfe du Saint-Laurent?
3. La Nouvelle-France couvre quelle superficie?
4. Qu'est-ce qui est arrivé à la province du Québec juste après le Traité de Paris? Parlez du gouvernement et de la langue officielle.
5. Nommez au moins deux résultats de l'arrivée au pouvoir du Parti québécois.
6. Parlez de la géographie du Québec: la taille du pays, les frontières maritimes et terrestres. Quels États de la Nouvelle-Angleterre ont une frontière commune avec le Québec?
7. Quel temps fait-il au Québec pendant les différentes saisons?
8. Nommez deux chanteurs, deux écrivains et un dramaturge québécois.
9. Faites le contraste entre la nourriture et les habitudes alimentaires des Québécois et celles des Américains. Quelles sont les ressemblances et les différences?
10. Quels mots québécois reflètent l'influence des États-Unis et de la langue anglaise? Nommez-en au moins cinq.

Vocabulaire Trouvez l'équivalent anglais des mots québécois suivants.

1. un moufflet	a. *a dollar*
2. une mitaine	b. *a girlfriend*
3. une pinotte	c. *a donut*
4. une piastre	d. *a peanut*
5. une blonde	e. *a fingerless mitten*
6. un beigne	f. *a snow plough*
7. une souffleuse	g. *a blueberry*
8. un bleuet	h. *a muffin*

Expansion

Choisissez un(e) artiste québécois(e) célèbre (e.g., chanteur, dramaturge, écrivain, poète) que vous trouvez dans l'article ou sur Internet. Faites un reportage sur cette personne, y compris sa vie, pourquoi il/elle est célèbre, où il/elle habite et a grandi, etc. Trouvez quelque chose qu'il/elle a produit, par exemple, une chanson, un poème, un essai, et expliquez pourquoi vous l'aimez. Illustrez votre reportage par des photos, des graphiques et d'autres éléments.

Voulez-vous visiter le Québec? Faites des recherches sur Internet et à la bibliothèque pour planifier votre voyage. Choisissez quatre à cinq villes à visiter, plusieurs restaurants, des hôtels, des musées, etc. Dites aussi quels plats québécois vous voulez goûter pendant votre visite.

En vous basant sur ce que vous avez lu dans cet article et sur vos recherches sur Internet, comparez l'attitude des Québécois envers la langue française et celle des Américains envers la langue anglaise.

iLrn Share It!

JE T'INVITE... 2

THÈMES L'université; L'invitation; La nourriture et les boissons

www.cengagebrain.com

Audio

iLrn Heinle Learning Center

LA GRAMMAIRE À RÉVISER

Activités d'un week-end typique.

Conjuguez les verbes en remplaçant le sujet des phrases suivantes.

1. Nous avons du monde à déjeuner. (tu/Marc et Marielle/je)
2. Je prends un petit déjeuner simple. (nous/Marielle/nos amis)
3. Marine fait les courses au marché. (Marc et Marielle/vous/nous)
4. Tu vas à la boulangerie-pâtisserie. (je/nous/Marielle)
5. Paul ne dort plus jusqu'à 10 heures. (les enfants/tu/nous)
6. Mon frère et ma belle-sœur mettent la table. (je/vous/tu)
7. Je crois que les repas en famille valent la peine. (nous/Marc/les enfants)
8. Ce soir, nous voulons bien dîner avec Aïssa. (tu/Marc et Marielle/vous)

iLrn Grammar Tutorial

The information presented here is intended to refresh your memory of various grammatical topics that you have probably encountered before. Review the material and then test your knowledge by doing the drills in the margin and completing the accompanying exercises in the workbook.

AVANT LA PREMIÈRE LEÇON

Quelques verbes irréguliers: le présent

A. Les plus communs

avoir *(to have)*	j'**ai**	nous **avons**
	tu **as**	vous **avez**
	il/elle/on **a**	ils/elles **ont**

être *(to be)*	je **suis**	nous **sommes**
	tu **es**	vous **êtes**
	il/elle/on **est**	ils/elles **sont**

aller *(to go)*	je **vais**	nous **allons**
	tu **vas**	vous **allez**
	il/elle/on **va**	ils/elles **vont**

faire *(to do; to make)*	je **fais**	nous **faisons**
	tu **fais**	vous **faites**
	il/elle/on **fait**	ils/elles **font**

B. Verbes en *-ir*

partir *(to leave)*	je **pars**	nous **partons**
	tu **pars**	vous **partez**
	il/elle/on **part**	ils/elles **partent**

→ Like **partir: sortir** *(to go out)*; **mentir** *(to lie)*

dormir *(to sleep)*	je **dors**	nous **dormons**
	tu **dors**	vous **dormez**
	il/elle/on **dort**	ils/elles **dorment**

servir *(to serve)*	je **sers**	nous **servons**
	tu **sers**	vous **servez**
	il/elle/on **sert**	ils/elles **servent**

venir *(to come)*	je **viens**	nous **venons**
	tu **viens**	vous **venez**
	il/elle/on **vient**	ils/elles **viennent**

→ Like **venir: revenir** *(to come back)*; **devenir** *(to become)*; **tenir** *(to hold)*; **retenir** *(to hold back)*

NOTE **venir de + infinitif** = *to have just done something*

C. Verbes en *-re*

mettre *(to put; to put on)*	je **mets** tu **mets** il/elle/on **met**	nous **mettons** vous **mettez** ils/elles **mettent**

→ Like **mettre: permettre** *(to permit);* **promettre** *(to promise);* **battre** *(to beat)*

dire *(to say; to tell)*	je **dis** tu **dis** il/elle/on **dit**	nous **disons** vous **dites** ils/elles **disent**

→ Like **dire: lire** *(to read)* (*except for the regular* **vous** *form:* **vous lisez**)

écrire *(to write)*	j'**écris** tu **écris** il/elle/on **écrit**	nous **écrivons** vous **écrivez** ils/elles **écrivent**

→ Like **écrire: décrire** *(to describe);* **s'inscrire à/pour** *(to join; to sign up for)*

prendre *(to take)*	je **prends** tu **prends** il/elle/on **prend**	nous **prenons** vous **prenez** ils/elles **prennent**

→ Like **prendre: comprendre** *(to understand);* **apprendre** *(to learn);* **surprendre** *(to surprise)*

D. Verbes en *-oir(e)*

pouvoir *(to be able to)*	je **peux** tu **peux** il/elle/on **peut**	nous **pouvons** vous **pouvez** ils/elles **peuvent**

vouloir *(to want; to wish)*	je **veux** tu **veux** il/elle/on **veut**	nous **voulons** vous **voulez** ils/elles **veulent**

devoir *(to have to; to owe)*	je **dois** tu **dois** il/elle/on **doit**	nous **devons** vous **devez** ils/elles **doivent**

croire *(to believe)*	je **crois** tu **crois** il/elle/on **croit**	nous **croyons** vous **croyez** ils/elles **croient**

→ Like **croire: voir** *(to see)*

valoir *(to be worth)*	je **vaux** tu **vaux** il/elle/on **vaut**	nous **valons** vous **valez** ils/elles **valent**

NOTE The third-person singular form is most often used: **il vaut.**

mieux valoir *(to be better)* — **valoir la peine** *(to be worth the trouble)*

falloir *(to be necessary)* il faut — **pleuvoir** *(to rain)* il pleut

Racontez une histoire.

Choisissez le verbe correct et conjuguez-le.

aller, devoir, dormir, étudier, faire, prendre, sortir, venir, vouloir

Jessica ______ à l'université tous les jours. Elle ______ devenir avocate. Elle ______ de Montréal, mais elle ______ à l'Université Laval à Québec. Que ______-elle le soir? Elle ne ______ pas! Elle ______ étudier. Elle ______ tard le week-end. Souvent, le week-end, elle ______ le bus pour aller voir ses parents à Montréal.

Après, racontez l'histoire de Jessica et de son frère, Julien. Attention: Faites tous les changements nécessaires dans chaque phrase.

iLrn Grammar Tutorial

AVANT LA DEUXIÈME LEÇON

Les articles

A. L'article défini

	SINGULIER	PLURIEL
Masculin	le restaurant	les restaurants
Féminin	la gare	les gares
Voyelle ou h muet	l'ami	les amis
	l'amie	les amies
	l'hôtel	les hôtels

The definite article contracts with **à** *(at, to, in)* and **de** *(from, of, about)* as follows:

- Definite article with **à**

	SINGULIER	PLURIEL
Masculin	au restaurant	aux restaurants
Féminin	à la gare	aux gares
Voyelle ou h muet	à l'hôtel	aux hôtels

- Definite article with **de**

	SINGULIER	PLURIEL
Masculin	du restaurant	des restaurants
Féminin	de la gare	des gares
Voyelle ou h muet	de l'hôtel	des hôtels

B. L'article indéfini

	SINGULIER	PLURIEL
Masculin	un hôtel	des hôtels
Féminin	une gare	des gares

C. Le partitif

The partitive article is used with a noun to indicate part of a whole. In English, we use the words *some* or *any* or nothing at all in place of the partitive article. The partitive article in French is a combination of **de** and the definite article.

	SINGULIER	PLURIEL
Masculin	du pain	des fruits
Féminin	de la crème	des framboises
Voyelle ou h muet	de l'eau	des hors-d'œuvre

Some grammarians do not consider the plural form **des** as a true partitive. They regard it as the plural indefinite article. In practical usage, there is no difference.

Les articles.

Mettez l'expression au pluriel. Faites attention à l'article ou à la préposition.

Modèles:
la femme → **les femmes**
de l'hôtel → **des hôtels**

1. le garçon
2. l'homme
3. un hôtel
4. une voiture
5. à l'école
6. au cinéma
7. de la boutique
8. du supermarché

D. Les expressions de quantité

Expressions of quantity are followed by **de** plus the noun. The article is omitted.

assez de *enough*
autant de *as much, as many*
beaucoup de *many, a lot of*
combien de *how many, how much*
moins de *less, fewer*
peu de *few, little*
plus de *more*
tant de/tellement de *so much, so many*
trop de *too much*
une boîte (un paquet) de *a box, can (a package) of*
une bouteille (une tasse, etc.) de *a bottle (a cup, etc.) of*
une cuillerée de *a spoonful of*

une douzaine de *a dozen of*
un kilo (une livre, etc.) de *a kilo (a pound, etc.) of*
un litre de *a liter of*
un morceau de *a piece of*
une paire de *a pair of*
un peu de *a little*
une tranche de *a slice of*
Ce café a beaucoup de clients. *This café has many customers.*
Il reste peu de citron pressé dans son verre. *There is only a little freshly squeezed lemonade left in his/her glass.*

EXCEPTIONS **Bien de, la plupart de, la plus grande partie de,** and **la majorité de** are followed by and combined with the definite article:

La plupart du temps, le service est compris dans le prix du menu.
Most of the time, the service is included in the price of the meal.

HÔTEL RESTAURANT CHARBONNEL

57, rue Gambetta - 24310 BRANTÔME
Tél. : 05 53 05 70 15 - Fax : 05 53 05 71 85
E mail : charbonnel.freres@orange.fr - Site internet : www.lesfrerescharbonnel.com

Hôtel Restaurant Charbonnel

Combien de fois par mois est-ce que vous allez au restaurant? Qu'aimez-vous commander? Quels sont vos restaurants préférés?

En France, il y a plus de 155 000 restaurants.

Traduction.

Vous faites des courses dans une petite épicerie-fromagerie avec un(e) ami(e) qui parle mal le français. Traduisez pour que le marchand comprenne.

1. Some bread, please.
2. Some butter, please.
3. A big piece of gruyère, a little less than a kilo, please.
4. A dozen oranges, please.
5. A kilo of beef, please.
6. A can of peas, please.
7. A liter of milk, please.
8. A box of spaghetti, please.
9. Some strawberries, please.
10. And a liter of mineral water, please.

AVANT LA TROISIÈME LEÇON

Les mots interrogatifs

où *where*
à quelle heure *at what time, when*
quand *when*
combien *how much*
combien de *how much, how many*
comment *how*
pourquoi *why*

Où est-ce que je peux trouver une épicerie?
À quelle heure est-ce que l'épicerie ouvre?
Quand arrivent les pommes de terre nouvelles?
Combien coûte un kilo de bananes?
Combien de kilos voulez-vous?
Comment sont les pêches, aujourd'hui?
Pourquoi est-ce que tout est si cher?

NOTE Both **est-ce que** and inversion are correct in spoken and written information questions, although **est-ce que** is much more common. In spoken French, the following word order is also frequently heard:

Un kilo de bananes coûte **combien**?
Pourquoi tout est si cher?

Une interview.

Vous êtes écrivain pour le journal de votre université et vous interviewez une étudiante française qui vient d'arriver sur votre campus. Posez les questions suivantes: *Where do you live in France? When did you arrive in [name of your town]? Why did you choose [name of your university]? How many courses are you taking?* Thank her and wish her good luck.

iLrn Grammar Tutorial

COMMENT INVITER; COMMENT ACCEPTER OU REFUSER UNE INVITATION

Rappel: Have you reviewed the present tense of common irregular verbs? (Text pp. 46–47 and SAM pp. 31–32)

Conversation

Track 4

Premières impressions

1. Identifiez: les expressions pour inviter, accepter et refuser une invitation
2. Trouvez: où habite Éric

C'est la rentrée°. Isabelle et Éric, amis d'enfance, ne se sont pas vus depuis plusieurs années. Maintenant, étudiants à l'université, ils se retrouvent comme par hasard dans le même cours de maths et s'attendent à la sortie de la salle de classe.

start of the new school year

ISABELLE Eh, Éric, salut! Qu'est-ce que tu fais là?

ÉRIC Isabelle, c'est toi? Ça fait longtemps!

ISABELLE Oui, euh… à peu près six ans, hein?

ÉRIC Eh oui, dis donc! Ça va?

ISABELLE Oui, ça va bien. Enfin, ça va, quoi! Je trouve qu'il est dur, ce cours! Pas toi?

ÉRIC Si, moi aussi, j'ai du mal. Euh… dis-moi, qu'est-ce que tu fais mercredi?

ISABELLE Écoute, mercredi, en principe, euh, je n'ai rien de prévu°. Mais, attends, je vais vite vérifier° mon agenda°… J'ai tout là dans mon iPhone… Ah, ben non, attends… non, j'ai mon cours d'aérobic mercredi soir. Pourquoi?

ne rien avoir de prévu *to have no plans / to check / engagement calendar*

ÉRIC Ben, maman et moi, nous allons dîner au restaurant Chez Clément un soir cette semaine, alors je pensais que tu pourrais nous accompagner, peut-être…

Chez Clément est un nouveau type de restaurant, un restaurant d'hôtes. En français, l'«hôte» est celui qui offre l'hospitalité et celui qui la reçoit. C'est le contexte qui permet de comprendre de qui on parle. Il y a plusieurs Chez Clément dans la région parisienne. Vous trouverez le menu sur www.chezclement.com.

ISABELLE Ah! Oui, cela me ferait vraiment plaisir de la revoir! Ça fait longtemps! Oh, oui, mais alors, mercredi, malheureusement, je ne peux pas. Euh… jeudi?

ÉRIC Oui, pourquoi pas?

ISABELLE Alors, à quelle heure?

ÉRIC Je ne sais pas, sept heures, sept heures et demie. Ça te va?

ISABELLE Oui, très bien. Chez Clément est toujours au 36 rue de Cluny?

ÉRIC En bas de la rue, c'est ça.

ISABELLE Très bien, d'accord.

ÉRIC Super! Je confirme avec maman et je te passe un coup de fil°, OK? Tu me donnes tes coordonnées°?

passe… *give you a phone call* / *contact info*

ISABELLE Bien sûr. Mon numéro de portable est le 06-41-42-43-44. À bientôt.

ÉRIC Ciao!

À suivre

The French tend to use many pause words (i.e., conversational fillers) in oral speech, such as **ben, euh, alors,** and **écoute.** You will study them in **Chapitre 4.**

Observation et analyse

1. Où a lieu *(takes place)* cette conversation?
2. Pourquoi est-ce qu'Éric et Isabelle sont surpris de se revoir?
3. Quels sont les détails de l'invitation: le jour, l'heure, l'endroit, ce qu'ils vont faire?
4. Quel âge ont Éric et Isabelle à peu près? Est-ce qu'ils se connaissent bien? Comment le savez-vous?

Réactions

1. Imaginez que vous rencontriez un(e) vieil(le) ami(e) que vous n'avez pas vu(e) depuis longtemps. Est-ce que vous l'invitez à faire quelque chose avec vous? Qu'est-ce que vous lui proposez de faire?
2. Quelle est l'invitation la plus intéressante (bizarre, ennuyeuse) que vous ayez reçue? Expliquez.

Expressions typiques pour...

Inviter *(rapports intimes et familiaux)*

Si tu es libre, je t'invite au restaurant.
J'ai envie *(feel like)* d'aller au ciné. Ça t'intéresse?/Ça te dit?/Ça te va?
Qu'est-ce que tu fais ce soir? Tu veux venir avec nous?
Si tu étais libre, tu pourrais dîner à la maison.

Accepter l'invitation

Oui, c'est une bonne idée.
Entendu!
D'accord. Je veux bien.
Oui, je suis libre. Allons-y!
Je n'ai rien de prévu.
Ça me ferait plaisir (de)...

Refuser l'invitation

Malheureusement, je ne peux pas ce soir-là.
Tu sais, je n'ai pas le temps ce soir, mais...
Ce n'est pas possible: je suis pris(e) *(not available)*.
Ce serait sympa, mais...

Inviter *(rapports professionnels et formels)*

Pourriez-vous venir dîner au restaurant?
Ça vous intéresserait de...
Nous aimerions vous inviter à...
On se ferait un plaisir de vous recevoir.

Accepter l'invitation

Ça me ferait grand plaisir.
Volontiers. *(Gladly.)* Je serais enchanté(e) de venir.
J'accepte avec plaisir. Merci.
Je vous remercie. *(Thank you.)* C'est gentil à vous. C'est gentil de votre part.

Refuser l'invitation

Je suis désolé(e) *(sorry)*, mais...
Merci beaucoup, mais je ne suis pas libre.
C'est gentil de votre part, mais j'ai malheureusement quelque chose de prévu *(I have plans)*.

Many of the expressions for accepting and refusing an invitation can be used in both formal and informal contexts. Remember to use the **vous** form when addressing more than one person.

Mots et expressions utiles

L'invitation

un agenda *engagement calendar*

donner (un) rendez-vous à quelqu'un *to make an appointment/arrange a meeting with someone*

emmener quelqu'un *to take someone (somewhere)*

regretter/être désolé(e) *to be sorry*

remercier *to thank (someone)*

vérifier *to check*

avoir envie de (+ infinitif) *to feel like (doing something)*

être pris(e) *to be busy (not available)*

avoir quelque chose de prévu *to have plans*

ne rien avoir de prévu *to have no plans*

prévoir/projeter de (+ infinitif) *to plan on (doing something)*

les projets [m pl] *plans*

faire des projets *to make plans*

passer un coup de fil à quelqu'un *(familiar) to give (someone) a phone call*

poser un lapin à quelqu'un *(familiar) to stand someone up*

Qui?

le chef *head, boss*

le directeur/la directrice *director*

le/la patron(ne) *boss*

un(e) collègue *co-worker*

un(e) copain/copine *friend, boyfriend/girlfriend*

Quand?

dans une heure/deux jours *in an hour/two days*

la semaine prochaine/mardi prochain *next week/next Tuesday*

tout de suite *right away*

Où?

aller au cinéma/à un concert/au théâtre *to go to a movie/a concert/the theater*

aller à une soirée *to go to a party*

aller en boîte *to go to a nightclub*

aller voir une exposition de photos/de sculptures *to go see a photography/sculpture exhibit*

prendre un verre/un pot *(familiar) to have a drink*

Divers

la rentrée *start of the new school year*

volontiers *gladly, willingly*

Mise en pratique

Quelle journée! Mon **patron m'a donné rendez-vous** à onze heures ce matin afin de discuter de nos projets pour un nouveau client. Eh bien, j'ai travaillé presque toute la nuit pour me préparer et, par conséquent, j'ai peu dormi. Tu sais ce qui est arrivé? Il **m'a posé un lapin**! Il a dû oublier notre rendez-vous (il ne l'a peut-être pas noté dans son **agenda**) et il est parti. À son retour, il m'a dit qu'il **était** vraiment **désolé.** Qu'est-ce que je pouvais lui dire? C'est mon **patron**!

Activités

A. Invitons. Invitez chacune des personnes suivantes, de deux ou trois façons différentes. Aidez-vous des ***Expressions typiques pour...***

1. un(e) bon(ne) copain/copine à manger dans un restaurant
2. votre nouveau voisin/nouvelle voisine à dîner chez vous
3. un(e) nouvel(le) employé(e) de votre entreprise à manger à la cafétéria
4. les parents de votre copain/copine, dont vous venez de faire la connaissance, à dîner chez vous dimanche soir
5. votre grand-mère à passer le week-end chez vous

B. Une leçon de vocabulaire... Aidez votre partenaire à apprendre le nouveau vocabulaire en lui donnant un synonyme pour chaque expression. Utilisez les ***Mots et expressions utiles.***

1. ne pas aller à un rendez-vous que l'on a avec quelqu'un
2. ne pas être pris(e)
3. désirer faire quelque chose
4. quelqu'un avec qui on travaille
5. le patron
6. boire quelque chose ensemble
7. le contraire de **la semaine passée**
8. être désolé(e)
9. téléphoner à quelqu'un
10. dire merci

Le Musée National Picasso à Paris est dans un bel hôtel particulier du XVIIe siècle dans le Marais. Un des cofondateurs du cubisme, Pablo Picasso aimait les vieilles maisons. Ouvert en 1985, le musée rassemble un nombre remarquable d'œuvres que sa famille a données à l'État. C'est aussi un centre important d'étude sur la vie et l'œuvre de Picasso. Le musée a déjà reçu plus de 12 millions de visiteurs. Le Musée de l'Orangerie et le Musée national d'Art Moderne—Centre Georges Pompidou abritent des œuvres importantes de Picasso et des peintres modernes. Voir le site www.musee-picasso.fr/.

C. Conversation entre amis après les cours. Complétez la conversation suivante avec les ***Mots et expressions utiles.*** Faites les changements nécessaires.

GAËLLE Est-ce que ça vous intéresse de ________ au café Tantin? J'ai soif!

SYLVIE C'est une bonne idée. Mais je ne peux pas y rester trop longtemps. Je ________ de retrouver Robert ________ deux heures devant le musée d'Orsay.

MARC C'est qui, Robert? Un de tes ________ de bureau?

SYLVIE Oui, et il est très sympa. Si j'arrive en retard, il pensera probablement que je lui *(passé composé)* ________.

GAËLLE Et toi, Claire?

CLAIRE Zut! Je ________, je ne peux pas y aller. J'ai quelque chose ________. En fait, je suis déjà en retard. Au revoir!

THOMAS Je pense aller voir ________ Picasso ce soir. Tu as des ________, Sara? Ça t'intéresse d'y aller?

SARA Oui, mais je suis ________. J'ai promis à ma sœur de l' ________ au restaurant qui vient d'ouvrir en centre-ville.

Martin Norris Travel Photography/Alamy

D. Imaginez. Acceptez ou refusez chacune des invitations suivantes en variant vos réponses. Si vous refusez, donnez une raison. Attention au degré de respect dont vous devez faire preuve.

1. (M. Journès) Pourriez-vous venir prendre l'apéritif avec nous dimanche? Volontiers...
2. (un[e] collègue) Ça vous intéresserait d'aller au concert ce soir? Ce serait sympa, mais...
3. (un[e] copain/copine) Tu es libre demain soir? Viens dîner chez moi. D'accord...
4. (votre cousin[e]) Je t'invite à voir le nouveau film de Pierre Jolivet ce week-end. Ce n'est pas possible...
5. (votre petit[e] ami[e]) J'ai envie d'aller au musée après le cours. Tu as quelque chose de prévu? Non, je n'ai rien de prévu...

Pierre Jolivet est un réalisateur, acteur et scénariste français. Son dernier film, *Mains armées*, est sorti en 2011.

La grammaire à apprendre

Les verbes irréguliers: *boire, recevoir, offrir* et *plaire*

You have already reviewed the present tense of some very common irregular verbs in ***La grammaire à réviser.*** The following irregular verbs are important in contexts related to inviting, as well as offering food and drink.

boire	participe passé: bu	
(to drink)	je **bois**	nous **buvons**
	tu **bois**	vous **buvez**
	il/elle/on **boit**	ils/elles **boivent**

→ D'habitude, je **bois** du café le matin, mais hier j'**ai bu** du thé.

When a **c** is followed by **a, o,** or **u**, a **cédille (ç)** is added under it to keep the soft **c** sound. In a few words, such as **vécu**, the **c** sound is meant to be hard, and thus no **cédille** is used.

recevoir	participe passé: reçu	
(to receive; to entertain)	je **reçois**	nous **recevons**
	tu **reçois**	vous **recevez**
	il/elle/on **reçoit**	ils/elles **reçoivent**

→ Like **recevoir: décevoir** *(to disappoint)*; **apercevoir** *(to notice, to see)*
→ Je **reçois** beaucoup de coups de téléphone, mais je n'en **ai** jamais **reçu** de cet homme dont tu parles.

offrir	participe passé: offert	
(to offer)	j'**offre**	nous **offrons**
	tu **offres**	vous **offrez**
	il/elle/on **offre**	ils/elles **offrent**

→ Like **offrir: ouvrir** *(to open)*; **souffrir** *(to suffer)*
→ Ma grand-mère **souffre** d'arthrose. Elle en **a souffert** toute sa vie, la pauvre.

plaire	participe passé: plu
(to please)	

→ Most common forms: il/elle/on **plaît** ils/elles **plaisent**
→ Like **plaire: déplaire** *(to displease)*
→ Est-ce que le décor de ce restaurant **te plaît**?
→ *Do you like the decor of this restaurant? (Does the decor of this restaurant please you?)*

NOTE An indirect object is always used with **plaire** (something or someone is pleasing *to* someone), and thus the word order is the opposite of that in English:
Les mauvaises manières du serveur lui **ont déplu.**
He/She didn't like the waiter's bad manners.
(The waiter's bad manners displeased him/her.)

Jupiterimages/Botanica/Getty Images

Les Français prennent en moyenne un repas sur sept hors de chez eux et les Américains un sur deux. (*Francoscopie 2013*, p. 196)

Activités

A. Au restaurant. Vous entendez des fragments de conversation. Remplacez les mots en italique par les mots entre parenthèses et faites les changements nécessaires pour compléter les phrases suivantes.

1. *Tu* bois du Coca, n'est-ce pas? (Vous/Elle/Antoine et Adrien)
2. *L'ambiance de ce restaurant* me plaît beaucoup. (Les tableaux/Les nouveaux prix ne... pas/Ce quartier)
3. *Nous* ouvrons bientôt un bistro. (Ils/On/Mon cousin et moi)
4. *Je vous* offre une boisson. (Est-ce que vous me... ?/Le patron nous/Nous vous)
5. *L'attitude du serveur me* déplaît. (Le service nous/Les sports américains ne vous... pas/ Votre proposition ne nous... pas, au contraire)

B. Chez Chantal. Chantal reçoit des amis. Dans les extraits suivants de leurs conversations, complétez les phrases avec la forme appropriée d'un de ces verbes.

recevoir / boire / décevoir / offrir / servir / souffrir / plaire / déplaire

1. Hélène, qu'est-ce que tu ________ ce soir? Du vin?
2. Marc, je peux t' ________ quelque chose à boire aussi?
3. Est-ce que ce vin blanc vous ________?
4. Nous ________ rarement des amis, vous savez. Mon mari et moi travaillons tous les deux et, malheureusement comme tout le monde, nous ________ de la maladie moderne qui s'appelle «le manque de temps»!
5. Et les filles de Marc? Qu'est-ce qu'elles ________? Du Perrier, comme toujours?
6. Mais qu'est-ce qu'on entend? C'est Jacques Brel? J'espère que ses chansons ne vous ________ pas...
7. Bon, tout est enfin prêt. Je vous ________ un repas très simple, mais à la française!

Jacques Brel (1929–1978) était auteur, compositeur, interprète et acteur. Il est né en Belgique.

C. Questions indiscrètes. Posez les questions suivantes à un(e) partenaire. Faites un résumé de ses réponses à la classe.

1. Qu'est-ce que tu bois quand tu vas à une soirée?
2. Que préfères-tu boire après avoir travaillé au soleil?
3. Qu'est-ce que tu bois quand tu manges une pizza ou un sandwich?
4. Tu ouvres une bouteille de cidre ou de champagne au réveillon du Nouvel An?
5. Tu souffres de maux de tête quand on met la musique très fort en boîte ou dans une soirée? quand tu passes des examens?

Interactions

Utilisez les suggestions suivantes pour créer des conversations avec un(e) partenaire. Employez autant que possible le vocabulaire et la grammaire de la **Leçon 1**.

A. Je t'invite. Votre partenaire est un(e) ami(e). Dites-lui bonjour et discutez de choses et d'autres. Invitez-le/la à dîner chez vous. Il/Elle accepte avec plaisir. Demandez ce qu'il/elle préfère boire et manger. Demandez s'il/si elle aime la cuisine française. Suggérez un jour pour le dîner et décidez de l'heure. Il/Elle vous remercie.

B. Invitation au musée. Vous passez voir votre belle-mère qui habite assez loin de chez vous. Dites-lui bonjour et discutez de choses et d'autres. Demandez-lui si elle est libre le week-end prochain. Vous proposez d'aller à une exposition de tableaux impressionnistes au musée près de chez vous. Elle a quelque chose de prévu et ne peut pas accepter. Vous suggérez le week-end suivant et elle accepte. Fixez l'heure et la date de son arrivée. Elle vous remercie et vous répondez poliment.

Source: Pomme de pain

La Pomme de Pain, c'est quel type de restaurant? Qu'est-ce qu'on peut boire à La Pomme de Pain? Qu'est-ce qui vous plaît dans le menu?

DOSSIER D'EXPRESSION ÉCRITE Préparation

This chapter's writing focus is on comparison and contrast. One benefit of comparison and contrast is that it can be used to help the reader make a decision.

1. Write down the names of two of your favorite restaurants or two of the courses that you are currently taking in preparation for setting up the reader to make an informed choice.
2. After you have chosen your topic, write a list of similarities and a list of differences between the two restaurants or courses that you are going to describe. Consider the following aspects of your topic and any others that you can think of:

   restaurants: type of food, price, service, atmosphere, size of restaurant, placement of tables, location

   courses: subjects, teachers, requirements, grades, structure of the classes, tests, projects
3. Show your lists to at least one classmate to help brainstorm further ideas.

Liens culturels

Le monde est devenu un grand village

Dans les milieux lycéens et en fac, les jeunes ont souvent des amis dont la famille vient d'une autre région de France que la leur ou même d'une autre partie du monde, comme d'Afrique, des Antilles, du Moyen-Orient, d'Asie ou des Amériques. Le monde est devenu un grand village.

En Europe, le programme d'échanges Erasmus permet aux étudiants de licence d'étudier pendant un semestre ou une année entière dans l'un des 33 pays participants. Créé en 1987 pour 11 pays de l'espace européen, ce programme favorise la maîtrise d'une langue étrangère et il a déjà bénéficié à plus de 2 millions d'Européens. Depuis le film *L'Auberge espagnole*, la cause est entendue: les séjours étudiants en Erasmus, programmes d'études dans une fac européenne, c'est formidable! On s'y amuse «comme dans le film», confirme Shirly Elbase, une étudiante de Paris I. Mais pas seulement. Shirly a passé six mois très excitants à Liverpool. Elle a réussi des examens en anglais et connu une joyeuse bande venue du monde entier, qu'elle retrouve un week-end à Madrid, un autre à Rome.

Mais la mythologie Erasmus ne doit pas cacher la réalité: 4 000 bourses[1] Erasmus sur 27 000 n'ont pas été utilisées en 2008 et, d'une manière générale, les jeunes Français n'étudient pas assez à l'étranger.

Tous programmes confondus[2], sur les 2,2 millions d'étudiants, seuls 80 000 vont suivre des cursus[3] à l'étranger. Pire: la mobilité est en baisse – de 25% entre 2000 et 2006 – et ceux qui partent sont surtout des étudiants «aisés et initiés», déplore l'ancienne ministre de l'Enseignement supérieur, Valérie Pécresse.

«C'est grave à l'heure de la compétition mondiale», dit Nicolas Jacquet, le président de Campus France, l'agence d'État chargée de la mobilité internationale des étudiants, qui prône, dans un rapport, de multiplier les séjours à l'étranger par cinq en douze ans. Mais pour cela, que d'obstacles à lever, en tout cas à la fac! D'abord, les deux principaux, le mauvais niveau en langues et l'argent: la bourse est de 192 euros par mois pour un Erasmus, 400 euros pour les boursiers sur critères sociaux! Insuffisant pour vivre à l'étranger. Il faut donc que les parents puissent payer ou que les régions donnent des compléments.

Et puis, à la fac, le séjour à l'étranger reste souvent une sorte de récompense pour les meilleurs alors que, dans les grandes écoles[4], il est obligatoire dans le cursus. Seulement 679 établissements d'enseignement supérieur sur 3 500 étaient engagés l'an dernier dans un programme Erasmus.

Erasmus Mundus est un programme qui étend le concept d'une formation internationale au reste du monde. C'est un programme qui peut continuer à influencer la vie des jeunes, surtout si les ministres de l'Éducation peuvent renforcer leur coopération et résoudre les problèmes de financement et d'équivalence de diplôme.

Adapté de «Étudiants, voyagez plus!», *Le Nouvel Observateur*, mercredi 14 avril 2010, by Jacqueline de Linares, 2008.

[1]**bourses** *scholarships* [2]**confondus** *taken together* [3]**cursus** *curriculum* [4]**grandes écoles** *elite schools*

Jacques Loic/Photononstop/Photolibrary

Qu'est-ce que ce groupe de jeunes fait?

Compréhension

1. Pour quelles raisons dit-on que le monde est devenu un grand village?
2. Pourquoi l'article fait-il référence à la «mythologie» Erasmus?
3. Est-ce qu'il y a des bourses d'étudiants? Expliquez.
4. Quelles sont les difficultés les plus importantes dont on parle dans l'article?

Réactions

1. Et vous, pensez-vous que le monde est un grand village? Expliquez.
2. Est-ce qu'il y a des programmes comme Erasmus pour les étudiants américains? Expliquez.
3. Si vous aviez le choix, dans quel(s) pays est-ce que vous étudieriez? Expliquez pourquoi.

Extension

Faites une enquête parmi les copains/copines de classe. Posez les questions qui suivent et après, écrivez un paragraphe pour résumer ce que vous avez appris. Questions à poser: D'où venez-vous? Habitez-vous près de l'université? Habitez-vous à la résidence universitaire? chez vos parents? dans un appartement avec des copains/copines? Connaissez-vous des étudiants étrangers? D'où viennent-ils? Où habitent-ils? Votre université est-elle représentative du phénomène qu'est la présence de plus en plus importante d'étudiants étrangers?

Leçon 2

Comment offrir à boire ou à manger
Blog (suite)

Rappel: Have you reviewed definite articles, indefinite articles, partitive articles, and expressions of quantity? (Text pp. 48–49 and SAM pp. 32–35)

Premières impressions

1. Identifiez: les expressions pour offrir à boire et à manger, pour accepter ou refuser
2. Trouvez: a. ce que le restaurateur propose comme entrée[1]
   b. les fromages recommandés

Isabelle trouve sur Internet le blog du restaurateur de Chez Clément où elle va dîner jeudi avec Éric et Mme Fournier.

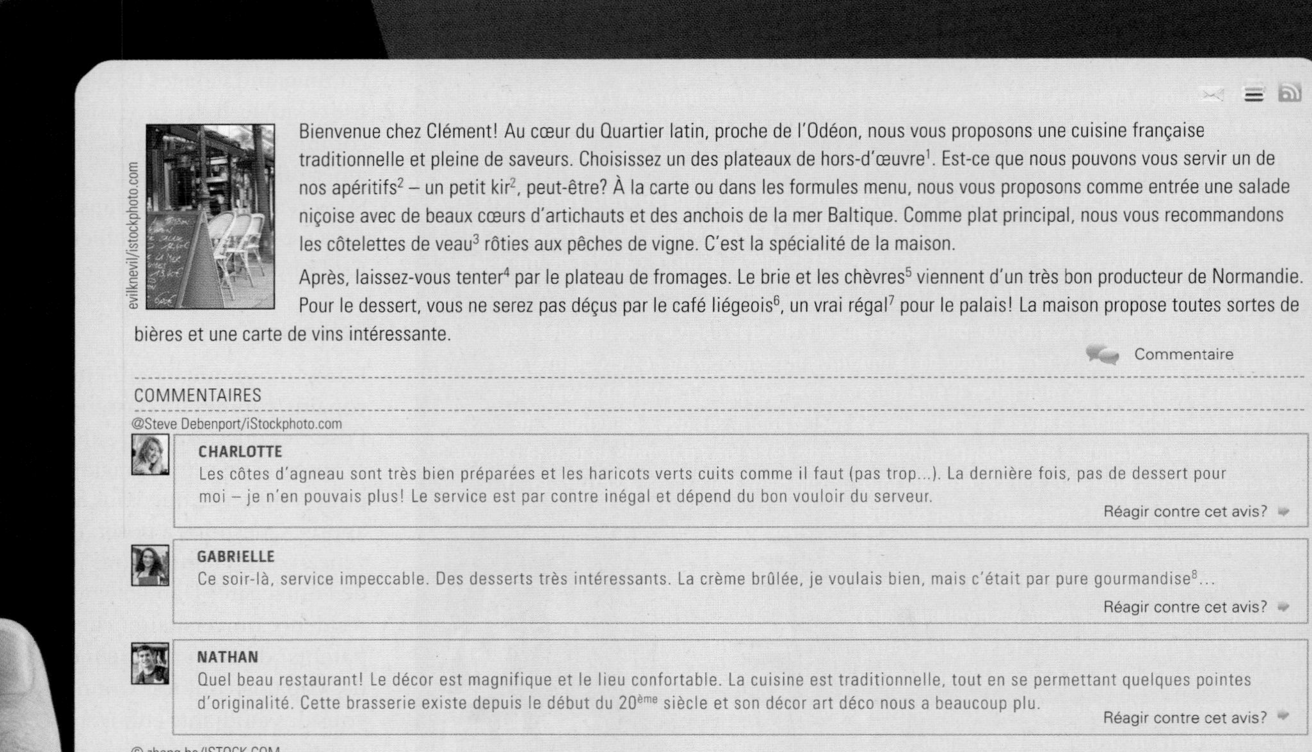

Bienvenue chez Clément! Au cœur du Quartier latin, proche de l'Odéon, nous vous proposons une cuisine française traditionnelle et pleine de saveurs. Choisissez un des plateaux de hors-d'œuvre[1]. Est-ce que nous pouvons vous servir un de nos apéritifs[2] – un petit kir[2], peut-être? À la carte ou dans les formules menu, nous vous proposons comme entrée une salade niçoise avec de beaux cœurs d'artichauts et des anchois de la mer Baltique. Comme plat principal, nous vous recommandons les côtelettes de veau[3] rôties aux pêches de vigne. C'est la spécialité de la maison.

Après, laissez-vous tenter[4] par le plateau de fromages. Le brie et les chèvres[5] viennent d'un très bon producteur de Normandie. Pour le dessert, vous ne serez pas déçus par le café liégeois[6], un vrai régal[7] pour le palais! La maison propose toutes sortes de bières et une carte de vins intéressante.

Commentaire

COMMENTAIRES

CHARLOTTE
Les côtes d'agneau sont très bien préparées et les haricots verts cuits comme il faut (pas trop...). La dernière fois, pas de dessert pour moi – je n'en pouvais plus! Le service est par contre inégal et dépend du bon vouloir du serveur.
Réagir contre cet avis?

GABRIELLE
Ce soir-là, service impeccable. Des desserts très intéressants. La crème brûlée, je voulais bien, mais c'était par pure gourmandise[8]...
Réagir contre cet avis?

NATHAN
Quel beau restaurant! Le décor est magnifique et le lieu confortable. La cuisine est traditionnelle, tout en se permettant quelques pointes d'originalité. Cette brasserie existe depuis le début du 20ème siècle et son décor art déco nous a beaucoup plu.
Réagir contre cet avis?

SAMUEL
C'est beau et c'est bon! Pour l'apéro, prendre le kir. Tchin-tchin[9]!
Réagir contre cet avis?

[1] Bien qu'en anglais le mot **entrée** *signifie le plat principal d'un repas, en français, il désigne le plat servi avant le plat principal.*
[2] un apéritif populaire qui se compose de vin blanc et de crème de cassis (black currant liqueur)

[1] *appetizer*
[2] *before-dinner drinks*
[3] **les côtelettes...** *veal chops*
[4] *to tempt, to try*
[5] *goat cheeses*
[6] **liégeois...** *coffee and vanilla ice cream on top of cold espresso*
[7] *treat, pleasure*
[8] **par...** *for the love of food/eating*
[9] *(familiar) Cheers!*

Observation et analyse

1. Qu'est-ce que le restaurateur propose comme apéritif? comme entrée? comme viande?
2. Comment est le décor de Chez Clément, d'après les clients? Et le service?
3. Après avoir lu le blog du restaurateur et les commentaires de quelques clients, est-ce que vous pensez qu'Isabelle va aimer le restaurant? Expliquez.

Réactions

1. Normalement, qu'est-ce que vous buvez avant un repas spécial? Et après?
2. Est-ce que vous avez déjà mangé du brie? du chèvre? Est-ce que les Français et les Américains accordent la même importance au fromage? Expliquez.
3. Avez-vous déjà écrit des commentaires sur des restaurants où vous avez mangé? Décrivez-les.

Ludovic Maisant/Encyclopedia/Corbis

On fabrique 400 fromages différents en France (La France aux 400 fromages – Agropolis-Museum).

Expressions typiques pour...

Offrir à boire ou à manger

(rapports intimes et familiaux)

Je t'offre/te sers quelque chose à boire/à manger?

On se boit un petit apéro[3]?

Tu veux du/un café?

Tu mangeras bien quelque chose?

Accepter

Oui, merci. Je veux bien.

Oui, merci bien.

Oui, volontiers.

Avec plaisir.

Je me laisse tenter. *(I'll give in to temptation.)*

Je veux bien, mais c'est par pure gourmandise.

Resservir

(rapports intimes et familiaux)

Encore un peu de vin?

Tu en reprends un petit peu?

Je te ressers?

©barbaradudzinska/Shutterstock.com

Vous aimez le chocolat?

Offrir à boire ou à manger

(rapports professionnels et formels)

Est-ce que je peux vous servir quelque chose?

Vous prendrez bien l'apéritif?

Vous laisserez-vous tenter par ce dessert au chocolat?

Que puis-je vous servir?

Refuser

Non, merci. Ça va comme ça.

Ce sera tout pour moi, merci.

Merci[4].

Je n'ai plus faim, merci.

Merci, mais je crois vraiment que je ne peux plus *(I've had enough)*.

Resservir

(rapports professionnels et formels)

Vous allez bien reprendre un peu de quiche?

Puis-je vous resservir?

©Nitr/Shutterstock.com

Qu'est-ce que vous prenez pour le petit déjeuner?

These expressions for accepting food and drink can be used in both formal and informal contexts.

[3] *(familiar) shortened form of* **apéritif**

[4] *with slight shake of the head to indicate "no, thank you"*

🔊 Mots et expressions utiles

La nourriture et les boissons

Chez Maurice *vous propose…*

Buffet froid°

Cold dishes

Assiette de charcuterie° 12,50 / Assiette-jambon de Paris 10,50 — *Cold cuts*

Œuf dur° mayonnaise 5,20 — *Hard-boiled egg*

SALADES COMPOSÉES°: Salade de saison° 6,60 / Thon° à l'huile 9,50 — *Salads / Seasonal salad / Tuna*

Salade niçoise (thon, anchois°, œuf, pommes de terre, tomate, poivron vert°) 13,50 — *anchovies / green pepper*

ŒUFS: Omelette nature° 8,50 / Omelette jambon 9,00 — *Plain omelette*

Buffet chaud°

Warm dishes

VIANDES: Côtelettes de porc° 11,40 / Côtes d'agneau° aux herbes 17,50 — *Pork chops / Lamb chops*

Brochette de poulet° 15,50 / Steak frites 12,15 / Lapin° forestier 12,40 — *Chicken skewer / Rabbit*

LÉGUMES: Asperges 5,50 / Choucroute° 11,00 / Épinards° 5,90 — *Sauerkraut / Spinach*

Petits pois° 4,90 / Haricots verts 5,90 / Pommes sautées 8,00 — *Peas*

PÂTES° 6,70 — *Noodles, Pasta*

Desserts

FROMAGES: Chèvre° 6,20 / Fromage blanc 6,40 / Gruyère, Camembert 6,20 — *Goat cheese*

Yaourt° 5,40 / Roquefort 6,40 — *Yogurt*

Tarte aux pommes° 7,00 / Crème caramel 6,40 / Coupe de fruits° 6,40 — *Apple pie / Fruit salad*

GLACES°: Poire Belle Hélène (poire, glace vanille, sauce chocolat, chantilly°, amandes grillées) 8,90 — *Ice cream / whipped cream*

Banana Split (glace vanille, fraise, chocolat, banane, chantilly) 9,00

Vins (au verre) & Bières

Côtes-du-Rhône 5,00 / Beaujolais 6,00 / Sauvignon 5,00 / Bordeaux blanc 5,00

Pression° 4,00 / Heineken 5,00 / Kronenbourg 5,00 / Bière brune 4,00 — *Draft*

Boissons fraîches

Perrier° 5,60 / Vittel° 5,60 / Fruits frais pressés 6,00 / Orangina° 5,60 — *type of sparkling mineral water / type of mineral water / type of orange soft drink*

Service 15 % compris. Nous acceptons la «Carte Bleue». *Prix en euros.

Au repas

un amuse-gueule *appetizer, snack*
un apéritif *before-dinner drink*
une boisson gazeuse *carbonated drink*
de l'eau plate/de l'eau gazeuse *plain, non-carbonated water/sparkling, carbonated water*

À votre santé! (À la vôtre!/À la tienne!) *To your health! / Cheers!*
Bon appétit! *Have a nice meal!*
Tchin-tchin! *(familiar) Cheers!*

Mise en pratique

Hmm… qu'est-ce que je pourrais prendre…? Une **brochette de poulet** avec des **asperges**? Ou une salade de **thon,** d'**anchois** et de **tomates**? Une **tarte aux pommes** ou une **glace**? Un petit verre de **vin** ou une **boisson gazeuse**? Hmm… C'est tellement difficile de choisir!

Activités

A. Au café. Qu'allez-vous offrir à ces personnes? Utilisez la liste des boissons à la page 60 comme guide. Employez aussi les différentes boissons de la liste à la page 62.

MODÈLE: Vous emmenez un ami au café.
—Je t'offre un Coca?

1. Vous emmenez un(e) client(e) au restaurant.
2. Vous invitez un(e) collègue à la maison pour prendre quelque chose à boire.
3. Vous allez en boîte avec des copains.
4. Votre patron(ne) prend l'apéritif chez vous.
5. Votre grand-mère est au café avec vous.

Offrir in this context means that you are going to buy your friend a drink.

B. Oui ou non? Allez-vous accepter ou refuser? Avec un(e) partenaire, jouez les scènes suivantes. Variez vos réponses en tenant compte de votre interlocuteur/interlocutrice.

1. Un(e) ami(e) vous offre l'apéritif.
2. Votre mère vous offre du lait chaud et vous détestez ça.
3. Le professeur de français vous offre un morceau de fromage de chèvre pendant une petite fête dans la salle de classe.
4. L'ambassadeur de France vous offre un kir à un cocktail officiel.
5. Un(e) collègue vous invite à prendre un pot.
6. Le patron/La patronne vous offre un chocolat chaud. Vous êtes allergique au chocolat.

Mirabelle Pictures/Shutterstock.com

Cherchez sur Internet où est situé le petit village de Rocamadour. Depuis environ 25 ans, cette cité médiévale reçoit 10 000 visiteurs pour la Fête des Fromages. Le rocamadour est une appellation de fromage de chèvre français.

BOISSONS

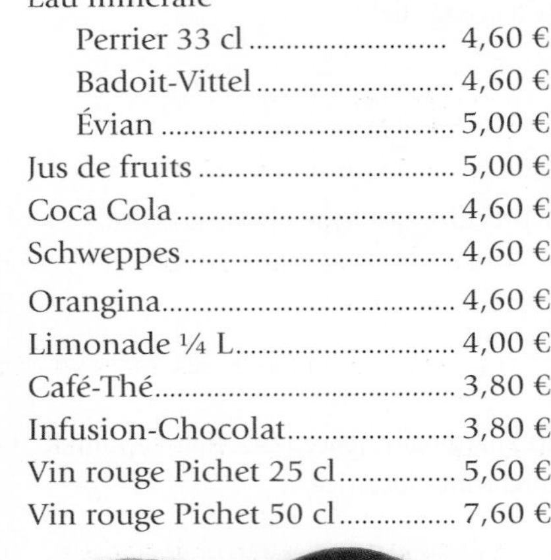

Eau minérale	
Perrier 33 cl	4,60 €
Badoit-Vittel	4,60 €
Évian	5,00 €
Jus de fruits	5,00 €
Coca Cola	4,60 €
Schweppes	4,60 €
Orangina	4,60 €
Limonade ¼ L	4,00 €
Café-Thé	3,80 €
Infusion-Chocolat	3,80 €
Vin rouge Pichet 25 cl	5,60 €
Vin rouge Pichet 50 cl	7,60 €
Bière 1664 Kronenbourg 25 cl	5,10 €
Ricard-Pontarlier 2 cl	4,70 €
Martini 5 cl	5,60 €
Whisky 4 cl	8,00 €
Baby Whisky 2 cl	5,00 €
Gin 2,5 cl	7,50 €
Porto 4 cl	7,00 €
Cognac 4 cl	9,00 €
Vin rouge Bt «Btes Côtes»	13,00 €
Vin rouge Bt «Santenay»	20,60 €
Bouteille de Champagne	47,00 €
½ Bouteille de Champagne	28,00 €

PRIX NETS

Notre prestation servie sur plateau étant assurée par le personnel accueil, une légère attente est possible. Nous vous remercions de votre patience.

Quelles boissons est-ce que vous préférez? Lesquelles est-ce que vous prenez le plus souvent?

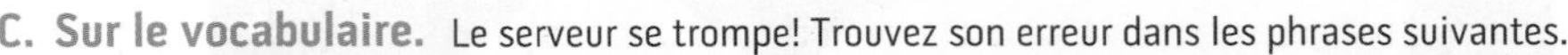

C. Sur le vocabulaire. Le serveur se trompe! Trouvez son erreur dans les phrases suivantes.

1. Aujourd'hui, comme salades, nous avons… une salade au crabe / une salade niçoise / une omelette nature / du thon à l'huile / des crudités.
2. Comme viandes… du poulet / un steak / du lapin / des petits pois.
3. Comme dessert… des côtes d'agneau / une crème caramel / une poire Belle Hélène / de la tarte aux pommes.
4. Et comme boisson… une pression / des coupes de fruits / des boissons gazeuses / des fruits frais pressés.
5. Maintenant, créez un exemple. Faites une liste de quatre plats dont un qui n'appartient pas à la même catégorie que les autres.

D. Imaginez. Utilisez les nouveaux mots de vocabulaire et ceux que vous avez appris auparavant pour imaginer les repas suivants.

1. Décrivez le déjeuner de quelqu'un qui a toujours un énorme appétit.
2. Imaginez le repas de deux végétariens.
3. Vous invitez Jacques Pépin[5] à dîner chez vous. Qu'est-ce que vous préparez?
4. Décrivez votre repas préféré.

E. Vous désirez? Utilisez le menu à la page 60 pour jouer les rôles d'un(e) client(e) et du serveur/de la serveuse au restaurant. Attention! Vous n'avez que 40 € à dépenser!

[5] C'est un grand chef de cuisine français.

La grammaire à apprendre

Les articles: choisir l'article approprié

You have reviewed the various types and forms of articles in *La grammaire à réviser*. The focus will now be on choosing the proper article.

A. The partitive article **(du, de la, de l', des)** is used to indicate that you want some part of a quantity. It is used for "mass" nouns, things that cannot be or are not usually counted.

> D'abord, il commande **des** crudités et **du** pain. Ensuite, il prend **du** lapin, **des** asperges et **de la** salade.
>
> *First of all, he orders* **some** *raw vegetables and bread. Next he has rabbit, asparagus, and salad.*

NOTE A partitive article is also used when mentioning abstract qualities attributed to people:

> Le serveur a **de la** patience avec ce client.
>
> *The waiter has patience (is patient) with this customer.*

B. The definite article **(le, la, l', les)** is used to:

- designate a specific object

> Tu peux me passer **le** sel et **le** poivre, papa? Et **l'**eau, s'il te plaît?
>
> *Can you pass me* **the** *salt and pepper, Dad? And* **the** *water, please?*

- express general likes, dislikes, and preferences

> Comme boisson, j'aime **l'**eau minérale, Évian ou Perrier, et **le** café.
>
> *As for drinks, I like mineral water, Évian or Perrier, and coffee.*

- make generalizations about objects, people, or abstract subjects

> J'admire **la** patience et **la** compétence chez un serveur.
>
> *I admire patience and competence in a waiter.*
>
> **Les** vins français sont plus secs que **les** vins américains.
>
> *French wines are drier than American wines.*

The definite article is also used with geographical names (countries, continents, mountains, lakes, rivers), names of seasons, names of languages, titles (e.g., **le commandant Cousteau**), and names of subjects and leisure activities **(les maths, la natation)**.

C. The indefinite article (**un, une, des**) is used to talk about something that is not specified or specific and corresponds to the English *a*, *an*, and *some*. If you can count the number of items you are mentioning, you will often use the indefinite article.

> Il y a **une** orange, **une** banane et **des** raisins secs dans le frigo.
>
> *There are an orange, a banana, and some raisins in the fridge.*
>
> Achetons **un** fromage de chèvre comme le rocamadour et **un** camembert.
>
> *Let's buy a goat cheese like the rocamadour and a camembert.*

When speaking French, you will normally use **des** with a plural noun to express indefiniteness. In English, we often omit this article.

> Le brie et le camembert sont **des** fromages à pâte molle.
>
> *Brie and camembert are soft cheeses.*

See **Chapitre 8, Leçon 2,** for further information on geographical names.

D. It can be difficult to differentiate between the definite article and the partitive article, especially when the definite article is used in a general sense. The statement **les pommes sont bonnes** can mean that all apples, as well as apples in general, are good. When talking in general terms, the definite article is usually used. Common verbs used with the definite article to state a preference are **admirer, adorer, aimer, détester, préférer,** and **mieux aimer**.

Elle **préfère le** Beaujolais.
*She **prefers** Beaujolais wine.*

Il y a des pommes sur la table implies that *there are some apples on the table.* The possible use of *some* in English should give you the hint that the partitive article is appropriate. Sometimes, however, it is not used in English.

Je mange souvent **des** pommes.
I often eat apples.

The partitive is often used with the following verbs: **acheter, avoir, boire, demander, donner, manger, prendre,** and **vendre.**

Elle **boit** souvent **du** café.
*She often **drinks** coffee.*

Observe these examples to help you discern the correct article:

L'article défini	L'article partitif
Elle adore **la** glace.	Elle vend **de la** glace dans son supermarché.
Il déteste **le** lait.	Il prend **du** lait dans son café seulement le matin.

NOTE If you want to say that you like *some* type of food or drink, the following constructions can be used:

J'aime **certains** fromages.
Il y a **des** fromages que j'aime (et **d'autres** que je n'aime pas).

See **Chapitre 8, Leçon 1,** for a complete explanation of negative expressions.

E. As you may remember, when you use an expression of quantity, no article follows **de.** The same is true for a negative expression of quantity. For example, negative expressions such as **ne... pas, ne... plus,** and **ne... jamais** are followed by **de** without an article.

Il reste **un peu de** jus d'orange.
*There is **a little** orange juice left.*
Tu veux **du** café, alors?
*Do you want **some** coffee, then?*
Non merci, je **ne** veux **pas de** café.
*No thank you, I **don't** want **any** coffee.*

Il **ne** prend **jamais de** jus de pomme.
*He **never** takes **any** apple juice.*
Il **n'**y a **plus de** viande dans le congélateur.
*There is **no more** meat in the freezer.*

©Poznyakov/Shutterstock
Nous adorons la glace.

Activités

A. Conversation au café. Le café est un endroit très bruyant! On dirait que tout le monde parle en même temps. Complétez les fragments de conversation suivants. N'oubliez pas de conjuguer les verbes et d'ajouter les articles appropriés.

1. Tu / préférer / boire / boissons gazeuses / ou / boissons alcoolisées?
2. Nous / commander / Coca light *(diet)*.
3. Moi, je / ne… jamais / prendre / boissons alcoolisées. Je / prendre / eau minérale.
4. Anglais / à cette table là-bas / boire / trop / bière!
5. serveuse / avoir / patience / avec / Anglais, n'est-ce pas?

B. Une lettre. Édouard vient de recevoir une lettre des États-Unis, mais elle a été endommagée *(damaged)* à la douane et quelques passages ne sont plus très lisibles. Aidez Édouard à lire la lettre en remplissant les blancs avec l'article défini ou indéfini, le partitif ou **de**, selon le cas.

le 4 novembre

Cher Édouard,

Dans ta dernière lettre, tu m'as demandé _______ nouvelles d'Allal. Tu sais qu'il devait partir le 8 septembre. Il a été très heureux de son séjour. _______ semaine dernière, il a tenu à remercier ses amis pour tout ce qu'ils avaient fait pour lui pendant son séjour aux États-Unis. Il a décidé de nous inviter à prendre _______ «brunch» chez lui. Il voulait servir _______ repas français, marocain et américain. Il a servi _______ jus d'orange et _______ café au début. Il a mis beaucoup _______ pain sur _______ table. Il a préparé _______ belle omelette décorée avec _______ olives et _______ tranches _______ tomates. _______ viande était assaisonnée avec _______ épices d'Afrique du Nord. _______ dessert était bien américain – _______ «bananas splits»! Nous avons accompagné le tout d'un bon thé à la menthe. Dommage que tu n'aies pas pu être des nôtres.

Grosses bises,

Jessica

C. Généralisations. Utilisez des stéréotypes pour compléter les phrases suivantes.

1. Aux États-Unis, on mange souvent…
2. Au contraire, en France, on préfère…
3. Avec les repas, les Américains prennent souvent…
4. Mais les Français boivent…
5. Les Américains pensent que les Français ne… pas…
6. Mais les Français pensent que les Américains mangent trop…

D. Questions indiscrètes. Posez les questions suivantes à un(e) partenaire. Faites un résumé de ses réponses à la classe.

1. LE PETIT DÉJEUNER: À quelle heure est-ce que tu prends le petit déjeuner? Qu'est-ce que tu bois? Qu'est-ce que tu manges? Combien de fois par semaine est-ce que tu ne prends pas de petit déjeuner?
2. LE DÉJEUNER: Où est-ce que tu déjeunes quand tu es sur le campus? Qu'est-ce que tu manges le plus souvent? Qu'est-ce que tu préférerais manger si tu avais plus de temps ou plus d'argent?
3. LE GOÛTER *(snack around 4 P.M.)*: Tu prends un goûter? Et quand tu étais petit(e)? Si oui, qu'est-ce que tu prenais? Tu grignotes *(Do you snack)* souvent entre les repas? Si oui, qu'est-ce que tu prends?
4. LE DÎNER: À quelle heure est-ce que tu dînes? Qu'est-ce que tu prends au dîner? Tu invites souvent des amis à dîner? Parle de ce que tu leur sers.

Interactions

Utilisez les suggestions suivantes pour créer des conversations avec un(e) partenaire. Employez autant que possible le vocabulaire et la grammaire de la **Leçon 2.**

A. Invitation à la maison. Vous invitez quelqu'un de très spécial chez vous. Demandez s'il/si elle:

1. préfère la viande, le poisson ou les légumes
2. aime la cuisine française
3. boit de l'eau plate ou de l'eau gazeuse
4. regarde la télé pendant les repas
5. peut laisser son chien chez lui/elle ou dehors
6. est allergique à certains fruits ou légumes

To form comparisons in French, follow these models:
plus/aussi/moins + adjective + **que**
plus/aussi/moins + adverb + **que**
plus de/autant de/moins de + noun + **que**
For more information, see **Chapitre 9**, pp. 368–369.

B. Invitation. Vous invitez un(e) ami(e) à prendre un apéritif.

1. Offrez-lui à boire.
2. Parlez du temps qu'il fait et de vos activités quotidiennes.
3. Offrez-lui une autre boisson. (Il/Elle refuse.)
4. Posez toutes sortes de questions sur sa famille et ses amis.
5. Votre ami(e) doit partir. Donnez-lui rendez-vous la semaine prochaine.

DOSSIER D'EXPRESSION ÉCRITE Premier brouillon

1. Use the characteristics that you brainstormed in **Leçon 1** to begin writing your first draft. Write an introductory paragraph in which you acquaint the reader with your topic.
2. In your second paragraph, present the similarities between the two restaurants or courses.
3. In your third paragraph, describe the differences between the two.
4. Write a draft of your concluding paragraph in which you summarize your main points. You may want to recommend one of the two restaurants or courses or allow the reader to make his/her own decision.

Liens culturels

Quel repas est-ce que cette famille prend?

Les repas en France

Pendant le repas, gardez les mains sur la table de chaque côté de votre assiette. Mettez le pain directement sur la table. Mangez-le en petits morceaux.

On ne sert habituellement pas de beurre au déjeuner ou au dîner en France. Par contre, on en sert toujours au petit déjeuner. Beurrez vos tartines entières, ajoutez-y un peu de confiture et croquez la tartine à belles dents!

En France, on ressert souvent les invités: il est poli de reprendre un peu de l'un des plats (même en petite quantité). Il est aussi poli de refuser en disant que c'est très bon, mais qu'on n'a plus faim.

Les repas français sont plus longs que les repas américains (surtout les repas pris avec des amis, des parents, etc.) parce que les Français aiment prendre leur temps pour savourer et pour passer un bon moment.

Les enfants prennent un goûter en rentrant de l'école. Pamela Druckerman, l'auteur de *Bringing Up Bébé,* raconte qu'elle n'a jamais vu d'enfant français grignoter[1] quoi que ce soit[2] avant midi. Aux États-Unis, c'est fréquent de voir les parents utiliser des snacks pour calmer et contrôler leur progéniture. Est-ce que cela expliquerait qu'il y a seulement 3,1% des petits Français entre 5 et 6 ans qui sont obèses? Aux USA, 10,4% des petits Américains entre 2 et 5 ans sont obèses (p. 200, Penguin Press, New York, 2012). De plus, les petits Français ont une nourriture saine, ce qui veut dire qu'ils mangent souvent des légumes, comme des haricots verts, des épinards et des carottes. Beaucoup de parents s'occupent sérieusement de l'éducation culinaire de leurs enfants. Ils présentent chaque légume lentement et plusieurs fois pour que l'enfant apprenne peu à peu à tout manger (pp. 201–202, Druckerman). Les menus pour les crèches de Paris sont préparés avec soin. Druckerman explique que c'est la Commission Menus à Paris qui décide de ce que les crèches de Paris vont servir comme déjeuner. Un diététicien vérifie que chaque repas a quatre plats – une entrée, un plat principal, un fromage et un dessert (p. 204, Druckerman) – et que le menu est varié et intéressant.

Mais il faut dire que les habitudes culinaires françaises changent peu à peu. Les repas en France se passent de moins en moins à heure fixe: la cause semble en être les activités des membres de la famille. Cela veut dire que les parents et les enfants mangent moins souvent ensemble et que les gens achètent de plus en plus dans les «fast-foods». Pire, les jeunes grignotent aussi au lieu de déjeuner. Au chagrin des grands-mères, les habitudes culinaires des Français sont donc bien en train d'évoluer.

Si vous êtes invité(e) à manger chez des Français, restez pour bavarder avec vos hôtes après le repas. En partant, complimentez l'hôte (l'hôtesse) sur son repas.

Adapté de *Francoscopie 2007*, 2013, pp. 189–190, par Gérard Mermet

[1]**grignoter** *snack* [2]**quoi que...** *whatever*

Compréhension

1. Imaginez que vous passez la journée dans une famille française. Comment mangez-vous votre pain? Que dites-vous quand on vous ressert un plat?
2. Est-ce que les enfants français mangent entre les repas? Expliquez.
3. Que fait la Commission Menus de Paris?
4. Les habitudes culinaires françaises sont-elles en train de changer?

Réactions

1. En quoi les habitudes culinaires américaines sont-elles différentes de celles des Français?
2. Est-ce que certaines habitudes françaises vous paraissent plus logiques que celles des Américains? Expliquez.
3. Parlez de votre éducation culinaire et comparez-la à l'éducation culinaire d'un petit Français/d'une petite Française. Aimez-vous les légumes? Expliquez pourquoi. Aimez-vous les haricots secs? Préparés de quelles façons?

Extension

Faites des recherches sur Internet pour comparer les menus dans des crèches et des écoles en France avec les menus dans des écoles américaines. Cherchez «commission des menus» ou «commission menus» en français. Trouvez au moins deux exemples français et deux exemples américains. Écrivez un paragraphe pour résumer ce que vous avez trouvé.

LEÇON 3

COMMENT POSER DES QUESTIONS ET RÉPONDRE

Conversation

Track 5

Rappel: Have you reviewed interrogative expressions? (Text p. 49 and SAM p. 35)

Premières impressions

1. Identifiez: les mots spécifiquement utilisés pour poser des questions
2. Trouvez: a. où est M. Fournier en ce moment
   b. où est le frère d'Isabelle

À la fin du repas au restaurant, Isabelle, Éric et Mme Fournier boivent un déca° et ils continuent à discuter de choses et d'autres°.

decaf

discuter... *to talk about this and that*

ISABELLE Oh, c'était délicieux. Quel bon choix de restaurant! Merci beaucoup de m'avoir invitée à dîner avec vous ce soir!

MME FOURNIER De rien, cela nous a fait plaisir de te revoir.

ISABELLE Oui, moi aussi. Et M. Fournier, où est-il?

MME FOURNIER Ah, il est parti en voyage d'affaires à Boston. Il voyage beaucoup pour son travail.

ÉRIC C'est vrai. On ne le voit plus jamais ou presque. Il a toujours un congrès° quelque part.

conference

MME FOURNIER Oui, il y a tellement de choses qui changent en médecine. Il faut rester au courant. Et avec ses responsabilités de chef du service de cardiologie, il n'a pas le choix.

ISABELLE Oui, pour ma mère, c'est pareil°. Elle voyage tout le temps pour son travail. C'est fou!

the same

MME FOURNIER Oui, d'ailleurs comment va-t-elle?

ISABELLE Elle va bien. Le petit cabinet de comptabilité qu'elle a créé il y a longtemps s'est beaucoup agrandi. Donc, ça prend tout son temps...

ÉRIC Et ton frère, Christian, qu'est-ce qu'il devient°?

qu'est-ce... *(familiar) what's become of him*

ISABELLE Christian, euh... eh bien, il est professeur d'histoire, comme il le voulait. Mais il prend une année sabbatique en ce moment pour donner des conférences° sur son nouveau livre.

lectures

MME FOURNIER Ah, très bien... Bon, quand mon mari sera de retour, on se fera un plaisir de te recevoir à la maison.

ISABELLE Oui, ça me fera très plaisir aussi! C'est vraiment gentil.

Observation et analyse

1. Quelle est la profession de M. Fournier? Et celle de Christian?
2. Que pensent Éric et Isabelle des voyages de leurs parents?
3. Qu'avez-vous appris sur le frère d'Isabelle?
4. Quelle invitation est-ce qu'Isabelle reçoit?
5. Quel est le statut socio-économique des familles d'Éric et d'Isabelle?

Réactions

1. Est-ce que votre père ou votre mère part souvent en voyage d'affaires? Si oui, quelle est votre réaction et celle de vos frères et sœurs? Quelles questions est-ce qu'il/elle pose à son retour?
2. Quelle sorte de questions est-ce que vous posez quand vous n'avez pas vu quelqu'un depuis longtemps?
3. Que pensez-vous des parents qui voyagent souvent et qui laissent les enfants à la maison?

Expressions typiques pour...

Poser des questions et répondre

- In general, when seeking information from someone, you should first use expressions that lead up to questions so as not to appear too rude or blunt. For example:

À un(e) inconnu(e)	**À votre ami(e)**
Pardon, monsieur. Pourriez-vous me dire...?	Est-ce que tu peux m'indiquer...?
Excusez-moi, madame, mais est-ce que vous savez...?	Est-ce que tu sais...?
J'aimerais savoir..., s'il vous plaît.	Dis-moi, s'il te plaît, est-ce que...
	Excuse-moi, mais...

- Asking questions can take many forms. You may wish to request information about time, location, manner, number, or cause, as in the following situation:

  VOYAGE À PARIS: Où se trouve la tour Eiffel?
  Il y a un ascenseur pour y monter?
  Mon Dieu! Pourquoi il y a tant de touristes ici?

- Or you may wish to ask about persons or things:

  Qui va monter avec moi? Marine?
  Qu'est-ce que tu fais? Allons-y!
  Regarde la belle vue! Lequel de ces bâtiments est notre hôtel?

- Most answers to requests for information are fairly straightforward:

  —Est-ce que vous savez où se trouve la sortie?
  —Mais oui, mademoiselle. Là-bas, au fond à droite.

- However, an affirmative answer to a negative question requires the use of **si**, instead of **oui**:

  —Ce billet *(ticket)* n'est plus valable *(valid)*?
  —Si, mademoiselle, il l'est toujours.

©Det-anan/Shutterstock.com

La tour Eiffel s'illumine tous les soirs. Pour des photos et une visite panoramique à 360 degrés, voir le site officiel de la tour Eiffel: http://www.tour-eiffel.fr/

Vocabulary: manifester *to protest; to demonstrate;* **préparer (un examen)** *to prepare, study for an exam;* **se présenter à (un examen)** *to be a candidate for an exam;* **redoubler/refaire une année** *to repeat a year of study;* **repasser un examen** *to re-take a test;* **la rentrée (des classes)** *beginning of the school year;* **les travaux dirigés (TD)** [m pl] *tutorials;* **les travaux pratiques (TP)** [m pl] *exercises, lab;* **suivre un cours en ligne sur Internet** *take an online course*

Mots et expressions utiles

L'enseignement

un cours magistral [pl magistraux] *lecture*

un congrès *conference*

une leçon particulière *private lesson*

une lecture *reading*

facultatif/facultative *elective; optional (subject of study)*

obligatoire *required (subject of study)*

les frais [m pl] d'inscription *registration fees*

une matière *subject, course*

la note[6] *grade*

se spécialiser en *to major in*

assister à un cours *to attend a class*

se débrouiller *to manage, get along*

manquer, sécher *(familiar)* un cours *to miss, skip a class*

réviser (pour) *to review (for)*

passer un examen *to take an exam*

réussir à un examen *to pass an exam*

échouer (à) *to fail*

rater *to flunk*

rattraper *to catch up, to retake*

tricher (à) *to cheat*

Divers

discuter de choses et d'autres *to talk about this and that*

pareil(le) *the same*

Mise en pratique

Mes parents me disent que si j'**échoue à** mes examens de fin d'année, ils ne paieront plus mes **frais d'inscription.** Oh, mais ce sont des soucis *(worries)* inutiles! Je **me débrouille** bien dans mes cours. Je n'**ai manqué** que deux ou trois **cours** ce semestre, j'**ai assisté à** tous les **cours magistraux** et j'ai fait toutes les **lectures,** même dans les **matières facultatives,** et mes **notes** sont bonnes. Mais je dois **réviser pour** l'examen final parce que j'ai pris du retard la semaine passée. Il y avait beaucoup de boulot au magasin où je travaille et j'ai fait des heures supplémentaires. Il faut que je **rattrape.** Je ne veux tout de même pas **rater** le dernier examen!

Nikada/iStockphoto.com

Préférez-vous travailler en petits groupes ou assister à un cours magistral? Expliquez pourquoi.

[6] En France, les notes vont de 0 à 20: 17–20 = très bien; 14–16 = bien; 12–13 = assez bien; 10–11 = passable; moins de 10 = insuffisant (ne permet pas de passer dans la classe supérieure).

Activités

A. La recherche de renseignements. Posez les questions suivantes de manière courtoise en utilisant les ***Expressions typiques pour...***

MODÈLE: (à un[e] inconnu[e]) où se trouve le musée Pablo Picasso
—Pardon, monsieur. Pourriez-vous me dire où se trouve le musée Pablo Picasso?

1. (à votre ami[e]) à quelle heure est notre cours d'anglais
2. (à votre ami[e]) où on peut acheter une encyclopédie sur Internet
3. (à un[e] inconnu[e]) combien coûtent les livres pour le cours de philosophie
4. (à un[e] inconnu[e]) où trouver la salle où a lieu la conférence du Professeur Rousset
5. (à votre ami[e]) à quelle heure ouvre la cafétéria

B. Vous êtes le prof. Vos élèves ne comprennent pas les mots suivants. Aidez-les en leur donnant un synonyme pour chaque élément du premier groupe et un antonyme pour les éléments du deuxième groupe. Utilisez les ***Mots et expressions utiles.***

Synonymes

1. une réunion professionnelle
2. un discours littéraire ou scientifique
3. une évaluation
4. se présenter à un examen
5. parler de beaucoup de choses différentes
6. quelque chose qu'on lit

Antonymes

1. assister à un cours
2. facultative
3. une matière obligatoire
4. réussir à un examen
5. différent

Robert Kneschke/Shutterstock.com

Réussissez-vous à tous vos examens?

La grammaire à apprendre

Les pronoms interrogatifs

When forming information questions in French with interrogative pronouns, different forms are used according to whether you are referring to persons or things, and whether you are referring to a subject, direct object, or object of a preposition. Either **est-ce que** or inversion can be used, although **est-ce que** is more common and almost exclusively used in spoken context. (See contexts below where neither is used.)

Hint: Subject = doer of action
Direct object = receiver of action
Object of preposition = word(s) that follow a preposition

A. Questions sur les gens *(who/whom)*

Regardless of how it is used in the question, **qui** will be appropriate.

Qui emmène papa à l'aéroport? *(subject)*

Neither inversion nor **est-ce que** is used. **Qui est-ce que/qui** is an alternate form, although the simple **qui** is more commonly used.

Qui est-ce qu'il va rencontrer au congrès? *(direct object)*
Qui va-t-il rencontrer au congrès?

Questions about objects of prepositions begin with the preposition, contrary to spoken English.

Chez **qui** est-ce qu'il compte rester? *(object of preposition)*

Chez **qui** compte-t-il rester?

NOTE **Qui** does *not* contract: **Qui** est ici?

B. Questions sur les choses *(what)*

The manner in which the word *what* is used in the sentence determines which interrogative expression is used. Note the different forms used below depending on whether *what* is the subject or direct object of the sentence.

Qu'est-ce qui se passe? *(subject)*

In the example above **(qu'est-ce qui),** neither inversion nor **est-ce que** is used.

Qu'est-ce que tu bois? *(direct object)*

Que bois-tu? *(direct object)*

Short questions with a noun subject and simple tense use the order **que** + verb + subject: **Que** boivent tes amis?

Avec **quoi** est-ce que nous pouvons ouvrir cette bouteille? *(object of preposition)*

Avec **quoi** fait-on une vinaigrette?

NOTE **Que** contracts to **qu'** before a vowel or mute **h: Qu'**as-tu bu?

C. Demander une définition

Qu'est-ce que c'est? *What is it?*

Qu'est-ce que la démocratie? *What is democracy?*

Qu'est-ce que c'est que la démocratie? *What is democracy?*

La démocratie, **c'est quoi**? *(familiar) What is democracy?*

In all four cases, you are asking for a definition or explanation of what something is.

Activités

A. Imaginez. Vous vous trouvez à une soirée organisée par le patron de votre fiancé(e). L'hôtesse et les invités vous ont posé beaucoup de questions. Voici vos réponses. Imaginez les questions qui ont inspiré chacune de vos réponses.

1. Je voudrais *un Coca*, s'il vous plaît.
2. Je suis venu(e) avec *ma fiancée Nathalie (mon fiancé Christophe)*.
3. Ça? *Oh, ce ne sont que les initiales de mon nom.*
4. Malheureusement, *on ne passe pas grand-chose d'intéressant* au cinéma ce soir.
5. En dehors de mon travail, je m'intéresse surtout *au cinéma et au théâtre.*
6. C'est *un ami de Bruno.*

B. Au restaurant. Dans un restaurant, vous entendez le serveur poser les questions suivantes. Complétez les questions avec **qui, que, quoi,** etc., selon le cas. N'oubliez pas d'utiliser **est-ce que** si nécessaire.

1. Bonjour, monsieur. _________ aimeriez-vous manger aujourd'hui? *(What)*
2. _________ vous voudriez boire? *(What)*
3. Pardon, monsieur, mais _________ a commandé la salade niçoise? *(who)*
4. _________ vous plairait comme dessert? *(What)*
5. _________ vous a recommandé ce restaurant? *(Who)*
6. _________ je peux vous apporter? *(What)*
7. «Une Cadillac»? _________? *(What is it?)* Une boisson?
8. De _________ est-ce qu'un kir se compose? *(what)*

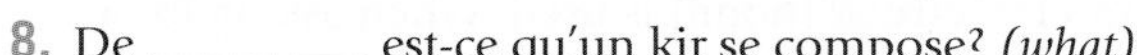

C'est un dîner spécial? Comment le savez-vous? Que fêtent-ils?

La grammaire à apprendre

Quel et *lequel*

A. Quel *(What, Which)*

	SINGULIER	PLURIEL
Masculin	quel	quels
Féminin	quelle	quelles

Quel is an interrogative *adjective* and thus must agree in number and gender with the noun it modifies.

> **Quel** vol est-ce que vous prenez?
>
> À **quelle** porte d'embarquement *(departure gate)* est-ce qu'il faut aller?

Quel is also used when asking someone to identify or describe himself/herself or his/her belongings. The construction **quel** + **être** + [noun] asks *what (which) is/are.*

> **Quelle est** votre nationalité? **Quels sont** vos horaires de travail?

NOTE In the above examples, the noun that **quel** modifies follows the verb **être.**

> **Quelle est** votre nationalité? = **Quelle** nationalité avez-vous?

When asking for identification, **quel** + **être** + [noun] is used. When asking for a definition, **qu'est-ce que** is used.

> —**Quelle est** votre profession?
> —Je suis herboriste.
> **—Qu'est-ce qu'**un herboriste?
> —C'est quelqu'un qui vend des plantes médicinales.

B. Lequel *(Which one, Which)*

	SINGULIER	PLURIEL
Masculin	lequel	lesquels
Féminin	laquelle	lesquelles

Lequel is an interrogative *pronoun* that agrees in number and gender with the noun it stands for. It always refers to one, or more than one, of a pair or group.

> Vous connaissez une des sœurs Dupont? **Laquelle**?
>
> **Lequel** de ces garçons est son frère? Je ne le reconnais pas sur cette photo.

Lequel contracts with **à** and **de** in the same manner as the definite article.

> **auquel, à laquelle**
> **auxquels, auxquelles** } *to, at, in which one(s)*
>
> —Je m'intéresse à plusieurs clubs sociaux de l'université.
> —Moi aussi! **Auxquels** est-ce que tu t'intéresses?
>
> **duquel, de laquelle**
> **desquels, desquelles** } *of, about, from which one(s)*
>
> —J'étais en train de parler d'un film que j'ai vu récemment.
> —Ah, oui? **Duquel** tu parlais?

Activités

A. L'inscription. Vous allez suivre des cours à la Sorbonne cet été, mais vous avez plusieurs questions à poser en ce qui concerne votre inscription. Complétez les questions avec une forme de **quel.**

1. ________ est la date du premier jour des cours?
2. ________ sont les frais d'annulation si je décide de ne pas y aller?
3. ________ sorte d'hébergement est disponible pour les étudiants étrangers?
4. ________ sont les activités culturelles organisées par l'université?

Maintenant, complétez les questions avec une forme de **lequel.**

5. Madame, vous avez mentionné la possibilité d'une bourse de la ville. J'ai des renseignements sur plusieurs bourses. ________ est-ce que vous parliez?
6. Je sais que je dois remplir un de ces formulaires, mais ________?

B. Au café. Des amis se retrouvent dans un café près de l'université. Ils discutent de choses et d'autres. Complétez les questions avec une forme de **quel** ou de **lequel.**

1. —Je suis sortie avec un des maîtres-assistants hier soir.
   —Vraiment! Avec ________?
2. —Nous avons vu un film.
   —________ film est-ce que vous avez vu?
3. —J'aime la plupart de mes cours ce semestre.
   —________ est-ce que tu aimes le mieux?
4. —Vous savez, j'ai raté mon examen de… *(bruit à l'extérieur)* aujourd'hui.
   —Comment? ________ examen est-ce que tu as raté?
5. —________ de ces boissons est à moi?

C. Chez Marie. Marie et son amie Alice sont en train de parler de leurs enfants. Complétez la conversation avec une forme de **quel** ou de **lequel,** selon le cas.

—Je sais qu'on ne doit pas comparer ses enfants, mais il faut dire que de mes deux enfants, Paul est l'athlète et Marc est l'intellectuel.

—Ah, oui? ________ est le plus âgé?

—Paul a trois ans de plus que Marc.

—________ est-ce que j'ai vu bavarder avec toi l'autre jour?

—________ jour?

—Tu te souviens, devant la boulangerie…

—Ah, oui, c'était Marc. Tiens! Voilà quelques photos d'eux.

— Elles sont bien, ces photos, surtout ces deux-là. Et toi, ________ est-ce que tu préfères?

—Je les aime toutes. Mais parlons de tes enfants. ________ âge a Cécile?

—Elle aura dix-neuf ans dans un mois.

—En ________ année de fac est-ce qu'elle est?

—Elle est en deuxième année et toujours à Bordeaux.

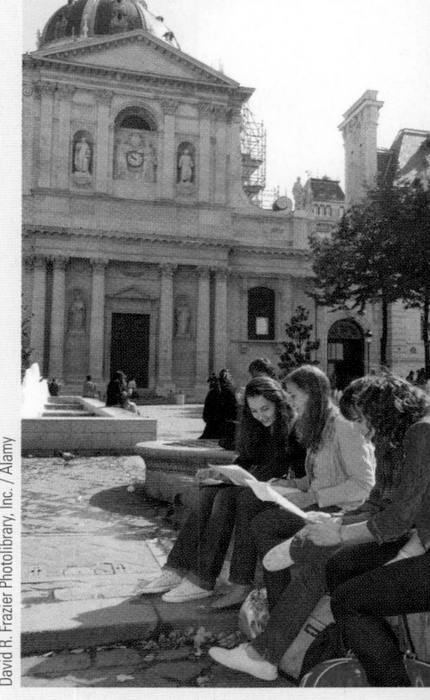

David R. Frazier Photolibrary, Inc. / Alamy

Qu'est-ce que ces jeunes filles font en attendant leur premier cours à la Sorbonne? Quels cours suivent-elles, à votre avis?

D. Question de goût! Demandez à votre partenaire ses préférences en ce qui concerne les sujets ci-dessous. Utilisez une forme de **quel**, puis de **lequel**, selon le modèle.

MODÈLE: la musique
—Quelle sorte de musique est-ce que tu aimes?
—Lequel de ces genres préfères-tu: le rock ou le jazz?

1. les sports
2. les films
3. la cuisine
4. les boissons
5. les moyens de transport
6. les automobiles

Interactions

Utilisez les suggestions suivantes pour créer des conversations avec un(e) partenaire. Employez autant que possible le vocabulaire et la grammaire de la **Leçon 3**.

A. La vie universitaire. Votre meilleur(e) ami(e) et vous n'êtes pas inscrit(e)s à la même université. Vous ne vous êtes pas vu(e)s depuis la rentrée. Posez-lui cinq à dix questions sur la vie universitaire (les classes, les autres étudiants, les professeurs, la nourriture, les résidences universitaires, la vie sociale, etc.). Utilisez des expressions interrogatives.

B. Une question d'argent. Votre copain/copine veut vous emprunter 300 $. Vous aimez beaucoup cette personne. Mais vous vous demandez pourquoi il/elle veut vous emprunter de l'argent. Posez-lui cinq à dix questions pour en comprendre la raison. Votre copain/copine va répondre aux questions.

DOSSIER D'EXPRESSION ÉCRITE Deuxième brouillon

1. Write a second draft of your paper from **Leçon 2**, incorporating more detail and adding examples to clarify the comparisons and contrasts.
2. You might want to add a rhetorical question or two to your paper to add interest.
3. To strengthen the comparisons and contrasts, use some of the following expressions:

EXPRESSIONS UTILES: de la même façon *(similarly)*, **similaire à, partager les mêmes caractéristiques, en commun avec, se ressembler, paraître** *(to seem)*, **en revanche** *(on the other hand)*, **par contraste avec, par opposition à, différent de, se distinguer de** *(to differ from)*

Liens culturels

RÉPUBLIQUE FRANÇAISE

MINISTÈRE DE L'ÉDUCATION NATIONALE

ACADÉMIE D' AIX-MARSEILLE

DIPLÔME DU BACCALAURÉAT
DE L'ENSEIGNEMENT DU SECOND DEGRÉ

Vu le procès-verbal de l'examen du Baccalauréat de l'Enseignement du Second Degré établi le 06 JUILLET 1987 par le Président du Jury, enseignant à l'Université,

Le Diplôme du Baccalauréat de l'Enseignement du Second Degré

en A1 - SERIE : PHILOSOPHIE-LETTRES,OPTION : LETTRES-MATHEMATIQUES

est conféré à MR BOUVIER FREDERIC PIERRE LUCIEN MARIE

né(e) le 28 MAI 1968 , à MARSEILLE (013)

pour en jouir avec les droits et prérogatives qui y sont attachés.

Pour expédition conforme
Le Secrétaire général de l'Académie

M. BRAUNSTEIN

Signature du titulaire :

Fait à AIX EN PROVENCE , le 16 SEPTEMBRE 1987
Pour le Ministre de l'Éducation Nationale et par délégation :
Le Recteur de l'Académie D' AIX-MARSEILLE
Signé : CHARLES ZORGBIBE

N° 130013187

Roland Bouvier/Alamy

Le bac et l'entrée à l'université

«Passe ton bac d'abord!» est la litanie que des générations de parents ont déversée sur des générations de lycéens. Le bac est le visa nécessaire à l'entrée dans la vie professionnelle. Il ouvre les portes des universités et entrouvre celles des grandes écoles.

En 2012, 84,5% des lycéens ont réussi au bac, mais il faut dire que ce n'est pas sans effort. Des «recettes[1]» pour réussir sont publiées, dont les *Annales Vuibert*. Il y a aussi quantité de manuels de révision: *Annabac, Prépabac, Point Bac*. Des compagnies privées offrent des leçons particulières; le Centre national d'enseignement à distance (Cned) offre des cours de soutien[2]. Il y a aussi des séjours linguistiques à l'étranger pour perfectionner les langues étudiées. De nombreux sites Internet donnent également des conseils sur l'orientation et fournissent des exercices et des guides de révision pour le bac. L'existence d'un fort taux de chômage[3] provoque beaucoup d'anxiété dans toutes les familles. Le grand nombre de clients potentiels fait que «l'industrie du bac» se développe.

Réussir son entrée à l'université

En France, le mois de septembre est synonyme de rentrée pour 230 000 bacheliers qui intègrent chaque année l'université en France et qui se sentent bien perdus dans ce nouvel univers. Heureusement, de plus en plus d'universités proposent aux étudiants de suivre une semaine complète d'intégration, comme la *Welcome week* de l'UPMC[4]. On leur présente rapidement les points stratégiques du fonctionnement de leur fac: de la bibliothèque universitaire aux services sociaux, en passant par la vie associative.

Prendre le temps de s'intégrer

Tout au long de l'année, la détection des étudiants en difficulté est devenue un objectif majeur pour les universités. Les enseignants s'appliquent à fournir aux étudiants en difficulté les connaissances et les compétences méthodologiques qui peuvent leur manquer.

À Nantes, un système d'enseignant référent permet de répondre aux questions des nouveaux étudiants. Les écouter, les conseiller, les orienter vers des ressources ou des services, détecter des difficultés ou encore les motiver font partie du rôle de ce référent. Depuis 2008, les professeurs de l'Université Paul-Cézanne s'attachent[5] également à repérer les 4% des nouveaux arrivants qui pourraient devenir des «décrocheurs[6]». La période clé est la Toussaint. Beaucoup ne reviendraient pas si personne n'intervenait.

Dans son *Guide de l'étudiant*, l'Université de Nantes livre[7] des conseils précieux pour réussir son année universitaire. En voici plusieurs:

> *De la confiance:* Vous devrez vous habituer à plus d'autonomie et c'est un grand changement. Donc ayez confiance dans vos capacités.
> *De l'organisation:* Planifiez votre travail, fixez-vous des objectifs avec des échéances[8] précises et respectez-les.
> *De l'entraide:* Essayez de constituer des petits groupes de travail; vous vous encouragerez mutuellement et vous améliorerez vos résultats.
> *De la sociabilité:* Un bon moyen de s'intégrer et de lier connaissance est de s'engager dans une association.

[1]**recettes** *recipes* [2]**soutien** *support* [3]**fort...** *high unemployment rate* [4]**UPMC** *Université Pierre et Marie Curie, Paris* [5]**s'attachent** *focus on* [6]**décrocheurs** *those who quit school* [7]**livre** *gives* [8]**échéances** *deadlines*

Compréhension

1. Pourquoi le bac est-il important pour les jeunes Français?
2. Selon l'article, que peut-on faire pour mieux se préparer pour le bac?
3. Quels sont les buts de la semaine d'intégration?
4. Choisissez les deux meilleurs conseils du *Guide de l'étudiant* de l'Université de Nantes. Expliquez pourquoi vous les avez choisis.

Réactions

1. Pensez-vous que vous pourriez réussir au bac? Comment est-ce que vous vous prépareriez pour y réussir?
2. Avez-vous participé à une semaine d'intégration à votre université? Si oui, est-ce que cette expérience vous a aidé(e) à vous adapter? Expliquez.
3. Qu'est-ce que vous avez choisi de discuter avec votre conseiller référent la dernière fois que vous l'avez vu?

Extension

Imaginez qu'un groupe d'étudiants francophones vienne passer une année scolaire dans votre université. Avec un(e) partenaire, préparez un guide de l'étudiant en français pour votre université. Relisez le guide de l'Université de Nantes et préparez au moins cinq suggestions pour ces étudiants qui n'ont jamais étudié aux États-Unis.

SYNTHÈSE

Studio Myqua

Gérald Genty, chanteur

To experience this song, go to **www.cengagebrain.com**

Activités musicales

Gérald Genty: ***Détention universitaire***

Biographie

- Né en 1974 à Belfort dans les Vosges
- Reçoit une maîtrise en physiologie du sport
- Chanteur depuis 1999
- Chansons pleines d'humour avec de nombreux jeux de mots et de nombreux personnages

Avant d'écouter: Le contexte et les réflexions

1. Où habitez-vous? Chez vos parents? Dans une maison ou un appartement (avec ou sans colocataires)? Dans une résidence universitaire? Décrivez votre situation personnelle en quelques phrases et expliquez ce que vous aimez et ce que vous n'aimez pas en ce qui concerne votre logement.
2. Décrivez (ou imaginez) une résidence universitaire typique dans votre ville. Combien d'étudiants y vivent? Quelles sont leurs activités à la résidence? Comment sont les chambres? Quels sont les avantages et les inconvénients d'habiter dans une résidence universitaire?

Pendant que vous écoutez: Compréhension

1. Donnez plusieurs exemples du style informel utilisé dans le texte de la chanson. Quel est le ton de cette chanson? Que pensez-vous de l'interprétation qu'en donne Gérald Genty?
2. Commentez les deux emplois différents du mot «occupé».

Après avoir écouté: Communication

1. De quels aspects de la vie universitaire est-ce que le narrateur (ou le locuteur) parle dans cette chanson?
2. Décrivez la résidence universitaire du locuteur. Est-ce qu'il est content des conditions de vie dans cette résidence? Quels sont les problèmes principaux qu'il mentionne?
3. Que se passe-t-il à la résidence universitaire en été? Où vont la plupart des étudiants? Et le narrateur, que fait-il? D'après vous, est-ce qu'il est content de ses projets pour l'été? Pourquoi?
4. À quoi est-ce que le narrateur compare sa résidence universitaire? Donnez quelques exemples tirés de la chanson pour illustrer votre réponse. À votre avis, est-ce que cette comparaison est justifiée? Pourquoi?
5. Faites des recherches sur Internet au sujet de Gérald Genty. En quelle année est sorti l'album contenant sa chanson *Détention universitaire*? Qu'est-ce qu'il a produit depuis?
6. Trouvez son site Web ou son blog et écrivez-lui un message. Donnez votre opinion sur sa musique et posez-lui plusieurs questions.

Activités orales

A. À table. Formez des groupes de trois. Une personne joue le rôle de l'hôte/l'hôtesse. Les deux autres sont les invité(e)s. Jouez les rôles pendant un dîner où l'hôte/l'hôtesse sert beaucoup de plats et de boissons différents et insiste pour que tout le monde mange et boive beaucoup. Finalement, les invité(e)s partent en remerciant l'hôte/l'hôtesse de l'excellent dîner qu'il/elle a préparé.

B. Est-ce que tu es libre...? Vous téléphonez à une baby-sitter, Anne, et vous lui demandez de garder votre enfant qui a un an. Demandez-lui si elle est libre samedi soir et si elle peut garder votre fils/fille. Elle vous posera des questions comme, par exemple, à quelle heure elle doit venir et jusqu'à quelle heure elle devra rester chez vous. Vous répondez et vous lui dites quand vous allez aller la chercher.

Activité écrite

Une requête. Vous faites partie de l'Union nationale des étudiants de France (UNEF). Vous devez écrire une lettre très polie au/à la président(e) de votre université pour lui faire savoir que les étudiants ne sont pas satisfaits et qu'ils désirent des changements.

- Utilisez les expressions ci-dessous pour demander le maintien du libre choix de son université et la validation de tous les diplômes.
- Dites que les étudiants sont opposés à la hausse des droits d'inscription.
- Demandez que l'université aide les étudiants à trouver du travail.
- Essayez d'obtenir un rendez-vous avec le/la président(e) de l'université afin de discuter de vos requêtes.

Commencez votre lettre par «Monsieur le Président/Madame la Présidente» et terminez-la par «Veuillez agréer, Monsieur le Président/Madame la Présidente, l'expression de mes sentiments respectueux».

See **Appendice C** for expressions related to telephone behavior.

DOSSIER D'EXPRESSION ÉCRITE Révision finale

1. Reread your paper and focus on the beginning and ending sentence of each paragraph, making sure that they are clear to the reader. Note that the beginning sentence should introduce your ideas and the ending sentence should be a way of providing closure or transition to the next paragraph.
2. Examine your composition one last time. Check for correct spelling, grammar, and punctuation. Pay special attention to your use of articles, irregular verbs such as **offrir, servir,** and **plaire,** and interrogatives if you included any rhetorical questions.
3. Prepare your final version.
4. If you wrote about two restaurants, go to the Internet and find the Web page of a restaurant in a francophone city that you'd like to visit. Write a paragraph in French comparing it with one of the restaurants you wrote about for this assignment. If you compared two courses, go to the Internet and find an interesting course offered at a French university and compare it with one of your two courses.

Calixthe Beyala, femme écrivain

LE PETIT PRINCE DE BELLEVILLE de Calixthe Beyala

Biographie

- Née en 1961 à Douala au Cameroun où elle a passé son enfance
- Arrive en France à l'âge de 17 ans
- Publie son premier livre à 23 ans
- Militante qui critique la France bourgeoise et qui dénonce les dangers de la mondialisation

Sujets à discuter

- Quand vous étiez petit(e), est-ce que vous écoutiez toujours bien la maîtresse ou le maître d'école? Et les autres enfants?
- Quand vous étiez petit(e), est-ce qu'il y avait des enfants qui étaient différents des autres? Comment est-ce que les autres enfants les traitaient d'habitude? Pour se moquer d'eux ou pour tester leur patience, que faisait-on ou que disait-on?
- Est-ce que vous connaissez une personne dont les parents ont divorcé quand elle était enfant ou adolescente? Si oui, quelles ont été les réactions de cet(te) enfant? Est-ce qu'il/elle vous a parlé du divorce de ses parents? Expliquez.

Stratégies de lecture

1. Parcourez rapidement le texte et trouvez les noms des petites filles dans l'histoire.
2. Ensuite trouvez les mots ou les actions qui montrent l'attitude des garçons envers ces petites filles ou envers la nouvelle maîtresse. Faites une liste de ces mots.
3. Trouvez le sujet de la narration de chaque petite fille et notez la différence dans la réaction du narrateur.

Introduction

Continuing the theme of education of this chapter, the following literary reading evokes an elementary school setting in France. The central character in Calixthe Beyala's novel Le petit prince de Belleville *is Loukoum, a boy of African ancestry who lives in Belleville, a working-class area in the north of Paris. Loukoum can read the Koran in Arabic but he cannot read French. In this section of the book, the boy describes a day in school.*

Calixthe Beyala herself grew up in Cameroon in extreme poverty, separated from her parents, and raised by a sister four years older. She left for France at the age of 17, got married, passed the **bac,** *and eventually studied Management and Liberal Arts. She is the author of more than 15 novels and 3 books of essays.*

Belleville is the neighborhood in Paris where Beyala lives. She often writes about the plight of African immigrants who, while living in Paris, remain attached to their home countries.

Lecture

La nouvelle maîtresse a vraiment du mal. Personne ne l'écoute. Elle a beau crier, crier°, mais c'est comme si elle jetait une salive° dans la mer. Alors, elle a dit:

can scream and scream / spittle, saliva

—Mes enfants, aujourd'hui, nous allons faire un exercice de narration spéciale. On va raconter à tour de rôle les vacances de Noël. Ça sera génial.

Ç'a été le tour de Johanne Dégoud de parler. Personne ne l'écoutait. Elle est de la race de ces filles que personne n'écoute, même pas le bon Dieu tellement elle est moche°! Et collante°! Elle est tellement moche que quand elle passe, les oreilles des chiens tombent, et quand elle est de face, elle a l'air de dos. C'est une blague° pour vous dire combien elle est moche. C'est la plus laide fille de France. Jacques Millano a dit:

ugly / clinging like a leech

joke

—Le son! le son! On entend rien. Faut augmenter le micro!

Et la nouvelle maîtresse a dit à Johanne d'attendre que la classe soit calmée.

—Pour les vacances de Noël, mes parents et moi étions en vacances de neige en Savoie°. En Savoie, on trouve les montagnes les plus neigeuses de France avec des sites touristiques blottis° au fond des vallées.

a region of the French Alps, close to Geneva / nestled

Elle a sorti de sa poche un morceau de papier et elle s'est mise à lire!

—Avant son annexion à la France, la Savoie était une République autonome. En 17...

Alexis s'est jeté par terre à quatre pattes° et s'est mis à faire le chien en aboyant°. C'était vraiment drôle et tout le monde riait à cœur joie. La Mademoiselle était en colère. Elle a d'abord crié. Puis elle est venue l'attraper° par le col. Elle l'a tiré jusqu'à sa place. Johanne Dégoud ne s'est pas arrêtée de parler. De toute manière, on l'entendait pas. Lolita s'est retournée et elle m'a regardé. Je l'ai vue. J'ai baissé la tête et j'ai fait semblant° de dessiner.

à... *on all fours*

barking

to grab

j'ai... *I pretended*

Mademoiselle est retournée à sa place. Elle a dit de baisser la tête et de croiser° les bras jusqu'à ce que le calme soit revenu. Johanne Dégoud lisait toujours sur son morceau de papier.

to cross

—Ça va, Johanne! Va t'asseoir. Tu as assez parlé comme ça.

C'est alors que Lolita a levé la main.

—Lolita, qu'est-ce que tu fabriques? Croise les bras immédiatement!

Mais elle a fait comme si elle n'entendait pas. Elle s'est levée et elle est partie se mettre à côté du bureau de la maîtresse.

Elle souriait. Elle était heureuse. Je croyais qu'elle allait se mettre à siffloter° de bonheur. Elle a arrangé sa robe. Elle a ajusté son bandeau°. Elle s'est tenue bien droite et elle a commencé à parler ni trop fort ni pas assez.

to whistle

headband

—Le matin de Noël, je me suis réveillée et j'ai eu une surprise. Il y avait une valise près de la porte comme quand on va en voyage. Mon père était devant la télévision et ma mère préparait le petit déjeuner.

«On va en voyage? j'ai demandé à mon père.

—En quelque sorte, il a dit.

—On va à Disney World? j'ai demandé.

—Non, ma chérie, ça sera pour la prochaine fois.

—Ah! j'ai dit. Où on va alors?»

Il m'a rien dit. Il s'est levé, il m'a serrée fort dans ses bras comme ça puis il est parti avec la valise.

«Papa!» j'ai crié.

Mais il n'est pas revenu. Ma maman m'a servi mon déjeuner, des Kellogs, je n'avais pas faim, je boudais°. Elle a dit:

sulked

«Lolita, t'es une grande fille maintenant et tu peux comprendre certaines choses. Ton père et moi, nous avons cru bon qu'il fallait se séparer quelque temps.

—Vous allez divorcer? j'ai demandé.

—On n'en est pas là, elle a dit. Mais...

—Chouette! j'ai crié. J'aurai deux maisons!»

Personne n'a rien dit.

Je la regardais, moi, avec mes yeux. De tous mes yeux avec des points d'interrogation qui sont toujours là quand ça te tombe dessus. Elle fixait le fond de la classe où il y avait un dessin, un zèbre tout colorié. Dans mon cœur, j'ai senti quelqu'un qui me tordait les boyaux°, qui tordait, qui serrait de plus en plus.

tordait... *turned my stomach*

Personne n'a bougé. Lolita s'est tournée vers la porte. Elle l'a ouverte. Elle est sortie. Personne ne l'a rattrapée°.

held her back

Calixthe Beyala, *Le petit prince de Belleville* © Éditions Albin Michel, 1992, pp. 179–183.

Compréhension

Maître/Maîtresse or **instituteur/institutrice** is now called **professeur des écoles.** The word **enseignant(e)** may also be used to refer "generically" to a teacher.

A. Observation et analyse

1. Quel exercice est-ce que la classe va faire?
2. Qui parle d'abord? Que dit Jacques Millano? Pourquoi est-ce qu'il le dit? Que fait Alexis? Quelle est la réaction de la maîtresse?
3. Où est-ce que Johanne est allée pendant les vacances de Noël?
4. Décrivez l'attitude de Lolita quand elle commence à parler. Qu'est-ce qui s'est passé chez elle le jour de Noël? Où va son père? Après avoir raconté son histoire, qu'est-ce qu'elle fait?

B. Grammaire/Vocabulaire

Indiquez les adjectifs qui décrivent le mieux Lolita et justifiez vos réponses.

géniale	rebelle
triste	fière
en forme	collante
heureuse	en colère
moche	

Avez-vous d'autres adjectifs à ajouter pour décrire cette petite fille? Lesquels?

C. Réactions

1. Décrivez votre réaction à la scène où Johanne raconte ses vacances. Est-ce que vous avez trouvé que Jacques et Alexis étaient méchants ou amusants? Expliquez. Qu'est-ce que vous diriez à Johanne si vous pouviez parler avec elle?
2. Décrivez votre réaction à la scène où Lolita parle à la classe. Qu'est-ce que vous diriez à Lolita si vous étiez son/sa camarade de classe? Et si vous étiez son instituteur/institutrice?

Interactions

1. **En classe.** Mettez-vous à la place des élèves ou de la maîtresse de cette histoire. Qu'est-ce que Johanne dit à la classe? Que répondent les garçons? Qu'est-ce que la maîtresse dit à la classe? Quelle est la réaction de la classe?
2. **À la maison.** Vous expliquez ce qui arrive à Lolita. Discutez avec vos parents. Et Lolita, qu'est-ce qu'elle dit à ses parents? Qu'est-ce qu'ils répondent?

Expansion

Trouvez, sur Internet ou dans un journal ou un magazine, des renseignements sur le divorce en France et aux États-Unis afin d'écrire un essai comparant les deux sociétés. Faites des recherches sur:

- le taux de divorce dans les deux pays,
- les raisons de séparation les plus fréquentes,
- la durée moyenne des mariages,
- les effets du divorce sur les enfants,
- la manière dont les tribunaux se prononcent sur les demandes de divorce et règlent la question de la garde des enfants, etc.

VOCABULAIRE

L'INVITATION

un agenda *engagement calendar*

avoir envie de (+ infinitif) *to feel like (doing something)*

avoir quelque chose de prévu *to have plans*

donner (un) rendez-vous à quelqu'un *to make an appointment/arrange a meeting with someone*

emmener quelqu'un *to take someone (somewhere)*

être pris(e) *to be busy (not available)*

ne rien avoir de prévu *to have no plans*

passer un coup de fil à quelqu'un *(familiar) to give (someone) a phone call*

poser un lapin à quelqu'un *(familiar) to stand someone up*

prévoir/projeter de (+ infinitif) *to plan on (doing something)*

les projets [m pl] *plans*

faire des projets *to make plans*

regretter/être désolé(e) *to be sorry*

remercier *to thank (someone)*

vérifier *to check*

QUI?

le chef *head, boss*

un(e) collègue *co-worker*

un(e) copain/copine *friend, boyfriend/girlfriend*

le directeur/la directrice *director*

le/la patron(ne) *boss*

QUAND?

dans une heure/deux jours *in an hour/two days*

la semaine prochaine/mardi prochain *next week/next Tuesday*

tout de suite *right away*

OÙ?

aller au cinéma/à un concert/au théâtre *to go to a movie/a concert/the theater*

aller à une soirée *to go to a party*

aller en boîte *to go to a nightclub*

aller voir une exposition de photos/de sculptures *to go see a photography/sculpture exhibit*

prendre un verre/un pot (*familiar*) *to have a drink*

LA NOURRITURE ET LES BOISSONS

les anchois [m pl] *anchovies*

l'assiette [f] **de charcuterie** *cold cuts*

une brochette de poulet *chicken skewer*

le buffet chaud *warm dishes*

le buffet froid *cold dishes*

de la (crème) chantilly *whipped cream*

le chèvre *goat cheese*

la choucroute *sauerkraut*

les côtelettes [f pl] **de porc** *pork chops*

les côtes [f pl] **d'agneau** *lamb chops*

la coupe de fruits *fruit salad*

les épinards [m pl] *spinach*

la glace *ice cream*

le lapin *rabbit*

l'œuf [m] **dur** *hard-boiled egg*

l'omelette [f] **nature** *plain omelette*

les pâtes [f pl] *noodles, pasta*

les petits pois [m pl] *peas*

le poivron vert *green pepper*

la pression *draft beer*

les salades [f pl] **composées** *salads*

la salade de saison *seasonal salad*

la tarte (aux pommes) *(apple) pie*

le thon *tuna*

le yaourt *yogurt*

AU REPAS

un amuse-gueule *appetizer, snack*

un apéritif *before-dinner drink*

une boisson gazeuse *carbonated drink*

de l'eau plate/de l'eau gazeuse *plain, non-carbonated water/sparkling, carbonated water*

À votre santé! (À la vôtre!/À la tienne!) *To your health! / Cheers!*

Bon appétit! *Have a nice meal!*

Tchin-tchin! *(familiar) Cheers!*

L'ENSEIGNEMENT

assister à un cours *to attend a class*

un cours magistral [pl magistraux] *lecture*

un congrès *conference*

se débrouiller *to manage, get along*

échouer (à) *to fail*

facultatif/facultative *elective; optional (subject of study)*

les frais [m pl] **d'inscription** *registration fees*

une leçon particulière *private lesson*

une lecture *reading*

manquer, sécher *(familiar)* **un cours** *to miss, skip a class*

une matière *subject, course*

la note *grade*

obligatoire *required (subject of study)*

passer un examen *to take an exam*

rater *to flunk*

rattraper *to catch up, to retake*

réussir à un examen *to pass an exam*

réviser (pour) *to review (for)*

se spécialiser en *to major in*

tricher (à) *to cheat*

DIVERS

discuter de choses et d'autres *to talk about this and that*

pareil(le) *same, such a*

la rentrée *start of the new school year*

volontiers *gladly, willingly*

CINÉ BRAVO

PRIX ET RÉCOMPENSES

→ **Festival international du court métrage** (Bristol, Royaume-Uni): Prix Pathé 5 Minutes 2001

→ **Écran Libre** (Aigues-mortes): 1er prix du jury 2001

→ **Journées romantiques** (Cabourg): Prix d'interprétation féminine et masculine 2001

À CONSIDÉRER AVANT LE FILM

Quand un cinéaste fait un film, il s'inspire plus ou moins du monde réel. Et pourtant, le monde réel peut aussi s'inspirer du cinéma. De quelles façons les films populaires vous influencent-ils? Y a-t-il un film qui vous a particulièrement influencé(e)? Lequel? Et vos amis? Voyez-vous l'influence des films dans leur comportement? leurs vêtements? ailleurs?

On va au cinéma?

1. **Au café.** Ce film se passe dans un café parisien. Expliquez pour quelles raisons on va au café:

Qui? → Quand?

un homme de 70 ans à la retraite → à 14h00	deux étudiants universitaires → à 11h00
une femme d'affaires de 35 ans → à 10h00	une femme de 20 ans → à 20h00
un adolescent de 16 ans → à 16h00	un homme de 22 ans → à 20h00
votre collègue et vous → à midi	votre choix → à 20h00

2. **La rupture.** Vous entendez une scène de rupture dans un café français et vous remarquez que les scènes de rupture répètent souvent les mêmes clichés. Trouvez l'équivalent américain des expressions suivantes.

Je ne t'aime plus. _____	**a.** *What are we doing together?*
Je me suis détaché de toi. _____	**b.** *It's over.*
À quoi ça rime, la vie qu'on mène? _____	**c.** *I don't love you anymore.*
C'est fini. _____	**d.** *Don't be angry.*
Ne m'en veux pas. _____	**e.** *We've grown apart.*

NOTE CULTURELLE

On dit en français populaire que quelqu'un **fait du cinéma** quand il ou elle fait une démonstration exagérée de ses émotions. Faites-vous du cinéma de temps en temps ou connaissez-vous quelqu'un qui en fait? Quand et dans quelles situations?

3. **Qu'est-ce qui se passe?** Regardez chaque image et imaginez ce qui se passe. À votre avis, qui sont ces deux femmes?

ÇA COMMENCE!

Premier visionnage

1. **Le langage du cinéma.** Voici quelques mots et expressions associés au cinéma. Identifiez ceux que vous entendez dans le film.

faire réciter un texte *(to help someone with his/her lines)* ________
une audition ________
le plateau *(the set)* ________
les répliques *(the lines of dialogue)* ________
une séquence *(a scene)* ________
un scénario *(a screenplay)* ________
un tournage *(a film shoot)* ________

2. **D'autres expressions à chercher.** Indiquez les expressions que vous entendez dans le film.

à la prochaine *(until next time)* ________
à propos *(by the way)* ________
ça marche *(right away)* ________
d'un seul coup *(all at once)* ________
doucement *(slowly)* ________
en souriant *(while smiling, with a smile)* ________
malgé moi *(unintentionally)* ________
serré *(strong [as an espresso])* ________
tire-toi *(get lost)* ________
volontiers *(gladly, willingly)* ________

Deuxième visionnage

Complétez les phrases suivantes en choisissant la réponse que vous entendez dans le film.

1. Pour demander un café, la jeune femme dit:
   a. Vous me donnez un café, s'il vous plaît?
   b. Je peux avoir un café, s'il vous plaît?
   c. Un café, s'il vous plaît.
2. Pour demander un service, la jeune femme dit:
   a. Pourriez-vous m'aider, monsieur?
   b. Excusez-moi. Je peux vous demander un service?
   c. Accepterez-vous de me rendre un service?
3. Pour accepter de rendre service, le monsieur répond:
   a. D'accord.
   b. Je veux bien.
   c. Bon.
4. Avant de partir, la jeune femme dit:
   a. Merci, au revoir.
   b. Il faut que j'y aille.
   c. À bientôt, j'espère.

ET APRÈS

Observations

1. Pourquoi est-ce que la jeune actrice s'approche de cet homme inconnu et non pas d'un autre?
2. Qu'est-ce que cet homme fait au café? Pourquoi, à votre avis, accepte-t-il de rendre service à la jeune femme?
3. À votre avis, est-ce que la jeune femme a une audition pour un grand rôle dans un film important ou pour un petit rôle dans une série télévisée *(soap opera)*? Qu'est-ce qui vous donne cette impression?
4. Comment est-ce que l'homme aide la jeune femme à se préparer? Pourquoi sait-il ce qu'il faut faire pour rendre la scène plus émouvante?
5. Qui vient à la table de l'homme après le départ de la jeune actrice? Où était-elle?

Avant et après

1. Imaginez la vie des personnages avant le film. Où habitent-ils? Que font-ils dans la vie? Comment les décririez-vous?
2. Que se passe-t-il dans la vie des personnages après le film? Est-ce que la jeune femme réussira son audition? Est-ce que l'homme retrouvera le bonheur après sa rupture? Est-ce qu'ils vont se revoir un jour?

À vous de jouer

La scène. Voici la scène de rupture que la jeune femme prépare pour son audition.

—C'est fini, Paul.

—Je ne comprends pas.

—À quoi ça rime, la vie qu'on mène?

—À quoi ça rime?

—À rien.

—Je ne comprends pas.

—Je t'aime plus, Paul. C'est comme ça. Ça ne s'est pas fait d'un seul coup. Je me suis détachée de toi, doucement, malgré moi. Ne m'en veux pas. Ne me regarde pas comme ça. Ne m'en veux pas. Excuse-moi. Bon, je vais y aller. On s'embrasse?

—Non. Tire-toi.

Jouez cette scène avec un(e) partenaire. Ensuite, écrivez votre propre scène de rupture et jouez-la devant la classe.

Version anglaise / Version française

iLrn Share It!

The title of the film *On s'embrasse?* has been translated (rather awkwardly) into English as *Can we kiss?* Based on your knowledge of French culture and your understanding of the subject matter, suggest a better title for the film.

QUI SUIS-JE?

3

THÈMES La famille; Les relations

www.cengagebrain.com
iLrn Heinle Learning Center
Audio

Mark Bowden/iStockphoto.com

LA GRAMMAIRE À RÉVISER

The information presented here is intended to refresh your memory of various grammatical topics that you have probably encountered before. Review the material and then test your knowledge by completing the accompanying exercises in the workbook.

AVANT LA PREMIÈRE LEÇON

L'adjectif possessif

MASCULIN	FÉMININ	PLURIEL	ÉQUIVALENT
mon	ma/mon	mes	*my*
ton	ta/ton	tes	*your*
son	sa/son	ses	*his/her/its*
notre	notre	nos	*our*
votre	votre	vos	*your*
leur	leur	leurs	*their*

iLrn Grammar Tutorial

Qui est-ce?

Identifiez les personnes suivantes en utilisant des adjectifs possessifs.

Modèle:
moi / chef C'est...
C'est mon chef.

1. nous / patronne C'est...
2. Christophe / sœur C'est...
3. Margot / directrice C'est...
4. vous / professeur? C'est...?
5. Éric et Brice / collègues Ce sont...
6. toi / copine? C'est...?
7. Élise et Marine / mère C'est...

- Possessive adjectives agree with the possessor in terms of meaning (**mon, ma, mes** versus **ton, ta, tes**) and with the object possessed in terms of gender and number (**mon** versus **ma** versus **mes**):

  his/her dog = **son** chien — *his/her dogs* = **ses** chiens
  his/her car = **sa** voiture — *his/her cars* = **ses** voitures

- Feminine singular objects beginning with a vowel or silent **h** require the masculine form (**mon, ton, son**):

  mon amie Chloé — **ton** habileté
  my friend Chloe — *your skillfulness*

- French possessive adjectives are repeated before each noun unless the nouns represent the same person or object possessed:

auremar/Shutterstock.com

Où sont **mon** frère et **ma** sœur?

Monkey Business Images/Shutterstock.com

Je vous présente **mon** collègue et ami, Raphaël.

AVANT LA DEUXIÈME LEÇON
L'adjectif qualificatif

A. Le féminin singulier

- In general, an **e** is added to the masculine singular to form the feminine.
  content → contente gâté → gâtée *(spoiled)* poli → polie

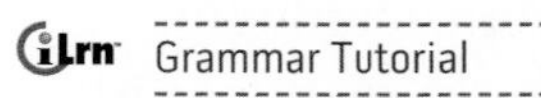

- If the masculine form already ends in an unaccented **e**, nothing is added:
  sympathique → sympathique
- Some irregular patterns

MASCULIN		FÉMININ	EXEMPLES	
-eux	→	-euse	généreux	généreuse
-if	→	-ive	sportif	sportive
-el	→	-elle	professionnel	professionnelle
-il	→	-ille	gentil	gentille
-on	→	-onne	mignon	mignonne
-os	→	-osse	gros	grosse
-as	→	-asse	bas	basse
-en	→	-enne	ancien	ancienne

B. Le pluriel

- In general, an **s** is added to the singular to form the plural:
  content → contents contente → contentes
- If the masculine singular adjective ends in an **s** or **x**, nothing is added to form the plural. Feminine adjectives follow the regular pattern in the plural:
  les gros hommes → les grosses femmes
  les hommes généreux → les femmes généreuses
- Some irregular patterns:

SINGULIER		PLURIEL	EXEMPLES	
-eau	→	-eaux	nouveau	nouveaux
-al	→	-aux	légal	légaux

EXCEPTION un roman banal → des romans banal**s**

→ Like these exceptions: **fatal, natal, naval**

C. Adjectifs à forme masculine double

MASCULIN	MASCULIN AVANT VOYELLE OU H MUET	FÉMININ	PLURIELS
vieux	vieil	vieille	vieux/vieilles
nouveau	nouvel	nouvelle	nouveaux/nouvelles
beau	bel	belle	beaux/belles
fou	fol	folle	fous/folles

Grammar Tutorial

Mon quartier.

Décrivez où vous habitez en utilisant la forme appropriée des adjectifs.

Modèles:
J'habite dans une belle ville. (grand)
J'habite dans une grande ville.

J'habite dans une belle ville. (village)
J'habite dans un beau village.

1. C'est un vieux quartier. (ville/appartement/musée)
2. J'habite une maison moderne. (beau/nouveau/agréable)
3. Les voisines sont gentilles. (vieux/gros/généreux)

Qualités et défauts.

Décrivez les personnes suivantes avec la forme appropriée de l'adjectif.

Modèle:
Élisabeth? sportif / généreux
Élisabeth est sportive et généreuse.

1. Laura? poli / mignon
2. Karine? beau / intelligent
3. Abdoul? toujours content / riche
4. Alicia? sympathique / ambitieux
5. Mes professeurs? professionnel / gentil
6. Mes sœurs? paresseux / fou
7. Tiffanie? pas très actif / mais assez fort

Grammar Tutorial

AVANT LA TROISIÈME LEÇON

Les verbes pronominaux

Pronominal verbs must be conjugated with a reflexive pronoun. The basic patterns are:

A. Affirmatif

Je **me** couche tard.	Nous **nous** couchons tard.
Tu **te** couches tard.	Vous **vous** couchez tard.
Il/Elle/On **se** couche tard.	Ils/Elles **se** couchent tard.

B. Négatif

Nous **ne nous** couchons **pas** trop tôt. Ils **ne se** détendent **pas** assez.

C. Interrogatif

Est-ce que tu **t'**appelles Marie? *(form used most often)*

T'appelles-tu Marie? Ne t'appelles-tu pas Marie?

D. Impératif

Affirmatif: The reflexive pronoun follows the verb and is attached with a hyphen (**te** changes to **toi**):

Lavez-vous les mains, les enfants! On va manger tout de suite!

Lucien, **dépêche-toi**!

Négatif: The reflexive pronoun precedes the verb:

Ne vous couchez **pas** trop tard.

Lucie, **ne te** couche **pas** tout de suite.

E. Infinitif

Je vais **me** reposer pendant quelques minutes.

Nous allons **nous** préparer à sortir.

Je me maquille après ma douche.

Votre routine.

Décrivez votre routine et celle des autres en utilisant des verbes pronominaux.

Modèle:
Je me réveille assez tard. (Sylvie)
Sylvie se réveille aussi assez tard.

1. Je me lave très vite. (Ma sœur/Mes parents… ne… pas/Vous?)
2. Mon père se rase tous les jours. (Je/Nous… ne… pas/Tu?)
3. Je me brosse les dents. (Mes petites sœurs/Vous/Mon frère)
4. Est-ce que vous vous préparez à partir? (Édouard/Tu/Tes copains/copines)
5. Je vais me coucher vers 10 heures du soir. (Tu/Nous/Grand-mère)

© Éditions J'ai lu

La Mare (pond) *au diable* est le titre d'un roman écrit par l'écrivain George Sand. George Sand est le pseudonyme qu'a choisi cette femme écrivain. Née en 1804, elle a beaucoup écrit (romans, contes, pièces de théâtre, lettres) et elle a fréquenté les grands artistes romantiques et réalistes du XIXe siècle (Delacroix, Musset, Chopin, Flaubert). Elle s'est aussi engagée dans les luttes sociales et féministes des années 1830 à 1876.

www.mondesauvage.be

www.enjeu.be

Pôle International de la Préhistoire (www.pole-prehistoire.com). Pour le visuel: Studio Pastre - Illustrations : ima solutions. Muséum d'histoire naturelle de Toulouse : producteur de l'exposition Préhistoire, l'enquête (www.museum.toulouse.fr)

Lisez ces publicités. Elles décrivent quelques passe-temps. Qu'est-ce que vous faites pour vous détendre en famille?

LEÇON 1

COMMENT IDENTIFIER LES OBJETS ET LES PERSONNES

Conversation

 Track 6

Rappel: Have you reviewed possessive adjectives? (Text p. 90 and SAM pp. 57–58)

Premières impressions

1. Identifiez: les expressions qui vous permettent d'identifier les professions et les personnes
2. Trouvez: a. où Damien et Philippe se sont connus autrefois b. où habite Philippe

Deux amis, qui ne se sont pas vus depuis longtemps, se rencontrent par hasard au café à Paris dans le quartier universitaire où ils passaient beaucoup de temps auparavant°. Ils commencent à se parler et à se montrer des photos.

before

DAMIEN Philippe! Eh bien! Dis donc! Ça fait longtemps, hein?

PHILIPPE Le temps passe, Damien! Mais tu as l'air en forme. Qu'est-ce que tu deviens?

DAMIEN Bof! En fait, je cherche du travail! Mais c'est très dur en ce moment… Et toi? Je croyais que tu avais déménagé°!

moved

PHILIPPE Oui, j'en avais un peu marre° de la situation en France, et puis je me suis marié, tu sais? Maintenant, j'habite aux États-Unis.

j'en avais… j'en avais assez *(familiar) I was fed up*

DAMIEN Ce n'est pas vrai!

PHILIPPE Si, Damien! J'avais de grandes difficultés à trouver un boulot en France. Tu sais, avec le chômage… Donc maintenant, je travaille aux États-Unis. Je sais que j'ai de la chance parce que le taux de chômage a aussi beaucoup augmenté aux USA.

DAMIEN C'est incroyable! Mais, dis-moi, tu aimes ce que tu fais?

PHILIPPE Oui, ça me plaît beaucoup. J'aime beaucoup la vie là-bas, aux States. Je la trouve formidable, mais elle est différente de la vie en France. Euh… C'est difficile à expliquer. La conversation entre copains ou entre collègues me manque.

DAMIEN Je ne comprends pas. Explique.

PHILIPPE Ben, il me semble que tout le monde vit dans son monde, et du coup, chacun a des connaissances moins variées et moins étendues° que celles des Français en général. Mais, tu sais, ça me fait vraiment plaisir de te voir!... Tiens, j'ai des photos à te montrer. Tu sais, j'ai un fils.

extensive, wide-ranging

DAMIEN Toi, un fils? Eh bien, félicitations, mon vieux°! Il faut que tu me fasses voir tout ça.

mon vieux *old man*

PHILIPPE C'est une amie qui a pris les photos au moment de quitter l'hôpital. Tiens, regarde… là, j'installe le siège-voiture°.

siège-voiture, *car seat*

DAMIEN Elle est à toi, cette Ford?

PHILIPPE Oui, elle est à moi, enfin, elle est à nous, à ma femme et à moi.

DAMIEN Et là, qui est-ce qui tient le bébé? C'est ta femme?

PHILIPPE Oui, c'est elle, avec le petit bonhomme°, dans sa chambre. Tiens, le voilà dans toute sa splendeur, sur l'oreiller° de sa maman!

le petit… *(term of endearment) little man / pillow*

À suivre

Observation et analyse

1. Quelle est la situation familiale de Philippe? Et la situation économique de Damien?
2. À propos de sa vie aux États-Unis, de quoi est-ce que Philippe se plaint? Est-ce que vous êtes d'accord avec lui?

Réactions

1. Est-ce que vous aimez les photos d'enfants? Est-ce que vos parents ont pris beaucoup de photos de vous quand vous étiez petit(e)? Expliquez.
2. Avez-vous déjà des enfants ou pensez-vous en avoir? Parlez de votre famille.

Expressions typiques pour...

Identifier un objet

C'est ta voiture? { Non, c'est la voiture du voisin. / Oui, j'ai une voiture japonaise.

Qu'est-ce que c'est? { C'est un ordinateur (*computer*). / Ce sont mes écouteurs (*headphones*). / Ça, c'est mon appareil photo numérique (*digital camera*).

Identifier le caractère d'un objet

Quel type d'ordinateur/de portable *(laptop computer/cell phone)*/de tablette est-ce?
C'est un Mac/un BlackBerry Bold/un iPad mini.
Quelle marque de voiture est-ce que tu as? J'ai une Peugeot, une Renault.
Quel modèle est-ce? C'est le modèle hybride.

Identifier une personne

Qui est-ce, là, sur cette photo? C'est Alain.
Qui est Alain? C'est le mari de notre voisine Hélène.

Identifier les activités d'une personne

Que fait ton mari/ ta femme? { Il/Elle est dentiste/psychiatre/ingénieur/secrétaire/ homme (femme) d'affaires/ vendeur (vendeuse). / Il/Elle est à la retraite (*retired*).

Qu'est-ce que tu fais? { Je suis étudiant(e)/avocat(e)/biologiste/professeur/ employé(e) de banque/femme (homme) au foyer (*housewife/ househusband*)/pilote/serveur (serveuse).

Identifier le/la propriétaire

À qui est cet appareil photo? { C'est mon appareil photo. / Il est à moi (toi/lui/elle/nous/vous/eux/elles).

More professions can be found in **Chapitre 7.**

Disjunctive pronouns are in **Chapitre 6.**

The following additional career vocabulary may be useful: **un acteur/une actrice** *actor/actress;* **un cuisinier/ une cuisinière** *cook;* **un directeur/une directrice commercial(e)** *sales manager;* **un(e) employé(e) de bureau** *office worker;* **un agriculteur/ une agricultrice** *farmer;* **un facteur/une factrice** *postal carrier;* **un infirmier/ une infirmière** *nurse;* **un(e) informaticien(ne)** *computer scientist;* **un médecin/une femme médecin** *physician;* **un menuisier** (no feminine form) carpenter, woodworker; **un(e) musicien(ne)** *musician;* **un(e) pharmacien(ne)** *pharmacist;* **un steward/une hôtesse de l'air** *flight attendant.*

Mise en pratique

Fabienne prépare ses valises pour aller passer deux ans à Strasbourg dans une des grandes écoles. Comme elle partage tout avec sa sœur, elle vérifie ce qui est à elle.

FABIENNE Il **est à moi** ou **à toi,** cet **appareil photo**? Je pense que maman me l'a acheté comme cadeau de Noël, mais c'est toi qui l'utilises toujours.

VÉRONIQUE Tu as raison. Il **est à** toi. Mais attention, **l'iPod** est à moi. Tu le laisses à la maison!

FABIENNE Et l'**ordinateur** que nous utilisons toutes les deux... qu'est-ce que nous allons faire?

VÉRONIQUE Ça, il faut en parler avec papa et maman. Ils se doutent bien que tu as besoin d'une **tablette** ou d'un portable à toi...

Mots et expressions utiles

La famille

les arrière-grands-parents *great-grandparents*

le beau-frère/beau-père *brother-/father-in-law or stepbrother/-father*

la belle-sœur/belle-mère *sister-/mother-in-law or stepsister/-mother*

le demi-frère/la demi-sœur *half brother/sister*

être de la famille *parent; relative, cousin*

une femme/un homme au foyer *housewife/househusband*

la femme/le mari *wife/husband*

un époux/une épouse *spouse*

célibataire/marié(e)/divorcé(e)/remarié(e) *single/married/divorced/remarried*

une mère célibataire *single mother*

un père célibataire *single father*

une famille nombreuse *large family*

les gens du troisième âge/les personnes âgées *people over 70*

la vie de famille *home life*

Les enfants

l'aîné(e) *elder, eldest*

le cadet/la cadette *younger, youngest*

un fils/une fille unique *only child*

un jumeau/une jumelle *twin*

le siège-voiture/siège-bébé *car seat*

bien/mal élevé(e) *well/badly brought up*

gâté(e) *spoiled*

Divers

déménager *to move*

en avoir marre (familiar) *to be fed up*

Mise en pratique

Médoune parle de sa famille au Sénégal: Je viens d'une **famille nombreuse.** J'ai neuf frères et sœurs. Mes **arrière-grands-parents** habitent avec mes parents et grands-parents, ainsi qu'une de mes sœurs et mon **beau-frère.** La **cadette** va au lycée, donc elle habite toujours à la maison. Le mélange des générations rend la vie intéressante. Heureusement que la maison est grande! La plupart de mes frères et sœurs ont voyagé. On habite un peu partout dans le monde. Par exemple, **l'aîné** et moi, nous sommes tous les deux aux États-Unis.

La possession

C'est à qui le tour? *Whose turn is it? (Who's next?)*

C'est à lui/à toi. *It's his/your turn.*

être à (+ pronom disjoint) *to belong to (someone)*

Les affaires

l'appareil photo *camera*

le Blu-ray *Blu-ray disc*

la caméra vidéo *video camera*

le DVD *DVD*

les écouteurs [m pl] *headphones, earbuds*

l'iPod [m] *iPod*

le lecteur Blu-ray *Blu-ray player*

le lecteur (de) CD *CD player*

le lecteur (de) DVD *DVD player*

le lecteur DVD HD *high definition DVD player*

le logiciel *software*

l'ordinateur [m] *computer*

la tablette *tablet computer*

scanner *to scan*

See **Chapitre 9, Leçon 2** for more technology vocabulary.

Activités

A. Une réplique *(response).* Pour chacune des répliques suivantes, posez la question appropriée. Aidez-vous des ***Expressions typiques pour...***

1. Nous avons une vieille Ford Mustang.
2. Là, dans la voiture, c'est mon fils, Julien.
3. Mon fils est à l'école primaire. Il a seulement huit ans!
4. Jean-Claude? C'est mon mari.
5. C'est le logiciel de photo que mon mari préfère.

B. Une famille nombreuse. Imaginez que les portraits suivants soient ceux de votre propre famille. Écrivez une phrase pour identifier le membre de la famille et son activité.

MODÈLE: ***Ma grand-mère est étudiante.***

MODÈLE

1.

2.

3

4.

5.

C. Ma famille. Écrivez le nom de trois membres de votre famille. Indiquez leurs liens de parenté *(family ties)* avec les autres membres de votre famille en utilisant les ***Mots et expressions utiles.***

MODÈLE: ***Georges: Georges est mon père. C'est le mari de ma belle-mère Marthe et aussi le cadet de sa famille. Georges est le beau-père de ma belle-sœur.***

D. Des photos. Apportez des photos en classe. Formez des groupes de trois ou quatre personnes et identifiez la personne ou l'objet sur la photo.

E. Questions indiscrètes. Posez les questions suivantes à un(e) partenaire. Faites un résumé de ses réponses à la classe.

1. Est-ce que tu as un ordinateur? un DVD HD? une caméra vidéo? un iPod? une tablette? De quelle marque sont-ils?
2. Quelle sorte de voiture ont tes parents?
3. Dans ta famille, est-ce que tu es fils/fille unique? le cadet/la cadette? l'aîné(e)?
4. Qui est gâté dans la famille? Explique.
5. Est-ce que tu es célibataire? marié(e)? divorcé(e)? remarié(e)?
6. Qu'est-ce que tu veux faire comme travail plus tard? Explique.

La grammaire à apprendre

C'est et il/elle est

A. When identifying or describing someone, you frequently say what that person's profession is. With **être, devenir,** and **rester,** no determiner (possessive or demonstrative) is used before a profession unless the noun is modified by an adjective that expresses an *opinion* or *judgment*.

Mon cousin est **pilote** dans l'Armée de l'air, et c'est **un pilote** célèbre.
My cousin is a pilot in the Air Force, and he is a famous pilot.

Les Forces françaises comprennent quatre parties: l'Armée de terre, l'Armée de l'air, la Marine nationale *(navy)* et la Gendarmerie nationale (chargée des missions de police). Le service national des jeunes Français n'est plus obligatoire.

61% des Français se disent catholiques, mais seulement un catholique sur quatre se dit pratiquant. (*Francoscopie 2013*, pp. 280–281)

The same rule also applies to stating one's religion, nationality, political allegiance, social class, or relationships.

Son beau-frère est **français,** mais il n'est pas **catholique.**
His brother-in-law is a Frenchman, but he is not a Catholic.

Il vient de devenir **papa** de jumeaux.
He's just become a father of twins.

Sa femme est **une réceptionniste** très efficace, mais elle voudrait créer sa propre entreprise et devenir **femme d'affaires.**
His wife is a very efficient receptionist, but she would like to create her own company and become a business woman.

C'est or **ce sont** must be used instead of **il/elle est** or **ils/elles sont** when the noun after **être** is modified by an adjective. An article or a determiner must also be used.

Je recommande chaudement le docteur Dupin. **C'est un** brillant psychiatre.
I highly recommend Dr. Dupin. He is a brilliant psychiatrist.
(Il est brillant; il est psychiatre. C'est un brillant psychiatre; c'est mon nouveau psychiatre.)

NOTE **C'est** + article without an adjective can be used as well, although **il/elle** is more common.

Il est psychiatre.
C'est un psychiatre. } *He is a psychiatrist.*

B. Additional uses of *c'est*

- **c'est** + masculine adjective referring to an idea:
  15 euros le kilo? C'est cher!
- **c'est** + proper noun:
  C'est Marc à l'âge de douze ans.
- **c'est** + disjunctive pronoun:
  Mlle Piggy dit toujours: «C'est moi!»
- **c'est** + noun being identified:
  Qu'est-ce que c'est?
  C'est une marionnette.

C. Additional uses of *il/elle est*

- **il/elle est** + adjective referring to a particular person or thing:
  Mon cours de français?
  Il est excellent, bien sûr.
- **il/elle est** + preposition of location:
  La salle de classe? Elle est près d'ici.

Activités

A. Sondage de télévision. Mme Le Bois reçoit un coup de téléphone d'une représentante de France 3 qui veut savoir ce qu'elle aime regarder à la télé. Choisissez l'expression appropriée afin de compléter chacune de ses réponses.

> Allô? Bonjour, madame. Oui, ________ (c'est/elle est) la résidence Le Bois... Mon mari? Non, ________ (ce n'est pas/il n'est pas) à la maison en ce moment, mais je pourrais peut-être répondre à vos questions... Sa profession? ________ (C'est/Il est) homme d'affaires... Ma profession? Je ________ (suis/suis une) avocate... Oui, je ________ (suis/suis une) mère... de trois enfants... L'émission «Questions pour un champion»? Oui, nous la regardons très souvent. Nous trouvons que (qu') ________ (c'est/elle est) intéressant(e), mais ________ (c'est/il est) notre fils Paul qui l'aime le plus... Oui, ________ (c'est/il est) étudiant... Il veut ________ (devenir/devenir un) pilote... Pardon, madame. On sonne à la porte. ________ (C'est/Il est) probablement mon voisin d'à côté *(next-door neighbor)*... Je vous en prie. Au revoir, madame.

BENAROCH/SIPA/Newscom

Vous pouvez jouer à ***Questions pour un champion*** en ligne à qpuc.france3.fr. C'est amusant!

B. Notice nécrologique. Voici la description d'un célèbre auteur mort récemment. Complétez la description avec un article (si c'est nécessaire) ou avec **il/elle** ou la forme appropriée de **ce**.

> Carlos B. était ________ écrivain connu du grand public depuis trente-cinq ans. Il était ________ espagnol de naissance, mais il est devenu ________ citoyen français en 1970 quand il a épousé Angélique, ________ jeune secrétaire française. Devenu ________ père de jumeaux, il est entré au service de la maison d'édition L'homond comme ________ lecteur, puis est devenu ________ directeur du service des ventes. ________ C(c)atholique dévoué, il est resté ________ socialiste pendant toute sa vie. ________ est lui qui a écrit *Le Citoyen de demain.* Mais ________ est sa *Guerre des enfants* qui l'a rendu célèbre. ________ est un homme dont l'humour tendre nous manquera. ________ est très regretté de tous ceux qui l'ont connu de près ou de loin.

C. Sondage d'étudiants. Posez les questions suivantes à un(e) partenaire. Faites un résumé de ses réponses à la classe.

1. Quelle est ta profession? ta nationalité? ta religion?
2. Tu appartiens à un parti politique? Auquel?
3. Est-ce que tu as un emploi? Si oui, est-ce que l'entreprise où tu travailles est près ou loin d'ici?
4. Que fait ton père? ta mère? Que font tes frères et sœurs?
5. Quand tu étais petit(e), qu'est-ce que tu voulais devenir? Et aujourd'hui?

D. Un jeu. Décrivez une personne dans la classe. Les autres étudiants vont deviner qui c'est. Utilisez **c'est** et **il/elle est** autant que possible, bien sûr!

MODÈLE:		
	C'est une Américaine.	*Elle veut être ingénieur.*
	Elle est enthousiaste.	*Elle a les cheveux blonds.*
	C'est aussi une étudiante dynamique.	*Elle est grande.*
		Réponse: C'est Julie.

La grammaire à apprendre

Les pronoms possessifs

Note that **les miens/les tiens,** etc. can also mean *family.*

Je passe toujours Noël parmi les miens.
I always spend Christmas with my family.

A. Saying what belongs to you or what you possess is another common use of the function of identifying. You reviewed the use of possessive adjectives to show ownership in ***La grammaire à réviser.*** Now you will learn to express possession with possessive pronouns. This method is preferred when making comparisons or contrasts:

		ADJECTIF POSSESSIF		PRONOM POSSESSIF
la maison de Pierre	=	sa maison	=	la sienne
Pierre's house	=	*his house*	=	*his*

—À qui sont ces clés? —Elles sont **à lui.**
—Est-ce son iPad? —Non, c'est **le mien.**

Like possessive adjectives, possessive pronouns agree with both the possessor and the person or object possessed. Note the need for a definite article, as well as the **accent circonflexe** (ˆ) on **nôtre(s)** and **vôtre(s)**.

MASCULIN SINGULIER	FÉMININ SINGULIER	MASCULIN PLURIEL	FÉMININ PLURIEL	ÉQUIVALENT
le mien	la mienne	les miens	les miennes	*mine*
le tien	la tienne	les tiens	les tiennes	*yours (familiar)*
le sien	la sienne	les siens	les siennes	*his/hers/its*
le nôtre	la nôtre	les nôtres	les nôtres	*ours*
le vôtre	la vôtre	les vôtres	les vôtres	*yours*
le leur	la leur	les leurs	les leurs	*theirs*

—Tu as apporté les photos de la naissance de ta fille?

—Oui, je les ai apportées, mais commençons par **les tiennes.**

—Tu sais, j'ai oublié **les miennes,** mais mon mari a toujours **les siennes** sur lui. Attends, je vais les lui demander.

B. Contrary to English, the following expression in French requires a possessive adjective (rather than a possessive pronoun):

a friend of mine = *one of my friends* = un(e) de **mes** ami(e)s

a cousin of ours = *one of our cousins* = un(e) de **nos** cousin(e)s

NOTE The usual contractions of **à** and **de** occur with the definite article preceding the possessive pronoun:

J'ai écrit à mes parents. Est-ce que tu as écrit **aux tiens?**

J'ai eu des nouvelles de mon père. Est-ce qu'il a eu des nouvelles **du sien**?

Activités

A. En voyage. Vous voyagez en France avec des ami(e)s. À l'aéroport Charles de Gaulle, en passant par la douane *(customs)*, vous essayez de déterminer à qui appartiennent les objets suivants.

MODÈLE: bouteille de champagne / Éric
C'est la sienne?

1. sac à dos / Chantal
2. appareil photo / moi
3. valise / Amidou et Fatima
4. billets / nous
5. caméra vidéo / vous

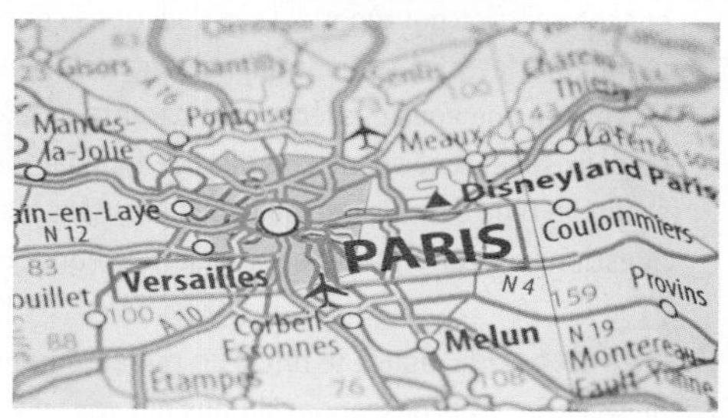

VPhoto/Alamy

Il y a
à Pari
Gaul

B. C'est à qui? Vous et votre ami(e) êtes en train de déménager de votre appartement pour retourner chez vos parents pour l'été. Dans la première phrase, identifiez le/la propriétaire de chaque objet avec un pronom possessif. Affirmez la possession en complétant la deuxième phrase avec un adjectif possessif ou un pronom disjoint.

1. —Ce vieux lecteur DVD? C'est _______ *(mine)*.
   —Tu es sûr(e)?
   —Oui, il est à _______.
2. —Tous les vieux DVD? Ce sont _______ *(yours)*. Ils sont à _______.
3. —Cette belle plante appartient à ta mère, n'est-ce pas?
   —Oui, c'est _______. C'est _______ plante.
4. —Ce pullover bleu… Est-ce que c'est _______ *(yours)*? Tu m'écoutes?
   C'est _______ pullover, hein?
5. —Ces affiches *(posters)*? Ce sont _______ *(mine)*. Elles sont à _______.
6. —Mon Dieu! Voilà les assiettes que j'ai empruntées à nos voisins il y a longtemps. Ce sont _______ *(theirs)*, pas _______ *(ours)*.
   —Il faut leur rendre _______ *(their)* assiettes tout de suite!

C. On adore se vanter *(to brag)*! Deux enfants de douze ans se trouvent dans la cour de récréation. Ils sont en train de se vanter. Complétez leurs phrases en donnant l'équivalent français des mots entre parenthèses.

1. Mes parents sont beaucoup plus riches que _______ *(yours)*.
2. Ah oui? Eh bien, mon père est plus grand que _______ *(yours)*.
3. Mais ta sœur n'est pas aussi intelligente que _______ *(mine)*.
4. J'aime mieux notre chien que le chien de ton frère. _______ *(Ours)* est beaucoup mieux dressé *(trained)* que _______ *(his)*.
5. C'est possible, mais si on compare nos deux chats avec tes chats, il faut dire que _______ *(yours)* ne sont pas aussi gentils que _______ *(ours)*.

51% des foyers français possèdent un animal domestique: 22,4% possèdent au moins un chien; 26,1% un chat; 11,1% un poisson… Comme aux États-Unis et ailleurs, les animaux jouent un rôle affectif, social et thérapeutique pour les Français. (Adapté de *Francoscopie 2013*, Larousse, pp. 208–209; 211.)

Courtesy of the authors; photographer Trish Fisher

Vous avez un chien?

Interactions

A. Une question de plus... Votre partenaire est un(e) journaliste curieux/curieuse qui fait des sondages auprès de consommateurs américains typiques. Vous êtes le consommateur/la consommatrice qui répond à ses questions concernant: votre situation familiale *(marital status)*; votre famille; la façon dont vous gagnez votre vie/vos parents gagnent leur vie; votre religion; la marque de voiture que vous possédez/vos parents possèdent; si vous utilisez Facebook, Twitter ou d'autres réseaux sociaux et si oui, combien de fois par jour; où vous habitez et de quel type de logement il s'agit; le type de musique que vous écoutez; les chansons que vous savez par cœur. Répondez aux questions de votre partenaire. Ensuite, changez de rôle.

B. À la douane. Jouez le rôle d'un professeur qui rentre d'un séjour aux États-Unis avec un groupe de lycéens. Vous descendez du bus qui vous a transportés de l'aéroport au lycée où les parents vous attendent. Demandez aux élèves d'identifier les choses oubliées dans le car:

- la valise verte/le sac marron
- les deux bouteilles de vin de Californie
- l'iPod/l'appareil photo
- la bouteille de sirop d'érable *(maple syrup)*
- les santiags [f pl] *(cowboy boots)*
- un objet de votre choix

DOSSIER D'EXPRESSION ÉCRITE Préparation

The focus of this chapter is describing people, places, or things.

1. First, choose a person that you would like to describe. You are going to write a physical and personality portrait of this person. Begin by making a list of all the possible people you might describe. Choose someone you know quite well, so you can develop your composition.
2. After you have chosen your subject, write a long list of adjectives to describe the person. Think about the character traits of the person, as well as the physical traits.

Qui est-ce? Que fait-elle? Que porte-t-elle?

Liens culturels

Radius Images/Photolibrary

Que font le père et la petite fille, à votre avis?

La famille

Aujourd'hui, le taux de natalité[1] est de 2,01 contre 2,92 en 1964, mais est en augmentation régulière depuis 1994 (1,66). Les femmes ont donc en moyenne plus d'enfants qu'au cours des années 1990, mais il y a néanmoins une baisse par rapport aux années 1960. Les raisons de cette baisse sont nombreuses: l'activité professionnelle des femmes, l'usage généralisé de la contraception, la légalisation de l'avortement[2], la diminution du nombre des mariages et, tout simplement, le «coût de l'enfant» – c'est cher d'avoir un enfant! L'âge moyen à la procréation est maintenant de 30,1 ans, comparé à 26,8 ans en 1980. Puisqu'il faut que chaque femme ait en moyenne 2,08 enfants pour assurer le renouvellement des générations, le gouvernement finance les charges sociales versées par une famille qui emploie une personne à domicile pour garder un ou plusieurs enfants de moins de trois ans. De plus, depuis début 2002, il existe en France un congé de paternité d'une durée de onze jours: ce congé a un succès énorme.

La famille évolue en France comme aux États-Unis. Il y a moins de familles nombreuses et plus de familles avec un père ou une mère célibataire. De plus, avec la pratique de la cohabitation (les jeunes habitent ensemble avant de se marier), 56% des naissances se produisent en dehors du mariage en 2011. Environ 837 000 enfants sont nés en France en 2011. 16,6% de ces nouveaux-nés ont un parent (mère ou père) étranger. Le nombre des demandes d'adoption a doublé en quinze ans; on compte aujourd'hui plus de 10 000 demandes par an; environ 7 000 personnes voient leur demande approuvée.

Depuis 1999, le droit français[3] reconnaît le pacte civil de solidarité (PACS). Un peu comme le mariage, ce pacte permet à deux personnes majeures (de sexe opposé ou de même sexe) d'organiser juridiquement leur vie commune: assurance maladie, transmission de biens par héritage, etc. Le nombre de couples «pacsés» continue à s'accroître. Il a atteint 205 558 en 2010 (dont 193 415 sont entre personnes de sexe différent), ce qui représente près de la moitié du nombre de mariages.

Aujourd'hui, les femmes en France représentent 48% de la population active. «Après des siècles d'inégalité officielle (l'homme à l'usine ou au bureau, la femme au foyer), les rôles des deux partenaires se sont rapprochés...» L'accès à la vie professionnelle a donné aux Françaises le goût de l'indépendance, mais il est toujours vrai que les femmes font la plupart des tâches domestiques. L'équilibre entre les sexes n'est certainement pas atteint, mais la situation des femmes a considérablement progressé au cours de la dernière génération.

Adapted from Gérard Mermet, *Francoscopie 2013*, Éditions Larousse

[1] **taux de natalité** *birth rate* [2] **avortement** *abortion* [3] **droit français** *French law*

Compréhension

1. Donnez plusieurs statistiques concernant les naissances en France, telles que le taux de natalité; le nombre d'enfants nés en France en 2011; le nombre moyen d'adoptions par an; l'âge moyen à la procréation; le pourcentage des naissances en dehors du mariage.
2. Que fait le gouvernement français pour encourager plus de naissances?
3. Qu'est-ce que le PACS? Quels sont ses avantages?
4. Est-ce qu'on peut parler d'égalité entre les hommes et les femmes français? Expliquez.

Réactions

1. Selon vous, est-ce que la famille américaine évolue? Décrivez les changements dont vous avez entendu parler ou que vous avez remarqués.
2. Est-ce que les raisons expliquant les changements dans les familles françaises et ceux dans les familles américaines sont les mêmes? Expliquez.
3. Aux États-Unis, savez-vous comment le rôle de la femme a évolué? Est-ce que l'égalité entre les sexes a été atteinte? Expliquez.

Extension

Faites des recherches sur Internet ou à la bibliothèque sur le rôle de la femme au Québec ou au Sénégal et préparez une présentation. Considérez les catégories suivantes: l'éducation, les enfants, les tâches domestiques, les salaires et le genre d'emplois, etc.

LEÇON 2

COMMENT DÉCRIRE LES OBJETS ET LES PERSONNES

Blog (suite)

Rappel: Have you reviewed descriptive adjectives? (Text p. 91 and SAM p. 58)

Premières impressions

1. Identifiez: les expressions qui décrivent le bébé et la femme de Philippe
2. Trouvez: a. où Philippe et sa femme se sont rencontrés
   b. où la femme de Philippe travaille

Philippe écrit un blog pour les Français aux USA. Souvent, il parle de sa vie quotidienne et de sa famille. De temps en temps, il parle des différences culturelles.

Bonjour à tous mes compatriotes qui habitent aux USA. Je suis dans le Midwest depuis trois ans seulement. Je ne suis pas trop content de mon travail. J'aimerais changer de société, mais ma femme a un excellent poste qu'elle aime beaucoup. Il faut donc que je trouve quelque chose dans un rayon de 30 miles. Je veux être à la maison tous les soirs avec ma femme et mon fils. Nous aimerions avoir un deuxième enfant bientôt. Il n'est pas question de sacrifier ma vie familiale ni la vie amoureuse que nous avons ma femme, Martha, et moi depuis notre première rencontre en Irlande.

Un soir, chacun de notre côté[1], on attendait le début d'un concert à un festival de musique. On était dans un pub. Elle était avec des Américains, j'étais tout seul, et… c'est là qu'on s'est parlé pour la première fois. Elle est vraiment mignonne[2]… cheveux ondulés[3], yeux bleus!

Elle est toujours agréable et de bonne humeur. Nous nous entendons bien. Elle travaille dans une maison d'édition[4]. Elle fait partie de l'équipe de rédaction[5].

Et maintenant, nous avons un enfant, un garçon incroyable. Je n'ai jamais vu un bébé comme ça. Il est intelligent et amusant.

J'aime vivre ici. C'est facile, même si la vie est plus fragmentée que la vie en France, et peut-être aussi plus monotone. Peut-être que j'ai tort, mais je crois que les Français en savent plus sur plus de sujets, ce qui rend leur conversation plus intéressante, et c'est ce qui me manque.

Vous autres qui êtes aux USA depuis quelque temps – êtes-vous d'accord avec moi?

Commentaire

COMMENTAIRES

MÉLANIE
Je suis d'accord avec vous. Les Américains sont très sympathiques, mais ils ne s'intéressent pas à beaucoup de choses. Mes conversations ne sont pas très intéressantes. Dans l'ensemble, les gens d'ici n'apprécient pas l'esprit critique. Ils se fâchent ou se vexent quand on pose des questions ou qu'on fait des suggestions.

Réagir contre cet avis?

GEORGES
Je crois que les étrangers qui vivent aux USA devraient être contents d'avoir du travail. Il y a beaucoup d'Américains qui sont au chômage. Ne vous plaignez pas.

Réagir contre cet avis?

MARTINE
Je suis parisienne et je vis aux USA depuis 1984. J'adore les Américains. Je les trouve chaleureux et très intéressants.

Réagir contre cet avis?

[1]**chacun…** *each on his/her own* [2]*cute* [3]*wavy* [4]**maison…** *publishing company* [5]**équipe…** *editorial team*

Observation et analyse

1. Comment est-ce que Philippe et Martha se sont rencontrés?
2. Pourquoi est-ce que Philippe n'a pas changé de travail?
3. Comment est Martha?
4. Pensez-vous que le mariage de Philippe et Martha soit solide? Trouvez-vous que Philippe est réaliste dans sa description de sa vie personnelle? Expliquez.

Réactions

1. Est-ce que vous avez de bons rapports *(good relationship)* avec quelqu'un en particulier? Comment est-ce que vous avez fait la connaissance de cette personne? Décrivez cette personne.
2. Quels sont les avantages et les inconvénients de vivre dans un pays qui n'est pas celui qu'on connaît depuis qu'on est tout petit?

En 2011, environ 122 700 Français habitaient aux États-Unis, le 3ème pays d'accueil des Français résidant à l'étranger. (http://www.diplomatie.gouv.fr/fr/les-francais-etablis-hors-france_4182/index.html)

Expressions typiques pour...

Décrire les personnes

Comment est-il/elle (physiquement)?	Il/Elle a les cheveux blonds/châtains *(chestnut)*/gris/roux. Il/Elle a les cheveux longs/courts. Il/Elle a les yeux bleus/verts/marron.
Quel âge a-t-il/elle?	Il/Elle a (à peu près)... ans. Il/Elle est d'un âge mûr/est vieux (vieille)/est (assez) jeune.
Combien mesure-t-il/elle?	Il/Elle mesure un mètre soixante/quatre-vingt-cinq.[1]
Combien est-ce qu'il/elle pèse?	Il/Elle est fort(e)/mince. Il/Elle pèse cinquante-cinq kilos.
Quel genre d'homme/de femme est-ce?	Il/Elle est sympa/timide/drôle. Il/Elle a bon/mauvais caractère. C'est un(e) imbécile! Elle est géniale.

Décrire les objets

Comment est-ce?	C'est petit/grand. C'est long/court.
En quoi est-ce?	C'est en métal/plastique/coton/nylon/bois.
À quoi est-ce que ça sert?	Ça sert à... C'est un truc *(familiar)* pour... On s'en sert pour/quand... Les gens s'en servent pour...

[1] **1 mètre** = approx. 39 inches; **2,5 centimètres** = approx. 1 inch

Décrivez les membres de cette famille: Comment sont les parents et leurs enfants?

Rolf Bruderer/Masterfile

Mots et expressions utiles

Les personnes

avoir les cheveux
- roux *to have red hair*
- châtains *chestnut*
- bruns *dark brown*
- noirs *black*
- raides *straight*
- ondulés *wavy*
- frisés *curly*

avoir les yeux marron *to have brown eyes*

avoir une barbe/une moustache/des pattes *to have a beard/mustache/sideburns*

avoir des boucles d'oreille/un anneau au nez *to have earrings/a nose ring*

être chauve *to be bald*

porter des lunettes/des lentilles de contact *to wear glasses/contact lenses*

être de petite taille *to be short*

être de taille moyenne *to be of average height*

être grand(e) *to be tall*

être fort(e) *to be heavy, big, strong,*

être gros (grosse)/mince *to be big, fat/thin, slim*

avoir la vingtaine/la trentaine, etc. *to be in one's 20s/30s, etc.*

être d'un certain âge *to be 60 or older*

ne pas faire son âge *to not look one's age*

faire jeune *to look young*

être aveugle *to be blind*

être dans une chaise roulante *to be in a wheelchair*

être infirme *to be disabled*

être muet(te) *to be mute, silent*

être paralysé(e)/tétraplégique *to be paralyzed/quadriplegic*

être sourd(e) *to be deaf*

marcher avec des béquilles *to be on crutches*

marcher avec une canne *to use a cane*

être de bonne/mauvaise humeur *to be in a good/bad mood*

être marrant(e)/gentil (gentille)/mignon (mignonne) *to be funny/nice/cute, sweet*

Les objets

être gros (grosse)/petit(e)/minuscule *to be big/small/tiny*

être grand(e)/petit(e)/bas (basse) *to be big, tall, high/small, short/low*

être large/étroit(e) *to be wide/narrow*

être long (longue)/court(e) *to be long/short*

être lourd(e)/léger (légère) *to be heavy/light*

être pointu(e) *to be pointed*

être rond(e)/carré(e)/allongé(e) *to be round/square/oblong*

être en argent/or/acier/bois/coton/laine/plastique *to be made of silver/gold/steel/wood/cotton/wool/plastic*

Mise en pratique

Une petite fille fait deviner sa mère:

— Maman, devine qui est très **grand, fort** et **mignon.** Il a de **grandes** oreilles bleues et **pointues** et un nez **long, large** et bleu **aussi. Il ne fait pas son âge,** mais il est vraiment **vieux.**

— C'est Jake Sully, qui, via son avatar, fait partie d'une mission d'infiltration sur Pandora et qui finit par trouver sa place parmi les Na'vi dans le film *Avatar.*

Elle continue:

— Maman, devine à quoi je pense: C'est **en or** et **en argent.** C'est assez **léger** et c'est **rond.** Ça donne l'heure.

— C'est une montre!

Activités

A. Descriptions. Décrivez au hasard les personnes ou les choses suivantes en utilisant les ***Mots et expressions utiles*** de la **Leçon 2.** Quelqu'un dans la classe va deviner qui ou ce que vous décrivez. Après, ajoutez d'autres exemples.

1. LeBron James
2. Beyoncé
3. Justin Timberlake
4. Maria Sharapova
5. Stephen Hawking
6. Amy Adams
7. une règle *(ruler)*
8. un tee-shirt
9. des ciseaux *(scissors)*
10. des lunettes de soleil

B. Mes rêves. Avec un(e) partenaire, décrivez l'apparence physique et le caractère de votre meilleur(e) ami(e) ou de l'homme (de la femme) de vos rêves.

C. Comment est-il/elle? Retournez aux portraits à la page 97. Décrivez l'apparence physique de chaque personne dans les portraits. Imaginez aussi leur personnalité et décrivez-les.

D. Comment est-ce? Choisissez trois objets dans votre poche ou dans votre sac, mais ne les montrez à personne. Les membres de la classe vont vous poser des questions concernant l'apparence et l'utilité de ces objets. Vous devez répondre en donnant une description aussi détaillée que possible. Continuez jusqu'à ce que quelqu'un devine l'objet, après quoi montrez-le.

MODÈLE: ***—En quoi est-ce?***
—C'est en acier.
—Quelle est sa taille/forme?
—C'est petit et court, mais très lourd…

E. Questions indiscrètes. Posez les questions suivantes à un(e) partenaire. Faites un résumé de ses réponses à la classe.

1. Décris-toi. Parle de tes cheveux, de tes yeux, de ton âge, de ta taille.
2. Qu'est-ce qui est préférable – porter des lunettes ou des lentilles de contact? Pourquoi?
3. Est-ce que tu fais ton âge? Et tes grands-parents? Et ton frère/ta sœur?
4. Est-ce que tes parents sont grands ou petits? Et toi?
5. À ton avis, qu'est-ce qu'il faut faire pour être en forme?

La grammaire à apprendre

L'adjectif qualificatif

In order to make detailed descriptions in French, you must be able to use adjectives properly, that is, make them agree with the modified noun and place them correctly in a sentence. You reviewed a series of adjective formation patterns in ***La grammaire à réviser.*** Below are some additional irregular patterns to form the feminine singular.

MASCULIN		FÉMININ	EXEMPLES	
-er	→	**-ère**	premier	première
-et	→	**-ète**	inquiet	inquiète
-et	→	**-ette**	muet	muette
-c	→	**-che**	blanc	blanche
-c	→	**-que**	public	publique
-eur	→	**-eure**	supérieur	supérieure
BUT:,				
-eur	→	**-euse**	menteur	menteuse
-eur	→	**-rice**	conservateur	conservatrice

C'était un couple étrange: lui, il avait l'air toujours **inquiet**; elle, elle était **menteuse.** On avait vraiment du mal à les connaître.

A few adjectives follow no regular pattern:

MASCULIN	FÉMININ	MASCULIN	FÉMININ
doux	douce *(soft; sweet)*	frais	fraîche *(fresh)*
faux	fausse *(false)*	long	longue *(long)*
favori	favorite *(favorite)*	sec	sèche *(dry)*

On a eu une journée **longue** et difficile.

Although adjectives generally agree in number and gender with the nouns they modify, in the following situations the adjective remains unchanged:

- a qualified color: des cheveux **châtain foncé** *(dark brown)*/**châtain clair** *(light brown)*
- adjectives of color (**orange**, **citron**, **crème**, **marron**, etc.) that are also nouns: des rideaux *(curtains)* **crème**
- **snob**, **chic**, **bon marché**: Quelle femme **chic!**
- **demi** before **heure**: une **demi-heure** BUT deux heures et **demie**

NOTE that **bon marché** never changes, but **chic** and **snob** agree in number though not in gender with the nouns they are modifying:

— Martine est chic, n'est-ce pas?

— Moi, je trouve que Léa et Manon sont toutes les deux chics.

Several adjectives ending in **-t** (**complet**, **incomplet**, **concret**, **discret**, **indiscret**, **inquiet**, **secret**) do not double the **t** in the feminine form but take the grave accent on the preceding **e** (**complète**, **incomplète**, **concrète**, **discrète**, **indiscrète**, **inquiète**, **secrète**). Others take double **t** (as in **muet/muette**, **violet/violette**).

Adjectives like **menteur** and **travailleur** that have a corresponding verb (**mentir, travailler**) and present participle (**mentant** *[lying]*, **travaillant** *[working]*), form the feminine by adding **-euse.**

EXCEPTIONS **Enchanteur** and **vengeur**, add **-esse** to the corresponding infinitive (**enchanteresse, vengeresse**).

Several comparative adjectives form their feminine by adding **-e: meilleur(e), supérieur(e), inférieur(e), extérieur(e), intérieur(e),** etc.

NOTE When an adjective modifies two or more nouns of different genders, the masculine plural is used:
un fils et une fille **américains**

Activité

Qui suis-je? Céline et ses parents sont québécois et habitent à Montréal. Complétez leur description en utilisant la forme correcte de l'adjectif entre parenthèses.

J'ai un père et une mère _______ (célèbre) dont je suis très _______ (fier). Mon père est un journaliste _______ (indépendant) depuis longtemps. Il a reçu de _______ (nombreux) prix pour ses œuvres _______ (créatif).

Ma mère est une artiste _______ (contemporain) de renommée *(fame)* _______ (mondial). Dans ses idées _______ (politique), elle est un peu _______ (conservateur) comme mon père, mais c'est une mère _______ (affectueux), _______ (gentil) et _______ (juste).

Moi, je ne suis pas du tout _______ (exceptionnel). Je suis une élève _______ (ordinaire) et même _______ (moyen) dans une école _______ (privé) de Montréal. Dans l'ensemble, je ne suis ni très _______ (travailleur) ni trop _______ (paresseux). Mes parents pensent que je suis _______ (fou), mais un jour j'espère devenir actrice.

Montréal est située en bordure du Saint-Laurent, à proximité de l'Ontario et des États-Unis. C'est la deuxième ville francophone après Paris. C'était le site de l'Exposition universelle en 1967 et des Jeux olympiques d'été de 1976. Le Festival des films du monde et le Festival international de jazz y ont lieu chaque année.

La grammaire à apprendre

La position des adjectifs

Adjectives in French usually *follow* the noun.

une histoire **agréable** un livre **intéressant**

A. A few common adjectives are normally placed *before* the noun:

autre	beau	joli	gentil
nouveau	vilain	gros	haut
jeune	bon	grand	long
vieux	mauvais	petit	court

premier/première, deuxième, etc. (all ordinal numbers)

In formal speech, **des** becomes **de** before a plural, preceding adjective and a noun.

de bons voisins BUT **les** bons voisins AND **des** voisins aimables

However, when the adjective is considered as part of the noun, **des** does not change.

des jeunes filles BUT **d'agréables jeunes filles**

B. When there is more than one adjective modifying a noun, the word order normally associated with each adjective is used:

une **belle** ville **pittoresque** la **vieille** église **gothique**

C. **Et** is generally used if both adjectives follow the noun. If both precede the noun, the use of **et** is optional:

un homme **intelligent et sympathique**
un **beau petit** garcon une **grande et jolie** femme

D. The following adjectives change their meaning according to their placement:

ancien	mon **ancien** professeur *my former professor*	un livre **ancien** *an ancient book*
certain	un **certain** homme *a certain, particular man*	une victoire **certaine** *a sure win*
cher	mes **chers** collègues *my dear colleagues*	des machines **chères** *expensive machines*
dernier	la **dernière** année *the final year (in a series)*	l'année **dernière** *the last, preceding year*
grand	un **grand** homme *a great man*	un homme **grand** *a big, tall man*
même	la **même** idée *the same idea*	l'idée **même** *the very idea*
pauvre	la **pauvre** famille *poor, unfortunate family*	la famille **pauvre** *poor, penniless family*
prochain	la **prochaine** fois *next time (in a series)*	la semaine **prochaine** *next week (one coming)*
propre	ma **propre** chambre *my own room*	une chambre **propre** *a clean room*
seul	le **seul** homme *the only man*	un homme **seul** *a solitary man*

Activités

A. De beaux souvenirs. Avec un(e) partenaire, vous regardez des photos prises pendant les vacances dans le nord-ouest de la France. Décrivez ce que vous voyez. Faites des phrases complètes. Attention au genre et à la position des mots.

1. regarde / maisons / vieux / en Normandie
2. c'est / homme / français / vieux / dont j'ai fait la connaissance
3. tu vois / plages / beau / sur la côte / breton
4. regarde / cathédrale / grand / gothique / de Rouen
5. regarde / armoire / gros / ancien
6. c'est un / enfant / petit / pauvre / de Paris
7. j'ai pris ces photos / magnifique / avec / mon / appareil / propre
8. c'était / notre / journée / dernier / à Paris

Le nord-ouest de la France comprend la Normandie (tout près de Paris, connue pour les plages du débarquement des alliés en 1944), la Bretagne (sur la côte Atlantique, où se trouve Saint-Malo) et le Pays de la Loire (sur la côte Atlantique et le long du fleuve de la Loire), connu pour ses châteaux de la Renaissance.)

B. Petites annonces. Voici quelques petites annonces incomplètes. Pour les terminer, mettez le nom et les adjectifs entre parenthèses à la bonne place, en faisant l'accord nécessaire. Ajoutez **et** s'il le faut.

1. Un ______ ______ (Français, jeune) désire correspondre avec une ______ ______ (étudiante, américain).
2. Une ______ ______ ______ (femme, californien, beau) cherche un ______ ______ ______ (compagnon, gentil, francophone) pour aller voir des pièces de théâtre et des ______ ______ (films, français).
3. Une ______ ______ ______ (dame, raffiné, élégant), de soixante-douze ans, de ______ ______ ______ (personnalité, gai, charmant) et ______ ______ (maîtresse, très bon) de maison, désire correspondre avec un monsieur septuagénaire, de ______ ______ (situation, aisé). Écrire en fournissant des détails et une ______ ______ (photo, récent).

C. Au secours! M. Tremblay, directeur d'une grande entreprise de Montréal, doit afficher l'annonce suivante en anglais et en français. Écrivez la version française pour lui.

One of our fellow workers needs your help. This unfortunate man and his family lost their home in a fire (**dans un incendie**) last night. The only clothes they have are those (**ceux**) they are wearing. They especially need money and clean, new clothing. Please (**Veuillez**) bring what you would like to give to room 112 by Friday of next week. With your help, our drive (**initiative,** *f*) will be a sure success. Thank you very much.

Mr. Tremblay

D. Trouvez quelqu'un qui... Traduisez les phrases suivantes et posez des questions à vos partenaires pour trouver quelqu'un qui...

MODÈLE: has a famous sister
—Tu as une sœur célèbre?
—Non, ma sœur n'est pas célèbre.

1. has a little half-brother
2. likes old books
3. dislikes expensive clothes
4. has a long day today
5. has the same cell phone **(un téléphone portable)** as you
6. has a clean room
7. is going on a trip next week
8. has bought numerous cars

Interactions

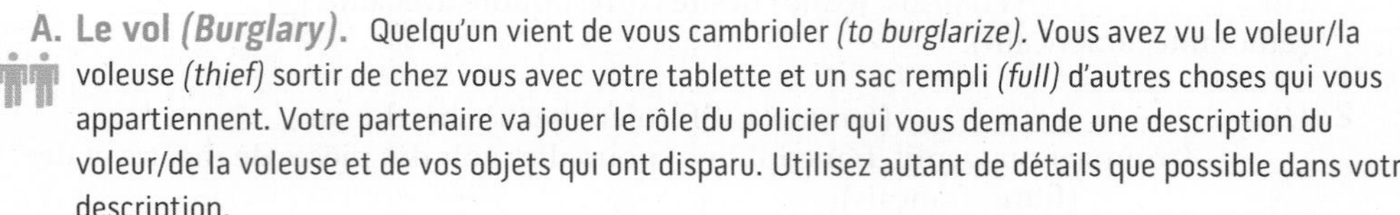

A. Le vol *(Burglary)*. Quelqu'un vient de vous cambrioler *(to burglarize)*. Vous avez vu le voleur/la voleuse *(thief)* sortir de chez vous avec votre tablette et un sac rempli *(full)* d'autres choses qui vous appartiennent. Votre partenaire va jouer le rôle du policier qui vous demande une description du voleur/de la voleuse et de vos objets qui ont disparu. Utilisez autant de détails que possible dans votre description.

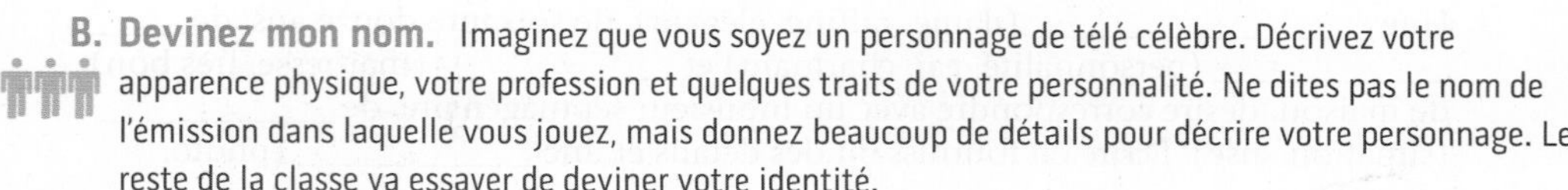

B. Devinez mon nom. Imaginez que vous soyez un personnage de télé célèbre. Décrivez votre apparence physique, votre profession et quelques traits de votre personnalité. Ne dites pas le nom de l'émission dans laquelle vous jouez, mais donnez beaucoup de détails pour décrire votre personnage. Le reste de la classe va essayer de deviner votre identité.

DOSSIER D'EXPRESSION ÉCRITE Premier brouillon

1. Use the adjectives you listed in **Leçon 1** to begin writing your first draft. Choose the most characteristic adjectives, finding one extraordinary feature (personality or physical) that you want to emphasize. It might help to circle those adjectives that clarify this feature. Imagine that you will give this composition to your friend, so write in a warm, friendly tone.
2. Write an introductory paragraph in which you present your subject to your reader by giving a general impression.
3. Write at least two subsequent paragraphs in which you discuss separately the personality traits and the physical traits of this person. Describe the cultural background of your friend and what has influenced his/her life. Be sure that your reader can visualize the person you are describing. As you write your description, compare this person to yourself or someone else you know well. How are you similar? How are you different? Review the ***Expressions utiles*** that you learned in **Chapitre 2**, p. 76, on comparisons and contrasts.
4. Write a short concluding paragraph in which you give your reader one more interesting bit of information by which to remember this person. Think about how this person has impacted you or others in a positive way.

Liens culturels

Eugène Delacroix, *La Liberté guidant le peuple*

Allons, enfants de la Patrie: la Révolution française

En 1787, le royaume[1] de France était dans une profonde crise financière. Les caisses du trésor étaient vides. Des impôts[2] excessifs, prélevés[3] par les agents du roi, les seigneurs des villages et l'Église, prenaient la moitié des revenus des artisans, des commerçants et des petites gens. Les paysans étaient réduits à la misère. De plus, les agents du roi ne toléraient pas les protestations. Dans un régime de monarchie absolue, le roi peut jeter n'importe qui[4] en prison pour n'importe quelle raison. Les Français n'avaient aucune liberté.

La Révolution française de 1789 met fin à la monarchie absolue. Mais le rejet de la monarchie et l'adoption d'une constitution républicaine ne se sont pas faits facilement. Soulignons donc la décision du 9 juillet 1789, décision par laquelle l'assemblée des États Généraux* s'est déclarée Assemblée constituante, détentrice de la souveraineté nationale. Autrement dit, elle a eu l'audace de proclamer qu'elle entreprenait[5] la rédaction[6] d'une constitution du royaume. La monarchie absolue n'existait donc plus. Comme l'Angleterre, la France devenait une monarchie constitutionnelle.

Une seconde décision de l'Assemblée constituante confirme son désir de donner à la France de nouvelles structures sociales, fiscales et politiques. Dans la nuit du 4 août, les constituants de la noblesse et du clergé renoncent à leurs privilèges et aux droits féodaux. De fait, ils renoncent au régime féodal qui règne en France et en Europe depuis des siècles, régime qui les favorisait en tous points[7]. Ce geste généreux et admirable établit les bases d'une société fondée sur le respect des droits de chaque individu. Dans les deux semaines qui suivent, l'Assemblée constituante rédige la Déclaration des droits de l'homme et du citoyen, adoptée le 16 août.

Devant l'ampleur[8] des décisions prises pendant l'été, les Français commencent à réagir, les uns avec espoir, les autres avec crainte[9] et colère. L'agitation monte aussi à l'étranger, puisque les familles royales et impériales d'Europe ont peur d'une contagion des idées révolutionnaires qui s'étaient manifestées aux États-Unis d'Amérique en 1776, puis en France en 1789. Leur pays sera-t-il le suivant?

Une troisième décision importante, cette fois-ci celle de Louis XVI**, fait dérailler[10] l'établissement d'une monarchie constitutionnelle française. Après avoir accepté, apparemment, la constitution qui limite le pouvoir du roi, Louis XVI et Marie-Antoinette s'enfuient de Paris en cachette pour rejoindre l'empereur d'Autriche qui, à la tête de son armée, les attend avant d'envahir la France. La «trahison» de Louis XVI va amener le durcissement de la Révolution et le règne de la Terreur (mars 1791–juillet 1794). Malgré des tentatives multipliées de créer des formes de démocratie, la France ne réussit pas à se doter d'institutions républicaines. Finalement, le jeune général Napoléon Bonaparte, élu Consul, impose un retour à l'ordre en s'auto-proclamant empereur des Français en 1804.

Compréhension

1. Décrivez les conditions de vie en France en 1789.
2. Quelle est l'importance de la seconde décision de l'Assemblée constituante?
3. En 1792, de quoi est-ce que le peuple soupçonnait Louis XVI et sa femme?

Réactions

1. Pourquoi est-ce que la Révolution a pris fin, selon vous?
2. On parle de la peur, de la part des familles royales et impériales de cette époque, d'une «contagion des idées révolutionnaires». Est-ce que cette peur existe aujourd'hui quelque part? Expliquez.
3. Pourquoi, selon vous, est-ce qu'il y a des révolutions?

Extension

Faites des recherches sur la Révolution française. Choisissez une personne, un événement ou un fait culturel qui vous intéresse et écrivez un paragraphe que vous présenterez à la classe ou au professeur.

**l'assemblée des États Généraux: les représentants du peuple appelés par le roi pour résoudre les problèmes financiers de la France*
***Louis XVI est né à Versailles en 1754. Il est roi de France de 1774 à 1791, puis roi des Français de 1791 à 1792. Il est arrêté pendant sa fuite, jugé coupable de trahison et condamné à mort. Il meurt guillotiné le 21 janvier 1793.*

[1] **royaume** *kingdom* [2] **impôts** *taxes* [3] **prélevés** *imposed* [4] **n'importe qui** *anyone* [5] **entreprenait** *was undertaking* [6] **rédaction** *drafting* [7] **en…** *in all aspects* [8] **ampleur** *enormity* [9] **crainte** *fear* [10] **dérailler** *derail, throw off*

La Révolution française a produit tout un ensemble de textes, nés des circonstances. Dans la nuit du 24 au 25 avril 1792, juste avant un assaut contre les Autrichiens, Claude Joseph Rouget de Lisle a composé le *Chant de guerre pour l'armée du Rhin*. En juin, cet air a été chanté lors d'un banquet offert par la ville de Marseille à 500 volontaires qui allaient monter à Paris pour défendre la Patrie. Impressionnés par les Marseillais qui défilaient et chantaient avec conviction, les Parisiens ont baptisé leur chant *La Marseillaise*. Sous la IIIe République, le 14 juillet 1879, il est devenu l'hymne national français. Écoutez *La Marseillaise* à **www.cengagebrain.com**.

LEÇON 3

COMMENT DÉCRIRE LA ROUTINE ET LES RELATIONS FAMILIALES

Conversation (conclusion)

Track 7

Rappel: Have you reviewed pronominal verbs? (Text p. 92 and SAM pp. 59–60)

Premières impressions

1. Identifiez: a. comment Philippe décrit sa routine
   b. comment il décrit les rapports personnels
2. Trouvez: quand Philippe se dispute avec sa femme

Philippe et Damien discutent toujours. Ils parlent de la vie quotidienne° de Philippe et de sa famille aux États-Unis.

DAMIEN Et la vie de tous les jours, comment ça se passe pour vous, aux États-Unis?

PHILIPPE Eh bien, c'est un peu la routine… Je commence à en avoir un peu assez… c'est beaucoup trop «métro-boulot-dodo°». Je travaille en ville, alors j'ai pratiquement quarante-cinq minutes de transport le matin et autant le soir pour rentrer.

DAMIEN Et à la maison, comment est-ce que vous vous occupez du° bébé?

PHILIPPE Un bébé, cela te change la vie. Il a une routine très stricte et tu ne fais pas ce que tu veux.

DAMIEN Alors finie la grasse matinée°!

PHILIPPE Oui, la grasse matinée, et même des nuits entières de sommeil! Cinq heures de suite°, c'est un luxe pour le moment.

DAMIEN Est-ce que tu taquines° ta femme comme tu le faisais avec les filles à l'université?

PHILIPPE Oui, on a des rapports très détendus. Nous sommes de très bons amis. On se traite en bons camarades, en fait, on est autant amis que mari et femme. Nous nous disputons rarement.

DAMIEN C'est rare de bien s'entendre tout le temps.

PHILIPPE Oui, mais ça ne veut pas dire que nous n'avons pas de petits accrochages° de temps en temps. La dernière fois, c'était ses parents qui étaient venus pour le baptême du petit, et euh… Je les aime bien, mes beaux-parents, mais seulement à petite dose, et là, ils sont restés trois semaines. La troisième semaine, j'aurais aimé être ailleurs… *(Il rit.)*

DAMIEN *(Il hausse les sourcils°, comme s'il avait l'air de comprendre.)* La patience n'a jamais été ta grande vertu, Philippe!

PHILIPPE *(d'un air innocent)* Moi, je suis un ange de patience! Et puis, ne t'inquiète pas! Nous nous sommes tous remis de° l'expérience!

daily

the daily grind of commuting, working, sleeping, an expression created by the poet Pierre Béarn (1902–2004)

s'occuper de *to take care of, handle*

faire la grasse matinée *to sleep late*

de suite *in a row, in succession*

tease

avoir de petits accrochages *to disagree with*

hausse… *raises his eyebrows*

se remettre de *to get over*

Observation et analyse

1. Décrivez les rapports que Philippe a avec sa femme et avec les parents de sa femme.
2. Parlez de la vie de tous les jours de Philippe. Est-ce qu'il est content de sa routine? Expliquez.
3. Comment est-ce que le bébé a changé la vie de ses parents?
4. Pensez-vous que Philippe s'entende bien avec ses beaux-parents? Comment le savez-vous?

Réactions

1. Est-ce que vous aimez votre routine? Expliquez.
2. Est-ce que vous connaissez quelqu'un qui a un bébé? Est-ce que cet enfant lui a changé la vie? Expliquez.
3. Comment sont vos rapports avec vos parents ou vos beaux-parents?

Expressions typiques pour…

Décrire la routine

Quelle est votre routine?

shapecharge/iStockphoto.com

Je me lève, je me lave (je prends une douche/un bain),
je me peigne, je me brosse les dents,
je me rase,
je m'habille, je me maquille, je prends mon petit déjeuner, je consulte mes courriels, je vais au…,
je déjeune à…, j'envoie un texto, je rentre à…, je dîne à…,
je fais mes devoirs, je me déshabille, je me couche.

Décrire les rapports personnels

Quelle sorte de rapports avez-vous avec…?

Belushi/Shutterstock.com

Je m'entends bien/mal avec mon petit copain/ma petite copine.
J'ai de bons/mauvais rapports *(good/bad relationship)* avec lui/elle.
Nous sommes de très bons amis.
Nous nous disputons *(argue)* rarement/souvent/de temps en temps.
Nous (ne) nous comprenons (pas) bien.
Nous nous sommes rencontrés l'an dernier.
Nous nous sommes fiancés/mariés.
Nous avons divorcé.

Mots et expressions utiles

Les bons rapports

le coup de foudre *love at first sight*

tomber amoureux/amoureuse de quelqu'un *to fall in love with someone*

se revoir *to see each other again*

fréquenter quelqu'un *to go steady with someone*

se fiancer/se marier *to get engaged/to get married*

bien s'entendre avec *to get along well with*

être en bons termes avec quelqu'un *to be on good terms with someone*

les liens [m pl] *relationship*

les liens de parenté *family ties*

les rapports [m pl] *relationship*

Les rapports difficiles

une dispute *a quarrel*

se disputer *to argue*

se plaindre (de quelque chose à quelqu'un) *to complain (to someone about something)*

rompre avec quelqu'un *to break up with someone*

se brouiller avec quelqu'un *to get along badly/quarrel with someone*

être en mauvais termes avec quelqu'un *to be on bad terms with someone*

le manque de communication *communication gap*

taquiner *to tease*

exigeant(e) *demanding*

tendu(e) *tense*

Divers

faire la grasse matinée *to sleep late*

hausser les sourcils/les épaules *to raise one's eyebrows/shoulders*

s'occuper de *to take care of, handle*

quotidien(ne) *daily*

T. Ozonas/Masterfile

Quels sont les rapports entre cette femme et cet homme? Que se disent-ils?

Il y avait presque autant de divorces en France qu'aux États-Unis en 2010. C'est-à-dire qu'un mariage sur deux finit en divorce, mais plus de Français que d'Américains se remarient. http://frenchmorning.com/ny/2012/07/09/autant-de-divorces-francais-et-americains-mais/

Mise en pratique

Trop souvent, les histoires d'amour suivent ce scénario:

Le jeune couple se rencontre par hasard. C'est le **coup de foudre.** Les jeunes gens **se revoient.** Ils **s'entendent bien.** Les **rapports** sont très bons. Ils sont parfaits l'un pour l'autre. Ils **se fiancent...**

Après le mariage, les **disputes** commencent. L'un des deux **se plaint de** tout. Les **rapports** sont de plus en plus **tendus.** Une personne veut **rompre.** Il est trop tard pour résoudre les problèmes: le **manque de communication** a détruit les **liens** qui existaient au début.

Activités

A. Les rapports sociaux. Donnez deux phrases pour décrire vos rapports avec chacune des personnes ci-dessous. Variez vos réponses.

MODÈLE: votre mère
J'ai de bons rapports avec ma mère.
Nous nous disputons rarement.

1. votre sœur/frère
2. votre petit(e) copain/copine
3. votre père/mère
4. votre copain/copine de chambre
5. un copain/une copine que vous connaissez depuis longtemps
6. votre professeur de français

B. Ma routine. Décrivez la routine d'un jour de semaine typique. Contrastez cette description avec celle d'un jour de week-end idéal.

C. Questions indiscrètes. Posez les questions suivantes à un(e) partenaire. Faites un résumé de ses réponses à la classe.

1. Tu es déjà tombé(e) amoureux/amoureuse? Quand? Est-ce que c'était un coup de foudre? Est-ce que vous vous voyez toujours?
2. Quelles situations te causent le plus de stress? Pourquoi? Qu'est-ce que tu fais pour réduire ce stress?
3. Est-ce que tu te plains souvent? De quoi? À qui? Est-ce que tu te sens mieux après t'être plaint(e)?

Décrivez les rapports de ce jeune couple.

La grammaire à apprendre

Les verbes pronominaux

A. Pronominal verbs are often used when describing daily routines and personal relationships. You reviewed the basic patterns of use and word order in ***La grammaire à réviser.*** The most common type of pronominal verbs, *reflexive verbs*, reflect the action back to the subject.

Il **se couche** à onze heures. — *He **goes to bed** at eleven o'clock.*

Many common reflexive verbs can be found in the ***Expressions typiques pour…*** on page 115. Additional reflexive verbs are listed below:

s'amuser *to have fun*
s'arrêter *to stop*
se couper *to cut oneself*
se débrouiller *to manage, get along*
se demander *to wonder*
se détendre *to relax*
se fâcher contre *to get angry with*
s'inquiéter de *to worry about*
s'intéresser à *to be interested in*
se moquer de *to make fun of*
se rappeler *to remember*
se reposer *to rest*

B. Other pronominal verbs, known as *reciprocal verbs*, describe an action that two or more people perform on or for each other rather than on or for themselves. These verbs are conjugated in the same way as reflexive verbs; however, they can only be used in the plural.

Nous **nous aimons** bien. — *We **like each other** a lot.*
Nous **nous parlons** chaque jour. — *We **speak to each other** every day.*

The addition of **l'un(e) l'autre** (for two people) and **les un(e)s les autres** (for more than two people) can be used if ambiguity exists:

Abdul et Marie se comprennent.
Abdul and Mary understand themselves. / Abdul and Mary understand each other.

BUT Abdul et Marie se comprennent **l'un l'autre.**
Abdul and Mary understand each other.

Note the placement of a preposition:

Ils s'entendent bien les uns **avec** les autres.
They get along fine with one another.

C. *Idiomatic pronominal verbs* change meaning when used in a pronominal construction.

Non-pronominal	**Pronominal**
aller *to go*	s'en aller *to go away*
apercevoir *to see*	s'apercevoir *to realize*
attendre *to wait*	s'attendre à *to expect*
douter *to doubt*	se douter de *to suspect*
ennuyer *to bother*	s'ennuyer *to be bored, get bored*
entendre *to hear*	s'entendre (avec) *to get along (with)*
faire *to do, make*	s'en faire *to be worried*
mettre *to put, place*	se mettre à *to begin*
passer *to pass*	se passer *to happen;* se passer de *to do without*
plaindre *to pity*	se plaindre (de) *to complain (about)*
rendre compte de *to account for*	se rendre compte de *to realize*
servir *to serve*	se servir de *to use*
tromper *to deceive; to cheat on*	se tromper *to be mistaken*

Some verbs exist only in pronominal form:

se méfier de *to be wary, suspicious of*   se spécialiser en *to specialize, major in*
se souvenir de *to remember*   se taire *to be quiet*

En 2012, Sébastien et Marine – restaurateurs parisiens, mariés – **s'inquiétaient** beaucoup **de** leur situation financière et avaient décidé de **se passer de** vacances pour faire des économies *(save money)*. Les pauvres! Ils ne **se doutaient** pas que toute une année de travail sans congés, c'est dur! Dès le mois de juillet, Marine **se plaignait de** tout et **de** rien et Sébastien **s'ennuyait** dans sa cuisine. Il **se sont** vite **aperçus** qu'ils avaient eu tort d'annuler leurs vacances, et ils ont donc décidé de **s'en aller** quelques jours pour se changer les idées. Ils **sont passés** par le Tunnel du Mont Blanc et ont mis beaucoup de temps pour arriver à Rome, parce qu'ils ont fait le tour d'un tas de *(a lot of)* petits restaurants! Sébastien **se moquait de** chaque plat qu'on lui servait et **se mettait** souvent **à** critiquer les recettes... Bref, une vraie catastrophe! Sébastien et Marine sont rentrés chez eux plus stressés qu'auparavant. Ils **se souviendront** longtemps **de** ce petit voyage désastreux. Et quant aux cuisiniers entre Paris et Rome... n'en parlons pas!

The use of pronominal verbs in the past tenses will be presented in **Chapitre 4.**

Activités

A. Comment? Choisissez la phrase qui complète logiquement la situation décrite ci-dessous.

1. Sarah ne peut pas se passer de voiture.
   a. Une voiture est essentielle pour elle.
   b. Elle ne se laisse jamais doubler *(pass)* par une autre voiture.
2. Sarah et sa sœur ne s'entendent pas bien.
   a. On doit toujours répéter ce qu'on dit quand on leur parle.
   b. On les entend souvent se disputer.
3. Nous nous doutons que leur mère est gravement malade.
   a. Elle n'est pas sortie de sa maison depuis longtemps.
   b. On l'a vue faire du ski récemment.
4. «Je ne me trompe jamais» dit-elle.
   a. «Je suis toujours honnête» dit-elle.
   b. «J'ai toujours raison» dit-elle.
5. Sarah s'ennuie beaucoup à la campagne.
   a. Elle dit qu'il n'y a rien à faire.
   b. Elle dit que les insectes sont très embêtants.

Quelles activités sont proposées par le Comité départemental du tourisme de la Seine-Saint-Denis pour le nord-est parisien?

B. Ma famille. Ambre, une jeune fille de quatorze ans, doit écrire une rédaction sur sa famille. Traduisez sa rédaction en français en utilisant autant de verbes pronominaux que possible.

There are five of us in my family—my mother, father, half-sister, half-brother, and myself, the youngest. For the most part **(Dans l'ensemble)**, we all get along fairly well. Of course, I get angry with my older brother when he makes fun of me. But I tell him to be quiet and he usually stops. Maybe I am wrong but I think that he teases me because he gets bored. My older sister, Justine, is majoring in science at the university. She has a lot of work but she never complains. My parents have a great relationship. It's easy to see that they love each other very much.

And me? I am fourteen years old. I get along fine at school and like most of my classes, but I am mainly interested in vacations.

C. Interview. Utilisez les verbes et les expressions interrogatives ci-dessous pour interviewer un(e) partenaire.

1. se lever, se coucher: à quelle heure?
2. s'habiller: comment?
3. se débrouiller: à l'université?
4. s'intéresser: à quoi?
5. s'amuser: comment?
6. se fâcher: contre qui? quand?
7. s'inquiéter: de quoi?
8. se détendre: quand? comment?
9. s'ennuyer: quand?
10. se marier: un jour?

Interactions

A. Au café. Vous êtes au café avec un(e) ami(e). Échangez des nouvelles *(gossip)* sur Chloé et Lucas que vous connaissez tous les deux. Discutez du fait que vous avez entendu dire qu'ils ont rompu et que vous vous demandez pourquoi. Parlez de qui Chloé fréquente maintenant et de l'apparence physique de cette personne. Discutez de l'état mental de Lucas et mentionnez que Lucas et Chloé ne se voient plus et ne se parlent plus. Ajoutez des détails pour rendre l'histoire plus intéressante.

B. Imaginez. Vous êtes professeur des écoles. Téléphonez aux parents d'un de vos élèves de dix ans (Christophe) et invitez-les à l'école pour un entretien sur les progrès de leur fils. Ils acceptent votre invitation et vous fixez la date et l'heure du rendez-vous. Pendant l'entretien, discutez des points suivants:

- Christophe ne s'entend pas bien avec ses copains d'école
- il ne se tait jamais en classe
- vous vous doutez qu'il s'ennuie

Demandez:

- comment il s'entend avec ses parents et ses frères aînés
- s'il se plaint de maux de tête à la maison
- s'il se couche assez tôt
- s'il a vu un ophtalmologue *(ophthalmologist)* récemment

DOSSIER D'EXPRESSION ÉCRITE Deuxième brouillon

1. Write a second draft of your paper from **Leçon 2**, incorporating more details about the person. Think about why this person is interesting and focus more attention on that aspect.
2. To strengthen your use of details, think about the following aspects: **le visage** *(face)*; **la bouche ronde/grande; les yeux en amande/grands; les lèvres fines/bien définies; le nez droit** *(straight)*/**long/gros; le front** *(forehead)* **large/fuyant** *(receding)*; **le corps: être mince/fort/corpulent** *(large)*/**obèse; les gestes calmes/brusques; le look conservateur/BCBG (bon chic bon genre** *[preppy]***); ses rapports avec les autres (bons/difficiles).**

Liens culturels

Les rapports entre parents et enfants

Si vous habitiez en France, vous remarqueriez que les rapports entre parents et enfants sont différents de ceux qui existent en Amérique. En général, les parents français sont plus exigeants envers leurs enfants que les parents américains. En France, les enfants, même très petits, doivent savoir se tenir comme il le faut en toutes situations… debout ou assis à table. L'obéissance est très importante car la société française juge les parents sur le comportement de leurs enfants: un parent français va réprimander son enfant même devant des invités ou des étrangers. Les enfants américains, eux, demandent souvent «pourquoi» quand leurs parents leur disent de faire quelque chose, et ceux-ci leur donnent souvent une explication. En France, ce sont les parents qui ont toujours raison.

Les parents français se doivent d'apprendre à leurs enfants à bien se conduire en société. Ils ont une responsabilité vis-à-vis de la société en ce qui concerne l'éducation de leurs enfants. Ils doivent, en effet, faire en sorte que leurs enfants deviennent des êtres sociables, responsables et honnêtes. La société a d'ailleurs un droit de regard sur la façon dont les parents élèvent leurs enfants. Les parents américains, eux, ont une obligation envers l'enfant plutôt qu'envers la société. On apprend, bien sûr, à l'enfant américain les bonnes manières et les comportements acceptables en société, mais c'est pour lui donner une chance supplémentaire dans la vie. L'enfance est surtout considérée comme une période de jeux et d'expérimentation. Une fois adolescents, les jeunes Français obtiennent plus de liberté. Quant aux adolescents américains, on les encourage à prendre des responsabilités financières et à trouver un «petit boulot».

Adapted from Laurence Wylie, Jean-François Brière, *Les Français*, Prentice Hall, 2001

Décrivez les rapports entre les personnes sur la photo visitant l'un des plus beaux quartiers de Sarlat. Sarlat, Ville d'Art et d'Histoire, est la capitale du Périgord Noir.

Compréhension

1. Pourquoi est-ce que les Français sont plus exigeants envers leurs enfants que les parents aux États-Unis?
2. En général, selon l'article, quand une mère française dit à son enfant de faire quelque chose, qu'est-ce qui se passe? Expliquez. Comparez cette situation avec ce qui se passe souvent dans une famille américaine.
3. En ce qui concerne l'éducation des enfants, envers qui est-ce que les Français ont une responsabilité: l'enfant ou la société? Et les parents américains? Expliquez vos réponses.
4. Comparez l'adolescence française et américaine.

Réactions

1. Quelle sorte d'éducation vos parents vous ont-ils donnée?
2. Décrivez les rapports entre parents et enfants dans votre famille.
3. Est-ce que vous espérez avoir des enfants un jour? Si oui, quelle sorte de parent serez-vous? Comment est-ce que vous corrigerez vos enfants?

Extension

Faites des recherches sur Internet afin de créer une liste de dix émissions de télé française dont le sujet est la famille et écrivez une petite description de chacune. Faites la même chose pour la télé américaine. Préparez une présentation sur les résultats obtenus.

MIGUEL MEDINA/AFP/Getty Images

Amadou et Mariam, musiciens et chanteurs

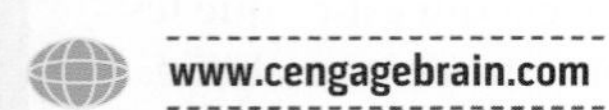
www.cengagebrain.com

Activités musicales

Amadou et Mariam: *Sénégal Fast-Food*

Biographie

- Nés au Mali (Amadou en 1954; Mariam en 1958)
- Perdent la vue pendant l'enfance
- Se rencontrent à l'Institut des jeunes aveugles en 1975 et se marient en 1980
- Participent à de nombreuses tournées en Afrique, en Europe et aux États-Unis
- Jouent de la musique afro-blues

Avant d'écouter: Le contexte et les réflexions

1. Dans cette chanson écrite par le couple Amadou et Mariam, originaires du Mali, on parle de voyages partout dans le monde. Aimez-vous voyager? Dans quel(s) pays êtes-vous allé(e) ou voudriez-vous aller?
2. Avez-vous déjà eu le mal du pays? Lors d'un voyage à l'étranger, vous êtes-vous senti(e) mal à l'aise à cause des différences culturelles? Expliquez.
3. Amadou et Mariam placent leur musique dans le genre afro-blues. Faites des recherches sur Internet et composez un petit paragraphe dans lequel vous décrivez les caractéristiques et les thèmes de la musique afro-blues. Voyez-vous ces thèmes dans la chanson *Sénégal Fast-Food*?

Pendant que vous écoutez: Compréhension

1. Quel effet a, sur vous, l'emploi de noms de villes et de pays dans la chanson?
2. S'il est minuit à Tokyo et cinq heures au Mali, quelle heure est-il à Paris? À Manhattan?
3. Pourquoi est-ce que les chanteurs posent des questions sur l'heure tout au long de la chanson? Quel est le ton de cette chanson?

Après avoir écouté: Communication

1. Vous avez probablement remarqué que cette chanson traite des immigrants et des tribulations de leur vie dans un nouveau pays. Expliquez la juxtaposition des mots «paradis» et «ascenseur pour le ghetto». Est-ce que le mot «paradis» a plusieurs sens, d'après les chanteurs?
2. La nourriture est un thème culturel mentionné dans la chanson. Quels autres thèmes culturels y voyez-vous? Comment est-ce qu'ils enrichissent le thème général?
3. Relisez les strophes en traduction. Quelle est leur signification? Qu'est-ce que «cette chose… là aucun de nous ne saurait la nommer»? Cette strophe est écrite dans une autre langue que le français, peut-être le wolof, une langue parlée au Sénégal, en Gambie et en Mauritanie. Pourquoi est-ce que les compositeurs ont changé de langue dans la chanson? Voici quelques mots en wolof:

   Question: **Numu demee? / Naka mu demee?** *How's it going?*
   Réponse: **Nice. / Mu ngi dox.** *Fine. / Well. / It's going.*
4. Faites des recherches sur Internet sur Amadou et Mariam. Qu'est-ce qui a influencé leur musique? À quoi est-ce qu'on peut attribuer leur succès? Essayez de trouver leur mail ou leur blog. Écrivez-leur un message informel. Expliquez pourquoi la chanson *Sénégal Fast-Food* vous plaît (ou ne vous plaît pas) et posez-leur plusieurs questions.

Activités orales

A. L'union libre. Votre fils vous informe qu'il veut cohabiter avec sa petite copine. Demandez-lui pourquoi et expliquez si vous êtes d'accord ou non. Il continue en vous disant qu'il veut rester à la maison pendant que sa petite copine travaillera pour subvenir à leurs besoins *(support them)*. Donnez encore une fois votre réaction et justifiez-la.

B. Décisions. Vous et un(e) bon(ne) ami(e) (qui va être votre colocataire l'automne prochain) discutez de ce que vous allez apporter de chez vous ou acheter pour votre chambre à la résidence. Discutez de vos préférences sur la couleur, la taille et la forme de chaque objet et choisissez qui va s'occuper de trouver chaque objet.

MOTS UTILES: **l'affiche** [f] *(poster);* **le tapis** *(rug);* **le couvre-lit** *(bedspread);* **le réfrigérateur** *(refrigerator);* **le four à micro-ondes** *(microwave oven),* **le futon, le chargeur iPod, l'imprimante** [f] *(printer)*

C. Le jeu des professions. Une moitié de la classe va jouer les concurrents *(contestants)* et l'autre moitié les spectateurs. Un(e) étudiant(e) ou le professeur joue le rôle de l'hôte/l'hôtesse du jeu. Chaque concurrent(e) doit décrire sa profession en détail sans en dire le nom et sans utiliser une autre forme du mot. Les spectateurs doivent essayer d'identifier la profession de chaque concurrent.

MODÈLE: *—Dans mon travail, je parle avec beaucoup de gens qui désirent qu'on leur prête de l'argent.*
—Est-ce que vous êtes banquier?
—Non, je n'ai pas cette chance.
—Est-ce que vous êtes employé(e) de banque?
—Oui.

Activité écrite

Chère Dr. AGA... Écrivez une lettre au «courrier du cœur» *(advice columnist)* du magazine *Elle* en décrivant un problème que vous avez avec votre colocataire, votre petit(e) ami(e) ou vos parents. Commencez avec **Chère Dr. AGA** et terminez avec **Bien cordialement.**

DOSSIER D'EXPRESSION ÉCRITE Révision finale

1. Reread your composition from the ***Deuxième brouillon*** section and focus on the description. Make sure that you have adopted the tone you want—objective and detached or warm. This tone will influence the reader's attitude toward your subject.
2. Examine your composition one last time. Check for correct spelling, grammar, and punctuation. Pay special attention to your use of **c'est** or **il/elle est**, adjectives, possessive pronouns, and pronominal verbs.
3. Prepare your final version.
4. Send or give a copy to the friend you described and ask him/her if he/she agrees with your description!

INTERMÈDE CULTUREL

JÖRG SCHMITT/dpa/Landov

Mariama Bâ, femme écrivain

JE T'ÉPOUSE
de Mariama Bâ

Biographie

- Née en 1929 à Dakar, au Sénégal, et morte en 1981
- A grandi dans un milieu traditionnel musulman
- A enseigné pendant 12 ans
- A eu neuf enfants avec son mari, Obèye Diop, un homme politique, puis a divorcé
- S'est engagée pour l'éducation et les droits des femmes

Sujets à discuter

- Où se trouve le Sénégal? Est-ce que vous avez déjà été en Afrique? Sinon, est-ce que vous avez envie d'y aller?
- Êtes-vous d'accord avec cette phrase sur le mariage: «… c'est un acte de foi *(faith)* et d'amour, un don *(gift)* total de soi *(oneself)* à l'être que l'on a choisi et qui vous a choisi.»
- Ce passage se termine par la phrase: «Je ne serai jamais le complément de ta collection.» Imaginez à qui et pourquoi une femme peut dire cela. Est-ce que vous avez déjà exprimé la même chose ou pourriez-vous vous imaginer exprimant cette idée? Dans quelles sortes de circonstances?
- D'après les questions ci-dessus, quel est le thème de l'histoire?

Stratégies de lecture

A. Dictionnaire. Connaissez-vous les mots suivants? Sinon, utilisez le dictionnaire pour trouver leurs équivalents en anglais.

le deuil	l'éclatement
l'offre de mariage	le refus
le choc	

B. Idées principales. Parcourez le texte et donnez un titre à chacun des cinq paragraphes en utilisant les mots ci-dessus.

Introduction

This text expands upon the themes of **Chapitre 3** *by giving you a view of the family and of relationships in a Muslim society. Mariama Bâ was a novelist, teacher, and feminist and was among the first to portray the disadvantaged position of women in African society.*

In her novel, Une si longue lettre *(1979), she uses her personal experience to portray women's lives and problems in Senegal. The novel is a long letter to a friend. The narrator, Ramatoulaye Fall, is in mourning after the death of her husband, Modou Fall, and is writing to her best friend, Aissatou Bâ, during the 40-day mourning period of* **mirasse** *required by Islam. In a society where marriage is seen as an economic safety net and women do not stay unmarried, Modou's brother Tamsir follows the tradition by deciding to marry his sister-in-law. The narrator's assertion of her own individuality is a radical act of defiance against this tradition.*

Lecture

J'ai célébré hier, comme il se doit, le quarantième jour de la mort de Modou. Je lui ai pardonné. Que Dieu exauce° les prières que je formule quotidiennement pour lui. Des initiés° ont lu le Coran. Leurs voix ferventes sont montées vers le ciel. Il faut que Dieu t'accueille parmi ses élus, Modou Fall!

Après les actes de piété, Tamsir[1] est venu s'asseoir dans ma chambre dans le fauteuil bleu où tu te plaisais. En penchant sa tête au dehors, il a fait signe à Mawdo[2]; il a aussi fait signe à l'Imam[3] de la mosquée de son quartier. L'Imam et Mawdo l'ont rejoint. Tamsir parle cette fois. Ressemblance saisissante° entre Modou et Tamsir, mêmes tics° de l'inexplicable loi de l'hérédité. Tamsir parle, plein d'assurance; il invoque (encore) mes années de mariage, puis conclut: «Après ta «sortie» (du deuil)°, je t'épouse. Tu me conviens° comme femme et puis, tu continueras à habiter ici, comme si Modou n'était pas mort. En général, c'est le petit frère qui hérite de l'épouse laissée par son aîné. Ici, c'est le contraire. Tu es ma chance. Je t'épouse. Je te préfère à l'autre trop légère[4], trop jeune. J'avais déconseillé° ce mariage à Modou.»

Quelle déclaration d'amour pleine de fatuité° dans une maison que le deuil n'a pas encore quittée. Quelle assurance et quel aplomb° tranquilles! Je regarde Tamsir droit dans les yeux. Je regarde Mawdo. Je regarde l'Imam. Je serre mon châle° noir. J'égrène mon chapelet°. Cette fois, je parlerai.

answers
students of the Koran
striking
uncontrollable gestures
sortie... *mourning ends* / **me conviens** *are suitable*
advised against
self-satisfaction
audacity
shawl / **égrène...** *say my rosary*

[1]frère aîné de Modou
[2]ami de Modou
[3]chef de prière dans une mosquée
[4]une autre femme de Modou, la dernière épouse

vexation / explodes
scornful to get ahead of suitor

to get ahead of / suitor

winning cards

Tu… *You don't know*
faith / gift

dyeing / patiently / crank-handle
machine… *sewing machine*
tu… *you are not doing anything*
au doigt… *totally and blindly*

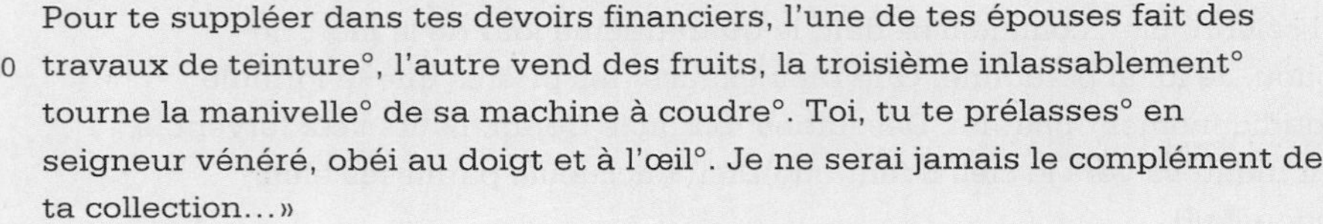
Lauren Goodsmith/ The Image Works

Ma voix connaît trente années de silence, trente années de brimades°. Elle éclate°, violente, tantôt sarcastique, tantôt méprisante°.

—As-tu jamais eu de l'affection pour ton frère? Tu veux déjà construire un foyer neuf sur un cadavre chaud. Alors que l'on prie pour Modou, tu penses à de futures noces. Ah! oui: ton calcul, c'est devancer° tout prétendant° possible, devancer Mawdo, l'ami fidèle qui a plus d'atouts° que toi et qui, également, selon la coutume, peut hériter de la femme. Tu oublies que j'ai un cœur, une raison, que je ne suis pas un objet que l'on se passe de main en main. Tu ignores° ce que se marier signifie pour moi: c'est un acte de foi° et d'amour, un don° total de soi à l'être que l'on a choisi et qui vous a choisi. Et tes femmes, Tamsir? Ton revenu ne couvre ni leurs besoins ni ceux de tes dizaines d'enfants[5]. Pour te suppléer dans tes devoirs financiers, l'une de tes épouses fait des travaux de teinture°, l'autre vend des fruits, la troisième inlassablement° tourne la manivelle° de sa machine à coudre°. Toi, tu te prélasses° en seigneur vénéré, obéi au doigt et à l'œil°. Je ne serai jamais le complément de ta collection…»

Mariama Bâ, *Une si longue lettre* © Les Nouvelles Éditions Africaines du Sénégal, Dakar, 1979

[5]D'après le Coran (Qur'an), un homme peut avoir jusqu'à quatre co-épouses. Mais le Coran interdit à un homme d'avoir plus de femmes qu'il ne peut faire vivre décemment, avec ses revenus.

Compréhension

A. Observation et analyse. Répondez aux questions suivantes.

1. Depuis combien de temps est-ce que le mari est mort?
2. Décrivez la personnalité de Tamsir, de la femme qui parle, de Mawdo, l'ami de son ancien mari.
3. Qui est le frère le plus âgé de la famille?
4. Combien de femmes Tamsir a-t-il?
5. Qu'est-ce que Tamsir propose?
6. Quelle est la réponse de la narratrice?
7. Que font les femmes de Tamsir? Expliquez.
8. Imaginez pourquoi la narratrice a passé trente ans dans le silence.

B. Grammaire/Vocabulaire. Mariama Bâ utilise des adjectifs pour décrire les émotions de Tamsir. Formez des adjectifs à partir des mots suivants. Par exemple:
saisir = saisissante

1. tranquillité
2. fidélité
3. violence
4. mépriser
5. amour

Maintenant, entourez les adjectifs qui décrivent le mieux la narratrice et expliquez vos réponses.

calme agitée fâchée triste fière arrogante

Lesquels décrivent le mieux Tamsir?

paresseux fier inquiet serein égocentrique

Trouvez d'autres adjectifs pour décrire ces personnages. Lesquels est-ce que vous suggérez?

C. Réactions. Expliquez votre réaction.

1. Que pensez-vous de la réponse de la narratrice? Expliquez.
2. Comment est-ce que vous réagiriez aux paroles de Tamsir si c'était à vous (ou à votre sœur) qu'il avait parlé?
3. En quoi est-ce que Tamsir modifie la tradition musulmane?
4. En quoi est-ce que cette histoire pose un problème universel? Expliquez.

Interactions

Par petits groupes, travaillez ensemble et imaginez…

1. la réaction de Tamsir aux paroles de la femme: Qu'est-ce qu'il va dire? Qu'est-ce qu'il va faire?
2. que la narratrice, veuve, n'ait pas explosé et qu'elle n'ait pas dit ce qu'elle ressentait: Que serait-il arrivé?
3. la fin de cette histoire: Est-ce que la narratrice va se marier avec Tamsir? Dans ce cas, quels seront les résultats de ce mariage? Et si elle ne se marie pas avec lui, qu'est-ce qu'elle fera?

Choisissez un de ces scénarios et préparez un sketch que vous présenterez à la classe.

Expansion

Choisissez un thème de la vie en Afrique de l'Ouest (au Sénégal, en Côte d'Ivoire, etc.) qui vous intéresse (par exemple: le mariage, le deuil, l'éducation, etc.). Faites des recherches sur Internet et préparez une présentation. Notez les différences et les similarités avec les coutumes que vous connaissez. Donnez votre opinion des coutumes sur lesquelles vous avez fait des recherches et expliquez comment vous réagiriez si vous viviez dans cette société.

VOCABULAIRE

LA FAMILLE

les arrière-grands-parents *great-grandparents*
le beau-frère/beau-père *brother-/father-in-law or stepbrother/-father*
la belle-sœur/belle-mère *sister-/mother-in-law or stepsister/-mother*
célibataire/marié(e)/divorcé(e)/remarié(e) *single/married/divorced/remarried*
le demi-frère/la demi-sœur *half brother/sister*
un époux/une épouse *spouse*
être de la famille *parent; relative, cousin*
une famille nombreuse *large family*
la femme/le mari *wife/husband*
une femme/un homme au foyer *housewife/househusband*
les gens du troisième âge/les personnes âgées *people over 70*
une mère/un père célibataire *single mother/father*
la vie de famille *home life*

LES ENFANTS

l'aîné(e) *elder, eldest*
bien/mal élevé(e) *well/badly brought up*
le cadet/la cadette *younger, youngest*
un fils/une fille unique *only child*
gâté(e) *spoiled*
un jumeau/une jumelle *twin*
le siège-voiture/siège-bébé *car seat*

LA POSSESSION

C'est à lui/à toi. *It's his/your turn.*
C'est à qui le tour? *Whose turn is it? (Who's next?)*
être à (+ pronom disjoint) *to belong to (someone)*

LES AFFAIRES

l'appareil photo *camera*
le Blu-ray *Blu-ray disc*
la caméra vidéo *video camera*
le DVD *DVD*
les écouteurs [m pl] *headphones, earbuds*
l'iPod [m] *iPod*
le lecteur Blu-ray/(de) CD/(de) DVD/DVD HD *Blu-ray/CD/DVD/high definition DVD player*
le logiciel *software*
l'ordinateur [m] *computer*
la tablette *tablet computer*
scanner *to scan*

LES PERSONNES

avoir une barbe/une moustache/des pattes *to have a beard/mustache/sideburns*
avoir des boucles d'oreille/un anneau au nez *to have earrings/a nose ring*
avoir les cheveux roux *to have red hair*
châtains/bruns/noirs/raides/ondulés/frisés *chestnut/dark brown/black/straight/wavy/curly*
avoir la vingtaine/la trentaine, etc. *to be in one's 20s/30s, etc.*
avoir les yeux marron *to have brown eyes*
être aveugle *to be blind*
être de bonne/mauvaise humeur *to be in a good/bad mood*
être chauve *to be bald*
être d'un certain âge *to be 60 or older*
être dans une chaise roulante *to be in a wheelchair*
être fort(e) *to be heavy, big, strong*
être grand(e) *to be tall*
être gros (grosse)/mince *to be big, fat/thin, slim*
être infirme *to be disabled*
être marrant(e)/gentil (gentille)/mignon (mignonne) *to be funny/nice/cute, sweet*
être muet(te) *to be mute, silent*
être paralysé(e)/tétraplégique *to be paralyzed/quadriplegic*
être de petite taille *to be short*
être sourd(e) *to be deaf*
être de taille moyenne *to be of average height*
ne pas faire son âge *to not look one's age*
faire jeune *to look young*
marcher avec des béquilles *to be on crutches*
marcher avec une canne *to use a cane*
porter des lunettes/des lentilles de contact *to wear glasses/contact lenses*

LES OBJETS

être en argent/or/acier/bois//coton/laine/plastique *to be made of silver/gold/steel/ wood/cotton/wool/plastic*
être gros (grosse)/petit(e)/minuscule *to be big/small/tiny*
être grand(e)/petit(e), bas (basse) *to be big, tall, high/small, short/low*
être large/étroit(e) *to be wide/narrow*
être long (longue)/court(e) *to be long/short*
être lourd(e)/léger (légère) *to be heavy/light*
être pointu(e) *to be pointed*
être rond(e)/carré(e)/allongé(e) *to be round/square/oblong*

LES BONS RAPPORTS

le coup de foudre *love at first sight*
bien s'entendre avec *to get along well with*
être en bons termes avec quelqu'un *to be on good terms with someone*
se fiancer/se marier *to get engaged/to get married*
fréquenter quelqu'un *to go steady with someone*
les liens [m pl] *relationship*
les liens de parenté *family ties*
les rapports [m pl] *relationship*
se revoir *to see each other again*
tomber amoureux/amoureuse de quelqu'un *to fall in love with someone*

LES RAPPORTS DIFFICILES

se brouiller avec quelqu'un *to get along badly/quarrel with someone*
une dispute *a quarrel*
se disputer *to argue*
être en mauvais termes avec quelqu'un *to be on bad terms with someone*
exigeant(e) *demanding*
le manque de communication *communication gap*
se plaindre (de quelque chose à quelqu'un) *to complain (to someone about something)*
rompre avec quelqu'un *to break up with someone*
taquiner *to tease*
tendu(e) *tense*

DIVERS

déménager *to move*
en avoir marre *(familiar) to be fed up*
faire la grasse matinée *to sleep late*
hausser les sourcils/les épaules *to raise one's eyebrows/shoulders*
s'occuper de *to take care of, handle*
quotidien(ne) *daily*

REGARDS SUR LA CULTURE

LE SÉNÉGAL

Géographie et histoire

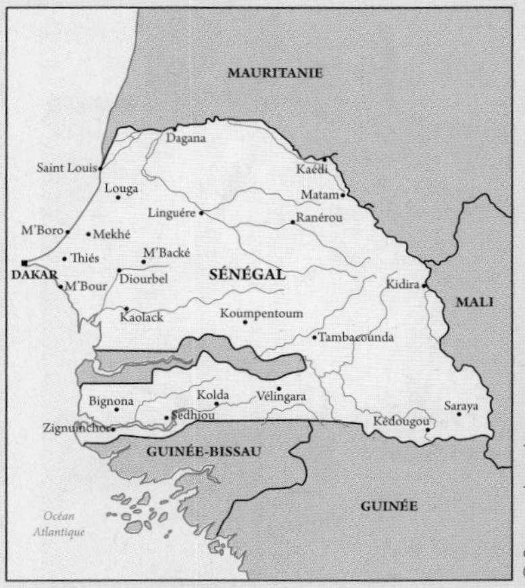

Le Sénégal est un pays d'Afrique de l'Ouest situé sur la côte de l'Océan atlantique. Sa capitale est la ville de Dakar. Le nom du pays vient du fleuve Sénégal qui le borde au nord et à l'est. Le climat y est tropical et comporte deux saisons: la saison sèche pendant laquelle il ne tombe pas une goutte d'eau (de novembre à juin) et la saison des pluies (de juillet à octobre). Le Sénégal a 13 millions d'habitants. La plupart d'entre eux sont musulmans. La langue officielle du pays et la langue de l'enseignement est le français, mais la principale langue parlée est le wolof. La monnaie est le franc CFA.

© Cengage Learning

Le franc CFA (ancien franc des Colonies françaises d'Afrique et aujourd'hui franc de la Communauté financière africaine) est la monnaie de plusieurs pays d'Afrique. C'est le seul système monétaire colonial à avoir survécu à la décolonisation.

Les colonisateurs français ont installé des comptoirs *(trading posts)* à Saint-Louis en 1659 et à l'île de Gorée vingt ans plus tard pour y faire la Traite des Noirs *(slave trade)* au moyen du commerce triangulaire qui a duré jusqu'en 1815. L'intérieur du pays a été conquis dans les années 1850–1860 par les soldats du général français Faidherbe, qui a transformé le Sénégal en colonie française. En 1902, la ville de Dakar, face à l'île de Gorée, est devenue la capitale de l'Afrique occidentale française (l'A.O.F.), groupe de colonies dirigées par un gouverneur général français. Les soldats venant de l'A.O.F. étaient appelés les «tirailleurs sénégalais». Ils ont combattu en Europe dans l'armée française pendant les deux guerres mondiales. Le Sénégal est devenu un pays indépendant le 20 juin 1960.

Le premier président du Sénégal indépendant est le célèbre poète Léopold Sédar Senghor qui a gouverné le pays pendant plus de 20 ans (1960–1981). Le système politique est semblable à celui de la France: une démocratie parlementaire avec des pouvoirs importants donnés au président élu au suffrage universel. Le Sénégal est politiquement stable et n'a jamais connu de coup d'État, mais son gouvernement doit faire face à un mouvement séparatiste en Casamance, région située dans le sud du pays. Le Sénégal est pauvre en richesses naturelles. Ses principales ressources économiques proviennent de la culture de l'arachide *(peanut)* et du coton, de la pêche et du tourisme. De nombreux Européens passent leurs vacances d'hiver au Sénégal car le soleil y brille tous les jours et on y trouve de très belles plages.

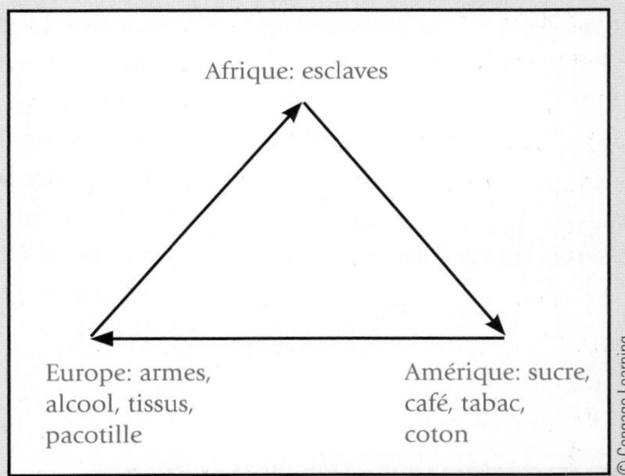

source: Adapté de http://www.helmo.be/esas/mapage/euxaussi/racisme/traite.html

Cuisine

La cuisine sénégalaise est réputée. L'arachide et le poisson sont des ingrédients souvent utilisés. Parmi les plats les plus célèbres, on peut citer le tiéboudienne (riz au poisson), le mafé (bœuf à la sauce à l'arachide) et le yassa (poulet à l'arachide). Des plats plus rares comme le mulet *(mullet)* farci *(stuffed)* à la saint-louisienne sont également appréciés. La «teranga», l'hospitalité sénégalaise, réunit souvent la famille et les amis autour d'un plat. Traditionnellement, le repas se compose d'un plat unique dans lequel chacun se sert avec la main, mais les usages européens (assiettes individuelles, fourchettes) ont été adoptés depuis longtemps par les Sénégalais, surtout parmi les citadins et les familles de la bourgeoisie.

©Regien Paassen/Shutterstock.com

Cinéma

Le cinéma sénégalais est un des plus anciens d'Afrique. Le réalisateur le plus célèbre, Ousmane Sembène (1923–2007), est souvent considéré comme le père du cinéma africain francophone. Après avoir été tirailleur sénégalais pendant la Seconde Guerre mondiale, il s'est installé en France et a travaillé comme docker à Marseille. Cette expérience est devenue le sujet de son premier roman, *Le Docker noir*. Il a publié neuf autres romans. Après avoir suivi des cours de cinéma à Moscou, il a tourné en 1966 le premier film long-métrage réalisé par un cinéaste africain, *La Noire de...* C'est l'histoire d'une jeune Sénégalaise venue travailler comme domestique en France chez un couple qui la traite si mal qu'elle se suicide. Par la suite, il a réalisé huit autres films, tous caractérisés par une volonté de critique sociale et politique: *Le mandat, Emitaï, Xala, Ceddo, Camp de Thiaroye, Guelwaar, Faat Kiné* et *Mooladé*. Malheureusement, ses films et ceux des autres cinéastes africains sont souvent mieux connus en Europe qu'au Sénégal où les salles de cinéma sont rares et le matériel audio-visuel trop cher pour la population.

Musique

Les Sénégalais apprécient beaucoup la musique. Parmi les instruments traditionnels les plus utilisés, on peut citer la kora, une sorte de luth dont on pince les cordes, et aussi le tam-tam *(tom-tom)*. Le plus original est le balafon, fabriqué avec des lattes de bois de différentes longueurs sur lesquelles le musicien tape avec des baguettes *(sticks)*. La musique venant du Sénégal s'est exportée dans le monde entier grâce à Youssou N'Dour, musicien et interprète de renommée internationale qui est un des grands noms de la musique sénégalaise d'aujourd'hui. Né en 1959, il a grandi dans le quartier de la Médina à Dakar. Il organise souvent des concerts à Paris où il réunit toute la communauté africaine vivant dans la capitale française. Depuis 1979, il est à la tête d'un orchestre nommé Le Super Étoile de Dakar. Au Sénégal, il possède un studio d'enregistrement, une discothèque, un journal quotidien, *L'Observateur*, une chaîne de radio et une chaîne de télévision. Chanteur engagé politiquement et socialement, Youssou N'Dour a créé une fondation destinée à aider les enfants et à lutter contre le paludisme *(malaria)* en Afrique. Il a aussi créé une société de microcrédit pour soutenir les petits commerçants de son pays. L'une des chansons les plus célèbres de Youssou N'Dour est *7 Seconds* qu'il chante en duo avec la chanteuse Neneh Cherry. Youssou N'Dour a été nommé en avril 2012 ministre de la Culture et du Tourisme du Sénégal.

Regardez la vidéo de cette chanson sur YouTube.

Proverbes wolofs

JMEnternational/Redferns/Getty Images

Youssou N'Dour

- Ku beg teendj dangay taary: Si tu veux devenir veuve, soit belle d'abord.
- Xalel poto-poto la, nooko raaxeh rek lay weyeh: L'enfant, c'est de l'argile, il prend toujours la forme qu'on lui donne.
- Ku yàgg ci teen, baag fekk la fa: Qui attend longtemps au puits finira par y trouver un seau à puiser.
- Yàgg du saabu, waaye dana foot: Le temps n'est pas du savon, mais il blanchit.
- Lu la mar mayul, màtt du la komay: Ce que lécher ne peut pas donner, mordre ne le donne pas.

Source: Wolof proverbs, Senegal

LE MAROC

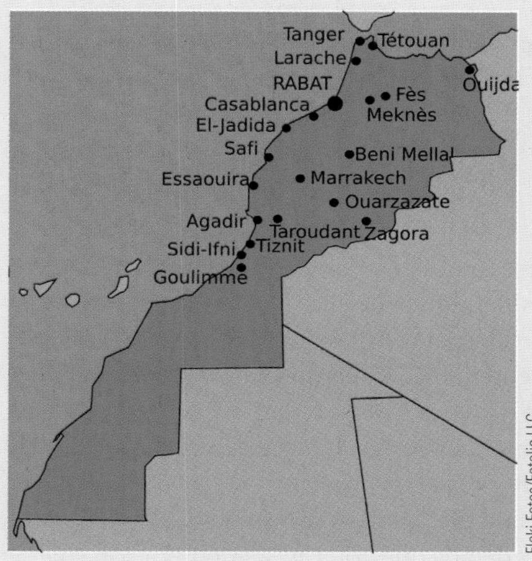

Floki Fotos/Fotolia LLC

Géographie et histoire

Le Maroc est un pays d'Afrique du Nord situé sur la côte de l'Océan atlantique. Sa population est de 33 millions d'habitants. La capitale politique est Rabat, mais Casablanca est la plus grande ville du pays et aussi la capitale économique. Marrakech en est le principal centre touristique. Le climat est méditerranéen avec des étés chauds et très secs et des hivers doux et pluvieux. Grâce à ses hautes montagnes allant jusqu'à 4 000 mètres d'altitude, le Maroc est un des rares pays d'Afrique où l'on pratique les sports d'hiver, comme dans la station de ski d'Oukaïmeden. Le sud du pays bordant le Sahara est désertique. La richesse du sous-sol est importante: il contient plus de 75% des réserves mondiales de phosphates. La monnaie est le dirham.

Le Maroc a été le premier pays du monde à reconnaître l'indépendance des États-Unis, dès 1776. La plus grande partie du Maroc est devenue un protectorat français en 1912. Le sultan restait le chef religieux et symbolique du pays, mais la réalité du pouvoir politique appartenait à l'administration coloniale française. L'indépendance du Maroc a été proclamée en 1956. Le Maroc est aujourd'hui une monarchie constitutionnelle ayant pour chef d'État le sultan Mohammed VI. Le monarque garde des pouvoirs politiques très importants. Il a fait approuver une nouvelle constitution par référendum en 2011. La religion dominante du pays est l'islam. La langue officielle du pays est l'arabe, mais le français y est largement parlé, écrit et utilisé comme langue d'enseignement. Les touristes européens sont attirés par les paysages grandioses du pays et par la grande richesse archéologique que l'on y trouve, comme les ruines de la ville romaine de Volubilis ou les magnifiques mosquées anciennes des villes de Fès et de Marrakech.

Cuisine

La cuisine marocaine est réputée pour ses plats très raffinés. Un repas pourrait commencer avec une pastilla (sorte de pâtisserie salée) à la viande et une purée d'aubergine, se poursuivre avec un tajine (plat cuit au four) de poulet ou bien un couscous (plat à base de blé concassé) aux pruneaux et à l'agneau et se terminer par des pâtisseries aux amandes et au miel. La boisson favorite est le thé à la menthe. Comme dans tous les pays musulmans, on ne trouve jamais de porc ni d'alcool dans l'alimentation.

Picturepartners/Shutterstock.com

Un tajine marocain

Musique

Le Maroc est connu pour un genre de musique appelé le raï, genre apparu au début du XXe siècle dans la région oranaise en Algérie et qui s'est répandu dans le nord du Maroc, dans les communautés marocaines vivant en Europe et ailleurs. Parmi les chanteurs de raï les plus célèbres, on peut citer Cheb Rayan, Kamal Oujdi et le chanteur franco-marocain Amine. Le raï joué en Europe a souvent été influencé par la musique occidentale. Pour cette raison, certains artistes marocains cherchent à lui donner une couleur 100% marocaine en y intégrant des musiques traditionnelles du pays.

Regardez une vidéo de Cheb Rayan sur YouTube.

Proverbes marocains

- Qui mange seul s'étrangle seul.
- Une brique sur un mur vaut mieux qu'une perle sur un collier.
- Si tu veux perdre ton ami, prête-lui de l'argent.

Source: Moroccan proverbs, Morocco; www.mon-poeme.fr/proverbesmarocains/

Compréhension

1. En quelle année est-ce que le Sénégal est devenu indépendant? Et le Maroc?
2. Donnez quelques détails sur le premier président du Sénégal.
3. Quel rôle a joué la France dans l'histoire du Sénégal et du Maroc?
4. Quel temps fait-il au Sénégal et au Maroc pendant les différentes saisons?
5. Quel type de gouvernement a le Sénégal? Et le Maroc?
6. Quelle sont les langues officielles et les langues parlées au Sénégal et au Maroc?
7. Pourquoi est-ce que les touristes aiment visiter ces deux pays?
8. Qui est Youssou N'Dour? Donnez au moins quatre détails à son sujet.
9. Qu'est-ce que le raï? Donnez au moins deux détails que vous avez retenus à son sujet.
10. Donnez une information supplémentaire sur le Sénégal et une autre sur le Maroc qui vous a surpris(e).

Vocabulaire. Trouvez l'équivalent des mots suivants.

1. l'arachide	a. la monnaie du Maroc
2. la teranga	b. un soldat
3. le tiéboudienne	c. le riz au poisson
4. le mafé	d. le poulet à l'arachide
5. la kora	e. l'hospitalité sénégalaise
6. le dirham	f. la monnaie du Sénégal
7. le tajine	g. une sorte de guitare
8. un tirailleur	h. un plat cuit au four
9. le yassa	i. le bœuf à la sauce à l'arachide
10. le franc CFA	j. la cacahuète

Expansion

1. Choisissez une personne célèbre du Sénégal ou du Maroc, telle qu'une personnalité politique, un(e) musicien(ne), un(e) artiste, un(e) réalisateur(-trice), un sculpteur/une femme sculpteur, un(e) architecte. Faites un reportage sur cette personne, sur ses fonctions, sur sa vie: Expliquez pourquoi il/elle est célèbre, où il/elle habite, où il/elle a grandi, etc. Trouvez quelque chose qu'il/elle a produit, par exemple une chanson, un poème, un essai, et expliquez pourquoi vous l'aimez. Trouvez des photos et autres images pour illustrer votre reportage.
2. Cherchez sur Internet des renseignements sur la mode au Sénégal et sur la mode au Maroc. Trouvez des photos et autres images pour illustrer votre reportage.
3. Trouvez un film ou une chanson sénégalais(e) ou marocain(e) et écrivez-en le résumé.

iLrn Share It!

ON NE CROIRA JAMAIS CE QUI M'EST ARRIVÉ...

4

THÈMES Les vacances; Les moyens de transport; La douane; L'hôtel

www.cengagebrain.com

iLrn Heinle Learning Center

Audio

LA GRAMMAIRE À RÉVISER

The information presented here is intended to refresh your memory of various grammatical topics that you have probably encountered before. Review the material and then test your knowledge by completing the accompanying exercises in the workbook.

AVANT LA PREMIÈRE LEÇON

Le passé composé

EXEMPLE	ÉQUIVALENT
J'ai voyagé partout. →	*I traveled everywhere.* *I have traveled everywhere.* *I did travel everywhere.*
Tu **as beaucoup voyagé...**	Nous **avons** peu **voyagé...** Vous **avez beaucoup voyagé...**
Il/Elle/On **a voyagé...**	Ils/Elles **ont voyagé ensemble...**

FORMATION present tense of **avoir** or **être** (auxiliary verb) + past participle

A. Le participe passé: formes régulières

- Change **-er** ending of infinitive to **é.** travers**er** → travers**é**
- Change **-ir** ending of infinitive to **i.** fin**ir** → fin**i**
- Change **-re** ending of infinitive to **u.** perd**re** → perd**u**

B. L'auxiliaire

- Most verbs are conjugated with **avoir.**
- All pronominal (reflexive) verbs, as well as the following verbs of motion, require **être:**

naître	partir	descendre	aller	devenir	rentrer
mourir	passer	entrer	venir	rester	tomber
arriver	monter	sortir	revenir	retourner	

NOTE All object and reflexive pronouns precede the auxiliary verb:

Il **m'**a longtemps regardé. Puis, il **s'en** est allé.

C. L'accord du participe passé

- When the auxiliary verb is **être,** the past participle agrees (in gender and number) with the *subject*:

  Claire est **arrivée** en retard, comme d'habitude.

- When the auxiliary verb is **avoir,** there is usually no agreement:

  Elle a **fourni** *(provided)* ses excuses habituelles.

- With a *preceding direct object,* the past participle agrees (in gender and number) with the *direct object:*

  Elle **les** a **présentées** d'un air contrit.
  Les excuses qu'elle a **données** étaient assez compliquées.

- With a *preceding indirect object* or **en,** there is no agreement:

  On ne **lui** a pas **fait** beaucoup de compliments.

iLrn Grammar Tutorial

Voyage à San Francisco.

Mettez les phrases suivantes au passé composé.

1. Jessica et moi, nous arrivons à San Francisco à 3 heures de l'après-midi.
2. Nous allons tout de suite à l'hôtel.
3. Après, je visite Fisherman's Wharf.
4. Jessica préfère se promener près des boutiques.
5. Plus tard, nous dînons au bord de l'eau.
6. Nous rentrons à l'hôtel assez tard.

Jessica et Julien à San Francisco.

Mettez les phrases suivantes au passé composé.

Jessica retourne à San Francisco avec son frère, Julien. Sortent-ils tous les soirs? Absolument! Ils mangent tard à Chinatown et puis ils dansent dans des boîtes de nuit. Un soir, ils trouvent le célèbre Filmore West pour un concert du groupe Moe. Ils restent debout pendant toute la soirée. Ils ne peuvent pas bouger parce qu'il y a trop de monde.

D. Le négatif

Je **n'ai pas** oublié ton anniversaire, ma chérie, mais je **ne** me suis **pas** souvenu de t'envoyer une carte à temps!

E. L'interrogatif

Est-ce que **vous avez** voyagé à l'étranger?
Avez-vous voyagé à l'étranger?

iLrn Grammar Tutorial

AVANT LA DEUXIÈME LEÇON

L'imparfait

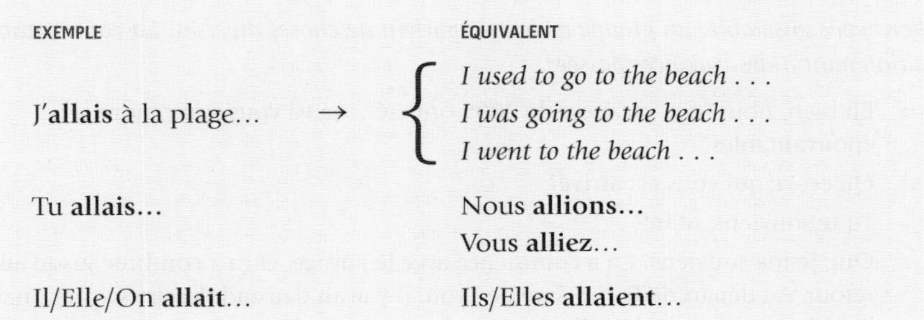

EXEMPLE		ÉQUIVALENT
J'**allais** à la plage...	→	*I used to go to the beach . . .* *I was going to the beach . . .* *I went to the beach . . .*
Tu **allais**...		Nous **allions**...
		Vous **alliez**...
Il/Elle/On **allait**...		Ils/Elles **allaient**...

FORMATION *stem:* **nous** form of present tense minus **-ons**
EXEMPLE **ven**-ons, **écriv**-ons
ONLY EXCEPTION **être** (*stem:* **ét-**)
endings: **-ais** **-ions** **-ais** **-iez** **-ait** **-aient**

REMINDER Verbs ending in **-cer** add a **cédille** to the **c (ç)** before the endings **-ais**, **-ait**, and **-aient;** verbs ending in **-ger** add **e** before the same endings.

Quand il **commençait** à faire chaud, nous allions à la plage.
Tes parents **voyageaient** souvent à l'étranger, n'est-ce pas?

NOTE

- In the **nous** and **vous** forms, however, the verbs that end in **-ger** do not take an **e:**

  Nous **voyagions** souvent en Afrique.

- Remember the spelling of **nous étudiions** in the imperfect. All verbs ending in **-ier** (**crier**, **prier**) take two consecutive **i**'s.

L'enfance.

Complétez les phrases suivantes en utilisant l'imparfait.
Quand j'étais petit(e), ...

1. je dors beaucoup.
2. ma mère prépare les repas.
3. ma grande sœur me lit des livres.
4. nous ne regardons pas souvent la télé.
5. je vais à l'école maternelle.
6. je n'aime pas les légumes.
7. mon père promène le chien.
8. je me couche de bonne heure.

AVANT LA TROISIÈME LEÇON

Le plus-que-parfait

EXEMPLE		ÉQUIVALENT
J'**avais** déjà **téléphoné** quand Marc est rentré.	→	*I had already telephoned when Marc got home.*

FORMATION imperfect tense of **avoir** or **être** + past participle

NOTE Agreement rules, word order, and negative/interrogative patterns are the same as for the **passé composé.**

Une visite inopportune.

Complétez les phrases suivantes en utilisant le plus-que-parfait.

Malheureusement, quand tu es venue me voir, ...

1. ma mère sort.
2. mon frère va au cinéma.
3. mon père part en voyage d'affaires.
4. je ne dors pas beaucoup.
5. nous ne nettoyons pas la maison.
6. mes amis rentrent chez eux.

LEÇON 1

COMMENT DIRE QU'ON SE SOUVIENT/QU'ON NE SE SOUVIENT PAS DE QUELQUE CHOSE

Conversation

 Track 8

Premières impressions

1. Identifiez: a. plusieurs façons de dire qu'on se souvient de quelque chose
   b. plusieurs façons de demander à quelqu'un de raconter ses souvenirs
2. Trouvez: où Katia et Marc sont allés en vacances

Après un bon repas ensemble, un groupe de jeunes parlent de choses diverses. La conversation en vient maintenant à des vacances passées.

KATIA Eh bien, nous, nos vacances de 2009 ont été... ça va vous surprendre... épouvantables°...

horrible

NADINE Qu'est-ce qui vous est arrivé?

KATIA Tu te souviens, Marc?

MARC Oui, je me souviens. Ça a commencé avec le voyage, et ça a continué jusqu'au retour. Au départ de Paris, Gare de Lyon, il y avait deux adolescents, sales, mal habillés, qui se sont installés en face de nous dans le compartiment. Bon début!

KATIA Ça devait être des frères. Il y en avait un qui devait avoir 13 ou 14 ans, l'autre un an de plus. Ils étaient vraiment mal élevés. Tu te rappelles? Ils étaient très, très grossiers°... Et en plus, tu te souviens, l'aîné n'arrêtait pas de jurer°...

rude / to swear

MARC C'était agaçant°. Et puis, ils n'arrêtaient pas de se lever et de se bousculer°. Ils voulaient tout le temps descendre leur sac, pour un oui ou pour un non°: leurs billets, leurs sandwichs, leurs gourdes° et j'en passe°!

annoying / to bump each other
pour un oui... *for any old thing*
flasks / **j'en...** *and that's not all; and I spare you the rest of it*

NADINE Ça devait être pénible!

KATIA Oui, je ne l'oublierai jamais. C'est la première fois qu'on allait en Suisse, hein, Marc?

MARC Oui, c'est ça. Et puis le lendemain, on m'a piqué° mon iPod nano.

(slang) stole

KATIA Ah bon? Je ne me souviens pas de ça, moi, c'est marrant°! C'était quand?

(familiar) funny; strange

MARC Je ne sais plus, mais pendant la nuit, je crois. Je dormais et quand je me suis réveillé, plus d'iPod. On l'a cherché partout, tu ne te rappelles pas?

KATIA Ah, si, si! Je me souviens maintenant! Quelle horreur! Et tu venais de l'acheter.

MARC Je me sentais tout perdu sans ma musique, mes podcasts et mes livres audio! C'est drôle, on n'a pas l'habitude.

NADINE Dis donc, est-ce que vous avez lu le blog de Laurence sur ses vacances au Sénégal? C'est incroyable!...

À suivre

Observation et analyse

1. Qui parle de ses vacances passées à l'étranger?
2. Qu'est-ce que vous savez des adolescents qui étaient dans le compartiment avec Katia et Marc?
3. Quel autre événement mémorable leur est arrivé pendant le voyage?
4. Est-ce que vous pensez que Katia et Marc partent souvent en vacances? Comment le savez-vous?

Réactions

1. Qu'est-ce que vous pensez de ces adolescents? Est-ce que vous auriez eu la même réaction que Katia et Marc? Expliquez.
2. Est-ce que quelqu'un vous a déjà volé votre iPod, votre MP3 ou votre iPad? autre chose? Racontez l'incident.
3. Est-ce que vous avez eu des vacances mémorables comme celles de Katia et Marc? Expliquez.

Source: Grotte Lascaux II

La grotte de Lascaux est une des grottes les plus importantes de l'âge paléolithique. Elle se situe en Dordogne, au cœur du Périgord Noir. Elle est considérée comme le chef d'œuvre de l'art préhistorique. Est-ce que vous voudriez visiter des grottes préhistoriques? Pourquoi?

Expressions typiques pour…

Demander si quelqu'un se souvient de quelque chose

Est-ce que tu te souviens de (nos vacances à…)?
Est-ce que tu te rappelles (nos vacances à…)?
Vous n'avez pas oublié…?

Dire qu'on se souvient

Je me souviens encore de…
Je me rappelle bien le…
Je ne l'oublierai jamais.

Dire qu'on ne se souvient pas

Je ne m'en souviens pas.
Tiens! Je ne me le rappelle plus!
J'ai/J'avais complètement oublié.

Demander à quelqu'un de raconter ses souvenirs

Qu'est-ce qui t'est arrivé?
Parle-moi du jour où tu…
Il paraît qu'une fois, tu…
Une fois, n'est-ce pas, tu…

Commencer à raconter des souvenirs

J'ai de très bons/mauvais souvenirs *(memories)* de…
Si j'ai bonne mémoire *(memory)*, …
Autant que je m'en souvienne, … *(As far as I remember . . .)*
Je me souviens de l'époque où j'étais petit(e) et où j'aimais…
Quand j'étais jeune, …

Se souvenir de and **se rappeler** both mean *to remember.* Note, however, that you will use the preposition **de** with **se souvenir.** For example:
—Je **me souviens de** nos vacances en Grèce.
—Moi, je **me rappelle** nos vacances en Italie.

When using a pronoun, you will say **Je m'en souviens** or **Je me le/la/les rappelle.**

Mots et expressions utiles

Les vacances

une agence de voyages *travel agency*
une brochure/un dépliant *pamphlet*
les congés [m pl] payés *paid vacation*
l'office du tourisme [m] *tourist office*
passer des vacances magnifiques/épouvantables *to spend a magnificent/horrible vacation*
un séjour *stay, visit*
un souvenir *memory* (avoir un bon souvenir); *souvenir* (acheter des souvenirs)
visiter (un endroit) *to visit (a place)*

Des choix

aller à l'étranger *to go abroad*
aller voir quelqu'un *to visit someone*
un appartement de location *a rental apartment*
descendre dans un hôtel *to stay in a hotel*
rendre visite à (quelqu'un) *to visit (someone)*
un terrain de camping *campground* (aller dans un...)

Les transports

atterrir *to land (plane)*
décoller *to take off (plane)*
un vol (direct/avec escale) *a flight (direct/with a stopover)*
manquer le train *to miss the train*
se tromper de train *to take the wrong train*
descendre (de la voiture/du bus/du taxi/de l'avion/du train) *to get out/off (of the car/bus/taxi/plane/train)*
monter dans (une voiture/un bus/un taxi/un avion/un train) *to get into/on (a car/bus/taxi/plane/train)*
flâner *to stroll*
avoir une contravention *to get a ticket, fine*
avoir un pneu crevé *to have a flat tire*
un car *bus (traveling between towns)*
la circulation *traffic*
être pris(e) dans un embouteillage *to be caught in a traffic tie-up/jam*
faire le plein *to fill up (gas tank)*
garer la voiture *to park the car*
ramener *to bring (someone, something) back; to drive (someone) home*
se perdre *to get lost*
tomber en panne d'essence *to run out of gas*

Divers

grossier (grossière) *rude*
jurer *to swear*
piquer *(familiar) to steal*

Additional vocabulary: avoir le mal du pays *to be homesick*; **faire de l'autostop** *to hitchhike*; **passer un alcootest®** *to take a Breathalyzer® test*

Mise en pratique

En octobre, au moment où beaucoup de Québécois se trouvaient sur la côte est des États-Unis, le cyclone Sandy se dirigeait vers le Cap Hatteras. Martine et Paul Duchesne étaient en vacances en Caroline du Nord. Ils **rendaient visite** à la sœur de Paul, qui habitait près des îles-barrières des Outer Banks. Martine voulait **flâner** sur les plages, au soleil, mais ce **séjour** n'allait pas être calme…

La police avait mis des barrages routiers *(barriers)* en place pour arrêter les automobilistes qui se dirigeaient vers les îles-barrières des Outer Banks et faisait évacuer *(evacuate)* les touristes qui étaient **descendus dans les hôtels** et les **appartements de location** des îles et de la côte. La **circulation** était dense et il y avait beaucoup d'**embouteillages.** Sur la côte, il n'y avait plus assez d'essence pour **faire le plein.** Comme les avions avaient du mal à **atterrir** à cause du vent et de la pluie, la plupart des **vols** avaient été annulés. Le service national des parcs avait aussi pris des mesures de sécurité et avait fermé des **terrains de camping** et les plages de la côte et des îles. Paul et Martine se demandaient où ils pouvaient aller…

Adapted from *Journal du Québec*

Activités

A. Souvenirs. Demandez à ces personnes si elles se souviennent de l'événement indiqué. Votre partenaire va jouer les rôles. Variez la forme des questions et des réponses.

MODÈLE un(e) ami(e) d'université: le voyage à New York
—Est-ce que tu te souviens du voyage à New York que nous avons fait?
—Oui, je m'en souviens bien.

1. votre mère/père: le jour où vous êtes né(e)
2. votre copain/copine: votre premier rendez-vous
3. votre ami(e): la première fois qu'il/elle a conduit une voiture
4. votre colocataire: ce qu'il/elle a fait hier soir à la petite fête *(party)*

B. À l'agence de voyages. Vous parlez avec l'agent de voyages, mais vous avez du mal à entendre à cause des autres conversations dans le bureau. Complétez la conversation avec les mots suivants: flâner, à l'étranger, visiter, rendre visite à, vols, circulation, garer, séjour, brochures.

L'AGENT Bonjour. Est-ce que je peux vous renseigner?
VOUS Oui, je veux aller ________ au mois de mai. J'aimerais ________ un endroit où il fait très beau à cette période.
L'AGENT Préférez-vous la mer ou la montagne?
VOUS Plutôt la mer. Je veux me reposer. Mais je veux également pouvoir ________ en ville.
L'AGENT Préférez-vous les grandes villes ou les petites?
VOUS Ça m'est égal, pourvu qu'il *(provided that)* n'y ait pas trop de ________. Je veux pouvoir ________ la voiture sans problèmes. Mais je dois dire que je préférerais une région où l'on parle français. Après, je vais ________ un ami à Miami.
L'AGENT Alors, pourquoi pas une île des Antilles? Je pense, par exemple à la Guadeloupe ou à la Martinique. Il y a des ________ de Paris à Fort-de-France tous les jours. Vous pourriez passer un ________ très agréable là-bas.
VOUS Est-ce que vous auriez des ________ ou des dépliants à me donner?

C. En famille. Vous vous trouvez à une réunion de famille. Faites raconter les expériences ci-dessous. Jouez chaque scène avec un(e) partenaire. Variez la forme des questions et des réponses.

MODÈLE tante Christine et son accident de voiture
—Parle-moi du jour où tu as eu un accident de voiture.
—Oh! Quelle histoire! C'est un mauvais souvenir que j'essaie d'oublier. C'était...

1. votre cousine Manon et son voyage en Californie
2. vos grands-parents et leur lune de miel
3. oncle Jean-Pierre et ses aventures comme coureur *(racer)* dans le Tour de France 2005.
4. grand-oncle Mathieu et la Croix de Guerre qu'il a reçue pendant la Seconde Guerre mondiale

D. Questions indiscrètes. Posez les questions suivantes à un(e) ami(e). Faites un résumé de ses réponses à la classe.

1. Combien de semaines de congés payés est-ce que tu as généralement? Et tes parents?
2. Tu as déjà eu une contravention pour excès de vitesse? À quelle vitesse est-ce que tu roulais? Combien est-ce que la contravention t'a coûté?
3. Tu es déjà tombé(e) en panne d'essence sur la route? Qu'est-ce que tu as fait?
4. Est-ce que tu as déjà pris un train ou un car ici ou dans un autre pays? Où es-tu allé(e)? Avec qui?

Que voudriez-vous faire si vous voyagiez à l'étranger? Décrivez.

À peu près 11% des Français passent des vacances à l'étranger chaque année. Mais 26% des Français de 15 ans et plus sont partis au moins une fois à l'étranger ou dans les DOM-TOM (les départements et territoires d'outre-mer) ou les collectivités d'outre-mer. (Adapted from *Gérard Mermet, Francoscopie 2013*, Éditions Larousse)

Cherchez sur Internet quels sont les DOM-TOM. Ce sont des endroits riches en culture et en biodiversité. Choisissez un de ces endroits sur une carte et montrez-le à un(e) copain/copine de classe.

La limite de vitesse en France est de 130 km à l'heure *(84 miles/hr)* sur les autoroutes. Quand il pleut, cette limite est réduite à 110 km à l'heure.

La grammaire à apprendre

Le passé composé

The **passé composé** is one of the past tenses used frequently in French to talk about past events. The following rules complete the description, begun in *La grammaire à réviser,* of how to form the tense.

A. Le participe passé: formes irrégulières. The following irregular verbs also have irregular past participles:

avoir	**eu**
craindre	**craint**
être	**été**
faire	**fait**
mourir	**mort**
naître	**né**
peindre	**peint**

-ert	
découvrir	**découvert**
offrir	**offert**
-it	
conduire	**conduit**
dire	**dit**
écrire	**écrit**
-is	
asseoir	**assis**
mettre	**mis**
prendre	**pris**
-i	
rire	**ri**
suivre	**suivi**

-u	
boire	**bu**
connaître	**connu**
courir	**couru**
croire	**cru**
devoir	**dû**
falloir	**fallu**
lire	**lu**
plaire/pleuvoir	**plu**
pouvoir	**pu**
recevoir	**reçu**
savoir	**su**
venir	**venu**
vivre	**vécu**
voir	**vu**
vouloir	**voulu**

En 2006, le Québec comptait 7,4 millions d'habitants dont 79% de langue maternelle française; 7,7% sont de langue maternelle anglaise. Avec plus de 3,6 millions d'habitants, Montréal est la deuxième ville francophone du monde. Cependant, Montréal semble se dissocier graduellement de l'ensemble de la société québécoise. Elle devient multilingue, tandis que le reste du Québec reste exclusivement francophone. *(Adapté de www.tlfq.ulaval.ca)*

B. Le choix de l'auxiliaire. A few verbs – **descendre, monter, passer, sortir, retourner,** and **rentrer** – that normally use **être** as the auxiliary, take **avoir** and follow the **avoir** agreement rules when there is a direct object in the sentence. Notice how the meaning changes with some of the verbs in the following examples. (C'est Enzo qui parle.)

Hier, je **suis descendu** *(went down)* voir ma copine Emma. La rue que j'**ai descendue** *(went down)* était en construction.

Je **suis monté** *(went up)* à son appartement... et j'**ai monté** *(climbed, went up)* l'escalier.

L'après-midi **est** vite **passé** *(went by, passed).* En fait, j'**ai passé** *(spent)* tout l'après-midi chez elle.

À sept heures, nous **sommes sortis** *(went out)* pour manger. Après le repas, j'**ai sorti** *(took out)* mon argent, mais elle a insisté pour partager l'addition.

Je l'ai ramenée chez elle vers dix heures, puis je **suis retourné** *(returned)* au restaurant pour aller chercher le parapluie. J'ai eu une idée que j'**ai** tournée et **retournée** *(turned over)* dans ma tête.

Pensif, je **suis rentré** *(came home)* chez moi. **J'ai rentré** *(put away)* la voiture dans le garage et je suis entré dans le salon.

Finalement, j'ai téléphoné à Emma pour lui demander si elle voulait bien devenir ma femme.

With verbs such as **s'écrire, se dire, se téléphoner, se parler, se demander,** and **se rendre compte,** the reflexive pronoun functions as an indirect object because the simple verbs **écrire, dire, téléphoner,** etc., take the construction **à quelqu'un.** Thus, agreement is not made.

Les sœurs **se sont écrit** pendant leur longue séparation.

Elles **se sont dit** beaucoup de choses dans leurs lettres.

Elles **se sont téléphoné** une fois par semaine.

C. Le passé composé des verbes pronominaux. As you know, pronominal verbs are conjugated with **être,** and the reflexive pronoun precedes the auxiliary.

Malheureusement, il ne **s'est** pas **rappelé** mon adresse.

- The past participle will agree with the reflexive pronoun if it acts as a direct object. If the verb is followed by a direct object noun, the reflexive pronoun becomes the indirect object, and consequently no agreement is made.

Elle s'est **lavée.** Elle s'est **lavé** la figure.

Activités

A. Les nouvelles. Voici quelques titres *(headlines)* tirés d'un numéro du journal français *Le Monde* (11 juin 2012). Racontez ce qui s'est passé ce jour-là en mettant chaque titre au passé composé.

1. Madrid: Mariano Rajoy, le chef du gouvernement espagnol, s'apprête *(is getting ready)* à demander de l'aide à l'Europe.
2. Syrie: Les observateurs de l'ONU réussissent à entrer dans le village de Mazraat Al Kou-beir, lieu d'un massacre selon l'opposition syrienne.
3. Culture: Mokobé, rappeur français d'origine malienne, sait ironiser sur sa propre culture.
4. Sport: Les Bleus s'annoncent sur le chemin de la confiance. L'équipe de France retrouve les faveurs des bookmakers.
5. Éducation: Le financement par fondations s'installe dans l'éducation.
6. Société: L'héritière de L'Oréal investit 143 millions d'euros dans la société.
7. Justice en Ardèche: L'ADN *(DNA)* du principal suspect est relevé sur la scène du crime.

B. La Louisiane. Caroline, qui était encore une ado *(teenager)* en 2011, raconte ses souvenirs de vacances en famille en Louisiane. Complétez son histoire avec le passé composé d'un des verbes suivants:

arriver voir ramener aller
manquer être suivre souffrir

Je me rappelle bien les vacances de l'été 2011 quand nous ______ ______ en Louisiane. C'était 6 ans après l'ouragan Katrina.
Donc quand nous ______ ______ à La Nouvelle-Orléans, nous ne (n') ______ pas ______ de passer par le Vieux Carré *(the French Quarter)* où nous ______ ______ la vieille cathédrale Saint-Louis. Heureusement, le Vieux Carré ______ ______ presque totalement épargné par les inondations *(floods)* qui ______ ______ l'ouragan Katrina. Ce sont les quartiers plus bas et moins anciens qui ______ ______.

descendre faire partir
parcourir *(to travel up and down)*

Nous ______ ______ la rue Decatur pour visiter le Marché français. Une partie de la famille ______ ______ les célèbres bayous et d'autres ______ ______ une croisière *(cruise)* sur le Mississippi.

passer découvrir flâner
rentrer s'offrir boire goûter

Mais tout le monde ______ ______ les délices extraordinaires de la cuisine créole. Dans les restaurants de La Nouvelle-Orléans, nous nous ______ ______ toutes les spécialités louisianaises, comme le jambalaya et les beignets *(doughnuts)* Calas. Et bien sûr, mes parents ______ ______ du café brûlot *(coffee mixed with whiskey)*. Quand nous ______ ______ en France, c'était avec regret mais avec le désir de retourner à La Nouvelle-Orléans. C'est une ville qui vous prend à cœur.

Les fameux beignets du Café du Monde à La Nouvelle-Orléans

C. En vacances. Choisissez un des deux groupes de verbes et de mots ci-dessous pour interviewer un(e) partenaire au sujet de son dernier voyage.

1. passer les vacances: avec qui?
   s'arrêter: dans quelles villes?
   s'amuser: comment?
   pleuvoir: pendant le séjour?
   écrire des cartes postales: à qui?
2. faire du tourisme: où?
   s'ennuyer: un peu/pourquoi?
   lire/boire: quoi?
   prendre des photos: combien?
   rentrer: quand?

Où avez-vous passé vos dernières vacances?

Interactions

A. Il était une fois... Jouez le rôle de votre grand-père/grand-mère ou d'une autre personne âgée de votre famille. Votre partenaire sera le petit-fils/la petite-fille. Il/Elle essayera de vous faire rappeler un moment de votre jeunesse. Par exemple, votre premier jour à l'école, la première fois que vous êtes sorti(e) avec quelqu'un, le jour où vous avez séché un cours, le jour où vous êtes tombé(e) en panne d'essence, etc. Au début, vous ne vous souvenez pas de ce qu'il/elle raconte, mais après un petit moment vous commencez à raconter l'histoire. Utilisez les cinq ***Expressions typiques pour...*** présentées à la page 137.

B. Vacances exotiques. Imaginez que vous soyez en vacances dans un endroit exotique – un endroit que vous rêvez de visiter depuis longtemps. Écrivez trois cartes postales différentes à des amis ou aux membres de votre famille. Racontez des événements différents à chaque personne.

DOSSIER D'EXPRESSION ÉCRITE Préparation

The focus for this chapter is writing a personal narrative for your blog or website in which you tell or narrate something interesting that happened to you or someone you know.

1. First of all, choose two or three important events in your life (for example, receiving an award, meeting the person of your dreams, a sporting event, your wedding or a wedding you were in, a memorable vacation, the worst/best day of your life, a funny/embarrassing moment, a sad or touching event).
2. After you have listed these events, next to each item, write some interesting details that you remember about the event.
3. Free write on one or more of these topics to see how much you have to say. Describe what happened and try to organize your notes in a time-ordered sequence.
4. In pairs or small groups, share your notes to get ideas from classmates.

Liens culturels

© Caro / Alamy

D'où vient ce train?

Les transports

Les Français dépensent 14% de leur budget pour les transports, la troisième grosse dépense après le logement et l'alimentation. Bien sûr, la voiture représente la plus grande partie (82%) des dépenses de transport (pp. 196–198). Ceci dit, la France est connue pour ses innovations dans le secteur des transports. En voici quelques exemples:

Le train: Les Français prennent plus souvent le train depuis 2000. C'est surtout grâce au TGV (train à grande vitesse), le train le plus rapide du monde (il a atteint une vitesse de plus de 500 km/h). Confortable, il sert exclusivement au transport de voyageurs. Mais les Français prennent aussi les trains express régionaux.

Le tunnel sous la Manche: Ce projet franco-britannique relie l'Angleterre à la France par des trains à grande vitesse baptisés Eurostar qui mettent Londres à environ trois heures de Paris. Quant aux automobilistes, ils peuvent traverser le tunnel sous la Manche dans leur voiture, installés dans un train spécialement aménagé à cet effet. Le train qui emprunte le tunnel peut transporter plus de 110 voitures, plus de 10 bus et plus de 20 camions et produit 10 fois moins de CO_2 que le même trajet en avion! Le programme «Voyage Vert» vise à rendre, dans quelques années, ses voyages neutres en CO_2, sans surcoût pour ses clients.

Les transports à Paris: Les Parisiens ont accès à plusieurs moyens de transport (métro, bus, trains de banlieue). Ils peuvent acheter un Passe Navigo, une carte à puce[1] qui permet l'accès à tous les transports parisiens pour une semaine ou un mois. La Carte intégrale est un billet valable un an. La Carte Imagine R est un billet annuel à tarif réduit, destiné à tous les étudiants de moins de 26 ans. D'autres cartes sont disponibles pour visiter Paris, par exemple, Paris Visite qui permet l'accès à tous les transports parisiens pour 1, 2, 3 ou 5 jours. Le réseau régional de bus, le Noctilien, est accessible la nuit pour les gens qui se déplacent après la fermeture du métro et du RER.

Dans la ville de Paris, un déplacement sur deux se fait à pied. Depuis l'installation des vélos en libre-service, le vélo est de plus en plus populaire. Il est facile de trouver des stations Vélib' à Paris. On peut s'abonner à partir de 19 euros par an. Il est aussi possible d'acheter un ticket par jour ou un ticket pour 7 jours. On n'a qu'à retirer le vélo et le rattacher dans une station après le trajet.

Airbus: Le nom Airbus est synonyme d'innovation. Airbus fait partie de la société EADS (European Aeronautic Defence and Space), une société qui fabrique et vend des avions dans le monde entier, y compris aux États-Unis. Le super-jumbo A380, pouvant transporter jusqu'à 555 passagers, est un des avions les moins bruyants jamais produits.

Adapted from Dominique et Michèle Frémy, *Quid 2007*, Éditions Robert Laffont; Gérard Mermet, *Francoscopie 2013*, Éditions Larousse; www.airbus.com; www.sncf.com

[1] **carte à puce** *smart card*

Compréhension

1. Quel est le moyen de transport le plus important en France? Expliquez.
2. Pourquoi le train est-il devenu plus populaire depuis quelques années? Donnez plusieurs exemples.
3. Quels sont les moyens de transports les plus importants à Paris?

Réactions

1. Comparez les systèmes de transports français et américain.
2. Quelles formules de transport est-ce que vous utilisez le plus souvent? Quelles formules utiliseriez-vous si elles étaient disponibles dans votre région?
3. Que pensez-vous de la location de vélos? Est-ce que le programme Vélib' pourrait marcher dans votre ville? dans les grandes villes américaines?

Extension

Faites des recherches sur Internet sur les transports en Belgique et en Suisse. Y utilise-t-on le train comme en France? Quelle est la situation à Bruxelles et à Liège? à Genève?

© Tupungato/iStockphoto.com

Peut-on louer des vélos dans votre ville?

LEÇON 2

COMMENT RACONTER UNE HISTOIRE
Blog (suite)

Rappel: Have you reviewed the imperfect tense? (Text p. 135 and SAM p. 88)

Dakar, située sur la presqu'île du Cap Vert, est une ville de 3 215 000 habitants. C'est une des plus grandes agglomérations de l'Afrique de l'Ouest.

Premières impressions

1. Identifiez: a. les expressions qu'on utilise pour prendre la parole
   b. les expressions pour lier *(link)* une suite *(series)* d'événements
2. Trouvez: ce que Laurence a fait au Sénégal

Marc, Nadine et Katia trouvent le blog de Laurence sur Internet, où elle raconte ses vacances au Sénégal.

Écoutez, il faut que je vous raconte quelque chose. J'ai passé une semaine au Sénégal, en Afrique de l'Ouest, sur la côte Atlantique, et c'était vraiment extraordinaire! D'abord, on est descendu dans un hôtel tout près du centre ville de la capitale. Dakar est une ville dynamique et moderne qui est un mélange d'Europe et d'Afrique dans son architecture et dans sa culture, aussi. Après avoir passé deux journées en ville, on a pris un taxi pour aller dans les dunes autour du Lac Rose. Là, mon copain, Scott, s'est baigné dans le lac où tout flotte. Moi, j'ai regardé les femmes extraire le sel du fond du lac.

Ce lac est très salé. On dit qu'il est dix fois plus salé que la mer… Et quand le soleil tombe d'aplomb[1], le lac est rose à cause de la réflexion de la lumière sur le sel au fond du lac. C'est très joli…

Le lendemain, nous avons pris un car rapide[1] pour aller à Joal-Fadiouth[2]. Nous avions réservé une chambre dans une auberge à Joal. Mais vous ne croirez jamais ce qui nous est arrivé! Nous n'avons pas compris que c'était deux villes séparées – Joal et Fadiouth. Nous sommes descendus du car à Fadiouth et nous avons continué à pied pour aller jusqu'à Joal. Au bout d'une heure, il a commencé à faire nuit et nous avons eu peur… Il faisait noir et on voyait mal la route. En plus, il y avait toutes sortes de bruits.

Nous nous trouvions en pleine campagne et nous avions vraiment peur de nous perdre. Dès que nous avons vu quelqu'un, nous avons demandé notre chemin. Une dame qui parlait français nous a dit que Joal était assez loin – de l'autre côté d'un petit bras de mer – et qu'il valait mieux[2] que quelqu'un nous y emmène en voiture. Finalement, c'est son frère qui nous y a emmenés et nous a aidés à trouver l'auberge. Le jeune homme qui s'occupait de l'auberge nous a traités en amis[3]. Abdou nous a donné des noms africains et, le jour suivant, il nous a fait visiter son village où nous avons fait la connaissance de sa famille. Sa mère nous a servi du thé. Elle était très gentille. Dans l'après-midi, il nous a emmenés à Fadiouth pour visiter l'île constituée de coquillages[4]… Grâce à Abdou, nous avons eu une expérience vraiment extraordinaire. C'était intéressant – Abdou parlait français avec nous et wolof[3] avec sa famille. Je ne comprenais pas quand les gens parlaient wolof entre eux, bien sûr. Mais en général, on s'est bien débrouillés[5].

[1] *un car rapide* (a minivan or bush taxi)*: un car pour 10 à 20 personnes à destination de la campagne. C'est moins cher qu'un taxi, mais les horaires sont incertains.*

[2] *Joal et Fadiouth sont des villages de pêcheurs situés à peu près à 135 kilomètres au sud de Dakar. Joal est la ville où Léopold Sédar Senghor, le premier président de la République sénégalaise (1960–1980), est né (1906). Fadiouth est une ville qui attire beaucoup de touristes à cause de ses coquillages* (sea shells).

[3] *Comme vous l'avez appris à la page 129, les Français se sont installés au Sénégal au XVIIe siècle. Le pays est devenu indépendant en 1960, mais le français est toujours la langue officielle. Les gens parlent aussi la langue de leur groupe ethnique. Les Wolofs constituent le plus grand groupe ethnique du Sénégal.*

[1]**tomber d'aplomb** *beat straight down (the sun)* [2]**il valait…** *it would be better* [3]**traiter…** *to treat like friends* [4]**coquillages** *shells* [5]**se débrouiller** *to manage, get along*

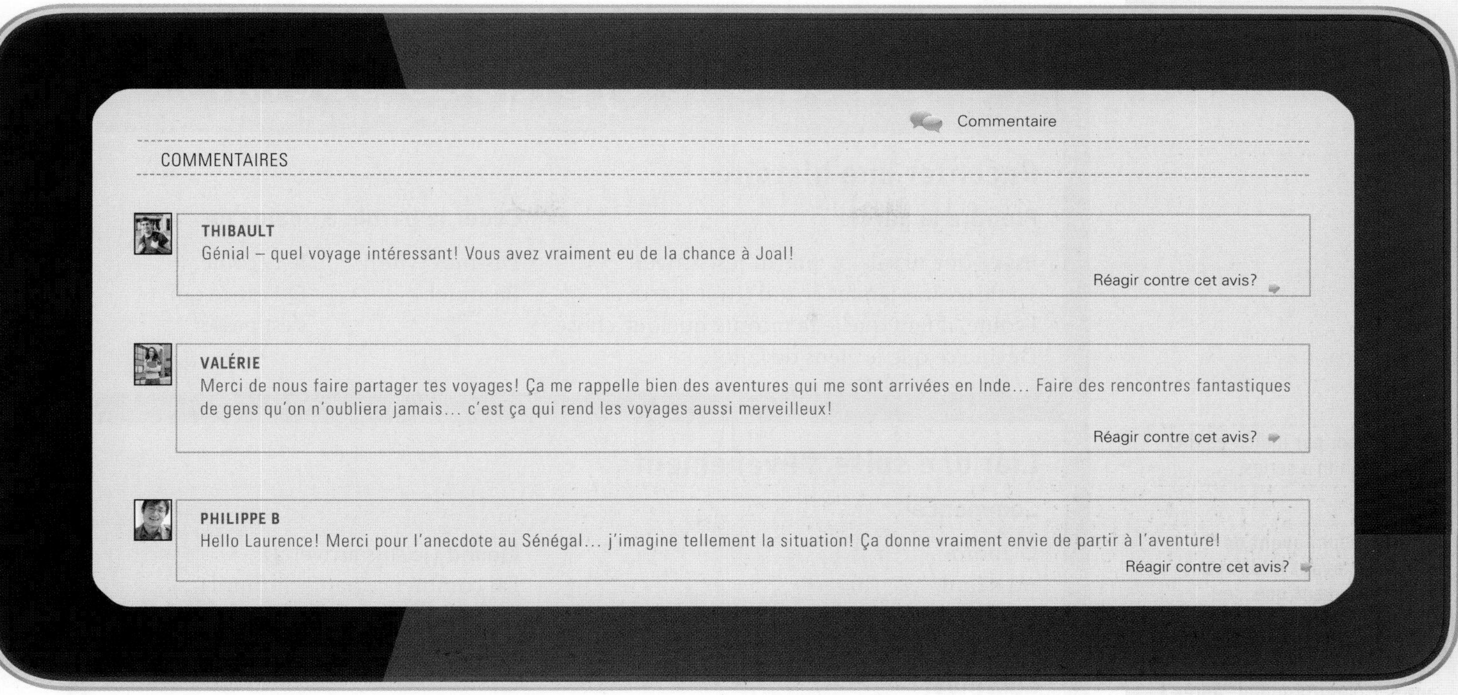

Observation et analyse

1. Où est-ce que Laurence a passé ses vacances? Qu'est-ce qui lui est arrivé d'intéressant?
2. Pourquoi est-ce qu'elle a dû marcher pendant une heure?
3. Quelles langues est-ce que les Sénégalais parlent? Expliquez.
4. Est-ce que vous pensez que la petite aventure de Laurence est vraie? Expliquez.

Réactions

1. Est-ce que vous avez déjà voyagé en Afrique de l'Ouest? Si oui, qu'est-ce que vous avez pensé de cette région? Si non, qu'est-ce que vous savez des pays francophones d'Afrique?
2. Quels accents français est-ce que vous connaissez, de réputation ou par expérience personnelle? Connaissez-vous les origines de certains de ces accents? Et quels accents américains est-ce que vous connaissez?

Africa No 1

Qu'est-ce que c'est que Africa N°1? Est-ce que vous trouveriez cela utile si vous voyagiez en Afrique?

Commencer par indicates the first action in a series.

avant + noun; **avant de** + infinitive: **avant midi/avant de partir; avant que:** see **Chapitre 7** for this form.

après + noun/pronoun; **après** + past infinitive (inf. of auxiliary + past part.): **après minuit/après avoir lu**

Finir par means to *end up doing something* after other options have been considered: **D'abord, nous voulions aller en Louisiane, puis nous avons pensé à la Martinique et à la Guadeloupe. Nous avons fini par aller en Haïti.**

Expressions typiques pour…

Raconter une histoire

Prendre la parole

Est-ce que tu sais ce qui (m')est arrivé?
Tu ne croiras jamais ce qui (m')est arrivé!
Écoute, il faut que je te raconte quelque chose.
Devine ce que je viens de faire!

Céder la parole à quelqu'un

Dis-moi (vite)!
Raconte!
Je t'écoute.
Qu'est-ce qui s'est passé?

Lier une suite d'événements

Commencer

D'abord, …
Au début, …
Quand (je suis arrivé[e])…
J'ai commencé par (+ infinitif)…

Continuer

Et puis, …
Alors, …
Ensuite, …
Au bout d'un moment, …
En même temps/Au même moment, …
Un peu plus tard, …
Tout à coup, …
Avant (de), …
Après, …
À un moment donné, … *At one point . . .*

Terminer

Enfin, …
Finalement, …
À la fin, …
J'ai fini par (+ infinitif)…

Mots et expressions utiles

À la douane *(customs)* / Aux contrôles de sûreté *(security)*

l'agent/l'agente de sûreté *security officer*
le douanier/la douanière *customs officer*
le passager/la passagère *passenger (on an airplane)*
confisquer *to confiscate*
déclarer (ses achats) *to declare (one's purchases)*
passer à la douane/aux contrôles de sûreté *to go through customs/security*
passer aux rayons X *to go through x-ray security*
payer des droits *to pay duty/tax*

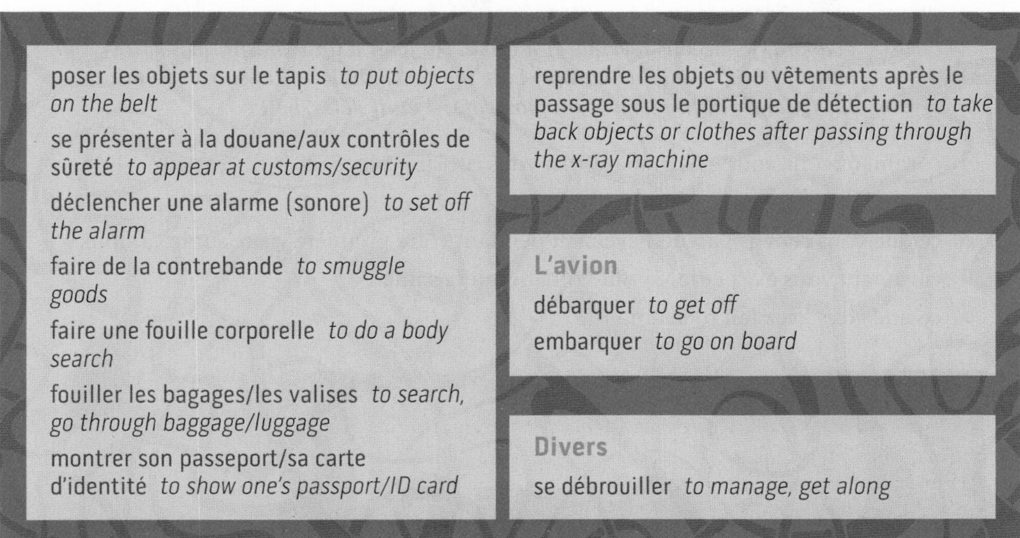

poser les objets sur le tapis *to put objects on the belt*

se présenter à la douane/aux contrôles de sûreté *to appear at customs/security*

déclencher une alarme (sonore) *to set off the alarm*

faire de la contrebande *to smuggle goods*

faire une fouille corporelle *to do a body search*

fouiller les bagages/les valises *to search, go through baggage/luggage*

montrer son passeport/sa carte d'identité *to show one's passport/ID card*

reprendre les objets ou vêtements après le passage sous le portique de détection *to take back objects or clothes after passing through the x-ray machine*

L'avion

débarquer *to get off*

embarquer *to go on board*

Divers

se débrouiller *to manage, get along*

Mise en pratique

Anne raconte les **contrôles de sûreté** et de **douane** qui se sont passés pendant son retour aux États-Unis: «Eh bien, avant de quitter Roissy, nous avons dû **passer aux contrôles de sûreté.** Il y avait beaucoup de voyageurs ce week-end-là. Et comme les **agents faisaient des fouilles corporelles,** ça a pris plus de temps que d'habitude. Quand nous sommes arrivés à New York, **nous nous sommes présentés à la douane,** avec nos **bagages,** bien sûr. Mon mari et moi devions **déclarer nos achats.** Vous savez que j'avais acheté pas mal de cadeaux. Après nous avoir posé des questions, **la douanière a fouillé nos valises.** Elle devait croire que nous **faisions de la contrebande**! Elle n'a rien trouvé d'illégal, mais elle **a confisqué** des bijoux au monsieur qui était derrière nous. Il avait acheté du jade en Thaïlande et il **ne l'avait pas déclaré.**»

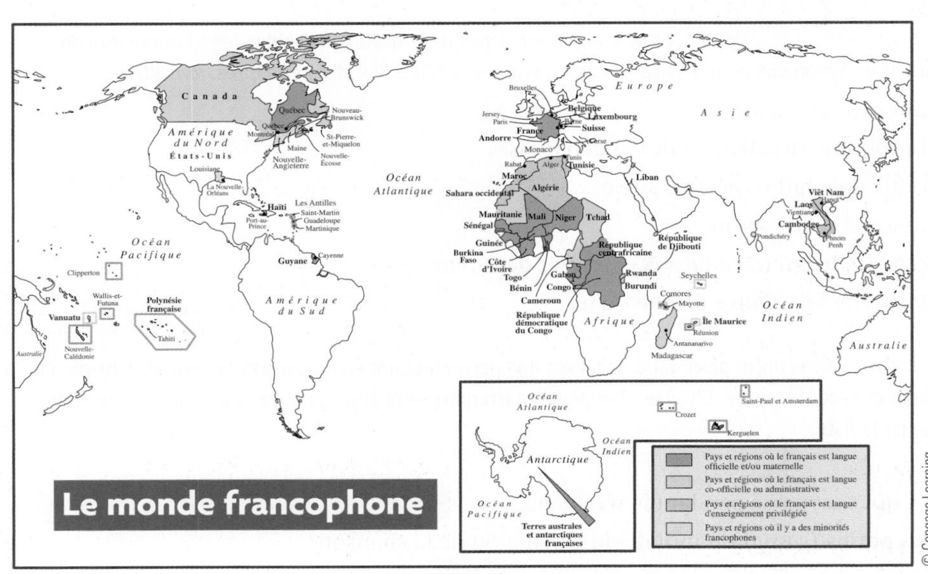

Quels pays francophones est-ce que vous connaissez en Afrique? en Europe? en Amérique? Dans quel pays est Bangui? Et Abidjan?

Activités

A. Les événements. Racontez une suite de trois à cinq événements pour chaque sujet suivant. Utilisez les expressions de la liste d'***Expressions typiques pour...*** pour lier une suite d'événements.

MODÈLE comment vous avez commencé votre journée

D'abord, je me suis réveillé(e) à 6h30. Au bout d'un moment, je me suis levé(e). Puis, je me suis lavé(e) et je me suis habillé(e). Ensuite, j'ai fait mon lit. Quand j'ai finalement bu mon café, il était déjà 7h30.

1. comment vous vous êtes préparé(e) à vous coucher hier soir
2. ce qui s'est passé en cours de français hier
3. ce que vous (et vos parents) avez fait pendant votre première visite sur le campus
4. comment vous avez étudié pour votre dernier examen
5. ce que vous avez fait hier soir

© Cultura Creative / Alamy

B. Vous êtes le prof. Vos élèves ne comprennent pas leur vocabulaire. Aidez-les à l'apprendre en donnant un synonyme pour les expressions suivantes. Utilisez les ***Mots et expressions utiles.***

1. dire ce qu'on a acheté
2. introduire illégalement des marchandises
3. celui/celle qui voyage en avion
4. descendre de l'avion
5. celui/celle qui travaille aux contrôles de sûreté
6. inspecter les affaires de quelqu'un

C. Racontez! Avec un(e) partenaire, racontez une petite histoire en employant les expressions pour prendre et céder la parole. Ensuite, changez de partenaire et utilisez à nouveau les expressions sans regarder la liste.

SUJETS POSSIBLES

1. ce qui s'est passé pendant le week-end
2. les potins *(gossip)* du monde du cinéma ou de la chanson
3. ce qui vous est arrivé pendant un rendez-vous avec votre copain/copine récemment
4. ce qui s'est récemment passé dans un aéroport près de chez vous

La grammaire à apprendre

L'emploi de l'imparfait

A. Along with the **passé composé,** the imperfect tense plays an important role when telling a story or describing past events or conditions in French. Its main emphasis is on description, as the following uses illustrate:

- *Background description:* To say what the weather was like; what people were doing; what was going on; what the setting and time frame were.

  C'**était** il y a trois ans, en juin. Il **faisait** très beau ce jour-là. Tout le monde **s'amusait** à la plage.

- *Habitual, repetitive action:* To describe or state past events that were repeated for an unspecified period or number of times.

  CLUES **souvent, d'habitude, chaque semaine, toujours, tous les jours, tous les lundis,** etc.

  On **allait souvent** au bord de la mer. Mes frères **étaient** petits, c'**était** donc facile.

- *Conditions or states of mind:* To describe states or conditions that continued over an unspecified period of time.

  CLUES **savoir, connaître, penser, être, avoir, vouloir, pouvoir, aimer, détester** (abstract verbs)

  Tout ce que je **voulais** faire, c'**était** me reposer et m'amuser avec mes frères.

- *Continuous actions:* To describe how things were or to describe an action that was going on when another action (in the **passé composé**) interrupted it.

  Un jour, je **dormais** sur le sable chaud, quand soudain j'ai entendu des appels au secours qui **venaient** de la mer.

  NOTE To express that the action *had been going on* for a period of time before it was interrupted, use *imperfect* + **depuis.** This is the past equivalent of *present* + **depuis.**

  C'était Julien, mon petit frère. Apparemment, il **était** en difficulté **depuis** quelques minutes.

- *With* **venir de** + infinitive: To describe an action that *had just* happened. Notice that this is the past tense equivalent of **venir de** (present tense) + infinitive.

  Je me suis levé à toute vitesse; j'ai couru vers lui aussi vite que j'ai pu et puis je l'ai rejoint à la nage. Je **venais de** l'atteindre quand j'ai vu un bateau à moteur *(motor boat)* qui approchait...

B. The imperfect can also be used with **(et) si** to carry out functions such as:

- inviting someone to do something

  (Et) si nous **dînions** au restaurant ce soir?
  How about having dinner at a restaurant this evening?

- suggesting a course of action

  (Et) si je **faisais** des réservations?
  Why don't I make reservations?

- expressing a wish or regret

  Ah, **si** seulement j'**étais** riche!
  Ah, if only I were rich!

Activités

A. Votre enfance. Posez les questions suivantes à un(e) partenaire. Faites un résumé de ses réponses à la classe.

1. En général, où est-ce que tes parents et toi, vous alliez en vacances quand tu étais petit(e)?
2. Qu'est-ce que tu faisais pour t'amuser avec tes amis? Est-ce que vous vous disputiez souvent?
3. Qu'est-ce que tu voulais devenir? Et maintenant?
4. Dans quelle sorte de logement est-ce que tu habitais?
5. Tu aimais l'école? Tu lisais beaucoup?

B. Invitations. Faites les propositions suivantes en utilisant **si + l'imparfait.** Variez les sujets. Votre partenaire doit répondre.

MODÈLE aller au concert
—Si nous allions au concert?
—Oui, c'est une bonne idée.

1. faire une promenade sur la plage
2. voir le dernier film de Robert Pattinson
3. prendre un verre à votre café préféré
4. sortir ensemble demain soir
5. venir chez vous pour le dîner
6. boire un peu de champagne pour fêter un événement

C. À l'école en France. Jessica, une jeune Américaine, a fait sa quatrième année d'école primaire en France parce que son père avait été muté *(transferred)* à Nancy pour un an. Aidez-la à faire la description de son séjour en France avec des notes qu'elle a prises.

Je / avoir / dix ans à cette époque-là. Je / parler / très peu le français. Malheureusement, en France, toutes mes leçons / être / en français. Je / devoir / faire les maths et les sciences en français! Le pire, ce / être de parler / avec les autres / pendant la récréation *(recess)*. Je / me sentir / toute seule. Personne ne / parler / anglais. Après deux mois, il / se produire (passé composé) / un miracle. Je / commencer / à tout comprendre et à m'exprimer en français. Maintenant, je / se débrouiller / toujours bien en français.

Les vacances à la mer restent toujours très attrayantes pour les Français. Le soleil et la mer symbolisent l'harmonie et le repos. Les Français sortent moins de leurs frontières que les habitants des autres pays européens parce qu'ils y trouvent une grande variété de destinations telles que la Bretagne et la région Provence-Alpes-Côte d'Azur. (Adapted from Gérard Mermet, *Francoscopie 2013*, Éditions Larousse)

Est-ce que vous alliez souvent à la plage quand vous étiez petit(e)? Où?

La grammaire à apprendre

L'emploi du passé composé

A. Whereas the **imparfait** describes past actions or conditions with reference to their continuation, the **passé composé** describes past events from the point of view of their completion:

- *Completed, isolated action:* A reported event tells what happened or what someone did.

  Je **suis allée** faire du ski.

- *Action completed in a specified period of time:* The beginning and/or end of the period is specified.

  J'**ai passé** une semaine dans une station de ski.

- *Action that happened a specific number of times:* The number of times an action occurred is detailed or implied.

  Je **suis allée** quatre fois sur les pistes.

- *Series of events:* A series of actions that advance the story are reported. Each answers the question "And what happened next?"

  Le dernier jour de mes vacances, je **suis montée** sur le télésiège *(chairlift)* comme d'habitude. Une fois arrivée, j'**ai respiré** à fond *(took a deep breath)*, je **me suis mise** en position de départ; je **me suis concentrée,** j'**ai pris** mes bâtons de ski et je **suis partie.** Je **suis arrivée** en bas sans tomber une seule fois. C'était la première fois!

- *Change in state or condition:* Something occurs which causes alteration of an existing state or condition.

  Avant de descendre du télésiège, j'avais peur de tomber. Quand je **me suis rendu compte** que j'allais réussir un parcours *(ski run)* sans chute *(fall)*, j'**ai été** très heureuse.

B. A few abstract verbs have special meanings when used in the **passé composé:**

	IMPARFAIT		PASSÉ COMPOSÉ	
savoir	je savais	*I knew*	j'ai su	*I found out*
pouvoir	je pouvais	*I could/was able*	j'ai pu	*I succeeded in*
vouloir	je voulais	*I wanted (to)*	j'ai voulu	*I tried to*
			je n'ai pas voulu	*I refused to*

Ce jour-là, j'**ai pu** skier sans tomber... Le soir, je **savais** que le ski allait devenir une passion.

Comparaison entre l'imparfait et le passé composé

Almost any time that you tell a story in French, you need to use a combination of past tenses. Study the comparison chart below to further your understanding of the **imparfait** and the **passé composé**.

IMPARFAIT	PASSÉ COMPOSÉ
Pendant ses années de lycée, Delphine **allait** souvent à Nantes pour rendre visite à ses grands-parents. *(habitual, repetitive action)*	
	Elle y **est allée** trois fois l'été passé. *(specific number of times)*
	Pendant sa dernière visite, quelque chose de formidable **s'est passé.** *(specified period of time)*
	Elle **est tombée** amoureuse. *(completed, isolated action)*
C'**était** un jour splendide.	
Il **faisait** beau dans la ville, mais il ne **faisait** pas trop chaud. *(background description)*	
Delphine **voulait** acheter un petit cadeau pour sa grand-mère. *(condition/state)*	
	Alors, elle **a pris** son sac et elle **est sortie** de la maison. Elle **a traversé** la rue, puis elle **a tourné** à gauche. *(series of events)*
Distraite par ses pensées, elle **marchait** sans regarder devant elle… *(continuing action)*	
	jusqu'au moment où elle **a bousculé** *(bumped into)* un jeune homme *(interruption)*
qui **regardait** une vitrine. *(condition/state)*	
	Surpris, ils **ont** tous les deux **été** gênés *(change in mental state)* et ils **ont commencé** à s'excuser. Cela **a été** le début d'un amour qui semble être éternel! *(specified period of time)*

NOTE Although certain words may provide clues to a particular tense (e.g., **souvent** for the **imparfait** and **tout à coup** for the **passé composé**), the context will always provide the most help.

Activités

A. Comparaison. Retournez au ***Blog*** de cette leçon et relisez l'histoire racontée par Laurence. Justifiez l'emploi du passé composé ou de l'imparfait dans chaque phrase en indiquant de quelle sorte de condition ou d'action il s'agit.

B. À compléter. Terminez les phrases avec un verbe à l'imparfait (contexte des actions).

1. Hier soir, j'ai téléphoné à mon ami(e) parce que…
2. Quand je me suis couché(e), mon chien…

Terminez les phrases avec un verbe au passé composé (action survenue *[intervening]*).

3. Je dormais depuis une demi-heure quand le téléphone…
4. C'était Samuel. Pendant un quart d'heure, nous…

Terminez les phrases avec un verbe à l'imparfait ou au passé composé.

5. Le lendemain, il faisait très beau. Par conséquent, nous…
6. Je venais de finir mon livre quand…

C. Les aventures d'un chat. Karine raconte une histoire à propos de son chat. Complétez les phrases avec l'imparfait ou le passé composé, selon le cas.

L'autre jour, je ______ (se faire bronzer) dans la cour quand je (j') ______ (entendre) un chat. Les sons ______ (sembler) venir de l'autre côté de notre clôture *(fence)*. Alors, je (j') ______ (courir) puisque je ______ (s'attendre) à trouver mon chat mort. Mais ce ______ (ne pas être) le cas. Mon chat noir, bien vivant, ______ (être) là avec sa proie *(prey)*, une petite souris grise. Évidemment, il ______ (être) tellement fier de sa prouesse qu'il ______ (vouloir) me la montrer. D'abord, je ______ (se fâcher) parce qu'il m'avait fait peur. Mais, finalement, j' ______ (être) très contente. Mon chat m'avait invitée à entrer dans son monde pendant quelques instants.

D. En vacances. M. Thibault veut écrire ses pensées dans un journal. Réécrivez les événements au passé, en faisant attention au temps du verbe.

Ce matin, il fait chaud et il y a du soleil. J'espère voir le soleil toute la journée. Je vais à l'office du tourisme à dix heures parce que je veux aller dans le Val de Loire. Les employés de l'office me donnent beaucoup de renseignements utiles. Je sais où m'adresser pour louer une voiture. Je les remercie.

La circulation à Paris est épouvantable, mais je réussis à sortir de la ville sans incident. Je conduis depuis une demi-heure quand j'entends une petite explosion. Zut! Un pneu crevé! Je veux changer le pneu, mais je ne sais pas comment faire. Il y a une station-service pas trop loin, et donc je décide d'y aller à pied.

Il n'y a pas cinq minutes que je marche quand il commence à pleuvoir. Ce n'est pas mon jour de chance! J'arrive enfin à la station-service où l'on m'aide. Au bout d'une heure, je peux reprendre la route du Val de Loire!

Plus de la moitié des familles françaises ont un animal domestique. On dit que les intellectuels, les artistes, les instituteurs et les fonctionnaires préfèrent les chats, tandis que les commerçants, les artisans, les policiers, les militaires et les contremaîtres *(factory supervisors)* aiment mieux les chiens. (Adapted from Gérard Mermet, *Francoscopie 2013*, Éditions Larousse)

Interactions

A. Une histoire. Racontez une histoire en français (au passé, bien sûr). Décrivez quelque chose qui vous est arrivé. Mettez autant de détails que possible. N'oubliez pas de lier les événements avec les expressions que vous venez d'apprendre. Après, vos copains/copines de classe vous poseront des questions pour deviner si votre histoire est vraie ou fausse.

MODÈLE *Alors, un jeune Français, qui avait très faim, est entré dans un restaurant qui se trouvait dans la banlieue de Londres. Il a demandé à la serveuse:*

—Mademoiselle, s'il vous plaît, donnez-moi le plat du jour et... un petit mot aimable.

Au bout de quelques instants, elle lui a apporté le plat. Puis elle est retournée à la cuisine. Le Français l'a rattrapée et lui a demandé:

—Et mon petit mot aimable?

Alors, elle s'est penchée à son oreille et lui a dit:

—Ne mangez pas ça.

B. Une autre histoire. Travaillez en groupes de quatre étudiants. Chaque personne raconte une petite histoire. Les autres répondent d'une manière appropriée en utilisant des expressions que vous venez d'apprendre.

SUJETS POSSIBLES la première fois que vous avez conduit une voiture, ce que vous avez fait hier soir, des vacances récentes, le jour où vous avez fait la connaissance d'un(e) très bon(ne) ami(e), etc.

DOSSIER D'EXPRESSION ÉCRITE Premier brouillon

1. After you have chosen your topic in **Leçon 1** for your blog or website, organize the notes you have written by thinking about these important elements of a narrative: *Characters:* For example, how old were the characters at the time of the incident? What did they look like? How were they dressed? *Setting:* If it is important to your narrative, give descriptive details about the time and place. *Plot:* Because you are describing something that really happened, you know the basic plot. Will there be a conflict? What final words will you use to close your narrative?
2. Begin writing your introductory paragraph by focusing on the topic sentence that describes the incident for the reader. Use your opening paragraph to get your reader's attention.
3. Write two or three paragraphs in which you use details to describe the events. Since this is a narrative about a past event, you will have to make decisions about your use of the **imparfait** and **passé composé**.
4. Write a concluding paragraph in which you end your story with a description of the last event.

Liens culturels

Les vacances, c'est sacré!

Depuis 1982, la loi garantit à chaque travailleur salarié français cinq semaines annuelles de congés payés (c'est-à-dire 30 jours). Beaucoup, par le jeu de l'ancienneté ou de conventions particulièrement avantageuses, disposent en fait de plus de cinq semaines de congés annuels. Malgré les efforts du gouvernement pour encourager les Français à étaler[1] leurs congés sur l'année, deux Français sur trois partent en vacances pendant la saison d'été (du 1er avril au 30 septembre): près de 40% au mois d'août et près de 30% en juillet. Comme dans les années précédentes, la mer, la montagne et la campagne sont les destinations les plus populaires. Les familles plutôt aisées se montrent sensibles aux arguments écologiques et choisissent le tourisme «éthique», «responsable» ou «durable». Même avec la récession économique, les Français restent très attachés à leurs vacances. Afin de pouvoir continuer à partir en vacances, ils adoptent des stratégies pour faire des économies. Par exemple, ils font plus de séjours de courte durée que de séjours de longue durée et ils font leurs achats de voyages sur Internet. Ils profitent des informations détaillées sur les destinations et font de plus en plus leurs réservations au dernier moment. Ils utilisent aussi les sites comme TripAdvisor, Easyvoyage et Liligo. Pour économiser, les Français réduisent leurs dépenses pendant les séjours et prennent plus fréquemment le train, au détriment de l'avion ou de la voiture.

Il faut ajouter que, depuis 1989, la France est la première destination mondiale des touristes. En nombre de séjours d'étrangers, l'Espagne et les États-Unis viennent en deuxième et troisième positions.

Adapted from Gérard Mermet, *Francoscopie 2013*, Éditions Larousse

[1] **étaler** *spread out*

Compréhension

1. À combien de semaines de vacances les Français ont-ils droit?
2. Pendant quels mois est-ce que la plupart des Français partent en vacances?
3. Quelles destinations est-ce qu'ils choisissent?
4. Parlez des stratégies qu'ils utilisent pour dépenser moins en vacances.

Réactions

1. Selon vous, pourquoi les vacances sont-elles importantes?
2. À votre avis, quels sont les avantages et les inconvénients d'avoir cinq semaines de congés payés par an pour un pays et pour ses habitants?
3. Si vous aviez cinq semaines de vacances, est-ce que vous les prendriez toutes ensemble ou est-ce que vous les étaleriez sur l'année? Expliquez.

Extension

Imaginez que vous soyez français(e) et que vous vouliez passer deux semaines en vacances aux États-Unis. Utilisez Easyvoyage France, TripAdvisor.fr ou Liligo.fr (en français bien sûr) pour organiser votre voyage aux États-Unis. Choisissez les dates pour un séjour de deux semaines et un hôtel de bonne qualité. Présentez votre voyage à un(e) partenaire. Comparez les prix et les options. Qui a organisé le voyage le plus intéressant? le meilleur marché?

LEÇON 3

COMMENT RACONTER UNE HISTOIRE

Rappel: Have you reviewed the **plus-que-parfait**? (Text p. 135 and SAM p. 89)

Rappel: Have you reviewed the **passé composé**? (Text pp. 134–135 and SAM pp. 87–88)

Conversation (conclusion)

Track 9

Premières impressions

1. Identifiez: a. les expressions qu'on emploie pour encourager celui/celle qui raconte
   b. les petites expressions qu'on utilise pour gagner du temps quand on parle
2. Trouvez: ce qu'on peut faire à La Nouvelle-Orléans

Une semaine plus tard, les amies prennent un pot avec Laurence et continuent à se raconter leurs aventures de voyages exotiques. Deux ans avant d'aller au Sénégal, Laurence était allée en Louisiane.

NADINE Mais, Laurence, avant ton voyage au Sénégal, tu étais allée à La Nouvelle-Orléans, n'est-ce pas?

LAURENCE Ben oui, c'était pendant l'été 2004, un an avant l'ouragan Katrina. Tu ne croiras jamais ce qui nous est arrivé là! Un jour, on est allé dans les bayous. On était dans une barque° avec d'autres passagers, y compris un enfant qui jouait avec son nounours°. On regardait les alligators sur la rive° et dans l'eau, autour de nous. Le petit s'amusait à lancer son nounours en l'air quand, tout à coup, un alligator lui a arraché° le nounours, sous nos yeux, dans notre barque!

small boat
teddy bear / bank
arracher *to grab*

NADINE C'est pas vrai!...

LAURENCE Si, je t'assure. L'enfant n'a pas été blessé, mais il a commencé à pleurer. Notre guide, qui était Cajun, nous a rassurés, mais je crois que tout le monde avait peur qu'il n'y ait une autre attaque et qu'elle ne soit plus grave.

NADINE Et alors? Qu'est-ce que vous avez fait après cet incident?

LAURENCE Tu sais, le guide a bien compris que nous avions tous peur, et il a fait demi-tour. C'était impressionnant!

KATIA À part ça, La Nouvelle-Orléans t'a plu? Qu'est-ce qu'il y avait d'intéressant à voir?

LAURENCE Bon, euh, il y avait le quartier français, euh, le Vieux Carré, qui était un quartier très diversifié. L'architecture... les balcons, les maisons, enfin, tout était de style espagnol. Et puis, il y avait le jazz, partout, et pratiquement du matin au soir. C'était fou!

NADINE D'après ce que j'ai lu dans les journaux, ces temps-ci, le quartier français a retrouvé la vie. C'est le centre de la vie nocturne. Même si ce n'est pas la même chose qu'avant l'ouragan, il y a de l'animation.

La Nouvelle-Orléans, en Louisiane

Observation et analyse

1. Décrivez ce qui s'est passé dans les bayous.
2. Parlez de l'architecture de La Nouvelle-Orléans.
3. Quelle sorte de musique est-ce que Laurence a entendue?
4. Est-ce que La Nouvelle-Orléans a plu à Laurence? Expliquez.

Réactions

1. Est-ce que vous croyez l'histoire dans la barque racontée par Laurence? Expliquez.
2. Quelle autre ville est-ce qu'on peut comparer avec La Nouvelle-Orléans? Est-ce que vous y êtes allé(e)?
3. Quelle sorte de musique est-ce que vous préférez? Quand est-ce que vous écoutez de la musique? Vous êtes amateur/amatrice de musique *(music lover)*?

L'État de la Louisiane est organisé en divisions administratives qui s'appellent des paroisses *(parishes)*. On estime que 91% des Louisianais ont l'anglais comme langue maternelle et que 4,66% des Louisianais parlent français à la maison. Les paroisses de Saint-Martin, Évangéline et Vermilion ont le plus grand nombre de francophones. Les hispanophones représentent 2,5% de la population. (Adapté de: www.codofil.org/francais/index.html et «Situation démolinguistique en Louisiane» www.tlfq.ulaval.ca/axl/amnord/louisiane-1demographie.htm)

Est-ce que vous connaissez la Louisiane? Et La Nouvelle-Orléans? Pourquoi est-ce que cette ville est célèbre? L'avez-vous déjà visitée?

Expressions typiques pour...

Gagner du temps pour réfléchir

Au début de la phrase	Au cours du récit	À la fin de la phrase
Enfin...	... enfin...	... n'est-ce pas?
Eh bien...	... euh...	... quoi?
Euh...	... alors...	... tu vois/vous voyez?
Tu sais/vois.../Vous savez/voyez...	... donc...	... tu sais/vous savez?
Bon...	... et puis...	... tu comprends/vous comprenez?
D'après moi/ce qu'on m'a dit...	... et puis ensuite...	... tu ne crois pas/vous ne croyez pas?
Ben... *(familiar)*	... mais...	... hein? *(familiar)*
Dis/Dites donc... *(By the way, tell me . . .)*	... de toute façon/en tout cas... *(. . . in any case . . .)*	... voilà.
À propos... *(By the way . . .)*		
En fait... *(In fact . . .)*		

Réagir à un récit

Exprimer la surprise

Non!
C'est incroyable!
Vraiment?
C'est (Ce n'est) pas vrai!/C'est vrai?
Sans blague! *(No kidding!—familiar)*
Tiens! *(familiar)*
Oh là là! *(familiar)*
C'est (vachement *[very]*) bizarre! *(familiar)*
Ça alors! *(intonation descendante)*

Dire que l'on comprend

Oui, oui.
Je comprends.
Et alors? *(intonation ascendante)*

Exprimer l'indifférence

Ça ne me surprend pas.
Ça ne m'étonne pas.
Et alors? *(intonation descendante)*
C'est tout?

Encourager celui/celle qui raconte

Et qu'est-ce qui s'est passé après?
Qu'est-ce que tu as fait après?
Est-ce que tu savais déjà…?
Est-ce que tu t'étais déjà rendu compte que…?

NOTE Any of these expressions can be used with **vous**.

En France, il est difficile de payer avec des chèques de voyage. Les commerçants, et même les petites banques, les refusent souvent à cause des nombreuses contrefaçons *(counterfeits)* qui circulent dans le monde entier. La carte bancaire est le moyen de payer le plus efficace. Mais avant de partir, pensez à informer la banque de votre voyage à l'étranger et des dates.

Mots et expressions utiles

L'hôtel

une chambre à deux lits *double room (room with two beds)*
une chambre double *double room (room with one big bed)*
une chambre simple *single room*
une chambre avec douche/salle de bains *room with a shower/bathroom*
une chambre (de) libre *vacant room*
la clé *key*
un lit à deux places *double bed*
l'ascenseur *elevator*
le service d'étage *room service*
la réception *front desk*
le/la réceptionniste *hotel desk clerk*
réserver/retenir une chambre *to reserve a room*
payer en espèces/par carte de crédit/par carte bancaire *to pay in cash/by credit card/by bank card*
régler la note *to pay, settle the bill*

Mise en pratique

Conversation à la **réception** de l'hôtel:

—Bonjour, madame. Est-ce que vous avez une **chambre de libre** pour une nuit?
—Oui, mademoiselle, il nous reste une **chambre à deux lits.**
—Oh, je n'ai besoin que d'un **lit à deux places,** mais… c'est une chambre **avec salle de bains**?
—Oui, il y a une salle de bains **avec douche.**
—Bon, ça va, je prends la chambre. Vous voulez que je **règle la note** maintenant?
—Non, je vais prendre note de votre numéro de carte de crédit… Voilà **la clé…**

Mediaphotos/iStockphoto.com

De quoi est-ce que ces personnes parlent? Est-ce que c'est une conversation intéressante? Imaginez la conversation et jouez-la avec un(e) partenaire.

Dans une conversation, les gens utilisent des petits silences, des sons, comme «… euh…», des mots, comme «… enfin…» et d'autres expressions, comme «… de toute façon…», qui n'ont pas de signification au sens propre du terme, mais qui aident à la communication. Ces mots et ces silences permettent «de maintenir la communication entre la personne qui parle et la personne qui écoute; de donner à la personne qui parle le temps de réfléchir aux mots qui vont suivre; et de signaler à la personne qui écoute que la personne qui parle a fini ou n'a pas fini de parler». Faites attention à ne pas utiliser ces petits sons et ces mots trop souvent lorsque vous êtes engagé dans une conversation formelle. (Adapté de Chamberlain & Steele, *Guide pratique de la communication*, Éditions Didier, 1985)

Activités

A. Les réactions. Vous vous trouvez à une soirée où les sujets de conversation sont variés. Quelle est votre réaction à ce que disent les gens autour de vous? Utilisez les ***Expressions typiques pour...***

MODÈLE —Karine vient d'avoir des jumeaux...
—C'est vrai? Elle doit être contente!

1. —... et puis ils ont divorcé...
2. —On m'a dit que Fanny et Paul fêtaient leur troisième anniversaire de mariage...
3. —De toute façon, je ne veux pas y aller avec vous.
4. —Bon, j'ai rentré ma voiture dans le garage et je suis entré dans le salon...
5. —Les Deschamps partent pour l'Afrique demain...
6. —Est-ce que tu peux croire que son fiancé sort avec une autre fille?

B. Un film. Un scénariste a écrit le dialogue ci-dessous pour un nouveau film. Réécrivez son dialogue afin de le rendre plus naturel en insérant des expressions qui donnent plus de fluidité à la conversation. Jouez la scène avec un(e) partenaire.

—Qu'est-ce que tu fais le week-end prochain?

—Pas grand-chose. Je resterai à la maison, probablement.

—Si nous allions faire du ski à Val Thorens?

—C'est une bonne idée. Les pistes y sont excellentes.

—Je ferai des réservations d'hôtel.

—Je demanderai à mon frère de me prêter sa voiture.

—Je te téléphone ce soir.

—D'accord. Salut. À ce soir!

C. À l'hôtel. Imaginez que vous vous trouviez à la réception d'un hôtel en France. Jouez la scène avec un(e) partenaire. Demandez:

1. si une chambre est disponible
2. le prix de la chambre
3. comment on peut régler la note
4. s'il y a des poubelles pour le recyclage dans les chambres
5. où l'on peut garer sa voiture (sur le parking public; au sous-sol; dans la rue)

Le/La réceptionniste (votre partenaire) va vous demander:

1. combien de personnes sont avec vous
2. la durée de votre séjour à l'hôtel
3. le type de chambre que vous voulez
4. votre adresse

La grammaire à apprendre

The **passé simple,** used mainly in works of literature, is listed in **Appendice D.**

The **plus-que-parfait** is used primarily in narration to report events that *had* already happened or had been completed *before* another past event took place. Thus, it might be called a "past" past tense. Action is not habitual or continuous as is often seen with the imperfect.

L'emploi du plus-que-parfait

The **plus-que-parfait** (pluperfect) is the last past tense you need to learn in order to tell a story in conversational French. As you saw in ***La grammaire à réviser,*** its formation is like that of the **passé composé** except that it uses the imperfect of **avoir** or **être** instead of the present tense form.

Il s'est avéré que j'**avais** déjà **fait** sa connaissance il y a trois ans.
It turned out that I had already met him three years ago.

Sometimes in English, the pluperfect is translated as a simple past tense, as in the examples below. However, in French, whenever it is clear that an action had been completed *prior* to another past action in the same time period, the **plus-que-parfait** must be used.

J'ai vu le film que vous m'**aviez recommandé.**
*I saw the movie that you **(had) recommended** to me.*

Le film était aussi bon que vous me l'**aviez dit.**
*The movie was as good as you **(had) said** it would be.*

© Tom Craig / Alamy

The following is a summary of past tenses in French and their English equivalents:

plus-que-parfait	Il avait dit… *He had said . . .*
passé composé	Il a dit… *He said/has said/did say . . .*
imparfait	Il disait… *He said/was saying/used to say . . .*
venir **(imparfait)** de + infinitif	Il venait de dire… *He had just said . . .*
imparfait + depuis	Il disait… depuis… *He had been saying . . . for . . .*

NOTE The **plus-que-parfait,** when used with **si,** expresses a wish or regret about past events:

Si seulement j'**avais gagné** à la loterie!

Si seulement je n'**avais** pas **perdu** tout mon argent!

Activités

A. Un voyage. Répondez aux questions suivantes sur votre dernier voyage.

1. Quels préparatifs est-ce que vous aviez déjà faits deux jours avant le départ?
2. Est-ce que vous aviez déjà visité cet endroit?
3. Où est-ce que vous avez dormi (dans un hôtel, chez des amis, etc.)? Est-ce que vous y aviez dormi auparavant *(before)*?
4. Avant de partir, qu'est-ce que vous aviez projeté de faire pendant le séjour? Est-ce que vous avez vraiment fait ce que vous aviez prévu?

B. En métro. Complétez l'histoire du premier voyage en métro de Danielle en mettant le verbe entre parenthèses au passé composé, à l'imparfait ou au plus-que-parfait selon le cas.

On lui _____ (dire) que le métro parisien _____ (être) le meilleur du monde, mais Danielle _____ (n'en pas être) si sûre. Ce _____ (être) son premier séjour à Paris; elle _____ (venir) d'une petite ville du Québec. Elle _____ (voyager) seule et elle _____ (ne jamais prendre) le métro auparavant.

Elle _____ (vouloir) aller au Centre Pompidou sur la place Beaubourg. D'après le plan de métro qu'elle _____ (consulter), Rambuteau _____ (sembler) être la station de métro la plus proche. Avec quelques palpitations, donc, elle _____ (aller) à la station Cambronne tout près de son hôtel et elle _____ (acheter) ses premiers tickets de métro au guichet, un carnet de dix tickets.

Elle _____ (prendre) la direction Charles-de-Gaulle-Étoile. Elle _____ (attendre) sur le quai l'arrivée de la rame *(subway train)*. Après être montée dans une voiture, elle _____ (se rendre compte) du fait qu'elle _____ (devoir) faire deux changements. Elle _____ (avoir peur) de se tromper de ligne, mais il _____ (s'avérer) qu'elle _____ (s'inquiéter) pour rien. Avec l'aide des plans de métro affichés partout dans les stations et dans les voitures, elle _____ (se rendre) à Rambuteau sans le moindre problème. La prochaine fois, elle va télécharger une application pour le métro parisien.

Le Centre Pompidou est un musée d'art et de culture moderne. C'est le Président Pompidou qui a décidé de construire le Centre, ouvert en 1977. Le Centre a beaucoup de succès et est un des principaux sites touristiques parisiens.

C. Une lettre. Crystelle a écrit une lettre à son amie américaine. Voici la version anglaise. Quelle était la version française originale?

Dear Jennifer,

Hi! How are you? I am doing fine. In fact, I had just returned from vacation when I received your letter.

The photos you sent me were great! No kidding! I recognized several historic sites I had studied in my Civilization course.

You will not believe what happened to Philippe during our vacation at the beach. (You remember Philippe, don't you?) He was in the process of paying the hotel bill when a crazy man started yelling at (**crier sur**) the hotel clerk. Apparently the hotel had lost his reservation. The man got so upset (**se fâcher tellement**) that he threatened to kill the hotel clerk! And here I had always thought that I was high-strung (**nerveux/nerveuse**)!

I am enclosing (**joindre**) the book I promised to send you.

Love, **(Grosses bises)**

Crystelle

Interactions

A. Une fête. Imaginez que vous et un copain/une copine ayez été à la même fête hier soir. Jouez les rôles et parlez de la fête, en utilisant les expressions d'hésitation et d'encouragement que vous avez apprises.

SUJETS POSSIBLES

- qui était là ou qui n'était pas invité
- ce que tout le monde portait
- si vous vous êtes amusé(e) ou ennuyé(e) et pourquoi
- un incident intéressant ou embarrassant

B. Eh bien... Par groupes de trois personnes, racontez à tour de rôle une histoire sur un des sujets suivants (ou une autre histoire de votre choix). Utilisez les expressions d'hésitation pour rendre la conversation plus réaliste. Vos partenaires vont réagir à ce que vous dites et vont vous poser des questions. Utilisez si possible une action qui s'est passée avant une autre (le plus-que-parfait).

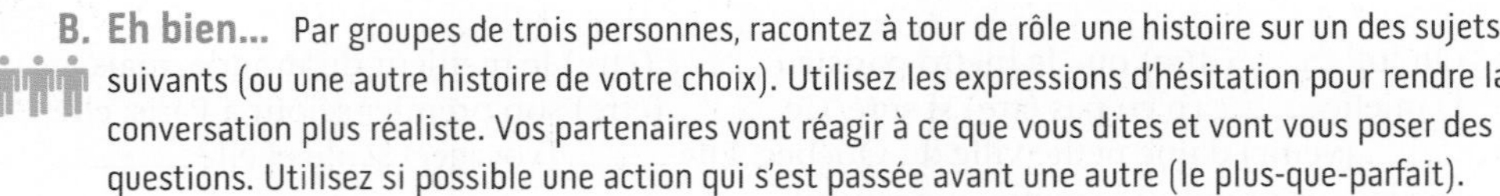

SUJETS POSSIBLES un incident…

- qui vous a gêné(e)
- qui s'est passé en route pour l'école/l'université
- qui est arrivé quand vous êtes allé(e) en France/au Québec/en Afrique
- qui s'est passé pendant vos vacances

DOSSIER D'EXPRESSION ÉCRITE Deuxième brouillon

1. Write a second draft of the paper that you wrote in **Leçon 2**, focusing particularly on the order in which the events happened. Try to add details on pertinent events that happened before the events described in the narrative (i.e., using the **plus-que-parfait**).
2. To strengthen the time order used for the events that occurred, try to incorporate some of the following expressions:

   EXPRESSIONS UTILES: **à ce moment là…, pendant (+ nom)/pendant que (+ verbe conjugué)…, en même temps…, hier…, avant-hier…, la semaine dernière…, la veille** *(the night before)*, **l'avant-veille…, l'année précédente…, le lendemain…, cinq jours après…**

Liens culturels

Dave Jacobs/Index Stock Imagery/PhotoLibrary

Chambord

Les châteaux

Les châteaux sont un élément important du patrimoine[1] français. En France, les plus connus se trouvent dans la vallée de la Loire, comme Chambord, Chenonceau et Cheverny.

Chambord

La construction de Chambord, le plus grand château de la Loire, a été commencée en 1519, sous le roi François Ier, mais celui-ci est mort avant la fin de la construction. De ce fait, l'architecture de Chambord reflète les goûts artistiques de plusieurs périodes différentes. La décoration sculptée du célèbre double escalier en colimaçon[2] est considérée comme l'un des chefs-d'œuvre de la Renaissance.

Chenonceau

Chenonceau a été construit en 1513 par Thomas Bohier, Receveur des Finances[3] sous François Ier, pour son épouse Catherine Briçonnet. Celle-ci a eu une influence importante sur le style et la conception du château. Plus tard, Henri II a donné Chenonceau à Diane de Poitiers, sa maîtresse bien-aimée. Mais à la mort d'Henri II, la reine, Catherine de Médicis, a immédiatement repris possession du château. Depuis, Chenonceau est connu comme le «Château des Dames».

Au cours de l'occupation allemande, de 1940 à 1942, de nombreuses personnes ont mis à profit la situation privilégiée de la Galerie dont la porte sud donnait accès à la zone libre, alors que l'entrée du château se trouvait en zone occupée.

Cheverny

Depuis plus de 600 ans, Cheverny est la propriété de la famille Hurault, grands personnages de la Cour et conseillers des rois Louis XII, François Ier, Henri III et Henri IV. Cheverny est ouvert au public depuis 1922. Il est particulièrement apprécié pour sa magnifique décoration intérieure d'origine, qui date des époques Louis XIII, Louis XIV et Louis XV.

De nos jours, les traditions de la vénerie[4] sont encore pratiquées au château. Cheverny est donc aussi connu pour son chenil[5] qui abrite[6] 70 chiens de chasse et pour sa salle de trophées.

La vallée de la Loire n'est pas le seul endroit où l'on trouve des châteaux. Il en existe des centaines dans toutes les régions. Beaucoup sont devenus des musées. D'autres ont été transformés en hôtels ou appartiennent à des particuliers[7].

Adapted from *Guide de Tourisme Michelin, Clermont-Ferrand*, Michelin, 1987, p. 89; *dépliant Châteaux Cheverny*, Agence Créations; *dépliant Chambord*, Création Technical de Paris 12, imprimerie Landais, 1995; *dépliant Château de Chenonceau*, impr. Cadet.

[1]**patrimoine** *heritage* [2]**double...** *two intertwined spiral staircases* [3]**Receveur...** *General of Finances* [4]**vénerie** *hunting on horseback and with dogs* [5]**chenil** *kennel* [6]**abrite** *shelters* [7]**particuliers** *private individuals*

Compréhension

1. Quelle partie de Chambord est considérée comme un chef-d'œuvre de la Renaissance?
2. Qui était Catherine Briçonnet? Diane de Poitiers? Catherine de Médicis? Expliquez leur rôle dans l'histoire de Chenonceau.
3. Pourquoi Chenonceau était-il important pendant la Seconde Guerre mondiale?
4. Tous les châteaux français sont-ils aujourd'hui des musées publics? Expliquez.

Réactions

1. L'entretien des châteaux exige beaucoup d'effort et d'argent. Avec tous les problèmes graves qui existent dans le monde aujourd'hui, selon vous, cela vaut-il la peine de les préserver? Expliquez.
2. Il y a beaucoup de châteaux en France qui sont la propriété d'individus qui les ouvrent au public. Quels sont les avantages et les inconvénients de posséder et d'habiter un château? Expliquez.

Extension

Faites des recherches sur un château français. Quelle est son histoire? Qui l'a fait construire et quand? Trouvez quelques faits intéressants sur ce château. Quel en est le statut aujourd'hui? Préparez un petit guide touristique pour présenter vos recherches.

© Frederic Sune / Alamy

Zachary Richard

www.cengagebrain.com

Activités musicales

Zachary Richard: *Ma Louisiane*

Biographie

- Né à Scott, près de Lafayette en Louisiane en 1950
- Francophone militant, écologiste engagé, poète, auteur et compositeur
- Membre fondateur en 1996 d'Action Cadienne, groupe dédié à la promotion de la langue française et de la culture cadienne
- Réalisateur de plusieurs documentaires télévisés qui traitent de la diaspora acadienne

Avant d'écouter: Le contexte et les réflexions

1. Est-ce que vous êtes déjà allé(e) en Louisiane? Si oui, décrivez votre séjour là-bas en utilisant le passé composé et l'imparfait et donnez vos impressions de cet État. Si non, dites comment vous imaginez la Louisiane.
2. Qu'est-ce que vous savez de l'histoire de la Louisiane et de ses habitants?

Pendant que vous écoutez: Compréhension

1. Expliquez l'emploi de l'imparfait et du passé composé dans la chanson *Ma Louisiane*.
2. Commentez sur les différences linguistiques de grammaire et de prononciation entre le français standard et le français cajun dans la chanson.

Après avoir écouté: Communication

1. D'où viennent les Cadiens? Pourquoi est-ce qu'ils ont quitté leur région d'origine? Est-ce qu'ils étaient heureux de partir? Est-ce qu'ils se sont bien habitués à leur nouvelle vie en Louisiane?
2. Est-ce que vous pensez que Zachary Richard est fier de ses origines? D'après lui, de quoi les Cadiens doivent-ils se souvenir?
3. Faites des recherches sur Internet sur Zachary Richard pour apprendre le nom de son dernier album; pour identifier les artistes et les genres qui influencent sa musique; pour connaître ses activités les plus récentes. Où est-ce qu'on peut aller pour l'écouter en concert? Écoutez une de ses chansons sur YouTube et écrivez un commentaire.

Activités orales

A. Mon pauvre Toutou! Vous êtes allé(e) en Floride pendant les vacances de printemps *(spring break)*. Vous avez laissé votre petit chien insupportable *(obnoxious)* chez un(e) ami(e). Vous venez de rentrer et vous téléphonez à votre ami(e) qui vous dit que malheureusement, votre chien est mort pendant votre absence. Jouez les rôles de la conversation au téléphone. Posez cinq à dix questions sur cet événement triste. Votre ami(e) répondra.

B. Le voyage de mes rêves. Parlez de vacances récentes. Si possible, apportez des photos que vous avez sur papier ou que vous avez mises dans le forum de discussion du cours *(discussion board)* ou sur votre blog ou site Web; des dépliants; ou des images tirées de livres de voyage pour les montrer à la classe. Expliquez: les préparatifs de voyage; où vous êtes allé(e) et avec qui; comment vous avez voyagé; le temps qu'il a fait; où vous avez logé; si vous voulez y retourner. Décrivez des choses intéressantes qui se sont passées. Utilisez les expressions que vous avez apprises. La classe vous posera des questions pendant votre présentation.

Activité écrite

Bon anniversaire, bon anniversaire... Écrivez une composition où vous décrivez un anniversaire mémorable (votre 10ème, 12ème, 16ème, 21ème anniversaire...). Donnez la date et des exemples de chansons ou de films qui étaient très populaires à ce moment-là. Expliquez où vous habitiez, ce que vous avez fait pour célébrer cet anniversaire, ce que vous avez eu comme cadeaux, etc.

DOSSIER D'EXPRESSION ÉCRITE Révision finale

1. Reread your personal narrative and focus on the unity of the paragraphs. All of the sentences within each paragraph must be on the same topic. If a sentence is not directly related to the topic, it does not belong in the paragraph.
2. Examine your composition one last time. Check for correct spelling, grammar, and punctuation. Pay special attention to your use of the **passé composé, imparfait,** and **plus-que-parfait** tenses, and agreement with past participles.
3. Prepare your final version.
4. Find blog entries written in French by three people from France, Quebec, or other francophone countries on their travels to the US. Write a one-paragraph summary of each and bring them to class to share.

INTERMÈDE CULTUREL

Alexandre Dumas, écrivain

«LE RENDEZ-VOUS», EXTRAIT DES TROIS MOUSQUETAIRES d'Alexandre Dumas

Biographie

- Né en juillet 1802 à Villers-Cotterêts, dans l'Aisne, en France; enterré au Panthéon, à Paris
- Fils du général «Alex» Dumas, le premier général de l'armée française à avoir des origines afro-antillaises et à avoir reçu l'éducation d'un jeune noble. Le père du général était un aristocrate français, en poste dans la colonie de Saint-Domingue (aujourd'hui Haïti), et sa mère une esclave noire, Marie-Cessette Dumas, dont le général a pris le nom.
- Auteur de romans historiques tels que *Les trois mousquetaires, Le comte de Monte-Cristo, La reine Margot*
- Candidat aux élections législatives qui ont suivi la Révolution de 1848
- Fin gourmet et auteur d'un *Grand dictionnaire de cuisine*
- Mort en décembre 1870

Sujets à discuter

- Avez-vous déjà été amoureux/amoureuse? De qui? Décrivez son apparence physique et sa personnalité. Est-ce qu'il/elle vous a aimé(e) aussi? Si vous n'avez jamais été amoureux/amoureuse, décrivez le cas de quelqu'un que vous connaissez.
- Est-ce que vous connaissez quelqu'un qui a eu un amour secret? Décrivez les circonstances. Quels sont les avantages et les inconvénients d'un amour secret? Si vous ne connaissez personne dans ce cas, parlez d'un film ou d'un livre qui raconte une telle histoire. Comment est-ce que la situation s'est résolue?

Stratégies de lecture

A. Le passé simple et le passé composé. Vous trouverez plusieurs exemples d'un temps littéraire dans ce passage: le passé simple. De nombreux écrivains français utilisent le passé simple quand ils écrivent une histoire. Autrement dit, le passé simple remplace le passé composé dans la langue littéraire: on l'emploie pour rapporter les événements. L'imparfait, comme toujours, sert à décrire le contexte, les personnages, leurs sentiments et leurs raisons d'agir. (Voir **Appendice D** pour plusieurs exemples.)

Trouvez l'équivalent de chaque verbe:

MODÈLE: ***Le passé composé «elle a pris» correspond au passé simple «elle prit», «nous avons eu raison» au passé simple «nous eûmes raison».***

Le passé composé	Le passé simple
1. il est venu	a. eut-il
2. elle a trouvé	b. je montai
3. je suis montée	c. vous allâtes
4. ils ont répondu	d. lûtes-vous
5. s'est-il retiré	e. il vint
6. avez-vous lu	f. je fus
7. nous n'avons pas fait	g. elle trouva
8. a-t-il eu	h. nous ne fîmes pas
9. vous êtes allés	i. ils répondirent
10. j'ai été	j. se retira-t-il

B. Le temps des verbes. Parcourez rapidement le passage et trouvez deux exemples de verbes aux temps suivants:

1. le présent
2. le passé composé
3. le passé simple
4. l'imparfait
5. le plus-que-parfait

Introduction

The function of telling a story is illustrated in this excerpt from the very famous Three Musketeers *by Alexandre Dumas. You may have either read parts of* The Three Musketeers *or* The Count of Monte-Cristo *or seen movie versions of these books. These adventures, written with humor in a vaudevillian style, stimulated the imagination of many a writer and young adventurer. Honor and love are dominant themes in the works of Dumas. The following excerpt is about d'Artagnan's love interest.*

Lecture

D'Artagnan revint chez lui tout courant, et quoiqu'il fût° plus de trois heures du matin, et qu'il eût° les plus méchants quartiers de Paris à traverser, il ne fit aucune mauvaise rencontre. On sait qu'il y a un dieu pour les ivrognes° et les amoureux.

Il trouva la porte de son allée entrouverte, monta son escalier, et frappa doucement et d'une façon convenue° entre lui et son laquais. Planchet [...] vint lui ouvrir la porte.

—Quelqu'un a-t-il apporté une lettre pour moi? demanda vivement d'Artagnan.

—Personne n'a apporté de lettre, monsieur, répondit Planchet; mais il y en a une qui est venue toute seule.

—Que veux-tu dire, imbécile?

—Je veux dire qu'en rentrant [...] j'ai trouvé une lettre sur le tapis vert de la table, dans votre chambre à coucher.

—Et où est cette lettre?

—Je l'ai laissée où elle était, monsieur. Il n'est pas naturel que les lettres entrent ainsi° chez les gens. Si la fenêtre était ouverte encore, ou seulement entrebâillée°, je ne dis pas; mais non, tout était hermétiquement fermé. Monsieur, prenez garde, car il y a très certainement quelque magie là-dessous.

Pendant ce temps, le jeune homme s'élançait° dans la chambre et ouvrait la lettre; elle était de Mme Bonacieux, et conçue en ces termes:

«On a de vifs remerciements à vous faire et à vous transmettre. Trouvez-vous dès ce soir vers dix heures à Saint-Cloud, en face du pavillon qui s'élève à l'angle de la maison de M. d'Estrées.

- fût: subjonctif imparfait d'**être**
- eût: subjonctif imparfait d'**avoir**, synonyme: **avait**
- ivrognes: *drunks*
- convenue: *pre-arranged*
- ainsi: *thus, in that way*
- entrebâillée: *slightly open*
- s'élançait: *ran out*

C.B.»

contract

En lisant cette lettre, d'Artagnan sentait son cœur se dilater et s'étreindre° de ce doux spasme qui torture et caresse le cœur des amants.

dilated

C'était le premier billet qu'il recevait, c'était le premier rendez-vous qui lui était accordé. Son cœur, gonflé° par l'ivresse de la joie, se sentait prêt à défaillir sur le seuil de ce paradis terrestre qu'on appelait l'amour.

—Eh bien! monsieur, dit Planchet, qui avait vu son maître rougir et pâlir successivement; eh bien! n'est-ce pas que j'avais deviné juste et que c'est quelque méchante affaire?

silver money

—Tu te trompes, Planchet, répondit d'Artagnan, et la preuve, c'est que voici un écu° pour que tu boives à ma santé.

—Je remercie monsieur de l'écu qu'il me donne, et je lui promets de suivre exactement ses instructions; mais il n'en est pas moins vrai que les lettres qui entrent ainsi dans les maisons fermées...

Tombent du ciel, mon ami, tombent du ciel.

—Alors, monsieur est content? demanda Planchet.

—Mon cher Planchet, je suis le plus heureux des hommes!

—Et je puis profiter du bonheur de Monsieur pour aller me coucher?

—Oui, va.

—Que toutes les bénédictions du Ciel tombent sur monsieur, mais il n'en est pas moins vrai que cette lettre...

Et Planchet se retira en secouant la tête avec un air de doute [...]

Resté seul, d'Artagnan lut et relut son billet, puis il baisa et rebaisa vingt fois ces lignes tracées par la main de sa belle maîtresse. Enfin il se coucha, s'endormit et fit des rêves d'or.

Source: *Les trois mousquetaires* by Alexandre Dumas, 1844

Compréhension

A. Observation et analyse. Répondez aux questions suivantes avec un(e) partenaire.

1. Quand d'Artagnan rentre, il est curieux. Que veut-il savoir? Expliquez.
2. Pourquoi est-ce que Planchet est inquiet?
3. Quelle sorte de relation existe entre d'Artagnan et Planchet? Expliquez.
4. Faites un résumé de la lettre de C.B.
5. Parlez de la réaction de d'Artagnan à la lettre.

B. Grammaire/Vocabulaire. Étudiez l'emploi du passé composé, de l'imparfait, du plus-que-parfait et du présent dans cet extrait.

1. Expliquez l'emploi du temps de chaque verbe dans les lignes 10 à 14. [From **Personne n'a...** through **chambre à coucher**.]
2. Expliquez l'emploi du temps de chaque verbe dans les lignes 28 à 33. [From **C'était le premier billet qu'il recevait...** through **que c'est quelque méchante affaire?**]
3. Expliquez l'emploi du temps de chaque verbe dans les lignes 31 à 35. [From **Eh bien! monsieur, dit Planchet** through **à ma santé**.]
4. Expliquez l'emploi du présent dans cet extrait.

C. Réactions. Donnez votre avis.

1. Comment avez-vous trouvé l'extrait – intéressant, bizarre, triste, amusant…? Expliquez.
2. Est-ce que cette histoire vous a fait penser à une histoire ou à un film que vous connaissiez déjà? Expliquez.
3. Quelles sortes d'histoires aimez-vous le mieux? Expliquez.

Interactions

1. Jouez la scène entre d'Artagnan et Mme Bonacieux quand il la retrouve en face du pavillon à Saint-Cloud. Ensuite, jouez celle entre d'Artagnan et Planchet le lendemain matin.
2. Imaginez que d'Artagnan raconte l'histoire de son amour secret dans son blog ou sur Facebook. Écrivez ce qu'il dit en gardant le nom de sa maîtresse secret, bien sûr. Imaginez aussi qu'il demande de l'aide. Écrivez ensuite un commentaire. Quelles suggestions est-ce que vous lui donneriez?

Expansion

Cherchez sur Internet une pièce de théâtre, un film ou une émission de télé qui traite des mêmes thèmes ou de thèmes semblables, par exemple, l'amour idéalisé ou l'amour secret. Racontez l'histoire en faisant attention au choix du temps des verbes, aux techniques et aux expressions pour raconter une histoire. Votre partenaire va réagir à votre histoire et va essayer de deviner le nom de la pièce, du film ou de l'émission de télé que vous avez choisi(e).

VOCABULAIRE

LES VACANCES

une agence de voyages *travel agency*

une brochure/un dépliant *pamphlet*

les congés [m pl] **payés** *paid vacation*

l'office du tourisme [m] *tourist office*

passer des vacances magnifiques/épouvantables *to spend a magnificent/horrible vacation*

un séjour *stay, visit*

un souvenir *memory* **(avoir un bon souvenir)**; *souvenir* **(acheter des souvenirs)**

visiter (un endroit) *to visit (a place)*

DES CHOIX

aller à l'étranger *to go abroad*

aller voir quelqu'un *to visit someone*

descendre dans un hôtel *to stay in a hotel*

rendre visite (à quelqu'un) *to visit (someone)*

un appartement de location *rental apartment*

un terrain de camping *campground* **(aller dans un…)**

LES TRANSPORTS

atterrir *to land (plane)*

avoir une contravention *to get a ticket, fine*

avoir un pneu crevé *to have a flat tire*

être pris(e) dans un embouteillage *to be caught in a traffic tie-up/jam*

un car *bus (traveling between towns)*

la circulation *traffic*

décoller *to take off (plane)*

descendre (de la voiture/du bus/du taxi/de l'avion/du train) *to get out/off (of the car/bus/taxi/plane/train)*

faire le plein *to fill up (gas tank)*

flâner *to stroll*

garer la voiture *to park the car*

manquer le train *to miss the train*

monter dans (une voiture/un bus/un taxi/un avion/un train) *to get into/on (a car/bus/taxi/plane/train)*

se perdre *to get lost*

ramener *to bring (someone, something) back; to drive (someone) home*

se tromper de train *to take the wrong train*

tomber en panne d'essence *to run out of gas*

un vol (direct/avec escale) *flight (direct/with a stopover)*

À LA DOUANE *(CUSTOMS)*/AUX CONTRÔLES DE SÛRETÉ *(SECURITY)*

l'agent/l'agente de sûreté *security officer*

confisquer *to confiscate*

déclarer (ses achats) *to declare (one's purchases)*

déclencher une alarme (sonore) *to set off the alarm*

le douanier/la douanière *customs officer*

faire de la contrebande *to smuggle goods*

faire une fouille corporelle *to do a body search*

fouiller les bagages/les valises *to search, go through baggage/luggage*

montrer son passeport/sa carte d'identité *to show one's passport/ID card*

le passager/la passagère *passenger (on an airplane)*

passer à la douane/aux contrôles de sûreté *to go through customs/security*

passer aux rayons X *to go through x-ray security*

payer des droits *to pay duty/tax*

poser les objets sur le tapis *to put objects on the belt*

reprendre les objets ou vêtements après le passage sous le portique de détection *to take back objects or clothes after passing through the x-ray machine*

se présenter à la douane/aux contrôles de sûreté *to appear at customs/security*

L'AVION

débarquer *to get off*

embarquer *to go on board*

L'HÔTEL

un ascenseur *elevator*

une chambre à deux lits *double room (room with two beds)*

une chambre double *double room (room with one big bed)*

une chambre simple *single room*

une chambre avec douche/salle de bains *room with a shower/bathroom*

une chambre (de) libre *vacant room*

la clé *key*

un lit à deux places *double bed*

payer en espèces/par carte de crédit/par carte bancaire *to pay in cash/by credit card/by bank card*

la réception *front desk*

le/la réceptionniste *hotel desk clerk*

régler la note *to pay, settle the bill*

réserver/retenir une chambre *to reserve a room*

le service d'étage *room service*

DIVERS

se débrouiller *to manage, get along*

grossier (grossière) *rude*

jurer *to swear*

piquer *(familiar) to steal*

CINÉ BRAVO

PRIX ET RÉCOMPENSES

→ **Berlin International Film Festival:** Ours d'argent – Prix du Jury

→ **Sundance Film Festival 2007:** Sélection officielle

NOTE CULTURELLE

Le nom **un regard,** qu'on voit dans le texte, se traduit par *a look, a glance,* ou *a gaze.* Les relations amoureuses commencent souvent par un regard. Par contre, quand on vous dit en France que vous avez *un look,* on veut dire que vous avez un style personnel prononcé. En quoi diffèrent les conceptions de **regard** et de **look** chez les Français et chez les Américains?

À CONSIDÉRER AVANT LE FILM

Dans le court métrage que nous allons voir, deux jeunes personnes établissent un premier contact d'une façon peu commune. Comment est-ce que vous avez rencontré vos deux meilleurs amis, filles ou garçons? Comment gardez-vous le contact avec eux? Quels autres moyens est-ce que les jeunes utilisent pour faire connaissance aujourd'hui?

On va au cinéma?

1. **Dans le métro.** Ce film se passe dans le métro parisien. Y a-t-il un métro dans votre ville? Quels autres moyens de transport public sont disponibles dans votre ville? le bus? le train? le taxi? Que faites-vous pour passer le temps quand vous êtes à bord d'un moyen de transport?
2. **Look closely!** Le mot anglais **look** a plusieurs traductions possibles en français.

to look at **regarder**	*to look like* **ressembler à**
to look (meaning *to seem or to appear*) **sembler, avoir l'air**	*a look* (noun) **un regard**

Traduisez les phrases suivantes en utilisant une des expressions ci-dessous.

avoir l'air	regarder	ressembler à	un regard

MODÈLE She didn't look happy to see me.
Elle n'avait pas l'air contente de me voir.

1. Look at that adorable little girl!
2. She looks like her father, doesn't she?
3. He looks very proud of his daughter.
4. She gave her father a look of love.

3. **Qu'est-ce qui se passe?** Regardez chaque image et imaginez ce qui se passe.

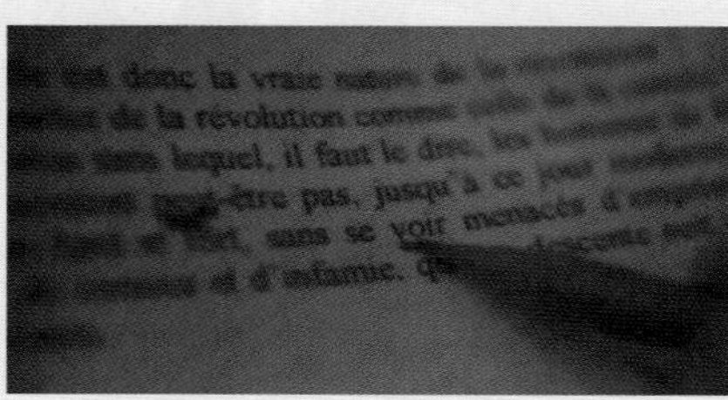

Pourquoi l'homme sourit-il, à votre avis?

ÇA COMMENCE!

Premier visionnage

Expressions à chercher. Indiquez les expressions trouvées dans le film.

autour *(around)* ______	**il s'assied** *(he/it is sitting)* ______
avant que *(before)* ______	**partir** *(to leave)* ______
bouger *(to move)* ______	**se plaindre** *(to complain)* ______
dehors *(outside)* ______	**les rapports** *(relationship)* ______
gronder *(to scold, to growl, to be brewing)* ______	**rassure-toi** *(don't worry)* ______
	le visage *(the face)* ______
hélas *(alas)* ______	**voir** *(to see)* ______

Deuxième visionnage

Lui ou elle? Identifiez la personne qui fait les actions suivantes dans le film: le jeune homme ou la jeune femme.

MODÈLE regarder par la fenêtre
C'est lui.

1. entrer en premier dans le métro
2. s'asseoir près de la fenêtre
3. prendre des notes dans son livre avec un crayon
4. vérifier quelque chose dans son agenda
5. sourire le premier/la première
6. sortir le premier/la première

ET APRÈS

Observations

1. Comment est-ce que le jeune homme se rend compte qu'il est assis à côté d'une belle femme?
2. Quelle méthode utilise-t-il pour communiquer avec elle?
3. À votre avis, est-ce qu'il réussit à lui plaire? à l'intriguer?
4. Que fait-elle juste avant de partir?

Avant et après

1. Imaginez la journée des personnages avant le moment dans le film. Pourquoi se trouvent-ils dans le métro? D'où viennent-ils? Où vont-ils?
2. À votre avis, est-ce que ces deux personnes se reverront? Expliquez.

À vous de jouer

1. **La scène.** Imaginez que le jeune homme raconte à un copain son aventure dans le métro. Complétez le dialogue avec un(e) partenaire et jouez la scène devant la classe.

—Je crois que je suis tombé amoureux dans le métro aujourd'hui.

—Sans blague°! Elle est comment?

Sans... *No kidding*

____

—Comment tu as fait pour la draguer°?

draguer une femme *to flirt with a woman*

____

—Tu vas la revoir?

 Share It!

2. **Des bulles de pensée *(thought bubbles)*.** Voici deux images du jeune homme, une de lui avant et l'autre après sa rencontre avec la jolie jeune femme.
Imaginez qu'il y ait une bulle de pensée au-dessus de sa tête dans chaque photo, comme dans les bandes dessinées. Qu'est-ce qui est écrit dans chaque bulle? Comparez vos bulles de pensée à celles d'un(e) partenaire.

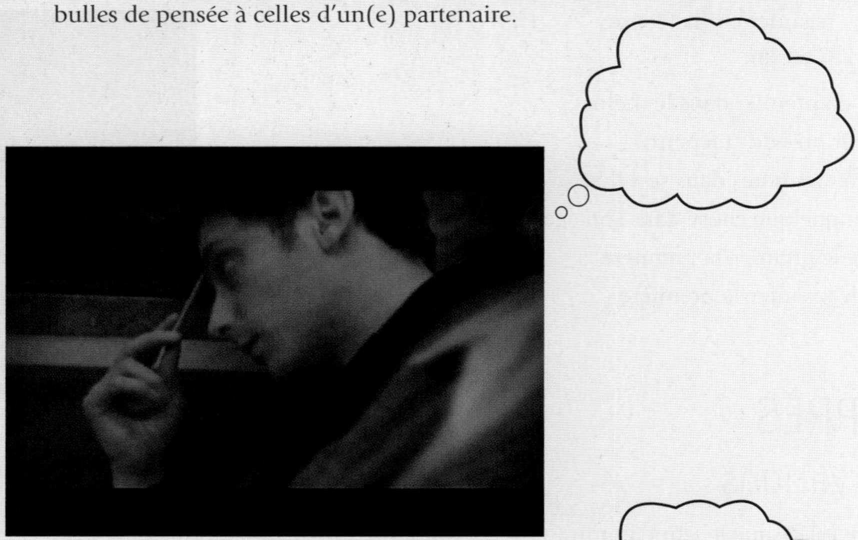

EXPRIMEZ-VOUS! 5

THÈME Les médias (la presse, la télévision, la radio)

www.cengagebrain.com

iLrn Heinle Learning Center

Audio

Fuse/Getty Images

LA GRAMMAIRE À RÉVISER

The information presented here is intended to refresh your memory of a grammatical topic that you have probably encountered before. Review the material and then test your knowledge by completing the accompanying exercises in the workbook.

iLrn Grammar Tutorial

AVANT LA PREMIÈRE LEÇON

Le subjonctif

The subjunctive is used more frequently in French than in English. The subjunctive mood is used after verbs expressing necessity, uncertainty, or subjectivity. It is the mood used to convey personal feelings of the speaker, such as doubt, emotion, opinion, and volition. The subjunctive mood often occurs in a dependent clause beginning with **que.**

Main clause	**Dependent clause**
Le professeur veut	que je **finisse** mon devoir.

The present subjunctive of all verbs (except **avoir** and **être**) is formed by adding the following endings to the subjunctive stem: **-e, -es, -e, -ions, -iez, -ent.** To find the subjunctive stem of regular **-er, -ir,** and **-re** verbs and verbs conjugated like **sortir,** drop the **-ent** ending from the third-person plural form of the present tense.

	PARLER	RENDRE	FINIR	SORTIR
STEM:	PARLENT	RENDENT	FINISSENT	SORTENT
que je	parle	rende	finisse	sorte
que tu	parles	rendes	finisses	sortes
qu'il/elle/on	parle	rende	finisse	sorte
que nous	parlions	rendions	finissions	sortions
que vous	parliez	rendiez	finissiez	sortiez
qu'ils/elles	parlent	rendent	finissent	sortent

Une visite nécessaire.

Donnez la forme appropriée du subjonctif pour chaque verbe.

1. Ma sœur veut que nous ______ (rendre) visite à notre tante. (je/tu/vous)
2. Il faut que nous ______ (se préparer) assez vite pour le voyage. (on/vous/ma sœur)
3. Il est important que nous ______ (acheter) des billets aller-retour. (tu/je/on)
4. Ce serait bien que nous ______ (partir) dans deux jours. (je/vous/mes frères)

The subjunctive mood was widely used in Latin. Since the Romance languages are derived from Medieval Latin, they also widely use this verb mood. It is not a matter of choice, social class, or level of speech. Consider it a standard verb mood that is and must be used in many discourse situations. The constraint is syntactic.

If you know Spanish, you have learned to select the subjunctive mood after many verbs and phrases, and in many speech functions, such as discussing hypothetical situations. In French, it is slightly less frequent than in Spanish, because French, like English, has a conditional mood. If you observe French speakers, you will see that they use the subjunctive mood with many phrases expressing opinions, doubts, wishes, states of mind **(je suis heureux que, j'ai peur que...),** or ordering someone else to do something.

Qu'est-ce que vous vous attendez à trouver dans *Télé magazine*?

LEÇON 1

COMMENT DIRE CE QU'ON VEUT

Conversation

 Track 10

Premières impressions

1. Identifiez: les expressions pour exprimer ce qu'on veut ou ce qu'on préfère faire
2. Trouvez: la chaîne *(channel)* où passe l'émission que Julie désire voir

Rappel: Have you reviewed the regular formation of the subjunctive? (Text p. 176 and SAM pp. 115–117)

La famille Cézanne, qui habite à Genève, a fini de dîner. Bien qu'elle ait des tas de contrôles° en ce moment, Julie, qui a quinze ans, tient à° regarder la télévision ce soir.

JULIE J'aimerais bien voir l'émission° *Nouvelle Star.* S'il te plaît, maman, je voudrais vraiment voir l'épisode de ce soir!

MME CÉZANNE Dis donc, ma chérie, tu ne m'as pas dit que tu avais un contrôle demain?

JULIE Si, en maths, mais j'ai révisé en étude° cet après-midi.

MME CÉZANNE La dernière fois aussi, tu avais révisé en étude et tu as eu une assez mauvaise note, non? Il vaut mieux monter dans ta chambre maintenant et refaire quelques problèmes.

JULIE Oh non, s'il te plaît, maman… *(tendre et suppliante)* je vais m'embrouiller les idées° si je refais des problèmes ce soir!

MME CÉZANNE *(incrédule)* Ne me raconte pas d'histoires, hein? Comment tu vas faire demain quand tu auras les sujets du contrôle devant toi?

JULIE J'ai l'intention de faire des exercices qui ressemblent à ceux du livre.

MME CÉZANNE Eh bien justement, il faut en refaire quelques-uns maintenant, un par chapitre, je dirais. Tu redescendras quand tu auras fini.

JULIE Maman, s'il te plaît! Je ne voudrais pas rater° *Nouvelle Star*. C'est ce soir qu'on choisit le gagnant°. Je te promets de monter tout de suite après.

MME CÉZANNE Regarde l'heure. Il est déjà neuf heures moins le quart. Allez, monte travailler. Je fais la vaisselle et je vais voir où tu en es dans une demi-heure.

À suivre

tests

tient à *really wants to, insists on*

TV show

en étude [f] *in study hall*

s'embrouiller les idées *to become confused*

rater *to miss*

winner, champion

Nouvelle Star is the French version of *American Idol.*

Observation et analyse

1. Qu'est-ce que Julie veut faire? Pourquoi? Donnez trois raisons.
2. Est-ce que sa mère est d'accord avec elle? Expliquez.
3. Décrivez Julie (son âge, sa personnalité, ses désirs, etc.).
4. À votre avis, est-ce que c'est Julie ou sa mère qui va finalement avoir gain de cause *(win the argument)*? Pourquoi?

Réactions

1. Quelles émissions est-ce que vous suivez assez régulièrement? Pourquoi? Est-ce qu'il vous arrive de rater des épisodes? Qu'est-ce que vous faites pour savoir ce qui s'est passé?
2. Est-ce que vos parents surveillent/surveillaient ce que vous regardez/regardiez? Est-ce qu'ils vous ont déjà empêché(e) de regarder une émission? Quand?
3. À votre avis, est-ce que les parents doivent limiter le nombre d'heures que les enfants passent devant la télévision et sur les réseaux sociaux? Et le temps qu'ils passent à jouer à des jeux vidéo? Dans quelles conditions?

When deciding whether to use **je veux...** or **je voudrais...**, keep in mind that **je veux...** is much stronger, less polite, and could be interpreted as an order.

In a store, restaurant, or service institution, sometimes simply identifying what you want to buy is sufficient: **Une baguette, s'il vous plaît.** The addition of **je voudrais...** increases the level of politeness: **Je voudrais un steak-frites, s'il vous plaît.**

To express what you do not want or hope not to do, make the same expressions negative. Note that a similar distinction as above is made between **je ne veux pas...** and **je ne voudrais pas...**, the former being a very strong, less polite expression.

Expressions typiques pour...

Dire ce qu'on veut ou espère faire

Je (veux) voudrais bien regarder la télévision.
J'aimerais bien regarder un feuilleton *(soap opera)*.
J'ai l'intention de faire mes devoirs demain.
Je tiens à *(really want)* travailler dur demain.
Je compte *(intend, plan on)* aller au Centre Pompidou pour voir la nouvelle exposition sur Salvator Dalí.
J'ai envie de *(feel like)* voir un bon film.
J'espère aller au Brésil.
Je compte bien *(expect)* partir demain.

Dire ce qu'on préfère

Je préfère le sport.
J'aime mieux le foot.
J'aimerais mieux partir après le match.
Il vaut mieux partir tout de suite.
Je regarde plutôt *(rather)* les sports à la télé.

Index Stock Imagery/Photolibrary

Regardez ces jeunes gens. À quel sport est-ce qu'ils jouent? Et vous, quel sport préférez-vous?

Mots et expressions utiles

La volonté

avoir envie de (+ infinitif) *to feel like (doing something)*

compter *to intend, plan on, count on, expect*

tenir à *to really want; to insist on*

La télévision

une émission *broadcast, TV show*

le programme *program listing, broadcast*

diffuser/transmettre (en direct) *to broadcast (live)*

une rediffusion *rerun*

les actualités/les informations [f pl] *news (in the press, but especially on TV)*

le journal télévisé *TV news*

un talk-show *talk show*

un débat *debate*

une émission de téléréalité *reality show*

un feuilleton *serial; soap opera*

un jeu télévisé *game show*

un reportage en direct *live report*

une série *series*

une publicité (pub) *TV commercial*

une chaîne *channel*

l'écran [m] *screen*

mettre la 3, la 6, etc. *to put on channel 3, 6, etc.*

le sous-titrage *closed captioning*

le poste de télévision *TV set*

rater *to miss*

une télécommande *remote control*

un téléspectateur/une téléspectatrice *TV viewer*

la télévision par câble/satellite *cable/satellite TV*

allumer la télé *to turn on the TV*

éteindre la télé *to turn off the TV*

augmenter le son *to turn up the volume*

baisser le son *to turn down the volume*

Les études

un contrôle *test*

bien se débrouiller en maths *to do well in mathematics*

s'embrouiller *to become confused*

Quel genre d'émission est-ce que ces jeunes regardent, d'après vous? Et vous, qu'est-ce que vous regardez à la télé?

The following television vocabulary may be useful: **une émission passera (à l'écran)** *a program will be shown*; **un(e) journaliste** *television reporter*; **un présentateur/une présentatrice** *broadcaster*; **le son surround** *surround sound*; **mettre en sourdine** *to mute*

Mise en pratique

—Tiens, il est presque midi! **Allume la télé,** s'il te plaît. Le **journal télévisé** commence dans cinq minutes sur France 2. Je ne veux pas manquer le résumé des **actualités.**

—Je me demande s'ils vont **transmettre en direct** l'arrivée de la navette spatiale *(space shuttle)*.

—Elle était prévue pour midi, non? En tout cas, ce soir, il y aura un **débat** sur les problèmes des banlieues. Le **programme** habituel est changé.

—Ce n'est pas grave. L'épisode du **feuilleton** peut bien attendre une semaine! Euh… puisque la **télécommande** est près de toi, peux-tu **augmenter le son**? Merci!

Activités

A. Désirs, espoirs et intentions. En utilisant les ***Expressions typiques pour…***, dites à chaque personne ce que vous comptez faire dans les situations suivantes.

MODÈLE: votre père – vos projets pour les vacances de Pâques *(Easter)*
Papa, j'aimerais aller en Normandie pour les vacances de Pâques.

1. le professeur de français – votre intention de finir vos exercices de laboratoire
2. votre fille/fils – ses intentions pour sa chambre en désordre
3. une amie – vous voulez emprunter sa voiture
4. un ami – vous allez au cinéma ensemble et vous voulez voir un film qu'il n'a pas envie de voir
5. une voisine – elle fait beaucoup de bruit
6. un copain de classe – il parle avec un autre étudiant et vous n'entendez pas le professeur

Une voix envoûtante!

© Mat Hayward / Shutterstock.com

Avez-vous déjà vu des émissions comme *La France a un incroyable talent*, c'est-à-dire des émissions semblables aux émissions *America's Got Talent, American Idol, Dancing with the Stars* ou *America's Next Top Model*? Lesquelles aimez-vous regarder?

B. Mot de passe. Imaginez que vous participiez au jeu télévisé *Mot de passe* sur la chaîne France 2. Devinez à quels mots ou expressions (de la liste à la page 179) s'appliquent les définitions suivantes.

1. une émission de télé où l'animateur/animatrice *(announcer)* invite des gens célèbres à venir parler avec lui/elle et à divertir les téléspectateurs
2. le contraire d'**allumer la télé** (ou ce qu'on fait quand on ne veut plus regarder la télé)
3. la partie du poste de télé où l'image est projetée
4. un petit appareil qui permet de contrôler la télé à distance
5. la liste et l'horaire des émissions
6. le contraire d'**augmenter le son**

Maintenant, c'est à vous! Donnez un synonyme ou une définition en français pour les mots et les expressions suivants afin que votre partenaire ou le reste de la classe puisse les deviner. (Il serait utile de réviser les expressions utilisées pour identifier et décrire les objets et les personnes, **Leçons 1** et **2** du **Chapitre 3**.)

7. les actualités
8. un feuilleton
9. avoir envie de
10. un téléspectateur/une téléspectatrice

C. Vos projets d'avenir. Vous parlez avec un(e) ami(e) et vous lui expliquez ce que vous voulez faire dans l'avenir. Complétez les phrases ci-dessous. Les sujets suivants peuvent vous donner des idées: le travail, le mariage et les enfants, une maison ou un appartement, les voyages, les loisirs, les études, créer une entreprise, écrire un livre.

1. J'aimerais…
2. J'ai l'intention de…
3. Je préfère…, mais en ce moment je…
4. Dans cinq ans, je compte… et je tiens surtout à…
5. Maintenant, il vaut mieux…

La grammaire à apprendre

Le subjonctif: formation irrégulière

When expressing wants and intentions regarding other people and events, it is necessary to use the subjunctive mood. In ***La grammaire à réviser,*** you reviewed the formation of verbs that are regular in the subjunctive. This section completes the discussion of how to form the subjunctive.

A. Some verbs have two subjunctive stems – one for the **nous** and **vous** forms and one for the remaining forms. To find the subjunctive stem for the **nous** and **vous** forms, drop the **-ons** ending from the first person plural of the present tense. For example:

appeler	
que j'**appelle**	que nous **appelions**
que tu **appelles**	que vous **appeliez**
qu'il/elle **appelle**	qu'ils/elles **appellent**

Notice that it is only with the **nous** and **vous** forms that there is a difference between the present indicative and the present subjunctive.

The following verbs have two subjunctive stems:

croire	que je **croie**	que nous **croyions**
devoir	que je **doive**	que nous **devions**
envoyer	que j'**envoie**	que nous **envoyions**
mourir	que je **meure**	que nous **mourions**
prendre	que je **prenne**	que nous **prenions**
recevoir	que je **reçoive**	que nous **recevions**
venir	que je **vienne**	que nous **venions**
voir	que je **voie**	que nous **voyions**

B. The following verbs have irregular stems but regular subjunctive endings:

	aller	**faire**	**pouvoir**
que je (j')	**aille**	**fasse**	**puisse**
que tu	**ailles**	**fasses**	**puisses**
qu'il/elle/on	**aille**	**fasse**	**puisse**
que nous	**allions**	**fassions**	**puissions**
que vous	**alliez**	**fassiez**	**puissiez**
qu'ils/elles	**aillent**	**fassent**	**puissent**

	savoir	**valoir**	**vouloir**
que je	**sache**	**vaille**	**veuille**
que tu	**saches**	**vailles**	**veuilles**
qu'il/elle/on	**sache**	**vaille**	**veuille**
que nous	**sachions**	**valions**	**voulions**
que vous	**sachiez**	**valiez**	**vouliez**
qu'ils/elles	**sachent**	**vaillent**	**veuillent**

NOTE The irregular subjunctive form of **falloir** is **qu'il faille.**

Avoir and **être** have completely irregular forms in the subjunctive, which must simply be memorized:

	avoir	**être**		**avoir**	**être**
que je (j')	**aie**	**sois**	que nous	**ayons**	**soyons**
que tu	**aies**	**sois**	que vous	**ayez**	**soyez**
qu'il/elle/on	**ait**	**soit**	qu'ils/elles	**aient**	**soient**

Le subjonctif: la volonté

As stated in ***La grammaire à réviser,*** the subjunctive mood is used to express the attitudes and opinions of the speaker. The subjunctive is required after verbs expressing wish, preference, desire, or will. Verbs of volition include: **(bien) aimer, désirer, exiger** *(to demand),* **préférer, souhaiter** *(to wish),* **vouloir,** and **bien vouloir.**

NOTE In the examples below, the subject of the main verb is different from the subject of the verb in the dependent clause.

Mon père ne veut pas que je **regarde** la télévision.
My father does not want me to watch television.

Il veut que je **fasse** mes devoirs.
He wants me to do my homework.

Je voudrais que mes parents **puissent** me comprendre.
I wish that my parents could understand me.

The verb **espérer** *(to hope)* is an exception. It is one of the few verbs of volition that does not take the subjunctive. It is followed by the indicative – in general, the future tense.

J'espère qu'ils me **donneront** plus de liberté l'année prochaine.
I hope (that) they'll give me more freedom next year.

REMINDER In French, **que** is required; in English, *that* may or may not be used.

Paul Bernhardt/Alamy

Est-ce que vous utilisez Internet pour regarder vos émissions de télé préférées ou pour vous tenir au courant des nouvelles?[1]

[1]Les grands journaux français *(Le Monde, Le Figaro, Libération)* sont disponibles sur Internet, ainsi que certains journaux provinciaux comme *Les Dernières Nouvelles d'Alsace, Le Télégramme.com, La Voix du Nord, Le Progrès de Lyon, Nice-Matin* et *Ouest-France,* et des journaux francophones, comme *Jeune Afrique, Le Journal de Montréal* et *Le Mauricien.*

Activités

A. Deux opinions. Voici deux lettres de téléspectateurs envoyées à un magazine télé à propos de la série *Les disparus (Lost)*. Complétez les phrases en utilisant le verbe approprié de la liste (tous les verbes ne sont pas utilisés et certains verbes peuvent être utilisés plus d'une fois) et en conjuguant le verbe au subjonctif si nécessaire. Faites surtout attention à l'emploi du verbe **espérer**.

être avoir écrire faire pouvoir savoir
trouver vouloir prendre (prendre fin: ***to end*****)**

Une lettre de fans, Mesdames et Messieurs!

Nous sommes de nombreux spectateurs français à souhaiter que la série américaine *Les disparus* ____________ rediffusée. Nous aimerions que la chaîne ____________ les moyens de négocier un contrat de rediffusion avec ABC. Cette chronique de la survie de 71 rescapés du vol 815 de la compagnie aérienne Oceanic nous passionne depuis 2005. Nous ne voulons pas que nos rendez-vous hebdomadaires avec *Les disparus* ____________ fin avec la sixième saison! Pour ma part, je souhaite que la plupart des téléspectateurs ____________ d'accord avec moi et qu'ils ____________ eux aussi à TF1.

Une autre opinion:

Bonne nouvelle! La série *Les disparus* qui donne une image stéréotypée de la lutte entre le destin et le choix a enfin disparu des écrans de TF1! On avait depuis longtemps perdu le fil de l'histoire! Il était temps que cette histoire rocambolesque *(convoluted)* ____________ fin. Nous aimerions bien que TF1 ____________ diffuser des séries plus agréables à suivre en famille. À vrai dire, nous aimons les feuilletons plus traditionnels et tenons à ce que les séries à suspens, pour adultes, ne ____________ pas diffusées aux heures de grande écoute. Je souhaite que les chaînes ____________ plus attention à la qualité de leurs programmes et j'espère que ceux qui sont de mon avis ____________ le bon sens d'écrire eux aussi.

B. Préférences. Choisissez un(e) partenaire et complétez chaque phrase à l'aide d'un verbe approprié au subjonctif qui exprimera les préférences de ces personnes.

1. Le professeur de français veut que nous…
2. Je souhaite que le professeur de français…
3. Je désire que l'université…
4. Mon/Ma colocataire préfère que je…
5. J'aime bien que mes amis…
6. Les Américains veulent que le président…
7. Les Français préfèrent que les Américains…
8. Les téléspectateurs désirent que les réalisateurs de télévision *(TV producers)*…

Colmar est une ville de plus de 68 000 habitants dans la région Alsace. Colmar est connue pour sa beauté architecturale et son héritage historique. Beaucoup de touristes disent que c'est la plus belle ville d'Alsace.

C. Une lettre. Stéphane écrit à sa mère, qui habite à Colmar, dans l'est de la France. Il a pris des notes. Aidez-le maintenant à composer la lettre. Faites attention au mode et au temps des verbes!

Paris, le 25 novembre

Chère maman,

Je / savoir / que / tu / travailler / beaucoup / pour payer mes études à l'université. Je / te / demander / donc / un grand service. Mes amis / vouloir / que / je / aller / avec eux en Grèce au mois de mars. Il y a / des vols pour étudiants / qui / être / bon marché. Je voudrais bien / que / tu / me / permettre / d'y aller avec eux. Je / souhaiter / aussi / que / tu / me / envoyer / 350 € pour le billet. Pour les meilleurs prix, sur le site Web où on va faire les réservations, on / exiger / que / nous / payer / le vol d'ici deux semaines. Tu / vouloir / que / je / obtenir / mon diplôme / et que / je / devenir / médecin, et c'est normal. Je / travailler / de mon mieux / mais je / avoir besoin de / me reposer / pendant deux semaines en mars. Ce voyage m'aidera à mieux travailler au printemps. Je / espérer / que / tu / comprendre.

Affectueusement,

Stéphane

D. Une émission annulée *(canceled).* Choisissez une émission de télévision américaine qui a été annulée cette année. Écrivez une lettre aux réalisateurs dans laquelle vous exprimez votre opinion (pour ou contre). Utilisez les lettres de l'exercice A comme modèles.

Interactions

A. Un poste. Vous discutez d'un poste (que vous voudriez bien avoir) avec un membre de votre famille. Exprimez votre désir d'obtenir le poste et dites pourquoi vous seriez parfait(e) pour ce genre de travail. Discutez de vos intentions pour l'avenir. Dites que vous espérez qu'on prendra votre demande d'emploi en considération.

B. Samedi. Un(e) ami(e) vous téléphone pour vous demander d'aller faire les magasins avec lui/elle samedi. Vous êtes déjà pris(e). Expliquez-lui ce que vous avez l'intention de faire ce jour-là. Soyez ferme dans vos projets et demandez-lui plutôt de se joindre à vous; ou bien trouvez un compromis et faites quelque chose que vous aimeriez faire tous/toutes les deux.

DOSSIER D'EXPRESSION ÉCRITE Préparation

In this chapter, you may be asked to choose a point of view on a controversial topic and develop it using a good introduction, some examples, and a strong conclusion.

1. Choose a controversial subject that is discussed often in the newspaper, on the radio or television, or in social media. If you have trouble choosing a subject, make a list of possible topics and find one that you can develop most easily with the vocabulary you know in French.
2. After you've chosen your topic, make a list of the different points of view on the topic. This should help you see the different sides to the issue.
3. In order to make sure that you've listed all the possible views, show your list to at least one classmate who will help you develop your topic.

Liens culturels

Les médias: la télévision

98% des ménages français ont au moins un poste de télé, près de la moitié en ont même deux. Un foyer sur deux s'abonne[1] aussi à des services de distribution de chaînes par câble, satellite ou Internet. Pour avoir la télé à haute définition, de plus en plus de familles combinent leur abonnement au téléphone avec un abonnement à la TNT (télévision numérique terrestre) ou à l'ADSL (connexion Internet à haut débit). 92% des foyers sont équipés d'un lecteur de DVD ou Blu-ray, et beaucoup de familles ont une télévision à écran plat (LCD ou plasma). La vente de téléviseurs 3D en France a dépassé 710 000 en 2011, et les systèmes de *home cinema*, les lecteurs-enregistreurs de DVD ou Blu-Ray et la télévision sur téléphone mobile ou sur tablettes gagnent aussi en popularité.

La télévision occupe la plus grande partie du temps libre des Français. En 2011, les téléviseurs sont restés allumés 5h36 par jour dans les maisons, et la durée quotidienne moyenne d'écoute était de 3h47. Les écoliers français, sur l'ensemble de l'année, consacrent moins de temps à l'école qu'à la télé. Les jeunes de 4 à 14 ans regardent la télévision en moyenne 2h18 par jour, mais les femmes de moins de 50 ans la regardent 3h56 par jour!

Qu'est-ce que les Français regardent le plus souvent? En 2011, les Français disent avoir consacré 272 heures aux émissions de fiction, 231 heures aux magazines et aux documentaires, 131 heures aux informations et aux journaux télévisés, 125 heures aux jeux, 104 heures à la publicité, 60 heures au sport, 58 heures aux films, 49 heures aux variétés, 48 heures aux émissions pour la jeunesse et 38 heures aux autres genres de programmes. Mais, seuls 41% des Français se déclarent satisfaits des programmes de télévision. Ce mécontentement général des Français confirme un mouvement mesuré depuis 2001. Les débuts de la téléréalité, le climat général de mécontentement et la désaffection du public à l'égard des pratiques des chaînes en sont des causes possibles.

Texte adapté de Gérard Mermet, *Francoscopie 2013*, Larousse, pp. 449–450; 452–455.

France 2

10.10 **Au cœur de la famille** HD
Rediff. TÉLÉFILM. De Michael McKay *(2012, 105'). Avec : Madeline Zima (Lily).* Suite aux obsèques de leur père en Virginie, deux sœurs se retrouvent enfin au sein de leur communauté, après des années d'éloignement .

12.00 **Les 12 Coups de Midi !** JEU.

13.00 **Journal** HD SUIVI DE LA MÉTÉO

13.55 **Walker, Texas Ranger**
Rediff. SÉRIE (SAISON 8, 7/25). Témoin silencieux. Des amis d'Alex se rendent à Dallas dans l'espoir de remporter le concours de sosies d'Elvis Presley, dont le prix leur permettrait de venir en aide à leur fille sourde.

14.25 **Monk** HD
Rediff. SÉRIE (SAISON 6, 7 et 8/15). Monk et «Frisco Fly». Harold Krenshaw, qui consulte le même psychanalyste que Monk, s'avère être un célèbre casse-cou • Monk a commis une erreur ? Naguère, Monk avait fait condamner Max Barton pour meurtre. Mais une cour l'innocente.

16.15 **Les Experts** HD ⑩
Rediff. SÉRIE. Une chance sur deux. (SAISON 7, 8/24). Une femme est abattue en face du pressing où elle allait récupérer ses vêtements • Enquête parallèle. (SAISON 7, 13/24). Keppler convainc Catherine de l'aider à falsifier une scène de crime.

18.00 **Sept à huit** HD MAGAZINE.

TF1

20.00 **Journal** HD SUIVI DE LA MÉTÉO

3.00 **Harry Roselmack : des usines et des hommes** HD MAGAZINE.
Présentation : Harry Roselmack.

4.35 **Musique**

4.55 **Histoires naturelles** DOC.
Des abeilles et des hommes.

13.30 **Faites entrer l'accusé**
MAGAZINE. Présentation : Frédérique Lantieri. La tuerie de Belhade.

14.55 **Cyclisme**
Tour de France. 12e étape : Limoux - Foix. 191 km. Pour cette étape, deux départements sont au programme de la journée : l'Aude (11) et l'Ariège (09). Les pentes du port de Lers et surtout celles du Mur de Péguère pourraient être source d'ennuis pour les coureurs.

17.25 **Stade 2** MAGAZINE.
Présentation : Lionel Chamoulaud.

18.55 **Le 4e duel**
JEU. Présentation : Julien Courbet.

Source: *Télé magazine*

[1]**s'abonner** *to subscribe to*

Compréhension

1. Donnez trois détails sur l'équipement en télévision des Français aujourd'hui.
2. Comparez le temps que les Français en général, les enfants et les femmes passent devant la télé.
3. Quels types d'émissions sont les plus regardés en France? Est-ce que les Français aiment les émissions de téléréalité? Expliquez.

Réactions

1. Est-ce que quelqu'un de votre famille a une télé à écran plat (LCD ou plasma) ou une télé HD? Qui?
2. Quelles sont les chaînes que vous regardez? Et vos parents? Et vos amis?
3. Est-ce que vous regardez des émissions en famille? Lesquelles? Expliquez.

Extension

Quelle est votre émission préférée? Cherchez sur Internet des émissions françaises du même type, par exemple, des séries, des actualités. Trouvez autant de renseignements que possible sur une de ces émissions et faites un rapport dans lequel vous la comparez à l'émission américaine. Utilisez des photos, des dessins, etc. pour rendre votre présentation plus intéressante.

LEÇON 2

COMMENT EXPRIMER LES SENTIMENTS ET LES ATTITUDES

Blog (suite)

Premières impressions

1. Identifiez: les expressions qui expriment le contentement, l'admiration, l'inquiétude et la crainte
2. Trouvez: ce que Julie préfère aux études

M. Cézanne écrit un blog chaque semaine. Aujourd'hui, il donne son opinion sur la télévision. Il s'inquiète° parce que sa fille Julie passe trop de temps devant la télé. Il discute du problème de la télé avec d'autres bloggeurs.

worries

On a un petit problème avec notre fille et on ne sait pas quoi faire. En ce moment, c'est télé, télé, télé; il n'est pas question de la faire travailler... Elle a des 7 et des 8 sur 20 comme notes et j'ai peur qu'elle finisse par redoubler[1] sa seconde[2]. Ma femme dit que j'exagère un petit peu. Mais ma fille trouve que ses notes n'ont pas d'importance. C'est ça qui m'inquiète peut-être encore plus que ses notes elles-mêmes.

En plus, elle veut regarder ses émissions toute seule, ce qui m'agace[3] aussi. Cela veut dire que ma femme et moi n'avons pas l'occasion de parler de l'émission et de discuter entre nous de ce qui nous dérange[4] dans les situations ou dans les choix des personnages ou de ce qui nous pose un problème[5] dans la vie et les médias.

Ce qui me dérange, par exemple, c'est le manque de présence des minorités visibles dans les émissions. Il y a peu de gens des quatre coins du monde... et des quatre coins de notre pays. Et pourtant, quand je vais au supermarché ou quand j'emmène mes enfants à l'école, je vois beaucoup de gens de cultures différentes. Où sont-ils à la télé, sinon dans les nouvelles locales conservatrices et parfois scandaleuses? Je trouve que même les femmes sont sous-représentées.

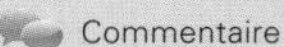

COMMENTAIRES

PAUL
Ce n'est pas facile maintenant avec les jeunes. À quinze ans, ils se croient adultes et ils veulent être indépendants. Cela ira mieux dans deux ou trois ans.
Réagir contre cet avis?

MARTINE
Ça m'étonne que vous ayez une télé. Débarrassez-vous-en[6]. Vous serez plus tranquilles. Depuis qu'on a mis notre télé au rebut[7] – on l'a donnée aux Compagnons d'Emmaüs[8] – ça va beaucoup mieux. On écoute de la musique, on joue au Scrabble®... on s'entend bien mieux.
Réagir contre cet avis?

SYLVIE
Espèce de crétin! Dites à votre fille que vous allez éteindre la télé! Un point, c'est tout!
Réagir contre cet avis?

ALLAL
Je suis d'accord avec vous. Le petit écran ne représente pas la diversité culturelle et ethnique de la France... et ça ne changera pas de sitôt.
Réagir contre cet avis?

[1]*repeat* [2]*first year of* **lycée** [3]*annoys me* [4]*disturb* [5]**pose...** *bother* [6]*Get rid of it* [7]**au rebut** *to the trash*
[8]Compagnons... *French charity that gives the homeless lodging and work*

Observation et analyse

1. Qu'est-ce qui inquiète M. Cézanne au sujet de sa fille? Qu'est-ce qu'il craint?
2. Comment réagissent les autres bloggeurs?
3. Pourquoi M. Cézanne préfère-t-il regarder la télé avec Julie?
4. Selon M. Cézanne, quelle image la télé donne-t-elle du monde?
5. Pensez-vous que Julie continuera à créer des problèmes à ses parents quand elle sera plus âgée? Expliquez.

Réactions

1. Est-ce que vous avez beaucoup étudié en dernière année de lycée? Et l'avant-dernière année? Pourquoi?
2. Que feriez-vous à la place de M. Cézanne? Êtes-vous d'accord avec lui? Et avec les autres bloggeurs?

Expressions typiques pour...

Dire qu'on est content...

Je suis { content(e) / heureux/heureuse / enchanté(e) / ravi(e) } qu'elle soit arrivée.

Ça me plairait de la revoir plus souvent.
C'est parfait.
Formidable!

... ou mécontent

Je suis { agacé(e) *(annoyed)*. / ennuyé(e) *(bored, annoyed, bothered)*. / embêté(e) *(annoyed, bothered)*. }

fâché(e).
en colère.

Exprimer la déception *(disappointment)*

J'ai été très déçu(e) *(disappointed)* par le film.

Ça m'a beaucoup déçu.

Exprimer la crainte *(fear)* et l'inquiétude *(worry, anxiety)*

J'ai très peur de prendre l'avion. / J'ai peur qu'on ne survive pas au vol!
J'ai le vertige: j'ai peur du vide... Monter sur un toit, ce n'est pas pour moi...
Je crains qu'il n'y ait des turbulences et qu'il ne faille garder nos ceintures attachées pendant tout le vol.
Je suis inquiet/inquiète *(worried)*.
Ça m'inquiète un peu.

Exprimer le soulagement *(relief)*

L'avion a atterri sans le moindre problème, heureusement (*thank goodness*)!
On a eu de la chance!

Ouf! On a eu chaud! *(familiar—That was a narrow escape!)*
Tout s'est très bien passé.

In more formal speech, **craindre, avoir peur,** and other verbs expressing fear require the **ne explétif** to be used before the verb of the second clause, but the **ne** has no meaning.

Exprimer la joie ou l'admiration

Je trouve ça génial *(fantastic)*!
C'est formidable/merveilleux/super/le top!
Qu'est-ce que c'est beau/bien/bon!
Qu'est-ce que vous avez de la chance! *(How lucky you are!)*

Manifester de la réticence *(reluctance)* ou du dégoût *(disgust)*

Je n'ai aucune envie de faire cela.
Ça ne me dit rien.
Je trouve ça dégoûtant/détestable.
C'est barbant. *(familiar—boring)*

Protester/Exprimer l'irritation

C'est insupportable/inacceptable/révoltant!
Ça m'énerve!
J'en ai assez *(have had enough)* de ces histoires.
J'en ai marre *(familiar—am fed up)* de vivre comme ça.
Ah, zut alors!
Cela m'agace! *(It's getting on my nerves!)*

Dire des insultes

ATTENTION Utilisez ces expressions quand vous êtes très fâché(e). N'en abusez pas.

(en s'adressant à un homme)
Espèce de crétin!
Sale type! *(very insulting)*

(en parlant d'un homme ou d'une femme)
C'est un(e) { imbécile! / idiot(e)!

©StockLite/Shutterstock.com

Quelle émotion manifeste-t-il?
Que dit-il?

Mise en pratique

— Tu as vu le film *Rien à déclarer* de Dany Boon? Il est **génial**! Les stéréotypes sur la rivalité franco-belge donnent des résultats hilarants!
— Ah bon? J'ai été très **déçu** par son film en 2008, alors, je n'avais pas l'intention d'aller voir celui-ci. Son utilisation constante de personnages très typiques, presque ridicules, m'**agace.** Je trouve son sens de l'humour **insupportable** et **ennuyeux.**
— Tu as tort. *Rien à déclarer* est **formidable.**

Mots et expressions utiles

Les émotions

agacer *to annoy*
barber *(familiar) to bore*
embêter *to bother*
ennuyé(e) *annoyed, bored, bothered*
ennuyeux/ennuyeuse *annoying, boring, tedious, irritating*
en avoir assez *to have had enough*
en avoir marre *(familiar) to be fed up*
la crainte *fear*
inquiet/inquiète *worried, anxious*
s'inquiéter *to worry*
l'inquiétude [f] *worry, anxiety*
insupportable *unbearable, intolerable*
supporter *to put up with*
génial(e) *fantastic*
heureusement *thank goodness*
On a eu chaud! *(familiar) That was a narrow escape!*
On a eu de la chance! *We got lucky!*
le soulagement *relief*

La radio

un animateur/une animatrice *radio or TV announcer*
un auditeur/une auditrice *member of (listening) audience*
le public *the audience*
une station *(TV, radio) station*

La presse

un abonnement *subscription*
être abonné(e) à *to subscribe to*
annuler *to cancel*
une annonce *announcement, notification*
les petites annonces *classified advertisements*
les nouvelles [f pl] *printed news; news in general*
une publicité *advertisement*
un reportage *newspaper report; live news or sports commentary*
une rubrique *heading, item; column*
un bi-mensuel *bimonthly publication*
un hebdomadaire *weekly publication*
un journal *newspaper*
un magazine *magazine*
un mensuel *monthly publication*
un quotidien *daily publication*
une revue *magazine (of sophisticated, glossy nature)*
un lecteur/une lectrice *reader*
un numéro *issue*
le tirage *circulation*

Mots utiles: le bonheur *happiness;* **le choc** *shock;* **l'ennui** [m] *boredom;* **la gêne** *embarrassment;* **la surprise** *surprise;* **la tristesse** *sadness*

Mots utiles: le podcasting (audio et vidéo), les sites Internet

Mots utiles: la participation des lecteurs à travers les échanges (blogs, forums, sites, tweets)

Mise en pratique

Ça fait longtemps que je **suis abonnée à** cet **hebdomadaire,** mais je trouve qu'il contient trop de **publicité** en ce moment. Où sont les bons articles, les **reportages** sur les événements internationaux, les analyses sur telle ou telle personne, les **rubriques** spécialisées? Si la qualité ne s'améliore pas, je vais **annuler** mon abonnement et prendre un **bi-mensuel** comme *Lire*. Je serai plus au courant des sorties de livres.

Activités

A. Contradictions. Vous et votre copain/copine regardez des sites Web et des brochures de vacances. Vous le/la contredisez systématiquement parce que vous n'êtes pas d'accord avec ses choix.

MODÈLE: — J'ai très envie de voyager en Italie.
— ***Moi, ça m'embête. Je préfère aller en Suisse.***

1. Je trouve cet hôtel très chouette. Et toi?
2. Je suis content(e) d'avoir choisi de voyager en avion.
3. Qu'est-ce qu'il semble intéressant, ce musée!
4. Je trouve le menu de ce restaurant révoltant.
5. J'adore visiter de vieilles cathédrales!

B. Les médias. Vous écoutez une émission de Radio NRJ Montréal. Complétez le passage en choisissant parmi les mots proposés entre parenthèses.

Voici un résumé des dernières ________ (nouvelles/petites annonces). Aujourd'hui à Ottawa, selon le ________ (journal/tirage) *Le Devoir*, une réunion très importante a eu lieu entre le président des États-Unis et le Premier ministre canadien. La ________ (chaîne/station) de télévision TV5 transmettra une émission spéciale ce soir. *L'actualité*, l(e) ________ (auditeur/magazine) québécois le plus lu, interviewera le président américain et publiera un ________ (reportage/tirage) sur son séjour à Ottawa. Ce ________ (numéro/programme) spécial permettra aux ________ (auditeurs/lecteurs) de mieux comprendre les nouveaux accords.

C. Exprimez-vous. Expliquez ce que vous diriez dans les situations suivantes.

1. Vous venez de payer 200 $ pour un repas qui n'était pas très bon.
2. Vous venez d'avoir une contravention. Vous êtes fâché(e).
3. Votre frère/sœur vient d'arriver. Vous ne vous êtes pas vu(e)s depuis un an.
4. Vos notes sont très bonnes. Vous vous attendiez à *(expected)* de mauvaises notes.
5. Une personne vient d'accrocher *(run into)* votre voiture.

D. Questions indiscrètes. Posez les questions suivantes à un(e) partenaire. Faites un résumé de ses réponses à la classe.

1. Dans quelles occasions est-ce que tu es content(e)? mécontent(e)?
2. De quoi est-ce que tu as souvent peur?
3. Raconte un événement où tu as exprimé ton soulagement.
4. Pour qui est-ce que tu éprouves de l'admiration? Qui te dégoûte?
5. Décris une situation où tu as protesté contre quelque chose.

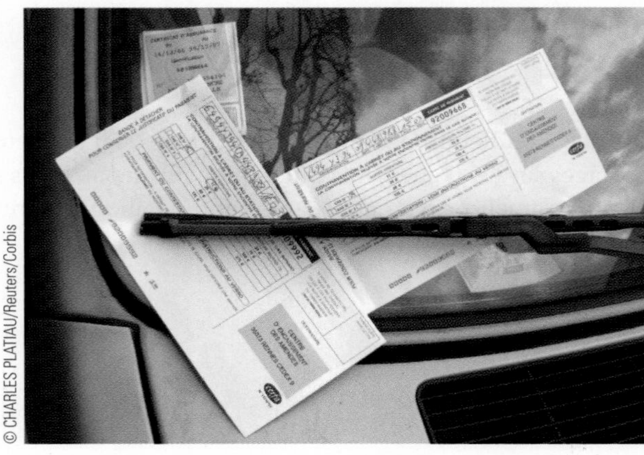

© CHARLES PLATIAU/Reuters/Corbis

Décrivez la situation et imaginez le dialogue entre l'agent de police et l'automobiliste qui découvre les contraventions sur son pare-brise.

LE DEVOIR
Libre de penser

ACTUALITÉS | OPINION | CAHIERS SPÉCIAUX
MULTIMÉDIA | JEUX | SERVICES ET ANNONCES
LE DEVOIR | ABONNEMENTS

Le Devoir est un quotidien d'information, fondé en 1910, publié six jours par semaine à Montréal.

© Le Devoir - www.ledevoir.com

Depuis 1910, *Le Devoir* est le quotidien indépendant par excellence au Québec. Il prend des positions souvent souverainistes. *L'actualité* est un bi-mensuel québécois qui publie des reportages d'analyse et de réflexion sur des sujets nationaux, internationaux et locaux.

www.lactualite.com

La grammaire à apprendre

Le subjonctif: l'émotion, l'opinion et le doute

A. Most verbs and clauses expressing emotions require the use of the subjunctive in the dependent clause. As with verbs of volition, the subjects of the main and dependent clauses must be different. For example:

être heureux(-euse) / furieux(-euse)
content(e) / étonné(e)
triste / surpris(e)
désolé(e) / ravi(e) *(delighted)*
fâché(e) / déçu(e) *(disappointed)*
regretter que
avoir peur que/craindre que

Je **suis déçue** que nous ne **puissions** pas regarder le nouveau DVD ce soir. Notre lecteur de DVD est en panne *(out of order)*.

Je **regrette** que notre deuxième télé au salon n'**ait** pas la compatibilité HD.

Ma famille **est heureuse** que ce ne **soit** pas le week-end. Ça nous gênerait plus: nous aimons bien en profiter pour regarder des films ensemble.

Nos parents **ont peur** que les réparations ne **soient** chères.

B. Some impersonal expressions indicate points of view or opinions that are uncertain, hypothetical, or emotional. These begin with the impersonal **il** or, in less formal language, **ce.** For example:

il vaut mieux que
il est bon/triste/étonnant/utile/curieux/bizarre/étrange/honteux/surprenant/important/naturel/regrettable/rare/normal que
c'est dommage/ce n'est pas la peine que

Il est important que nous **voyions** ce match.
Alors, **il vaut mieux** que nous **attendions** le week-end pour aller au cinéma.

C. To express doubt, uncertainty, or possibility, the following verbs and impersonal expressions may be used:

douter que
ne pas être sûr(e)/certain(e) que
il est douteux/impossible/peu probable que
il se peut que
il est possible que
il semble que

Il se peut que ce cinéma **soit** plein.
Nous doutons que Marc **vienne** au ciné-club avec nous.

Un ciné-club est un club d'amateurs de cinéma où on peut étudier la technique et l'histoire du cinéma dans le cadre d'une projection de film. Chaque ciné-club doit être affilié à une fédération autorisée à diffuser la culture par le film.

NOTE When the expressions **être sûr(e) que** and **être certain(e) que** are used in the affirmative, they take the indicative mood. The expressions **il me semble que** and **il est probable que** also take the indicative.

Il est probable qu'ils **viendront.**

Il me semble qu'il **a dit** qu'ils allaient venir.

Moi, **je suis sûre qu**'ils **arriveront** bientôt.

After verbs of thinking, believing, and hoping (**penser, croire,** and **espérer**) in the negative or interrogative, the subjunctive is used to indicate uncertainty on the part of the speaker.

Pensez-vous que la télé **soit** une drogue?

Oui, je pense que la télévision est une drogue douce. On peut être accro *(be hooked)*!

Papa, **crois-tu** que nous **ayons** le temps de regarder la télé ce soir?

Non, **je ne pense pas** que vous **ayez** le temps ce soir. Il faut faire vos devoirs.

However, after both the negative and interrogative used together, the indicative is necessary.

Mais **ne penses-tu pas** que nous **méritons** quand même une demi-heure de télé ce soir?

Voyons... voyons... permission accordée! Pour une émission seulement!

L'infinitif pour éviter le subjonctif

An infinitive is used instead of the subjunctive when the subject of the dependent clause is the same as that of the main clause or if the subject is not specified.

- With verbs of volition:

  Moi, je veux **partir** bien en avance.
  I want to leave well in advance.

  Mon mari préfère ne pas **partir** trop tôt.
  My husband prefers not to leave too early.

BUT, with two different subjects:

À vrai dire, je préfère qu'il **parte** en avance avec moi.
Really, I prefer that he leave early with me.

- With impersonal expressions or with **être** + adjective + **de:**

  Il est bon de se détendre le mercredi après-midi, n'est-ce pas?
  It is good to relax on Wednesday afternoons, isn't it?

  Je suis content de ne pas **avoir** grand-chose à faire.
  I am happy to not have much to do.

In the present infinitive form, **ne pas** precedes the infinitive.

©Monkey Business Images/Shutterstock.com

Activités

A. Doutes et certitudes. Un étudiant nouvellement arrivé à l'Université de Bourgogne à Dijon réfléchit à haute voix. Complétez ses pensées en mettant les verbes suivants au **subjonctif**, à l'**indicatif** ou à l'**infinitif.**

devoir / donner / obtenir / réussir à / trouver / être / savoir

Je doute que les professeurs me ________ de bonnes notes. Je ne suis pas sûr de ________ l'université. Il se peut que je ne (n')________ pas mon diplôme. Impossible alors que mes parents ne ________ pas fâchés! Je suis sûr de ________ travailler dur. Il est probable qu'on me ________ souvent dans la salle d'études. Il me semble qu'on ________ reconnaître mes efforts.

L'Université de Bourgogne est une université située dans les villes de Dijon, Auxerre, Chalon-sur-Saône, Le Creusot, Mâcon et Nevers. On y fait des études de droit, d'économie, de gestion, de lettres, de langues, de médecine, de pharmacie, de sciences humaines, de sciences exactes et expérimentales.

B. C'est le matin. Mal réveillée, Chloé répète ce que dit Étienne d'une façon un peu différente. Répondez comme elle aux déclarations suivantes d'Étienne.

MODÈLE: —Je suis content qu'on soit tranquille le matin.
—*Tu es content d'être tranquille le matin?*

1. C'est bien qu'on lise le journal le matin.
2. Je préfère qu'on ne regarde pas la télévision le matin.
3. J'aimerais mieux qu'on écoute la radio.
4. Je crois qu'il vaut mieux qu'on ne se parle pas le matin.
5. Je suis ravi qu'on n'ait rien à faire.
6. Je n'aime pas qu'on prenne une douche le matin.

C. Votre opinion? Avec un(e) partenaire, exprimez vos opinions en choisissant une des phrases suivantes et en la complétant. Racontez ensuite à la classe l'opinion la plus intéressante, la plus amusante ou la plus originale que vous ayez entendue.

MODÈLE: ***Il est curieux que la plupart des Américains ne parlent qu'une langue.***

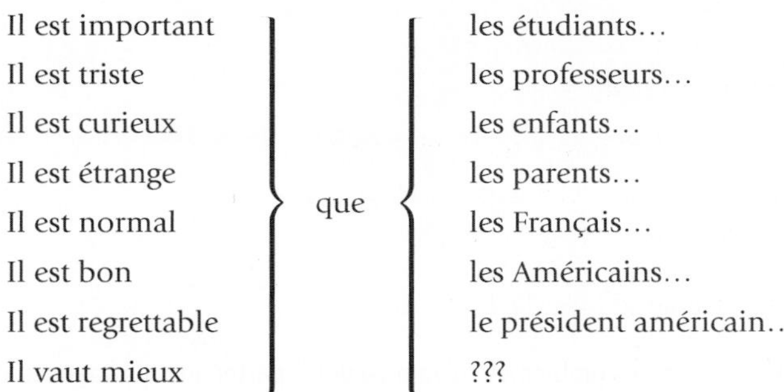

Il est important		les étudiants...
Il est triste		les professeurs...
Il est curieux		les enfants...
Il est étrange		les parents...
Il est normal	que	les Français...
Il est bon		les Américains...
Il est regrettable		le président américain...
Il vaut mieux		???

Apply Pictures/Alamy

Que faites-vous le matin?

D. Les médias: ce que vous pensez. Le professeur va vous poser quelques questions. Discutez de vos attitudes respectives.

1. Est-ce que c'est bien de se servir de la télé comme baby-sitter pour les enfants en bas-âge?
2. Est-ce que vous recommandez de regarder la télé pendant les repas?
3. Quelle est l'influence de la télé sur les snacks que les enfants réclament?
4. On dit que la télé a créé des générations d'enfants qui n'aiment pas se concentrer sur quelque chose pendant plus de deux minutes. Êtes-vous d'accord?
5. La nuit, gardez-vous votre portable dans votre chambre? Vous arrive-t-il de perdre des heures de sommeil pour répondre à des courriels ou à des textos? Pourquoi?

E. Chère Micheline... Lisez cette lettre adressée à «Chère Micheline» (la rubrique «Courrier du cœur» d'un journal français) et inventez des conseils en vous servant des expressions ci-dessous. Mettez les verbes au **subjonctif**, à l'**indicatif** ou à l'**infinitif.**

Chère Micheline,

Mon mari, Laurent, ne veut jamais sortir! Depuis que nous avons acheté une Xbox, il préfère s'installer devant la télé tous les soirs et jouer aux jeux les plus débiles. À part cela, c'est un assez bon mari. Il gagne bien sa vie et c'est un bon père – bien qu'il ne parle plus beaucoup à nos enfants. Nous sommes jeunes et j'aimerais sortir avec nos amis. Je veux aussi que mes enfants sachent que leur papa les aime. Que suggérez-vous que je fasse?

Manon

Chère Manon,

Voilà ce que je pense de votre situation: Il est important que vous... Je ne pense pas que votre mari... Il est probable que... Il est étonnant que vous... N'oubliez pas qu'il est important de... J'espère que vous...

Interactions

A. Maintenant, à vous. Décrivez un des problèmes suivants à un(e) partenaire qui va jouer le rôle de Micheline. Micheline va vous dire comment elle voit les choses et vous suggérer quelques conseils à suivre.

1. Votre copain/copine aime sortir le week-end. Il/Elle flirte avec vos ami(e)s et dit qu'il/elle va chez ses parents chaque week-end, mais refuse de vous donner leur numéro de téléphone. Exprimez votre inquiétude et votre irritation, et demandez ce que vous devez faire.
2. Votre colocataire ne fait jamais le ménage, laisse traîner ses vêtements partout, ne fait jamais la vaisselle et regarde la télévision pendant que vous faites vos devoirs ou quand vous invitez un(e) ami(e) chez vous. Exprimez votre irritation et demandez ce que vous devez faire.

B. La personnalité. Avec un(e) partenaire, racontez une histoire à propos de chaque personne dans les deux photos ci-dessous. Imaginez ce qui se passe, ce qu'ils/elles disent et ce à quoi ils/elles pensent. Laissez courir votre imagination et votre humour.

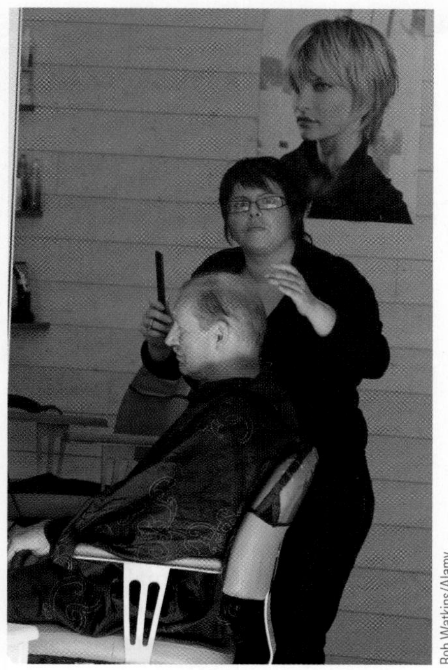
Rob Watkins/Alamy

Picture Contact/Alamy

DOSSIER D'EXPRESSION ÉCRITE Premier brouillon

1. Using the subject that you developed in **Leçon 1**, begin writing your first draft. Your introduction will be very important. You may need to rewrite it several times. To begin, use a question or an interesting sentence to attract your reader's attention.
2. Give your point of view on the topic and address several of the opposing arguments.

Richard Hutchings/CORBIS

Quels conseils auriez-vous pour l'occupant(e) de cette chambre? Imaginez une conversation entre cette personne et vous. Qu'est-ce que vous lui suggéreriez?

Liens culturels

Les médias: la presse et la radio

La presse

69% des Français ont lu au moins un titre de presse papier par jour en 2011, ce qui fait de la France un des pays qui lisent le plus la presse au monde. Cependant, la situation varie selon les types de presse. Les Français sont de moins en moins lecteurs de la presse quotidienne; ils sont en revanche des lecteurs zélés de la presse magazine.

Les journaux

Depuis 1914, la presse quotidienne française a connu un déclin continu. Entre 1946 et 2011, le nombre de quotidiens français est passé de 203 à 69. La concurrence[1] de la télévision et d'Internet n'explique pas totalement la situation. Il faudrait que le public des lecteurs se renouvelle. Chez les 60 ans et plus, une personne sur deux lit régulièrement des quotidiens, mais chez les jeunes de 15–24 ans, seul un sur cinq est un lecteur fidèle. Les abonnements à la presse quotidienne nationale payante diminuent aussi en faveur de la presse quotidienne gratuite, par exemple, ***20 minutes*** (un quotidien d'information gratuit local, disponible dans plusieurs grandes villes) et ***Métro*** (qui ressemble à ***20 minutes***, mais qui est distribué dans les métros des grandes villes). Le succès de la presse gratuite vient de sa gratuité, mais aussi de son mode de diffusion ou de colportage[2] sur les lieux publics, de la présentation synthétique des informations et de son degré d'interactivité avec les lecteurs.

En 2011, les journaux quotidiens nationaux les plus importants par leur tirage étaient: ***Le Figaro*** (un journal de droite et de centre-droite dans la région parisienne et l'Oise); ***Le Monde*** (un journal de centre-gauche), ***L'Équipe*** (un quotidien sportif), ***Le Parisien/Aujourd'hui en France*** (un journal qui exploite le sensationnel dans la région parisienne et l'Oise), ***Les Échos*** (un journal d'information économique et financière) et ***Libération*** (un quotidien de gauche).

Les magazines

Les Français restent de gros consommateurs de presse magazine. Avec 29,8 exemplaires lus par individu et par an (contre 15 aux États-Unis), ils arrivent au premier rang mondial. Chaque année, de nouveaux titres tentent de s'installer dans les «créneaux»[3] ouverts par les centres d'intérêt des Français. Les sujets s'étendent de l'aventure à l'informatique, en passant par le golf ou la planche à voile. La presse française compte aujourd'hui plus de 2 550 magazines.

La radio

Les foyers français possèdent en moyenne six appareils de radio. Les usages «nomades» se sont multipliés avec les baladeurs et téléphones permettant d'écouter la radio. Un Français sur trois écoute la radio au moins une fois par jour. Les hommes sont plus nombreux que les femmes à écouter la radio et représentent aussi 51% des auditeurs sur le Web.

NRJ est la première radio en audience cumulée en 2011, suivie par RTL et France Inter. Aujourd'hui, une part de l'écoute est transférée sur de nouveaux modes d'accès à la radio: podcasts, blogs, téléchargement[4], écoute sur téléphone mobile et Internet.

Adapté de Gérard Mermet, *Francoscopie 2013*, Larousse, pp. 466–469; 474–479; 481

Berry Mason/Alamy

[1]*competition* [2]*peddling* [3]*niches* [4]*downloading*

Compréhension

1. Est-ce que les Français aiment lire les journaux quotidiens nationaux? Expliquez.
2. Pourquoi est-ce que la presse quotidienne gratuite a du succès? Donnez trois raisons.
3. Comparez les lecteurs français et américains de la presse magazine.
4. Quels sont quatre nouveaux modes d'accès à la radio?

Réactions

1. Comment est-ce que vous vous tenez au courant de l'actualité? Est-ce en lisant un journal tous les jours? les nouvelles sur Internet? les tweets? Est-ce en regardant les informations à la télévision?
2. Quel(s) magazine(s) est-ce que vous préférez et pourquoi?
3. Comparez votre usage de la radio avec celui d'un Français typique.

Extension

Trouvez des renseignements sur une station de radio en France ou dans un pays francophone. Vous trouverez peut-être une station sur Internet ou une station de radio par satellite. Décrivez la station dans un rapport en parlant de la playlist, des chanteurs, des nouvelles, etc. que vous trouvez. Entrez dans un tchat ou cherchez la station sur Facebook et écrivez un commentaire.

LEÇON 3

COMMENT PERSUADER ET DONNER DES ORDRES

Conversation (conclusion)

 Track 11

Premières impressions

1. Identifiez: les expressions pour persuader et donner des ordres
2. Trouvez: pourquoi le match de foot FC Sion-Young Boys Berne est très important

Julie, son frère, Adrien, et Samuel, leur cousin, sont en plein milieu d'une discussion où il s'agit de décider de l'émission qu'ils vont regarder à la télévision.

JULIE Il y a une bonne série policière américaine sur TF1 ce soir: *Les Experts: Miami*. Ça ne vous tente pas?

ADRIEN Ah, non, écoute, je vois que sur TSR2, il y a le match de foot FC Sion-Young Boys Berne...

JULIE Oh, non! Pas du foot!

SAMUEL Passe-moi le programme, s'il te plaît.

ADRIEN *(à sa sœur)* Ça ne te dit rien de regarder le match de foot? C'est la finale de la Coupe nationale, ce soir.

JULIE Tu sais bien que je ne comprends pas grand-chose au foot! Alors, regarder trois heures de match à la télé, ça ne me dit vraiment rien!

ADRIEN Oui..., mais tu ne comprends pas: c'est la Coupe de Suisse, ce soir. Allez, sois sympa, je t'en prie°, et regarde le match avec nous, quoi! Samuel et moi, nous t'expliquerons. *Les Experts: Miami* est une rediffusion.

JULIE Mais je ne l'ai pas encore vu, moi! Et puis, les séries policières, ça me plaît.

SAMUEL Bon, eh bien, je vous propose un compromis. Qu'est-ce que vous diriez d'une partie de Scrabble®?

ADRIEN Tiens, pourquoi pas? Ça fait longtemps qu'on n'y a pas joué. Et on pourra mettre le match en sourdine°, juste pour voir le score de temps en temps.

JULIE Tu ne renonces° jamais, Adrien, hein? Eh bien, puisque tu nous imposes ton choix, c'est toi qui vas chercher le jeu dans le placard° de ma chambre.

je t'en prie *will you please*

mettre en sourdine *to mute*

give up

closet

MIGUEL RIOPA/AFP/Getty Images

Tous les quatre ans, la Coupe du Monde met en compétition les meilleures équipes nationales de football du monde. Le football, introduit en France en 1890, y est devenu le sport le plus populaire. La Fédération Française de Football organise chaque année les Championnats de France et la Coupe de France. En 1998, la France, opposée au Brésil, a gagné la Coupe du Monde. En 2002, les «Bleus», l'équipe de France, ont été éliminés au premier tour de la Coupe du Monde. En 2006, la France a perdu la finale contre l'équipe d'Italie au cours des prolongations *(overtime)*, plus précisément au cours des tirs au but *(penalty shootouts)*. La France s'est qualifiée pour la Coupe de 2010 et est allée en Afrique du Sud, mais a été éliminée au premier tour. Aujourd'hui «à la retraite», Zinédine (Zizou) Zidane a joui d'une grande popularité en France pendant sa brillante carrière. Il était un des meilleurs joueurs du monde. Il parle français, berbère, anglais, espagnol et italien parce qu'il a joué dans plusieurs pays et qu'il est né en Algérie.

Observation et analyse

1. Qu'est-ce que Julie veut voir à la télé? Quels arguments est-ce qu'elle utilise pour convaincre les autres?
2. Que veut voir Adrien? Pourquoi?
3. Est-ce que le petit groupe aboutit à *(reach)* un compromis à la fin? Quelle sorte de compromis?
4. Pensez-vous que Julie et son frère aient souvent ce genre de petite discussion? Justifiez votre point de vue.

Réactions

1. Quelle émission est-ce que vous auriez choisie et pourquoi? (J'aurais choisi…)
2. Dans le passé, est-ce que vous aviez souvent des discussions avec votre famille au sujet du programme que vous vouliez regarder à la télé? Qui avait gain de cause *(won the argument)*?

Expressions typiques pour…

Persuader

Si tu me laisses/vous me laissez tranquille, je te/vous promets qu'on sortira dans dix minutes.
Cela ne te/vous dit rien de regarder le match?
Fais-moi/Faites-moi plaisir, ferme/fermez la porte.
Efforce-toi *(Try hard)* de te calmer./Efforcez-vous de vous calmer.
Sois sympa, je t'en prie./Soyez sympa, je vous en prie.
Qu'est-ce qu'il faut dire pour te/vous persuader de venir avec nous au cinéma?
Que dirais-tu d'une pizza?/Que diriez-vous d'un apéritif? Ça ne te/vous tente pas?
Je serais content(e)/heureux(-euse) si tu venais/vous veniez avec nous.

Donner des ordres

Couche-toi!/Couchez-vous! Il est tard!
Tu vas te/Vous allez vous coucher tout de suite!
Je te/vous demande d'éteindre la télé.
Je te (t')/vous défends/interdis *(forbid)* de regarder cette émission.
Je te/vous prie de me laisser seul(e).
Ne parle/Ne parlez pas la bouche pleine!
Veux-tu/Voulez-vous (bien) monter dans ta/votre chambre tout de suite!

Note that these orders refer to talking to a child or children. Persuasion techniques would be used to talk to another adult.

Exprimer la nécessité ou l'obligation

Il est indispensable que tu étudies/vous étudiiez. *(subjonctif)*
Il est obligatoire que tu fasses tes devoirs/vous fassiez vos devoirs. *(subjonctif)*
Il faut absolument que tu me laisses tranquille/vous me laissiez tranquille. *(subjonctif)*
Tu dois/Vous devez dormir.
Tu as/Vous avez besoin de cela pour mieux travailler.
Tu as/Vous avez intérêt à *(You'd better)* écouter le professeur!

Mots et expressions utiles

La persuasion

aboutir à un compromis *to come to or reach a compromise*
avoir des remords *to have (feel) remorse*
avoir gain de cause *to win the argument*
convaincre (quelqu'un de faire quelque chose) *to persuade (someone to do something)*
une dispute *an argument*
s'efforcer de *to try hard, try one's best*
le point de vue *point of view*
renoncer *to give up*
l'esprit [m] ouvert *open mind*
têtu(e) *stubborn*
changer d'avis *to change one's mind*
se décider (à faire quelque chose) *to make up one's mind (to do something)*
indécis(e) (sur) *indecisive; undecided (about)*
prendre une décision *to make a decision*
défendre (à quelqu'un de faire quelque chose) *to forbid (someone to do something); to defend*
interdire (à quelqu'un de faire quelque chose) *to forbid (someone to do something)*
je te/vous prie (de faire quelque chose) *will you please (do something)*

Genève, située à l'extrême ouest de la Suisse, est la première destination touristique de Suisse, mais avec ses 192 000 habitants, elle est moins peuplée *(populated)* que Zurich. La langue officielle de la ville est le français. La Suisse reconnaît quatre langues nationales: l'allemand parlé au nord et au centre, le français à l'ouest, l'italien au sud et le romanche parlé par une petite minorité dans le sud-est. Le pays a une longue tradition de neutralité politique et militaire et est le site de nombreuses organisations internationales.

Mise en pratique

—Maman, **je t'en prie,** laisse-moi aller à Genève pour le week-end! Lana del Rey donne un concert à l'Arène de Genève et tous mes amis y vont. Je serai la seule à rester ici si tu ne me donnes pas la permission.

—Des lycéens qui vont à Genève sans surveillance *(supervision)*? C'est impossible! J'ai généralement l'**esprit ouvert,** mais cette fois, je n'ai pas le choix. Tu es trop jeune. Je dois t'**interdire** d'y aller.

—Qu'est-ce que tu veux que je te promette pour te faire **changer d'avis**?

—Désolée, je n'ai pas le droit de me laisser **convaincre.** S'il t'arrivait quelque chose… j'en **aurais des remords** toute ma vie. Mais je te propose un **compromis.** On ira tous à Genève pendant les grandes vacances.

Activités

A. Le bon choix. Pour chaque situation, choisissez l'expression qui vous semble la meilleure ou inventez-en une autre.

1. Votre fille de quatre ans veut regarder un film d'horreur à la télévision. Vous dites:
   a. Si tu regardes ce film, je t'envoie au lit.
   b. J'aimerais que tu regardes ce film avec moi.
   c. ?
2. Votre femme/mari ne veut pas vous acheter de cadeau d'anniversaire. Elle/Il ne veut pas dépenser trop d'argent. Vous dites:
   a. Je t'assure que je ne te parlerai plus jamais de la vie si tu ne m'achètes rien.
   b. Sois gentil(le) et achète-moi un petit quelque chose.
   c. ?
3. Vous avez froid. Votre colocataire préfère les appartements froids. Vous dites:
   a. Si tu montes *(raise)* le thermostat, je te prépare du thé glacé *(iced tea)*.
   b. Il faut qu'on monte le thermostat. Sinon, je vais attraper un rhume.
   c. ?
4. Vous voulez sortir pour célébrer le Nouvel An. Votre fiancé(e) veut rester à la maison. Vous dites:
   a. Qu'est-ce qu'il faut faire pour te persuader de sortir? Je te promets un bon dîner demain…
   b. Tu vas sortir avec moi.
   c. ?
5. Vous voulez acheter une nouvelle voiture. Votre mère ne propose pas de vous prêter de l'argent. Vous dites:
   a. Tu me prêteras de l'argent, n'est-ce pas?
   b. Si tu ne me prêtes pas d'argent, je t'en voudrai toute ma vie.
   c. ?

B. L'indécision. Pauvre Anne! Elle est toujours indécise. Utilisez les expressions et les mots suivants pour compléter ses pensées. Faites tous les changements nécessaires.

l'esprit ouvert changer d'avis indécis
prendre une décision s'efforcer de

Je suis tellement _________. Mon problème, c'est que j'ai _________; alors, pour moi, il est très difficile de _________ parce que je peux toujours comprendre les deux points de vue. Les rares occasions où je prends position *(take a stand)*, je finis par *(end up)*_________ après deux ou trois jours. Est-ce que quelqu'un peut _________ me convaincre pour de bon?

C. Imaginez. Pour chaque expression, inventez un contexte approprié (**où, quand, avec qui,** etc.). Jouez ensuite la scène.

MODÈLE: Essaie de te calmer.
Situation imaginée: Mon ami(e) et moi sommes coincé(e)s (stuck) *dans un ascenseur qui s'est arrêté entre deux étages. Pendant que nous attendons que quelqu'un nous aide, mon ami(e) fait une crise de nerfs. Pour le/la détendre, je lui dis: Essaie de te calmer. Si tu te calmes, tu t'en sortiras mieux. Ne t'inquiète pas, etc.*

1. Donnez-moi votre portefeuille.
2. Efforcez-vous de paraître contents.
3. Souris un peu, juste pour me faire plaisir.
4. Sois gentil(le), ne me laisse pas seul(e). J'ai très peur.

La grammaire à apprendre

Le subjonctif: la nécessité et l'obligation

These expressions are followed by the subjunctive and will be helpful when you are requesting or persuading someone to do something.

demander que	il est nécessaire que
insister pour que	il est essentiel que
empêcher que	il suffit que
il faut (absolument) que	il est indispensable que

Il est indispensable que nous **emportions** de bons livres pour lire le soir.
It is necessary that we take good books to read in the evening.
J'insiste pour que nous **lisions** des auteurs classiques.
I insist that we read classical authors.

Certain expressions of obligation **(il est nécessaire que, il faut que, il est essentiel que, il est indispensable que)** can be replaced by **devoir** + infinitive. The meaning conveys less of a sense of obligation, however.

Il est nécessaire qu'on lise toutes sortes de livres.
On **doit** lire toutes sortes de livres.
It is necessary to read a variety of books.

Il faut que vous lisiez pendant toute votre vie.
Vous **devez** lire pendant toute votre vie.
You must read all your life.

Le passé du subjonctif

The past subjunctive is a compound tense used to refer to actions or conditions that took place at any time prior to the time indicated by the main verb. It is formed with the present subjunctive of the auxiliary verbs **avoir** or **être** + the past participle. Choose the same auxiliary verb as you would for the **passé composé**.

regarder	
que j'**aie regardé**	que nous **ayons regardé**
que tu **aies regardé**	que vous **ayez regardé**
qu'il/qu'elle/qu'on **ait regardé**	qu'ils/qu'elles **aient regardé**

partir	
que je **sois parti(e)**	que nous **soyons parti(e)s**
que tu **sois parti(e)**	que vous **soyez parti(e)(s)**
qu'il **soit parti**	qu'ils **soient partis**
qu'elle **soit partie**	qu'elles **soient parties**
qu'on **soit parti(e)(s)**	

" Quand j'ai un peu d'argent je m'achète des **livres** et s'il m'en reste, j'achète de la nourriture et des vêtements "

Erasme
(1469–1536)

Aimez-vous lire? Quelle(s) sorte(s) de livres est-ce que vous lisez? Combien d'heures par semaine est-ce que vous lisez? Quel livre est-ce que vous lisez en ce moment? Initiez une conversation avec un(e) partenaire et persuadez-le/la de lire ce livre.

There is no *future* subjunctive form. The present subjunctive is used to express future actions as well as present.

se réveiller

que je **me sois réveillé(e)**	que nous **nous soyons réveillé(e)s**
que tu **te sois réveillé(e)**	que vous **vous soyez réveillé(e)(s)**
qu'il **se soit réveillé**	qu'ils **se soient réveillés**
qu'elle **se soit réveillée**	qu'elles **se soient réveillées**
qu'on **se soit réveillé(e)(s)**	

présent

Mon frère a demandé **que je lui achète** une chanson sur iTunes.
My brother asked that I buy him a song from iTunes.

passé

Il est content **que j'aie trouvé** une carte-cadeau pour lui.
He is happy that I found a gift card for him.

futur

Il sera content **que je lui apporte** sa carte-cadeau aujourd'hui!
He will be happy that I'm bringing the gift card to him today!

Courtesy of Esther Marshall

La Fnac (Fédération nationale d'achats) est une chaîne de magasins spécialisés dans la distribution de biens culturels et de loisirs. Avec Internet, est-ce qu'il est encore indispensable de fréquenter des magasins comme la Fnac?

Activités

A. Quel professeur! Un professeur parle avec ses étudiants. Un(e) étudiant(e) du fond de la salle répète moqueusement tout ce qu'il dit en utilisant le verbe **devoir** et un infinitif. Jouez le rôle de cet(te) étudiant(e) et répétez les déclarations suivantes.

MODÈLE: —Il faut que vous jouiez le dialogue à deux sur la plate-forme orale de iLrn pour mercredi.

—Vous devez jouer le dialogue à deux sur la plate-forme orale de iLrn pour mercredi.

1. Il est nécessaire que vous répondiez oralement à ces questions pour demain.
2. Il faut que chaque groupe de trois me remette *(hand in)* son dialogue demain matin.
3. Il est essentiel que nous lisions ce paragraphe avant le contrôle.
4. Il faut que Jérémy et Angélique écrivent leurs réponses au tableau.
5. Il est nécessaire que vous fassiez attention à ce que je dis.
6. Il faut que Laura vienne me voir après le cours.

Que pensez-vous de ce professeur? Voulez-vous suivre son cours? Expliquez.

B. Le cadeau d'anniversaire. Sébastien a acheté un cadeau à Manon, mais il y a un problème. Combinez les phrases en suivant le modèle et vous découvrirez de quel problème il s'agit.

MODÈLE: Manon est heureuse. Sébastien lui a offert un cadeau.

Manon est heureuse que Sébastien lui ait offert un cadeau.

1. Manon est toute contente. Sébastien lui a acheté un iPhone.
2. Sébastien ne regrette plus. L'iPhone lui a coûté une fortune.
3. Il avait un peu peur. Manon n'aimera pas l'iPhone.
4. Mais Manon est triste. Sébastien ne lui a pas offert le modèle de luxe.
5. Elle n'est pas sûre. Il faut expliquer à Sébastien qu'elle aurait préféré avoir le modèle le plus performant.
6. Sébastien est surpris. Manon a l'air de plus en plus triste et elle le remercie sans enthousiasme.
7. Les parents de Manon sont désolés. Leur fille est une personne ingrate.
8. Quelques jours plus tard, ils sont aussi étonnés. Manon et Sébastien se sont brouillés *(quarreled)*.

Selon vous, quel est le problème?

C. Exigences. Une Anglaise va bientôt faire un voyage en France. Elle est très difficile. Elle veut que l'hôtel soit parfait. Voici ses conditions. Traduisez-les en français.

I ask that the hotel be clean (**propre**). Furthermore (**De plus**), I insist that the employees smile (**sourire**). It is necessary that breakfast be on time and that the tea be hot. The croissants must be fresh. It is essential that the bed not be too soft (**mou**). I must sleep in silence. It is therefore necessary that the other guests (**clients**) be quiet (**discrets**).

D. Que dois-je faire? Donnez trois suggestions à un(e) partenaire qui vous demande des conseils.

Que dois-je faire…

1. pour bien dormir?
2. pour bien manger?
3. pour être heureux/heureuse?
4. pour être riche?
5. pour rester jeune?
6. pour vivre longtemps?

Interactions

A. Une contravention. Vous retournez à votre voiture et vous voyez un agent de police vous donner une contravention pour stationnement interdit. Expliquez que vous n'étiez garé(e) là que quelques minutes et que vous deviez faire quelque chose de très important. Donnez quelques détails. Persuadez l'agent de ne pas vous donner de contravention.

B. Comment vendre. Par groupes de trois, choisissez un produit que vous voulez vendre et faites la liste des raisons qui pourraient pousser les clients à acheter votre produit. Ensuite, présentez ces raisons à la classe et essayez de persuader les étudiants d'acheter votre produit.

DOSSIER D'EXPRESSION ÉCRITE Deuxième brouillon

1. Look over the first draft that you wrote in **Leçon 2**. Find at least one point in your argument where you can insert an example. If possible, use two different examples. These will provide a concrete link to your discussion, which will be primarily abstract.
2. Use some of the following expressions to link your example to your composition.

EXPRESSIONS UTILES **par exemple; Rappelons l'exemple de...; ...confirme...; Considérons l'exemple de...**

Liens culturels

Les gestes

On a eu chaud!

J'en ai marre!

Quelle barbe! *(How dull!)*

T'es dingue! *(You're nuts!)*

Les gestes sont un moyen d'expression révélateur. Quand on analyse les gestes des Français et ceux des Américains, on note une tension musculaire plus élevée chez les Français que chez les Américains. Les Français ont souvent le torse plus droit et plus rigide et les épaules[1] hautes et carrées[2]. Mais en conversation, «les épaules restent des instruments de communication étonnamment flexibles. On les ramène souvent vers l'avant et ce geste s'accompagne d'une expiration ou d'une moue[3], créant ainsi un mouvement du corps que les Américains trouvent typiquement français».

On peut distinguer un Américain d'un Français de loin. L'Américain a tendance à balancer[4] les épaules et le bassin[5] et à faire des moulinets avec les bras[6]. Le Français, lui, essaie d'occuper un espace plus réduit sans balancements sur le côté. De plus, «les hommes américains, lorsqu'ils sont debout, mettent souvent les mains dans leurs poches (en s'appuyant le dos contre un mur s'ils attendent quelque chose). Les hommes français ont plus tendance à croiser les bras – attitude qui évoque une plus grande tension».

Les gestes jouent ainsi un rôle primordial dans la communication. «En France comme aux États-Unis, les gestes de la main varient beaucoup selon le niveau social, le sexe, l'âge ou la région. On remarque toutefois certaines différences générales entre Français et Américains».

Super!

Mon œil! *(You can't fool me!)*

Adapted from Laurence Wylie, Jean-François Brière, *Les Français*, Prentice Hall, 2001

[1]*shoulders* [2]*square* [3]*pout* [4]*swing* [5]*pelvis* [6]*whirl the arms around*

Compréhension

1. Comparez la tension musculaire dans les gestes des Français et des Américains.
2. Quel mouvement du corps est-ce que les étrangers trouvent typiquement français?
3. Parlez du concept de l'espace physique chez les Français et les Américains.
4. Quels facteurs influencent les gestes de main des Français et des Américains?

Réactions

1. Donnez des exemples de gestes typiquement américains.
2. Est-ce que vous pourriez donner quelques exemples de personnages tirés de films français et américains qui illustrent les différences de gestes?
3. Quel que soit leur pays d'origine, il y a des gens qui utilisent plus de gestes que d'autres. Est-ce que vous vous exprimez souvent avec des gestes?

Extension

Trouvez d'autres gestes français sur Internet et faites une petite présentation pour la classe. Faites deviner à vos copains/copines de classe ce que veulent dire ces gestes. N'utilisez pas de gestes obscènes ou insultants.

Philip Ryalls/Redferns/Getty Images

MC Solaar: Chanteur

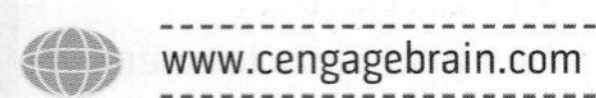

Activités musicales

MC Solaar: *Nouveau Western*

Biographie

- Né en 1969 à Dakar, au Sénégal
- Fils de parents tchadiens, mais venu en France à l'âge de 6 mois
- Un des premiers à aider à populariser le rap en France
- Premier album sorti en 1991, célèbre pour le single *Bouge de là*
- *La belle et le Bad boy* de l'album *Cinquième As* est utilisé dans un épisode de *True Blood*.

Avant d'écouter: Le contexte et les réflexions

1. Est-ce que vous aimez regarder des westerns à la télévision? Comment sont ces films, en général? Qui sont les personnages? Quels sont les thèmes typiques des westerns? Est-ce qu'il y a des stéréotypes qu'on retrouve souvent dans les westerns?
2. Imaginez un «nouveau western», c'est-à-dire un western dont l'histoire se passe aujourd'hui. Qui sont les personnages? De quoi parle l'histoire? Est-ce que les thèmes et les stéréotypes ressemblent à ceux des westerns traditionnels? Qu'est-ce qui est différent?

Pendant que vous écoutez: Compréhension

1. Sur une feuille de papier, faites une liste des noms propres que vous entendez en écoutant la chanson une première fois.
2. Ensuite, faites deux colonnes et, en écoutant une deuxième fois, notez les éléments du western traditionnel et ceux du «nouveau western» décrits par MC Solaar.

Après avoir écouté: Communication

1. Regardez la liste que vous avez faite. Quelles sont les ressemblances et les différences entre le western traditionnel et le «nouveau western»? Qu'est-ce que vous pensez des comparaisons de MC Solaar?
2. D'après MC Solaar, la ruée vers l'or *(goldrush)* est le seul but *(goal)* du cow-boy. Expliquez cette phrase dans le contexte du western traditionnel et dans celui du «nouveau western». Est-ce que vous êtes d'accord avec MC Solaar? Expliquez votre opinion en utilisant le subjonctif et des expressions que vous avez apprises dans ce chapitre.
3. Cherchez sur Internet d'autres chanteurs francophones qui ont choisi de parler du thème du western et de la ruée vers l'or. Dites à vos copains/copines de classe qui vous avez identifié et donnez le titre de leur(s) chanson(s). Indiquez aussi si la chanson vous plaît ou non et expliquez pourquoi. Si vous utilisez Twitter, envoyez un tweet avant la classe de français. Sinon, donnez votre réponse en cours.

Activités orales

A. Je m'excuse... Vous êtes au restaurant où vous avez commandé un bon déjeuner pour un(e) ami(e) et sa mère. Quand l'addition arrive, vous vous rendez compte du fait que vous n'avez pas votre portefeuille sur vous. Discutez de la situation avec le maître d'hôtel, en décrivant vos sentiments. Convainquez-le de vous laisser partir et de revenir plus tard avec l'argent.

B. La loterie. Vous venez d'acheter un ticket à gratter *(scratch ticket)* et vous apprenez que vous avez gagné 10 000 €. Jouez la scène où vous recevez cette nouvelle inattendue. Exprimez votre joie. Expliquez ce que vous avez l'intention de faire avec l'argent et persuadez vos parents de se mettre d'accord avec vous.

Strasbourg est une ville située dans l'est de la France, sur la rive gauche du Rhin. C'est le centre administratif de la région Alsace et du département du Bas-Rhin. Située à la frontière franco-allemande, Strasbourg est véritablement biculturelle. Strasbourg est aussi la deuxième ville de congrès *(conferences)* internationaux de France après Paris, et son université et ses écoles ont plus de 20% d'étudiants étrangers et plus de cent nationalités représentées. Sans être la capitale d'un pays, Strasbourg est l'une des seules villes, avec Lyon, Genève et New York, à être le siège d'organisations internationales, comme le Conseil de l'Europe et le Parlement européen.

Activité écrite

Leonid Andronov/Shutterstock.com

Aimeriez-vous visiter Strasbourg?

Un vol annulé. Vous êtes en voyage d'affaires et vous attendez votre vol Paris–Strasbourg quand l'agent d'escale vous informe qu'on a annulé le vol. L'agent peut arranger un autre vol, mais il arrivera trop tard pour la présentation de votre ligne de produits dans le studio d'une télévision locale de Strasbourg. Le train prendrait aussi trop de temps. Écrivez une lettre de réclamation *(complaint)* dans laquelle vous insistez pour qu'on vous rembourse votre billet et vos frais de déplacement (taxi, etc.). Décrivez aussi les clients que vous avez perdus. Demandez qu'on vous envoie un chèque aussitôt que possible. Commencez par: **Madame/Monsieur.** Terminez par: **Veuillez agréer, madame/monsieur, mes sentiments les plus distingués.**

DOSSIER D'EXPRESSION ÉCRITE Révision finale

1. Focus on your conclusion. Make sure it recaptures your arguments. You can propose another solution or incite your reader to act in some way. Don't include any new ideas in your conclusion.
2. Examine your composition one last time. Check for correct spelling, grammar, and punctuation. Pay special attention to your use of the subjunctive mood.
3. Prepare your final version.
4. Work in small groups to present orally your topic and then react to the opinions you hear. Your professor may ask you to present your controversial topic for a debate among your classmates.

Victor Hugo, jeune
Poète, dramaturge, écrivain romantique, personnalité politique, dessinateur

Avez-vous déjà vu ces pièces de théâtre ou ces films: *Les Misérables* ou *The Hunchback of Notre Dame*? C'est Victor Hugo qui les a écrits.

LETTRE À MONSIEUR PAUL LACROIX de Victor Hugo

Biographie

- Né en 1802 à Besançon
- Considéré comme l'un des plus importants écrivains de langue française
- Auteur de grands succès, comme *Notre-Dame de Paris* et *Les Misérables*
- A produit une œuvre monumentale de pièces, de poésies, de romans, d'essais politiques
- S'est opposé au coup d'État de Louis-Napoléon Bonaparte qui, le 2 décembre 1851, s'est proclamé «empereur des Français». Louis-Napoléon Bonaparte gouvernait la France comme président de la République française. Il avait été élu en 1848.
- A vécu en exil jusqu'à la fin du Second Empire (3 septembre 1870)
- Est mort en 1885 à Paris, honoré de funérailles nationales

Sujets à discuter

- Pensez à une pièce de théâtre ou à un concert auquel vous êtes allé(e). Est-ce que vous avez aimé cette pièce/ce concert? Quelle a été la réaction des autres spectateurs? Est-ce qu'ils ont applaudi? Ont-ils ri/pleuré/hué *(booed)*? Expliquez.
- Est-ce que les innovations dans les arts ont toujours été bien reçues? Pensez, par exemple, aux débuts de la musique rock, du hip hop ou de l'art abstrait. Quelles sont les réactions typiques quand les artistes proposent des œuvres avant-gardistes? Nommez d'autres exemples d'œuvres controversées et discutez de leur réception.
- Qu'est-ce que vous savez des mouvements artistiques comme le Classicisme et le Romantisme?

Stratégie de lecture

Trouvez les détails. Parcourez rapidement le texte et la légende de l'image à la page 210 pour trouver: 1) les deux services qu'Hugo demande à son ami Paul Lacroix; 2) les noms d'autres artistes du mouvement romantique.

Introduction

In this chapter you have been studying how to express emotions in French and in what contexts they are typically found. In literary history, one of the most famous examples of emotions running high occurred at the Théâtre-Français *in Paris, February 25, 1830, at which Victor Hugo was presenting his scandalous new play,* Hernani. *Hugo was at the forefront of a group of young artists who were defining a new movement in poetry, music, painting, sculpture, and theater,* **le Romantisme,** *which was essentially an esthetic and political revolution against the traditional Classicism, supported by the monarch Charles X. The evening of the premiere of* Hernani, *the audience was divided among friends of Victor Hugo who were dressed in red vests, those who were supporters of Classicism, and the curious who came to see the two adversaries battle it out. The young students and artists, friends of Victor Hugo, applauded so enthusiastically at the beautiful lines that they prevented the* **"classiques"** *from booing and hissing at the actors. The next day, the talk of the town was the* **"bataille d'Hernani".** *Victor Hugo wrote this letter to his friend Paul Lacroix, a famous writer and publisher, after the first two performances. The supporters of Romanticism had won the battle of* Hernani *but now Victor Hugo needed to negotiate publication of his work.*

Lecture

27 février 1830, minuit.

Mille fois merci, cher et bien excellent ami. Je vous reconnais bien à tout ce que vous faites pour moi. Je vous aurais voulu ce soir au théâtre. Vous auriez ri. La cabale classique° a voulu mordre°, et a mordu, mais grâce à nos amis elle s'y est brisé les dents. Le 3ème acte a été rudoyé°, ce qui sera longtemps encore, mais le 4ème a fait taire, et le 5ème a été admirablement, mieux encore que la première fois. Mlle Mars a été miraculeuse. On l'a redemandée, et saluée, et écrasée° d'applaudissements. Elle était enivrée°.

Voilà, je crois, qui ira. Les deux premières recettes° ont déjà 9000 francs, ce qui est sans exemple au théâtre. Ne nous endormons pas pourtant. L'ennemi veille°. Il faut que la troisième représentation les décourage, s'il est possible. Aussi°, au nom de notre chère liberté littéraire, convoquez pour lundi tout notre arrière-ban° d'amis fidèles et forts. Je compte sur vous pour m'aider à arracher cette dernière dent au vieux pégase classique. À mon aide, et avançons!

Je suis assailli de libraires°. Envoyez-moi, je vous prie, M. Fournier. Ou bien écoutez ceci. Tout le monde me conseille de ne pas traiter° moi-même, vu ma faiblesse et ma facilité en affaires d'argent. On m'engage à choisir un ami pour débattre avec les libraires. Cela vous ennuierait-il bien fort, cher ami, de me rendre ce service? En auriez-vous le temps? Êtes-vous d'avis surtout que la chose se fasse sans moi? Votre conseil, votre bon conseil là-dessus.

Dites à votre excellent frère que je compte sur lui pour lundi, quoique *Hernani* doive terriblement l'ennuyer. Il s'agit de la grande question, et non de moi.

À vous du fond du cœur.

Victor Hugo

Mettez mes hommages respectueux aux pieds de Mme Lacroix.

Source: *Correspondance de Victor Hugo,* Tome I, année 1830.

classicists' conspiracy / to bite
treated harshly
crushed / high, inebriated (fig.)
first two nights' revenue
is watching
Therefore
every last one
publishers
negotiate (with the publishers)

Reproduction d'un dessin de Benjamin Roubaud, 1842. «La Grande Chevauchée *(ride)* de la Postérité»: monté sur le Pégase romantique, Victor Hugo, «roi des Hugolâtres, armé de sa bonne lame *(sword)* de Tolède et portant la bannière de Notre-Dame de Paris», emmène en croupe *(behind)* Théophile Gautier (sic), Cassagnac, Francis Wey et Paul Fouché. Eugène Sue fait effort pour se hisser à leur niveau et Alexandre Dumas presse le pas, tandis qu'Alphonse de Lamartine, dans les nuages, se «livre à ses méditations politiques, poétiques et religieuses». Suivent Honoré de Balzac et Alfred de Vigny.

Source: *La Grande Chevauchée de la Postérité*, Benjamin Roubaud, 1842

Compréhension

A. Observation et analyse. Répondez aux questions suivantes avec un(e) partenaire.

1. Pourquoi est-ce que la cabale classique n'a pas gagné la bataille d'*Hernani*?
2. Comment a été l'interprétation *(performance)* de Mlle Mars? Comment le savez-vous?
3. Quelle a été la recette des deux premières représentations? Est-ce un bon chiffre? Expliquez.
4. Que faut-il pour que la troisième représentation réussisse?
5. Quelle est, probablement, la profession de M. Fournier?
6. Pourquoi est-ce que Victor Hugo veut que son ami Lacroix négocie son contrat avec un éditeur (un libraire dans la langue classique) à sa place?
7. Qu'est-ce que Victor Hugo voudrait que le frère de M. Lacroix fasse? Est-il optimiste? Expliquez.

B. Grammaire/Vocabulaire. Trouvez: 1) deux exemples de l'emploi du subjonctif dans la lettre et donnez la raison pour chaque emploi; 2) les mots qu'utilise Hugo pour persuader son ami, c'est-à-dire, les mots qui l'aident à rendre sa demande de services plus convaincante et plus polie.

C. Réactions. Donnez votre avis.

1. Aimez-vous jouer des rôles sur scène, pour vous amuser avec des amis, en famille, à l'école? Expliquez. Si vous n'avez jamais joué dans une pièce, voudriez-vous essayer? avoir un grand rôle? un petit rôle? Expliquez.
2. Victor Hugo a demandé deux services à son ami dans une lettre. Aujourd'hui, quand vous voulez persuadez un(e) ami(e) de vous rendre un service, comment est-ce que vous faites votre demande – dans un texto ou dans un e-mail? par téléphone? en personne? Expliquez.
3. Qu'est-ce qui vous ennuie? Qu'est-ce qui vous passionne? Pourquoi?

Interactions

1. Le graffiti est né aux États-Unis dans les années 1970 et occupe une place grandissante dans le paysage français. Certains considèrent les graffitis et les tags comme du vandalisme et d'autres pensent que c'est de l'art. Discutez en petits groupes: Le graffeur est-il un artiste et le graffiti une œuvre d'art?
2. Imaginez qu'il y ait beaucoup de partisans du Romantisme à la prochaine représentation d'*Hernani*. Que feront-ils? Que diront-ils aux «classiques»?

Expansion

1. Choisissez un des personnages dans le dessin «La Grande Chevauchée de la Postérité» et écrivez un rapport sur sa vie, son œuvre, sa philosophie, etc. Illustrez votre rapport par des photos, des dessins et d'autres éléments intéressants. Faites une présentation devant la classe.
2. Parfois, une œuvre d'art, un roman ou un spectacle fait scandale. Faites des recherches sur Internet pour trouver une controverse qui vous intéresse dans le monde de l'art et faites un rapport sur elle.

Victor Hugo en 1879. Après la mort de son fils Charles, il s'occupe de ses petits-enfants et écrit les poèmes du recueil *L'art d'être grand-père.*

VOCABULAIRE

LA VOLONTÉ

avoir envie de (+ infinitif) *to feel like (doing something)*

compter *to intend, plan on, count on, expect*

tenir à *to really want to; to insist on*

LA TÉLÉVISION

les actualités/les informations [f pl] *news (in the press, but especially on TV)*

allumer la télé *to turn on the TV*

augmenter le son *to turn up the volume*

baisser le son *to turn down the volume*

une chaîne *channel*

un débat *debate*

diffuser/transmettre (en direct) *to broadcast (live)*

l'écran [m] *screen*

une émission *broadcast, TV show*

une émission de téléréalité *reality show*

éteindre la télé *to turn off the TV*

un feuilleton *serial; soap opera*

un jeu télévisé *game show*

le journal télévisé *TV news*

mettre la 3, 6, etc. *to put on channel 3, 6, etc.*

le poste de télévision *TV set*

le programme *program listing, broadcast*

le public *audience*

une publicité (pub) *TV commercial*

rater *to miss*

une rediffusion *rerun*

un reportage en direct *live report*

une série *series*

le sous-titrage *closed captioning*

un talk-show *talk show*

une télécommande *remote control*

un téléspectateur/une téléspectatrice *TV viewer*

la télévision par câble/satellite *cable/satellite TV*

LES ÉTUDES

un contrôle *test*

bien se débrouiller en maths *to do well in mathematics*

s'embrouiller *to become confused*

LES ÉMOTIONS

agacer *to annoy*

barber *(familiar) to bore*

embêter *to bother*

ennuyé(e) *annoyed, bored, bothered*

ennuyeux/ennuyeuse *annoying, boring, tedious, irritating*

en avoir assez *to have had enough*

en avoir marre *(familiar) to be fed up*

génial(e) *fantastic*

heureusement *thank goodness*

inquiet/inquiète *worried, anxious*

s'inquiéter *to worry*

l'inquiétude [f] *worry, anxiety*

insupportable *unbearable, intolerable*

On a eu chaud! *(familiar) That was a narrow escape!*

On a eu de la chance! *We got lucky!*

le soulagement *relief*

supporter *to put up with*

LA RADIO

un animateur/une animatrice *radio or TV announcer*

un auditeur/une auditrice *member of (listening) audience*

le public *audience*

une station *(TV, radio) station*

LA PRESSE

un abonnement *subscription*

une annonce *announcement, notification*

annuler *to cancel*

un bi-mensuel *bimonthly publication*

être abonné(e) à *to subscribe to*

un hebdomadaire *weekly publication*

un journal *newspaper*

un lecteur/une lectrice *reader*

un magazine *magazine*

un mensuel *monthly publication*

les nouvelles [f pl] *printed news; news in general*

un numéro *issue*

les petites annonces *classified advertisements*

une publicité *advertisement*

un quotidien *daily publication*

un reportage *newspaper report; live news or sports commentary*

une revue *magazine (of sophisticated, glossy nature)*

une rubrique *heading, item; column*

le tirage *circulation*

LA PERSUASION

aboutir à un compromis *to come to or reach a compromise*

avoir des remords *to have (feel) remorse*

avoir gain de cause *to win the argument*

changer d'avis *to change one's mind*

convaincre (quelqu'un de faire quelque chose) *to persuade (someone to do something)*

se décider (à faire quelque chose) *to make up one's mind (to do something)*

défendre (à quelqu'un de faire quelque chose) *to forbid (someone to do something); to defend*

une dispute *an argument*

s'efforcer de *to try hard, try one's best*

l'esprit [m] **ouvert** *open mind*

indécis(e) (sur) *indecisive; undecided (about)*

interdire (à quelqu'un de faire quelque chose) *to forbid (someone to do something)*

je te/vous prie (de faire quelque chose) *will you please (do something)*

le point de vue *point of view*

prendre une décision *to make a decision*

renoncer *to give up*

têtu(e) *stubborn*

La Bretagne, l'Alsace et la Corse

Avant la grande vague d'immigrants étrangers qui sont arrivés dans le pays au XIXe et au XXe siècles, la France était déjà constituée d'une mosaïque de peuples très différents, comme les Bretons, les Alsaciens et les Corses qui restent encore aujourd'hui fiers de leurs traditions culturelles régionales.

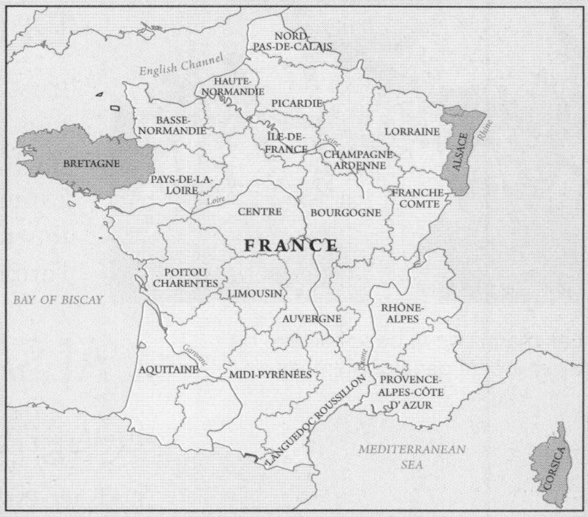

LA BRETAGNE

Géographie et histoire

La Bretagne est une région située dans l'ouest de la France, entre les côtes de la Manche et celles de l'Océan atlantique. Les Bretons descendent des Celtes venus d'Angleterre en Bretagne au Ve siècle après J.C. C'est pourquoi on retrouve une langue et des traditions communes entre la Bretagne et le Pays de Galles. La Bretagne a été rattachée à la France à la suite du mariage de la duchesse Anne de Bretagne avec le roi de France Charles VIII en 1491. C'est une région pauvre en ressources naturelles, mais bordée par la mer. Grâce à l'influence du Gulf Stream, les hivers sont doux et les étés frais. Il pleut souvent, mais il ne neige presque jamais. Au cours des siècles passés, la Bretagne a envoyé ses pêcheurs et ses marins sur toutes les mers du globe à partir de ports comme Nantes ou Saint-Malo. C'est de ce dernier port qu'est parti Jacques Cartier pour explorer le Canada en 1534. C'est une région de France où les traditions catholiques étaient plus fortes qu'ailleurs *(elsewhere)* et où le clergé avait beaucoup d'influence. Très peu industrialisée et développée jusqu'au milieu du XXe siècle, la Bretagne est devenue aujourd'hui une région économiquement dynamique. Si la pêche est en déclin, l'industrie légère, une agriculture très performante et le développement du tourisme et de la navigation de plaisance *(pleasure)* ont fait de la Bretagne une région prospère. Beaucoup de Français vont passer leurs vacances d'été en Bretagne, surtout sur les côtes. Les villes les plus importantes sont Rennes, Quimper et Brest.

La cuisine bretonne

La Bretagne est entourée par la mer. C'est une région d'élevage *(raising animals)*, humide et verte comme l'Irlande. La cuisine bretonne reflète ce milieu naturel. Elle utilise beaucoup le poisson et les fruits de mer, ainsi que le lait et le beurre. La Bretagne est célèbre pour ses crêpes et son cidre. Les biscuits au beurre appelés «galettes bretonnes» sont aussi très appréciés. Un des plats les plus remarquables de Bretagne est un délicieux gâteau appelé Kouign-amann, qui contient beaucoup de beurre et de sucre. Attention à ne pas en abuser!

La langue bretonne

La langue autrefois parlée en Bretagne n'était pas le français mais le breton, une langue celtique proche du gallois *(Welsh)*. L'usage généralisé du français y a été imposé par l'État à la fin du XIXe siècle avec l'école primaire obligatoire. Aujourd'hui, ce sont surtout les personnes âgées qui peuvent lire et parler le breton. Mais une petite minorité d'individus plus jeunes le parle aussi, car les écoles y sont autorisées à l'enseigner depuis les années 1970. Voici deux phrases en langue bretonne: *Da wener e vezanskuizh.* (Je suis fatigué le vendredi.); *Me zo o komz gant maamezeg.* (Moi, je suis en train de parler avec mon voisin.)

Il existe des mots français dont l'usage est spécifique à la Bretagne. Par exemple, pour désigner le prêtre qui dirige une paroisse, on ne dit pas «curé», mais «recteur». De même, les cérémonies catholiques qui ont lieu une fois par an sont appelées des «pardons».

Nicolas THIBAUT/PhotoNonStop/Glow Images

Les marins de la base militaire de Brest jouent de la cornemuse.

La musique bretonne

Il est impossible de parler de la musique bretonne sans évoquer son instrument le plus caractéristique: la cornemuse *(bagpipes)* bretonne ou le biniou breton. L'homme qui joue de cet instrument est appelé un «sonneur» de biniou. On trouve aussi la cornemuse chez les Écossais et les Espagnols. Les marins de la base militaire de Brest jouent de la cornemuse et ils ont une autre spécificité qui les rend uniques dans l'armée française: les ordres qu'ils reçoivent sont donnés en langue bretonne.

L'ALSACE

Géographie et histoire

L'Alsace est une région située dans l'est de la France. C'est une immense plaine bordée à l'ouest par des montagnes, les Vosges, et à l'est par un fleuve, le Rhin, qui marque la frontière avec l'Allemagne. Les contrastes climatiques sont plus forts qu'ailleurs en France. Il fait très chaud en été et très froid en hiver. Il y neige souvent.

L'histoire de l'Alsace a été très mouvementée. Rattachée à la France en 1648, elle est conquise par l'Allemagne de 1871 à 1919, rattachée à nouveau à la France de 1919 à 1940, reconquise par Hitler de 1940 à 1944. Elle redevient finalement française en 1945. Ses habitants ont donc changé de nationalité plusieurs fois depuis le XIXe siècle. Parce que la langue locale des habitants était un dialecte allemand et les traditions culturelles étaient germaniques, les Allemands considéraient que les Alsaciens étaient allemands, même si ceux-ci voulaient rester français. Pendant les deux guerres mondiales, les Alsaciens ont été enrôlés de force dans l'armée allemande. On les a appelés les «malgré-nous». La loi française de séparation de l'Église et de l'État de 1905 ne s'applique pas à l'Alsace. De ce fait, aujourd'hui encore, c'est le président français, successeur des rois de France, qui nomme les évêques *(bishops)* de Metz et de Strasbourg et non pas le pape. C'est à Strasbourg que l'hymne national français, la Marseillaise, a été composée en 1792.

L'Alsace est une région riche sur le plan économique. Elle est célèbre pour ses vignobles *(vineyards)*. Elle reçoit beaucoup de touristes français et allemands. Les villes les plus importantes sont Strasbourg, Colmar et Mulhouse. C'est à Strasbourg que siège le Parlement de l'Union européenne.

© Cond Nast Archive/Corbis

Un kugelhopf

La cuisine

La cuisine alsacienne reflète la richesse agricole de la région. Le plat le plus typique est la choucroute qui est faite avec des choux, du lard, des saucisses et des pommes de terre. Mais on peut citer également la flammekueche, sorte de tarte à l'oignon flambée. Les gâteaux alsaciens, dont le kugelhopf, sont aussi très appréciés. L'Alsace est célèbre pour sa bière et pour ses vins, comme le Gewurztraminer ou le Sylvaner.

La langue alsacienne

L'alsacien est un dialecte de l'allemand. Il était parlé quotidiennement par la plupart des habitants d'Alsace jusqu'au milieu du XXe siècle. Ce n'est plus le cas aujourd'hui, surtout chez les jeunes, même s'il est enseigné à l'école de nos jours. Les journaux alsaciens publiés en allemand ont quasiment disparu. Voici quelques exemples d'expressions en langue alsacienne: *Iewungmacht der Meischter* (l'expérience fait le maître); *S'Wasserlaift nit der Bargufe* (l'eau ne coule pas vers le sommet).

La musique alsacienne

Les orchestres traditionnels, avec leurs musiciens habillés en gilets rouges, sont très populaires en Alsace, surtout au moment de la Fête du vin ou de la Fête de la bière.

© Glenn Harper / Alamy

Un orchestre traditionnel alsacien

Vous pouvez écouter et regarder l'Ensemble Musical et Folklorique de Hirsingue jouer et danser le Chant des Alouettes sur YouTube.

LA CORSE

Géographie et histoire

La Corse est une île de la Méditerranée, située juste au nord de la Sardaigne. On y trouve quelques plaines, mais surtout beaucoup de montagnes. Le climat est méditerranéen: doux et humide l'hiver, très chaud et très sec l'été. C'est une région aux ressources naturelles pauvres qui, comme la Bretagne, est restée longtemps peu développée sur le plan économique. De nombreux habitants de la Corse ont dû émigrer vers la France continentale pour trouver un emploi. Aujourd'hui, la Corse produit du vin, des olives, de la viande de mouton et du fromage, mais sa ressource principale vient des nombreux touristes attirés par la beauté extraordinaire des côtes de l'île.

La Corse fait partie de la France depuis 1768. Saviez-vous que l'empereur Napoléon Ier était d'origine corse et que le français n'était pas sa langue maternelle? La grande majorité des Corses se sentent français et veulent le rester, mais une petite minorité mène aujourd'hui encore un combat parfois violent contre l'État français pour obtenir l'indépendance de l'île.

Joerg Reuther/Glow Images

Le port de Bonifacio en Corse

La cuisine corse

La cuisine corse est celle d'une région montagneuse et méditerranéenne pauvre en ressources naturelles, où le blé et les vaches sont rares. Le fromage de chèvre, le prisuttu (jambon cru), la pulenda (pain fait avec de la farine de chataîgne) et le fiadone (pâtisserie à base de fromage) sont des plats très appréciés des amateurs de cuisine corse.

La langue corse

Avant que la Corse ne devienne française, la langue que l'on y parlait et écrivait était un dialecte italien, une variation du toscan. Aujourd'hui encore, une minorité importante des habitants de la Corse parlent et écrivent cette langue, que l'on peut apprendre à l'école. Voici des exemples de phrases en langue corse: *Chi tempufiace?* (Quel temps fait-il?); *Bonghjurnu, cumuhè?* (Bonjour, comment ça va?).

La musique corse

Les chants traditionnels corses sont très caractéristiques et très appréciés. Des groupes musicaux très célèbres, comme I Muvrini, ont remis la musique traditionnelle corse au goût du jour et la font découvrir partout en France.

© Pierre Bona

Reconnaissez-vous les spécialités corses qu'on s'apprête à servir?

Compréhension

Vous pouvez écouter I Muvrini chanter *Terra*, un de leurs chants les plus célèbres, sur YouTube.

1. Qu'est-ce que la Bretagne, l'Alsace et la Corse ont en commun, d'après ce que vous venez de lire?
2. De ces trois régions, laquelle est riche en ressources naturelles?
3. En quelle année est-ce que la Bretagne est devenue une région de France? et l'Alsace? et la Corse?
4. Quels peuples ou quels pays ont influencé les origines et les traditions culturelles de la Bretagne? de l'Alsace? de la Corse?
5. Comparez le climat des trois régions. Lequel préférez-vous? Pourquoi?
6. Nommez deux facteurs qui contribuent à la prospérité des trois régions aujourd'hui.
7. Parlez des dialectes des trois régions. Est-ce qu'on les parle aujourd'hui? Les écoles les enseignent-elles? Qu'est-ce que vous pensez des langues qui disparaissent, faute de locuteurs *(for lack of speakers)*?
8. Nommez un fait qui démontre l'importance de la religion catholique en Bretagne et en Alsace.
9. Que portent les musiciens des orchestres traditionnels alsaciens?
10. Quel fait est-ce que vous avez trouvé frappant (intéressant ou surprenant) pour chacune de ces trois régions?

Vocabulaire. Associez chaque mot suivant à sa définition.

1. la cornemuse	a. un gâteau breton
2. la galette bretonne	b. un prêtre qui dirige une paroisse en Bretagne
3. la flammekueche	c. le biniou
4. l Muvrini	d. un groupe musical corse
5. le prisuttu	e. des biscuits au beurre
6. les malgré-nous	f. un gâteau alsacien
7. les pardons	g. une tarte à l'oignon flambée alsacienne
8. le kugelhopf	h. du jambon cru corse
9. le Kouign-amann	i. les Alsaciens enrôlés de force dans l'armée allemande
10. le recteur	j. des cérémonies catholiques bretonnes

Expansion

iLrn Share It!

1. Choisissez une ville importante de Bretagne, d'Alsace ou de Corse. Faites des recherches sur Internet et à la bibliothèque sur cette ville et faites un rapport sur son histoire à présenter devant la classe. Comment est la ville aujourd'hui?
2. Trouvez une recette pour un des plats mentionnés dans la lecture et préparez-le pour cinq autres membres de la classe. Expliquez en quoi ce plat est typique de la région et pourquoi vous l'avez choisi.
3. Faites des recherches sur Internet et à la bibliothèque sur les efforts faits pour faire vivre la langue parlée par une minorité de gens dans une de ces trois régions. Pourquoi est-ce qu'on s'intéresse tant à garder ces langues traditionnelles? Dans quelles régions du monde voit-on des efforts semblables?

À MON AVIS... 6

www.cengagebrain.com

iLrn Heinle Learning Center

Audio

LA GRAMMAIRE À RÉVISER

The information presented here is intended to refresh your memory of various grammatical topics that you have probably encountered before. Review the material and then test your knowledge by completing the accompanying exercises in the workbook.

AVANT LA PREMIÈRE LEÇON

Les pronoms objets directs et indirects

A. Formes

PRONOMS OBJETS DIRECTS		PRONOMS OBJETS INDIRECTS	
me	nous	me	nous
te	vous	te	vous
le	les	lui	leur
la			

B. Fonctions

- *Direct* object pronouns replace nouns referring to persons or things that receive the action of the verb directly:

  Est-ce que tu as la clé? — Est-ce que tu l'as?
  Do you have the key? — *Do you have it?*

- Note that it is common in spoken French to represent an idea twice in the same sentence, once as a noun and once as a pronoun:

  La clé, tu l'as? Tu l'as, la clé? *Do you have the key?*

- When an adjective or an entire clause or phrase is replaced, the neuter pronoun **le** is used:

  Est-ce que tu penses que **tu as perdu la clé**?
  Non, je ne **le** pense pas.
  No, I don't think so.

- *Indirect* object pronouns replace nouns referring to persons (not things) that receive the action of the verb indirectly. In English *to* either precedes the noun or is implied:

  Alors, est-ce que tu as donné la clé à Anne?
  Oui! Je **lui** ai donné la clé!
  Yes! I gave her the key. (I gave the key to her.)

NOTE 1 Certain verbs, such as

écouter *(to listen to)*
regarder *(to look at)*
payer *(to pay for)*
chercher *(to look for)*
attendre *(to wait for)*

take direct object pronouns in French, contrary to their English usage.

NOTE 2 On the other hand, certain verbs that take a direct object in English require an indirect object in French, such as

téléphoner à *(to telephone)*
demander à *(to ask)*
dire à *(to tell)*
plaire à *(to please)*
offrir à *(to offer)*

Je veux aller au cinéma.

Reformulez les phrases en utilisant des pronoms objets directs.

Modèle: Je choisis le film de Matt Damon.
Je le choisis.

1. Je consulte le journal.
2. Je trouve l'adresse du cinéma.
3. Je choisis l'heure de la séance.
4. J'invite mes copains de la classe de français.
5. Je cherche mon portefeuille.
6. Je quitte la maison.
7. Je retrouve mes amis.

Mes vacances à Paris.

Reformulez les phrases en utilisant des pronoms objets indirects.

Modèle: Je montre Paris à mes parents.
Je leur montre Paris.

1. Je parle des monuments à mes parents.
2. Je téléphone à Anne, une amie française.
3. J'explique le voyage à Anne.
4. Elle parle des musées à mes parents et moi.
5. Elle montre le Louvre à ma mère.
6. Elle explique l'histoire de Paris à mon père.
7. Après notre retour, nous écrivons une carte à Anne.

iLrn Grammar Tutorial

AVANT LA DEUXIÈME LEÇON

La position des pronoms objets

Affirmative:	La clé? Je **l'**ai.
Negative:	Je ne **l'**ai pas.
Interrogative:	Tu l'as, la clé?
Compound tense:	Je **l'**ai perdue.
	Non! La voilà. Je ne **l'**ai pas perdue.
Infinitive:	Je vais **la** donner à Anne.
	Oui, je vais **lui** donner la clé.
Imperative	
affirmative:	Anne! Attrape-**la**!
	Regarde-**moi**!
negative:	Ne **la** perds pas, s'il te plaît.
	Ne **me** demande pas une nouvelle clé.

NOTE In an affirmative command, **me** changes to **moi** and **te** changes to **toi.** They are placed after the verb and hyphens are used as in the examples above. Both pronouns retain their usual form and placement in negative commands.

Remember that past participles agree with preceding *direct* objects in gender and number. Past participles do not agree, however, with preceding *indirect* objects.

La clé? Oui, je **l'**ai perdu**e**.

Papa et maman? Je **leur** ai téléphon**é** hier.

Dans de nombreuses œuvres cinématographiques, on peut reconnaître des lieux célèbres de la ville de Paris. Connaissez-vous Notre-Dame de Paris? On a reconstitué son intérieur en studio pour le tournage du film *Notre-Dame de Paris*, sorti en 1956. Cherchez sur Internet des informations sur ce film et sur d'autres qui ont pour décor des endroits parisiens.

LEÇON 1

COMMENT ENGAGER, CONTINUER ET TERMINER UNE CONVERSATION

Conversation

Track 12

Premières impressions

1. Identifiez: a. les expressions pour engager une conversation
   b. les expressions pour terminer une conversation
2. Trouvez: qui arrive à la table d'Émilie et de Fabien et ce que cette personne veut

Émilie et Fabien, deux jeunes cadres, se trouvent dans une brasserie près de l'agence publicitaire où travaille Émilie. Ils viennent de déjeuner ensemble.

ÉMILIE Dis donc, Fabien, qu'est-ce que tu m'as dit à propos de Paul… Qu'il s'était fait licencier°?

se faire licencier *to get laid off*

FABIEN Non, pas encore, mais je crois que cela ne va pas tarder… il va être au chômage°.

être au… *to be unemployed*

Une volontaire d'Amnesty International arrive et les interrompt.

BÉNÉDICTE Pardon, messieurs-dames, excusez-moi de vous interrompre. Est-ce que vous seriez d'accord pour signer une pétition pour Amnesty? C'est pour une excellente cause. Nous nous opposons à la peine de mort°. Une petite signature ici, si ça ne vous dérange pas.

la peine… *death penalty*

ÉMILIE On peut en savoir un peu plus? C'est pour quel pays?

BÉNÉDICTE C'est aux États-Unis, au Texas. Ils vont électrocuter un homme… qui a effectivement tué° quelqu'un. Mais Amnesty s'oppose totalement à la peine de mort et nous essayons d'obtenir autant de signatures que possible, pour que le gouvernement américain change d'opinion et abolisse aussi la peine de mort. Voilà! Voudriez-vous signer la pétition?

killed

FABIEN Je pense que c'est une très bonne cause.

BÉNÉDICTE Si vous voulez signer ici, alors…

FABIEN Ça me semble raisonnable. *(Il signe.)* Voilà.

ÉMILIE Attends, passe-moi la pétition. Je voudrais la lire, mais... je ne la signerai pas. Je ne sais pas au juste si je suis pour ou contre.

BÉNÉDICTE Très bien. Merci. Au revoir, excusez-moi de vous avoir interrompus. Merci beaucoup messieurs-dames, au revoir.

FABIEN Bon, il faut que je m'en aille. Je reviendrai après cette petite réunion.

ÉMILIE Bon, alors, à tout de suite. *(Elle sort son laptop.)* Je vais aller sur Facebook en attendant Didier et Chloé pour voir ce que fait mon amie Chloé.

FABIEN Au revoir!

À suivre

Rappel: Have you reviewed direct and indirect object pronouns? (Text pp. 218–219 and SAM pp. 141–142)

Observation et analyse

1. Pourquoi est-ce qu'Émilie et Fabien parlent de leur ami Paul?
2. Qu'est-ce que Bénédicte demande?
3. Quelle est la position d'Amnesty International sur la peine de mort?
4. Selon la conversation, quels sont les rapports entre Fabien et Émilie?

Réactions

1. Est-ce que vous avez déjà signé une pétition? Pour quelle(s) cause(s)?
2. Est-ce que vous pensez que la pétition de Bénédicte aura des répercussions?
3. Parlez de la peine de mort aux États-Unis. Est-ce que les exécutions sont plus fréquentes en ce moment qu'avant?

AMNESTY INTERNATIONAL

Amnesty International, dont le siège international est à Londres, a été créé *(created)* en «1961 à la suite de l'appel de l'avocat britannique Peter Benenson en faveur des prisonniers oubliés». Cette organisation mondiale, dont le but est la «défense des droits de l'homme» est indépendante «de tout gouvernement, groupe politique, intérêt économique ou confession religieuse». Amnesty International compte 3 millions de membres et sympathisants présents dans 150 pays ou territoires, dont 18 000 en France et 72 sections ou structures nationales.

See **Chapitre 1, Leçon 2,** pp. 15–16, for expressions to use when you want to make small talk but do not have a particular subject in mind.

More expressions will be presented in **Leçon 2** of this chapter.

Expressions typiques pour...

Engager une conversation sur un sujet précis

(rapports intimes et familiaux)
Je te dérange?
J'ai besoin de te parler...
Dis donc, Marc, tu sais que...
Au fait *(By the way)*,...

(rapports professionnels et formels)
Excusez-moi de vous interrompre...
Excusez-moi de vous déranger *(disturb you)*...
Je (ne) vous dérange (pas)?
Est-ce que vous auriez une petite minute?
Je voudrais vous demander votre avis.
Si vous avez un instant, j'aimerais vous parler de quelque chose.
Pardon, monsieur/madame...

Prendre la parole

Eh bien.../Bon.../Écoute(z)...

Je { veux / voulais / voudrais } dire que... / demander que...

Pour exprimer une opinion

Moi, je pense que...
À mon avis, ...

Pour répondre à une opinion exprimée

Mais.../Oui, mais.../D'accord, mais...
Je n'ai pas bien compris...
Justement.../Exactement.../Tout à fait.
En fait/En réalité *(Actually)*...

Terminer une conversation (annoncer son départ)

Bon.../Eh bien...
Bon.../Alors.../Excusez-moi, mais...
{ je dois m'en aller/je dois partir. / il faut que je m'en aille/que je parte. / je suis obligé(e) de m'en aller/de partir. }

Allez, au revoir.
À bientôt./À tout de suite./À la prochaine.
On se revoit la semaine prochaine?
Alors, on se téléphone?

Mots et expressions utiles

La politique

une campagne électorale *election campaign*
un débat *debate*
désigner/nommer *to appoint*
discuter (de) *to discuss*
un électeur/une électrice *voter*
élire (past part.: élu) *to elect*
être candidat(e) (à la présidence) *to run (for president)*
se faire inscrire *to register (to vote)*
la lutte (contre) *fight, struggle (against)*
un mandat *term of office*
la politique étrangère *foreign policy*
la politique intérieure *internal policy*
un problème/une question *issue*
un programme électoral *platform*
se (re)présenter *to run (again)*
réélire (past part.: réélu) *to reelect*
soutenir *to support*
un deuxième tour *run-off election*
voter *to vote*

Additional vocabulary: le droit de vote *right to vote;* **l'État** [m] *government, state;* **un homme (une femme) politique** *politician;* **poser sa candidature** *to run for office*

Mise en pratique

Le suffrage universel masculin a été institué en France par la IIe République en 1848, mais les femmes n'ont acquis le droit de vote qu'en 1945. En 1974, l'âge minimum des **électeurs** et des **électrices** a été ramené *(brought back)* de 21 ans à 18 ans.

L'ancien maire de Paris, Jacques Chirac, a été **élu** président de la République en mai 1995. En 2002, il a été **réélu** pour un **mandat** de cinq ans. (Une importante réforme constitutionnelle a été adoptée en septembre 2000 ramenant le mandat présidentiel de sept ans à cinq ans.)

En France, le président est élu au suffrage universel. Il n'y a pas de collège électoral. Comme de nombreux candidats peuvent se présenter, le premier tour des élections présidentielles résulte rarement en l'élection d'un des candidats. Pour être élu au premier tour, un candidat doit obtenir plus de 50 % des bulletins valides exprimés. En 2012, dix candidats **se sont présentés** aux élections présidentielles: trois femmes et sept hommes. François Hollande a été élu au **second tour** (avec 51,64 % des votes contre 48,36 % pour Nicolas Sarkozy, son adversaire, le président sortant).

Pendant la **campagne électorale,** Hollande avait promis d'être un président «normal» par rapport à l'extravagance de Sarkozy. Concernant la **politique intérieure**, il avait souligné la nécessité d'augmenter les impôts pour les Français les plus riches et de rabaisser l'âge de la retraite à 60 ans. Et pour la politique étrangère, il avait promis de renégocier le traité européen que la chancellière allemande Angela Merkel et le président Sarkozy avaient soutenu.

Est-ce que vous aimeriez devenir homme/femme politique un jour? Pourquoi?

Les principaux partis politiques en France

À gauche

- L'extrême gauche est représentée par *le Front de gauche* et *le Parti communiste français (PCF). À la présidentielle, Jean-Luc Mélenchon était soutenu par les deux partis au premier tour.*
- *Le Parti socialiste (PS)* rassemble 331 élus sur 577 sièges de députés à l'Assemblée nationale en 2012. Cela donne à François Hollande (président de la République et chef du Parti socialiste) la majorité absolue. Hollande a été élu avec 1,1 million de votes de plus que Sarkozy.

À droite

- *L'Union pour un mouvement populaire (UMP)*, auquel appartient Nicolas Sarkozy (président sortant), est le parti qui a été fondé par Jacques Chirac, président de la République de 1995 à 2007.
- *Le Mouvement démocrate (MoDem [fondé en 2010])* est un parti qui représente les intérêts du centre. Ses valeurs sont celles de l'Humanisme qui place la personne au centre de son action.
- *Le Front national (FN)* et sa présidente, Marine Le Pen, ont longtemps eu 15% de l'électorat, mais en 2012, 17,9% des Français ont voté pour elle. Ce parti d'extrême droite rejette la construction européenne et l'immigration.

Adapté de *Francoscopie 2013*, Éditions Larousse.

La guerre *(War)*

l'armée [f] *army*
les armes [f pl] de destruction massive (ADM) *weapons of mass destruction (WMD)*
l'engin [m] explosif improvisé (EEI) *improvised explosive device (IED)*
les forces [f pl] *forces*
le front *front; front lines*
le soldat *soldier*
les combats [m pl] *fighting*
le conflit *conflict*
une embuscade *ambush*
libérer *to free*
livrer *to deliver*
se produire *to happen, take place*
prendre en otage *to take hostage*
attaquer *to attack*
un attentat *attack*
la mort *death;* les morts [m pl] *the dead*
la peine de mort *death penalty*
le terrorisme *terrorism*
tuer *to kill*
céder à *to give up; to give in*
la négociation *negotiation*
la paix *peace*
la polémique *controversy*
les pourparlers [m pl] *talks; negotiations*

Divers

un sans-abri *homeless person*

Additional vocabulary: **l'espionnage** [m] *spying;* **insensé(e)** *insane;* **une mine** *mine;* **l'opposition** [f] *opposition*

Mise en pratique

Pendant le **conflit** entre l'Irak et le Koweït en 1990, les Français ont manifesté leur désaccord sur le rôle de **l'armée** dans le monde d'aujourd'hui. Des unités spécialisées de l'armée de l'air ont fait partie des troupes qui **ont attaqué** les forces irakiennes sur le **front** ouest. Un pilote français a été **pris en otage.** Il **a été libéré** après la fin des **combats,** mais la **mort** de plusieurs **soldats français** pendant les opérations de déminage *(minesweeping)* des plages a causé un débat public.

Le débat s'est ravivé en 2003 quand les États-Unis ont déclaré la **guerre** à l'Irak sans l'accord des Nations unies. La France a alors décidé de ne pas prendre part à la guerre. Suite à l'absence apparente **d'armes de destruction massive (ADM),** bien des Français ont contesté les raisons avancées par les Américains pour déclencher cette guerre. La France a, cependant, une présence en Afghanistan depuis le déploiement des premières troupes alliées, fin 2001. Leur mission est d'obtenir le retour de la stabilité, le rétablissement de la **paix** et le développement d'une économie afghane équilibrée. Les objectifs de cette mission seront bientôt atteints. Les Nations unies et les États-Unis multiplient leurs efforts dans ce sens.

Activités

A. Pardon, monsieur. Engagez des conversations avec les personnes mentionnées. Parlez des sujets donnés en employant les ***Expressions typiques pour...***

MODÈLE: votre père: un emprunt de 100 $

—Papa, je te dérange? Non? Je voulais te demander si tu pouvais me prêter 100 $.

1. vos amis: l'article sur la prise d'otages
2. un étranger dans la rue: le chemin pour aller à la pharmacie la plus proche
3. M. Voulzy, votre patron: une idée qui vous est venue au sujet de la nouvelle publicité
4. vos voisins: le vol qui a eu lieu dans la maison en face de la vôtre
5. votre mari/femme: quelque chose que vous voulez acheter

B. Eh bien... Maintenant, imaginez que vous terminiez chaque conversation que vous avez commencée dans l'exercice A. Que diriez-vous dans chaque situation? Utilisez les ***Expressions typiques pour...***

MODÈLE: *—Bon, eh bien merci, papa. Je dois retourner à mes devoirs. J'en ai beaucoup pour demain.*

C. Sur le vocabulaire. Voici des phrases tirées d'un journal français. Complétez les phrases avec le(s) mot(s) approprié(s) de la liste suivante. Faites tous les changements nécessaires.

SEMAINE NOIRE POUR LES TROUPES FRANÇAISES EN AFGHANISTAN

embuscade tué mort terroriste soldat EEI armée blessé

1. Un sous-officier français a été tué ce mercredi lors d'une attaque contre un convoi. Cette attaque porte à trois le nombre de soldat français qui ont trouvé la Mort en moins de trois jours.
2. Il s'agit du troisième militaire français à perdre la vie cette semaine en Afghanistan. Lundi déjà, un sergent-chef et un capitaine avaient été pris dans une embuscade au nord-est de Kaboul.
3. Le sous-officier a été victime ce mercredi de l'explosion d'un EEI le long de la route dans la province de Kapisa. Il se trouvait au sein d'un convoi logistique de l'armée afghane qui circulait dans cette province au nord-est de Kaboul.
4. Deux autres soldats ont été grièvement blessé.

ÉLECTIONS PRÉSIDENTIELLES

électeurs taux de participation mandat voter débat discuter soutenir

1. Le mandat du président de la République française est de cinq ans.
2. Puisque François Hollande a été élu en 2012, les électeurs se prononceront *(will express their views)* à nouveau en 2017, en 2022 et en 2027.
3. Le débat politique sur l'attitude que la France devrait avoir à l'égard de l'immigration divise l'opinion depuis les années 1970.
4. Selon les experts, la mobilisation des jeunes a fait monter leur taux de participation à 85%. En général, ils soutenir les candidats qui apportent des idées neuves et constructives.
5. Mais en face du durcissement européen contre l'immigration illégale, est-ce qu'ils feront longtemps l'effort d'aller voter aux présidentielles?

D. Une opinion. Prenez la parole et exprimez votre opinion sur les sujets suivants en deux phrases; votre partenaire répondra à l'opinion exprimée.

1. le rôle des Nations unies
2. l'association Étudiants pour le port d'arme cachée
3. la délinquance (la criminalité) dans les grandes villes
4. les dernières élections
5. un événement sportif récent
6. le mariage pour tous

La grammaire à apprendre

Les pronoms *y* et *en*

During a conversation, people often use pronouns to refer to persons, things, or ideas already mentioned. You reviewed direct and indirect object pronouns in ***La grammaire à réviser***. The following is information relevant to the pronouns **y** and **en**.

Courtesy of Esther Marshall

A. L'usage du pronom *y*

- **Y** replaces a preposition of location (**à**, **en**, **sur**, **chez**, **dans**, **sous**, **devant**, etc., except for **de**) and its object. Translated as *there*, it is not always used in English, although it must be used in French:
  —Est-ce que tu es déjà allée au musée Rodin[1]?
  —Non, je n'y suis jamais allée. Allons-y.
- **Là** must be used to express *there* if the place has not been previously mentioned:
  — Déposez vos sacs au vestiaire, juste **là**, derrière le pilier, avant d'entrer dans le musée.
- **Y** is also used to replace **à** + noun referring to a thing. Typical verbs requiring **à** before a noun object are **s'intéresser**, **répondre**, **penser**, **jouer**, and **réfléchir**:
  —La technique de Rodin? J'y réfléchis en regardant ses sculptures.
  —Nos questions sur la technique de Rodin? Le guide peut y répondre.
  —La sculpture? Nous nous y intéressons beaucoup!

Jouer à is used for sports or games; **jouer de** is used with musical instruments.

NOTE À + person is replaced by an indirect object pronoun or a disjunctive pronoun. (Disjunctive pronouns will be discussed in the next lesson.)
—Est-ce que tu sais où se trouve notre guide? Je voudrais **lui** poser une question sur «Le Penseur».

- In the future and conditional tenses of **aller**, **y** is not used:
  —Le musée Rodin est formidable! Je voudrais aussi voir le musée Picasso. Est-ce que tu **irais** avec moi?

B. L'usage du pronom *en*

- **En** is used to replace the preposition **de** and its noun object referring to a place or thing. If the noun object refers to a person, a disjunctive pronoun is normally used instead. Typical verbs and verbal expressions whose objects are introduced by **de** are **avoir peur**, **avoir besoin**, **parler**, **se souvenir**, **penser**, **discuter**, and **jouer**:
  —Est-ce que tes copains t'ont parlé de la mobilisation des lycéens et des étudiants contre la réforme des retraites proposée en 2010?
  —Oui, ils s'en souviennent bien. En fait, ils m'**en** parlent assez souvent.

Penser only requires **de** before a noun object when it is in the interrogative form, when asking for an *opinion*. For example, **Qu'est-ce que tu penses de «Dancing with the Stars»?** In all other cases, it takes **à**.

[1] Auguste Rodin (1840–1917) est un des sculpteurs les plus connus de France. Il est l'auteur du «Penseur», du «Baiser» et de «Balzac». Le musée Rodin, rue de Varennes à Paris, est consacré à l'œuvre de Rodin et à celle de Camille Claudel, sa muse et sa compagne.

- Nouns preceeded by the partitive or an indefinite article are replaced by **en.** The English equivalent *(some/any)* may be expressed or understood, but **en** is always used in French:

  —Ta sœur et ton frère connaissent des étudiants qui ont participé aux manifestations *(demonstrations)*?

  —Oui, mon frère **en** connaît plusieurs. Un de ses amis, Paul Dufour, était très actif dans le mouvement.

- **En** is also used to replace a noun referring to a person or thing preceded by a number or other expression of quantity (**beaucoup de, peu de, trop de, un verre de, un kilo de, une bouteille de, plusieurs,** etc.). The noun object and the preposition **de** (if there is one) are replaced by **en;** only the number or expression of quantity remains. Although **en** may not be translated in English, it **must** be used in French:

  —Un grand nombre d'élèves ont participé aux manifestations, n'est-ce pas?

  —Oui, il y **en** a eu beaucoup. À l'époque, la presse a dit que plus de 350 lycées étaient perturbés.

  —Il y a eu beaucoup de violence?

  —Heureusement, il n'y **en** a pas eu. Les jeunes ont fait beaucoup de bruit, cependant. Ils criaient: «Chômeurs à 25 ans, non, non, non!» et «Du boulot pour les juniors, du repos pour les seniors.»[2]

Olga Besnard/Shutterstock.com

Une manifestation dans les rues de Paris.

> *Additional notes on the use of* **y** *and* **en**:
> - Placement in a sentence follows the same rules as other object pronouns.
> - Past participle agreement is never made with **y** or **en.**
> - In general, **y** replaces **à** + noun; **en** replaces **de** + noun.

[2] En 2010, le gouvernement français a décidé qu'à partir de 2017, l'âge minimum de retraite sera fixé à 62 ans. Aujourd'hui, l'âge légal du départ à la retraite est de 60 ans.

Activités

A. Sondage. Sophie répond aux questions d'un journaliste qui fait un sondage pour *Femme actuelle*, une revue française destinée aux femmes d'aujourd'hui. Complétez ses réponses en utilisant **y** ou **en.**

1. Les sports? Oui, je m'__y__ intéresse beaucoup.
2. Les élections? Non, je n'__en__ ai pas discuté au bureau.
3. Gagner plus d'argent? Bien sûr! J'__en__ ai toujours besoin.
4. Des animaux domestiques? Oui, j'______ ai deux: un chat et un oiseau.
5. Le prochain concert de Rihanna? Oui, nous __y__ allons.
6. Votre dernière question? Mais j'__y__ ai déjà répondu!

B. Interview. Utilisez les verbes et les mots ci-dessous pour interviewer un(e) partenaire. Votre partenaire doit répondre en utilisant un pronom objet (direct, indirect, **y** ou **en**), selon le cas.

MODÈLE: aimer aller: dans le centre des grandes villes / à la campagne
—Est-ce que tu aimes aller dans le centre des grandes villes?
—Oui, j'aime y aller. / Non, je n'aime pas beaucoup y aller.

1. avoir trop (beaucoup, assez): de temps / d'argent / d'ami(e)s / de devoirs
2. s'intéresser: à la politique / à l'art / à la sculpture / aux sports
3. connaître: la ville de Miami / tous les étudiants de la classe / *(name of one student)*
4. se souvenir: des devoirs pour demain / de mon nom / de l'anniversaire de tes 16 ans
5. aller souvent: à la bibliothèque / au resto U / au café / chez tes grands-parents
6. téléphoner hier: à tes parents / au président de l'université / au professeur

C. La politique. Un homme qui travaille pour la campagne électorale d'un conseiller municipal parle avec un électeur. Avec un(e) partenaire, complétez les phrases avec un pronom objet (direct, indirect, **y** ou **en**), selon le cas. N'oubliez pas de faire tous les changements nécessaires. Jouez la conversation devant la classe.

—Je ne vous dérange pas?

—Non, vous ne (n') __me__ dérangez pas. Entrez.

—Est-ce que vous vous intéressez à la politique?

—Oui, je me (m') __y__ intéresse un peu.

—Bon. Je voulais __vous__ parler un peu de Jean Matou, qui se présente au Conseil municipal de votre mairie. Est-ce que vous connaissez Jean Matou?

—Oui, je (j') __me__ connais. En fait, je (j') __l'__ ai rencontré à une soirée il n'y a pas longtemps.

—Et vous avez vu ses deux interviews à la télé?

—Euh, je (j') __en__ ai vu une.

—Qu'est-ce que vous __en__ avez pensé? ☆ (penser de)

—Oh, j'ai pensé que… c'était pas mal.

—Très bien, monsieur. J'aimerais préciser quelques points de son programme électoral. Auriez-vous deux minutes?

—Bon. D'accord. Allez-__y__…

Interactions

A. Trouvez quelqu'un qui... Posez les questions suivantes à plusieurs étudiants. Écrivez le nom d'un(e) étudiant(e) dans la classe pour qui la réponse est positive. Soyez poli(e) en posant les questions. Dites bonjour, présentez-vous et puis, posez votre question. Après, continuez un peu la conversation. Puis excusez-vous et terminez-la. Utilisez les pronoms **y** et **en** ou des pronoms d'objets directs ou indirects autant que possible.

Trouvez quelqu'un qui...

aime les mêmes grands hommes politiques que vous
est né(e) dans le même état que le président actuel des États-Unis
étudie les sciences politiques ou les relations internationales
s'intéresse au problème de l'immigration
pense à poursuivre une carrière politique
est volontaire dans la même organisation que vous

B. Au secours. Imaginez que vous perdiez souvent les objets qui vous appartiennent. Un(e) partenaire va jouer le rôle de votre colocataire. Demandez-lui où vous avez mis des objets importants. (Utilisez les mots utiles ci-dessous.) N'oubliez pas d'engager la conversation comme il le faut. Votre partenaire dira qu'il/elle ne sait pas où vous avez mis ces objets, qu'il/elle ne les a jamais vus ou qu'il/elle les a vus récemment et qu'il/elle sait où ils sont.

MOTS UTILES **sac à dos** [m] *(backpack)*; **livre de français; pullover** [m] **marron; par terre** *(on the floor)*; **dans un tiroir** *(drawer)*; **dans le panier à linge** *(laundry basket)*; **ne... nulle part** *(not . . . anywhere)*

DOSSIER D'EXPRESSION ÉCRITE Préparation

The focus of this chapter is writing an argumentative paper for your portfolio in which you express an opinion and try to convince the reader of your point of view. In order to be most effective, you'll want to address the opposing viewpoint to show that you are at least aware of the contrary position.

1. Choose your topic from the list below or create one of your own.
   - **a.** La possession d'armes à feu devrait être interdite.
   - **b.** Les États-Unis doivent rester neutres en ce qui concerne les conflits à l'étranger, à moins qu'il ne s'agisse d'une question de sécurité nationale.
   - **c.** Les responsables d'attentats terroristes devraient être condamnés à la peine de mort.
   - **d.** Il est indispensable de définir le mariage dans la constitution américaine.
   - **e.** Il faudrait avoir des cours de citoyenneté et d'éthique.
   - **f.** Votre choix.
2. After you've chosen your topic, make a list of related vocabulary that might be useful for your paper.
3. Write a list of arguments both supporting and opposing your point of view. In order to make sure that you've listed all the possible positions, show your list to at least one classmate to help you develop your topic.

Liens culturels

L'art de discuter

Ce qui se passe si on observe bien les gens

Il y a plusieurs différences dans l'art de discuter chez les Français et chez les Américains. D'abord, les Français se tiennent plus près les uns des autres quand ils se parlent. Mal interprétée quelquefois par les Américains qui y voient un acte agressif, cette coutume reflète tout simplement un moindre besoin d'espace personnel. Ce trait culturel est aussi évident dans les mouvements plus restreints que font les Français, comparés avec les gestes plus expansifs des Américains.

Il est aussi permis, dans certains cas, d'interrompre son interlocuteur avant qu'il ait terminé sa phrase dans une conversation française, ce qui produit un effet de chevauchement[1]. En outre, pendant qu'un Français vous parle, un autre Français commencera peut-être à vous parler aussi. Il faut alors écouter deux conversations en même temps! Alors qu'en général, interrompre quelqu'un est considéré comme impoli chez les Américains, l'absence d'interruptions, lors d'une conversation animée chez les Français passe pour une certaine indifférence.

Le monde des échanges à travers les télécommunications

Les nouvelles technologies de communication, comme l'ordinateur, Internet, les tablettes tactiles, le téléphone mobile, les smartphones et les messageries transforment nos modes de vie et notre notion de la réalité. Les Français sont de plus en plus tentés de réagir, de s'exprimer, d'échanger et de créer leur propre contenu à travers les blogs, les forums et les réseaux sociaux. Ces réseaux, comme Facebook, Twitter, YouTube, Flickr, Pinterest ou Instagram, facilitent la communication avec le reste du monde. Facebook est le leader avec 25 millions d'abonnés en France (2012). La communication est devenue, peut-être, trop facile parce qu'on n'a plus vraiment besoin de faire d'effort pour joindre quelqu'un, ce qui signifie que communiquer avec ses amis a moins de valeur. On peut avoir des milliers d'amis sur Internet, mais on sait que la qualité de cette amitié laisse à désirer. La grande question est: comment Internet change-t-il la communication entre individus?

Catherine Karnow/CORBIS

Imaginez la conversation entre ces deux personnes. De quoi est-ce qu'elles discutent?

[1] *overlapping*

Compréhension

1. Comparez les gestes d'un Américain avec ceux d'un Français.
2. Comparez le rythme d'une conversation française avec le rythme d'une conversation américaine.
3. Quels sont les réseaux sociaux qu'on utilise en France? Sont-ils les mêmes qu'aux États-Unis?

Réactions

1. Quelles autres différences est-ce que vous avez remarquées entre les conversations françaises et américaines?
2. Et ici, y a-t-il des différences dans la conversation selon la région?
3. Pensez-vous que votre style de communication ait changé à cause des réseaux sociaux? Est-il plutôt rapide et flexible ou profond et attentif?

Extension

1. Première partie: Faites un sondage dans la classe. Posez les questions suivantes: Es-tu sur Facebook? Combien de temps passes-tu chaque jour sur Facebook à envoyer des photos ou des vidéos ou à dire ce qui te passe par la tête? Combien de temps passes-tu chaque jour à communiquer avec tes amis sur Internet, par textos ou sur Twitter?
2. Deuxième partie: Continuez votre sondage. Posez les questions suivantes: Penses-tu qu'il y ait des risques à utiliser les réseaux sociaux? Par exemple, penses-tu perdre le contrôle de ta vie privée? Explique. Penses-tu que quelqu'un puisse diffuser tes données *(data)* personnelles? Explique.
3. Écrivez un paragraphe pour résumer ce que vous avez appris.

LEÇON 2

COMMENT EXPRIMER UNE OPINION

Blog (suite)

Premières impressions

1. Identifiez: a. plusieurs façons de donner son avis
   b. plusieurs façons de marquer son accord ou son désaccord
2. Trouvez: a. de quel musée on parle
   b. ce qu'on a fait

Rappel: Have you reviewed the placement of object pronouns? (Text p. 219 and SAM pp. 142–143)

Après le départ de la représentante d'Amnesty International, Émilie se connecte sur Facebook pour savoir ce qu'il y a de neuf dans la vie de son amie Chloé. Voici le blog de Chloé:

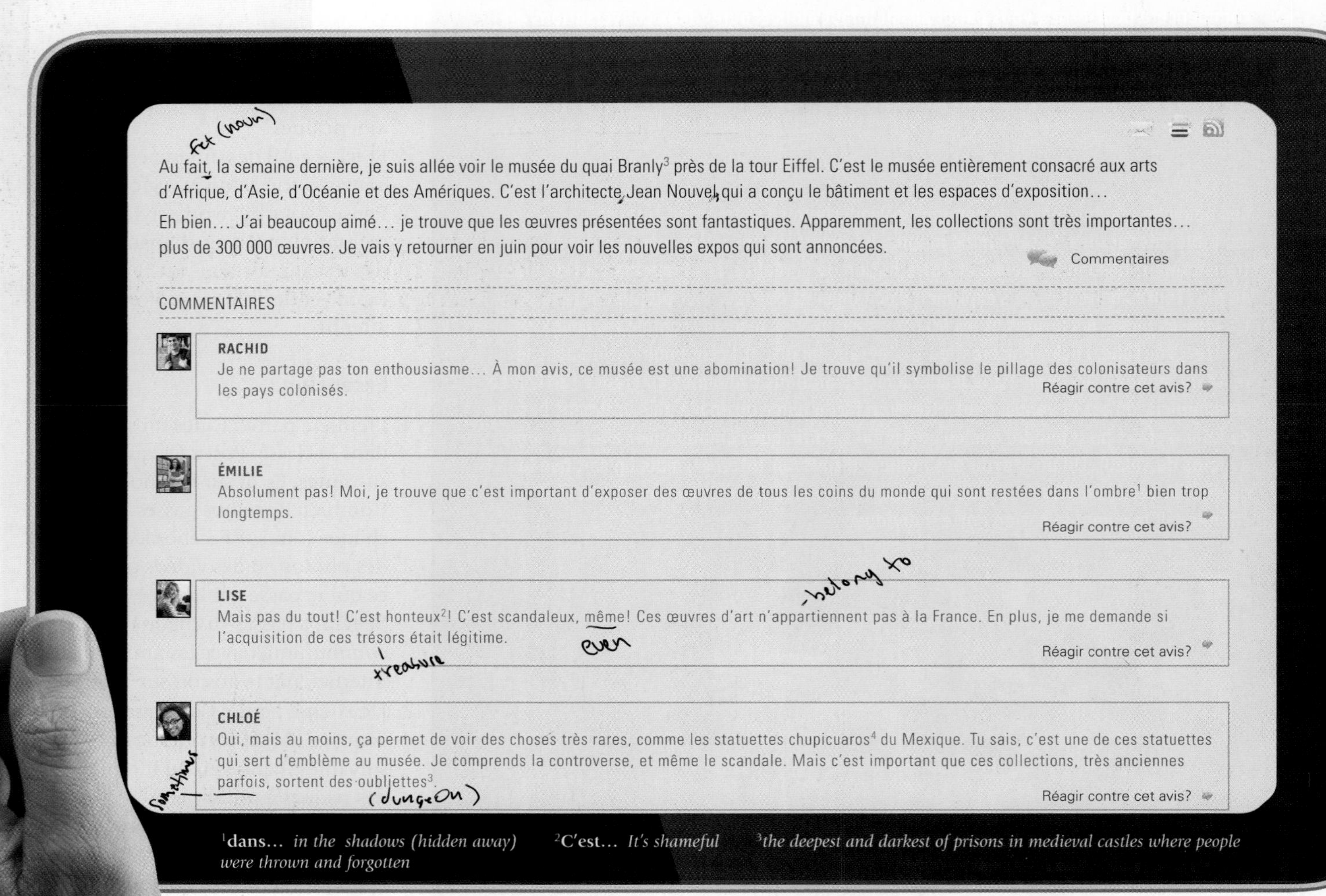

[3]Le musée du quai Branly: Ce musée a été inauguré en juin 2006 après cinq ans de travaux qui ont coûté 232 millions d'euros. Il y a eu beaucoup de débats sur le nom du musée et sur la réunion du musée de l'Homme et du musée des arts d'Afrique et d'Océanie.
[4]Les statuettes chupicuaros du Mexique: Les Chupicuaros sont une population ancienne qui s'est installée au Mexique un peu avant 200 av. J.-C.

LISE
Ah non! Moi, je ne suis pas du tout d'accord! Je trouve que c'est une très mauvaise idée, parce que nous tirons des avantages touristiques de ces objets d'art. Finalement, cette belle structure a coûté très cher à la France. Et du coup, il a fallu fermer le musée de l'Homme au Trocadéro[5].

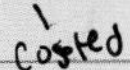

Réagir contre cet avis?

ÉMILIE
Eh oui... C'est dommage pour le musée de l'Homme. Mais le musée du quai Branly, ou le MQB comme on dit, réunit des œuvres incroyables!

Réagir contre cet avis?

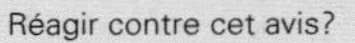

CHLOÉ
Je suis de ton avis, Émilie. La raison pour laquelle Jacques Chirac[6] a voulu créer ce musée est que «les chefs d'œuvre du monde entier naissent libres et égaux[4]», comme il l'a dit dans un de ses discours.

Réagir contre cet avis?

LISE
Eh bien, moi aussi, je veux bien le visiter! Je veux voir ce bâtiment qui nous a coûté les yeux de la tête[5]! Chaque président a son musée, n'est-ce pas? Pompidou avait voulu Beaubourg, Giscard d'Estaing a proposé le musée d'Orsay et Mitterrand a eu sa pyramide du Louvre[7]... Quand vont-ils penser aux problèmes sociaux, comme le chômage des jeunes et les banlieues?

Réagir contre cet avis?

À suivre

[4]**naissent (naître)...** *born free and equal* [5]**coûter...** *to cost a fortune*

Observation et analyse

1. Qu'est-ce que Lise pense du musée du quai Branly? Expliquez son point de vue.
2. Est-ce qu'Émilie est d'accord avec elle? Expliquez l'argument qu'elle avance.
3. Quelle est l'attitude de Chloé dans le débat?
4. Est-ce qu'on a rénové ou construit beaucoup de musées à Paris? Comment le savez-vous?

Réactions

1. Quels musées est-ce que vous avez visités? Lesquels est-ce que vous préférez et pourquoi?
2. Est-ce que l'apparence d'un musée est importante pour vous ou est-ce que c'est les expositions qui vous attirent?
3. Êtes-vous pour ou contre la construction de musées quand il y a des problèmes sociaux importants et que l'argent manque? Expliquez votre réponse.
4. Avec qui est-ce que vous êtes le plus d'accord dans le débat sur le musée du quai Branly?

Courtesy of Esther Marshall

Le musée du quai Branly

[5]Le musée de l'Homme: musée fondé en 1937 autour d'une histoire naturelle et culturelle de l'homme; actuellement en rénovation (conduite sur cinq ans). Avant sa rénovation, il a servi d'institution de recherche anthropologique et de préhistoire.
[6]Jacques Chirac (1932–) a été président de la République française de 1995 à 2007 (un premier mandat de sept ans et un second mandat de cinq ans, selon la modification constitutionnelle). Auparavant, il avait été maire de Paris (1977–1995) et premier ministre (1986–1988).
[7]Georges Pompidou (1911–1974) est devenu président en 1969 et l'est resté jusqu'à sa mort en 1974; Valéry Giscard d'Estaing (1926–) a été président de 1974 à 1981; François Mitterrand (1916–1996) a été président de 1981 à 1995 (deux mandats de sept ans).

After the negative of **croire** and **penser**, the subjunctive is used to imply doubt: **Je ne crois pas qu'il y aille.**

Contrary to several other opinion verbs, **J'ai l'impression que** and **Il me semble que** take the indicative mood, even in the negative and interrogative forms.

Expressions typiques pour...

Demander l'avis de quelqu'un

Quel est ton/votre avis?
Qu'est-ce que tu penses de...?
Qu'est-ce que vous en pensez?
Est-ce que tu es/vous êtes d'accord avec...?
Selon toi/vous, faut-il...?
Comment tu le trouves?/Comment vous le trouvez?

Exprimer une opinion...

Je (ne) crois/pense (pas) que...
Je trouve que...
À mon avis.../Pour moi...
D'après moi.../Selon moi...
Par contre... *(On the other hand . . .)*
De plus/En plus/En outre... *(Besides . . .)*

... avec moins de certitude

J'ai l'impression que...
Il me semble que...
..., vous ne trouvez pas?

Dire qu'on est d'accord

Ça, c'est vrai.
Absolument.
Tout à fait. *(Absolutely.)*
Je suis d'accord (avec toi/vous).
Je suis de ton/votre avis.
Je le crois.
Je pense que oui.
C'est exact/juste.
Moi aussi. (Ni) moi non plus. *(Me neither.)*

Dire qu'on n'est pas d'accord

Ce n'est pas vrai.
Absolument pas.
Pas du tout. *(Not at all.)*
Je ne suis pas d'accord (avec toi/vous).
Je ne le crois pas.
Je pense que non.
C'est scandaleux/idiot/honteux *(shameful)*!
Cependant... *(However . . .)*
Je ne partage pas (entièrement) votre point de vue. (très poli)

Exprimer l'indécision

Vous trouvez?
C'est vrai?
C'est possible.
Je ne sais (pas) quoi dire.
Je ne suis pas sûr(e)/certain(e).
On verra.

Exprimer l'indifférence

Ça m'est (tout à fait) égal.
Tout cela est sans importance.
Au fond, je ne sais pas très bien.
Bof!

Mots et expressions utiles

Les arts/L'architecture

la conception (*from* concevoir) *design, plan*

en verre, en métal, en terre battue *made of glass, metal, adobe*

une œuvre (d'art) *work (of art)*

rénover *to renovate*

© Paul Bradbury / Alamy

Les points de vue

s'accoutumer à *to get used to*

attirer *to attract*

chouette *(familiar) neat, nice, great*

convaincre *to convince*

honteux/honteuse *shameful*

insupportable *intolerable, unbearable*

laid(e) *ugly*

moche *(familiar) ugly, ghastly*

passionnant(e) *exciting*

remarquable/spectaculaire *remarkable/spectacular*

réussi(e) *successful, well executed*

super *(familiar) super*

supprimer *to do away with*

Wolfgang Winter/Alamy

©Mihai-Bogdan Lazar/Shutterstock.com

©guentermanaus/Shutterstock.com

Additional vocabulary: déformer la réalité *to alter reality;* **la nature morte** *still life;* **le paysage** *landscape;* **le portrait** *portrait;* **représenter la réalité** *to represent reality;* **la sculpture** *sculpture;* **la statue** *statue;* **le tableau** *painting;* **une composition classique** *classical style dominated by vertical and horizontal lines;* **une composition baroque** *baroque style dominated by diagonal lines which evoke movement*

Activités

A. Un sondage. Un reporter du journal de votre campus fait un sondage sur les idées et les goûts des étudiants. Répondez à ses questions en vous servant des expressions présentées pour donner votre opinion.

MODÈLE: —Qu'est-ce que tu penses de la musique de... *(current rock group)*? de la musique des années 70? de la musique techno?
—Moi, je la trouve super!

1. Est-ce qu'il faut supprimer les contrôles pendant les cours?
2. Faut-il assister à tous les cours pour bien comprendre le français?
3. À ton avis, est-ce que... est un(e) bon(ne) président(e) pour notre université?
4. D'après toi, est-ce qu'il faut censurer *(name of current student newspaper)*?
5. Qu'est-ce que tu penses de... *(name of new film)*?
6. Comment tu trouves... *(name of current TV program)*?

B. Les arts. Vous êtes au musée avec un(e) ami(e). Regardez ces œuvres d'art et donnez votre réaction en utilisant les ***Expressions typiques pour...***

Scala/Art Resource, NY
Nicolas Poussin, *L'inspiration du poète*

DEA/M. Carrieri/De Agostini/Getty Images
Paul Klee, *Wald Bau (Exploitation forestière)*

Christie's Images/SuperStock
Auguste Renoir, *Jeune fille au chapeau rouge*

C. À vous! Maintenant, menez une petite enquête sur les idées d'un(e) copain/copine de classe. Demandez-lui de donner son avis, en se servant des ***Expressions typiques pour...***, sur:

1. les œuvres impressionnistes
2. le design des voitures écologiques
3. les rénovations d'un bâtiment sur le campus/en ville
4. la réduction/l'augmentation des frais d'inscription universitaires

D. Selon moi... Voici les résumés de plusieurs éditoriaux dans un journal. Réagissez à chaque opinion en disant si vous êtes d'accord ou non. Expliquez.

MODÈLE: Il faut légaliser la marijuana.
— Je ne le crois pas. La marijuana est une drogue et je suis contre l'usage de toutes les drogues.

1. Le suicide assisté doit rester illégal.
2. Il faut interdire aux gens de porter des armes sur les campus.
3. M./Mme/Mlle... serait un(e) bon(ne) président(e) pour notre pays.
4. Les jeux de hasard *(gambling)* doivent être légalisés dans tous les états.

La grammaire à apprendre

La position des pronoms objets multiples

Be sure to do the practice exercises in the workbook.

During the course of a conversation or debate, you occasionally need to use more than one pronoun to refer to previously mentioned persons, things, or ideas. You have already reviewed placement of one object pronoun in ***La grammaire à réviser.***

The following chart illustrates pronoun order when you need to use two object pronouns together. Note that the same order applies to negative imperatives:

	me					
	te	le				
(sujet) (ne)	se	la	lui			verbe (pas)
	nous	les	leur	y	en	
	vous					

—Les tableaux de Degas? Vous **vous y** intéressez? Bien. Je **vous les** montrerai dans quelques minutes. Ne **vous en** allez pas...

NOTE When in doubt, remember that **en** clings to the verb; **y** also precedes the verb.

In affirmative commands, all pronouns follow the verb in the order below and are connected by a hyphen:

		me (moi)		
	le	te (toi)		
verbe	la	lui	y	en
	les	leur		
		nous		
		vous		

As you can see, direct object pronouns come before indirect object pronouns, and **y** and **en** are always last.

— Vos sacs et vos paquets à la consigne? Oui, mettez-**les-y.** Ils seront sous bonne garde.

— Vos tickets? Donnez-**les-moi,** s'il vous plaît.

Note that **me** and **te** change to **moi** and **toi** when they are the only or last pronouns after the imperative. However, when they precede **y** or **en,** they contract to **m'** or **t',** the apostrophe replacing the hyphen.

—Des tableaux de Renoir? Oui, montrez-**m'en** plusieurs et parlez-**m'en** pour que je comprenne mieux l'Impressionnisme.

Activités

A. Visite au musée d'Orsay. Voici des questions posées par un groupe de touristes à leur guide. Imaginez comment répondrait le guide en substituant des pronoms objets aux mots en italique.

1. Est-ce qu'il y aura beaucoup *de touristes* aujourd'hui?
2. Est-ce que nous devons acheter *les billets au guichet*?
3. Est-ce qu'il faut vous donner *les billets*?
4. Est-ce que nous verrons *des tableaux* de Manet *dans cette galerie*?
5. Peut-on parler *de l'art moderne à cet artiste qui est en train de peindre*?
6. En général, est-ce qu'on donne *un pourboire aux guides*?

B. Mais je suis ta maman! Une mère donne les conseils suivants à son fils, qui ne l'écoute pas très bien. Répétez chaque conseil en utilisant les pronoms objets appropriés.

1. Mange *tes pâtes*, mon petit.
2. Ne donne pas trop *de biscuits à ta sœur*.
3. Sers-toi *de ta fourchette*, s'il te plaît.
4. Attention! Ne te coupe pas *le doigt*!
5. Donne-moi *les allumettes* immédiatement!
6. Ne laisse pas *tes jouets sur le plancher*.
7. Donne *des bonbons à ta grand-mère*.
8. Bonne nuit, mon chou. N'aie pas peur *des monstres*.

C. Sondage. Circulez et posez les questions suivantes à plusieurs copains/copines de classe, qui répondront avec des pronoms, si possible. N'oubliez pas de saluer la personne et de lui dire au revoir. Après, dites à la classe une ou deux chose(s) intéressante(s) que vous avez apprise(s).

1. Est-ce que tu as vu les tableaux de Monet au musée? Si oui, lesquels?
2. Tu as pris un bon repas dans un restaurant récemment? Si oui, où?
3. Tu as regardé une bonne émission à la télévision chez toi récemment? Si oui, laquelle?
4. Est-ce que tu dois faire des recherches *(research)* à la bibliothèque cette semaine? Si oui, sur quoi?
5. Tu as parlé de ta note au professeur de français récemment? Si oui, pourquoi?
6. Tu vas bientôt donner un cadeau à ton meilleur ami/ta meilleure amie? Si oui, que penses-tu lui acheter?

Courtesy of Esther Marshall

Que pensez-vous de cette sculpture?

La grammaire à apprendre

Les pronoms disjoints

moi	nous
toi	vous
lui	eux
elle	elles

When expressing opinions in French, you often need to use a special group of pronouns called disjunctive pronouns in order to:

- emphasize your opinions
  —**Moi,** je trouve cette idée déplorable!
- say with whom you agree or disagree
  —Je suis d'accord avec **lui**; c'est une idée absurde.

These and other functions of disjunctive pronouns are summarized below.

L'usage des pronoms disjoints

- To emphasize a word in a sentence:
  —**Toi,** tu ne sais pas ce que tu dis.
  You don't know what you are saying.
  —Je ne te comprends pas, **moi.**
  I don't understand you.
  —Mais non. Ce n'est pas **moi** qui ne sais pas où j'en suis. C'est **toi**!
  No, I'm not the one who is confused. You're the one!

In French, emphasis is achieved by the addition of a disjunctive pronoun or **c'est/ce sont** + disjunctive pronoun.

- To express a contrast:
  —**Moi,** je suis contre la peine de mort. Et **toi,** qu'est-ce que tu en penses?
- After most prepositions:
  —Pour **moi,** l'idée même de la peine de mort est insupportable.
  —Mes parents? Selon **eux,** la peine de mort est justifiable.

NOTE **Y** replaces the preposition **à** + a place or thing, and the indirect object pronouns replace **à** + a person. However, with expressions such as **penser à/de, faire attention à, s'habituer à, s'intéresser à, faire référence à, s'adresser à,** and **être à,** disjunctive pronouns are used after **à** or **de** when the object is a person.

—Qu'est-ce que vous pensez de ce nouvel homme politique, Alexandre? Qu'est-ce que vous pensez de **lui**?

—Pour le moment, je m'intéresse beaucoup à **lui.** Il me semble sincère.

PATRICK KOVARIK/AFP/Getty Images

Comment sont les hommes et les femmes politiques, d'après vous?

- In compound subjects:

  —Mon mari et **moi,** nous ne sommes pas de votre avis.

Notice that the plural subject pronoun may be used in addition to the disjunctive pronoun.

- In one-word questions and answers without verbs:

  —Qui est d'accord avec nous?

  —**Moi**!

  —Et **toi,** Sonia?

- After **c'est/ce sont** in order to carry out the function of identifying[8]:

  —C'est **elle** qui trouve cet homme politique honnête et sans défaut.

NOTE **C'est** is used in all cases except for the third-person plural, which takes **ce sont.**

  —C'est **nous** qui avons raison; ce sont **eux** qui ont tort.

- In comparisons after **que:**

  —Évidemment, Sonia n'est pas du même avis que **toi.**

- In the negative expressions **ne... ni... ni** and **ne... que:**

  —Elle n'écoute que **toi.** Elle n'écoute ni **lui** ni **moi.**

- With the adjective -**même(s)** to reinforce the pronoun:

  —Peut-être que Sonia **elle-même** devrait être candidate!

  Maybe Sonia should run for office herself!

[8]See **Chapitre 3, Leçon 1.**

Activités

A. Au musée. Un groupe d'amis se retrouvent au musée du Louvre, où ils discutent de leurs tableaux préférés. Créez de nouvelles phrases en substituant les sujets entre parenthèses aux mots en italique. Changez aussi les pronoms disjoints en italique.

1. *J'*adore ce tableau de Delacroix. Selon *moi,* c'est sa meilleure œuvre. (Catherine / Tu / Tes sœurs)
2. *Éric* n'est pas d'accord avec *moi.* (Je, Éric / Nous, Éric et toi / Muriel et toi, tes amis)
3. *Éric* va peindre un tableau *lui-même.* (Nous / Je / Tom et Pierre)
4. Qui va au premier étage pour voir les œuvres de Rubens? *Moi*! (Anne et Sylvie / Toi / Éric et toi)
5. C'est *Catherine* qui est perdue! (nous / Chloé et Luc / Marc)

B. Questions indiscrètes. Posez les questions suivantes à un(e) partenaire. Faites un résumé de ses réponses à la classe.

MODÈLES: Est-ce que c'était ta mère qui préparait ton petit déjeuner quand tu étais à l'école primaire?

—Oui, c'était elle qui préparait mon petit déjeuner quand j'étais à l'école primaire.

1. Est-ce que ton (ta) colocataire fait plus souvent la cuisine que toi?
2. Est-ce que tu nettoies l'appartement/la maison toi-même?
3. À qui est la télé qui est dans le salon? et celle qui est dans la cuisine?
4. Ton (Ta) colocataire et toi, vous sortez souvent ensemble?
5. D'habitude, est-ce que ton (ta) colocataire a plus de travail à faire que toi?

gerenme/iStockphoto.com

Qui fait la cuisine chez vous?

Interactions

A. Imaginez. Jouez le rôle d'un homme/d'une femme politique qui se présente aux élections. Votre partenaire sera un électeur/une électrice qui n'a pas encore décidé pour qui il/elle va voter. Il/Elle posera des questions pour déterminer l'opinion du candidat/de la candidate que vous jouez.

SUJETS SUGGÉRÉS: la peine de mort, la réduction du déficit national, la pollution, le terrorisme, le droit aux soins médicaux, la sécurité sociale, le chômage, les énergies renouvelables, la police aux frontières, la carte d'électeur

B. Petits débats. Travaillez par groupes de trois. La première personne exprimera son avis sur un sujet et demandera l'avis de la deuxième personne. Après cela, la troisième personne dira s'il/si elle est d'accord ou pas et expliquera pourquoi.

MODÈLE: la loi qui interdit aux jeunes de moins de 21 ans de boire de l'alcool
—À mon avis, cette loi n'est pas juste. Qu'est-ce que tu en penses?
—Je suis d'accord avec toi. Si on peut être envoyé à la guerre à dix-huit ans, on doit avoir le droit de boire de l'alcool au même âge.
—Mais non, je ne suis pas de ton avis. Il y a trop d'accidents de voiture causés par de jeunes conducteurs ivres.

1. la cohabitation avant le mariage
2. la violence dans les films
3. Lindsay Lohan/les médias
4. le chômage des jeunes diplômés
5. le mariage gay
6. (votre choix)

Pascal Guyot/AFP/Getty Images

Avez-vous déjà participé à une manifestation? À quelle occasion?

DOSSIER D'EXPRESSION ÉCRITE Premier brouillon

Use the vocabulary and arguments that you brainstormed in **Leçon 1** to begin writing your first draft. Write an introductory paragraph in which you inform your reader of the object of your discussion.

1. Describe your point of view and then the opposing point of view. Give a response to each opposing argument and explain the reason for your opposition.
2. Present several solutions, choices, or possibilities and then write a possible conclusion.

Liens culturels

Trois grands musées

Courtesy of Isabelle Alouane

Le musée d'Orsay: En 1986, l'ancienne gare d'Orsay a été transformée en musée de l'art du XIXe siècle. Ce musée contient les œuvres réalistes, impressionnistes, post-impressionnistes et fauves des années 1850 à 1914. Ces œuvres étaient autrefois exposées au Jeu de Paume, au musée Rodin, à Versailles et dans beaucoup d'autres petits musées et entrepôts[1] dispersés dans Paris. Aujourd'hui, il y a de nombreux visiteurs (environ 3 200 000 par an) qui admirent les collections exposées à Orsay. Visitez le site Web (www.musée-orsay.fr) pour voir la liste des expositions.

Courtesy of Isabelle Alouane

Le centre Pompidou (Beaubourg): Le Centre National d'Art et de Culture Georges Pompidou est situé dans le vieux quartier Beaubourg. Bien qu'on ait commencé sa construction pendant la présidence de Georges Pompidou (de 1969 à 1974), ce musée d'art moderne n'a été fini qu'en 1977, après sa mort. Il a été fermé entre 1997 et 2000 pour cause de rénovations. Aujourd'hui, il continue à attirer l'attention à cause de son architecture singulière. Adoré ou détesté des Français, le centre Beaubourg est un des musées les plus fréquentés de Paris. Voir www.centrepompidou.fr.

Courtesy of Isabelle Alouane

Le Louvre: L'ancienne résidence des rois de France aux XVIe et XVIIe siècles est devenue un musée entre 1791 et 1793. Sous la présidence de François Mitterrand, on y a ajouté un niveau souterrain, dessiné par l'architecte sino-américain I.M. Pei. Pour donner de la grandeur à l'entrée, Pei a fait construire une grande pyramide en verre de vingt mètres de hauteur entourée de trois pyramides plus petites, jointes par des fontaines. Le Louvre est toujours en train d'évoluer. En 2008, on a commencé la construction des salles d'art islamique dans la cour Visconti, un projet autorisé par l'ancien président Jacques Chirac et financé par la France et l'Arabie saoudite. Avec ses 18 000 œuvres, la collection des arts de l'Islam du musée du Louvre est l'une des plus riches du monde. Le chantier s'est terminé fin 2012. Voir www.louvre.fr.

Erich Lessing/Art Resource, NY

Claude Monet, *Le déjeuner sur l'herbe*

Bridgeman Art Library/SuperStock

Édouard Manet, *Chez le père Lathuille*

Compréhension

1. Décrivez le genre d'œuvres d'art qu'on peut voir en visitant le musée d'Orsay.
2. Parlez du genre d'œuvres d'art qu'on voit au centre Pompidou et de l'architecture de ce musée.
3. Pour quelle raison le Louvre a-t-il été construit à l'origine? Qui a fait construire les pyramides du Louvre? Quel est le projet le plus récent du Louvre?

Réactions

1. Est-ce que vous vous intéressez à l'architecture? Expliquez. Lequel de ces musées aimeriez-vous aller voir? Pourquoi?
2. Est-ce que vous avez un musée américain préféré? un bâtiment préféré? Expliquez.

Extension

Faites un exposé oral ou un rapport sur un peintre impressionniste en utilisant Internet. N'oubliez pas d'inclure une petite biographie, les titres de ses œuvres importantes, ses sujets préférés et ses techniques particulières.

[1] *warehouses*

LEÇON 3

COMMENT EXPRIMER LA PROBABILITÉ

Conversation (conclusion)

Track 13

Premières impressions

1. Identifiez: les mots et les expressions que ces jeunes gens utilisent pour exprimer la probabilité ou l'improbabilité de certains événements
2. Trouvez: de quel problème on parle (citez deux exemples donnés)

Les jeunes amis continuent à discuter à la brasserie. Fabien est revenu de sa petite réunion.

ÉMILIE Oui, on s'occupe beaucoup des problèmes à l'étranger. Enfin, je ne sais pas ce que tu en penses, mais on devrait plutôt s'occuper de ce qui se passe chez nous.

CHLOÉ Oui, mais il ne me semble pas qu'il y ait autant de problèmes ici qu'ailleurs.

DIDIER On a quand même un gros problème avec l'immigration et le racisme, tu ne trouves pas?

CHLOÉ Non, pas tellement… je trouve que finalement, les choses vont assez bien.

DIDIER On ne peut pas dire qu'on n'ait pas de problèmes de racisme!

ÉMILIE Et un des résultats est le climat d'insécurité dans les banlieues°, surtout celles habitées par les immigrés nord-africains. Il y a beaucoup de jeunes Maghrébins qui ne se sentent pas chez eux. C'est pourquoi les banlieues restent difficiles et sont des secteurs chauds. En octobre-novembre 2005, il y a eu des émeutes° de jeunes.

suburbs
riots

CHLOÉ Ça a fait la une des journaux° et la télé aime bien faire peur. Mais au fond°, j'ai l'impression que beaucoup de Nord-Africains se sentent français maintenant. Il y en a beaucoup qui sont nés ici et qui sont allés à l'école ici.

la une… *front page* / **au fond** *basically*

ÉMILIE Oui, mais beaucoup sont au chômage. En plus, beaucoup se plaignent° d'une grande discrimination dans le travail.

complain

FABIEN Tu sais, avec la faillite des banques et la récession économique qui s'aggrave° de jour en jour, il est possible que ces difficultés empirent°, au moins pendant quelques temps.

gets worse
worsen

CHLOÉ Mais enfin, il faut avoir un peu plus d'espoir et de confiance dans les gens. On va probablement voir baisser le taux de chômage. Je parie° que les choses s'arrangeront. On trouvera des solutions. Et ce n'est pas uniquement un problème français, d'ailleurs. C'est comme ça en Amérique depuis longtemps.

bet

DIDIER Oui, mais en France, c'est peut-être plus un problème de culture et de religion que de race. Ce n'est pas facile pour une minorité ethnique musulmane de s'intégrer dans une civilisation catholique…

Observation et analyse

1. Qui, dans la conversation, est optimiste? Qui ne l'est pas?
2. Décrivez l'évolution de la société selon Chloé.
3. Pourquoi est-ce qu'il y a un problème d'intégration pour les Nord-Africains parmi les Français? Pour la deuxième génération de Nord-Africains, comment est-ce que ce problème va peut-être se résoudre *(to be solved)*? Et pour la troisième génération?
4. Dans le dialogue, avec qui est-ce que vous êtes d'accord? Pourquoi?

Réactions

1. Est-ce que vous avez un grand-parent ou un arrière-grand-parent qui a émigré d'un pays étranger pour venir en Amérique? De quel pays?
2. Quelles sortes de problèmes est-ce qu'un nombre croissant *(increasing)* d'immigrants pose à un pays?
3. Est-ce qu'il y a eu des événements dans les années récentes qui peuvent nous faire réfléchir au problème du racisme aux États-Unis? Expliquez.

Expressions typiques pour...

Exprimer la probabilité des événements

(The following expressions all take the indicative mood. Those with **devoir** *are followed by an infinitive.)*

D'aujourd'hui ou de l'avenir

Sans doute qu'ils viendront dans quelques minutes.
Il est probable qu'ils viendront en voiture.
Ils doivent être en route *(must be on the way)*.
Il est probable qu'ils s'excuseront.

Du passé

Ils ont été retenus *(held up)*, sans doute.
Ils ont dû partir en retard *(must have gotten a late start)*.
Ils ont probablement oublié de nous téléphoner.
Ils devaient arriver à trois heures.

Exprimer l'improbabilité des événements

(The following expressions all take the subjunctive mood.)
Il ne semble pas que ce manque de ponctualité soit typique.
Il est improbable qu'ils aient oublié notre rendez-vous.
Il est peu probable qu'ils aient eu un accident de voiture.
Il est douteux qu'ils viennent.
Cela me semble peu probable qu'il ait oublié notre rendez-vous.

Mots et expressions utiles

L'immigration et le racisme

un(e) immigrant(e) *newly arrived immigrant*
un(e) immigré(e) *an immigrant well established in the foreign country*
la main-d'œuvre *labor*
maghrébin(e) *from the Maghreb (Northwest Africa: Morocco, Algeria, Tunisia)*
l'accueil [m] **welcome**
accueillant(e) *welcoming, friendly*
la banlieue *the suburbs*
les quartiers [m pl] **sensibles slums**
s'accroître *to increase*
s'aggraver *to get worse*
blesser *to hurt*
croissant(e) *increasing, growing*
éclairer *to enlighten*
empirer *to worsen*
répandre *to spread*
rouer quelqu'un de coups *to beat someone black and blue*
le chômage *unemployment*
un chômeur/une chômeuse *unemployed person*
un incendie *fire*
les émeutes [f pl] **riots**
une manifestation/manifester *demonstration, protest (organized)/to demonstrate, protest*
une menace *threat*
la xénophobie *xenophobia (fear/hatred of foreigners)*

Additional vocabulary: s'étendre *to spread*; **se manifester** *to arise, emerge;* **un soulèvement** *spontaneous uprising*

KATE NOBLE/nobleIMAGES/Alamy

©BERTRAND GUAY/AFP/Getty Images

Mise en pratique

Après le premier tour des élections présidentielles de 2002 et le score relativement élevé du chef de file *(party leader)* du Front national (FN), Jean-Marie Le Pen, les exemples de racisme se sont multipliés en France. Le FN a profité du **chômage** qui **s'est aggravé** pour promouvoir une idéologie que beaucoup considèrent **xénophobe.** Quand Le Pen est parvenu au second tour des élections, beaucoup de Français, choqués par ce résultat, sont descendus dans la rue pour **manifester.** Ces **manifestations se sont répandues** et Le Pen a reçu peu de voix au second tour que Jacques Chirac a largement gagné. Dix ans plus tard, aux élections présidentielles de 2012, les Français ont exprimé leur mécontentement envers la politique menée par Nicolas Sarkozy, le successeur de M. Chirac, en redonnant un nombre **croissant** de voix à la candidate du Front national, Marine Le Pen. Cependant, cela ne lui a pas suffi pour accéder au second tour. Le candidat du Parti socialiste, François Hollande, a eu 51,64% des voix contre 48,36% pour Nicolas Sarkozy.

Activités

A. Imaginez. Jouez le rôle de quelqu'un qui peut prédire l'avenir. Créez deux prédictions avec les éléments donnés ci-dessous et une expression de probabilité ou d'improbabilité.

See **Chapitre 7** for a review of the future tense.

MODÈLE: . . . le prochain président des États-Unis sera...

—Il est très probable que le prochain président des États-Unis sera une femme.

—Il est peu probable que je sois le prochain président des États-Unis.

1. ... le film qui gagnera l'Oscar du «meilleur film» de l'année sera...
2. ... je finirai mes études universitaires en...
3. ... je me marierai avec...
4. ... j'aurai... enfants.
5. ... je serai... (profession)
6. ... (votre choix)

B. Ça continue... Voici des phrases tirées d'un journal français. Complétez chaque phrase en utilisant les ***Mots et expressions utiles.***

1. Depuis quelques années, les incidents entre _________ et les Français se multiplient.
2. À cause de la crise économique et du _________, beaucoup de Français reprochent aux étrangers de s'approprier le travail qui devrait, disent-ils, leur revenir de droit.
3. Frédéric Boulay, un _________ de vingt-deux ans, a tué deux ouvriers turcs et en _________ cinq autres. Il a dit que c'était à cause de la _________ étrangère qu'il était sans travail.
4. Dans le 20e arrondissement de Paris, de septembre à décembre, trois _________ ont eu lieu dans des immeubles habités par des immigrés. Le feu a donc détruit leur logement.
5. S.O.S.–Racisme a organisé une _________ antiraciste qui a rassemblé entre 200 000 et 400 000 personnes. Aujourd'hui, ce groupe continue à être actif dans la campagne contre le racisme avec d'autres groupes, comme l'Obu (Organisation des banlieues unies).

Si vous vous intéressez à ce groupe, vous pouvez vous informer en visitant le site Internet de S.O.S. Racisme (www.sos-racisme.org).

C. Vous êtes le prof. Vos élèves ne comprennent pas les expressions et mots suivants. Aidez-les en donnant un synonyme pour chaque mot ou expression dans le premier groupe et un antonyme pour chaque mot ou expression dans le deuxième groupe. Utilisez les ***Mots et expressions utiles.***

Synonyme	Antonyme
1. battre quelqu'un	1. améliorer
2. faire du mal à quelqu'un	2. un travailleur
3. un secteur pauvre d'une ville	3. le refus
4. le feu	4. diminuer

D. Qu'est-ce qui s'est probablement passé? Pour chaque événement, donnez une explication plausible.

MODÈLE: Votre ami arrive en retard pour votre rendez-vous.

— Il a dû partir en retard.

1. Votre mari/femme ne vous offre rien pour votre anniversaire.
2. Votre enfant, au bord des larmes *(tears)*, vient vous voir.
3. Votre colocataire veut vous emprunter 300 $.
4. Il est sept heures du matin et on dit à la radio que l'université sera fermée aujourd'hui.

La grammaire à apprendre

Le verbe *devoir*

A. One of the principal ways of expressing probability is to use **devoir** + infinitive. (Remember that when **devoir** is followed directly by an object, it means *to owe.*) Note the difference in meaning implied by each tense.

Présent:	Tu **dois** avoir raison, mon pote *(familiar—friend). (must, probably)*
Imparfait:	Je ne **devais** pas faire attention. *(was probably)*
Passé composé:	J'**ai dû** oublier de fermer la porte à clé. *(must have)*

B. Devoir also may be used to express necessity or moral obligation, as in the following examples:

Présent:	Nous **devons** réexaminer le problème de l'immigration clandestine aux États-Unis. *(must, have to)*
Passé composé:	L'année passée, les douaniers **ont dû** arrêter plus de 1,2 million de personnes qui essayaient d'entrer illégalement dans le pays. *(had to)*
Imparfait:	Autrefois, nous ne **devions** pas nous préoccuper de ce problème. *(used to have to)*
Futur:	Je crois que le président **devra** proposer de nouvelles mesures. *(will have to)*
Conditionnel:	Combien d'immigrants par an un gouvernement **devrait**-il accepter? *(should)*
Conditionnel passé:	Nous **aurions dû** étudier ce problème plus tôt. *(should have)*

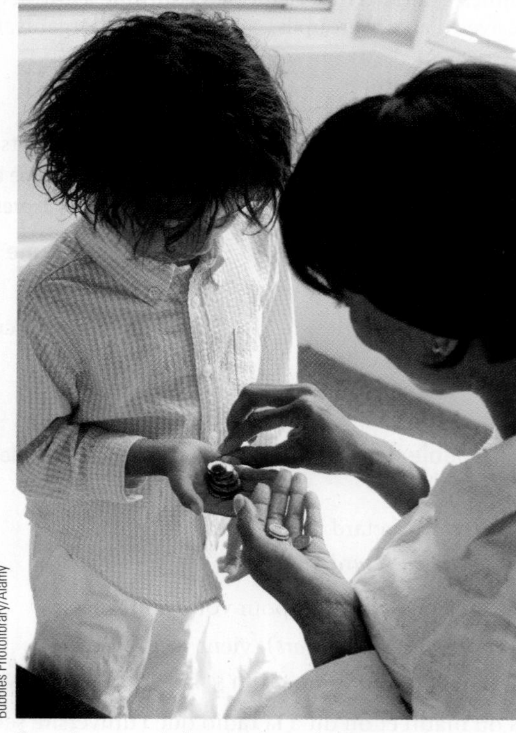
Bubbles Photolibrary/Alamy

Receviez-vous de l'argent de poche lorsque vous étiez enfant?

Activités

A. Questions indiscrètes. Posez les questions suivantes à un(e) partenaire. Faites un résumé de ses réponses à la classe.

1. Qu'est-ce que tu dois faire ce soir?
2. Est-ce que tu devras travailler ce week-end?
3. Tu dois être un(e) étudiant(e) exemplaire, non?
4. Quand tu étais petit(e), est-ce que tu recevais de l'argent de poche *(pocket money)* de tes parents? Quels genres de travaux ménagers *(chores)* est-ce que tu devais faire pour gagner cet argent?
5. Tu as dû être un(e) enfant sage, n'est-ce pas?
6. D'après toi, à quel âge est-ce que les parents devraient permettre aux enfants d'avoir un téléphone portable? et une tablette?

B. Une lettre. Vous avez consenti à traduire en français une lettre écrite par les parents d'un(e) de vos ami(e)s aux propriétaires d'un petit hôtel à Caen. Voici la lettre en anglais.

Dear Mr. and Mrs. Lesage,

You probably do not often receive letters from Americans, but my husband and I have to tell you how much we enjoyed your hotel this summer.

Everyone was so friendly there, and the accommodations (**l'hébergement**) were great! We must have stayed at a dozen hotels during our trip, but yours was without any doubt the best.

We thank you once again for the warm (**chaleureux**) welcome that you gave us.

Sincerely,

Linda and Charles Jackson

C. Grand-mère passe la journée avec ses petits-enfants. Complétez la conversation avec la forme correcte du verbe **devoir.**

1. Il fait froid dehors, Claude. Tu ________ mettre un pull.
2. Quand ta mère était petite, elle ________ aimer jouer dehors, aussi.
3. La soupe que j'ai préparée au déjeuner était vraiment délicieuse. Ta sœur et toi, vous ________ vraiment la goûter!
4. Il pleut. Je pense que nous ________ rester à l'intérieur.
5. Je n'ai pas entendu la sonnette *(doorbell)*. J'________ sûrement dormir.
6. Le bébé ne pleure plus. Il ________ s'endormir *(fall asleep)*.
7. Dans trente ans, les gens ________ penser davantage au nombre croissant de personnes qui arriveront à l'âge de la retraite, comme moi!

D. Qu'est-ce qu'on doit faire? Répondez en deux phrases aux questions suivantes avec un(e) partenaire. Notez vos conclusions.

1. Qu'est-ce qu'on doit faire pour rester jeune?
2. Qu'est-ce qu'on devrait faire pour ne pas dépenser trop d'argent?
3. Qu'est-ce qu'on devrait faire pour améliorer les écoles américaines?
4. Qu'est-ce qu'on aurait dû faire pour éviter la violence dans les villes américaines?
5. Qu'est-ce qu'on devra faire pour mettre fin aux guerres dans le monde?

La grammaire à apprendre

The indefinite pronouns **quelque chose** and **quelqu'un** are both singular and masculine. Adjectives that modify these pronouns follow them and are introduced by **de.**

Exemples: J'ai vu **quelque chose de** sympathique aujourd'hui. Il y avait des jeunes qui parlaient avec **quelqu'un de** bizarre dans le métro et qui essayaient de l'aider.

J'ai pensé à toi: tu as toujours **quelque chose de** gentil à dire.

Les adjectifs et les pronoms indéfinis

Indefinite adjectives and pronouns are useful for carrying out practically any function of language. Examples of the more common adjectives and pronouns are given below.

Adjectifs	Pronoms
quelque, quelques *some, a few*	**quelque chose** *something*
	quelqu'un *someone, somebody*
	quelques-un(e)s *some, a few*

Il y a **quelques** jours, des terroristes ont pris des otages.
Quelques-uns des otages sont français.

VOISIN/PHANIE/Age Fotostock

Regardez-vous bien toujours de chaque côté de la rue avant de traverser?

The final **s** of **tous**, normally silent, is pronounced when it is used as a pronoun.

chaque *each* — **chacun(e)** *each one*

Les preneurs d'otages ont pris une photo de **chaque** otage.
Comme on pouvait s'y attendre, **chacun** avait l'air pâle et effrayé.

tout(e) (avant un nom singulier sans article) *every, any, all* — **tous, toutes** *all*

On a perdu presque **tout** espoir parce que les otages sont **tous** accusés d'espionnage.

tout, toute, tous, toutes *all, every, the whole* — **tout** (invariable) *everything*

On espère que **toutes** les personnes enlevées seront bientôt libérées.
Mais **tout** doit être fait pour éviter un affrontement *(confrontation)* militaire.

plusieurs (invariable) *several* — **plusieurs** (invariable) *several*

Les preneurs d'otages ont **plusieurs** fois menacé la vie des prisonniers.
On a peur que **plusieurs** d'entre eux ne soient déjà morts.

Activités

A. Écoutez-moi! Voici les phrases tirées d'un discours prononcé par un étudiant qui est candidat à la présidence de l'association étudiante. Complétez chaque phrase selon votre imagination.

1. Je crois que nous, les étudiants, sommes tous…
2. Si je suis élu, chaque étudiant recevra…
3. Quant au stationnement sur le campus, je promets que tous les étudiants…
4. De plus, je crois que tout professeur devrait…
5. J'ai plusieurs idées pour améliorer la qualité de la nourriture universitaire, par exemple…
6. Maintenant, si vous aimez mes idées, il faut que chacun de vous…

B. À la bibliothèque. Camille doit faire un exposé en classe sur l'art impressionniste. Elle se rend donc à la bibliothèque universitaire de la Sorbonne pour y faire des recherches. Complétez sa conversation avec l'employée de la bibliothèque en ajoutant les adjectifs et les pronoms indéfinis appropriés.

CAMILLE Bonjour, madame.

L'EMPLOYÉE Bonjour, mademoiselle.

CAMILLE Pourriez-vous m'aider? J'ai besoin de ________ *(several)* livres sur l'art impressionniste.

L'EMPLOYÉE Oui, alors, consultez ce catalogue et notez les livres que vous désirez voir… Voilà ________ *(a few)* de nos livres et ________ *(several)* de nos diapositives *(slides)*. Vous ne voulez probablement pas ________ *(all)* ces livres?

CAMILLE Euh, je ne sais pas. Je voudrais regarder ________ *(everything)* ce que vous m'avez apporté, si c'est possible.

L'EMPLOYÉE Bien sûr, mademoiselle. Prenez votre temps pour étudier le ________ *(everything)*.

C. Répondez sans réfléchir. Dites la première chose qui vous vient à l'esprit. Posez les questions en français. Travaillez avec un(e) partenaire.

1. Name **(Nommez)** several French presidents.
2. Name each French professor you know.
3. Name someone interesting.
4. Name some French singers.
5. Think of **(Pensez à)** something orange.
6. Think of all the French cars you know.
7. Name several American cities with French names. Give the name of the state where each one is located.
8. Think of several famous French cities.

Courtesy of Esther Marshall

Que pensez-vous de la voiture Smart?

Interactions

A. Imaginez... Par groupes de trois, imaginez le monde et les États-Unis dans trois ans, puis dans dix ans. Quels changements est-ce qu'il y aura dans la vie de tous les jours? Quels événements ont peu de chance d'avoir lieu? Écrivez un petit résumé de vos prédictions pour les deux périodes. Expliquez aux autres étudiants de la classe ce que vous avez écrit et parlez des différences et des similarités dans vos réponses.

B. Dans un grand magasin. Imaginez que vous travailliez dans un grand magasin au rayon des vêtements femmes ou hommes. Votre partenaire sera un client/une cliente qui veut se faire rembourser pour un pullover qu'il/elle a visiblement porté plusieurs fois. Discutez des choses suivantes: s'il est probable qu'il/elle a porté le pull; s'il est probable que le magasin rembourse la personne pour le pull, etc. Expliquez au client/à la cliente qu'il/elle peut parler avec le directeur, etc.

MOTS UTILES: **faire reprendre quelque chose** *(to return something; literally: have the store take something back)*; **porté** *(worn)*; **un remboursement** *(refund)*; **un échange; sale** *(dirty)*; **il manque un bouton** *(it's missing a button)*; **détendu** *(stretched-out [material])*; **ne servir à rien** *(to do no good)*

Courtesy of Esther Marshall

Avez-vous déjà demandé un remboursement dans un magasin? À quelle occasion?

DOSSIER D'EXPRESSION ÉCRITE Deuxième brouillon

1. Write a second draft of your paper from **Leçon 2,** incorporating more detail and adding examples to illustrate your point of view and the opposing point of view.
2. To make your arguments more forceful and organized, insert some of the following expressions:

EXPRESSIONS UTILES: **Commençons par; il faut rappeler que; il ne faut pas oublier que; par conséquent; contrairement à ce que l'on croit généralement; de plus; en tout; enfin; en premier (deuxième, troisième, dernier) lieu; il est possible que; il se peut que; mais; il n'en est pas question parce que; quant à** *(as far as)*...; **il est certain que...; d'autre part...**

Liens culturels

La France et l'immigration

Le nombre d'immigrés qui vivent en France est estimé à plus de 5 millions. L'élection présidentielle de 2012 a montré que l'immigration et la place des étrangers dans la société provoquent toujours de nombreux débats, en particulier sur les questions de religion et de culture. Le principal reproche qu'une partie des Français adresse à des catégories spécifiques d'étrangers et d'immigrés est de ne pas s'adapter aux modes de vie et aux valeurs de leur pays d'accueil. L'attitude de ces Français n'est pas toujours xénophobe; elle est la conséquence d'une crainte de voir se développer un communautarisme fondé sur l'appartenance ethnique ou religieuse. Ces critiques s'adressent surtout aux personnes d'origine maghrébine ou africaine, dont les cultures et les habitudes sont les plus différentes de celles des Français typiques.

Comme l'ont montré le débat sur le port du voile[1] qui a donné lieu en 2004 à une loi l'interdisant dans les écoles, les émeutes dans les banlieues en novembre 2005 et la discussion sur le port de la burqa en 2009, la société française a manifestement perdu, depuis quelques années, une partie de sa capacité à intégrer les nouveaux immigrants. La publication en avril 2011 d'une circulaire d'application de la loi interdisant «la dissimulation[2] du visage dans l'espace public» a arrêté la conversation et a établi la règle à suivre.

Mais l'exigence d'adhérer à un système de valeurs et à la culture du pays d'accueil est parfois jugée contradictoire avec les principes de liberté individuelle, de reconnaissance et d'acceptation des «différences» (habitudes, religion, culture). Donc, la cohabitation entre les «Français» et les «étrangers» (dont beaucoup sont français par naissance) est souvent conflictuelle. Ce débat sur l'identité nationale continue aujourd'hui avec la question posée à tous: «Qu'est-ce qu'être français?»

Adapté de *Francoscopie 2013*, Éditions Larousse, pp. 220-225

Directphoto.org/Alamy

Que pensez-vous du débat sur le port du voile?

[1] *the veil that Islamic women wear* [2] *concealment*

Compréhension

1. Combien d'immigrés est-ce qu'il y a en France?
2. Quels sont certains des reproches que les Français font aux immigrés et aux étrangers?
3. Pourquoi la loi interdisant le port du voile dans les écoles est-elle en contradiction avec les principes de la République française?

Réactions

1. Êtes-vous fier (fière) de votre culture et des origines de votre famille? Expliquez.
2. D'après vous, pourquoi les discussions sur l'immigration sont-elles difficiles en France?
3. Donnez et expliquez plusieurs grands points de discussion sur l'immigration aux États-Unis.

Extension

Écrivez un paragraphe sur votre identité nationale. Si vous êtes américain(e), qu'est-ce qu'être «américain», selon vous? Parlez des habitudes, des cultures et des différentes religions. Avons-nous appris à vivre ensemble? Avec qui, en particulier? Acceptons-nous nos différences? Que devons-nous faire pour mieux nous accepter les uns les autres? Donnez comme exemples des événements qui montrent notre capacité à accepter la différence ou, au contraire, notre réticence à l'accepter.

En 2011, il y avait 2 000 femmes portant la burqa sur le territoire français.

La devise *(motto)* de la République française est Liberté, Égalité, Fraternité.

Eric Fougere/VIP Images/Corbis

Le chanteur Renaud

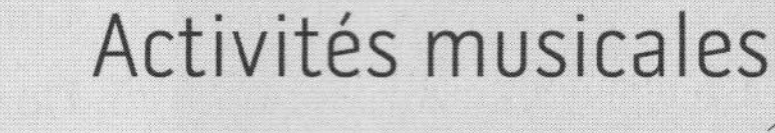

Activités musicales

Renaud: *Manhattan Kaboul*

Biographie

- Né en 1952 à Paris
- A grandi à Paris
- Est un des chanteurs les plus connus du monde francophone
- S'est engagé dans la politique pour des causes comme les droits de l'homme, l'écologie et la défense des animaux

Avant d'écouter: Le contexte et les réflexions

1. Regardez le titre de la chanson de Renaud. À votre avis, de quoi va parler cette chanson?
2. Qu'est-ce que vous savez des conflits en Afghanistan et en Irak? Selon vous, comment est-ce que la situation va évoluer?

Pendant que vous écoutez: Compréhension

1. Quels mots et idées dans la chanson sont associés à New York et aux États-Unis? Lesquels sont associés à Kaboul et à l'Afghanistan?
2. Quel est l'effet produit par l'utilisation par Renaud des mots comme «je», «mon» et «moi»?

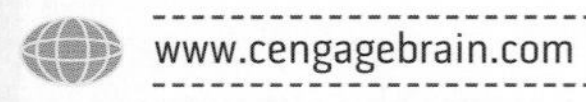

www.cengagebrain.com

Après avoir écouté: Communication

1. Quelles sont les deux personnes mentionnées dans la chanson? En quoi sont-elles différentes? semblables? À votre avis, pourquoi est-ce que Renaud décrit ces deux personnes? Quel est son message?
2. Que pense Renaud du rôle de la religion et des gouvernements dans les guerres? Quelles références vous aident à comprendre ses pensées?
3. Est-ce que vous êtes d'accord avec Renaud? Expliquez.
4. Trouvez une vidéo de la chanson sur YouTube et laissez un commentaire.
5. Recherchez la chanteuse belge Axelle Red, qui chante cette chanson avec Renaud, sur YouTube. Écoutez une de ses chansons et laissez un commentaire.

Activités orales

A. Moi, je pense que... Regardez un journal français à la bibliothèque ou sur Internet (www.lefigaro.fr/ ou www. lemonde.fr/) et trouvez un article sur un événement récent ou un problème politique ou social. Par groupes de trois ou quatre, décrivez votre article et donnez votre opinion sur le sujet. Les autres étudiants donneront leur réaction à ce que vous dites.

B. Faisons la fête! Vous célébrez la fin du semestre/trimestre chez un(e) ami(e). Vous connaissez à peu près la moitié des invités. Circulez parmi eux (la classe) et engagez une conversation avec au moins huit personnes. Utilisez, bien sûr, les expressions que vous avez apprises pour engager, continuer et terminer une conversation.

SUJETS DE CONVERSATION les examens; vos notes probables; les projets de vacances; les cours du semestre/trimestre prochain; un(e) copain/copine; un film; les actualités

Activité écrite

Immigration. Trouvez un article français où l'on parle des problèmes de l'immigration ou du racisme. Utilisez cet article et les renseignements du chapitre pour écrire une composition dans laquelle vous comparez l'immigration ou le racisme en France et aux États-Unis. Utilisez les questions suivantes comme guide:

- Quelles sont les similarités et les différences entre les deux situations?
- Est-ce que les immigrés viennent avec l'intention de rester en permanence?
- Pourquoi est-il difficile de limiter l'entrée des immigrants?
- À votre avis, qu'est-ce qu'on doit faire pour résoudre le problème?
- Quelles seront les conséquences probables si on n'y prête pas attention?

DOSSIER D'EXPRESSION ÉCRITE Révision finale

1. Reread your composition and focus on the conclusion, making sure that it offers a synthesis or a solution. Choose a title that will capture the attention of your reader and indicate the topic.
2. Examine your composition one last time. Check for correct spelling, grammar, and punctuation. Pay special attention to your use of pronouns, the verb **devoir,** and indefinite adjectives and pronouns. Prepare your final version.
3. Write a posting on your Facebook wall in French, expressing your opinion on a current problem at your university. Invite your classmates to comment. Read the essays on five of your classmates' Facebook walls and write a comment on each.

   SUGGESTED TOPICS: l'augmentation des droits d'inscription; la qualité de la nourriture servie dans les restaurants universitaires; l'incompétence de l'association étudiante; le stationnement sur le campus; l'entraîneur sportif récemment renvoyé par le président de l'université; les heures d'ouverture limitées de la bibliothèque

Maryse Condé, femme écrivain

HUGO LE TERRIBLE
de Maryse Condé

Biographie

- Est née en 1937 à Pointe-à-Pitre en Guadeloupe
- A étudié l'anglais à la Sorbonne et a enseigné en Guinée, au Ghana et au Sénégal
- A enseigné pendant de nombreuses années à l'Université Columbia, à New York, et a pris sa retraite en 2006
- A publié de nombreux romans dont les histoires se situent dans des lieux variés et des époques historiques différentes *(Ségou; Traversée de la mangrove; Moi, Tituba sorcière de Salem)*
- A exploré les questions de race, de genre et de cultures
- Est très reconnue et a reçu de multiples prix et marques d'honneur

Sujets à discuter

- Est-ce que vous avez déjà visité une île des Caraïbes (des Antilles) comme la Guadeloupe ou Haïti? Laquelle? Quand? Expliquez les circonstances. Parlez, par exemple, de la population locale et de l'endroit où vous avez logé, des contacts que vous avez eus avec les gens, de vos impressions sur la population locale. Si vous n'avez pas visité d'îles dans les Caraïbes, comment imaginez-vous ces endroits?
- La discrimination est ainsi définie dans le dictionnaire *Le Petit Robert:* «le fait de séparer un groupe social des autres en le traitant plus mal». Quelles sortes de discrimination existent dans le monde? Sur quoi la discrimination est-elle basée? Pourquoi est-ce qu'il est difficile d'y mettre fin?
- Est-ce que vous avez déjà vu ou subi un cyclone, une tornade, un tremblement de terre ou une autre catastrophe naturelle? Sinon, connaissez-vous quelqu'un qui a été victime d'une telle catastrophe, mais qui y a survécu? Expliquez les circonstances.
- Connaissez-vous quelqu'un qui est photographe pour un journal, un magazine ou pour la télévision? Si oui, parlez de cette personne. Pensez-vous qu'il y ait beaucoup de concurrence entre les journalistes pour obtenir les premières images d'un événement?
- Quelles sortes de risques est-ce que les photographes ou les photo-journalistes prennent? Quelles circonstances dangereuses ou difficiles justifient, à votre avis, le courage de certains d'entre eux? Qu'est-ce qui vous paraît extrême?

Stratégies de lecture

D'après le contexte. En utilisant le contexte et la structure de chaque phrase, trouvez dans la liste suivante une expression équivalente aux mots soulignés.

expérimenté(e)	très vite
gaspillé(e)	travailler aux côtés de
choqué(e)	se promener dans les rues au lieu d'aller à l'école
troubler	de la France continentale, pas de la partie anciennement colonisée

1. Malgré nos signaux, les voitures passaient <u>à toute allure</u> sans faire attention à nous.
2. Elle (la voiture) avait à bord un couple de jeunes <u>métropolitains</u>, coiffés d'identiques visières *(visors)* vertes.
3. Mon père, qui en <u>côtoie</u> plusieurs dans son travail, n'en reçoit jamais à la maison.

4. Comme ça, vous avez fait l'école buissonnière?
5. Frédéric leur conseillait les sites touristiques à visiter, les spécialités à déguster, les boîtes de nuit où danser, avec l'assurance d'un guide chevronné.
6. Ne dis pas cela! Alors notre voyage est gâché!
7. Je l'ai regardée d'un air offusqué et elle m'a adressé un petit sourire…
8. Cela ne vous gêne pas?

Introduction

In this chapter you learned to talk about issues related to France and immigration. Additional perspectives can be found in this reading, which takes place on the French island of Guadeloupe in 1989.

The West Indies are often threatened by hurricanes. In her book, Hugo le terrible, *Maryse Condé recounts the events of the giant hurricane Hugo that inflicted heavy damage on the island. Her narrator is a young boy. In this excerpt, it is obvious that the Guadeloupeans and tourists from metropolitan France do not share the same view of the hurricane.*

«16 septembre 1989, 15h35

Attention Cyclone Hugo se dirige rapidement sur la Guadeloupe. Rejoignez les habitations ou les abris. Alerte 2 déclenchée ce jour à compter de 12 heures.

Préfet Région Guadeloupe»

Lecture

Malgré nos signaux, les voitures passaient à toute allure° sans faire attention à nous. Je commençais à me décourager, car cela faisait près d'une heure que nous étions là à danser d'un pied sur l'autre et à agiter nos mouchoirs quand une jeep Cherokee noire a fini par s'arrêter.

Elle avait à son bord un couple de jeunes métropolitains°, coiffés d'identiques visières° vertes. Le jeune homme était torse nu, très bronzé. La jeune fille, très bronzée elle aussi, portait sur son maillot un short à pois° roses. Ses longs cheveux couleur de paille° flottaient dans l'air. En m'installant à l'arrière de la jeep, je les ai regardés avec méfiance. Ils semblaient pourtant sympathiques et puis c'étaient les seuls qui se soient arrêtés pour nous prendre. Mais nous ne fréquentons guère de métropolitains. Mon père qui en côtoie° plusieurs dans son travail, n'en reçoit jamais à la maison. Petite Mère n'a dans son salon que des clientes guadeloupéennes. C'est que nous nous faisons d'eux une idée assez particulière. Nous croyons qu'ils ne s'intéressent pas vraiment à notre pays, à nos problèmes et désirent seulement profiter du soleil et de la mer. Ils appartiennent à un monde que nous ne cherchons ni à connaître ni à comprendre et que nous regardons de loin à travers des préjugés hérités de notre histoire. La réciproque est vraie. Les métropolitains se tiennent à l'écart° de nous. Je me demande s'il existe des pays où les problèmes entre les communautés ne se posent pas et où la couleur de la peau n'a pas d'importance.

à toute allure *very fast*

people from mainland France / visors

polka dots

straw

works alongside of

se… *stand apart, keep to oneself*

Le jeune homme nous a souri:

—Je m'appelle Pascal; elle, c'est Manuéla. Comme ça, vous avez fait l'école buissonnière°?

faire l'école buissonnière *to play "hooky"*

J'ai laissé à Frédéric le soin de répondre. Au bout de quelques minutes, voilà qu'ils riaient tous les trois, qu'ils étaient engagés dans une conversation des plus animées comme de vieilles connaissances. Frédéric leur conseillait les sites touristiques à visiter, les spécialités à déguster°, les boîtes de nuit où danser, avec l'assurance d'un guide chevronné°. À un moment, j'ai entendu Manuéla déclarer:

to taste, savour

experienced

—Tout ce qui nous intéresse en fait, c'est Hugo, c'est le cyclone de demain!

Frédéric a haussé les épaules:

—Il n'y aura pas de cyclone!

Elle a protesté avec feu:

—Ne dis pas cela! Alors tout notre voyage est gâché!

Avait-elle tout son bon sens? Croyait-elle qu'un cyclone était une attraction au même titre que les combats de coq dans les pitt° ou les défilés de cuisinières le jour de la fête de Saint Laurent°? Savait-elle tout ce que cela risquait d'entraîner°?

cock fighting arena

défilés... *on Saint Laurent Day, cooks march in parades held in their honor / to cause*

shocked

Je l'ai regardée d'un air offusqué° et elle m'a adressé un petit sourire:

—Et toi, tu n'es pas bavard! Comment t'appelles-tu?

J'ai dit d'un ton sévère:

—Je ne suis pas de votre avis concernant Hugo. Ce sera peut-être un grand malheur pour nous autres Guadeloupéens.

Elle a incliné la tête:

—Je sais bien. Mais que veux-tu? Pascal et moi, nous sommes des photographes. Nous sommes arrivés de la Dominique où nous étions en vacances dès que nous avons entendu la nouvelle. Tu sais, les photographes sont des voyeurs. Ils parcourent les champs de bataille, les camps de réfugiés, ils sont présents lors des catastrophes et se battent pour prendre les clichés les plus sensationnels.

Je n'avais jamais pensé à cela. J'ai murmuré:

—Cela ne vous gêne° pas?

gêne *trouble*

C'est Pascal qui a répondu gentiment:

—C'est notre métier! Tu aimes bien, n'est-ce pas, avoir des images de ce qui se passe à travers le monde? Il faut bien que quelqu'un les prenne!

Nous étions arrivés devant l'Hôtel Hybiscus. Je suis descendu. Il me semble que je regarderai plus jamais de la même manière les photos des grands magazines ou certains reportages à la télévision.

Maryse Condé, *Hugo le terrible*, Éd. SÉPIA, 1991

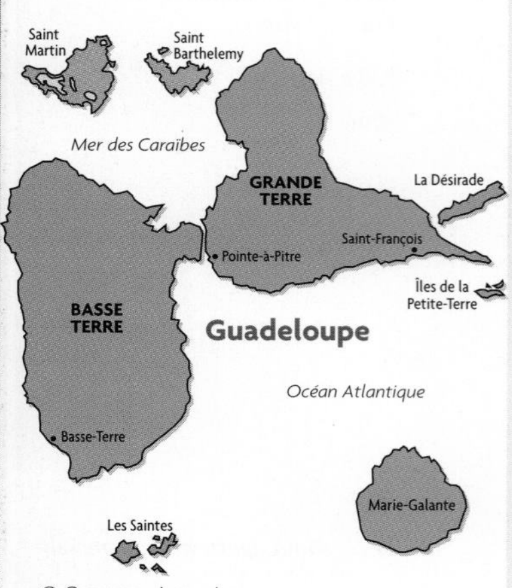

Compréhension

A. Observation et analyse. Répondez aux questions suivantes.

1. Regardez le premier paragraphe de l'extrait. Qu'est-ce que Frédéric et le narrateur font?
2. Depuis combien de temps est-ce qu'ils attendent?
3. Décrivez les gens dans la jeep. Pourquoi le narrateur est-il un peu méfiant envers eux?
4. Selon le narrateur, est-ce que les Guadeloupéens et les métropolitains se fréquentent? Pourquoi?
5. De quoi est-ce que Frédéric parle avec Pascal et Manuéla?
6. Comment est-ce que Pascal explique sa profession?

B. Grammaire/Vocabulaire. Complétez les phrases suivantes.

1. Le narrateur et sa famille ne fréquentent pas souvent les métropolitains parce que...
2. Selon Pascal, Manuéla et lui ont quitté la République dominicaine parce que...
3. Selon Manuéla, les photographes...
4. Le jeune narrateur est gêné par les jeunes métropolitains parce que...

C. Réactions. Donnez votre réaction.

1. Décrivez les quatre personnages. Parlez ensuite de votre réaction par rapport à leurs attitudes les uns envers les autres. Selon vous, d'où viennent ces attitudes?
2. Avez-vous lu d'autres livres qui traitent des attitudes des colonisateurs envers les colonisés ou de celles des touristes envers les habitants? Décrivez-les.

Interactions

A. Les photographes et les photo-journalistes. À la fin de l'extrait, le jeune narrateur dit qu'il ne regardera «plus jamais de la même manière les photos des grands magazines ou certains reportages à la télévision». Est-ce qu'il y a des images à la télévision ou des photos que vous n'oublierez jamais? Parlez-en en petits groupes.

B. Imaginons. Le narrateur se demande «s'il existe des pays où les problèmes entre les communautés ne se posent pas et où la couleur de la peau n'a pas d'importance». Qu'est-ce que vous connaissez, ou faites, comme efforts pour abolir la barrière des différences apparentes? Parlez-en avec en petits groupes.

C. La conversation. Avec un(e) partenaire, relisez l'extrait en cherchant les techniques verbales ou non-verbales que les quatre personnages utilisent pour engager la conversation. Selon vous, est-ce que les métropolitains sont polis? Et le jeune narrateur, est-ce qu'il est poli? Donnez des suggestions à ces jeunes gens.

Expansion

1. Faites un rapport sur la France et le colonialisme. Trouvez qui est Jules Ferry et expliquez comment il a défini «la mission colonisatrice» de la France. Faites une liste de tous les pays que la France a colonisés. Choisissez un de ces pays pour rechercher plus à fond l'histoire et les résultats de cette colonisation. Dites si le pays est indépendant aujourd'hui et, s'il l'est, trouvez quand et comment il a acquis son indépendance.
2. Quels étaient, à votre avis, les objectifs de la colonisation britannique de l'Amérique du nord? Et quels en ont été les résultats?

VOCABULAIRE

LA POLITIQUE

une campagne électorale *election campaign*

un débat *debate*

désigner/nommer *to appoint*

un deuxième tour *run-off election*

discuter (de) *to discuss*

un électeur/une électrice *voter*

élire (past part.: **élu**) *to elect*

être candidat(e) (à la présidence) *to run (for president)*

se faire inscrire *to register (to vote)*

la lutte (contre) *fight, struggle (against)*

un mandat *term of office*

la politique étrangère *foreign policy*

la politique intérieure *internal (domestic) policy*

un problème/une question *issue*

un programme électoral *platform*

réélire (past part.: **réélu**) *to reelect*

se (re)présenter *to run (again)*

soutenir *to support*

voter *to vote*

LA GUERRE *(WAR)*

l'armée [f] *army*

les armes de destruction massive (ADM) [f pl] *weapons of mass destruction (WMD)*

attaquer *to attack*

un attentat *attack*

céder à *to give up; to give in*

les combats [m pl] *fighting*

le conflit *conflict*

l'engin [m] **explosif improvisé (EEI)** *improvised explosive device (IED)*

une embuscade *ambush*

les forces [f pl] *forces*

le front *front; front lines*

libérer *to free*

livrer *to deliver*

la mort *death;* **les morts** [m pl] *the dead*

la négociation *negotiation*

la paix *peace*

la peine de mort *death penalty*

la polémique *controversy*

les pourparlers [m pl] *talks; negotiations*

prendre en otage *to take hostage*

se produire *to happen, take place*

le soldat *soldier*

le terrorisme *terrorism*

tuer *to kill*

LES ARTS/L'ARCHITECTURE

la conception (*from* **concevoir**) *design, plan*

en verre/en métal/en terre battue *made of glass/metal/adobe*

une œuvre *work (of art)*

rénover *to renovate*

LES POINTS DE VUE

s'accoutumer à *to get used to*

attirer *to attract*

chouette *(familiar) neat, nice, great*

convaincre *to convince*

honteux (honteuse) *shameful*

insupportable *intolerable, unbearable*

laid(e) *ugly*

moche *(familiar) ugly, ghastly*

passionnant(e) *exciting*

remarquable/spectaculaire *remarkable/spectacular*

réussi(e) *successful, well executed*

super *(familiar) super*

supprimer *to do away with*

L'IMMIGRATION ET LE RACISME

s'accroître *to increase*

l'accueil [m] *welcome*

accueillant(e) *welcoming, friendly*

s'aggraver *to get worse*

la banlieue *the suburbs*

blesser *to hurt*

le chômage *unemployment*

un chômeur/une chômeuse *unemployed person*

croissant(e) *increasing, growing*

éclairer *to enlighten*

les émeutes [f pl] *riots*

empirer *to worsen*

un(e) immigrant(e) *newly arrived immigrant*

un(e) immigré(e) *an immigrant well established in the foreign country*

un incendie *fire*

maghrébin(e) *from the Maghreb (Northwest Africa: Morocco, Algeria, Tunisia)*

la main-d'œuvre *labor*

une manifestation/manifester *demonstration, protest (organized)/to demonstrate, protest*

une menace *threat*

les quartiers [m pl] **sensibles** *slums*

répandre *to spread*

rouer quelqu'un de coups *to beat someone black and blue*

la xénophobie *xenophobia (fear/hatred of foreigners)*

DIVERS

un sans-abri *homeless person*

CINÉ BRAVO

PRIX ET RÉCOMPENSES

→ **Festival des très courts 2005** (Paris, Berlin, Séoul, Dakar...): Prix Coup de Prod

À CONSIDÉRER AVANT LE FILM

Grâce aux médias, nous avons accès à toutes sortes d'interviews qui touchent à une grande variété de sujets. Quels genres de personnes vous intéressent le plus? Des chercheurs? Des vedettes populaires? Des gens comme vous? Préférez-vous lire des interviews de ce genre dans des magazines ou les voir à la télévision ou sur Internet? Si c'était possible, qui aimeriez-vous interviewer? Pourquoi? Quelles questions lui poseriez-vous?

NOTE CULTURELLE

En français, on utilise le mot *feeling* pour parler de la sensibilité d'un musicien ou d'une intuition personnelle, comme, par exemple dans:

C'est un grand pianiste, mais il n'a pas de **feeling** pour le jazz.

Je ne crois pas avoir eu le poste. Pendant l'entretien, je n'avais pas **le feeling.**

On va au cinéma?

1. **Il faut en parler.** À qui vous adressez-vous dans les situations suivantes?

MODÈLE: Vous êtes brouillé(e) avec votre sœur.
J'en parlerai à ma mère.

a. Vous ressentez *(feel)* le besoin de parler de vos émotions suite à une rupture romantique.

b. Vous avez un problème moral à régler ou une décision morale à prendre, mais vous n'arrivez pas à vous décider.

c. Vous ne comprenez pas le comportement *(behavior)* d'un de vos amis.

d. Vous vous faites du souci pour votre avenir professionnel.

2. **Comment décrire une émotion?** Répondez aux questions en vous référant aux termes de la liste suivante.

s'accepter	être content(e)	les enfants
aimer	pleurer	le silence
s'aimer	la crainte	le sourire
se faire aimer	le mariage	avoir le cœur en fête
ressentir des regrets	souffrir	être optimiste
avoir mal	se sentir triste	prendre de l'aspirine
la tristesse	le bonheur	

a. Quels mots associez-vous aux émotions suivantes?
—l'amour
—la souffrance
—la paix intérieure

b. Comment expliqueriez-vous ces sentiments à un enfant de huit ans?
—l'amour
—la souffrance
—la paix intérieure

ÇA COMMENCE!

Premier visionnage

1. **Observations.** Comment est-ce qu'Inès (la petite fille) remplit les silences quand elle cherche ses mots? Quels gestes fait-elle quand elle parle? Quels mots sont chuchotés *(whispered)* pendant le film? Donnez deux exemples à chaque fois.
2. **Associations.** Dites si Inès associe les expériences suivantes à l'amour, à la souffrance ou à la paix intérieure.

MODÈLE: On fait des bébés.
l'amour

a. On ne veut pas que ça se passe.
b. s'aimer bien
c. C'est quelque chose d'assez personnel.
d. s'épouser
e. se sentir bien dans sa peau

Deuxième visionnage

Complétez les phrases d'Inès pour expliquer ce qu'elle dit. N'utilisez pas les mêmes mots que ceux qu'elle a choisis.

1. Ben l'amour, c'est quand on... On se marie et... J'étais amoureuse...
2. Pour moi, la souffrance, c'est...
3. S'aimer soi-même, c'est... Mais c'est comme narcisse, si tu...

ET APRÈS

Observations

1. Dans le film, Inès Bayet a 8 ans. Comment est-elle? Que savons-nous d'elle?
2. Pourquoi, à votre avis, est-ce que la réalisatrice a choisi de l'interviewer?
3. Comment Inès définit-elle l'amour? Et vous, comment définiriez-vous l'amour?

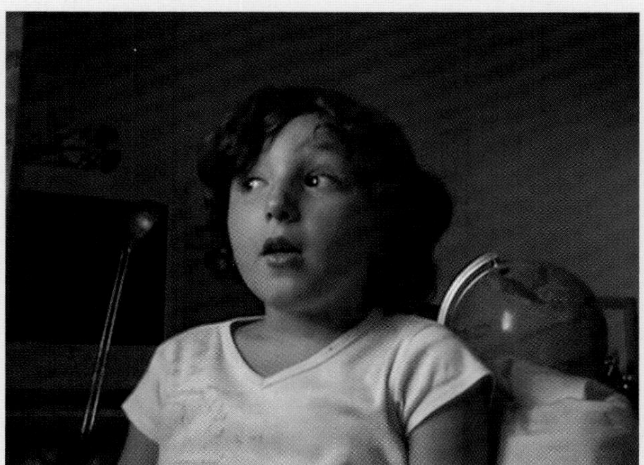

Avant et après

1. Inès affirme avoir aimé un garçon. Imaginez cette histoire d'amour. Comment était ce garçon? Où est-ce qu'Inès l'a rencontré? Qu'ont-ils fait ensemble? Pourquoi se sont-ils séparés?
2. *Émotions* a été filmé en 2005. Quel âge a Inès maintenant? À votre avis, comment a évolué son idée de l'amour? Expliquez votre réponse.

À vous de jouer

1. **Vous, à 8 ans.** Avec un(e) partenaire, faites une comparaison entre Inès et vous-même à son âge.

   MODÈLE: aimer parler
   Inès aime bien parler. À huit ans, j'aimais bien parler, aussi.

   a. être intelligente
   b. avoir les cheveux bouclés
   c. parler français
   d. s'intéresser à l'amour

2. **Émotions célèbres.** Voici une représentation schématique des émotions communes. Si c'était à vous d'interviewer les célébrités suivantes, de quelles émotions leur demanderiez-vous de parler?

Émotions	
positives	**négatives**
amour	colère
tendresse	jalousie
engouement	mépris
joie	hostilité
béatitude	mécontentement
satisfaction	tristesse
fierté	souffrance
	chagrin
	solitude
	culpabilité
	peur
	horreur
	souci

MODÈLE: Oprah Winfrey

Je lui poserais des questions sur la joie. Je lui demanderais aussi sa définition du mot «fierté».

a. Lady Gaga
b. le prince William
c. Leonardo DiCaprio
d. Tiger Woods
e. Stephen Hawking

Vos définitions. Choisissez trois mots de la liste des émotions ci-dessus et formulez vos propres définitions. Partagez vos réponses avec les autres étudiants de la classe. Choisissez la meilleure définition pour chaque émotion.

QUI VIVRA VERRA

7

Andreas G. Karelias/Shutterstock.com

www.cengagebrain.com

iLrn Heinle Learning Center

Audio

LA GRAMMAIRE À RÉVISER

Les musées.

Parlez de vos visites des musées à Paris.

1. Nous irons à Paris cet été. (je/vous/Simon)
2. On aura beaucoup de musées à voir à Paris. (nous/tu/il y a)
3. D'abord, je visiterai le musée d'Orsay. (nous/on/mes amis)
4. Et puis, nous pourrons voir le Louvre. (je/vous/tu)
5. J'y achèterai sans doute des souvenirs. (Caroline/nous/les visiteurs)

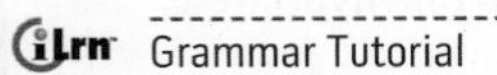
Grammar Tutorial

The information presented here is intended to refresh your memory of a grammatical topic that you have probably encountered before. Review the material and then test your knowledge by completing the accompanying exercises in the workbook.

AVANT LA PREMIÈRE LEÇON

Le futur

A. Verbes réguliers

The future tense is formed by adding the following endings to the infinitive: **-ai, -as, -a, -ons, -ez, -ont.** You will recall that the conditional uses the infinitive in its formation as well. With **-re** verbs, the final **e** is dropped before adding the future endings.

parler	je parler**ai**	nous parler**ons**
	tu parler**as**	vous parler**ez**
	il/elle/on parler**a**	ils/elles parler**ont**
rendre	je rendr**ai**	nous rendr**ons**
	tu rendr**as**	vous rendr**ez**
	il/elle/on rendr**a**	ils/elles rendr**ont**
finir	je finir**ai**	nous finir**ons**
	tu finir**as**	vous finir**ez**
	il/elle/on finir**a**	ils/elles finir**ont**

B. Changements orthographiques dans certains verbes en *-er*

Some **-er** verbs have spelling changes before adding the future endings. These changes are made in all forms of the future and conditional.

- Verbs like **acheter:** j'ach**è**terai; nous m**è**nerons
- Verbs like **essayer:** j'essa**i**erai; nous emplo**i**erons
- Verbs like **appeler:** j'appe**ll**erai; nous rappe**ll**erons

C. Verbes irréguliers

aller: j'**irai**	pleuvoir: il **pleuvra**
avoir: j'**aurai**	pouvoir: je **pourrai**
courir: je **courrai**	recevoir: je **recevrai**
devoir: je **devrai**	savoir: je **saurai**
envoyer: j'**enverrai**	tenir: je **tiendrai**
être: je **serai**	valoir: il **vaudra**
faire: je **ferai**	venir: je **viendrai**
falloir: il **faudra**	voir: je **verrai**
mourir: je **mourrai**	vouloir: je **voudrai**

Je **ferai** des économies quand j'**aurai** un emploi.

COMMENT PARLER DE CE QU'ON VA FAIRE

Conversation

Track 14

Rappel: Have you reviewed the formation of the future? (Text p. 264 and SAM pp. 167–168)

Premières impressions

1. Identifiez: les expressions pour dire ce qu'on va faire
2. Trouvez: ce qu'Alisa va choisir comme profession

Marine, une étudiante française, et Alisa, une étudiante américaine qui vit à Paris avec sa famille, sont en première année à l'université. Elles parlent de leurs études et de leur avenir°.

future

ALISA Dis-moi, qu'est-ce que tu étudies, toi?

MARINE Moi, je fais médecine.

ALISA Ah, bon? Tu as un bel avenir devant toi! C'est un métier° où l'on gagne bien sa vie et qui est intéressant en plus. Il faut faire de longues études, non?

job, profession

MARINE Oui. Lorsque je terminerai ma formation°, j'aurai fait sept années d'études. C'est fou, non?

training, education

ALISA Et ça ne te fait rien° de ne pas avoir le temps de sortir, de partir en week-ends?

ça ne... *it does not bother you*

MARINE Tu sais, il ne faut pas exagérer. Je pense qu'il y a trois ans, peut-être quatre ans de sacrifices, et puis le reste du temps on peut quand même en profiter°. Et toi, qu'est-ce que tu fais?

en profiter *to enjoy life*

ALISA Moi, j'étudie la psychologie. Justement, j'ai aussi pensé à la médecine, mais alors vraiment, la perspective de m'enfermer° avec mes livres pendant des années me fait peur… Je veux sortir et avoir des amis.

to close myself up

MARINE Oui, mais la psycho, c'est long aussi!

ALISA Oui, c'est long, mais il me semble qu'il y a quand même un meilleur équilibre° entre les études et la vie privée qu'avec la médecine. Il me semble que j'aurai plus de temps libre, surtout si je ne travaille pas en clinique.

balance

MARINE Oui, tu as sans doute raison.

ALISA Si la médecine t'intéresse tellement, est-ce que tu as pensé à devenir infirmière°?

nurse

MARINE Naturellement. Ce serait peut-être moins stressant, mais pour moi, moins intéressant comme travail… Enfin, je verrai…

ALISA Eh bien, ce sera à moi de te téléphoner et de t'inviter pour te sortir de tes livres! À propos, nous allons au cinéma ce soir. Ça t'intéresse?

MARINE Certainement! J'ai besoin de me distraire après toute cette discussion!

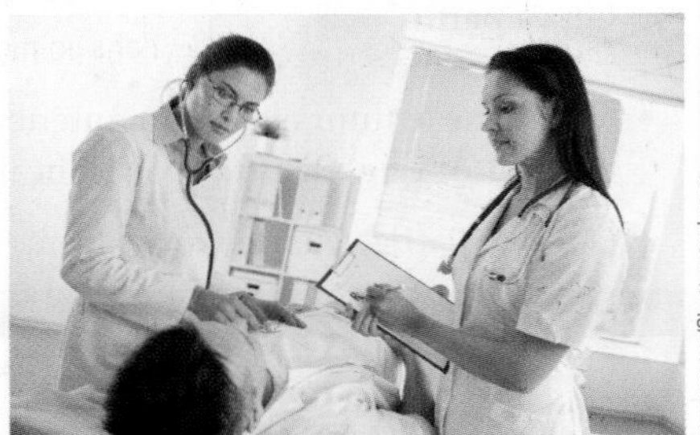

Pressmaster/Shutterstock.com

À suivre

En France, la médecine générale regroupe environ 47% des praticiens en activité. Mais aujourd'hui, le nombre de médecins généralistes est en déclin, surtout dans les zones rurales. Les départs en retraite des médecins installés depuis longtemps s'accélèrent et les jeunes médecins en formation optent pour des spécialités. Les raisons? On dit que le généraliste est dévalorisé dans les hôpitaux universitaires, que les jeunes manquent de stages pratiques en cabinet, que la rémunération est financièrement moins attrayante que celle des spécialistes, et que les horaires et les gardes *(duty periods)* sont lourds.

Observation et analyse

1. Selon Alisa et Marine, quels sont les avantages d'être médecin? les inconvénients *(disadvantages)*?
2. Pourquoi est-ce qu'Alisa a choisi la psychologie?
3. Comment est-ce que Marine compare les professions de médecin et d'infirmière? Selon vous, a-t-elle raison? Est-ce que vous trouvez les deux jeunes femmes aussi idéalistes l'une que l'autre? Expliquez.

Réactions

1. Combien d'années d'études est-ce que votre future profession va exiger? Quels sont les avantages et les inconvénients de cette profession? (Si vous n'avez pas encore choisi de profession, décrivez-en une qui vous semble intéressante.)
2. Croyez-vous que les longues années d'études de médecine sont trop stressantes pour la santé des étudiants? À votre avis, est-ce que les patients que les jeunes internes traitent sont négligés? en danger? Est-ce que la rigueur des études forme le caractère?
3. Qu'est-ce que vous suggérez pour encourager plus de jeunes étudiants de médecine à devenir généralistes en France et aux États-Unis?

Expressions typiques pour...

Dire ou demander ce qu'on va faire

- Quand on fait référence au futur en français parlé, on peut utiliser le présent du verbe.

Je pars { ce soir. / demain.

Tu viens { mardi? / la semaine prochaine?

Qu'est-ce que tu fais { demain? / ce week-end?

- Très souvent on utilise le futur proche (**aller** + infinitif) quand on parle d'un événement plus éloigné dans le futur.

On va partir { mercredi en huit. / dans un mois.

- On utilise le futur et le futur antérieur après **quand, lorsque, dès que, après que** et **aussitôt que,** et surtout en français écrit.

Dès que Patrice viendra, on partira.

Répondre à la question: Allez-vous faire quelque chose?

Oui! { Je vais certainement/sûrement...
On ne m'empêchera pas de... *(You won't keep me from . . .)*
Je vais..., c'est sûr. }

Oui, probablement. { Je vais peut-être...
J'espère...
J'aimerais... }

Peut-être. { Peut-être que oui/que non...
Je ne suis pas sûr(e)/certain(e), mais... }

Non, probablement pas. { Je n'ai pas vraiment envie de...
Je ne vais probablement pas... }

Non! { Ça m'étonnerait que je... (+ subjonctif) *(I'd really be surprised that . . .)*
On ne m'y prendra pas! *(You won't catch me . . . !)*
Ne t'inquiète pas/Ne te fais pas de souci *(Don't worry)*, je ne vais pas... }

When **peut-être** begins a sentence, **que** must follow it or the subject must be inverted: **Peut-être qu**'elle deviendra médecin. **Peut-être** Marine deviendra-t-elle médecin.

Mots et expressions utiles

La recherche d'un emploi ***(Job hunting)***

l'avenir [m] *future*
la réussite *success*
chercher du travail *to look for work*
trouver un emploi *to find a job*
changer de métier *to change careers*
occuper un poste *to have a job*
avoir une entrevue/un entretien *to have an interview*
le curriculum vitae (le C.V.) *résumé, CV*
être candidat(e) à un poste *to apply for a job*
la formation professionnelle *professional education, training*
l'offre [f] d'emploi *opening, available position*
remplir une demande d'emploi *to fill out a job application*
la sécurité de l'emploi *job security*
le service du personnel *personnel services, Human Resources*
les allocations [f pl] de chômage *unemployment benefits*
le salaire *pay (in general)*
le traitement mensuel *monthly salary*
en profiter *to take advantage of the situation; to enjoy*
la promotion *promotion*
être à la retraite *to be retired*
la pension de retraite *retirement pension*

Additional job vocabulary: un bourreau de travail *workaholic;* **faire des heures supplémentaires** *to work overtime;* **l'équilibre** [m] *balance;* **un partage des tâches** *job share;* **un(e) stagiaire** *trainee;* **le travail au noir** *moonlighting;* **travailler à plein temps/à temps partiel** *to work full-time/part-time*

Mise en pratique

Mon Dieu! La **recherche d'un emploi** prend vraiment du temps! Le **curriculum vitae** à préparer, les **demandes d'emploi à remplir** et, bien sûr, les **entrevues.** Tout ça me rend fou! Si jamais je **trouve un emploi,** je te jure que je ne **changerai** pas **de métier** tout de suite!

wavebreakmedia ltd/Shutterstock

Les métiers *(Trades, professions, crafts)*

les artisans: un(e) chauffagiste *(heating-cooling service engineer)*, un électricien/une électricienne, un mécanicien/une mécanicienne, un menuisier/une menuisière *(carpenter)*, un plombier/une plombière, un serrurier/une serrurière *(locksmith)*, un paysagiste *(landscaper)*, un plâtrier-peintre/une plâtrière-peintre *(plasterer-painter)*

les professions [f pl] **libérales:** un médecin/une femme médecin, un(e) dentiste, un(e) avocat(e), un architecte, un infirmier/une infirmière *(nurse)*, un notaire, un pharmacien/une pharmacienne, un vétérinaire, etc.

les fonctionnaires (employés de l'État): un agent de police, un douanier/une douanière, un magistrat *(judge)*, etc.

les affaires [f pl] *(business)* (travailler pour une entreprise): un homme/une femme d'affaires *(businessman/woman)*, un(e) secrétaire, un(e) employé(e) de bureau, un(e) comptable *(accountant)*, un(e) représentant(e) de commerce *(sales rep)*, etc.

le commerce (servir les clients): un boucher/une bouchère, un boulanger/une boulangère, un coiffeur/une coiffeuse *(hairdresser)*, un épicier/une épicière, un(e) commerçant(e) *(shopkeeper)*

l'industrie [f] (travailler dans une usine): un ouvrier/une ouvrière *(worker)*, un(e) employé(e), un(e) technicien(ne), un chef d'atelier *(shop)*, un ingénieur, un cadre/une femme cadre *(manager)*, un directeur/une directrice, etc.

l'informatique [f] *(computer science)*: un(e) informaticien(ne) *(computer expert)*, un(e) analyste en informatique, un programmeur/une programmeuse, etc.

l'enseignement [m]: un instituteur/une institutrice ou un professeur des écoles, un professeur, un enseignant, etc.

la sécurité: un agent de police, un(e) gardien(ne) d'immeuble ou de prison, un gendarme, un inspecteur/une inspectrice, un(e) militaire, un(e) surveillant(e), un veilleur/une veilleuse de nuit *(night guard)*

Un métier peut être...

ingrat *(thankless)*, dangereux, malsain *(unhealthy)*, ennuyeux, fatigant, mal payé, sans avenir

ou...

intéressant, stimulant *(challenging)*, passionnant, fascinant, enrichissant *(rewarding)*, bien payé, d'avenir

Directphoto.org/Alamy

Mise en pratique

Que faire dans la vie? Devenir **avocate**? C'est **bien payé,** mais je n'aime pas parler en public. **Comptable**? On peut travailler seul, mais le travail ne semble pas très **stimulant. Agent de police**? Hmmm..., peut-être un peu trop **dangereux** pour moi. Ou bien, **professeur**? C'est parfait! C'est une profession **d'avenir** qui a l'air **intéressante,** sauf, bien sûr, quand on a des étudiants paresseux comme moi!

Activités

A. Votre vie professionnelle. Vous cherchez du travail. Que faites-vous? Mettez les phrases dans l'ordre chronologique.

se présenter au service du personnel
préparer un curriculum vitae
demander des lettres de recommandation
remplir une demande d'emploi
accepter l'offre
avoir une entrevue/un entretien
trouver une agence de placement

B. Quel avenir vous attend? Une voyante *(fortune-teller)* vous fait les prédictions suivantes. Réagissez en utilisant les ***Expressions typiques pour...***

MODÈLE: L'année prochaine vous serez riche.
Ça m'étonnerait que je devienne riche.

1. Ce week-end, vous allez aller au cinéma / vous allez étudier / vous allez beaucoup dormir.
2. L'année prochaine, vous serez toujours étudiant(e) / vous allez changer de vie / vous allez chercher du travail / vous allez entrer dans la marine ou l'armée / vous allez voyager.
3. Dans quinze ans, vous serez riche et célèbre / vous serez au chômage / vous aurez un métier dangereux / vous aurez cinq enfants.

C. À l'agence locale de Pôle emploi. L'agent vous propose des métiers dans les secteurs suivants. Réagissez et dites ce que vous aimeriez ou n'aimeriez pas faire dans la vie et expliquez pourquoi.

Pôle emploi est une institution nationale publique, chargée de l'emploi en France.

MODÈLES: l'informatique
Je vais peut-être devenir informaticien(ne). J'adore les ordinateurs et je voudrais inventer des logiciels* (software) *pour faciliter la vie de tous les jours.
ou
Je n'ai pas vraiment envie de devenir informaticien(ne). Je déteste les ordinateurs, donc, pour moi, ce métier serait ennuyeux. Je préférerais un métier où on a des contacts avec les gens plutôt qu'avec les machines.

1. la sécurité
2. le droit *(law)*
3. le commerce
4. les affaires
5. l'enseignement
6. l'industrie du bâtiment
7. la médecine
8. votre choix

D. Faites des projets. Travaillez avec un(e) partenaire pour préparer des projets. Utilisez les mots et expressions de la leçon.

1. Ce week-end: Décidez de ce que vous allez faire et parlez des préparatifs.
2. Les vacances: Discutez de ce que vous allez faire pendant les prochaines vacances.
3. Votre vie professionnelle: Parlez de votre avenir.

La grammaire à apprendre

L'usage du futur

You have reviewed the formation of the future in ***La grammaire à réviser.*** The future is used to express an action, event, or state that will occur in the future.

A. The future tense is used after **quand, lorsque** *(when)*, **aussitôt que** *(as soon as)*, **dès que** *(as soon as)*, and **après que** *(after)* when expressing a future action. In English the present tense is used. **Après que** is generally only used with the future perfect. See section B on p. 271.

> En France, les professeurs qui ont réussi à certains concours (l'Agrégation et le CAPES en particulier) sont fonctionnaires. En tant qu'employés du Ministère de l'Éducation nationale, ils bénéficient des avantages des employés de la fonction publique: sécurité de l'emploi (emploi et salaire garantis jusqu'à l'âge de la retraite), droit de grève, assurance-maladie, retraite, congés payés.

Dès qu'elle **aura** son diplôme, Élise fera un voyage aux États-Unis.
As soon as she has her diploma, Élise will travel to the United States.

Quand elle nous **rendra** visite en juillet, nous l'emmènerons à Washington, D.C., avec nous.
When she visits us in July, we will take her to Washington, D.C., with us.

B. The future tense also states the result of a **si** clause in the present tense.

Si elle réussit à l'Agrégation, elle **sera** professeur d'anglais.
*If she passes the **Agrégation** (a competitive exam), she will be an English professor.*

Élise **acceptera** un poste à Strasbourg **si** son mari y trouve du travail.
Élise will accept a job in Strasbourg if her husband finds work there.

NOTE As seen in the above examples, the **si** clause can be placed either at the beginning or the end of a sentence.

Le futur antérieur

 Grammar Tutorial

A. The future perfect is formed with the future tense of the auxiliary **avoir** or **être** and the past participle of the main verb. Agreement rules, word order, and negative/ interrogative patterns are the same as for the **passé composé.**

J'aurai passé dix ans à étudier la médecine avant de devenir médecin.
I will have spent ten years studying medicine before becoming a doctor.

étudier	j'**aurai étudié**	nous **aurons étudié**
	tu **auras étudié**	vous **aurez étudié**
	il/elle/on **aura étudié**	ils/elles **auront étudié**

arriver	je **serai arrivé(e)**	nous **serons arrivé(e)s**
	tu **seras arrivé(e)**	vous **serez arrivé(e)(s)**
	il **sera arrivé**	ils **seront arrivés**
	elle **sera arrivée**	elles **seront arrivées**
	on **sera arrivé(e)(s)**	

se coucher	je me **serai couché(e)**	nous nous **serons couché(e)s**
	tu te **seras couché(e)**	vous vous **serez couché(e)(s)**
	il se **sera couché**	ils se **seront couchés**
	elle se **sera couchée**	elles se **seront couchées**
	on se **sera couché(e)(s)**	

B. The future perfect is used to express an action that will have taken place *before* another action in the future. It expresses the English *will have* + past participle.

En l'an 2040, tout **aura changé.**
By the year 2040, everything will have changed.

As stated earlier, a future tense must be used after the conjunctions **quand, lorsque, aussitôt que, dès que,** and **après que** when expressing a future action. The future perfect is needed if the future action or state will have taken place before another future action. The main verb will be in either the future or the imperative.

Dès qu'il **aura trouvé** un emploi, il achètera une voiture.
As soon as he has found (will have found) a job, he will buy a car.

Partons aussitôt qu'il **aura appelé.**
Let's leave as soon as he has called (will have called).

At times it is up to the speaker to decide whether to use the simple future or the future perfect after one of the above conjunctions. When both clauses use the simple future, it is implied that the second action takes place immediately following the first action.

Aussitôt qu'il **achètera** sa nouvelle voiture, il nous **emmènera** faire un tour.
As soon as he buys his new car, he will take us for a ride.

Aussitôt qu'il **aura acheté** sa nouvelle voiture, il nous emmènera faire un tour.
As soon as he has bought his new car, he will take us for a ride.

Note that verbs following **quand, lorsque, dès que,** and **aussitôt que** can occasionally be used in the present tense to convey the sense of habit: **Dès que mon bébé se réveille, je le change.**

NOTE After the conjunction **après que,** the future perfect is the most frequent choice.

Après que nous **serons revenus,** je te raconterai toutes nos aventures.
After we have returned, I will tell you about all our adventures.

Summary

	SI/CONJUNCTION CLAUSE	MAIN CLAUSE
si	present	present future imperative
quand **lorsque** **dès que**	future	future imperative future perfect
aussitôt que	future perfect	future imperative
après que	future perfect	future imperative

Quelle sorte de formation est-ce que l'école ENGDE offre?

Activités

A. Demain. Dites ce que nous aurons déjà fait demain.

VERBES UTILES **manger, déjeuner, étudier, parler, sortir, dîner, se coucher, se lever, enseigner, boire, votre choix**

MODÈLE: À six heures demain matin… ***j'aurai déjà beaucoup dormi.***

1. À huit heures du matin, je…
2. À dix heures du matin, mes amis…
3. À midi, le professeur…
4. À cinq heures de l'après-midi, ma mère…
5. À sept heures demain soir, je…
6. À neuf heures demain soir, nous…

B. Forum de discussion sur Internet. Ce jeune homme a un problème. Il écrit à un forum de discussion sur Internet pour demander conseil. Choisissez les verbes qui conviennent et complétez son message. Attention au temps des verbes! Ensuite, imaginez la réponse.

le 27 février

Chers copains du Forum—

Dans une semaine je ________ (me marier / me promener) avec une jeune fille que je connais depuis longtemps. Dès que nous ________ (commencer / passer) nos examens, nous ________ (aller / quitter) en Angleterre. Nous y ________ (passer / visiter) deux mois. Lorsque nous ________ (enseigner / perfectionner) notre anglais, nous ________ (partir / finir) pour les États-Unis. Vous voyez, ma fiancée et moi, nous sommes spécialistes en langues. Nous ________ (gagner / savoir) beaucoup d'argent en travaillant aux États-Unis. Après que nous ________ (avoir / devenir) riches, nous ________ (aller / rentrer) au Japon où nous ________ (continuer / dépenser) à travailler. Ma mère dit que nous n'avons pas les pieds sur terre. A-t-elle raison?

Un jeune idéaliste

C. L'avenir. Avec un(e) partenaire, complétez les phrases suivantes en imaginant votre avenir selon les circonstances données.

1. Dès que j'aurai mon diplôme, je…
2. Je me marierai quand…
3. J'aurai des enfants lorsque…
4. Quand je travaillerai, je…
5. Si je ne trouve pas de travail, je…
6. Si je suis au chômage, je…
7. Je prendrai ma retraite quand…
8. En l'an 2055, je…

Interactions

A. Le week-end. Téléphonez à un(e) ami(e) et demandez-lui de prendre un week-end prolongé avec vous. Discutez d'où vous pourriez aller et de ce que vous pourriez faire à différents endroits. Puis, choisissez une destination et faites vos projets.

Review the telephone expressions in **Appendice C.**

B. Une offre d'emploi. Vous êtes le directeur/la directrice d'un petit bureau et vous avez besoin d'employer un(e) secrétaire bilingue. Vous téléphonez à un conseiller/une conseillère de placement pour vous aider à trouver l'employé(e) idéal(e). Le conseiller/La conseillère vous demandera de décrire les tâches *(duties)* que le/la secrétaire devra accomplir. Vous expliquez que vous voulez que le/la secrétaire réponde au téléphone et qu'il/qu'elle soit compétent(e) en informatique, surtout en traitement de texte, dans l'emploi des tableurs *(spreadsheets)* et des moteurs de recherches *(search engines)*. Dites que votre budget est serré *(tight)* et que le salaire paraît peut-être un peu bas, mais que vous offrez en contrepartie la sécurité de l'emploi et une bonne ambiance de travail *(a pleasant working atmosphere)*.

DOSSIER D'EXPRESSION ÉCRITE Préparation

In this chapter, your instructor may ask you to write a formal business letter.

1. First of all, choose what type of business letter you would like to write. Choose between the following options: a letter of recommendation or a job application letter. In either case, imagine that you are writing to a native French speaker whom you do not know well.
2. Next, make an outline of what you want to say. You can write the letter about yourself or anyone you know well.
   If you are writing a recommendation letter **(une lettre de recommandation),** describe why you or this person should be hired. Discuss formal training, experience, and personal characteristics.
   If you are writing a job application letter **(une lettre de demande d'emploi),** explain why you (or the person about whom you're writing) want(s) the job and why you are (or he/she is) fit for it. Try to explain without too much bragging. Describe formal training, experience, and personal characteristics.
3. Fill in your outline and write freely under each of the areas mentioned above. Brainstorm your ideas with a partner.

Liens culturels

Savoir-vivre au travail

Si vous travaillez dans un pays francophone, ne sous-estimez pas l'importance du savoir-vivre. Soyez courtois et collaborez avec vos collègues. Ne parlez pas de vos problèmes personnels et ne passez pas trop de temps à bavarder. Pendant les réunions, mettez votre portable en mode silencieux.

Le protocole demande qu'un subordonné dise bonjour et au revoir à son supérieur mais, en général, il «ne lui tendra pas la main le premier» (d'Amécourt, p. 60). C'est le supérieur qui doit «nuancer les rapports» de courtoisie (d'Amécourt, p. 61). Vous allez, bien sûr, serrer la main de vos collègues pour dire bonjour le matin en arrivant au travail et pour leur dire au revoir à la fin de la journée. Il faut rendre le travail plus agréable par votre attitude, mais vous devez rester discret (d'Amécourt, p. 61).

Le choix du tutoiement ou du vouvoiement est propre à chaque entreprise et reflète son degré de hiérarchisation. Le vouvoiement s'applique à tout le monde et il vaut mieux attendre que l'on vous propose le tutoiement.

Quelques habitudes de travail en France sont un peu particulières. Ainsi, l'espace et l'heure sont abordés différemment. Souvent, dans les bureaux, les portes sont fermées. Mais on peut frapper et entrer rapidement, sans attendre la réponse. La porte crée une sorte de limite professionnelle. En ce qui concerne l'heure, les Français sont souvent dix minutes en retard aux réunions; ce n'est pas considéré comme impoli. Et parfois, ils annulent ou changent l'heure d'une réunion à la dernière minute, et ne soyez pas surpris s'il y a plusieurs interruptions pendant la réunion. C'est normal. Les Français ont une idée différente du temps. Ils voient le temps d'une manière polychronique, ce qui veut dire que plusieurs choses peuvent se passer en même temps. Ce qui compte pour eux, ce sont les gens avec qui ils travaillent. Fixer l'heure d'une réunion est tout simplement pratique pour savoir en gros quand on va se retrouver.

Adapted from Maurice d'Amécourt, *Savoir-vivre aujourd'hui*, Éditions Bordas, 1983, pp. 59–61; Polly Platt, *French or Foe*, pp. 41–42, 44–51

Ariel Skelley/Getty Images

Compréhension

1. D'après cet article, comment est-ce qu'on doit traiter ses collègues au bureau? Donnez plusieurs suggestions.
2. Doit-on dire bonjour et serrer la main de tout le monde au bureau le matin et à la fin de la journée? Expliquez.
3. Quel rôle joue la porte du bureau dans une société française?
4. Parlez du concept de l'heure au travail en France.

Réactions

1. Comparez les habitudes professionnelles en France à celles de votre pays. Parlez du protocole, de l'espace et de l'heure.
2. Est-ce qu'il y a des différences régionales dans les habitudes professionnelles aux USA? Expliquez.
3. Avez-vous déjà travaillé? Si oui, décrivez le protocole de l'établissement. Sinon, décrivez le protocole idéal d'une entreprise qui travaille avec le public.

Extension

Écrivez une lettre à votre correspondant(e) français(e) qui travaillera comme stagiaire dans une entreprise américaine pendant l'été. Décrivez les règles du savoir-vivre au travail. Traitez des sujets décrits dans l'article et ajoutez d'autres renseignements: comment s'habiller, comment se conduire dans une soirée d'affaires, comment se comporter avec les clients ou les patients (dans un établissement de soins médicaux).

COMMENT FAIRE UNE HYPOTHÈSE, CONSEILLER, SUGGÉRER ET AVERTIR

Blog (suite)

Premières impressions

1. Identifiez: les expressions pour conseiller et suggérer quelque chose, pour faire une hypothèse et pour avertir
2. Trouvez: a. combien d'argent Alisa aura pour payer son logement
   b. où habite Thibault

Depuis quelques mois, Alisa blogue en français. Elle veut créer et entretenir des liens avec ses copains en France. Aujourd'hui, elle demande comment s'y prendre[1] *pour trouver un logement étudiant à Paris.*

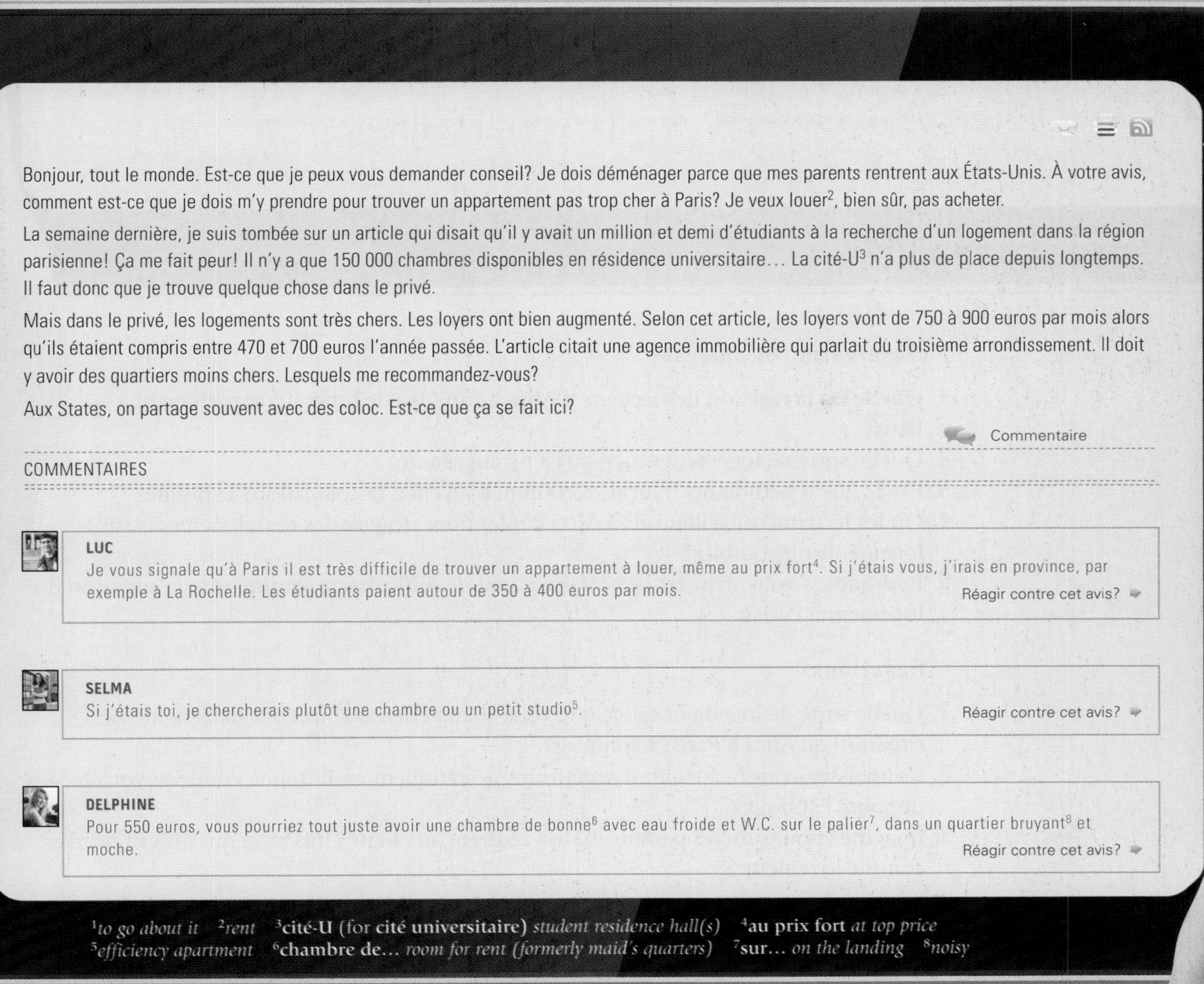

[1]*to go about it* [2]*rent* [3]**cité-U (**for **cité universitaire)** *student residence hall(s)* [4]**au prix fort** *at top price* [5]*efficiency apartment* [6]**chambre de…** *room for rent (formerly maid's quarters)* [7]**sur…** *on the landing* [8]*noisy*

Commentaire

COMMENTAIRES

THIBAULT
Moi, j'ai trouvé une chambre d'étudiant. Ce n'est pas le grand luxe, mais j'ai eu du mal à l'avoir! Je l'ai, je la garde! Fais quand même une demande, on ne sait jamais.

Réagir contre cet avis?

VALÉRIE
C'est assez dur de trouver des colocataires en France, et encore plus à Paris. Les proprios veulent que le bail[9] soit signé par tous les coloc. C'est ce qui s'appelle la clause de solidarité. Si un des coloc ne paie pas, les autres sont responsables. C'est un peu compliqué... Il faudrait trouver quelqu'un qui t'accepte comme coloc, qui ait confiance en toi et à qui tu donnes des garanties.

Réagir contre cet avis?

LAURA
J'ai une idée. Tu pourrais aller à l'église américaine. Là, ils ont beaucoup de petites annonces de toutes sortes... Je te conseille vraiment d'y aller...

Réagir contre cet avis?

ALLAL
Tu as pensé aussi à aller à la bibliothèque? Ils ont des petites annonces sur des panneaux d'affichage[10], et parfois pour des logements...

Réagir contre cet avis?

ALISA
Merci à tous! Ce sont de très bonnes idées. Il va falloir que je me renseigne sérieusement avant que mes parents ne déménagent pour les States. Merci!

Réagir contre cet avis?

[9] *lease* [10] **panneaux...** *bulletin boards*

Observation et analyse

1. Quelle est la réaction des lecteurs d'Alisa à son idée de louer un appartement à Paris?
2. Quelle sorte de logement est-ce qu'ils lui suggèrent?
3. Est-ce que les étudiants français recourent souvent à la colocation? Expliquez.
4. Où les lecteurs conseillent-ils à Alisa d'aller pour trouver des renseignements sur les logements disponibles?
5. Pourquoi, à votre avis, est-ce qu'Alisa a tant de difficultés à comprendre la situation du logement à Paris?

Réactions

1. Quelle sorte de logement est-ce que vous chercheriez si vous étiez dans la même situation qu'Alisa à Paris? Expliquez.
2. Connaissez-vous beaucoup d'Américains qui étudient en Europe? Voudriez-vous le faire un jour? Expliquez.
3. Imaginez pourquoi les parents d'Alisa rentrent aux États-Unis et ce qu'Alisa va trouver comme logement.

Expressions typiques pour...

Faire une hypothèse

Si tu pars, où iras-tu?/Si vous partez, où irez-vous? — Si je pars, j'irai à Chicago
(action vue comme possibilité réelle)

Si tu partais, où irais-tu?/Si vous partiez, où iriez-vous? — Si je partais, j'irais à Paris
(action vue comme hypothèse – irréelle au moment où l'on parle)

Conseiller

Tu devrais/Vous devriez manger à la Tour d'Argent.
Je te/vous conseille/recommande de…
J'ai une très bonne idée/une idée sensationnelle…
Il vaut mieux encaisser ce chèque *(cash this check)* tout de suite.
Si j'étais à ta/votre place, je déposerais *(deposit)* ton/votre chèque à la banque.
Tu ferais/Vous feriez mieux de louer un studio.
Si j'étais toi/vous, je chercherais une chambre.

To advise against, use the negative form of the structures for advising.

Si j'étais toi/vous, je ne mangerais pas à la Tour d'Argent – c'est trop cher!

Fondé en 1582, la Tour d'Argent est un des restaurants les plus chers et les plus célèbres de Paris, avec vue sur Notre-Dame, l'Île Saint-Louis et la Seine. En général, les étudiants n'y vont pas!

Suggérer

Je te/vous suggère de
Tu peux/Vous pouvez
Tu pourrais/Vous pourriez
} chercher une chambre.

Tu as pensé à/Vous avez pensé à
Pourquoi ne pas
} acheter en copropriété *(condo[minium])*?

Accepter une suggestion

Tiens! C'est une bonne idée.
D'accord.
Pourquoi pas?
C'est une excellente suggestion.

Refuser une suggestion

Non, ce n'est pas une bonne idée.
Non, je ne veux/peux pas.
Merci de ton/votre conseil, mais ce n'est pas possible en ce moment.
Ça me paraît difficile/impossible.

Avertir *(To warn)*

Je te/vous signale *(point out)*
Je te/vous préviens *(warn)*
} que ce n'est pas facile.

Attention
Fais/Faites attention
Fais gaffe *(familiar—Be careful, watch out)*
} aux propriétaires sans scrupules!

Mots utiles: l'ascenseur *elevator;* **la baignoire** *bathtub;* **la banlieue** *suburbs;* **le centre-ville** *downtown;* **le chauffage** *heat;* **la cour** *courtyard;* **la cuisine** *kitchen;* **la douche** *shower;* **l'eau** [f] **chaude/froide** *hot/cold water;* **l'escalier** [m] *stairway;* **l'étage** [m] *floor;* **le gaz** *gas;* **le lavabo** *bathroom sink;* **la pièce** *room;* **le rez-de-chaussée** *first floor/ground floor;* **la salle à manger** *dining room;* **la salle de bains** *bathroom;* **la salle de séjour** *living room;* **le sous-sol** *basement;* **les WC** [m pl] / **les toilettes** [f pl] *toilet;* **le câble** *cable;* **le chauffage au sol** *floor heating;* **le balcon** *balcony;* **la cave** *(wine) cellar*

Mots et expressions utiles

Le logement

l'agent [m] immobilier *real estate agent*
l'appartement [m] *apartment*
la chambre de bonne *room for rent (formerly maid's quarters)*
la cité-U(niversitaire)/résidence universitaire *student residence hall(s)*
une HLM (habitation à loyer modéré) *low income housing*
l'immeuble [m] *apartment building*
le logement en copropriété *condominium*
le studio *efficiency apartment*
les charges [f pl] *utilities (for heat and maintenance of an apartment or condominium)*
le/la locataire *tenant*
louer *to rent*
le loyer *rent*
le/la propriétaire *owner; landlord*
acheter à crédit *to buy on credit*

Une habitation peut être...

grande, petite, vieille, ancienne, neuve *(brand new)*, récente, moderne, rénovée *(remodeled)*, confortable, agréable, sale, propre *(clean)*, commode *(convenient)*, pratique, facile à entretenir *(to maintain)*, au prix fort *(at a high price)*

Les avantages/inconvénients *(disadvantages)*

bien/mal conçu(e) *(designed)*, situé(e), équipé(e), entretenu(e) *(maintained)*, beau/belle, moche, laid(e), solide, tranquille, calme, bruyant(e) *(noisy)*, isolé(e)

Mise en pratique

Eh bien voilà, madame. J'ai enfin fini mes études universitaires et je viens de trouver un emploi bien payé. Il n'y a plus qu'une question à régler: où habiter? Ma mère me conseille de **louer** un **studio** ou une **chambre de bonne** pendant une année. Mais moi, j'en ai assez d'être **locataire,** je voudrais être **propriétaire**! Tout le monde **achète à crédit** de nos jours, alors pourquoi pas moi? Je pourrais acheter une **vieille** maison **située** dans un quartier **tranquille** ou un **logement en copropriété,** moderne, et **bien entretenu** par une association. En bref, madame l'**agent immobilier,** me voilà! Qu'est-ce que vous avez à me proposer?

Emmanuel LATTES / Alamy

Quels sont les avantages et les inconvénients d'habiter dans ce type de logement?

La banque

le carnet de chèques *checkbook*
la carte de crédit *credit card*
la carte électronique *automatic teller card*
le distributeur automatique de billets *automatic teller machine*
le compte chèques *checking account*
le livret d'épargne *savings account*
changer de l'argent *to change money*
déposer *to deposit*
encaisser un chèque *to cash a check*
ouvrir un compte *to open an account*
prendre son mal en patience *to wait patiently*
retirer de l'argent *to make a withdrawal*
emprunter *to borrow*
le prêt *loan*
prêter *to lend*
l'intérêt *interest*
le taux d'intérêt *interest rate*

Divers

s'y prendre *to go about it*

Additional banking vocabulary: le billet *bill;* **la monnaie** *change;* **la pièce** *coin;* **le virement** *transfer;* **virer** *to transfer;* **la Bourse** *stock market;* **un investissement** *investment*

Mise en pratique

— Tu as une minute? Il faut que je m'arrête à la banque pour **encaisser un chèque,** enfin si j'ai bien mon **carnet de chèques** avec moi. Sinon, je dois passer au **distributeur automatique de billets.**
— Je peux te **prêter** de l'argent.
— Ce **prêt** me serait fait à quel **taux d'intérêt**?
— Il vaut peut-être mieux que tu ailles à la banque. Ça te reviendra moins cher!

Jon Riley/Stone/Getty Images

Irez-vous à la banque cette semaine?

Phillip Minnis/Shutterstock.com

tirc83/iStockphoto.com

Adam Fraise/Shutterstock.com

Décrivez ces logements. Lequel est-ce que vous préférez? Pourquoi?

Activités

A. Si j'étais à ta/votre place. En utilisant les ***Expressions typiques pour...***, donnez des conseils et des suggestions dans les situations suivantes.

MODÈLE: à un professeur qui veut préparer son prochain contrôle
J'ai une très bonne idée. Annulez le contrôle!

1. à un(e) ami(e) qui veut aller au cinéma
2. à votre petit frère/petite sœur qui cherche un bon livre
3. à un(e) touriste qui cherche un bon restaurant dans votre ville
4. à un(e) ami(e) qui fume beaucoup
5. à un(e) ami(e) qui veut voyager à l'étranger
6. à un(e) inconnu(e) dont le portable n'arrête pas de sonner dans la salle de cinéma

B. Que décider? Une amie américaine qui a hérité d'une maison en France vous demande de l'aider à écrire à un agent immobilier. Traduisez la lettre en français pour elle.

Sir/Madam,

I would be very obliged if you could give me (**Je vous serais très obligée de bien vouloir me donner**) some advice. I have become the owner of an old house in Lyon. It is solid but badly maintained. I am renting it to a young couple who complains (**se plaint**). They say that many things in the house do not work (**ne pas marcher**). I would be very grateful (**reconnaissante**) if you could give me some suggestions. Should I sell the house? Should I borrow money to remodel it? Should I destroy (**démolir**) it?

I thank you in advance for your suggestions.

Sincerely, (**Veuillez agréer, Monsieur/Madame, l'assurance de mes sentiments distingués.**)

Marcia Cohen

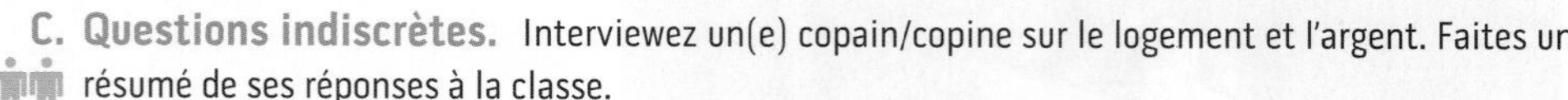

C. Questions indiscrètes. Interviewez un(e) copain/copine sur le logement et l'argent. Faites un résumé de ses réponses à la classe.

1. Est-ce que tu habites une résidence universitaire? un appartement? une maison? un studio? une chambre? un logement en copropriété? Décris ton logement.
2. Comment est-ce que tu t'y es pris pour trouver ton logement?
3. Est-ce que tes parents sont propriétaires ou locataires? Quels sont les avantages et les inconvénients d'être propriétaire? d'être locataire?
4. Est-ce que tu as déjà emprunté de l'argent à la banque? Pour quoi faire? Est-ce que tu te souviens du taux d'intérêt?
5. Combien de comptes en banque est-ce que tu as? Est-ce que tu préfères un livret d'épargne ou un compte chèques? Pourquoi?
6. Est-ce que tu as déjà placé de l'argent dans des actions en Bourse ou dans des bons du Trésor? Est-ce que tu voudrais le faire un jour? Explique.

La grammaire à apprendre

Les phrases conditionnelles

We often use the conditional to counsel, suggest, or warn someone about something. We present a possible or hypothetical fact or condition after the word *if* and follow it with the result. In French this is accomplished by using the *imperfect* in the **si** clause and the *conditional* in the result clause.

Formation of the conditional was reviewed in **Chapitre 1** and the imperfect in **Chapitre 4.**

Écoute ta mère: si **j'étais** toi, je **déposerais** la moitié de ton chèque sur ton livret d'épargne.

Listen to your mother: if I were you, I would deposit half of your check in your savings account.

In this chapter, we discuss two types of *if*/result clauses. A third type, which uses the past conditional, will be presented in **Chapitre 10**.

***Si* clause**	**Main clause**
present	present
	future
	imperative
imperfect	conditional

Si elle **va** à la Banque Hervet, elle **retirera** la somme de 300 euros de son compte chèques.

If she goes to the Banque Hervet, she will withdraw the sum of 300 euros from her checking account.

Si nous **voulions** de l'argent, nous **irions** à la Banque Populaire.

If we wanted some money, we would go to the Banque Populaire.

NOTE

- As mentioned earlier, the order of the two clauses is interchangeable.
- Neither the future nor the conditional is used in the si clause.

Activités

A. Quelle situation embarrassante! Vous êtes dans les situations embarrassantes suivantes. Dites ce que vous feriez pour vous en sortir.

MODÈLE: Vous êtes arrêté(e) par un gendarme pour excès de vitesse. Vous vous rendez compte que vous n'avez pas d'argent pour payer la contravention.
Si je me rendais compte que je n'avais pas d'argent pour payer l'amende, je demanderais au gendarme s'il peut accepter un paiement par carte bancaire.

1. Vous êtes perdu(e) dans une ville que vous ne connaissez pas.
2. Vous tombez malade dans un pays dont vous ne parlez pas la langue.
3. Vous faites du ski dans les Alpes et vous êtes pris(e) dans une tempête de neige.
4. Votre voiture tombe en panne *(breaks down)* au milieu de la nuit alors que vous rentrez chez vous.
5. Vous travaillez dans une banque et il y a un hold-up.
6. Vous mangez au restaurant et vous apercevez votre ancien(ne) petit(e) ami(e).
7. Vous êtes à la terrasse d'un café et une mouche se noie *(a fly drowns)* dans votre verre d'eau.

B. Questions indiscrètes. Posez les questions suivantes à un(e) partenaire. Faites un résumé de ses réponses à la classe.

1. Qu'est-ce que tu ferais si tu avais un emploi horrible? si tu ne pouvais pas changer de travail pour des raisons financières? si tu avais un(e) patron(ne) que tu détestais?
2. Qu'est-ce que tu ferais si tu avais des octuplé(e)s? Comment est-ce que tu gagnerais de l'argent pour les élever?
3. Qu'est-ce que tu ferais si tu gagnais à la loterie? Où est-ce que tu irais? Qu'est-ce que tu achèterais? Est-ce que tu partagerais ce que tu as gagné avec tes amis?
4. Qu'est-ce que tu ferais si tu devais habiter pendant un an sur une île déserte? Si tu pouvais choisir, avec qui est-ce que tu aimerais passer ton séjour? Qu'est-ce que tu emporterais avec toi?

Interactions

A. Que faire? Vous êtes un(e) Français(e) de dix-neuf ans en première année d'université. Vous avez eu des résultats décevants à vos examens de fin d'année. Vous pensez quitter l'université et aller aux États-Unis comme jeune fille/jeune homme au pair. Vous pensez que ce serait une bonne occasion de pratiquer votre anglais, mais vous n'avez pas les économies nécessaires pour payer votre billet et votre séjour. Vous êtes le/la benjamin(e) *(youngest child)*. Vous savez que vos frères et sœurs, qui ne vivent plus chez vos parents, seront attristés par votre décision. Demandez à deux ami(e)s de vous donner conseil.

GARDE(S) D'ENFANTS aux États-Unis. Recherche deux personnes de langue maternelle française pour s'occuper de 4 enfants. Une pour s'occuper de deux petites filles (14 mois et 3 ans), et l'autre pour enseigner le français à deux filles francophones (6 et 8 ans), d'une famille chrétienne de 8 enfants habitant les États-Unis (Indiana). Position permanente (avec certains week-ends). Une année minimum est requise. Non-fumeur. Devra résider en dehors de la famille. Famille peut faciliter les démarches. Salaire $25–30/hr selon expérience. Envoyez votre CV et/ou expériences.
B.P. 120, Indiana 46001

Est-ce que vous répondriez positivement à cette annonce? Qu'est-ce qui vous pousserait à y répondre? Sinon, qu'est-ce qui ne vous paraît pas tentant dans cette offre?

Voudriez-vous être au pair en France ou dans un autre pays? Les jeunes gens au pair ont typiquement entre 18 et 30 ans. Ils sont célibataires et sans enfant, et partent pour une durée déterminée à l'avance pour vivre dans une famille d'accueil. La jeune fille ou le jeune homme aide la famille en gardant les enfants et en participant aux tâches ménagères. Le terme «au pair» signifie «égal à égal». En échange, le/la jeune au pair reçoit de l'argent de poche, habite gratuitement au sein de la famille et prend part aux repas familiaux. La somme d'argent ainsi que le nombre d'heures de travail sont réglés par le pays d'accueil. L'objectif du séjour au pair est l'apprentissage d'une langue et la découverte d'une culture.

B. Un prêt. Imaginez que vous voulez obtenir un prêt étudiant. Regardez les renseignements ci-dessous et discutez de ce que vous cherchez avec le conseiller financier/la conseillère financière *(loan officer)* (votre partenaire). Expliquez ce que vous voulez faire avec ce prêt. Dites combien d'argent vous voulez emprunter et combien de temps il vous faudra pour rembourser l'emprunt. Le conseiller/La conseillère vous donnera des suggestions.

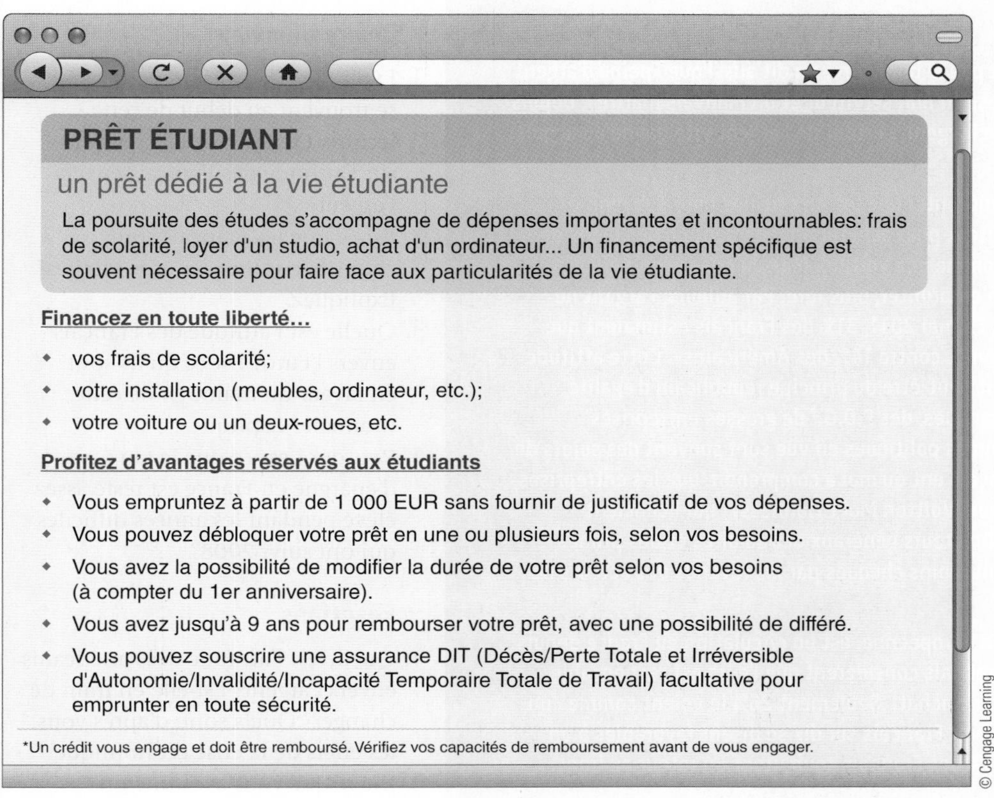

PRÊT ÉTUDIANT

un prêt dédié à la vie étudiante

La poursuite des études s'accompagne de dépenses importantes et incontournables: frais de scolarité, loyer d'un studio, achat d'un ordinateur... Un financement spécifique est souvent nécessaire pour faire face aux particularités de la vie étudiante.

Financez en toute liberté...

- vos frais de scolarité;
- votre installation (meubles, ordinateur, etc.);
- votre voiture ou un deux-roues, etc.

Profitez d'avantages réservés aux étudiants

- Vous empruntez à partir de 1 000 EUR sans fournir de justificatif de vos dépenses.
- Vous pouvez débloquer votre prêt en une ou plusieurs fois, selon vos besoins.
- Vous avez la possibilité de modifier la durée de votre prêt selon vos besoins (à compter du 1er anniversaire).
- Vous avez jusqu'à 9 ans pour rembourser votre prêt, avec une possibilité de différé.
- Vous pouvez souscrire une assurance DIT (Décès/Perte Totale et Irréversible d'Autonomie/Invalidité/Incapacité Temporaire Totale de Travail) facultative pour emprunter en toute sécurité.

*Un crédit vous engage et doit être remboursé. Vérifiez vos capacités de remboursement avant de vous engager.

DOSSIER D'EXPRESSION ÉCRITE Premier brouillon

1. After you have filled in your outline from **Leçon 1**, organize your letter in paragraphs according to each topic.
2. Work on the format of the letter. In France, you write your name and address on the top, left-hand side. On the right side, write the name and address of the person to whom the letter is addressed. The place and date are placed on the right-hand side two lines below.
3. There are set formalities to use when beginning and ending a letter in France. You begin a letter to someone you do not know with **Monsieur** or **Madame.** At the end, add **Veuillez croire, Monsieur (Madame), à l'assurance de mes sentiments distingués.**

Liens culturels

L'argent

En France, on dit que «l'argent ne fait pas le bonheur»; on dit aussi que «peine d'argent n'est pas mortelle», et que «l'argent est un bon serviteur et un mauvais maître». Depuis longtemps, les Français se méfient de l'argent, surtout de l'argent vite gagné ou acquis de façon douteuse.

Les Français ont moins tendance à emprunter que les Américains pour subvenir à leurs dépenses ordinaires. Ils empruntent pour acheter un logement ou des biens de consommation durables et coûteux comme une voiture. Mais la crise économique a rendu le crédit, c'est-à-dire, l'argent à emprunter, plus rare. Par ailleurs, l'argent ne suscite pas une admiration unanime. En mai 2011, 31% des Français estimaient que «gagner beaucoup d'argent est indécent... contre 14% des Américains». Cette attitude négative envers les gros salaires vient peut-être du principe républicain d'égalité. Ainsi, les salaires des directeurs de banques, des P.D.G.[1] de grosses entreprises publiques ou privées ou ceux des hommes politiques en vue sont souvent des sujets de conversation à la télévision. Les Français ont du mal à comprendre que les entreprises comme L'Oréal, Renault, et LVMH (Louis Vuitton Moët Hennessy) qui licencient des employés puissent offrir à leurs directeurs généraux des salaires et des primes excessifs. En général les Français sont moins choqués par les revenus des acteurs de cinéma ou des sportifs.

L'euro, la monnaie officielle de l'Union européenne, est en circulation en France depuis 2002. En décembre 2011, 50% des Français considèrent que l'euro est responsable de l'inflation et de la baisse du pouvoir d'achat. Seulement 26% le voient comme «un atout[2]». Cependant, en février 2012, huit Français sur dix se disent favorables à un maintien de l'euro en France. Seuls 14% des Français souhaitent un retour au franc.

Les Français se servent de plus en plus de leur carte de crédit. Longtemps réservée aux retraits d'argent dans les distributeurs automatiques, la carte sert maintenant à payer toutes sortes d'achats en magasin et en ligne. Les Français font aussi de plus en plus de paiements électroniques.

Entre 2000 et 2011, malgré les années de «crise», le taux d'épargne national des Français est passé de 14,4% à 16,8%. La croissance du pouvoir d'achat, qui a pratiquement doublé depuis 1970, contribue au maintien de ce taux élevé, mais l'inquiétude face au chômage et aux menaces sur le financement des retraites l'explique aussi.

Adapted from Gérard Mermet, *Francoscopie 2013*, Larousse, pp. 340–342; 346; 365; 410; 416.

[1]*CEOs* [2]*advantage*

© Cengage Learning

Compréhension

1. Expliquez les trois proverbes qui se trouvent au début de cette lecture. Qu'est-ce qu'ils révèlent sur l'attitude des Français envers l'argent?
2. Est-ce que les Français sont choqués par tous les gros salaires? Expliquez.
3. Quelle est l'attitude des Français envers l'euro? Est-ce qu'ils sont en faveur du maintien de cette monnaie? Expliquez.
4. Pourquoi est-ce que le taux d'épargne en France est resté assez élevé pendant les années difficiles qui ont suivi 2008?

Réactions

1. Quelle est l'attitude des Américains envers l'argent? Est-elle en train de changer? Quels sont, d'après vous, les effets de la crise économique?
2. Est-ce que vous avez une ou plusieurs carte(s) de crédit? Quand et dans quels contextes est-ce que vous en utilisez une?
3. Faites-vous des achats en ligne? Pourquoi?

Extension

Faites des recherches sur Internet sur un sujet qui se rapporte à la lecture et qui vous intéresse. Préparez une présentation pour la classe. Voici quelques idées de sujets: le e-commerce et la fraude; les cartes de crédit et les dettes; l'argent et le bonheur.

LEÇON 3

COMMENT FAIRE DES CONCESSIONS

Conversation (conclusion)

 Track 15

Premières impressions

1. Identifiez: les expressions qu'on utilise pour faire une concession
2. Trouvez: le type de renseignements qu'Alisa veut obtenir de ses amis

Un mois plus tard, Alisa et ses amis français se trouvent dans un café près de l'université.

ALISA Tenez! Regardez le poster que j'ai acheté pour mettre au-dessus de mon lit! La chambre de bonne que j'ai trouvée grâce à mon blog est toute petite, mais je l'adore...! Je pensais vous demander encore autre chose... Je ne sais pas quoi faire pour l'assurance-maladie°.

l'assurance-maladie [f] *health insurance*

MARINE Je sais que pour les Français, au moins quand tu t'inscris à l'université, tu paies des droits de Sécurité sociale[1].

ALISA Et moi, est-ce que j'y ai droit en tant qu'étudiante étrangère?

DELPHINE Je ne sais pas vraiment, mais renseigne-toi auprès du CROUS[2].

ALISA Et est-ce que la cotisation° de la Sécurité sociale est élevée?

cotisation *contribution*

MARINE Je ne sais pas au juste, mais ce n'est pas très cher.

ALISA Aux États-Unis, il n'y a pas encore de système d'État comme ici. Avant 2014, c'était vraiment très cher de s'assurer. Les assurances étaient privées. Alors, beaucoup de gens n'étaient pas assurés. Ils n'avaient pas les moyens de payer les primes°. Mais les choses sont en train de changer... Une loi sur la santé adoptée en 2010 a permis aux jeunes de moins de vingt-six ans d'être sur la police de leurs parents.

premiums

MARINE Mais si on a plus de vingt-six ans, qu'est-ce qu'on fait? Si on a un problème grave, une crise d'appendicite par exemple ou un accident, où est-ce qu'on va?

ALISA Eh bien, on entend parler d'exemples où on peut refuser de te soigner à l'hôpital, mais quand même... dans la plupart des cas, j'imagine qu'on ne te refuse pas les soins d'urgences°. La nouvelle loi sur la santé oblige chaque citoyen à souscrire une assurance-maladie avant 2014. Si on est trop pauvre, on peut faire un dossier de demande de soins à Medicaid. Si tout le monde cotise, les compagnies d'assurance n'auront plus à payer les soins des non-assurés. Elles pourront baisser leurs tarifs et offrir un accès «universel». Du moins c'est l'idée de base. Il y a beaucoup d'autres aspects de cette loi qui vont entrer en vigueur petit à petit, d'ici à 2020. Les débats sur cette question sont encore vifs et passionnels. Vraiment, en fin de compte, je ne sais pas comment les choses vont se passer.

soins d'urgences *emergency care*

YANIS C'est étonnant quand même.... Les États-Unis sont un pays riche, très riche mais malgré tout, les Américains n'arrivent pas à se mettre d'accord sur l'accès universel à une assurance-maladie minimale.

ALISA Oui, mais tu sais, les États-Unis, c'est un pays où certains ont extrêmement peur de tout ce qui est centralisé par le gouvernement fédéral.

MARINE Oui, mais riche ou pauvre, sans emploi ou P.-D.G.°, on est tous égaux devant la maladie...

(Président-directeur général) *CEO*

ALISA Oui, évidemment... Il y a une dimension morale dans ce débat qui est difficile à ignorer...

[1] La Sécurité sociale est un système d'assurance-maladie administré par le gouvernement. Tous les Français et les résidents qui travaillent paient une cotisation d'environ 7,5 pour cent de leur salaire mensuel.

[2] CROUS – Centre régional des œuvres universitaires et scolaires. Cette organisation d'étudiants offre une aide pour le logement, l'assurance-maladie, etc.

Observation et analyse

1. Quelle sorte de logement est-ce qu'Alisa a enfin trouvé?
2. À quel organisme est-ce qu'Alisa va s'adresser pour trouver les réponses à ses questions d'assurance-maladie?
3. Pourquoi est-ce que Yanis et Marine sont surpris par le système d'assurance-maladie aux États-Unis?
4. Selon Alisa, pourquoi est-ce que les Américains ne sont pas tous d'accord sur la nouvelle loi concernant le système de couverture médicale?
5. D'après ce que vous savez, quelles solutions et quels problèmes la nouvelle loi concernant le système de couverture médicale apporte au système d'assurance-maladie aux États-Unis?

Réactions

Les États-Unis viennent de réformer leur système d'assurance-maladie. D'après vous, quel serait le système de couverture médicale idéal? Expliquez et comparez vos idées avec celles de vos copains/copines de classe.

Expressions typiques pour…

Faire une concession

À première vue, je ne suis pas d'accord avec toi/vous, mais tu connais/vous connaissez mieux la situation que moi.

Bien, tu m'as convaincu(e)/vous m'avez convaincu(e).

Je suis convaincu(e).

À bien réfléchir, je crois que tu as raison/vous avez raison…

Je dois mal me souvenir/me tromper.

En fin de compte *(Taking everything into account)*, je crois que tu as/vous avez raison.

Si c'est ce que tu penses/vous pensez…

Je n'avais pas pensé à cela.

D'accord je vais m'y prendre autrement.

bien que/quoique (+ subjonctif) *(although)*
Bien qu'elle ait été prudente dans ses investissements, elle a perdu de l'argent à la Bourse *(stock market)*.

quand même *(nonetheless, even so)*, **tout de même** *(in any case)*, **néanmoins** *(nevertheless)*, **pourtant** *(however)*, **cependant** *(however)*, **mais** *(but)*
Elle a bien étudié ses investissements; elle a **pourtant** perdu beaucoup d'argent.

malgré *(in spite of)*, **en dépit de** *(in spite of)*, **avec** *(with)*
Malgré ses connaissances, elle a perdu beaucoup d'argent à la Bourse.

Mots et expressions utiles

L'économie [f] *(Economy)*

l'assurance-maladie [f] *health insurance*
être assuré(e) *to be insured*
la cotisation *contribution*
une mutuelle *mutual benefit insurance company*
la prime *premium; free gift, bonus; subsidy*
souscrire *to contribute, subscribe to*
les bénéfices [m pl] *profits*
le budget *budget*
la consommation *consumption*
le développement *development*
une entreprise *business*
exporter *to export*
importer *to import*
les impôts [m pl] *taxes*
le marché *market*
aller de mal en pis *to go from bad to worse*
le progrès *progress*
s'améliorer *to improve*
un abri *shelter*
un restaurant du cœur *soup kitchen*
un(e) sans-abri *homeless person*
un(e) SDF (sans domicile fixe) *person without a permanent address*

Mots utiles: l'agriculteur/ l'agricultrice *farmer;* **le chantier** *building site;* **le consommateur/la consommatrice** *consumer;* **la crise** *crisis;* **la croissance** *growth;* **travailler à la chaîne** *to work on an assembly line;* **le syndicat** *union;* **en fin de compte** *taking everything into account*

Mise en pratique

Depuis plusieurs années, l'**économie va de mal en pis.** Les entreprises ne font pas de **bénéfices** et licencient *(lay off)* des employés. Nous **exportons** moins que nous **n'importons.** Les **impôts** augmentent, les **sans-abri** font la queue devant les **restaurants du cœur.** Personne ne sait quand l'économie va **s'améliorer,** mais tout le monde attend la fin de cette récession.

Les conditions de travail

le chef (de bureau, d'atelier, d'équipe) *leader (manager) of office, workshop, team*
le directeur/la directrice *manager (company, business)*
l'employeur [m] *employer*
le/la gérant(e) *manager (restaurant, hotel, shop)*
le personnel *personnel*
le bureau *office*
la maison, la société *firm, company*
l'usine [f] *factory*
compétent(e)/qualifié(e) *competent/ qualified, skilled*
motivé(e) *motivated*
une augmentation de salaire *pay raise*
le congé *holiday, vacation*
l'horaire [m] *schedule*
les soins [m] *médicaux medical care and treatment*

Karen Preuss/The Image Works

Malgré sa réputation d'avoir une des meilleures cuisines du monde, la France a de plus en plus de restaurants fast-food. Pourquoi, selon vous?

Mise en pratique

Je viens de trouver un emploi dans une petite entreprise familiale dans le centre-ville. J'aurai un **horaire** flexible, mon propre **bureau** et cinq semaines de **congé.** De plus, mon **employeur** m'a promis une **augmentation de salaire** tous les six mois, si je prouve que je suis **compétent.** Ce n'est pas mal, hein? Il y a de quoi être **motivé,** non?

Activités

A. Concessions. En petits groupes, utilisez les expressions pour exprimer une concession pour répondre aux points de vue suivants.

MODÈLE: Les jeux d'argent *(gambling)* font de l'État un spéculateur.
Pourtant, dans certains états, le budget de l'éducation reçoit une bonne partie des bénéfices de ces jeux.

1. La liberté individuelle est la chose la plus importante de notre vie.
2. Il est dangereux de développer l'énergie nucléaire.
3. Le chômage est (en grande partie) dû à un excès d'importations.
4. Le réchauffement de la planète est un danger imminent.
5. Les congés payés aux États-Unis ne sont pas assez longs.
6. Les P.D.G. sont trop bien payés.
7. Les ouvriers doivent recevoir une partie des bénéfices de leur entreprise.

B. Le travail. Traduisez en français cette petite annonce pour *Le Devoir,* un journal québécois.

> American Company looking for qualified people.
> We need motivated workers to work in our factory in Montreal. We are also in need of managers, team leaders, and secretaries. We are only interested in people who are motivated to work hard. We offer good hours, excellent salary, and four weeks of vacation. To apply, send résumés to Mr. Blanche.

C. Complétez. Chacune des phrases ci-dessous exprime une idée de concession. Complétez ces phrases en imaginant une situation pour chaque contexte.

1. Nous allons faire de notre mieux en dépit de… (on a annoncé des licenciements *[layoffs]* / la suppression de la prime de rendement *[productivity]*)
2. Bien que je… (je suis arrivé[e] à l'heure à un rendez-vous important / j'ai oublié l'anniversaire de mon mari/ma femme)
3. Malgré nos sourires… (à la plage / dans une entrevue)
4. Nous sommes rentrés déçus; cependant… (le film était / les vacances étaient)

Diego Cervo/Shutterstock.com

Pensez-vous que le personnel de ce bureau soit motivé?

La grammaire à apprendre

Le subjonctif après les conjonctions

Certain subordinate conjunctions require the subjunctive mood rather than the indicative because of their meaning. Notice that the subjunctive is used in the clause where the conjunction is located, not in the clause that follows or precedes it.

A. Les conjonctions de concession

Certain conjunctions indicate a concession on the part of the speaker toward what is either reality or something that could be so and is therefore hypothetical.

bien que/quoique	*although*

Bien que son budget **soit** un peu serré, il veut acheter des cadeaux pour l'anniversaire de ses jumeaux.
Although his budget is a little tight, he wants to buy some birthday presents for his twins.

B. Les conjonctions de restriction

Other conjunctions express a restriction, real or possible.

à moins que (+ ne)	*unless*
sans que	*without*

Il va tout acheter au Printemps **à moins que** les prix **ne soient** trop élevés.
He is going to buy everything at Le Printemps unless the prices are too high.

The **ne explétif** should be used with **à moins que.** Remember that it has no meaning and that it is used in formal speech. It is also used with **de peur que, de crainte que** (see section D), and **avant que** (see section E).

Kiev.Victor / Shutterstock.com

Magasin Le Printemps sur le boulevard Haussmann

Le Printemps est une chaîne française de grands magasins. On y trouve des marques de mode, de luxe et de beauté. Le magasin principal se trouve boulevard Haussmann dans le IXe arrondissement de Paris.

C. Les conjonctions de condition

These conjunctions introduce a condition that is not a reality.

pourvu que	*provided that*
à condition que	*on the condition that*

Il continuera à travailler dans son atelier **pourvu qu'**il **ait** assez de clients.
He will continue to work in his workshop provided that he has enough customers.

D. Les conjonctions de but

Some conjunctions express a goal or purpose. This is similar to the idea of volition. Therefore, the subjunctive mood is required.

pour que/afin que	*in order that, so that*
de peur que (+ ne)/de crainte que (+ ne)	*for fear that*

Il a tout fait **pour que** ses prix **baissent.**
He did everything so that his prices would be lower.

E. Les conjonctions de temps

These conjunctions are concerned with actions that take place at some time after the action of the main clause and may depend on the other action taking place.

avant que (+ ne)	*before*
jusqu'à ce que	*until*
en attendant que	*waiting for*

Avant qu'il **n'aille** à la banque, il doit vérifier qu'il y a de l'argent sur son compte.
Before he goes to the bank, he must verify that there is some money in his account.

F. The following conjunctions can sometimes be replaced by a corresponding preposition followed by an infinitive. This is done when the subject of the subordinate clause (introduced by a conjunction requiring the subjunctive) is the same as the subject of the main clause. The most common prepositional counterparts are:

Conjonction (+ subjonctif)	Préposition (+ infinitif)
à moins que (+ ne)	à moins de
sans que	sans
à condition que	à condition de
afin que	afin de
pour que	pour
de peur que (+ ne)	de peur de
de crainte que (+ ne)	de crainte de
avant que (+ ne)	avant de
en attendant que	en attendant de

Il est rentré chez lui **sans** avoir fermé son atelier à clé. Il y est retourné **de crainte de** tout se faire voler *(to be robbed)*. Il a sorti sa clé **afin de** verrouiller *(lock)* la porte. **Avant de** le faire, il a jeté un coup d'œil dans l'atelier pour examiner ses outils *(tools)*. Il s'est rendu compte que quelqu'un avait déjà tout volé!

In sentences with **bien que, quoique, pourvu que,** and **jusqu'à ce que,** the clause in the subjunctive cannot be replaced by an infinitive construction even when the subject of the main clause and dependent clause is the same. There is no corresponding prepositional construction.

Elle continuera à lire cet article sur les banques **bien qu'**elle ne **soit** pas convaincue.
She will continue to read that article on banks although she is not convinced.

Quoiqu'elle **apprécie** la Société Générale, elle a choisi le Crédit Agricole.
Although she likes the Société Générale, she chose the Crédit Agricole.

Greg Balfour Evans / Alamy

Activités

A. Résumé d'un sondage sur les goûts culturels des jeunes. Avec un(e) partenaire, complétez ce paragraphe en choisissant la conjonction ou la préposition appropriée.

__________ (Bien que / Pourvu que / De peur que) les étudiants s'intéressent à la politique et à l'économie, ils adorent surtout le cinéma. Leur mémoire est courte, cependant. __________ (De peur de / Jusqu'à / Quoique) ils se trompent dans le titre ou le nom du metteur en scène, 82 pour cent ont cité un film qui les avait marqués dans les trois derniers mois. Comme metteur en scène, ils admirent Louis Malle. Le même sondage révèle que les étudiants français aiment aussi la musique __________ (avant que / afin de / à condition que) ce soit du rock. Ils aiment également lire et parler de leurs lectures __________ (de peur que / à moins de / pourvu que) il s'agisse d'écrivains comme Faulkner, Dostoïevsky, Boris Vian, Jean-Paul Sartre et Steinbeck. __________ (Pour ne pas / À moins de / En attendant de) trop généraliser les résultats de ce sondage, le lecteur doit savoir que cette enquête a été effectuée auprès de 382 étudiants.

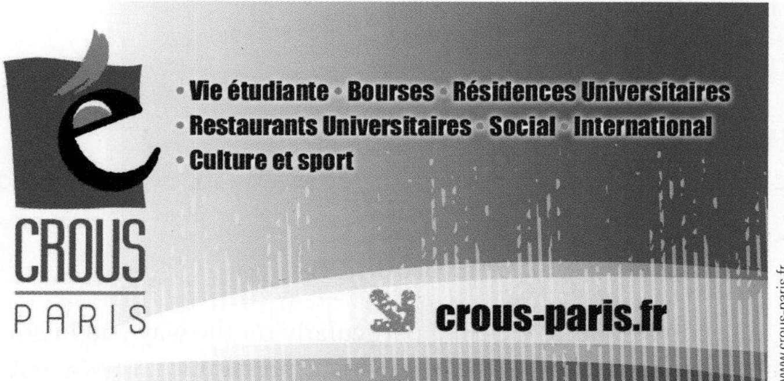

Pourquoi est-ce qu'on va au CROUS?

B. La Sécurité sociale. Marine continue à expliquer le système de la Sécurité sociale à Alisa. Remplissez les blancs avec la forme appropriée du verbe entre parenthèses en utilisant le subjonctif, si c'est nécessaire.

À moins que nous n'__________ (oublier) notre Carte vitale, la Sécurité sociale paiera la majorité des frais médicaux. Par exemple, lorsqu'on __________ (avoir) une opération à l'hôpital ou dans une clinique, la Sécurité sociale rembourse presque tous les frais. Puisque tu __________ (être) américaine, il faut que tu te renseignes au CROUS parce que je ne __________ (savoir) pas si les étrangers __________ (pouvoir) s'inscrire. Afin de __________ (savoir) si tu y __________ (avoir) droit ou non, visite leur site Web, c'est sûr, et puis envoie-leur un courriel ou téléphone-leur. Demande qu'on te __________ (donner) un rendez-vous. Il vaut sûrement mieux que tu y __________ (aller) en personne.

C. Conditions de travail. Complétez les phrases suivantes. Mettez la phrase à la forme négative si vous n'êtes pas d'accord!

1. Moi, je réussirai dans mon travail à condition que…
2. Je paierai les assurances-maladies de crainte de…
3. Je pense que les assurances-maladies sont nécessaires afin que…
4. Les syndicats *(unions)* sont importants à moins que…
5. Je m'inscrirai au syndicat quoique…
6. Je travaillerai jusqu'à…
7. Je prendrai ma retraite avant de…

Interactions

A. Les livres perdus. Vous avez emprunté deux livres à votre colocataire il y a plusieurs mois et il/elle est fâché(e) que vous ne les lui ayez pas rendus. Avouez que vous auriez dû les rendre et donnez une excuse pour expliquer pourquoi vous ne l'avez pas fait. Expliquez que maintenant vous les avez perdus. Résolvez la situation.

B. Jouez le rôle. Votre partenaire et vous allez jouer des rôles différents. Pour chaque rôle, imaginez une concession à faire à votre partenaire. Utilisez des conjonctions autant que possible.

1. votre mari/femme/meilleur(e) ami(e): son anniversaire
2. votre enfant: l'heure de son coucher
3. votre mère/père âgé(e): son logement
4. votre chef: votre congé
5. votre secrétaire: son augmentation de salaire
6. votre médecin: votre santé
7. votre professeur: la qualité de votre composition

DOSSIER D'EXPRESSION ÉCRITE Deuxième brouillon

1. Write a second draft of the letter that you worked on in **Leçons 1** and **2,** focusing particularly on the way you begin and end the letter. You may want to begin the job application letter with any of the following expressions:

   Je vous prie de *(Please ...)*
   Je vous serais obligé(e) de *(I would be obliged to ...)*
   Permettez-moi de me présenter...
   Je désire poser ma candidature à un poste de...

   A letter of recommendation might begin with any of the following phrases:

   Puis-je me permettre de vous recommander...
   J'ai l'honneur de vous recommander...

2. To make the transitions smoother, you might want to add some phrases such as the following to the job application letter:

   Vous trouverez, dans mon curriculum vitae ci-joint, le résumé de ma formation académique et de mon expérience professionnelle...
   J'aimerais attirer votre attention sur...
   En vous remerciant à l'avance de votre considération,...

   In the letter of recommendation, use the following phrases:

   Elle/Il a/est (diplômes ou qualifications) et...
   Je vous serais reconnaissant(e) de ce que vous pourriez faire pour lui/elle...
   En vous remerciant dès maintenant,...
   Avec mes remerciements anticipés,...

Liens culturels

L'Union européenne

L'Union européenne a été construite progressivement depuis la fin de la Seconde Guerre mondiale (1939–1945). L'idée a été lancée par Robert Schuman, ministre français des affaires étrangères, dans son discours du 9 mai 1950.

En 1951 la France, l'Allemagne, l'Italie, la Belgique, le Luxembourg, et les Pays-Bas ont formé la *Communauté européenne du charbon*[1] *et de l'acier*[2]. Ce même groupe a créé en 1957 le *Marché commun* ou la *Communauté économique européenne* (CEE) qui mettait en marche l'unification économique de ces pays.

Le Danemark, l'Irlande et le Royaume-Uni ont demandé leur adhésion en 1973, la Grèce en 1981, l'Espagne et le Portugal en 1986, et l'Autriche, la Finlande et la Suède en 1995. Le traité de Maastricht en 1992 a transformé la *CEE* en *Union européenne (UE)* et a préparé l'union politique et monétaire de l'Europe. Toutes les monnaies des pays de l'UE ont disparu pour être remplacées, en 2002, par l'euro, la monnaie unique européenne (exceptions: le Royaume-Uni, le Danemark, la Suède). En 2004, dix nouveaux pays sont entrés dans l'Union: la Pologne, l'Estonie, la Lituanie, la Lettonie, la Hongrie, la Slovénie, la République tchèque, la Slovaquie, Chypre et Malte. La Roumanie et la Bulgarie y sont entrées en 2007. Aujourd'hui l'Union européenne rassemble 27 pays. Le 12 octobre 2012, le prix Nobel de la paix a été attribué à l'Union européenne pour «sa contribution à la promotion de la paix, la réconciliation, la démocratie et les droits de l'Homme en Europe».

Image Source Limited/PhotoLibrary

Bâtiment du Parlement européen à Bruxelles

L'Union est très en avance dans certains domaines comme l'économie, la monnaie, les douanes, les communications et les lois sociales. Dans les domaines où chaque pays a peur de perdre sa liberté d'action, comme la défense, la politique étrangère et la culture, il est beaucoup plus difficile d'avoir une politique commune. Depuis la crise économique mondiale qui a éclaté en 2008, l'Irlande, la Grèce, l'Espagne et le Portugal ont souffert de problèmes financiers d'une extrême sévérité et ont été obligés par l'UE à prendre des mesures d'austérité, ce qui a durement touché leurs habitants. La crise économique a eu des conséquences sur tous les pays de l'UE: le chômage a augmenté; les dettes, les grèves et les manifestations se sont multipliées. L'UE a fait face aux défis[3] les plus ardus de son histoire.

Adapté de *L'Express* / Hélène Constanti, 2003.

[1] *coal* [2] *steel* [3] *challenges*

Compréhension

1. Qui a eu l'idée de former l'Union européenne? Quand? Quels pays étaient les premiers pays à en faire partie? Et quels en sont les plus récents? (Nommez-en deux.)
2. Dans quels domaines ces pays sont-ils en avance en ce qui concerne l'unification? Dans quels domaines est-ce qu'il y a eu peu de progrès? Pourquoi?
3. Comment est-ce que la crise économique affecte l'UE?

Réactions

1. Pensez-vous qu'une Europe unifiée soit une bonne chose? Expliquez.
2. L'article explique que chaque pays a peur de perdre sa liberté d'action dans les domaines de la défense, de la politique étrangère et de la culture. Pourquoi l'unification dans ces domaines-là est-elle plus difficile que dans les autres?
3. Imaginez que vous êtes le Secrétaire d'État américain et que vous pouvez proposer une union entre les États-Unis et d'autres pays du monde. Qu'est-ce que vous proposeriez? Expliquez pourquoi.

Extension

Faites une comparaison entre l'Union européenne et les États-Unis. Considérez, par exemple, la structure gouvernementale, monétaire, politique, militaire et économique.

SYNTHÈSE

LIO/CORBIS SYGMA
Le groupe Zebda en concert

Activités musicales

Zebda: *Chômage*

Biographie

- Groupe formé par Joël Saurin, Pascal Cabero, Vincent Sauvage, Magyd Cherfi, Mustapha et Hakim Amokrane (deux frères) et Rémi Sanchez (qui a rejoint le groupe plus tard)
- Viennent de Toulouse
- Représentent plusieurs cultures
- Musique rap, punk, reggae, rock
- Chansons marquées par un engagement politique et social

Avant d'écouter: Le contexte et les réflexions

1. Selon le titre, quel sera le ton de cette chanson? Quand vous entendez le mot «chômage», à quels autres mots pensez-vous?
2. Connaissez-vous quelqu'un au chômage? Expliquez les circonstances.
3. Où dans le monde y a-t-il beaucoup de chômage? Faites une liste des pays ou régions. Quelles sont les conséquences sociales et économiques de ce chômage?

To experience this song, go to **www.cengagebrain.com**

Pendant que vous écoutez: Compréhension

1. Faites une liste des phrases et des mots qui sont répétés. Notez aussi les personnes, les maladies et les lieux mentionnés.
2. Quel type de musique est-ce? Connaissez-vous un groupe qui ressemble à ce groupe?

Le nom du groupe vient du mot arabe «zebda», qui signifie «beurre». C'est un jeu de mot avec le mot «Beur», qui signifie «Arabe». «Arabe» en verlan *(a type of slang)* devient «Beur», et fait référence aux Maghrébins.

Après avoir écouté: Communication

1. Qui est votre chanteur/chanteuse ou groupe musical préféré(e)? Que savez-vous de ses opinions politiques ou sociales? Est-ce important pour vous de savoir quelles sont les valeurs politiques ou sociales de vos groupes préférés? Expliquez.
2. Zebda dit: «Donner pour donner c'est pas tout à fait ma devise. Je donne pas, j'investis dans la solidarité.» Avec un(e) copain/copine de classe, faites une liste écrite de plusieurs musiciens que vous connaissez et qui confrontent les problèmes politiques ou sociaux du monde.
3. Faites des recherches sur Internet sur le groupe Zebda. Que font les membres du groupe en ce moment? Quelles cultures ont influencé les musiciens et leurs chansons?

Activités orales

A. Un message. Vous êtes secrétaire bilingue dans une société américaine en France. Expliquez, en français, ce message téléphonique à votre patron(ne):

Mr. Rafael returned your call. He says that it is difficult to know whether you should sell your house. It's well situated but poorly maintained. He left the name of Sophie Lambert, whom he said you should call. She is a real estate agent who is very friendly and will help you. If you follow her advice, you should make some money.

Review the telephone expressions in **Appendice C.**

B. L'avenir. Avec un(e) partenaire, créez une histoire qui va illustrer le proverbe «Qui vivra verra». On utilise souvent cette expression quand on discute de l'avenir. Inventez un conte de fées ou une histoire à propos de vous ou de quelqu'un d'autre. Votre histoire devra se terminer par ce proverbe.

Emplois - Travail de bureau

CHERCHE RÉCEPTIONISTE SECRÉTAIRE pour clinique podiatrique, 34h. sem. sur 4 jrs. Lundi, mardi, mercredi; de 9h à 19h. Jeudi de 9h à 17h., 12.50$ l'heure. Pas de plan d'assurance. Postez votre C.V. à: Clinique Podiatrique de l'Ouest, BP 456, Sherbrooke

Emplois - Services ménagers

Nous sommes à la recherche d'une aide familiale à la maison pour s'occuper de nos enfants à leur retour de l'école et pour l'entretien général de la maison. Cet emploi a lieu de 12h00 à 18h00 tous les jours de la semaine (30 heures par semaine). Salaire à discuter.

Emplois - Vente et marketing

CENTRE DESIGN RÉALITÉ s'agrandit et doit combler de nouveaux postes de CUISINISTE/VENDEUR/VENDEUSE, dans différents territoires; Laval, Mtl., Rive-Sud, Montérégie et couronne nord. Les candidat(e)s choisi(e)s devront rencontrer les clients à la maison afin de concrétiser un projet d'aménagement et de rénovation. Les qualifications: diplôme en design, diplôme ou expérience de la vente, bilinguisme, expérience requise 2 ans minimum. Disponibles pour horaires flexibles, doivent posséder une voiture. Envoyer votre c.v. à BP 8790, Montréal

Emplois - Professionnels de la santé

URGENT Recherche jeune femme, préposée aux soins à domicile, ayant son permis de conduire pour s'occuper d'une personne quadriplégique pour ses soins, bains, repas et un peu d'entretien ménager. Être dynamique et honnête, salaire 12$/h, références exigées sinon s'abstenir. 555-0107 entre 11h et 20h. NE PAS ENVOYER DE FAX.

Emplois - Emplois divers

Brossard: Portier, D.J. 555-0138 Centre-ville MTL: Barmaid, serveuses, 555-0136 danseuses Mtl-Brossard

Le Journal de Montréal est le quotidien québécois dont le tirage est le plus élevé de la région.

Activité écrite

Les offres d'emploi. Regardez les offres d'emploi (ci-dessus) qui pourraient correspondre à des offres d'emploi publiées dans un journal québécois, comme *Le Journal de Montréal.* Faites une liste des avantages et des inconvénients de chaque emploi. Ensuite, écrivez une lettre à votre tante et à votre oncle qui habitent à Montréal. Décrivez l'emploi qui vous intéresse le plus. Demandez-leur conseil pour obtenir cet emploi et si vous pouvez dormir chez eux si vous obtenez une entrevue.

DOSSIER D'EXPRESSION ÉCRITE Révision finale

1. Examine your letter one last time. Check for correct spelling, grammar, and punctuation. Pay special attention to your use of the future tense, the sequence of tenses with **si,** and the subjunctive after conjunctions.
2. Prepare your final version using paper of good quality. The appearance of the letter will be important for making a good impression. Make sure that there are no mistakes and crossed-out corrections and use a typeface easy to read.
3. Now that you know how to write a formal letter, volunteer to help someone to write a letter in French or English.

INTERMÈDE CULTUREL

Annie Ernaux, femme écrivain

PÈRE ET FILLE EN VOYAGE
d'Annie Ernaux

Biographie

- Est née en 1940 et a grandi dans un milieu modeste à Lillebonne en Normandie
- Professeur de lettres au collège d'Evire à Annecy
- A renoncé à la fiction pour écrire des ouvrages à caractère autobiographique
- A obtenu le prix Renaudot pour son roman *La Place* en 1984
- Évoque le quotidien et le milieu social de ses parents, son adolescence, son mariage, le décès de sa mère et d'autres sujets personnels dans ses ouvrages

Sujets à discuter

- Est-ce que vous avez déjà fait un voyage organisé? Avec qui? (classe, équipe, association, agence de voyages?) Le moyen de transport utilisé était-il le car, le train, l'avion, le bateau? Quels souvenirs avez-vous de ce voyage?
- Pourquoi est-ce qu'on part en voyage organisé? Où est-ce que ça vous plairait d'aller en groupe?
- Quand vous aviez 13 ans, est-ce que vous vous compariez aux autres jeunes? Quand?

Stratégies de lecture

Familles de mots. Des mots inconnus peuvent ressembler à des mots que vous avez déjà appris. Vous connaissez probablement les mots de la colonne de gauche. En utilisant le contexte et votre connaissance de ces mots, déterminez puis expliquez à un(e) partenaire le sens des mots soulignés dans les phrases. Si vous ne connaissez pas les mots de la colonne de gauche, utilisez votre dictionnaire!

inscription	1. Au cours de l'hiver, ma mère nous avait inscrits, mon père et moi, à un voyage organisé par la compagnie d'autocars de la ville.
pays	2. Au fur et à mesure que nous descendions vers le sud, le dépaysement m'envahissait.
terre	3. Derrière nous, une veuve, propriétaire terrienne, avec sa fille de treize ans.
content	4. Elle n'a pas répondu à mes avances, se contentant de me sourire…
le col	5. À une petite table près de nous, il y avait une fille de quatorze ou quinze ans, en robe décolletée, bronzée, avec un homme assez âgé…
goût	6. Elle dégustait une sorte de lait épais dans un pot en verre…

Introduction

Travel often involves much more than seeing new sights and having a good time. While travelers become acquainted with new areas and ways of living, they also become better acquainted with themselves, their position in the world, and their relationships with others. Self-knowledge can, however, lead to disappointment or disillusionment.

The writer Annie Ernaux has made many voyages of discovery. In 1952, she was 12. In La honte *(1997), she recalls the pilgrimage she made that year with her father to Lourdes, where the virgin Mary had appeared to a young woman a century earlier, and to the* **châteaux de la Loire.** *She describes how difficult it was to establish contact with other teenage girls during this trip.*

Lecture

Au cours de l'hiver, ma mère nous avait inscrits, mon père et moi, à un voyage organisé par la compagnie d'autocars de la ville. Il était prévu de descendre vers Lourdes en visitant des lieux touristiques, Rocamadour, le gouffre de Padirac°, etc., d'y rester trois ou quatre jours et de remonter vers la Normandie par un itinéraire différent de celui de l'aller, Biarritz, Bordeaux, les châteaux de la Loire. C'était au tour de mon père et moi d'aller à Lourdes. Le matin du départ, dans la deuxième quinzaine d'août – il faisait encore nuit – nous avons attendu très longtemps sur le trottoir° de la rue de la République le car qui venait d'une petite ville côtière°, où il devait embarquer des participants au voyage. On a roulé° toute la journée en s'arrêtant le matin dans un café, à Dreux, le midi dans un restaurant au bord du Loiret, à Olivet. Il s'est mis° à pleuvoir sans discontinuer et je ne voyais plus rien du paysage à travers la vitre. [...] Au fur et à mesure que nous descendions vers le sud, le dépaysement m'envahissait. Il me semblait que je ne reverrais plus ma mère. En dehors d'un fabricant de biscottes et sa femme, nous ne connaissions personne. Nous sommes arrivés de nuit à Limoges, à l'hôtel Moderne. Au dîner, nous avons été seuls à une table, au milieu de la salle à manger. Nous n'osions pas parler à cause des serveurs. Nous étions intimidés, dans une vague appréhension de tout. [...] Derrière nous, une veuve, propriétaire terrienne°, avec sa fille de treize ans. [...]

J'avais cru naturel de rechercher la compagnie de la fille de treize ans, Élisabeth, puisque nous n'avions qu'un an de différence et qu'elle allait aussi dans une école religieuse, même si elle était déjà en cinquième°. Nous étions de la même taille mais elle avait le corsage° gonflé° et déjà l'air d'une jeune fille. Le premier jour, j'avais remarqué avec plaisir que nous portions toutes les deux une jupe plissée° marine avec une veste, la sienne rouge et la mienne orange. Elle n'a pas répondu à mes avances, se contentant de me sourire quand je lui parlais, de la même façon que sa mère, dont la bouche s'ouvrait sur plusieurs dents en or, et qui n'adressait jamais la parole à mon père. Un jour, j'ai mis la jupe et le chemisier de mon costume de gymnastique, qu'il fallait user une fois la fête de la Jeunesse° passée. Elle l'a remarqué: «Tu es allée à la fête de la Jeunesse?» J'ai été fière de dire oui, prenant sa phrase accompagnée d'un grand sourire pour une marque de connivence° entre nous deux. Ensuite, à cause de l'intonation bizarre, j'ai senti que cela signifiait, «tu n'as rien d'autre à te mettre que tu t'habilles en gymnastique».

Un soir, le dernier du voyage, à Tours, nous avons dîné dans un restaurant tapissé° de glaces, brillamment éclairé, fréquenté par une clientèle élégante. Mon père et moi étions assis au bout de la table commune du groupe. Les serveurs négligeaient celle-ci, on attendait longtemps entre les plats. À une petite table près de nous, il y avait une fille de quatorze ou quinze ans, en robe décolletée, bronzée, avec un homme assez âgé, qui semblait être son père. Ils parlaient et riaient, avec aisance et liberté, sans se soucier des° autres. Elle dégustait une sorte de lait épais° dans un pot en verre – quelques années après, j'ai appris que c'était du yoghourt, encore inconnu chez nous. Je me suis vue dans la glace en face, pâle, l'air triste avec mes lunettes, silencieuse à côté de mon père, qui regardait dans le vague. Je voyais tout ce qui me séparait de cette fille mais je ne savais pas comment j'aurais pu faire pour lui ressembler.

Annie Ernaux, La honte

(a cavern in the Padirac region): site touristique naturel avec une rivière souterraine (une des merveilles du plateau du Haut-Quercy) au nord-est de Cahors (voir Internet)

endroit réservé aux piétons *(pedestrians)* entre les magasins et la rue / *coastal* / *traveled* (l'autocar a roulé)

s'est... *began*

propriétaire... *landowner*

en cinquième *corresponds to 7th grade in the US (second year of Junior High)* / *blouse* / *swollen*

pleated

la fête... *a public celebration by all schools in a city that included athletic and gymnastic displays; common until the 1960s* *complicity*

covered

se soucier des *take interest in, take care of* / *thick*

Compréhension

A. Observation et analyse

1. Quel âge la narratrice (la personne qui raconte l'histoire) a-t-elle quand elle fait ce voyage? Quand a-t-elle écrit ce récit, à votre avis?
2. Où est-ce qu'elle va avec son père? Pourquoi?
3. Le voyage organisé a lieu pendant quel mois?
4. Est-ce que la jeune fille connaît beaucoup de participants?
5. Est-ce que la jeune fille a l'habitude d'aller en voyage? Expliquez son attitude.
6. Avec qui veut-elle parler? Décrivez les conversations qu'elle a avec cette personne.
7. Comment est-ce qu'elle s'habille pendant le voyage? Est-ce que les vêtements ont de l'importance pour elle? Et pour les autres?
8. Décrivez le restaurant à Tours. Décrivez l'ambiance dans ce restaurant.
9. En faisant ce voyage touristique, est-ce que la jeune fille fait aussi un «voyage intérieur»? Qu'est-ce qu'elle découvre?
10. À votre avis, qu'est-ce qui a le plus marqué la jeune fille pendant ce voyage: les lieux, les visites, la découverte de l'ouest de la France, l'indifférence des autres envers elle, sa timidité, ses rapports avec son père, autre chose? Expliquez et justifiez votre opinion.

B. Grammaire/Vocabulaire Dans la colonne de gauche, il y a des mots tirés du texte. Essayez de dire la même chose en choisissant un mot ou une phrase qui a la même signification dans la colonne de droite.

1. il était prévu	un chemin, une succession de routes ou de rues
2. descendre	un signe de complicité, d'entente silencieuse
3. un itinéraire	essayer de connaître
4. la vitre	être pareil(le) à quelqu'un
5. être intimidé	selon le programme, on devait
6. rechercher	jamais vu
7. être de la même taille	être peu sûr de soi
8. remarquer	être aussi grand(e)
9. adresser la parole	le verre de la fenêtre
10. une marque de connivence	constater, noter dans sa tête
11. encore inconnu	aller dans le sud
12. lui ressembler	dire un mot, parler

Aimez-vous voyager en bus? Expliquez.

C. Réactions

1. Décrivez les sentiments que vous avez eus en lisant cette histoire. Par exemple, est-ce que vous êtes triste ou content(e) pour la jeune fille? Pourquoi? Est-ce que vous la trouvez naïve, innocente, complexée ou sotte? Expliquez.
2. Parlez des autres personnages de l'histoire: le père, la veuve et sa fille Élisabeth, les serveurs, etc. Comment les trouvez-vous? Décrivez les rapports entre la narratrice et ces personnes.
3. Est-ce que vous avez déjà eu une réaction comme celle de la jeune fille pendant un voyage ou dans une autre situation? Expliquez.
4. Quelle serait votre réaction si une étudiante de la classe agissait comme Élisabeth, la fille de la veuve?

Interactions

1. Avec un(e) partenaire, décrivez un voyage organisé et les participants idéaux. Pensez aux choses suivantes: la destination, le temps, la saison, les repas, le moyen de transport, etc.
2. Jouez les rôles et imaginez une scène entre la jeune fille et Élisabeth, peut-être pendant la visite d'un château de la Loire.
3. Depuis le seizième siècle, on dit beaucoup en France que «les voyages forment la jeunesse». Avec deux ou trois autres étudiant(e)s, analysez ce dicton. Est-ce que vous êtes d'accord? Pourquoi? Préparez au moins trois exemples pour justifier votre point de vue et présentez-les à la classe.

Expansion

1. Choisissez un des endroits suivants et faites des recherches à la bibliothèque ou sur Internet: Lourdes, le gouffre de Padirac, Biarritz, Bordeaux, les châteaux de la Loire, Limoges. Expliquez pourquoi c'est un lieu connu.
2. Dessinez une carte de la France et tracez l'itinéraire du voyage du père et de la fille.

Le gouffre de Padirac

VOCABULAIRE

LA RECHERCHE D'UN EMPLOI *(JOB HUNTING)*

les allocations [f pl] **de chômage** *unemployment benefits*

l'avenir [m] *future*

avoir une entrevue/un entretien *to have an interview*

changer de métier *to change careers*

chercher du travail *to look for work*

le curriculum vitae (le C.V.) *résumé, CV*

être candidat(e) à un poste *to apply for a job*

être à la retraite *to be retired*

la formation professionnelle *professional education, training*

occuper un poste *to have a job*

l'offre [f] **d'emploi** *opening, available position*

la pension de retraite *retirement pension.*

en profiter *to take advantage of the situation; to enjoy*

la promotion *promotion*

remplir une demande d'emploi *to fill out a job application*

la réussite *success*

le salaire *pay (in general)*

la sécurité de l'emploi *job security*

le service du personnel *personnel services, Human Resources*

le traitement mensuel *monthly salary*

trouver un emploi *to find a job*

LES MÉTIERS *(TRADES, PROFESSIONS, CRAFTS)*

les artisans: un(e) chauffagiste *(heating-cooling service engineer)*, un électricien/une électricienne, un mécanicien/une mécanicienne, un menuisier/une menuisière *(carpenter)*, un plombier/une plombière, un serrurier/une serrurière *(locksmith)*, un paysagiste *(landscaper)*, un plâtrier-peintre/une plâtrière-peintre *(plasterer-painter)*

les professions [f pl] **libérales:** un médecin/une femme médecin, un(e) dentiste, un(e) avocat(e), un architecte, un infirmier/une infirmière *(nurse)*, un notaire, un pharmacien/une pharmacienne, un vétérinaire, etc.

les fonctionnaires (employés de l'État): un agent de police, un douanier/une douanière, un magistrat *(judge)*, etc.

les affaires [f pl] *(business)* (travailler pour une entreprise): un homme/une femme d'affaires *(businessman/woman)*, un(e) secrétaire, un(e) employé(e) de bureau, un(e) comptable *(accountant)*, un(e) représentant(e) de commerce *(sales rep)*, etc.

le commerce (servir les clients): un boucher/une bouchère, un boulanger/une boulangère, un coiffeur/une coiffeuse *(hairdresser)*, un épicier/une épicière, un(e) commerçant(e) *(shopkeeper)*

l'industrie [f] (travailler dans une usine): un ouvrier/une ouvrière *(worker)*, un(e) employé(e), un(e) technicien(ne), un chef d'atelier *(shop)*, un ingénieur, un cadre/une femme cadre *(manager)*, un directeur/une directrice, etc.

l'informatique [f] *(computer science)*: un(e) informaticien(ne) *(computer expert)*, un(e) analyste en informatique, un programmeur/une programmeuse, etc.

l'enseignement [m]: un instituteur/ une institutrice ou un professeur des écoles, un professeur, un enseignant, etc.

la sécurité: un agent de police, un(e) gardien(ne) d'immeuble ou de prison, un gendarme, un inspecteur/une inspectrice, un(e) militaire, un(e) surveillant(e) *(guard)*, un veilleur/une veilleuse de nuit *(night guard)*

UN MÉTIER PEUT ÊTRE...

ingrat *(thankless)*, **dangereux, malsain** *(unhealthy)*, **ennuyeux, fatigant, mal payé, sans avenir**

ou...

intéressant, stimulant *(challenging)*, **passionnant, fascinant, enrichissant** *(rewarding)*, **bien payé, d'avenir**

LE LOGEMENT

acheter à crédit *to buy on credit*

l'agent [m] **immobilier** *real estate agent*

l'appartement [m] *apartment*

la chambre de bonne *room for rent (formerly maid's quarters)*

les charges [f pl] *utilities (for heat and maintenance of an apartment or condominium)*

la cité-U(niversitaire)/résidence universitaire *student residence hall(s)*

une HLM (habitation à loyer modéré) *low income housing*

l'immeuble [m] *apartment building*

le/la locataire *tenant*

le logement en copropriété *condominium*

louer *to rent*

le loyer *rent*

le/la propriétaire *owner; landlord*

le studio *efficiency apartment*

UNE HABITATION PEUT ÊTRE...

grande, petite, vieille, ancienne, neuve *(brand new),* **récente, moderne, rénovée** *(remodeled),* **confortable, agréable, sale, propre** *(clean),* **commode** *(convenient),* **pratique, facile à entretenir** *(to maintain),* **au prix fort** *(at a high price)*

LES AVANTAGES/INCONVÉNIENTS *(DISADVANTAGES)*

bien/mal conçu(e) *(designed),* **situé(e), équipé(e), entretenu(e)** *(maintained),* **beau/belle, moche, laid(e), solide, tranquille, calme, bruyant(e)** *(noisy),* **isolé(e)**

LA BANQUE

le carnet de chèques *checkbook*

la carte de crédit *credit card*

la carte électronique *automatic teller card*

changer de l'argent *to change money*

le compte chèques *checking account*

déposer *to deposit*

le distributeur automatique de billets *automatic teller machine*

emprunter *to borrow*

encaisser un chèque *to cash a check*

l'intérêt *interest*

le livret d'épargne *savings account*

ouvrir un compte *to open an account*

prendre son mal en patience *to wait patiently*

le prêt *loan*

prêter *to lend*

retirer de l'argent *to make a withdrawal*

le taux d'intérêt *interest rate*

L'ÉCONOMIE [F] *(ECONOMY)*

un abri *shelter*

aller de mal en pis *to go from bad to worse*

s'améliorer *to improve*

l'assurance-maladie [f] *health insurance*

les bénéfices [m pl] *profits*

le budget *budget*

la consommation *consumption*

la cotisation *contribution*

le développement *development*

une entreprise *business*

être assuré(e) *to be insured*

exporter *to export*

importer *to import*

les impôts [m pl] *taxes*

le marché *market*

une mutuelle *mutual benefit insurance company*

la prime *premium; free gift, bonus; subsidy*

le progrès *progress*

un restaurant du cœur *soup kitchen*

un(e) sans-abri *homeless person*

un(e) SDF (sans domicile fixe) *person without a permanent address*

souscrire *to contribute, subscribe to*

LES CONDITIONS DE TRAVAIL

une augmentation de salaire *pay raise*

le bureau *office*

le chef (de bureau, d'atelier, d'équipe) *leader (manager) of office, workshop, team*

compétent(e)/qualifié(e) *competent/qualified, skilled*

le congé *holiday, vacation*

le directeur/la directrice *manager (company, business)*

l'employeur [m] *employer*

le/la gérant(e) *manager (restaurant, hotel, shop)*

l'horaire [m] *schedule*

la maison, la société *firm, company*

motivé(e) *motivated*

le personnel *personnel*

les soins [m] **médicaux** *medical care and treatment*

l'usine [f] *factory*

DIVERS

s'y prendre *to go about it*

LA LOUISIANE

Géographie et histoire

La Louisiane est un état du sud des États-Unis bordant le Golfe du Mexique. Son relief est plat et son climat est doux l'hiver mais très chaud et humide l'été. Les ouragans tropicaux menacent ses côtes régulièrement à la fin de l'été. L'ouragan Katrina a dévasté la ville de La Nouvelle-Orléans en 2005.

La Louisiane a été explorée par les Français Cavelier de La Salle et Le Moyne d'Iberville à la fin du XVIIe siècle. Ils ont donné son nom à cet immense territoire allant des Grands Lacs à l'embouchure du Mississippi en l'honneur du roi de France Louis XIV et en ont fait une colonie française. La capitale de cette colonie a plus tard reçu le nom de La Nouvelle-Orléans en l'honneur du Duc d'Orléans, régent de la France durant l'enfance du roi Louis XV. Les communications se faisaient par voie d'eau sur le Mississippi et ses affluents *(tributaries)* car il n'y avait presque pas de routes. La principale ville de l'intérieur était Saint-Louis, du nom d'un roi de France du XIIIe siècle qui a été canonisé (Louis IX). La population européenne restait faible (quelques milliers de personnes) au milieu des Amérindiens avec lesquels ils commerçaient. La Louisiane est devenue territoire espagnol de 1763 à 1801. C'est pendant cette période, dans les années 1760, qu'y sont arrivés des Français expulsés d'Acadie (à l'est du Canada) par les Anglais. Leurs descendants s'appellent les Cadiens (ce qui a donné en anglais *Cajun*) tandis que les descendants des colons venus de France s'appellent les Créoles. Redevenue brièvement française en 1801, la Louisiane a été vendue en 1803 par Napoléon Bonaparte aux États-Unis. Elle a ainsi formé plusieurs états américains dont l'un a gardé le nom de Louisiane. Au XIXe siècle, la Louisiane était une région agricole (coton, riz), exploitée par des esclaves au service de grandes plantations. L'esclavage a duré jusqu'à la Guerre de Sécession. La Louisiane s'est industrialisée assez tard au XXe siècle, notamment sous la poussée du développement de l'industrie pétrolière. La Louisiane conserve aujourd'hui encore de nombreuses particularités qui la distinguent des autres états américains. Certains textes de loi sont encore écrits en français. Le code civil français est la base du droit local. L'état n'est pas divisé en *counties* mais en *parishes* (paroisses catholiques). De nombreux noms de personnes et de lieux sont français.

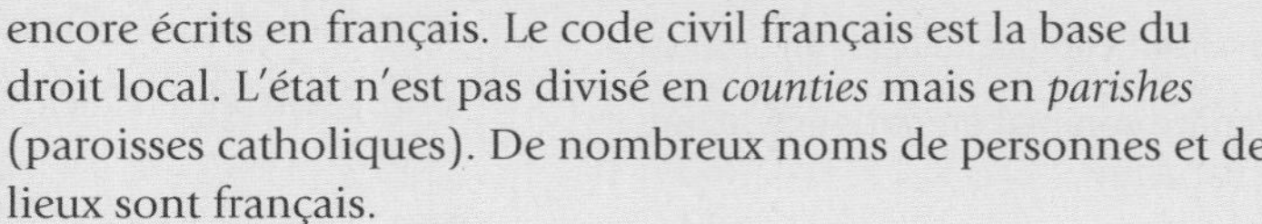

Architecture coloniale avec balustrades sur Bourbon Street

Architecture et musique

La Nouvelle-Orléans conserve des éléments d'architecture coloniale française comme les balustrades *(railings)*, notamment dans le *French Quarter*.

La Louisiane est célèbre pour la richesse de son héritage musical. La Nouvelle-Orléans est la capitale mondiale du jazz. La musique traditionnelle des Cadiens avec leurs violons règne dans les bals populaires appelés les «fais-dodo».

Lezarico (déformation de «des haricots», *zydeco* en anglais) est une fusion de musique cadienne et de blues. L'instrument privilégié est l'accordéon. Noirs et Blancs aiment cette musique et se produisent dans les festivals et à Mardi Gras.

Paul Natkin/Getty Images

Fernest Arceneaux

Cuisine

La cuisine louisianaise est une des cuisines régionales les plus réputées des États-Unis. Elle combine d'une manière originale les influences culinaires française, acadienne, africaine et espagnole. On utilise beaucoup les ingrédients locaux comme les écrevisses *(crayfish)*, l'ocra, le riz, les noix pacanes et toutes sortes d'épices.

Parmi les plats les plus réputés, on peut citer la bisque d'écrevisses, la soupe de tortue, le saumon flambé *(blackened)*, le jambalaya, le gumbo, les beignets et la tarte aux pacanes, et le café brûlot (café au whisky flambé).

Langue

La Louisiane a cessé d'être un état exclusivement francophone après la Guerre de Sécession, mais le français y est resté dominant par rapport à l'anglais jusqu'au début du XXe siècle. L'anglais est devenu la seconde langue officielle de l'état en 1864. À partir de 1916, tous les enfants ont dû être scolarisés en anglais. En 1968, le Conseil pour le développement du français en Louisiane (CODOFIL) a été créé afin de ranimer l'usage du français dans l'état. La même année, l'enseignement du français comme seconde langue à l'école est devenu obligatoire. Le français est encore aujourd'hui parlé couramment par plus d'un million de personnes en Louisiane. C'est la seule région des États-Unis où l'on trouve une population noire francophone.

Écoutez une démonstration de musique louisianaise par les musiciens cadiens Michel Doucet, David Doucet et Mitchell Reed à: http://www.youtube.com/watch?v=xpct_HTgAaM&feature=related.

La langue française parlée en Louisiane est la même qu'en France, mais la façon de prononcer les mots est souvent différente et certains mots ou expressions sont spécifiques à la Louisiane. En voici quelques exemples:

Zina Seletskaya/Shutterstock.com

Un plat louisianais: l'étouffée d'écrevisses

une banquette (un trottoir)

un bayou (une étendue d'eau profonde)

un char (une voiture)

une chaudière (une casserole)

une chevrette (une crevette)

un cocodrie (un crocodile)

un mouchenez (un mouchoir)

une musique à bras (un accordéon)

Boukary Sawadogo, from Burkina Faso, lived in New Orleans and now teaches at Marlboro College (Vermont). His YouTube documentary: *Salut Y'all: African Teachers on the Bayou*, presents information on CODOFIL as well as images of life in La Louisiane.

On parle aussi la langue créole en Louisiane. Elle résulte du contact entre les langues française, espagnole, amérindiennes et africaines. Voici deux exemples de phrases en créole louisianais:

Di moin qui vous laimein, ma di vous qui vous yé (dites-moi qui vous aimez et je vous dirai qui vous êtes).

Pranne garde vaut mlè passé mandé pardon (prendre garde vaut mieux que demander pardon).

Compréhension

1. Comment est le climat de la Louisiane?
2. Expliquez l'origine du nom de la Louisiane.
3. Comment est-ce que les communications se faisaient en Louisiane à l'origine?
4. Qui est arrivé en Louisiane dans les années 1760? Pourquoi? Quel est leur nom?
5. Qui sont les Créoles?
6. La Louisiane a été vendue aux États-Unis par qui? Quand?
7. Quelle est la plus grande industrie en Louisiane?
8. Donnez trois différences entre la Louisiane et les autres états américains.
9. Décrivez la richesse de la musique en Louisiane.
10. Pourquoi est-ce que la cuisine en Louisiane est très originale?

Vocabulaire. Trouvez l'équivalent des mots suivants.

1. une musique à bras	a. une casserole
2. un char	b. une organisation pour développer le français
3. un fais-dodo	c. un mouchoir
4. une paroisse catholique	d. une voiture
5. le zydeco	e. un bal populaire
6. une chaudière	f. une division gouvernementale
7. CODOFIL	g. un accordéon
8. un mouchenez	h. une fusion de musique cadienne et de blues

Expansion

1. Faites des recherches sur l'architecture de La Nouvelle-Orléans pour en faire une présentation. Trouvez des images qui dépeignent les quartiers typiques et montrez comment l'architecture reflète l'histoire de cette ville et son héritage multiculturel. Ajoutez une discussion et des photos des effets de l'ouragan Katrina.
2. Explorez plus à fond la musique cadienne. Qui sont les musiciens les plus célèbres? Où jouent-ils? Quel type de gens les écoute? Quels sont les sujets de leurs chansons? Comment est-ce que le français utilisé dans ces chansons diffère du français des chansons écrites par les Français? Faites écouter quelques chansons cadiennes à la classe pour illustrer votre point de vue.
3. Cherchez des noms de lieux français sur une carte de la Louisiane. Ensuite, choisissez un de ces lieux qui vous intéresse pour faire des recherches sur Internet et à la bibliothèque. Faites un reportage pour la classe sur son histoire, son économie, son importance, ses sites touristiques, etc. Expliquez pourquoi vous voudriez visiter cet endroit un jour.

Katherine Welles/Shutterstock.com

LA VIE N'EST JAMAIS FACILE

8

egeeksen/iStockphoto.com

THÈME Les tribulations de la vie quotidienne

www.cengagebrain.com

iLrn Heinle Learning Center

Audio

LA GRAMMAIRE À RÉVISER

The information presented here is intended to refresh your memory of various grammatical topics that you have probably encountered before. Review the material and then test your knowledge by completing the accompanying exercises in the workbook.

AVANT LA PREMIÈRE LEÇON

L'expression négative de base: *ne... pas*

The negative expression **ne... pas** is positioned in the following ways:

Simple tense:	Je **ne** vois **pas** souvent Pierre.
with pronouns:	Je **ne** le connais **pas** très bien.
Compound tense:	Nous **n'**avons **pas** vu Pierre depuis longtemps.
with pronouns:	Même Christine **ne** l'a **pas** vu.
Inversion:	**N'**habite-t-il **pas** toujours avenue des Gaulois?
Infinitive:	Il est important de **ne pas** perdre contact avec ses amis.
Imperative:	**N'**oublie **pas** de lui téléphoner!
with pronouns:	**Ne** l'oublie **pas**!

NOTE

- While pronouns in affirmative commands *follow* the verb, in negative commands they *precede* the verb.
- The indefinite and partitive articles change to **de (d')** after **ne... pas:**

  — Pierre habite avec un colocataire, n'est-ce pas?

  — Non, il **n'**a **pas de** colocataire; il habite seul...

  but the definite article does not change:

  ... et nous **n'**avons **pas l'**adresse de son nouvel appartement.
- **Si** is used instead of **oui** for an affirmative answer to a negative question:

  —Tu **ne** vas **pas** essayer de la trouver?

  —**Si**, je vais essayer de la trouver!

Contradictions.

Répondez aux questions suivantes en utilisant **ne... pas.**

Modèle:
Vous travaillez beaucoup?
Non, je ne travaille pas beaucoup.

1. Vous serez toujours étudiant(e)?
2. Vous voulez être célèbre?
3. Vous cherchez du travail?
4. Vous avez cherché du travail récemment?
5. Vous avez vu un film intéressant le week-end passé?
6. Vous voulez revoir un de vos anciens professeurs un jour?
7. Vous vous marierez un jour?
8. Vous achèterez une maison un jour?

AVANT LA DEUXIÈME LEÇON

Prépositions exigées par certains verbes

Some verbs are followed directly by an infinitive:

aimer	devoir	préférer
aller	écouter	savoir
compter *(to intend)*	espérer	sembler
faire	souhaiter	croire
falloir	venir	désirer
détester	pouvoir	vouloir

Comme mon oncle, je **veux** être médecin. Je **compte** exercer dans un village. Il **faut** dire que j'**aime** soigner les gens. Avec mes connaissances je **pourrai** les aider à guérir ***(get well, cure)*** rapidement.

Others require the preposition **à** or **de** before an infinitive, which you will study in ***La grammaire à apprendre.***

Projets.

Choisissez le verbe approprié et complétez les phrases avec la forme correcte du verbe au présent.

Modèle:
Tu ______ (aller/faire) prendre tes vacances bientôt?
Tu vas prendre tes vacances bientôt?

1. Moi, je ______ (désirer/écouter) passer du temps en Haïti.
2. Mon frère ______ (sembler/espérer) venir avec moi.
3. Nous ______ (vouloir/voir) participer aux efforts de reconstruction.
4. Les Américains ______ (devoir/falloir) assister les moins fortunés.
5. On ______ (faire/penser) y aller la semaine prochaine.

AVANT LA TROISIÈME LEÇON

Les pronoms relatifs: *qui* et *que*

In order to provide more detailed explanations and descriptions, two clauses are often combined into a single sentence. Relative pronouns are used to relate the second clause to a noun or pronoun already mentioned in the first clause. For example:

My sister is coming to visit.
My sister lives in Chicago. → My sister, **who** lives in Chicago, is coming to visit.

Qui is used when the relative pronoun functions as the *subject* of the relative clause:

La notice d'emploi **qui** décrit la programmation de ce portable n'est pas claire.
*The instruction manual **that/which** describes the programming of this cell phone isn't clear.*

J'ai besoin de quelqu'un **qui** puisse m'aider à comprendre le logiciel.
*I need someone **who** can help me understand the software.*

NOTE

- The antecedents of **qui** can be persons or things, concepts or animals.
- Elision is never made with **qui:**

  La programmation **qui** est la plus difficile à comprendre commence à la page 6.
  *The programming **that** is the most difficult to understand begins on page 6.*

Que (qu') is used when the relative pronoun acts as the *object of the relative clause:*

Voici les instructions **que** je ne comprends pas.
*Here are the instructions **that** I don't understand.*

Où est l'assistante **que** j'ai vue il y a juste quelques minutes?
*Where is the assistant **whom (that)** I saw just a few minutes ago?*

NOTE

- The antecedents of **que (qu')** can be persons or things, concepts or animals.
- Elision is made when **que (qu')** is followed by a vowel or mute **h.**

Relative pronouns are not always expressed in English, but must be used in French:

Le portable **que** tu aimes est en vente.
*The cell phone **(that)** you like is on sale.*

EDHAR/Shutterstock.com

Voilà le résultat que nous cherchons.

Au travail.

Utilisez **qui** ou **que** pour lier les phrases suivantes.

Modèle:
Je travaille avec des amis. Ils sont très intelligents.
Je travaille avec des amis qui sont très intelligents.

1. Le directeur est un homme travailleur. Il arrive très tôt le matin.
2. Il a vécu beaucoup d'aventures. Il aime raconter ses aventures.
3. Il nous donne beaucoup de responsabilités. Nous apprécions beaucoup ces responsabilités.
4. Il donne des conseils aux jeunes employés. Ils demandent son avis.
5. Les jeunes employés demandent souvent une augmentation de salaire. Le directeur ne donne pas d'augmentation de salaire.

iLrn Grammar Tutorial

LEÇON 1

COMMENT SE PLAINDRE ET S'EXCUSER

Conversation

Track 16

Rappel: Have you reviewed the basic negative patterns? (Text p. 306 and SAM pp. 191–193)

Premières impressions

1. Identifiez: a. les expressions que M. Arnaud utilise pour se plaindre *(to complain)*
   b. les expressions que l'employée utilise pour s'excuser
2. Trouvez: a. ce que M. Arnaud ramène au rayon portables et pourquoi il le ramène
   b. pourquoi il va téléphoner à l'électricien

C'est mercredi matin. M. Arnaud, qui est en train de faire les courses°, se trouve au rayon portables.

faire les courses *to do errands, to get the grocery*

L'EMPLOYÉE Bonjour, monsieur.

M. ARNAUD Bonjour, madame. Excusez-moi, mais je vous ramène ce nouvel iPhone que ma nièce m'a persuadé d'acheter… Il est équipé d'un GPS, de l'accès à l'Internet, de la capacité de se transformer en guitare virtuelle – toutes sortes d'applications dont je n'ai pas besoin! Mais la fonction qui permet d'appeler un numéro à partir de l'annuaire d'adresses ne marche pas. Et je ne comprends pas le programme qui est censé enregistrer mes séances d'entraînement° en cyclisme. J'ai acheté cet appareil lundi mais… franchement, il est trop compliqué. J'ai besoin d'un appareil performant, mais facile à utiliser.

est censé… *is supposed to be recording my workout sessions*

L'EMPLOYÉE Ah bon. Faites voir!

M. Arnaud lui tend le téléphone et l'emballage d'origine°.

emballage… *the original packaging*

L'EMPLOYÉE C'est un de nos top modèles. Il ne marche pas?

M. ARNAUD Non, je vais vous montrer… Vous voyez? Il n'y a pas de tonalité° quand on appuie sur un nom ou sur le numéro de l'annuaire. Il doit y avoir un problème dans les circuits internes. En tout cas, j'aimerais rendre cet appareil et être remboursé. Je regrette mais je ne peux pas me servir d'un appareil si compliqué.

dial tone

L'EMPLOYÉE Eh bien, écoutez… euh… je ne comprends pas, enfin… euh… Vous êtes sûr qu'il ne marche pas?

M. ARNAUD Ah, tout à fait, tout à fait! J'ai passé des heures à lire le manuel et à essayer de comprendre, mais en vain.

L'EMPLOYÉE Je suis vraiment désolée, enfin c'est… euh… notre maison et cette marque ont une très bonne réputation. Écoutez, ne vous inquiétez pas°. Je vais m'en occuper. On peut vous rembourser ou trouver un portable moins sophistiqué.

ne vous… *don't worry*

M. ARNAUD Eh bien écoutez, je vous remercie, je vais réfléchir. J'ai besoin d'un portable mais je ne sais pas ce que je devrais choisir. Je vais me renseigner. Je repasserai demain ou après-demain.

L'EMPLOYÉE Vous pouvez compter sur nous pour trouver un portable qui vous convienne°. Au revoir, monsieur, et à demain.

qui… *that will suit you*

M. ARNAUD Merci, madame. Au revoir.

M. Arnaud retourne à son bureau. Sa femme téléphone et lui demande de contacter l'électricien parce que le frigo° qu'on vient de faire réparer est encore tombé en panne°.

(familiar) fridge, refrigerator / **tombé…** *broke down*

À suivre

Observation et analyse

1. Pourquoi est-ce que M. Arnaud se plaint?
2. Décrivez la réaction de l'employée à la plainte de M. Arnaud.
3. Quand est-ce que M. Arnaud va retourner au rayon portables? Pourquoi ne prend-il pas de décision tout de suite?
4. Pourquoi est-ce que M. Arnaud va devoir se plaindre auprès de l'électricien?
5. D'après la conversation, décrivez les personnalités de M. Arnaud et de l'employée du rayon portables.

Réactions

1. Qui fait les courses chez vous? Et vous, vous aimez les faire? Expliquez.
2. Pensez-vous que le téléphone ne marche vraiment pas ou qu'il est trop compliqué pour Monsieur Arnaud? Expliquez.
3. Est-ce que vous avez déjà eu des problèmes comme ceux de M. Arnaud? Lesquels? Expliquez ce que vous avez fait.

Scott Olson/Staff/Getty Images

Avez-vous déjà eu des problèmes avec un portable?

Expressions typiques pour...

Se plaindre auprès de quelqu'un

Excusez-moi, mais je pense que...
Pardon, monsieur/madame, mais je crois qu'il y a une erreur...
Je regrette de vous déranger, mais j'ai un petit problème...
Je voudrais que vous (+ verbe au subjonctif)...
Pardon, monsieur/madame. J'aurais une réclamation *(complaint)* à faire.

Répondre à une plainte

Je suis désolé(e) *(sorry)*, mademoiselle.

Je regrette, monsieur/madame.

Je suis navré(e) *(sorry)*, monsieur/madame. *(plus formel)*

Accueil favorable; solution possible

Je vais m'en occuper *(take care of it)* tout de suite.
Voilà ce que je vous propose.
Je pourrais vous proposer un échange.
Nous allons le/la faire réparer tout de suite.

Regrets; pas de solution

Mais nous n'en avons plus.
Je ne peux rien faire.
Il n'y a rien que je puisse faire pour vous dépanner *(repair a breakdown)*.

Si vous n'êtes pas satisfait(e) de la réponse

C'est inadmissible! C'est scandaleux!
Comment voulez-vous que j'accepte ça?
Pourrais-je voir… (le chef de rayon/de service *[departmental/service supervisor]*)?
Vous allez avoir de mes nouvelles. *(You're going to hear from me.)*

S'excuser *(c'est vous qui vous excusez)*

Excusez-moi. Je suis désolé(e).
Je ne l'ai pas fait exprès *(on purpose)*.
Je ne savais pas quoi faire.
Je ne le ferai plus, je te/vous l'assure.
Je m'excuse encore, monsieur/madame/mademoiselle.

Excuser et rassurer *(répondre à une excuse)*

Ne t'inquiète pas./Ne vous inquiétez pas.
Ne t'en fais pas./Ne vous en faites pas.
Ça ne fait rien. *(It doesn't matter./Never mind.)*
Je ne t'en/vous en veux pas. *(I'm not holding a grudge against you.)*
Ce n'est pas vraiment de ta/votre faute.
Ce n'est pas bien grave *(serious)*.

Mots et expressions utiles

Les tribulations de la vie quotidienne

au secours! *help!*
un cas d'urgence *emergency*
en cas d'urgence *in case of emergency*
une panne *breakdown*
tomber en panne *to have a (car) breakdown*
annuler *to cancel*
une commission *errand*
débordé(e) de travail *swamped with work*
ça ne fait rien *it doesn't matter; never mind*
en vouloir à quelqu'un *to hold a grudge against someone*
être navré(e) *to be sorry*
faire exprès *to do on purpose*
n'en plus pouvoir (je n'en peux plus) *to be at the end of one's rope; to have had it (I've had it)*

Mise en pratique

Le monologue intérieur de M. Arnaud:

Décidément, ma journée va de mal en pis: ce téléphone portable que je viens d'acheter et qui ne marche pas et maintenant le frigo qui est **tombé en panne**; au bureau, le stress: je **suis débordé de travail Je n'en peux plus…** J'ai besoin de vacances.

Les problèmes de voiture

la batterie *car battery*
démarrer *to get moving (car); to start*
dépanner *to repair a breakdown*
un embouteillage *traffic jam*
l'essence [f] *gasoline*
être en panne d'essence *to be out of gas*
être/tomber en panne *to break down*
les heures [f pl] de pointe *rush hours*
la station-service *gas station*

Mise en pratique

Et maintenant, la voiture de ma femme qui ne **démarre** pas! Il faut que j'appelle une dépanneuse *(tow truck)* pour la faire remorquer *(to tow)* à la **station-service.** Je ne peux pas la **dépanner** moi-même! Ce n'est pas la **batterie** et il y a de l'**essence**!

Les pannes à la maison

le congélateur *freezer*
l'électricien(ne) *electrician*
le frigo *(familiar) fridge, refrigerator*
marcher *to run; to work (machine)*
l'outil [m] *tool*
le plombier *plumber*

Mise en pratique

Monsieur Paul, l'**électricien,** prend 100€ de l'heure plus le déplacement *(travel expenses)*. Ça va faire une grosse somme. Je devrais peut-être acheter mes propres **outils,** mais je ne suis ni électricien ni **plombier.**

Les achats en magasin

le chef de rayon/de service *departmental/service supervisor*
demander un remboursement *to ask for a reimbursement*
faire une réclamation *to make a complaint*
les frais [m pl] *costs, charges*
le grand magasin *department store*
gratuit(e) *free, at no cost*
la quincaillerie *hardware store*
le rayon *section, aisle*
une tache *stain*
un trou *hole*
vendu(e) en solde *sold at a reduced price, on sale*

Mise en pratique

Et voilà que j'ai des **taches** sur mon pantalon neuf! Je ne comprends pas… Je n'ai rien vu quand je l'ai essayé au magasin il y a une heure! Heureusement que j'ai gardé le ticket de caisse. Je vais retourner au **grand magasin** et **demander un remboursement.** Ça devrait être facile. Mais décidément, je n'ai pas de chance aujourd'hui.

Activités

A. Les plaintes. Plaignez-vous auprès de la personne indiquée (votre partenaire) en commençant chaque réclamation par une des ***Expressions typiques pour...*** Votre partenaire doit répondre de façon appropriée.

MODÈLE: à la réceptionniste de l'hôtel: il n'y a pas d'eau dans votre salle de bains
—Excusez-moi, mademoiselle, mais j'ai un petit problème. Il n'y a pas d'eau dans ma salle de bains.
—Je suis désolée, monsieur/madame. Je vais m'en occuper tout de suite.

1. à l'épicier: les champignons en boîte que vous avez achetés ce matin sont gâtés *(spoiled)*
2. à la vendeuse: il manque un bouton au pullover que vous avez acheté il y a trois jours
3. à votre ami: il a oublié de vous retrouver ce matin à l'arrêt du bus
4. à l'agent de police: la petite fête des voisins d'à côté est trop bruyante
5. à votre copine de classe: elle n'a pas le droit de fumer dans le couloir de l'immeuble

B. Sur le vocabulaire. Où allez-vous ou qui appelez-vous quand vous avez les problèmes suivants? Utilisez les ***Mots et expressions utiles.***

1. Vous avez un pneu crevé.
2. Il y a des taches sur un vêtement que vous venez d'acheter.
3. La réception des émissions sur le câble est mauvaise.
4. Vous voulez installer un ordinateur, mais vous n'êtes pas sûr(e) que les prises de courant *(outlets)* soient bonnes.
5. Votre lave-vaisselle ne marche pas, mais vous pensez que vous pouvez le réparer vous-même.
6. Vous n'en pouvez plus! Il est impossible de réparer le lave-vaisselle sans outils professionnels!

Selon les problèmes décrits dans l'exercice B, de quels services proposés par Alliance Services est-ce que vous avez besoin?

C. Toujours des excuses... Jouez les rôles. Pour chaque situation, une personne doit s'excuser en utilisant la raison donnée et l'autre doit répondre avec bienveillance *(kindly)*.

Personne qui s'excuse	à qui	raison
un enfant	sa mère	avoir renversé de l'eau sur son ordinateur
un professeur	sa classe	ne pas avoir corrigé les examens
une fille	sa sœur	avoir abîmé *(ruined)* ses talons aiguilles *(stilettos)*
un(e) ami(e)	son ami(e)	avoir perdu son iPad
un(e) employé(e) de bureau	son/sa patron(ne)	avoir oublié de poster une lettre importante

La grammaire à apprendre

La négation

Negative expressions can be useful when you want to complain or apologize, or respond to someone else's complaint or apology. You have already reviewed the basic **ne... pas** pattern in ***La grammaire à réviser***. Below are additional negative expressions. The ones starred (*) are positioned in the same way as **ne... pas** and follow the same rules regarding the dropping or retaining of articles.

ne... aucun(e)	*no, not any, not a single* (stronger than **ne... pas**)
*ne... guère	*hardly, scarcely*
*ne... jamais	*never*
ne... ni... ni	*neither . . . nor*
ne... nulle part	*nowhere*
*ne... pas du tout	*not at all*
*ne... pas encore	*not yet*
*ne... pas non plus	*not either*
ne... personne	*no one, not anyone, nobody*
*ne... plus	*no longer, not any longer, no more*
*ne... point	*not* (regional or literary French)
ne... que	*only*
*ne... rien	*nothing*

A. The negative pronouns **personne, rien,** and **aucun(e)** can also be used as subjects, objects of the verb, or objects of a preposition. When used as subjects, they begin the sentence and are followed by **ne.** With these expressions, **pas** is never used.

Le week-end passé, **personne ne** m'a téléphoné.
Last weekend, no one phoned me.

Rien ne s'est passé.
Nothing happened.

Mes amis fidèles? **Aucun ne** m'a rendu visite.
My faithful friends? No one visited me.

B. **Aucun(e)** frequently acts as an adjective and thus is placed before the noun it modifies. It may modify a subject or an object, and no articles are needed.

Je **n**'ai eu **aucun** visiteur.
I had no visitors.
Aucune lettre **n**'est arrivée par la poste.
Not one letter came in the mail.

C. Used as the object of a verb in compound tenses, **personne** and **aucun(e)** follow the past participle, rather than the auxiliary verb. The negative adverb **nulle part** is also placed after the past participle.

Je **n**'ai vu **personne.**
I saw no one.
Je **ne** suis allé **nulle part.**
I went nowhere. (I did not go anywhere.)

As with **ne... pas,** the indefinite article and the partitive article become **de (d')** when they follow negative expressions (exception: **ne... ni... ni**). Definite articles do not change. For example: **Je ne reçois jamais de textos! Il faut dire, cependant, que je n'ai pas le temps d'écrire des textos à mes amis.**

D. With **ne... ni... ni,** the partitive and indefinite articles are dropped altogether. As with most negative expressions, however, the definite article is retained.

Je **n**'ai vu **ni** amis **ni** étrangers.
I saw neither friends nor strangers. (I didn't see any friends or strangers.)

Je **n**'ai parlé **ni** avec le facteur **ni** avec la concierge.
I didn't speak with the mail carrier or the concierge.

E. **Ne... que,** which is synonymous with **seulement**, is a restrictive expression rather than a true negative. Thus all articles are retained after it. **Que** is placed directly before the word group it modifies.

Je **n**'avais **que** le chat pour me tenir compagnie... Et il **n**'a fait **que** dormir.
I had only the cat to keep me company . . . And all he did was sleep.

F. In sentences with multiple negative expressions, **ne** is used just once, and the second part of each negative expression is placed in its normal position.

Personne n'a jamais frappé à la porte.
No one ever knocked at my door.

Quand mon appartement a été propre, je **n**'avais **plus rien** à faire.
When my apartment was clean, I had nothing more to do.

G. **Rien** and **personne** can be further qualified by combining them with **de** plus a masculine singular adjective.

Il **n**'y avait **rien de spécial** à la télé.
There was nothing special on television.

Personne d'intéressant n'a participé à mon émission préférée du soir.
Nobody interesting participated in my favorite evening show.

The indefinite pronouns **quelque chose** and **quelqu'un** can be modified the same way:

quelque chose d'amusant = *something fun*
quelqu'un d'intelligent = *someone smart*

H. Negative expressions such as **jamais, personne, rien,** and **pas du tout** can be used alone in answer to a question.

Qui est venu me parler? **Personne**!
Who came to talk to me? Nobody!

Qu'est-ce qui s'est passé? **Rien**!
What happened? Nothing!

Est-ce que j'ai aimé mon week-end en solitaire? **Pas du tout**!
Did I like my solitary weekend? Not at all!

Activités

A. Au contraire. M. Arnaud continue à passer une très mauvaise journée. Les phrases suivantes indiquent ce qu'il aurait préféré qu'on lui dise. Corrigez les phrases pour dire le contraire et rétablir la vérité.

MODÈLE: Ces trois taches? Je sais très bien comment elles ont été faites.
Ces trois taches? Je ne sais pas du tout comment elles ont été faites.

1. Nous avons beaucoup d'écrans plats du modèle que vous voulez.
2. Nous faisons toujours des remboursements.
3. Il y a quelqu'un qui pourra vous aider. Le chef de rayon est toujours là.
4. Tout ce que vous avez commandé dans notre catalogue est arrivé.
5. Votre frigo marche normalement.

Traffic jams are a problem in many cities in France. Marseille is the most congested French city. During rush hours, 86% of Marseille is congested. During normal hours, it is 42% congested. Paris is the second busiest city with 34% of the city congested much of the time. In third place Bordeaux and Nice are tied with 29% congested.

B. Embouteillages. Les phrases ci-dessous sont adaptées d'un article sur les embouteillages dans les grandes villes françaises. Changez les phrases en ajoutant l'expression négative entre parenthèses. Faites tout autre changement nécessaire.

1. Bien que la circulation ait augmenté de 5 pour cent en trois ans, circuler en voiture au centre de Paris est devenu vraiment impossible. (ne… que)
2. Comme la circulation était complètement bloquée par un accident grave, un chauffeur de taxi s'est garé pour aller au cinéma. Quand il en est sorti, tout avait bougé. (rien ne…)
3. Les parkings aux portes *(on the outskirts)* de Paris, à l'intention des banlieusards *(suburb dwellers)*, font gagner du temps. (ne… guère)
4. Les infrastructures routières sont adaptées à l'augmentation de la circulation. (ne… plus)
5. Tout le monde aime l'idée proposée de payer des frais supplémentaires pour rouler en centre-ville. (personne… ne)

C. Plaignons-nous! Complétez chaque phrase en vous plaignant des difficultés de la vie quotidienne. Comparez vos réponses à celles de vos copains/copines de classe.

1. Personne ne…
2. Je ne… pas encore…
3. Je ne… plus… parce que…
4. Rien ne m'agace plus que…
5. Je ne… guère… parce que…
6. Mon professeur de… n'aime ni… ni…

D. Une lettre de réclamation. Vous travaillez au Québec dans une station-service. Votre patron a reçu une lettre que vous devez traduire en français.

In the province of Quebec, Trois-Rivières (population 131,388) and Berthierville (population 4091) are both located between Quebec and Montreal and on the river **Saint-Laurent.**

December 26

Dear Mr. Gaspiron,

My family and I want to make a complaint. On December 23 our car broke down near your service station in Trois-Rivières. We paid an enormous sum, and you repaired our breakdown. The problem is that our car no longer works. We haven't gone anywhere or done anything for three days. (We only arrived in Berthierville and then the car broke down.) No one can help us here. They say that they have never seen such a (**une telle**) car. We are asking you for a refund and the money necessary to pay for our stay (**notre séjour**) in this hotel in Berthierville. We will call you in two days to find out your response.

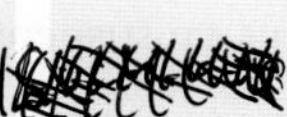

Sincerely,
Richard Grey

E. Une journée horrible. Racontez une journée où vous n'avez pas eu de chance. Utilisez les exemples «du week-end passé» dans l'explication de la négation qui commence à la page 313.

Interactions

A. Je n'en peux plus! Jouez le rôle d'un couple marié ou de deux colocataires qui se disputent à cause du ménage qui n'est pas fait. Plaignez-vous aussi du fait que votre partenaire ne fait pas de recyclage. Utilisez, par exemple, les phrases suivantes: **Mais c'est moi qui fais toujours la lessive *(laundry)*. Tu ne la fais jamais!** Expliquez que vous ne ferez plus certaines choses à la maison. Expliquez ce que vous voulez que votre partenaire fasse. Votre partenaire s'excuse de temps en temps et se plaint aussi. Essayez de résoudre la situation ensemble.

B. C'est inadmissible! Vous arrivez dans un joli petit hôtel où vous avez logé auparavant. Vous découvrez cependant que cette fois-ci, on n'a pas votre réservation. Insistez pour qu'on vous donne une chambre. Plaignez-vous d'abord (assez poliment) auprès du réceptionniste et puis expliquez votre demande au directeur de l'hôtel. Les deux personnes s'excusent gentiment mais elles ne peuvent pas vous donner de chambre. Vous perdez patience et vous vous fâchez. Dites que vous ne reviendrez plus dans cet hôtel et que vous ne le recommanderez plus ni à vos amis ni à vos collègues.

Jack Sullivan/Alamy

Il vaut toujours mieux avoir une réservation!

DOSSIER D'EXPRESSION ÉCRITE Préparation

You practiced writing a personal narrative in **Chapitre 4** in which you told or narrated something that happened to you or someone you know. The focus of this chapter is another type of narrative called creative fiction, which will require additional creativity and imagination.

1. First of all, choose between writing a story of the fantastic, such as a fairy tale or science fiction, or a story based on reality but with a focus on suspense.
2. Next, determine your point of view. If you want your narrator to participate in the story, choose the first-person point of view **(je, nous)**. A first-person narrator does not have to be the writer, but can be any character you choose. The reader will be drawn into the story, feeling what the character feels. If you only want the narrator to describe the action, use the third-person point of view **(il, elle, ils, elles)**.
3. Brainstorm your story ideas, letting your imagination run freely. Take notes and don't worry for the moment about whether all the ideas will fit the story.
4. In pairs or small groups, share notes to get more ideas from classmates.

Liens culturels

L'esprit critique des Français

Les Français ne se plaignent ni de la même manière ni avec la même fréquence que les Américains. Pour commencer, les Américains et les Français ne conçoivent pas l'éducation des enfants de la même façon (rappelez-vous les *Liens culturels* du *Chapitre 3*, à la page 121). Les différences entre ces deux conceptions de l'éducation sont à la base de beaucoup de stéréotypes culturels et de malentendus. L'éducation à la française vise à développer un esprit critique. On apprend à l'enfant à se défendre et à résister. À l'inverse, l'éducation à l'américaine lui apprend plutôt à ne pas attaquer et à ne pas critiquer les autres.

Betsie Van Der Meer/Taxi/Getty Images

De ce fait, les rapports d'amitié ne se développent pas de la même façon dans les deux cultures. Il est souvent plus difficile d'établir des rapports d'amitié avec les Français qu'avec les Américains, mais il est plus difficile d'approfondir les liens d'amitié avec les Américains. Les Américains en voyage en France et ceux qui y résident se plaignent souvent de la froideur des gens dans les grandes villes. Ils trouvent l'accueil dans les lieux publics (magasins, gares, postes, banques) peu amical. Les Français des grandes villes sourient rarement aux étrangers et ont moins tendance que les Américains à se parler entre eux s'ils ne se connaissent pas. Les Français sont étonnés par l'apparente gentillesse des Américains, mais les trouvent plutôt superficiels. Quand ils se plaignent ou critiquent quelque chose, la vivacité de leur langage peut étonner et blesser les Américains. Ceux-ci *(The latter)* ont plus l'habitude de cacher leurs sentiments derrière un sourire et des formules de politesse.

Les rapports d'amitié entre les Américains semblent plus fragiles que les rapports entre les Français qui supportent mieux les épreuves. Les Français acceptent plus facilement que les Américains de perdre une partie de leur liberté pour aider un ami. Pour les Français, une véritable amitié doit être durable et capable de surmonter des moments difficiles et même des opinions très différentes. Ce qui trouble souvent les Américains, c'est que les amis français n'ont pas peur de se critiquer les uns les autres. Mais, même si le ton monte ou si la discussion tourne à la dispute d'idées (politiques, souvent), les mots de reproche sont pris comme une preuve d'amitié et non comme une mise en cause de la personne. Les amis en question peuvent donc être en désaccord tout en restant de vrais amis.

Selon des recherches récentes en France, la gentillesse, avant considérée comme une faiblesse, est aujourd'hui vue comme un trait de caractère désirable. Dans un sondage de 2011 [*Dimanche Ouest France*/Ifop, novembre 2011 dans *Francoscopie 2013*, page 277], les Français ont indiqué que la gentillesse était la valeur la plus importante (38%) parmi des «valeurs et qualités qui contribuent le plus à les rendre heureux dans leurs rapports aux autres». La deuxième valeur était la tolérance (37%) suivie de la simplicité (33%).

Adapted from Laurence Wylie, Jean-François Brière, *Les Français*, Prentice Hall, 2001

Compréhension

1. Parlez d'une différence que vous remarquez dans l'éducation des enfants français et des enfants américains.
2. Comparez les rapports d'amitié en France et aux États-Unis.
3. Décrivez les conversations de deux personnes qui se disputent à propos d'idées en France et aux États-Unis.

Réactions

1. Quels sont, à votre avis, les avantages et les inconvénients des attitudes américaines et françaises envers l'amitié?
2. Analysez votre approche de l'amitié. Est-ce qu'elle est tout à fait américaine, selon la description qu'on en fait ici, ou est-ce qu'elle en diffère de quelque façon?

Extension

Faites un sondage parmi vos amis de l'université (en anglais si nécessaire). Posez-leur la question suivante: «Quelles valeurs et qualités contribuent le plus à vous rendre heureux dans vos rapports avec les autres?» Demandez-leur de classer ces réponses possibles par ordre d'importance: la gentillesse, la tolérance, la simplicité, l'humour, le courage, le dynamisme. Invitez-les aussi à ajouter d'autres qualités. Écrivez ensuite (en français, bien sûr) un paragraphe où vous résumez les réponses et où vous expliquez les résultats de ce sondage.

COMMENT DEMANDER, DONNER ET REFUSER UNE PERMISSION

Blog (suite)

Rappel: Have you reviewed the prepositions required by certain verbs? (Text p. 306 and SAM p. 193)

Premières impressions

1. Identifiez: les expressions qu'on utilise pour demander la permission et pour donner ou refuser la permission
2. Trouvez: pourquoi M. Arnaud sera en retard ce soir

C'est un mercredi après-midi et Mme Arnaud, qui est professeur à l'université de Paris VI, n'a pas de cours à donner ce jour-là et elle écrit dans son blog

Encore de l'imprévu[1] pour ce soir! Mon mari m'a téléphoné pour me dire qu'il ne rentrerait pas dîner ce soir à cause d'un rendez-vous avec des clients importants. Il ne voulait pas que ça m'embête[2]. C'est facile à dire! On avait prévu qu'il ferait à dîner ce soir. C'était son tour! Alors oui, ça m'embête! Je lui ai gentiment dit qu'on travaille tous les deux et que je n'ai pas plus de temps que lui... Il m'a répondu que c'était un imprévu et que les clients voulaient vraiment signer un contrat avec eux. Le marché est difficile maintenant. Je comprends, mais c'est toujours moi qui prends[3]. Il veut se rattraper[4], dit-il. Il m'a promis de faire quelque chose de gentil demain soir. Je ne sais pas si je peux le croire... il y a tout le temps quelque chose d'imprévu...

Commentaire

COMMENTAIRES

GABRIELLE
Moi, je lui aurais demandé de nettoyer la maison et de faire la lessive cette semaine...

Réagir contre cet avis?

MAIKA
Ah... les hommes... Ils ne pensent pas à être là le soir. Ils croient que le goûter des enfants, leurs devoirs, le dîner, ça se fait tout seul!

Réagir contre cet avis?

MME ARNAUD
En fin de compte, j'ai cédé. Je lui ai dit que je comprenais puisqu'il n'y pouvait rien, du moins je suppose qu'il n'y peut rien. J'ai dû raccrocher[5] assez vite parce qu'on frappait à la porte... C'était l'électricien qui venait réparer le frigo, le frigo qui ne marche plus depuis hier soir – un autre contretemps[6] ... décidément on en a beaucoup ces jours-ci! Eh bien, lui, il a eu le toupet[7] de me demander s'il pouvait fumer! J'en suis restée baba. «Là non! je lui ai répondu. Je suis désolée mais je ne peux pas le permettre. Je suis allergique à la fumée et je ne veux pas aller aux urgences. Et puis je n'aime pas l'odeur que le tabac laisse dans la maison.» Heureusement qu'il m'a demandé la permission! Il aurait pu, tout simplement, allumer une clope[8] sans rien dire. Enfin, voilà... encore une journée mouvementée...

Réagir contre cet avis?

GABRIELLE
Et le frigo? Il marche maintenant? J'espère que oui!

Réagir contre cet avis?

MAIKA
Ne vous en faites pas! Ça ira mieux demain.

Réagir contre cet avis?

[1]*unexpected* [2]**ça m'embête** *it to bother me* [3]**c'est...** *it's always me that everything falls on . . .* [4]**se...** *to make up for it* [5]*to hang up (telephone)* [6]*complication* [7]**il a eu...** *he had the nerve* [8]*(slang) a cigarette*

Observation et analyse

1. Avec qui est-ce que M. Arnaud a une réunion? Est-ce important? Comment le savez-vous?
2. Qui va préparer le dîner ce soir et pourquoi?
3. Décrivez la réaction de Mme Arnaud à la demande de son mari.
4. Si vous étiez M. Arnaud, qu'est-ce que vous feriez pour vous rattraper?
5. Qu'est-ce que l'électricien a envie de faire?
6. Est-ce que les carrières de M. et de Mme Arnaud ont une influence sur leur vie familiale? Comment résolvent-ils leurs problèmes?

Réactions

1. Est-ce que vous préparez le dîner tous les jours? Si oui, qu'est-ce que vous préparez? Sinon, qui prépare le dîner chez vous et qu'est-ce qu'il/elle prépare?
2. Selon vous, est-ce que la vie professionnelle a souvent une influence négative sur la vie familiale? Expliquez. Comment un couple peut-il résoudre ses difficultés?
3. Jouez les rôles de M. et Mme Arnaud. Imaginez que Mme Arnaud refuse de changer ce qui était prévu.

Expressions typiques pour...

Demander la permission

Est-ce que je peux/pourrais... ?
J'aimerais/Je voudrais...
Est-ce qu'il serait possible de (+ inf.)?
Est-ce qu'il serait possible que (+ subj.)?
Est-ce que vous me permettez de (+ inf.)?
Est-ce que vous permettez que (+ subj.)?

Donner la permission

Je vous en prie./Je t'en prie.
Certainement!
Je n'y vois pas d'inconvénients.
Vous avez ma permission.
Ne vous en faites pas./Ne t'en fais pas. *(Don't worry.)*

Refuser la permission

Je suis désolé(e), mais ce n'est pas possible.
Non, je regrette.
Il n'en est pas question.

Avec des questions à la forme negative

Ça ne t'embête/te dérange pas si... (+ présent de l'indicatif)?
Ça ne t'embête/te dérange pas que... (+ subj.)?

On donne la permission

Mais non, pas du tout.
Bien sûr que non.

On refuse la permission

Si! Ça m'embête.
Si! Ça me dérange.

Mots et expressions utiles

Les événements imprévus et oubliés

amener quelqu'un *to bring someone over (along)*

emmener quelqu'un *to take someone (somewhere)*

assister à *to attend*

changer d'avis *to change one's mind*

emprunter quelque chose à quelqu'un *to borrow something from someone*

prêter quelque chose à quelqu'un *to lend something to someone*

imprévu(e)/inattendu(e) *unexpected*

un congrès *conference; professional meeting*

une réunion *meeting*

Mise en pratique

— Chéri, au fait, j'allais te dire que le chef de mon département m'a dit qu'il voudrait que **j'assiste à un congrès** le mois prochain en Belgique. Il veut aussi que je fasse une conférence sur mes recherches. Je sais que c'est **imprévu** et que tu devras te débrouiller tout seul avec les enfants… **Ça m'embête** mais **je me rattraperai.**

Résoudre – past part.: **résolu;** présent: **résous, résous, résout, résolvons, résolvez, résolvent**

Comment réagir

s'arranger *to work out*

consentir à *to consent to*

défendre à quelqu'un de *to forbid someone to*

embêter *to bother; to annoy*

raccrocher *to hang up (telephone)*

se rattraper *to make up for it*

résoudre *to resolve, solve*

Mise en pratique

— Ce sera quand? Le mois prochain? Bon, ça ne **m'embête** pas à condition que tu m'aides à organiser un peu. Ma mère **consentira** peut-être à venir ici quelques jours. On doit pouvoir **s'arranger** et éviter les imprévus, comme la dernière fois!

Simone van den Berg/Shutterstock.com

Aimez-vous faire la cuisine à deux/avec vos amis?

Activités

A. Permission. Pour chaque situation, utilisez deux expressions de la liste des ***Expressions typiques pour...*** pour demander la permission.

1. Vous voulez inviter votre copain/copine à dîner chez vous. Parlez-en avec votre colocataire.
2. Vous êtes en train de passer un examen mais vous avez très soif et vous voulez aller boire de l'eau. Adressez-vous à votre professeur.
3. Vous allez faire une petite fête ce soir et vous aimeriez que vos invités puissent garer leur voiture dans l'allée *(driveway)* de votre voisin. Parlez-en avec lui.
4. Vous voulez échanger vos heures de travail de samedi avec votre collègue. Parlez-en avec lui, puis avec votre patron que vous ne connaissez pas très bien.

B. Vous êtes le prof. Vos élèves ne comprennent pas les mots et les expressions suivants. Aidez-les à les comprendre en donnant un synonyme pour chaque mot ou expression en utilisant les ***Mots et expressions utiles.***

1. aller à un congrès
2. faire venir quelqu'un avec vous
3. un meeting
4. trouver une solution
5. approuver
6. s'organiser

C. Imaginez... Donnez ou refusez la permission dans chaque situation, en variant vos réponses.

1. Votre enfant de seize ans vous demande: «Maman/Papa, est-ce que je peux sortir avec mes amis ce soir?»
2. Un(e) copain/copine de classe vous demande: «Est-ce que tu me permets de photographier tes notes de classe avec mon iPad? J'étais malade hier.»
3. Votre voisine, avec qui vous êtes bon(ne)s ami(e)s, vous demande: «Est-ce qu'il serait possible que je laisse mon enfant chez toi pendant une heure? Je dois aller à une réunion.»
4. Votre colocataire vous demande: «Ça ne t'embête pas si je fais le ménage à fond *(thorough cleanup)* lundi prochain au lieu de ce week-end?»

D. Questions indiscrètes. Posez les questions suivantes à un(e) copain/copine de classe. Faites un résumé de ses réponses à la classe.

1. Quand quelqu'un te demande la permission de faire quelque chose que tu n'aimes pas, est-ce que tu dis ce que tu penses vraiment?
2. Est-ce qu'il y a, chez les autres, certains tics ou habitudes qui t'irritent? Lesquels?
3. De temps en temps, est-ce qu'il y a quelqu'un qui demande à emprunter ta voiture? Qui? Est-ce que tu la lui prêtes?
4. Si quelqu'un d'important t'invitait à participer à une manifestation pour une cause avec laquelle tu n'étais pas d'accord, est-ce que tu dirais la vérité à cette personne ou est-ce que tu inventerais une excuse? Quelles excuses est-ce que tu entends souvent?

La grammaire à apprendre

Prépositions exigées par certains verbes

Several of the expressions introduced for asking, giving, and refusing permission include a preposition before an infinitive. The conjugated verb determines whether **à**, **de**, or no preposition is needed before the infinitive. Below are listings of common verbs and their prepositions.

A. Some verbs that require **à** before an infinitive:

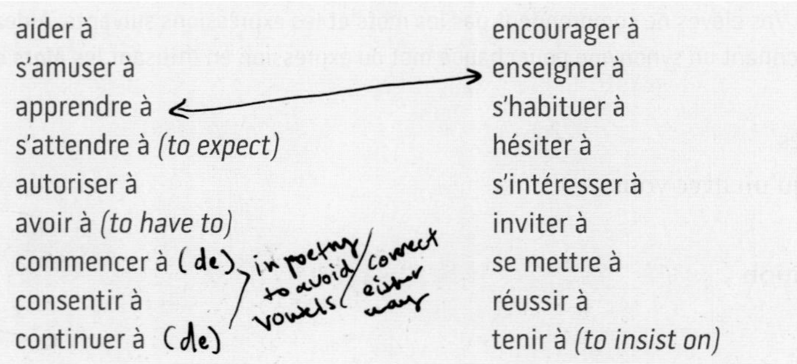

aider à	encourager à
s'amuser à	enseigner à
apprendre à	s'habituer à
s'attendre à *(to expect)*	hésiter à
autoriser à	s'intéresser à
avoir à *(to have to)*	inviter à
commencer à	se mettre à
consentir à	réussir à
continuer à	tenir à *(to insist on)*

Ma mère m'a toujours **encouragé à** faire de mon mieux. Elle m'**a enseigné à** respecter les droits des autres. Elle **tenait à** traiter chaque être humain d'une manière équitable. J'espère **réussir à** suivre son exemple.

B. Some verbs that require **de** before an infinitive:

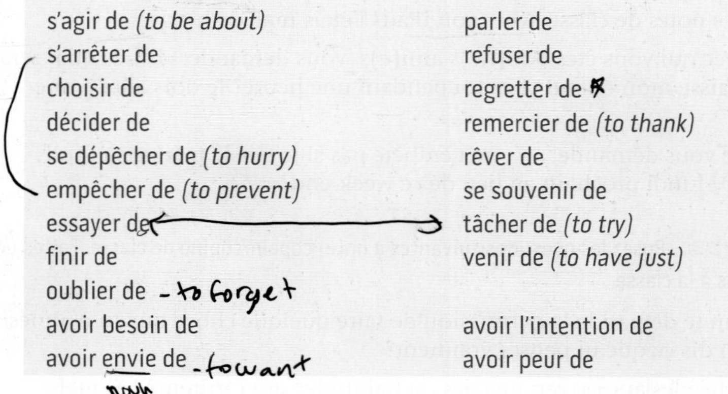

s'agir de *(to be about)*	parler de
s'arrêter de	refuser de
choisir de	regretter de
décider de	remercier de *(to thank)*
se dépêcher de *(to hurry)*	rêver de
empêcher de *(to prevent)*	se souvenir de
essayer de	tâcher de *(to try)*
finir de	venir de *(to have just)*
oublier de	
avoir besoin de	avoir l'intention de
avoir envie de	avoir peur de

J'**avais décidé de** devenir médecin. Rien n'allait m'**empêcher de** finir mes études. **J'ai refusé de** me décourager pendant les longues années de préparation à cette carrière.

C. Some verbs that require **à** before a person and **de** before an infinitive:

commander à quelqu'un de *(to order)*	dire à quelqu'un de
	écrire à quelqu'un de
conseiller à quelqu'un de	permettre à quelqu'un de
défendre à quelqu'un de *(to forbid)*	promettre à quelqu'un de
	reprocher à quelqu'un de
demander à quelqu'un de	suggérer à quelqu'un de

Je **conseille à** chaque personne qui envisage la médecine comme profession d'y penser sérieusement. Je **suggérerais à** tous ceux qui s'y intéressent d'être sûrs que c'est bien ce qu'ils veulent faire.

D. Être + adjective + preposition + infinitive

- Most adjectives that follow the verb **être** require **de** before an infinitive:

  Je suis content **de** te voir, Nathalie.

  Tu es si gentille **de** me rendre visite.

- In sentences beginning with the impersonal expression **il est** + adjective, the preposition **de** must introduce the infinitive. The idea discussed follows the preposition **de:**

  Il est agréable **de** revoir ses anciens amis.

- In sentences beginning with **c'est** + adjective, the preposition **à** introduces the infinitive, and **ce** refers back to the previously mentioned idea.

  — J'adore Nathalie.

  — **C'est** facile **à** voir. Est-ce que tu n'es pas un peu amoureux d'elle?

  Note that in informal contexts, one sometimes uses **c'est… de** without a previously mentioned idea.

  C'est agréable **de** revoir ses anciens amis.

For other uses of **c'est** and **il est**, see **Chapitre 3.**

Denise Hager, Catchlight Visual Services/Alamy

Quels conseils ce père donne à sa fille?

Activités

A. La dispute. Mélanie Ménard, qui a neuf ans, essaie sans succès d'obtenir de sa mère la permission d'aller passer la nuit chez son amie. Complétez la conversation en remplissant les blancs avec **à**, **de** ou en n'ajoutant pas de préposition.

— Maman, j'hésite ______ t'ennuyer puisque je sais que tu es occupée, mais je voudrais ______ te demander quelque chose.

— Oui, ma chère Mélanie. Qu'est-ce qu'il y a?

— Voilà. Mon amie Delphine vient ______ téléphoner pour me demander si je voulais ______ passer la nuit chez elle.

— J'ai peur que ce ne soit pas possible, Mélanie. Tu as déjà promis ______ tante Louise ______ assister à un concert avec elle ce soir.

— Tante Louise est vraiment gentille ______ m'avoir invitée ______ l'accompagner au concert, mais puisque papa et toi y allez aussi, peut-être que…?

— Non, ma petite chérie. Il n'est pas convenable ______ changer de projet simplement parce qu'on reçoit une meilleure proposition.

— Mais, maman… !

— Arrêtons ______ nous disputer. Je refuse ______ te donner la permission et c'est tout.

B. Les pensées de Mélanie. Voilà ce que pense Mélanie après la conversation avec sa mère. Faites tout changement nécessaire pour former des phrases correctes.

1. Je / conseiller / tous les parents / tâcher / comprendre / enfants
2. Quand je / grandir / je / écouter attentivement / mes enfants
3. Je / ne jamais défendre / enfants / sortir avec / amis
4. Je / tenir toujours / être juste et compréhensif
5. Je crois / il est important / ne jamais oublier / faire cela
6. Ce / ne pas être / très facile / faire

Ray Hendley/PhotoLibrary

Pourquoi est-ce que Mélanie n'est pas contente?

C. Les pensées de la mère de Mélanie. Donnez l'équivalent français des phrases suivantes.

1. It is difficult to know how to succeed at being a good parent these days.
2. Children do not always realize **(se rendre compte de)** this.
3. They reproach us for being too strict and yet they seem to want our guidance (**conseils** [m pl]).
4. Parents should expect to receive criticism (**critique** [f]) from their children at times.
5. Probably nothing will prevent **(empêcher)** this.

La grammaire à apprendre

Les prépositions et les noms géographiques

The definite article is used with most geographical locations except cities:

l'Autriche	les Alpes	le Rhône
l'Europe	Paris	New York

unless an article is part of the name of the city:

Le Havre	Le Mans	La Nouvelle-Orléans

A. Les villes

- To express location or destination (*to, at,* or *in*), use the preposition **à:**

  Je vais **à** San Juan.
  Ils arrivent **au** Havre.

- To express origin *(from)*, use the preposition **de:**

  Je viens **de** Québec.
  Ils sont **de** La Nouvelle-Orléans.

B. Les pays et les continents

- To express location or destination regarding continents or *feminine* countries, use **en:**

  en Afrique **en** Syrie **en** France

NOTE All continents are feminine, and most countries that end in an unaccented **e** are feminine, with the exception of **le Mexique, le Cambodge, le Mozambique,** and **le Zimbabwe.**

- With *masculine* countries, use **au(x)** to express location or destination:

au Japon	**au** Bénin	**au** Maroc
aux États-Unis	**au** Togo	

- Origin is expressed by **de** for continents and feminine countries, and **de** + **article défini** for masculine countries:

de Suisse	**d'**Europe	**du** Mexique
des États-Unis	**du** Chili	

- Masculine singular countries beginning with a vowel use **en** to express location or destination and **d'** to express origin:

en Iran	**en** Israël
d'Irak	**d'**Afghanistan

C. Les états aux États-Unis

- Most states ending in an unaccented **e** in French are feminine and thus use the same prepositions as feminine countries:

  en/de Floride **en/de** Californie **en/de** Caroline du Sud

EXCEPTIONS **au/du** Maine, **au/du** Tennessee, and **au/du** Nouveau-Mexique

- The expression of location or destination regarding masculine states varies with each, but usually either **dans le** or **dans l'état de (d')/du** can be used:

  Je vais **dans le** Michigan pendant une semaine avec des cousins.
  Ma famille habite **dans l'état de** New York.

EXCEPTIONS **au** Texas, **au** Nouveau-Mexique

- Origin from a masculine state is usually expressed by **du (de l')**:

  de l'Arizona **du** Wisconsin **du** Texas **de l'**Oregon

D. Les îles, les provinces et les régions

With islands (which are sometimes also countries), provinces, and regions, usage is so varied that each case must be learned separately. Some examples are:

en Normandie	**de** Normandie
au Québec	**du** Québec
dans le Midi	**du** Midi
à Madagascar	**de** Madagascar
à Cuba	**de** Cuba
en/à la Martinique	**de/de la** Martinique
aux Antilles	**des** Antilles *(West Indies)*
aux Caraïbes	**des** Caraïbes
au Moyen-Orient	**du** Moyen-Orient
en/à Haïti	**d'**Haïti
à Taïwan	**de** Taïwan

Summary

	to/at/in	from
Cities	à	de
Feminine countries	en	de
Masculine countries	au(x)	de + definite article
Masculine countries beginning w/vowel	en	d'
Feminine states	en	de
Masculine states	dans le (l') or dans l'état de (d')/du	du (de l')
States beginning w/vowel	en	d'

Activités

A. À l'agence de voyages. Olivier a des difficultés à décider où il veut aller. Faites les changements nécessaires pour compléter ses phrases.

1. Je tiens à aller *en Chine.*
   Texas / Taïwan / Angleterre / Moscou / Virginie
2. Mais peut-être que j'irai *au Mexique.*
   Italie / Canada / Géorgie / Israël / Colombie
3. Je voudrais partir *de Paris* à la fin de l'été.
   Luxembourg / Colorado / Cuba / Le Caire / Argentine
4. Non, non. Je voudrais partir *de Rome* en septembre.
   Oregon / Australie / Le Havre / Monaco / Caraïbes

B. Les sommets de la Francophonie. Voici quelques phrases qui décrivent les réunions des représentants du monde francophone. Complétez chaque phrase en utilisant l'article et/ou la préposition qui convient.

1. Le premier sommet de la Francophonie s'est déroulé ______ Paris en 1986. En 1995, la réunion s'est tenue ______ Cotonou (la plus grande ville ______ Bénin) et ______ Liban *(Lebanon)* a été le site du sommet de 2002.

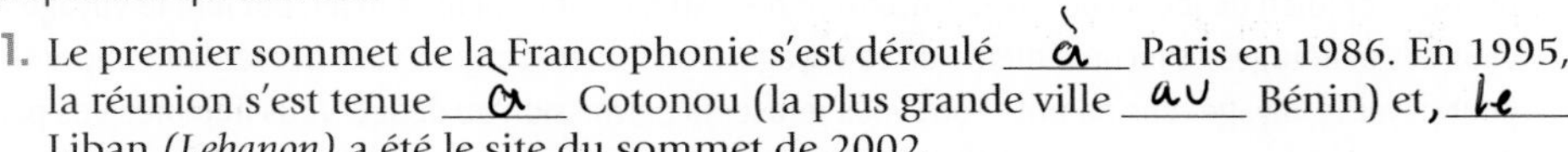

2. 2001: En raison des attentats ______ USA, le sommet ______ Beyrouth a été reporté *(postponed)*. Malgré la tension internationale, ______ Québec francophone a donné un bel exemple de tolérance en sponsorisant le Festival du Monde Arabe ______ Montréal, la plus grande ville ______ Québec.
3. Zeina el Tibi, journaliste franco-libanaise, auteur de *La francophonie et le dialogue des cultures* (avec un avant-propos du général Émile Lahoud, président de la République ______ Liban) était présente au Salon du livre ______ Montréal.
4. Les personnes qui parlent français ______ Israël et ______ Irak ont été au cœur du sommet de 2002.
5. Au sommet en 2002, il y avait, entre autres, des représentants ______ Afrique, ______ Moyen-Orient et ______ France.
6. Le dixième sommet en 2004 a eu lieu ______ Ouagadougou, la capitale ______ Burkina Faso, et le onzième sommet s'est tenu ______ Bucarest.
7. La XIVe Conférence des chefs d'État et de gouvernement ayant le français en partage s'est réunie en 2012 ______ Kinshasha.

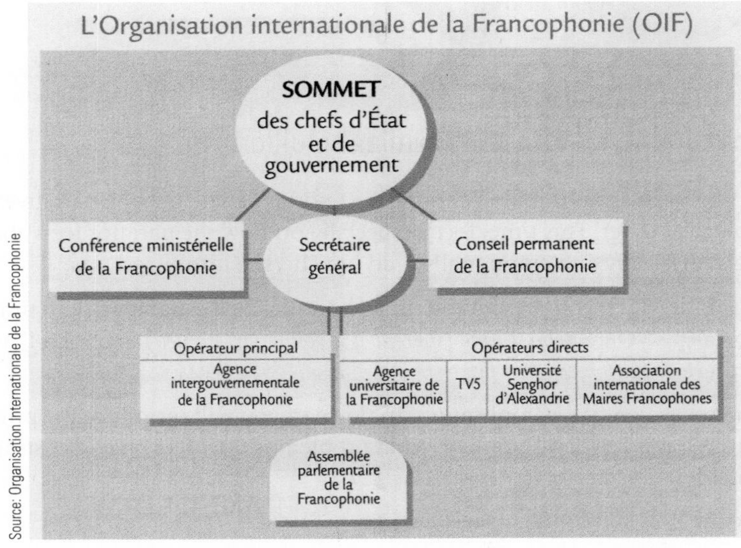

L'OIF représente 890 millions d'hommes et de femmes sur cinq continents. L'OIF a fêté ses 40 ans en 2010. Quel rôle est-ce que l'OIF joue dans la politique internationale à votre avis?

C. Le bon vieux temps *(The good old days).* Vous venez de passer la plus mauvaise journée de votre vie – votre voiture est tombée en panne, quelqu'un a volé votre portefeuille et votre copain/copine vous a quitté(e) pour quelqu'un d'autre. Pour vous remonter le moral, songez à d'heureux moments en d'autres lieux.

1. Ah! Le bon vieux temps! J'aime bien me souvenir des jours où j'habitais...
2. Je me souviens avec plaisir de nos voyages... où nous avons visité...
3. Qu'il serait bon d'être en ce moment... où je pourrais...
4. Je voudrais mieux connaître mon propre pays. J'irai... parce que...

Interactions

A. Jouez les rôles. Vous êtes étudiant(e) au lycée ou à l'université. Vous avez vraiment envie de passer l'été en Europe. Vous devez, bien sûr, demander la permission et de l'argent à vos parents. Deux copains/copines de classe vont jouer le rôle de vos parents. Présentez votre idée à vos parents. Donnez autant de détails que possible. Expliquez où vous voulez aller, les moyens de transport que vous voulez utiliser, combien de jours vous avez l'intention de rester, où vous pensez loger, qui fera le voyage avec vous, les avantages et inconvénients de ce voyage, et combien d'argent vous devrez leur emprunter pour payer le voyage. Vos parents vont vous refuser la permission au début. Vous implorez vos parents de penser à votre avenir et aux contacts internationaux que vous aurez. Convainquez-les de changer d'avis.

B. Je voulais vous demander... Vous essayez de téléphoner aux personnes suivantes mais vous n'arrivez pas à les avoir. Vous décidez donc de leur écrire un petit mot. Dans chaque cas, vous demandez la permission de faire quelque chose...

1. À Monsieur Wallens: Vous voulez assister à son cours de français en tant qu'auditeur/auditrice libre.
2. À Monsieur Smith, entraîneur de l'équipe de football: Vous voulez faire partie de l'équipe. Demandez quand vous pourrez lui parler.
3. À Mme Balmain: Vous voulez rendre votre composition pour la classe de français avec un jour de retard.
4. À votre meilleur(e) ami(e): Vous voulez emprunter sa voiture ce soir.
5. À votre tante très riche qui vous adore: Vous voulez lui emprunter $1 000 pour aller en Floride pendant les vacances de Spring Break.

DOSSIER D'EXPRESSION ÉCRITE Premier brouillon

1. Organize the notes you took in **Leçon 1** by once again thinking about the important elements of a narrative: character, setting, plot, conflict, chronological order. This time, focus especially on how the narrator feels about the things around him/her; how he/she feels physically and emotionally; and how he/she thinks and acts.
2. Begin writing your introductory paragraph in which you present the situation and give it a framework in time (e.g., **Il était une fois** (une petite fille qui s'appelait)... *[Once upon a time (there was a young girl named) . . .]*; **En l'an 2050...** *[In the year 2050 . . .]*; **La semaine dernière...** *[Last week . . .]*).
3. Write two to three paragraphs in which you present the complication. In this part you will introduce the principal action and the tensions that surround it. What is the basic conflict? What problem is the main character struggling with? What problems seem insurmountable?
4. Write the conclusion in which you describe how the conflict is resolved.

Liens culturels

Fumer ou ne pas fumer?

«Ça ne vous dérange pas que je fume?», «Vous n'auriez pas du feu?» Ce sont des questions qu'on entendait assez souvent dans le passé, mais un peu moins souvent aujourd'hui, surtout depuis l'interdiction de fumer dans les lieux publics entrée en vigueur en 2007 et 2008 et les hausses de prix du tabac dans les années récentes. Cependant, le tabac est toujours responsable de 60 000 décès par an en France, représentant un cinquième de la mortalité masculine et 3% de la mortalité féminine (*Francoscopie 2013*, p. 59).

L'image du tabac s'est dégradée. Le pourcentage de fumeurs dans la population française a baissé et en 2010, 33% des Français fumaient toujours (*Francoscopie 2013*, p. 59). Les adolescents fumaient de moins en moins entre 1999 et 2007 mais l'usage est passé de 30% à 38% entre 2007 et 2011. Les campagnes contre le tabagisme ne semblent pas convaincre les jeunes. Il semble que leur consommation d'alcool augmente aussi.

En 2011, 91% des adolescents de 15–16 ans déclarent avoir consommé de l'alcool au cours de leur vie. Selon une enquête récente d'Espad (European Survey on Alcohol and Other Drugs)[1], la proportion des jeunes usagers récents (au cours des 30 derniers jours précédents) s'est élevée de 60% à 67% entre 1999 et 2011.

Le «binge drinking», ou alcoolisation ponctuelle importante (API), autrefois une pratique réservée aux États-Unis et au Royaume-Uni, est un nouveau phénomène social en France depuis plusieurs années: 44% des adolescents disent avoir bu 5 verres ou plus en une seule occasion au cours des 30 derniers jours. *(NouvelObs.com 02/02/09 et Espad, 2011)*

Au début, les adultes français ont plutôt minimisé le problème de l'alcool en l'interprétant comme quelque chose de festif, une sorte de rite initiatique. En France, contrairement aux pays nordiques ou anglo-saxons, l'alcool garde une dimension familiale et il est généralement vu comme faisant partie du repas. Mais on trouve que les risques sont multiples: médicaux, accidentels, violences sexuelles. Les conséquences des ivresses répétées sont énormes sur le plan cognitif et social. Cependant, les Français trouvent qu'il est plus difficile d'aborder les problèmes liés à l'alcool que ceux liés à la drogue ou au tabac. *(Libération.fr 18/07/2008)*

[1] *L'enquête Espad (European School Survey on Alcohol and Other Drugs) est menée tous les 4 ans dans plus de 35 pays européens auprès des élèves âgés de 15–16 ans et elle est réalisée en France sous la responsabilité de l'Observatoire français des drogues et des toxicomanies (OFDT) et de l'Inserm (Institut national de la santé et de la recherche médicale). Cette enquête a été renouvelée au printemps 2011 dans 195 établissements, auprès de quelque 2572 élèves.*

Compréhension

1. Pourquoi les Français fument-ils moins en général? Les jeunes fument-ils moins aussi? Expliquez.
2. Parlez des conduites d'alcoolisation ponctuelle importante en France. Sont-elles plus répandues *(widespread)* qu'avant? Quels en sont les risques? Comment les parents réagissent-ils à ce problème?

Réactions

1. Existe-t-il toujours des campagnes anti-tabac et anti-alcool aux États-Unis? Décrivez-les. Pensez-vous que ces campagnes soient efficaces?
2. Selon vous, pourquoi les jeunes fument-ils et consomment-ils de l'alcool? Qu'est-ce qu'on peut faire pour réduire la consommation de tabac et la pratique du «binge drinking»?

Extension

Faites des recherches sur Internet et à la bibliothèque sur la campagne anti-tabac ou sur la campagne anti-alcool en France. Utilise-t-on des photos choc? des sites comme YouTube, Facebook ou Twitter? des blogs? des sondages? Quels sont les messages? Parle-t-on des dangers? Donne-t-on des suggestions utiles?

Notice that the French use a negative conditional sentence at times to soften a request, as in **Vous n'auriez pas du feu?** *(Would you have a light?)* or **Tu n'aurais pas un stylo à me prêter?** *(Would you have a pen to lend me?).*

LEÇON 3

COMMENT DEMANDER ET DONNER DES EXPLICATIONS

Rappel: Have you reviewed the relative pronouns **qui** and **que?** (Text p. 307 and SAM p. 194)

Conversation (conclusion)

Track 17

Premières impressions

1. Identifiez: a. les expressions qu'on utilise pour demander une explication
   b. les expressions qu'on utilise pour expliquer quelque chose
2. Trouvez: a. ce qui est arrivé à la nourrice des Arnaud
   b. qui va téléphoner pour trouver quelqu'un qui puisse la remplacer

Le soir la famille est enfin à la maison. Malheureusement, Mme Arnaud a de mauvaises nouvelles pour son mari.

MME ARNAUD Écoute, j'ai quelque chose d'absolument incroyable à te raconter! Figure-toi° que ce soir la nourrice°, Brigitte, a dû être transportée d'urgence° à l'hôpital.

M. ARNAUD Je ne comprends pas. Qu'est-ce qui s'est passé?

MME ARNAUD On ne sait pas très bien... ils croient que c'est un ulcère. Comme elle est enceinte°, ils veulent la garder en observation pendant une semaine.

M. ARNAUD Alors, qu'est-ce que ça veut dire pour nous? Il faudra chercher une autre nourrice?

MME ARNAUD Je le crains. C'est embêtant parce qu'elle est vraiment bien avec Sylvain. Tu ne pourrais pas te renseigner° pour voir si la dame d'en-dessous... si sa fille pourrait éventuellement nous dépanner° pendant quelque temps... ?

M. ARNAUD Autrement dit°, c'est moi qui dois m'occuper de ce problème! C'est ce que tu veux dire?

MME ARNAUD Oui. Je trouve que tu pourrais assumer un peu plus de responsabilités. C'est tout de même *notre* enfant, à nous deux!

M. ARNAUD C'est un fait, mais... dis-moi... oh, rien! On dirait que tu ne veux plus aucune responsabilité et que tu veux te décharger de tout sur° moi!

MME ARNAUD Oh, écoute! Tu y vas un peu fort là, quand même! Tout ce que je te demande, c'est de téléphoner...

M. ARNAUD Bon, écoute, je vais voir ce que je peux faire.

MME ARNAUD Merci.

M. ARNAUD C'est la goutte d'eau qui fait déborder le vase°...

Figure-toi *(slang) Believe you me, Believe it or not* / *babysitter* / **transportée...** *rushed to*

pregnant

te renseigner *to get information*

nous... *to help us out*

Autrement dit *In other words*

te décharger... *to pass off your responsibilities onto*

C'est... *That's the last straw!*

Observation et analyse

1. Où est la nourrice et pourquoi? Qui est Sylvain?
2. Pourquoi est-ce que les Arnaud sont embêtés *(bothered)*?
3. Qui va s'occuper du remplacement de la nourrice? À qui est-ce qu'ils vont téléphoner?
4. Pourquoi est-ce que M. Arnaud est irrité?
5. Pensez-vous que les Arnaud parlent souvent des responsabilités de chacun? Pourquoi ou pourquoi pas?

Réactions

1. Comment est-ce que vous réagissez lors de petites crises comme celle des Arnaud?
2. Est-ce que M. Arnaud a raison de dire que sa femme n'assume pas ses responsabilités de mère? À votre avis, fait-il face à ses responsabilités de père?
3. D'après leurs conversations, qu'est-ce que vous pensez des rapports entre Mme et M. Arnaud?
4. Qu'est-ce que vous feriez dans la même situation? Expliquez.
5. Jouez les rôles de M. et Mme Arnaud pour parler des responsabilités de mère et de père. Changez le dialogue.

Expressions typiques pour...

Demander une explication

Je voulais savoir...
Pardon?/Comment?/Quoi? *(familiar)*
Excuse-moi./Excusez-moi. Je ne (te/vous) comprends pas.
Qu'est-ce que tu veux/vous voulez dire *(mean)*?
Je ne comprends rien de ce que tu dis/vous dites.
Qu'est-ce qui s'est passé?

Asking for an explanation is sometimes included in another context, such as making a complaint. Similarly, giving an explanation or reasons for having done something might be part of making an apology.

Demander des raisons

Pourquoi? Pour quelle raison... ?
Pourquoi veux-tu/voulez-vous que (+ subjonctif)... ?
Où veux-tu/voulez-vous en venir? *(What are you getting at?)*
Explique-toi./Expliquez-vous.
Qu'est-ce qui te/vous fait penser ça?

Expliquer/Donner des raisons

Je m'explique...
Ce que je veux dire, c'est que...
J'entends par là... *(I mean by this . . .)*
C'est-à-dire...
Autrement dit... *(In other words . . .)*
C'est la raison pour laquelle... *(That's why . . .)*
... Tu vois/Vous voyez ce que je veux dire?

Mots et expressions utiles

Vous êtes déconcerté(e) *(confused, muddled)*

avoir du mal à (+ infinitif) *to have problems (doing something)*
désorienté(e)/déconcerté(e) *confused, muddled*
faire comprendre à quelqu'un que *to hint to someone that*
mal comprendre (*past part.* mal compris) *to misunderstand*
une méprise/une erreur/un malentendu *misunderstanding*
provoquer *to cause*
le sens *meaning*
la signification/l'importance [f] *significance, importance*
signifier *to mean*

Divers

autrement dit *in other words*

Mise en pratique

Un candidat au Parlement parle avec ses assistants:
— J'**ai du mal à** comprendre pourquoi les gens ont voté pour cet autre candidat et non pour moi. Il doit y avoir une **erreur.** Ils **ont** peut-être **mal compris** mes idées. Que peut **signifier** ce vote? Je me demande si la question du chômage a eu beaucoup **d'importance...**

Vous êtes irrité(e)

avoir du retard *to be late*
c'est la goutte d'eau qui fait déborder le vase *that's the last straw*
couper *to disconnect (telephone, gas, electricity, cable)*
débrancher *to disconnect, unplug (radio, television)*
se décharger de ses responsabilités sur quelqu'un *to pass off one's responsibilities onto somebody*
faire la queue *to stand in line*
rentrer tard *to get home late*
valoir la peine (*past part.* valu) *to be worth the trouble*

Mise en pratique

— Vraiment, je me demande si cette campagne **valait la peine.** J'ai serré beaucoup de mains. Il y a même des gens qui **ont fait la queue** pour me voir. Je **suis rentré tard** tous les soirs. Et puis j'ai perdu les élections à dix votes près.

Vous êtes lésé(e) *(injured; wronged)*

bouleversé(e)/choqué(e) *shocked*
céder à quelqu'un (quelque chose) *to give in to someone (something)*
léser quelqu'un *to wrong someone*
être en grève *to be on strike*
faire la grève *to go on strike*
le/la gréviste *striker*
le syndicat *union*

Mise en pratique

— Pourtant, les **syndicats** ont soutenu ma candidature. Les autres candidats étaient **bouleversés** que les syndicats aient dit qu'ils **feraient la grève** si je n'étais pas élu... Somme toute et réflexion faite, je ne devrais pas **céder à** cette défaite électorale. Je me **représenterai** dans quelques années.

Activités

A. Explications. Avec un(e) partenaire, entraînez-vous à employer les expressions pour demander et donner des explications dans les situations suivantes.

1. Vous ne savez pas de quoi il s'agit. Demandez à votre professeur de français d'expliquer le sens du mot «nourrice».
2. M. Arnaud rentre chez lui à 3h du matin au lieu de 11h du soir. Étant sa femme, vous demandez la raison de son retard.
3. Vous découvrez qu'on a coupé vos chaînes câblées. Demandez une explication à votre compagnie de télédistribution.
4. Votre enfant de dix ans vous dit qu'il a raté son contrôle de mathématiques. Demandez-lui de s'expliquer.
5. Depuis une demi-heure vous faites la queue pour acheter votre permis de parking; la queue n'a pas bougé. Demandez à la personne devant vous s'il/si elle connaît la raison de cette lenteur.
6. Votre ami(e) français(e) et vous avez échangé vos appartements pendant un mois. Après avoir passé une semaine dans son appartement à Caen, vous recevez cette annonce que vous ne comprenez pas. Demandez à la femme qui habite au troisième étage ce que cela signifie.

MOT UTILE **dégager** *to make way*

Source: Service des eaux

The water meter is found in a closet that, although it is within a dwelling, actually belongs to the water company. This tall, narrow closet often becomes the storage area for all kinds of things. When one receives this notice, one has to clear out the closet so the meter can be read.

B. Expliquez. Sylvain a des difficultés à se rappeler le mot exact. Aidez-le à choisir le bon mot en utilisant les ***Mots et expressions utiles.*** Il y a plusieurs possibilités pour certains exemples.

1. arriver à la maison à dix heures du soir
2. le groupe formé pour la défense des droits des employés
3. supprimer *(take out)* un branchement électrique
4. vouloir dire
5. être désorienté/être surpris
6. attendre son tour
7. arrêter collectivement le travail

C. Questions indiscrètes. Posez les questions suivantes à un(e) copain/copine. Faites un résumé de ses réponses à la classe.

1. Est-ce qu'il t'est déjà arrivé d'attendre longtemps quelqu'un qui n'est pas arrivé? Est-ce que cette personne t'a donné une explication pour son retard? Décris l'explication.
2. Est-ce que ton service de téléphone/d'électricité/de câble a déjà été coupé? Pour quelle raison?
3. Cela t'ennuie de faire la queue? Dans quelles circonstances est-ce que tu ferais la queue pendant plus d'une heure?
4. Est-ce que tu as déjà fait la grève? Tu connais quelqu'un qui a fait la grève? Explique comment le conflit s'est résolu.

La grammaire à apprendre

Les pronoms relatifs

When giving an explanation, you frequently link ideas back to persons or things already mentioned (antecedents) by means of relative pronouns. Relative pronouns, thus, provide coherence and enable you to increase the length and complexity of oral and written speech.

You reviewed the use of **qui** and **que** in *La grammaire à réviser*. They are relative pronouns that act as subjects **(qui)** or objects **(que)** of a relative clause. Rules governing other relative pronouns follow.

A. Objects of prepositions with specified antecedents

- When the relative pronoun functions as the object of a preposition in the relative clause, **qui** is used if the antecedent is a person, and a form of **lequel** (agreeing with the antecedent in gender and number) is used to refer to a thing. The usual contractions with **de** and **à** are made:

  à + lequel = auquel; de + lesquelles = desquelles, etc.

  — Une femme **avec qui** je travaille m'a dit que les membres de l'Union civile des employés publics du Canada étaient en grève, y compris les facteurs.

  A woman I work with told me that the members of the Union of the Public Employees of Canada were on strike, including the mail carriers.

  — Ah, c'est la raison **pour laquelle** Michel a reçu ma lettre avec une semaine de retard.
  Ah, that's the reason why Michel received my letter a week late.

- If the relative pronoun is the object of the preposition **de,** the invariable pronoun **dont** can be used instead of **de** + **qui** or **de** + **lequel** to refer to either persons or things. **Dont** can be translated as *whose, of whom/which, from whom/which,* or *about whom/which.*

  L'argent **dont** on a besoin pour résoudre le conflit n'existe tout simplement pas.
  The money they need (of which they have the need) to resolve the dispute just does not exist.

NOTE When **dont** is used to mean *whose,* the word order of the relative clause beginning with **dont** must be subject + verb + object, regardless of the English word order.

  Un médecin canadien **dont** je connais le fils m'a dit que la grève durerait longtemps.
  A Canadian doctor whose son I know told me that the strike would last a long time.

- After expressions of time and place (**le moment, le jour, l'année, le pays, la ville, la maison,** etc.), the relative pronoun **où** is used. With expressions of time, **où** can have the meaning *when.*

  La ville **où** habitent le plus grand nombre de grévistes est Montréal.
  The city where the largest number of strikers live is Montreal.

  Je ne sais pas le jour **où** la grève a commencé.
  I don't know what day (when) the strike began.

NOTE With expressions of place, a preposition followed by a form of **lequel** can also be used, although the shorter **où** is usually preferred.

Le bureau **dans lequel (où)** mon ami Michel travaille est à Trois-Rivières.
The office where my friend Michel works is in Trois-Rivières.

Point out that the conjunction **quand** is not a relative pronoun and thus can never be used after prepositions of time.

B. Indefinite or unspecified antecedents

In all of the above cases, the relative pronoun referred to a specific antecedent characterized by gender and number. When the antecedent is not specified or is an idea, **ce qui, ce que, quoi,** or **ce dont** is used.

- Similar to **qui** and **que, ce qui** functions as the subject of the relative clause and **ce que** functions as the direct object.

À propos de Mathieu, **ce qui** m'agace un peu chez lui, c'est son arrogance. Tu vois **ce que** je veux dire?
What bothers me a bit about Matthew is his arrogance. You know what I mean?

Ce qui and **ce que** are also used if the antecedent is an entire idea composed of a subject and a verb rather than an individual word or phrase.

Il prétend qu'il sait tout, **ce qui** est loin d'être le cas. Il se vante sans cesse, **ce que** je déteste.
He claims he knows everything, which is far from the truth. He brags continually, which I hate.

- After prepositions, **quoi** is used when the antecedent is unspecified.

D'habitude il nous entretient une heure avec ses monologues ennuyeux, après **quoi** il s'en va.
Usually he entertains us for an hour with his boring monologues, after which he goes away.

- If the preposition required by the verb in the relative clause is **de, ce dont** is used:

— Mathieu? Oh, il ne changera jamais.	*Matthew? Oh, he'll never change.*
— C'est **ce dont** j'ai peur.	*That's what I'm afraid of!*

Summary

	Specified antecedent		Unspecified antecedent
	PERSON	THING	PERSON OR THING
subject	**qui**	**qui**	**ce qui**
direct object	**que**	**que**	**ce que**
object of preposition	prep. + **qui**	prep. + **lequel, etc.**	**(ce)** prep. + **quoi**
object of **de**	**dont**	**dont**	**ce dont**

Activités

A. Mon amour. Thierry vous parle de Laure, la femme de sa vie. Complétez ses phrases en vous servant du pronom relatif qui convient.

1. Laure est la fille…
   _____ est dans mon cours d'histoire.
   _____ je t'ai parlé.
   _____ je suis tombé amoureux fou.
2. «Chez Arthur» est le restaurant…
   _____ nous avons mangé pour la première fois.
   _____ a la meilleure cuisine de la ville.
   _____ je vais lui faire ma demande en mariage.
3. Où est le papier…
   sur _____ j'ai écrit son numéro de téléphone?
   _____ j'ai mis sur cette table?
   _____ j'ai besoin?

B. Laisse-moi t'expliquer. Lucas arrive avec deux heures de retard à son rendez-vous avec Emma. Aidez-le à s'expliquer. Combinez les deux phrases en une seule en utilisant un pronom relatif et en faisant les changements nécessaires.

1. Évidemment, j'ai conduit un peu trop vite. Je regrette d'avoir conduit un peu trop vite.
2. Voici la contravention pour excès de vitesse. Un agent de police m'a donné cette contravention.
3. J'ai dû suivre l'agent au commissariat de police. J'ai attendu longtemps au commissariat de police pour payer ma contravention.
4. De plus, j'ai perdu mon portable. Je ne le savais pas.
5. Crois-moi… l'histoire est vraie. Je te raconte cette histoire.

C. Le fanatique mécontent. Utilisez un pronom relatif approprié pour compléter ce que dit ce fanatique de hockey mécontent. Il adore les Bulldogs de Hamilton, le club école des Canadiens de Montréal qui fait partie de la ligue américaine de hockey, conférence de l'Ouest.

Le match _____ il s'agit était celui d'hier soir entre les Bulldogs et les Rivermen de Peoria. Ils ont perdu 3 à 4. Les Bulldogs, sur _____ j'avais parié *(bet)* une somme d'argent considérable, ont gagné le championnat il y a une semaine: ils devaient gagner haut la main. Le problème c'est _____ tous les joueurs _____ sont forts sont partis faire la fête à Montréal après avoir gagné le championnat!

L'histoire des Bulldogs cette année, c'est l'histoire d'un point _____ ils ont souvent été incapables d'obtenir. Les reporters sportifs ont dit que _____ cette équipe avait besoin, c'était le goût de l'attaque. Moi, je ne crois pas _____ ils disent. C'est un problème plus profond. _____ ne va pas, c'est la gestion *(management)* et l'entraîneur de l'équipe.

ZUMA Press, Inc./Alamy

Est-ce que vous êtes un(e) fanatique de hockey? Avez-vous déjà vu jouer les Canadiens de Montréal? Une autre équipe de hockey?

Interactions

A. L'entretien. Vous passez un entretien pour un poste dont vous avez vraiment envie. Pendant l'entretien le directeur du personnel mentionne plusieurs détails embarrassants de votre dossier (voir ci-dessous). Vous lui donnez des raisons valables et vous arrivez à bien justifier votre sérieux. Essayez de parler avec facilité *(articulately)* et avec élégance en utilisant des pronoms relatifs.

Ce que le directeur mentionne:

- Vous n'avez travaillé que six mois pour l'entreprise Hodik et vous voulez déjà partir.
- Vous avez oublié de mettre votre adresse sur votre demande d'emploi.
- Vous avez manqué au moins un jour par semaine à votre dernier emploi.
- On n'a reçu aucune lettre de recommandation.

B. Cher Monsieur/Chère Madame. Aujourd'hui, c'est la date limite pour rendre une dissertation sur l'existentialisme. Malheureusement vous ne l'avez pas encore terminée. Écrivez une longue explication en donnant les raisons pour lesquelles vous êtes en retard. Essayez de convaincre le professeur qui avait bien averti la classe que c'était un devoir très important. Vous ne voulez pas perdre de points à cause de votre retard. Utilisez beaucoup de pronoms relatifs pour impressionner le professeur et pour qu'il voie combien vous êtes intelligent(e).

auremar/Shutterstock.com

Imaginez ce que ce professeur dit à cet étudiant.

DOSSIER D'EXPRESSION ÉCRITE Deuxième brouillon

1. Write a second draft of the narrative you started in **Leçon 2,** focusing particularly on the use of details to increase suspense and to dramatize the action. These details should heighten the interest of the story and make the reader anxious to find resolution to the conflict.
2. You might want to incorporate some of the following expressions that deal with suspense and emotional states:

   EXPRESSIONS UTILES **rester paralysé; être désespéré; avoir une peur folle** *(to be terrified)*; **sauter du lit; descendre/monter rapidement l'escalier; allumer/éteindre la lumière; sentir/entendre quelque chose; quelque chose bougeait; crier; menacer**

Liens culturels

La vie n'est jamais facile....

Le stress est le mot qui résume la vie au XXIe siècle. «Un Français sur quatre (23%) se dit stressé presque tous les jours et 45% de temps en temps.» Les causes principales du stress sont la vie professionnelle où on se dépêche toujours et la vie dans un monde qui est en train de changer rapidement.

Beaucoup de Français ont le sentiment que leur avenir est précaire. Le terme précaire s'applique souvent à la vie professionnelle, surtout avec un taux de chômage élevé de plus de 10%. Les Français s'inquiètent aussi de la fragilisation de la vie familiale: les séparations, les divorces, les changements créés par les familles décomposées-recomposées... (*Francoscopie 2013*, pp. 47 et 48; 303–307). Enfin, ils sont pessimistes quant à l'évolution de leur pouvoir d'achat.

La crise actuelle durcit encore la situation. En effet, depuis le mois de septembre 2008, rien ne va plus. «Dans tous les pays, le chômage des jeunes a fortement augmenté, rendant la situation potentiellement explosive», s'alarme Stefano Scarpetta, chef de la division de l'analyse et des politiques de l'emploi de l'OCDE. «Quatre millions de jeunes ont rejoint le rang des chômeurs pendant la crise», indique l'OCDE, qui constate que le taux pour cette tranche d'âge atteint 18,8% fin 2009, contre 8,6% pour l'ensemble de la population, fin février 2010 (*Le Monde*, 14 avril 2010). Fin 2011, le taux de chômage des 15–24 ans est encore pire. Il a atteint 22,4% en métropole (*Francoscopie 2013*, p. 205).

Les jeunes sans diplômes sont particulièrement vulnérables. Mais il y a un paradoxe, que personne ne sait bien expliquer. C'est que les artisans et les petites entreprises ne trouvent guère de jeunes qui veuillent apprendre les métiers d'électricien, de plombier, de chauffagiste[1], de menuisier-ébéniste[2], de maçon ou de mécanicien. Mais outre le groupe de jeunes non-diplômés que l'OCDE appelle «les laissés pour compte[3]», la récession atteint aussi les jeunes diplômés qui ne trouvent souvent que des emplois pour lesquels ils sont surqualifiés (*Le Monde*, 14 avril 2010).

La plupart des Français savent qu'il faut réformer la France et le système éducatif, faciliter la création des entreprises, réduire la paperasserie et alléger les effectifs de la fonction publique[4]. Mais l'adaptation de la société française aux réalités économiques des années 2010–20 sera difficile et stressante. Dans la vie, les grands choix ne sont presque jamais faciles...

[1] *heating engineer* [2] *carpenter-cabinet maker* [3] *misfits* [4] *reduce the number of civil servants*

Qui sont ces gens, d'après vous? Pourquoi est-ce qu'ils manifestent? Qu'est-ce qu'ils veulent?

Compréhension

1. Pour quelles raisons les Français sont-ils stressés?
2. Quelle sorte de travail existe-t-il pour les jeunes? Parlez aussi du chômage chez les jeunes.
3. Selon l'article, que faut-il faire pour améliorer l'économie de la France?

Réactions

1. Et vous, êtes-vous stressé(e)? Si oui, par quoi? Sinon, pourquoi pas?
2. Êtes-vous préoccupé(e) par votre avenir? par la retraite de vos parents? par le marché de l'emploi? par l'économie dans votre pays? Expliquez.
3. Qu'est-ce que nous pouvons faire pour améliorer le sort de la plupart des Américains?

Extension

Qu'est-ce que le bonheur? Faites un sondage parmi vos copains et copines de classe. Demandez à chaque personne de nommer trois choses indispensables pour les rendre heureux. Voici quelques idées: avoir des ami(e)s; avoir un travail passionnant; être amoureux(euse); avoir des enfants; avoir beaucoup d'argent; avoir confiance en soi; avoir beaucoup de temps libre; vivre une vie simple; etc. Écrivez un résumé des réponses. Pensez-vous que vos réponses soient typiques pour les jeunes Américains? les jeunes Français? les jeunes Sénégalais?

SYNTHÈSE

Activités musicales

Stephan Eicher: *Déjeuner en paix*

Biographie

- Né en août 1960 à Münchenbuchsee, près de Berne, en Suisse
- Auteur, compositeur et interprète
- Chante en anglais, en français, en allemand, en suisse allemand et en italien
- Vit en Camargue
- A construit une œuvre originale dans l'histoire du rock et de la pop suisses
- A participé au Festival du Bout du Monde en août 2012 et a sorti son 11e album *L'envolée* en fin d'année
- A dit: «La musique est intéressante parce qu'on la fait à plusieurs, ce qui inclut aussi le public. Je crois beaucoup à la collectivité.»[2]

© Eric Fougere/Corbis

Stephan Eicher

Avant d'écouter: Le contexte et les réflexions

1. Qu'est-ce que vous faites en général le dimanche matin? Est-ce que votre routine est différente des autres jours de la semaine? Décrivez-la.
2. Est-ce que vous lisez souvent la presse? Pourquoi ou pourquoi pas? Quels sujets d'actualité vous intéressent surtout? Lesquels ne vous intéressent pas? Expliquez.

Pendant que vous écoutez: Compréhension

L'amie du narrateur veut déjeuner en paix *(peace)*. Veut-elle lire le journal? Veut-elle parler avec le narrateur? Pourquoi ou pourquoi pas?

Après avoir écouté: Communication

1. Imaginez et décrivez la scène chez le chanteur. C'est quel jour? Quelle heure est-il? On est en quelle saison? Qui sont les personnes présentes? Quels sont leurs rapports? Qu'est-ce que ces personnes font?
2. La femme dit qu'elle veut «déjeuner en paix» aujourd'hui. Qu'est-ce que cela veut dire? De quoi est-ce qu'elle ne veut pas parler? Est-ce qu'elle a une vision optimiste ou pessimiste du monde? Expliquez.
3. Imaginez le début de la relation du narrateur et de la jeune femme dans la chanson. Décrivez leur routine quotidienne quand ils se sont rencontrés.
4. Imaginez que la jeune fille quitte le narrateur pour toujours. Écrivez la lettre, le mail ou le texto *(text message)* qu'elle lui laisse avant de partir.

To experience this song, go to **www.cengagebrain.com**

Turn to the end of the chapter for a complete list of active chapter vocabulary.

[2]LePoint.fr: 26/10/2012. Vous y trouverez un entretien avec l'artiste.

Activités orales

A. Au restaurant. Vous êtes dans un restaurant élégant et très cher où vous avez dîné plusieurs fois. En général, la nourriture et le service sont impeccables. Cette fois-ci, cependant, rien ne va comme il faut. Vous demandez à parler avec le maître d'hôtel et vous vous plaignez des choses suivantes:

- Le champagne que vous adorez n'était pas frais *(chilled);*
- Le steak que vous avez commandé était froid et trop cuit *(overcooked);*
- Vous avez commandé des petits pois, mais on vous a servi un légume auquel vous êtes allergique;
- La nappe *(tablecloth)* était sale;
- Il vous manquait une fourchette.

Jouez les rôles. Le maître d'hôtel vous demandera pardon et vous donnera des raisons. Par exemple, il vous dit que le restaurant a eu des problèmes d'électricité, que le chef de cuisine est en grève et que le serveur/la serveuse travaille là depuis seulement deux jours, etc.

B. Imaginez. Un(e) ami(e) a acheté votre ancienne voiture. Il/Elle vous a fait un chèque sans provision *(insufficient funds).* Jouez les rôles avec votre copain/copine. D'abord, plaignez-vous au sujet du chèque. Votre ami(e) répond en disant que la voiture n'a jamais démarré *(never started).* Vous continuez la conversation en vous plaignant, en vous excusant et en donnant des explications. Vous vous parlez poliment parce que votre amitié est très importante et que vous voulez rester bon(ne)s ami(e)s.

Activité écrite

Est-ce qu'il serait possible... ? Écrivez une lettre à des amis qui ont une belle villa sur la Côte d'Azur. Demandez si vous pouvez passer la dernière semaine du mois de juillet dans la villa avec plusieurs amis et vos deux chiens. Ce ne sont pas de très bons amis mais vous pensez que vous les connaissez assez pour leur demander un tel service. Échangez votre lettre avec un(e) copain/copine de classe. Chacun d'entre vous répondra à la lettre échangée. Vous donnerez ou refuserez la permission en expliquant votre décision.

DOSSIER D'EXPRESSION ÉCRITE Révision finale

1. Reread your story, paying particular attention to whether the story creates the impression that you intended. Check whether the details add to this impression.
2. Examine your composition one last time. Check for correct spelling, grammar, and punctuation. Pay special attention to your use of negation, prepositions, and relative pronouns.
3. Prepare your final version.
4. Post your story on your Facebook wall and invite comments.

HISTOIRE D'UN MERLE[3] BLANC d'Alfred de Musset

Portrait d'Alfred de Musset par Charles Landelle

Biographie

- Né en décembre 1810 à Paris
- Considéré comme un des grands poètes et dramaturges romantiques français
- Ose se moquer des excès du romantisme
- Connu pour son roman autobiographique *La Confession d'un enfant du siècle* (1836)
- Son chef-d'œuvre, *Lorenzaccio*, est un drame publié en 1834
- Liaison amoureuse avec George Sand
- Mort à l'âge de 46 ans en 1857

Sujets à discuter

- Habitez-vous une région où tout le monde se ressemble ou habitez-vous dans une société multiethnique? Les gens sont-ils ouverts et accueillants? Expliquez vos réponses.
- Avez-vous jamais été victime de discrimination? Expliquez.

Stratégies de lecture

Trouvez les détails. Parcourez le texte et trouvez les détails suivants:

1. le nombre de «personnages» dans l'histoire
2. la couleur des plumes *(feathers)* du merle, quand il est petit puis quand il grandit
3. la raison pour laquelle le père n'aime pas le chant du petit merle
4. l'attitude de la mère envers son fils
5. la solution que propose le petit merle à la fin
6. la réaction finale du père

Introduction

This chapter has focused on complaining about the tribulations of daily life. Many of us like to complain about our jobs, our families, or any little thing that goes wrong. Of course our troubles vary depending on our life circumstances. Some people are hungry or homeless; others are secure financially but are mentally insecure and have no hope. There are people who suffer because they are different from others. Sometimes this difference leads to bullying and violence. Other times, societies are accepting and open to people who are different.

This brief story written by Alfred de Musset holds a difficult lesson that some people will understand differently depending on their personal experiences.

Alfred de Musset wrote in the 19th century so you might find you need to read this brief tale slowly. If you need to review the ***passé simple,*** *please see Chapter 4. Do not worry about understanding every word. Read this story to witness the daily life of this little bird who is very rare and try to understand the stressors his difference brings to him and his family.*

[3] merle: *blackbird* (oiseau au bec jaune et au plumage noir; il est rarissime qu'il soit blanc)

Lecture

Qu'il est glorieux, mais qu'il est pénible° d'être en ce monde un merle exceptionnel! je ne suis pas un oiseau fabuleux°, et Monsieur Buffon[4] m'a décrit. Mais, hélas! je suis extrêmement rare, et très difficile à trouver. Plût au ciel que je fusse tout à fait impossible°!

Mon père et ma mère étaient deux bonnes gens qui vivaient depuis nombre d'années, au fond d'un vieux jardin retiré du Marais[5]. C'était un ménage exemplaire. Pendant que ma mère, assise dans un buisson fourré°, pondait° régulièrement trois fois par an, et couvait, tout en sommeillant, avec une religion patriarcale, mon père, encore fort propre et fort pétulant°, malgré son grand âge, picorait° autour d'elle toute la journée, lui apportant de beaux insectes qu'il saisissait délicatement par le bout de la queue pour ne pas dégoûter sa femme, et, la nuit venue, il ne manquait jamais, quand il faisait beau, de la régaler° d'une chanson qui réjouissait tout le voisinage. Jamais une querelle, jamais le moindre nuage n'avait troublé cette douce union.

À peine fus-je venu au monde° que, pour la première fois de sa vie, mon père commença à montrer de la mauvaise humeur. Bien que je ne fusse encore que d'un gris douteux, il ne reconnaissait en moi ni la couleur, ni la tournure de sa nombreuse postérité.

«Voilà un sale enfant, disait-il quelquefois en me regardant de travers; il faut que ce gamin-là aille apparemment se fourrer dans tous les plâtras° et dans tous les tas de boue qu'il rencontre, pour être toujours si laid et si crotté.

— Eh! mon Dieu, mon ami, répondait ma mère, toujours roulée en boule dans une vieille écuelle° dont elle avait fait son nid, ne voyez-vous pas que c'est de son âge? Et vous-même, dans votre jeune temps, n'avez-vous pas été un charmant vaurien? Laissez grandir notre merlichon°, et vous verrez comme il sera beau; il est des mieux que j'aie pondus.»

Tout en prenant ainsi ma défense, ma mère ne s'y trompait pas; elle voyait pousser mon fatal plumage, qui lui semblait une monstruosité; mais elle faisait comme toutes les mères, qui s'attachent souvent à leurs enfants, par cela même qu'ils sont maltraités de la nature, comme si la faute en était à elles, ou comme si elles repoussaient d'avance l'injustice du sort qui doit les frapper.

Quand vint le temps de ma première mue°, mon père devint tout à fait pensif et me considéra attentivement. Tant que mes plumes tombèrent, il me traita encore avec assez de bonté et me donna même la pâtée, me voyant grelotter° presque nu dans un coin; mais dès que mes pauvres ailerons transis° commencèrent à se recouvrir de duvet, à chaque plume blanche qu'il vit paraître, il entra dans une telle colère, que je craignis qu'il ne me plumât pour le reste de mes jours. Hélas! je n'avais pas de miroir; j'ignorais le sujet de cette fureur, et je me demandais pourquoi le meilleur des pères se montrait pour moi si barbare.

painful

fabled

Plût... *I wish God had made me/my existence fully impossible*

dense hedge / laid (eggs)

fougueux, impétueux, qui manifeste de la vivacité / *pecked*

lui faire plaisir

À peine... *I was barely born*

rubble

bowl

jeune merle

molt

shivering / **ailerons...** *frozen numb outer edges of the wings*

For more literary selections, visit compose.cengage.com.

[4] Buffon: savant et écrivain du XVIIIe siècle. C'est le plus célèbre naturaliste français.

[5] Le Marais: Quartier aristocratique de Paris dans les IIIe et IVe arrondissements.

Un jour qu'un rayon de soleil et ma fourrure naissante m'avaient mis, malgré moi, le cœur en joie, comme je voltigeais° dans une allée, je me mis, pour mon malheur, à chanter. À la première note qu'il entendit, mon père sauta en l'air comme une fusée. «Qu'est-ce que j'entends là? s'écria-t-il; est-ce ainsi qu'un merle siffle°? Est-ce ainsi que je siffle? Est-ce là siffler?

° voltigeais: *fly about*
° siffle: *whistle, hoot*

Et, s'abattant près de ma mère avec la contenance la plus terrible:

— Malheureuse! dit-il, qui est-ce qui a pondu dans ton nid?

À ces mots, ma mère indignée s'élança de son écuelle, non sans se faire du mal à une patte; elle voulut parler, mais ses sanglots la suffoquaient; elle tomba à terre à demi pâmée°. Je la vis près d'expirer; épouvanté et tremblant de peur, je me jetai aux genoux de mon père.

° pâmée: *fainted*

— Ô mon père! lui dis-je, si je siffle de travers et si je suis mal vêtu, que ma mère n'en soit point punie! Est-ce sa faute si la nature m'a refusé une voix comme la vôtre? Est-ce sa faute si je n'ai pas votre beau bec jaune et votre bel habit noir à la française? [...]

— Il ne s'agit pas de cela, dit mon père; que signifie la manière absurde dont tu viens de te permettre de siffler? Qui t'a appris à siffler ainsi contre tous les usages et toutes les règles?

— Hélas! monsieur, répondis-je humblement, j'ai sifflé comme je pouvais, me sentant gai parce qu'il fait beau, et ayant peut-être mangé trop de mouches.

— On ne siffle pas ainsi dans ma famille, reprit mon père hors de lui. Il y a des siècles que nous sifflons de père en fils [...]. N'est-ce pas assez que j'aie devant les yeux l'affreuse couleur de tes sottes plumes qui te donnent l'air enfariné comme un paillasse° de la foire? Si je n'étais pas le plus pacifique des merles, je t'aurais déjà cent fois mis à nu, ni plus ni moins qu'un poulet de basse-cour prêt à être embroché.

° paillasse: un clown

— Eh bien! m'écriai-je, révolté de l'injustice de mon père, s'il en est ainsi, monsieur, qu'à cela ne tienne! Je me déroberai à votre présence, je délivrerai vos regards de cette malheureuse queue blanche par laquelle vous me tirez toute la journée. Je partirai, monsieur, je fuirai; assez d'autres enfants consoleront votre vieillesse, puisque ma mère pond trois fois par an; j'irai loin de vous cacher ma misère, et peut-être, ajoutai-je en sanglotant, peut-être trouverai-je, dans le potager du voisin ou sur les gouttières, quelques vers de terre ou quelques araignées pour soutenir ma triste existence.

— Comme tu voudras, répliqua mon père, loin de s'attendrir à ce discours; que je ne te voie plus! tu n'es pas mon fils; tu n'es pas un merle.

— Et que suis-je donc, Monsieur, s'il vous plaît?

— Je n'en sais rien, mais tu n'es pas un merle.»

Alfred de Musset, "Histoire d'un merle blanc" in *Contes*, Chap. 1, 1842.

Compréhension

A. Observation et analyse

1. Décrivez les rapports du couple – du père et de la mère – au début de leurs relations.
2. Que faisait le père pour la mère pendant qu'elle pondait?
3. Pourquoi le merlichon est-il gris selon le papa?
4. Que dit la maman pour défendre le petit?
5. Décrivez la réaction du papa après la première mue du petit, puis quand le petit essaie de siffler.
6. Que va faire le petit merle?

B. Grammaire/Vocabulaire Entourez les adjectifs qui décrivent le mieux le petit merle qui raconte son enfance (c'est le narrateur) et expliquez vos réponses. Lesquels peuvent décrire la mère? le père?

travailleur/travailleuse	propre	beau/belle	humble
rare	impétueux/impétueuse	fier/fière	heureux/heureuse
sale	laid(e)	furieux/furieuse	
dégoûté(e)	arrogant(e)	triste	

Avez-vous d'autres adjectifs à ajouter pour décrire le petit? la mère? le père? Lesquels?

Réactions

1. Que pensez-vous de l'attitude du père envers son fils? Est-ce qu'on voit souvent un parent prendre en grippe *(pick on)* un de ses enfants? Expliquez.
2. Croyez-vous que le petit soit un jour heureux? Justifiez votre réponse.

Interactions

1. Imaginez que les personnalités des trois personnages de ce conte soient très différentes de celles que Musset a décrites. Par exemple, imaginez que le père soit très ouvert et accepte que son fils soit différent. Décrivez les conversations entre le père et la mère dans ce cas-là. Ensuite, décrivez les conversations entre le père et le petit. Quelle version de l'histoire préférez-vous? Celle de Musset ou la vôtre?
2. Vous êtes l'oncle ou la tante du petit merlichon. Vous êtes accueillant(e) et vous voulez aider le petit. Jouez une petite scène dans laquelle vous convainquez le père de laisser le petit venir habiter chez vous.

Expansion

Une fable est une histoire ou un récit imaginaire dont les personnages sont souvent des animaux ou des insectes. On écrit une fable pour amuser et pour instruire. C'est un genre narratif qui est en prose ou en vers. Faites des recherches sur Internet ou à la bibliothèque sur Alfred de Musset et sur d'autres contes qu'il a écrits. Si vous voulez trouver d'autres écrivains de fables et de contes, faites des recherches sur Jean de La Fontaine et sur Charles Perrault. Parlez de la vie de Musset, de La Fontaine ou de Perrault et d'une de leurs œuvres. Selon vous, pourquoi ces écrivains ont-ils choisi ce genre narratif?

VOCABULAIRE

LES TRIBULATIONS DE LA VIE QUOTIDIENNE

annuler *to cancel*

au secours! *help!*

un cas d'urgence *emergency*

en cas d'urgence *in case of emergency*

ça ne fait rien *it doesn't matter; never mind*

une commission *errand*

débordé(e) de travail *swamped with work*

en vouloir à quelqu'un *to hold a grudge against someone*

être navré(e) *to be sorry*

faire exprès *to do on purpose*

n'en plus pouvoir (je n'en peux plus) *to be at the end of one's (my) rope; to have had it (I've had it)*

une panne *breakdown*

tomber en panne *to have a (car) breakdown*

LES PROBLÈMES DE VOITURE

la batterie *car battery*

démarrer *to get moving (car); to start*

dépanner *to repair a breakdown*

un embouteillage *traffic jam*

l'essence [f] *gasoline*

être en panne d'essence *to be out of gas*

être/tomber en panne *to break down*

les heures [f pl] de pointe *rush hours*

la station-service *gas station*

LES PANNES À LA MAISON

le congélateur *freezer*

l'électricien(ne) *electrician*

le frigo *(familiar) fridge, refrigerator*

marcher *to run; work (machine)*

l'outil *tool*

le plombier *plumber*

LES ACHATS EN MAGASIN

le chef de rayon/de service *departmental/service supervisor*

demander un remboursement *to ask for a reimbursement*

faire une réclamation *to make a complaint*

les frais [m pl] *costs, charges*

le grand magasin *department store*

gratuit(e) *free, at no cost*

la quincaillerie *hardware store*

le rayon *section, aisle*

une tache *stain*

un trou *hole*

vendu(e) en solde *sold at a reduced price, on sale*

LES ÉVÉNEMENTS IMPRÉVUS ET OUBLIÉS

amener quelqu'un *to bring someone over (along)*

assister à *to attend*

changer d'avis *to change one's mind*

un congrès *conference; professional meeting*

emmener quelqu'un *to take someone (somewhere)*

emprunter quelque chose à quelqu'un *to borrow something from someone*

imprévu(e)/inattendu(e) *unexpected*

prêter quelque chose à quelqu'un *to lend something to someone*

une réunion *meeting*

COMMENT RÉAGIR

s'arranger *to work out*

consentir à *to consent to*

défendre à quelqu'un de *to forbid someone to*

embêter *to bother; to annoy*

raccrocher *to hang up (the telephone)*

se rattraper *to make up for it*

résoudre *to resolve, solve*

VOUS ÊTES DÉCONCERTÉ(E) *(CONFUSED, MUDDLED)*

avoir du mal à (+ infinitif) *to have problems (doing something)*

désorienté(e)/déconcerté(e) *confused, muddled*

faire comprendre à quelqu'un que *to hint to someone that*

mal comprendre (*past part.* mal compris) *to misunderstand*

une méprise/une erreur/un malentendu *misunderstanding*

provoquer *to cause*

le sens *meaning*

la signification/l'importance [f] *significance, importance*

signifier *to mean*

VOUS ÊTES IRRITÉ(E)

avoir du retard *to be late*

C'est la goutte d'eau qui fait déborder le vase! *That's the last straw!*

couper *to disconnect (telephone, gas, electricity, cable)*

débrancher *to disconnect, unplug (radio, television)*

se décharger de ses responsabilités sur quelqu'un *to pass off one's responsibilities onto somebody*

faire la queue *to stand in line*

rentrer tard *to get home late*

valoir la peine (*past part.* valu) *to be worth the trouble*

VOUS ÊTES LÉSÉ(E) *(INJURED; WRONGED)*

bouleversé(e)/choqué(e) *shocked*

céder à quelqu'un (quelque chose) *to give in to someone (something)*

être en grève *to be on strike*

faire la grève *to go on strike*

le/la gréviste *striker*

léser quelqu'un *to wrong someone*

le syndicat *union*

DIVERS

autrement dit *in other words*

RIEN DE GRAVE
COURT MÉTRAGE
DE RENAUD PHILIPPS

Les productions du Trésor - 2004

Pour en savoir plus sur les forfaits offerts en France, consultez le site: http://www.edcom.fr/dossier/p6-10010-conclusion-infographie-sur-la-telephonie-mobile-en-2012.html

PRIX ET RÉCOMPENSES

- **Festival des Héraults du Cinéma au Cap d'Agde 2006:** Prix de la réalisation
- **Festival de Fréjus 2006:** Prix du public, mention spéciale du jury
- **Short Shorts Film Festival, à Tokyo 2005:** Grand prix au prix du meilleur court métrage étranger
- **Festival d'Alpes d'Huez 2005:** Prix du meilleur court métrage

NOTE CULTURELLE

L'adjectif **grave** se dit d'une situation qui risque d'avoir de sérieuses conséquences: une maladie ou un accident grave, par exemple.

En français courant, on dit **C'est pas grave** pour accepter les excuses.

Exemple: Je suis désolé! *(I'm so sorry!)*
C'est pas grave. *(No problem/ Don't mention it.)*

À CONSIDÉRER AVANT LE FILM

Vous êtes-vous déjà servi(e) d'une cabine pour téléphoner? Décrivez (ou imaginez) cette expérience. Quelles autres technologies démodées pouvez-vous citer et décrire?

On va au cinéma?

1. **Il était une fois...** Il y a vingt-cinq ans, très peu de gens se servaient d'un téléphone portable. Aujourd'hui, presque tout le monde en a un et s'en sert tous les jours. Qui a acheté le vôtre? Quelle sorte de forfait avez-vous choisi? Qui paie l'abonnement? Pourquoi avez-vous décidé, ou non, de vous doter *(to acquire)* d'un plan Internet pour votre portable? Vous en servez-vous souvent? Pour quelles raisons? Imaginez la vie moderne sans portable. Est-ce que tous les changements que cet outil de communication entraîne seraient négatifs?
2. **Un avenir technologique?**

a. Voici cinq notions du succès individuel. Laquelle vous convient le plus? Expliquez votre réponse.

1. quelqu'un qui m'aime et me comprend
2. une grande maison et une belle voiture
3. une carrière passionnante
4. des enfants
5. une passion pour le dernier cri (gadgets électroniques, réseaux sociaux, voitures, etc.)

b. Dans quel aspect particulier de votre avenir est-ce que la technologie vous sera la plus utile? Est-ce que certains aspects de cette vie future sont menacés par le progrès technologique? Lesquels?

ÇA COMMENCE!

Premier visionnage

1. **Il y a un problème.** Le personnage central du film rencontre des difficultés avec quelques outils de la vie moderne dont la plupart des gens savent se servir sans incident. Indiquez ce qui lui arrive avec chaque objet mentionné.
   a. la carte de crédit
   b. la clef de voiture automatique
   c. les téléphones
   d. la voiture
2. **Le suspens.** Quels éléments du film contribuent à donner une atmosphère de suspens aux mésaventures du protagoniste de la vidéo? Expliquez.

Deuxième visionnage

Mettez les actions du personnage principal dans l'ordre chronologique, en attribuant les numéros de 1 à 6 aux descriptions du premier set (le numéro 1 est déjà donné) et les numéros de 7 à 12 à celles du deuxième set (le numéro 7 est déjà donné).

__1__ Il perd le signal en téléphonant de sa voiture et s'arrête au bord d'une route déserte.

____ Il doit trouver un tournevis *(screwdriver)* pour déloger une pièce qui est tombée sous le sol de la cabine.

____ Il veut payer avec une carte de crédit mais la machine ne les accepte pas.

____ Il doit aller retrouver le numéro de téléphone dans la voiture.

____ Il cherche une pièce de monnaie.

____ Sa voiture se met à rouler toute seule.

__7__ Il reste bloqué dans la cabine.

____ Il continue sa conversation téléphonique avec la cliente.

____ Il fait tomber ses clefs et ne peut pas monter dans sa voiture.

____ Un avion fait un atterrissage d'urgence à côté de lui.

____ Il n'arrive pas à lire le numéro qu'il a marqué.

____ Il voit arriver une voiture [celle du pilote instructeur] et se jette devant elle.

ET APRÈS

Observations

1. Le film commence par un appel au secours. De quelle situation urgente s'agit-il?
2. À qui est-ce que le chauffeur de la voiture parle au début du film? Pourquoi est-ce que la conversation est importante pour lui?
3. Qui est dans la voiture que l'homme fait arrêter vers la fin du film? Avec qui parle-t-il?
4. Commentez la fin du film. Est-ce que l'atterrissage de l'avion vous paraît vraisemblable? Et la réaction de l'homme au téléphone? Quel en est l'effet?

Avant et après

1. Imaginez la carrière du personnage central. Quel genre d'études a-t-il fait? Pour qui travaille-t-il? Que fait-il tous les jours pour réussir? Pourquoi se concentre-t-il sur sa carrière? Que souhaite-t-il à l'avenir?
2. Quelles seront les conséquences de ce qui s'est passé pour ce personnage, d'après vous?

À vous de jouer

1. **Technologie et controverses.** Prenez une position pour ou contre une des affirmations suivantes et discutez-en avec d'autres étudiants dans votre classe.

   Notre société profite énormément des bienfaits de la technologie. Les dangers sont regrettables mais nécessaires.

   La technologie rend le monde plus petit mais les êtres humains sont de plus en plus distants les uns des autres.
2. **Intervention.** D'après la façon dont il agit à la fin de la vidéo, le personnage principal du film va devoir changer un peu son comportement envers les autres. Faites une liste de conseils que vous lui donneriez. Ensuite, comparez vos conseils avec ceux d'un(e) copain/copine de classe. En quoi sont-ils identiques? différents?

   Il est important que...

   Je suggère que...

   Il serait préférable que...

   Il est regrettable que...

   Il faut que...

Share It!

Version anglaise/Version française

Quelle est votre réaction au titre *Rien de grave*?
Selon vous, pourquoi l'auteur a-t-il choisi ce titre?
Quel titre anglais donneriez-vous au film?
Expliquez pourquoi.

JE PRENDRAIS BIEN CELUI-CI...

9

Oliver Strewe/Lonely Planet Images/Getty Images

THÈMES La maison; Les vêtements; La technologie; La cuisine

www.cengagebrain.com

iLrn Heinle Learning Center

Audio

LA GRAMMAIRE À RÉVISER

Les achats en magasin.

En faisant les magasins avec une copine, vous échangez vos opinions. Faites tous les changements nécessaires.

1. Comme cette robe est jolie! (jupe/pantalon/chaussures)
2. Ce grand magasin est trop cher. (restaurant/quincaillerie/station-service)
3. Quel est le prix de ce poste de télévision? (téléphone portable/ordinateur/iPad)
4. J'adore ces tennis. (manteau/sandales/chemise/maillot de bain)
5. Ce frigo est très écologique. (congélateur/papier/machine à laver)

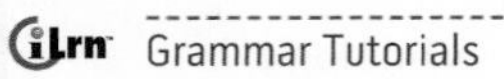
Grammar Tutorials

The information presented here is intended to refresh your memory of various grammatical topics that you have probably encountered before. Review the material and then test your knowledge by completing the accompanying exercises in the workbook.

AVANT LA PREMIÈRE LEÇON

Les adjectifs démonstratifs

Demonstrative adjectives are used to point out something or someone. They are the equivalent of *this, that, these,* and *those* in English. They must agree in gender and number with the nouns they modify.

	SINGULIER	PLURIEL
masculin	ce (cet)	ces
féminin	cette	ces

Dans **cette** leçon-ci, nous étudions l'emploi des adjectifs démonstratifs. Nous avons besoin de **ces** petits mots lorsque nous voulons désigner une personne particulière ou un objet particulier.

NOTE **Cet** is used before a masculine singular noun or adjective beginning with a vowel or mute **h**.

cet hôtel **cet** arbre

BUT: ce hors-d'œuvre

To distinguish between two elements, add **-ci** (when referring to something close to you) and **-là** (when referring to something farther away).

—Qu'est-ce que tu penses de ce livre-**là**?

—Moi, je préfère ce livre-**ci.**

Les adverbes

A. L'usage

An adverb is used to qualify a verb, an adjective, or another adverb. Many adverbs in French end in **-ment;** the English equivalent is *-ly*.

B. La formation

Most adverbs are formed by adding **-ment** to the feminine form of the adjective:

ADJECTIF	ADVERBE
actif/active	activement
doux/douce	doucement
naturel/naturelle	naturellement
sérieux/sérieuse	sérieusement

BUT: If the masculine adjective ends in a vowel, this form is often used to form the adverb:

absolu	absolument
probable	probablement
rapide	rapidement
vrai	vraiment

- When the masculine adjective ends in **-ant** or **-ent**, the endings are replaced by **-amment** and **-emment** respectively. They are both pronounced [amɑ̃]. **Lent** is an exception.

constant	constamment
méchant	méchamment
évident	évidemment
patient	patiemment

BUT: lent/lente lentement

- A few adverbs end in **-ément:**

précis	précisément
profond	profondément
confus	confusément
énorme	énormément

C. La fonction

Adverbes de manière: ainsi *(in this way)*, bien, mal, cher, vite, ensemble, debout *(standing)*, plutôt *(rather)*, sans doute *(probably)*, volontiers *(willingly)*

Adverbes de quantité et d'intensité: plus, moins, peu, assez, beaucoup, trop, à peu près *(more or less)*, tellement *(so)*, tant *(so much)*, autant *(as much, so much)*, aussi *(as)*, davantage *(more)*, tout à fait *(completely)*, très

Adverbes de temps: avant, après, avant-hier *(the day before yesterday)*, hier, aujourd'hui, demain, après-demain *(the day after tomorrow)*, aussitôt *(immediately)*, tout de suite *(right away)*, bientôt, déjà, alors *(then)*, puis *(then)*, encore *(still)*, enfin, ensuite, d'abord *(first)*, longtemps *(long, a long time)*, maintenant, autrefois *(formerly)*, auparavant *(before)*, quelquefois *(sometimes)*, soudain *(suddenly)*, souvent, toujours, tard, tôt

Adverbes de lieu: ici, là, là-bas *(over there)*, près, loin, ailleurs *(someplace else)*, devant, derrière, dedans *(inside)*, dehors *(outside)*, dessous *(underneath)*, dessus *(on top)*, nulle part *(nowhere)*, partout *(everywhere)*, quelque part *(somewhere)*

Adverbes de restriction: à peine *(scarcely)*, peut-être *(possibly)*, presque *(almost)*, seulement, ne… jamais, ne… personne, ne… rien

Comment?

Comment est-ce que vous...

1. marchez? (lent/nonchalant/rapide)
2. étudiez? (fréquent/rare/indépendant)
3. pensez? (constant/superficiel/intelligent)
4. écrivez? (assez naturel/plutôt difficile/simple)
5. vivez? (intense/simple/royal)

Voyage.

Votre ami va vous conduire à l'aéroport. Votre ami(e) vous demande:

1. Quand est-ce que tu pars? (today/immediately/soon/the day after tomorrow)
2. Où sont tes valises? (over there/inside/outside/somewhere)
3. Tu es prêt(e) à partir? (totally/more or less/almost/scarcely)

LEÇON 1

COMMENT DIRE CE QU'ON PRÉFÈRE

Conversation

 Track 18

Premières impressions

1. Identifiez: les phrases qui expriment les goûts et les préférences
2. Trouvez: a. en quelle matière est le vêtement que Sophie et Emily veulent acheter
   b. le prix le plus bas que le vendeur acceptera pour le blouson

Rappel: Have you reviewed demonstrative adjectives and adverbs? (Text pp. 350–351 and SAM pp. 221–223)

Le marché aux puces° de Lyon se trouve dans la banlieue à Vaulx-en-Velin. Deux amies, Sophie, une Française, et Emily, toutes deux étudiantes à l'Université de Lyon, s'y promènent.

marché aux... *flea market*

SOPHIE Vraiment, j'adore les marchés aux puces!

EMILY Moi aussi! Il y a absolument de tout: des vêtements, des bijoux°, des cuisinières°, des poêles°, des plats à micro-ondes°.

[m pl] jewelry / stoves / frying pans / microwave-safe dishes

SOPHIE Oh, regarde les blousons là-bas! Moi, le cuir, j'adore!

LE VENDEUR Bonjour, ma petite dame... Oui, ce blouson, il est fait pour vous!

EMILY Hum... Je ne sais pas. Mais celui-ci... il est à combien?

LE VENDEUR Un très bon choix! Du vrai cuir.

SOPHIE Ah, mais j'aime mieux celui-là, à gauche.

LE VENDEUR Celui-là est à 350€. Un vrai blouson de cuir, un blouson de pilote de la Seconde Guerre mondiale, mademoiselle.

SOPHIE Moi, les trucs de guerre, j'ai horreur de ça...

EMILY Tiens, regarde ce blouson-ci. Il est plus joli que ce blouson-là, non?

LE VENDEUR Du très beau cuir aussi! Allez, je vous le fais à° 310€.

je vous... *I'll give (sell) it to you for*

EMILY Moi, je pensais 240€ plutôt.

LE VENDEUR Allez, je vous le fais à 270€, parce que vous êtes gentilles...

EMILY Allez, monsieur, 240€, et on vous le prend!

LE VENDEUR Non mais... mesdemoiselles, si je ne fais pas de bénéfice, je ne peux pas survivre, moi.

SOPHIE Vous ne trouvez pas qu'il faut aussi prendre en considération le revenu des gens? Nous sommes étudiantes!

LE VENDEUR Je ne peux vraiment pas. 270€, et je mets ce joli portefeuille en cuir par-dessus°...

on top of that

SOPHIE Ça, c'est une occasion°!

a bargain

EMILY OK, monsieur, nous le prenons.

SOPHIE Voilà! Merci beaucoup, monsieur!

EMILY Au revoir, monsieur!

À suivre

Un marché aux puces est un marché en plein air qui vend de tout sauf de l'alimentation, en occasion. On dit que l'origine du mot «puces» dans l'expression «marché aux puces» est une expression péjorative associée aux vieux vêtements pleins de vermine vendus par les brocanteurs *(second-hand dealers)* dans les années 1800. On espère que les puces ne se trouvent plus dans ces marchés! Le plus grand marché aux puces du monde est le marché de Saint-Ouen/Clignancourt à Paris.

Observation et analyse

1. Quelles sortes de choses est-ce qu'on vend dans un marché aux puces?
2. Quelle est l'opinion de Sophie sur le blouson de pilote? Expliquez.
3. Décrivez la dernière offre du vendeur.
4. Est-ce que vous pensez que les filles aiment marchander *(to bargain)* avec les vendeurs? Expliquez.

La place Vendôme, Paris

Réactions

1. Qu'est-ce que vous achèteriez dans un marché aux puces?
2. Est-ce que vous êtes déjà allé(e) à un marché aux puces? Où? Parlez de cette expérience.
3. Aimez-vous marchander avec un vendeur – un vendeur d'automobiles, par exemple? Expliquez.

Expressions typiques pour...

Exprimer ses goûts et ses préférences

Moi, j'adore... parce que...
Je préfère les vêtements neufs (aux vêtements d'occasion *[secondhand]*) parce que...
Je préfère ce pantalon-ci à celui-là parce que...
Je préfère celui-ci parce que...
J'aime mieux le manteau marron (que le manteau vert) parce que...
J'aime bien les tennis (mais je préfère les chaussures de bateau) parce que...
Ce que je préfère, c'est... plutôt que...
Je n'aime ni les tennis ni les sandales, mais (à tout prendre), ce sont les tennis que je préfère.
Je n'aime pas du tout.../Je n'aime pas tellement...
Ça ne me plaît pas.../ Ça ne me dit rien.
J'ai horreur de...
Parfois... *(At times . . .)*
Je ne sais pas./Bof.

Mots et expressions utiles

Les meubles et les appareils ménagers *(furniture and household appliances)*

l'armoire [f] *wardrobe, armoire*
le coussin *cushion, pillow*
l'étagère [f] *shelf; shelves*
le placard *cupboard; closet*
le tapis *carpet*
le tiroir *drawer*
la cuisinière *stove*
le four à micro-ondes *microwave oven*
le lave-vaisselle *dishwasher*
la machine à laver (le linge) *washing machine*
le sèche-linge *clothes dryer*

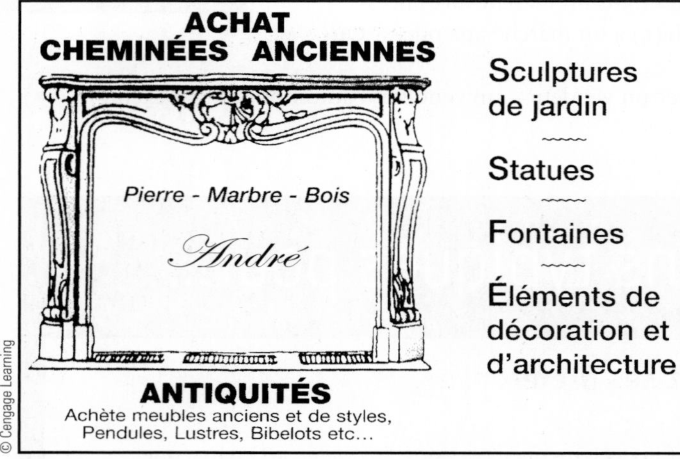

Dans quelle sorte de maison est-ce qu'on mettrait ces meubles? Devinez le sens des mots **pendules, lustres, bibelots.**

Mise en pratique

Au secours! Je cherche un appartement à louer à un prix raisonnable. J'aimerais bien avoir une grande cuisine avec beaucoup de **placards,** d'**étagères** et de **tiroirs** pour ranger ma vaisselle. J'adore faire la cuisine, tu sais. Et puisque je suis très occupée, mon appartement doit être équipé d'une **machine à laver,** d'un **sèche-linge,** d'un **lave-vaisselle** et d'un **four à micro-ondes.** Bien sûr, il doit être aussi économe en énergie. Où puis-je trouver cet appartement de rêve?

Les vêtements et la mode

les bas [m pl] *stockings*
les bottes [f pl] *boots*
les chaussettes [f pl] *socks*
les chaussures [f pl] à hauts talons/à talons plats *high-heeled shoes/low-heeled shoes*
le collant *pantyhose*
les bijoux [m pl] *jewelry*
la bague *ring*
les boucles [f pl] d'oreilles *earrings*
le bracelet *bracelet*
le collier *necklace*
le blouson (en cuir/de cuir) *(leather) jacket*
le pardessus *overcoat*
la veste (de sport) *(sports) jacket*
la chemise *man's shirt*

le chemisier *woman's shirt*
le costume *man's suit*
le tailleur *woman's tailored suit*
l'imperméable [m] *raincoat*
le maillot de bain *swimsuit*
le parapluie *umbrella*
les sous-vêtements [m pl] *underwear*
le tissu *fabric*
enlever (un vêtement) *to take off (a piece of clothing)*
mettre un vêtement *to put on a piece of clothing*

changer de vêtements *to change clothes*
essayer (un vêtement) *to try on (a piece of clothing)*
s'habiller/se déshabiller *to get dressed/to get undressed*
être mal/bien habillé(e) *to be poorly/well dressed*
Ce vêtement lui va bien. *This piece of clothing looks good on him/her.*
Je vous le fais (à...) *I'll give (sell) it to you (for . . .)*

Un vêtement est...

chic; élégant; en bon/mauvais état; sale; déchiré *(torn)*
râpé *(threadbare, worn)*
lavable *(washable)*
chouette *(familiar—great, nice, cute)*
génial *(fantastic)*
d'occasion *(secondhand, bargain)*
dans ses prix *(in one's price range)*
une trouvaille *(a great find)*

On vend des vêtements...

dans une boutique *in a shop, small store*
dans un grand magasin *in a department store*
dans une grande surface *in a huge discount store*
à un marché aux puces *at a flea market*

Mots utiles: l'argenterie [f] *silverware;* **l'assiette** [f] *plate;* **le broyeur à ordures** *garbage disposal;* **la couverture** *cover, blanket;* **le drap** *sheet;* **les enceintes** [f] **acoustiques** *speakers, speaker system;* **le linge de maison** *linen;* **le slip de bain/le short de bain** *men's swimsuit*

Les couleurs sont... agréables, bien assorties *well-matched;* **criardes** *loud;* **neutres** *neutral;* **soutenues** *solid;* **vives** *bright;* **voyantes** *gaudy, loud*

Mise en pratique

Qu'est-ce que je vais acheter comme cadeau pour ma petite amie? Elle est toujours si **bien habillée** que je dois lui trouver quelque chose de très **élégant.** Peut-être un **tailleur** pour ses voyages d'affaires? Non, ce n'est pas **dans mes prix.** Hum... Un **chemisier** très **chic**? Mais je n'aime pas beaucoup les chemisiers ici. Un **maillot**? Non, c'est trop personnel. Un **parapluie**? Non, c'est trop anonyme! Ça y est! J'ai trouvé le cadeau parfait: des **bijoux.** Mais de quelle sorte? un **collier**? une **bague**? un **bracelet**? Hum...

Quand vous faites du shopping dans les petites boutiques ou dans les marchés en France, vous trouverez peut-être que les petits commerçants ne proposent pas agressivement leur produit au client, parce que c'est considéré trop commercial, pas professionnel, ou «très américain». Même offrir des échantillons gratuits *(free samples)* d'un produit pour aider à le vendre n'est pas courant en France. Le concept du service où «le client est roi» ne se voit pas très souvent. Ce n'est pas parce que les marchands n'aiment pas les clients mais parce qu'ils se considèrent experts en leur marchandise et qu'ils se sentent obligés de recommander le meilleur choix pour vous, même si ce produit n'est pas votre préférence.

Aimera-t-elle vraiment cette bague?

Activités

A. Sur le vocabulaire. Vous travaillez comme interprète pour un grand magasin à New York. Vous devez connaître le magasin par cœur pour pouvoir guider les touristes vers les rayons *(departments)* qu'ils cherchent. Étudiez la liste qu'on vous a donnée. Avec un(e) copain/copine de classe, jouez les rôles d'un(e) touriste français(e) et de l'interprète. (N'oubliez pas qu'en France, le rez-de-chaussée est le *first floor* américain.)

MODÈLE: ***—Excusez-moi, monsieur/mademoiselle/madame, mais où se trouve le rayon des tissus?***

—C'est au troisième étage, monsieur.

DEPARTMENT	FLOOR	DEPARTMENT	FLOOR
Blouses–women's	2	Shirts–men's	3
Fabric	4	Shoes	2
Jewelry	1	Suits–men's	3
Stockings	1	Suits–women's	2
Household appliances	3	Swimwear	2
Furniture	5	Umbrellas	1

B. Préférences. En utilisant les ***Expressions typiques pour...***, donnez vos préférences sur quatre des sujets proposés.

MODÈLE: villes

En ce qui me concerne, j'aime mieux les grandes villes parce qu'il y a beaucoup de choses à y faire.

OU

Je n'aime pas tellement les petites villes parce que tout le monde se connaît et se retrouve partout, au supermarché, à l'église, à la poste, etc.

la boisson	le climat	les pays
la nourriture	les films	les vêtements
le sport	les chaussures	la musique
le petit déjeuner	les magasins	les restaurants

C. Une grande surface. Votre ami est vendeur dans une grande surface. Aidez-le à apprendre le vocabulaire nécessaire pour son travail en lui donnant un synonyme ou un antonyme pour chacune des expressions suivantes. Utilisez les ***Mots et expressions utiles***.

Synonymes

1. chouette
2. un type de manteau pour se protéger du froid
3. ce qui couvre le plancher d'une pièce
4. un appareil pour faire cuire *(cook)* très rapidement
5. un type de manteau pour se protéger de la pluie

Antonymes

6. mettre un vêtement
7. se déshabiller
8. un vêtement neuf
9. propre
10. à un prix exorbitant

Quelques grandes surfaces situées en France: Carrefour (vend de tout, chiffre d'affaires juste en-dessous de celui de Walmart), Auchan (vend de tout, chiffre d'affaires juste en-dessous de celui de Carrefour), ATAC (supermarché à prédominance alimentaire), Darty (produits électroménagers)

La grammaire à apprendre

Les pronoms démonstratifs

A. Les pronoms définis

You reviewed demonstrative adjectives earlier. Expressing preferences also necessitates at times the use of demonstrative pronouns. The definite demonstrative pronouns agree in number and gender with the nouns that they replace.

	SINGULIER	PLURIEL
masculin	celui	ceux
féminin	celle	celles

They are used to point out or designate something or someone. They must always be used with **-ci** or **-là**, a preposition, or a dependent clause headed by a relative pronoun. Note that **-là** is used much more frequently than **-ci** in spite of the distinction between **-ci** *(close by)* and **-là** *(farther away)*. These usages are illustrated as follows:

- Followed by **-ci** *(this one, these)* and **-là** *(that one, those)*

  J'aime bien cette **casserole-ci,** mais le marchand me recommande **celle-là.**
  I like this pan a lot, but the salesperson recommends that one.

  If you are shopping and there is a variety of similar items, say, tomatoes, you can point and say:

  Donnez-m'en deux (trois, etc.) de **ceux-ci (celles-ci),** s'il vous plaît.

  The expressions **celui-là** and **celle-là** have a pejorative meaning when used to talk about a person who is not present. For example:

  —Tu connais le grand blond qui est avec Caroline?
  —Oh, **celui-là.** Ne m'en parle pas!

- With a preposition (usually **de**)

  Tiens, tu peux pendre mon pardessus et **celui de** Marc aussi, s'il te plaît?
  Say, can you hang up my overcoat and Marc's too, please?

  NOTE With **de,** the demonstrative pronoun indicates the owner or possessor.

- Followed by a dependent clause headed by a relative pronoun

  De tous les pardessus je préfère **ceux qui** tiennent chaud.
  Of all the overcoats, I prefer those that keep you warm.

  Celui que je préfère est en laine. Il est chaud.
  The one I prefer is wool. It is warm.

  C'est pour **ceux qui** aiment avoir chaud.
  It's for those who like to be warm.

- In order to precisely indicate an object, the following words can be added:

  celui / celle / ceux / celles + { de gauche / de droite / d'en bas / d'en haut / du milieu }

TOUT L'HABILLEMENT
POUR DAMES
ROBES — MANTEAUX — TAILLEURS
ET ROBES DE MARIEES
ALICE
PRÊT A PORTER ET SUR MESURE
Rue de Rivoli
75001 PARIS
Métro : CHATELET
BONS DE LA SEMEUSE ACCEPTÉS

Quels types de vêtements est-ce qu'on peut trouver chez Alice?

B. Les pronoms indéfinis

The indefinite demonstrative pronouns **ceci** *(this)* and **cela (ça)** *(that)* do not refer to a specific noun but to a concept or idea. **Ceci** is rarely used except to announce an idea to follow. **Ça** is considered informal; **cela** is more formal and is used in written language.

—Dis-moi si tu comprends **ceci:** la laine est le tissu le plus recommandé pour se protéger du froid et de la pluie.
—**Ça,** c'est facile à comprendre.

Activités

A. Trouvailles *(Lucky finds)*. Vous revenez du marché aux puces où vous avez acheté beaucoup de choses. Maintenant vous montrez vos trouvailles à votre sœur. Complétez les blancs avec un pronom démonstratif approprié.

1. 2,80 mètres de tissu exotique. C'est _______ que Sophie voulait pour se faire une robe.
2. Trois Rolex (des imitations!). _______ que je préfère, ce sont les deux plus petites.
3. Deux paires [f pl] de bottes. _______-ci est pour Julien; _______-là est pour Jessica.
4. Ces pulls en acrylique sont exactement _______ dont maman avait besoin.
5. Malheureusement, leurs manteaux n'étaient pas super et _______ que j'ai choisi est un peu râpé aux manches.
6. Ces lunettes à bordure rouge sont un peu comme _______ de Laurence, non?
7. Cet iPod ressemble à _______ que Bénédicte s'est acheté, je trouve. Qu'est-ce que tu en dis?
8. Il y avait un choix énorme d'outils. J'espère que _______ que j'ai choisi pour papa sera utile.

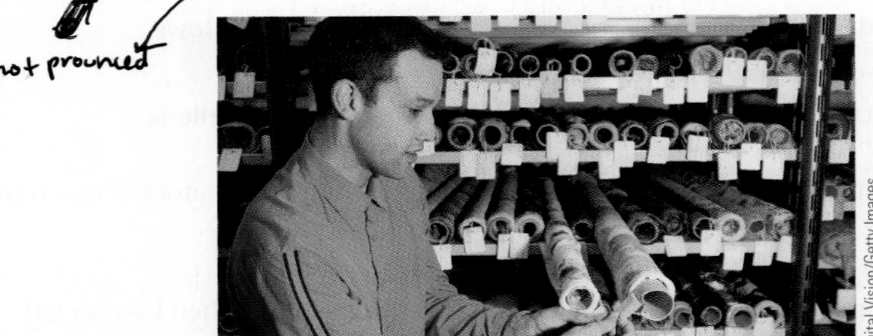

Manchan/Digital Vision/Getty Images

Est-ce que vous aimeriez commander des vêtements sur mesure? Pour quelle(s) occasion(s)?

B. Une boutique chic. Vous allez dans une boutique à Paris avec une amie riche et snob de votre mère. Traduisez ce qu'elle dit. Ensuite, donnez votre réaction.

I'm looking for a red dress. I like that one over there, but I'd prefer that it have long sleeves **(manche, f.)**.

Oh, this wool **(en laine)** pullover is much prettier than that one.

What is that? Is that a skirt? It looks like a bag **(un sac)**! The ones that I prefer have a cut **(une coupe)** that suits me better than this! This other model is for those who are taller.

What is that woman doing over there? That one. Why is she staring at me **(me dévisager comme cela)**? Let's leave!

C. À la recherche d'une tenue habillée *(dressy clothes)*. Racontez ce qui s'est passé la dernière fois que vous avez acheté une robe habillée *(elegant dress)* ou un costume.

1. Quelle était l'occasion?
2. Qu'est-ce que vous cherchiez?
3. Qu'est-ce que vous avez fini par acheter?
4. Vous étiez satisfait(e)? Expliquez.
5. Est-ce qu'il y avait des retouches *(alterations)* à faire?

La grammaire à apprendre

Les adverbes

Adverbs are useful when expressing preferences and in many other contexts to give details regarding when, where, and how the act of communication takes place. You have already reviewed the basics of adverb formation in ***La grammaire à réviser.*** The irregular formation and placement of adverbs will now be discussed.

A. La formation des adverbes irréguliers

The columns below show the meanings shared by common adjectives and adverbs. Be sure to use adjectives to modify nouns. Only adverbs can modify verbs. For example: **cette tarte est bonne; ce pull te va bien.**

- Some adverbs are formed in an irregular way.

Adjectif	Adverbe
bon/bonne *good*	bien *well*
bref/brève *brief*	brièvement *briefly*
gentil/gentille *nice*	gentiment *nicely*
mauvais(e) *bad, wrong*	mal *badly*
meilleur(e) *better*	mieux *better*
petit(e) *small*	peu *little*

—Ce manteau en polyester me protègera **peu** du froid en hiver.

—C'est vrai. Un manteau en pure laine te tiendrait plus chaud. Mais ce modèle-ci te va **mieux** que l'autre.

- In certain expressions, an adjective may be used as an adverb. There is, therefore, no change in form.

chanter faux *to sing off key*
parler bas/fort *to speak softly/loudly*
coûter cher *to cost a lot*
sentir bon/mauvais *to smell good/bad*
travailler dur *to work hard*
voir clair *to see clearly*

—Ces croissants **sentent bon.**

—Oui, mais ils **coûtent cher**.

- An adverb that is a direct equivalent to those we often use in English may not exist in French. For example:

en colère *angrily*
de façon permanente *permanently*
avec espoir *hopefully*
avec plaisir *gladly*

B. La position des adverbes

- In general, adverbs follow the verb they modify in the simple tenses in French. In English they often come between the subject and the verb. This is *never* the case in French.

  Chloé fait **rapidement** un tour au marché aux puces.

  Chloé quickly takes a walk around the flea market.

- In French, some adverbs can begin a sentence. The most common are adverbs of time, **heureusement,** and **malheureusement.**

  D'abord elle achète une paire de chaussures d'occasion.

  First she buys a pair of secondhand shoes.

- When a compound tense is used, many common adverbs are placed between the auxiliary and the past participle.

  Elle s'est **presque** acheté une Mercedes.

  She almost bought a Mercedes.

  Est-ce qu'elle aurait **vraiment** fait cela?

  Would she really have done that?

NOTE Adverbs may be placed after the past participle for emphasis:

  Ces jouets-là lui ont plu **énormément.**

  Those toys pleased her enormously.

- When a verb is followed by an infinitive, common adverbs are placed beween the two verbs.

  Elle va **sûrement** retourner au marché le week-end prochain.

  She is surely going to go back to the market next weekend.

- As in English, French adverbs precede the adjectives and adverbs that they modify.

  Elle a **très bien** fait de partir au bout d'une heure.

  She did very well to leave after one hour.

Que penses-tu de ces chaussures?

Activités

A. La vie universitaire. Un employé de l'université vous pose des questions pour savoir si vous vous adaptez bien à la vie universitaire. Répondez à ses questions en employant un des adverbes de votre choix ou le dérivé d'un des adjectifs proposés.

régulier / vrai / précis / sûr / absolu / constant / naturel / franc / bref / gentil / énorme / complet / rare / heureux / malheureux / fréquent / petit / patient / bon

Est-ce que…

1. vous étudiez?
2. vous dormez sept heures par jour?
3. vous mangez trois fois par jour?
4. vous sortez?
5. vous aimez votre cours de français?
6. vos professeurs sont bons?

B. Une lettre. Laurent écrit une lettre à un ami. Vous trouvez que ce qu'il a écrit n'est pas très intéressant. Embellissez la lettre en ajoutant les adverbes suivants.

demain / hier / méchamment / énormément / gentiment / très / vraiment trop / malheureusement / heureusement / presque / soudain / doucement / dehors / ailleurs / complètement / en même temps / bien entendu

Cher Justin,

Tu ne devineras jamais ce qui m'est arrivé ______! J'étais dans le parking de Carrefour et un chien a couru vers moi. Il aboyait *(was barking)* ______. Il était ______ costaud et il avait l'air ______ féroce. ______ j'avais peur et je ne savais pas ______ quoi faire. ______, j'ai eu une idée. Je lui ai parlé ______ et ______ je suis monté sur le capot *(hood)* de ma voiture! Les clients me regardaient comme si j'étais ______ fou! À l'avenir, je ferai mes courses ______.

Laurent

C. La réponse. Justin, un Américain, répond à son ami Laurent. Traduisez cette lettre en français pour lui.

Dear Laurent,

I can just see you (**Je t'imagine bien**) standing on your car! You can do better than that! They say that with dogs you must sing slowly—even if you sing off key (I know you sing well!)—and walk slowly. Frankly, you did precisely the wrong thing (**le contraire de ce qu'il fallait faire**). One should absolutely not show that one is afraid (**avoir peur**) of dogs. They are extremely sensitive (**sensible**) to fear. The next time, I hope that you will react (**réagir**) more intelligently (**d'une façon plus intelligente**).

Justin

Interactions

Les possibilités. Vous aimeriez avoir un animal de compagnie. Lisez les petites annonces «Animaux». Expliquez à un(e) partenaire à quelle annonce, parmi celles que vous voyez, vous préférez répondre et pourquoi. Est-ce qu'il/elle choisirait la même annonce que vous? Discutez de vos choix avec la classe.

ANIMAUX

Chiot CHIHUAHUA LOF poil long pucé, vacciné, avec son passeport, certificat de naissance, certificat de santé établi par vétérinaire. Chiot élevé avec enfant en famille avec un super caractère, très calin.

Utekhina Anna/Shutterstock.com

Heidi Brand/Shutterstock.com

Donne adorable petit chiot mâle de type Border Collie croisé griffon, né le 05/12/2012. Pas tatoué ni pucé, ni vacciné. Disponible dans environs deux semaines. Chiot habitué à vivre avec d'autres animaux (chien, chat). De nature calme, correspondrait à une famille avec enfants. Si intéressé ou pour plus d'information, contactez-moi de préférence par téléphone.

Couki jeune mâle, né le 2 juin 2012, recherche une nouvelle maison. Il est proche de l'homme, il adore se faire brosser. Très calin, Couki est actuellement au sevrage. Couki est pucé, vacciné et déclaré au haras de France.

Iurii Konoval/Shutterstock.com

Smit/Shutterstock.com

Vends adorable hamster russe gris avec sa cage. La cage comporte un étage, un coin lit, un biberon, une mangeoire, une roue d'exercice, bref tout pour que cet adorable rongeur soit bien.

8 Chiots Golden Retriever LOF nés le 6 novembre 2012: 5 femelles et 3 mâles. Mère: Féanor de la vallée de l'Andelle: 250269801546372 et père Angel of love de Zelkova: 941000012391875. Les chiots sont vendus à 9 semaines: inscrits au LOF (Livre des origines français), vermifugés, identification par puce ou tatoués, primo vaccinés, carnet de santé et certificat de bonne santé fourni à la vente.

Dan Flake/Shutterstock.com

DOSSIER D'EXPRESSION ÉCRITE Préparation

One of the communication goals of this chapter is to learn to write directions that teach your reader how to understand something or how to do something. This activity should help you logically develop an idea and then explain it.

1. First of all, choose an idea or process that you know well so that you can carefully explain it to someone else. In fact, giving directions will help you learn the process. You may want to choose from among the following ideas: describe an experiment; explain a graph, a map, caption, sketch or outline, or survey; explain the rules of a game; explain a recipe; write directions for skills, such as eating with chopsticks, playing a musical instrument; explain how to save someone from choking to death, etc. Feel free to use another idea. Whatever you choose, you should be prepared to explain your directions orally while other students follow along.
2. Write out a draft of the steps to the instructions. If possible, watch someone do the activity and take notes.

Liens culturels

Francois Guillot/AFP/Getty Images

La mode

Des noms tels que Chanel, Dior, Yves Saint Laurent ou Nina Ricci évoquent le prestige de la haute couture et de la parfumerie. Dans les boutiques, les grands magasins et les grandes surfaces, on trouve aussi des collections de prêt-à-porter[1] et des articles de confection industrielle[2] qui sont produits en masse et sont donc meilleur marché.

La mode se démocratise et les frontières de son marché s'étendent de plus en plus. La mode typiquement française, réservée à une classe sociale aisée[3], n'existe plus vraiment et de nos jours, presque toutes les couches[4] sociales s'intéressent à la mode. Les jeunes essaient d'établir leur identité par leur look. Par exemple, il y a quelques années, le piercing était à la mode. Les jeunes se faisaient percer les narines[5], les sourcils[6] ou le nombril[7].

Pour être appelées «haute couture» – une appellation contrôlée – les couturiers doivent avoir leurs propres ateliers de production, employer au moins quinze personnes, présenter chaque année à la presse une collection printemps-été et une collection automne-hiver d'au moins 35 modèles, et présenter à la clientèle leurs collections sur trois mannequins vivants plusieurs fois par an.

Certains des mannequins les plus en vogue ont des contrats exclusifs et très lucratifs d'une durée déterminée avec des couturiers ou des sociétés de cosmétiques. Autrefois, les mannequins féminins devaient mesurer 1,72 mètre minimum, mais les exigences de la mode ont changé et dans les défilés européens actuels, la taille moyenne est de 1,79 mètre. Les mannequins commencent leur carrière entre l'âge de 14 et 20 ans; 25 ans est généralement trop vieux pour débuter dans la haute couture. Les normes esthétiques, surtout la maigreur des mannequins et les risques qui y sont associés, sont devenues des sujets de controverse qui provoquent de nombreux débats. Certains se demandent d'ailleurs s'il ne faudrait pas faire passer des lois interdisant de faire défiler des mannequins trop maigres.

Bien que les créateurs de haute couture aient un nombre réduit de clients, le prestige associé à leurs créations leur permet aussi de vendre d'autres articles: accessoires de mode, parfums, maquillage, lignes de prêt-à-porter.

Une des plus grandes menaces auxquelles les maisons de confection doivent faire face est la contrefaçon[8]. Ce problème force les maisons de haute couture à payer de gros frais pour la surveillance de leur marque. La qualité médiocre de ces imitations risque aussi de ternir[9] la réputation du créateur.

[1]*ready-to-wear* [2]*factory made* [3]*well off* [4]*levels* [5]*nostrils* [6] *eyebrows* [7]*bellybutton* [8]*counterfeiting* [9]*tarnish*

Nils-Johan Norenlind/Nordic Photos/Photolibrary

© Nordicphotos / Alamy

Gamma-Rapho via Getty Images

Compréhension

1. Qui s'intéresse à la mode et pourquoi? Quelle est sa clientèle?
2. Quelles sont les conditions requises pour qu'une maison de confection reçoive l'appellation «haute couture»?
3. Décrivez la vie d'un jeune mannequin aujourd'hui. Est-ce que tout le monde est d'accord avec les normes esthétiques en vigueur? Expliquez.

Réactions

1. Selon vous, est-ce que la mode est un art ou une entreprise commerciale?
2. Pensez-vous que la mode influence trop la vie de certaines personnes? Expliquez.
3. Est-ce que les vêtements sont indicatifs de la personnalité des gens qui les portent? Et vous, quel look est-ce que vous préférez?
4. Quelles sont les normes de beauté pour les hommes? Quels top models aimez-vous bien?

Extension

Faites des recherches sur une maison de haute couture. Qu'est-ce qui distingue cette maison des autres? Qui sont ses «top models»? Trouvez des photos de sa dernière collection et donnez votre opinion sur cette collection. Est-ce que vous pensez que les mannequins sont trop maigres? Doit-on avoir des standards minimum de taille? Expliquez.

LEÇON 2

COMMENT COMPARER
Blog (suite)

Premières impressions

1. Identifiez: les expressions pour dire que des choses sont identiques, comparables ou différentes
2. Trouvez: a. le jeu auquel Sophie aime jouer en ligne
   b. le commentateur qui n'achète rien sur Internet

Sophie est devenue une vraie internaute. Mais elle se soucie du partage de ses données[1] *par les vendeurs en ligne. Aujourd'hui elle discute de ce sujet sur son blog et demande l'avis de ses lecteurs.*

SALUT TOUT LE MONDE! BIENVENUE SUR MON BLOG! JE SUIS ÉTUDIANTE À L'UNIVERSITÉ DE LYON.

J'écris un blog plusieurs fois par semaine, j'ai les nouvelles versions de l'iPhone, de l'iPod et de l'iPad. Depuis huit jours, j'ai le meilleur portable[2] du monde avec un écran haute résolution[3], un stockage flash[4], beaucoup de mémoire, une puissance[5] incroyable et des logiciels[6] qui font presque tout pour moi. C'est évident! Je suis une accro de la technologie et de tout ce qu'on peut faire ou trouver en ligne. J'adore Facebook! Je suis tout le temps en contact avec mes copains et ma famille. Mes amis qui habitent à l'autre bout du monde… en Australie, m'envoient souvent des photos et des nouvelles. J'achète presque tout sur Internet. Je fais mes comptes en ligne et je paie aussi mes factures. Je joue au Scrabble® avec ma sœur, ma mère et deux copains de lycée en ligne. Je regarde des films et me tiens au courant des nouvelles. Mais ce qui m'inquiète de plus en plus, c'est l'emploi de mes données personnelles par les vendeurs qui se servent de Google, de Yahoo, etc. Est-ce que la partie privée de ma vie est respectée par les vendeurs chez qui j'achète quelque chose? Est-ce qu'il y a des lois qui protègent la confidentialité de mes infos personnelles? Comment est-ce que les pouvoirs publics les font respecter, ces lois? Est-ce que quelqu'un saurait ce qui se passe exactement? Je tiens à ce que mes données personnelles restent confidentielles et soient protégées. Sinon, je dois immédiatement arrêter de faire des achats et de payer mes factures en ligne! Quels conseils pratiques me donneriez-vous?

Commentaire

COMMENTAIRES

ALLAL
À mon avis, si vous aimez faire des achats sur Internet et utiliser des réseaux sociaux, vous devez le faire! Les vendeurs utilisent vos données mais c'est pour promouvoir leurs ventes. S'ils donnent accès à vos données à d'autres entreprises, c'est pour vous proposer plus de produits qui sont susceptibles de vous intéresser. Il vaut mieux ne pas perdre de sommeil à cause de ça! Ne vous en faites pas trop.
Réagir contre cet avis?

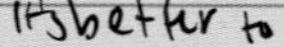
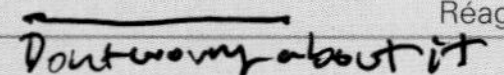

BÉA
Je ne suis pas d'accord! Je n'achète rien sur Internet et je fais toutes mes transactions bancaires en personne. L'idée qu'on me vole mon identité m'empêche de dormir. Ma vie privée est beaucoup plus importante que les bonnes occasions[7] que je rate sur Internet. Les vendeurs n'ont pas le droit d'utiliser mes données personnelles et je fais attention de ne pas les mettre en ligne.
Réagir contre cet avis?

MONA
Je passe beaucoup de temps sur Internet aussi et j'adore acheter en ligne comme vous. Mais, il faut prendre des mesures de sécurité. Si j'étais vous, je téléchargerais[8] immédiatement des logiciels de sécurité pour éviter l'usurpation[9] d'identité, comme, par exemple, McAfee. J'achèterais aussi un pare-feu[10] afin de bloquer les accès non autorisés à mon ordi ou à mes réseaux. Utilisez aussi des mots de passe forts et changez-les souvent. Faites de bons choix!
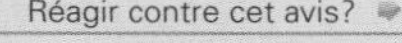
Réagir contre cet avis?

ÉMILE
Je suis d'accord avec Mona. Google, Yahoo et les autres moteurs de recherche offrent des services gratuits comme la recherche, le mél, les actualités, la musique, les vidéos. En revanche, ils financent ces services avec la publicité et du coup, voilà, la collecte des données personnelles se vend bien. Mais si vous vous protégez avec des mesures de sécurité, vous vous débrouillerez. Bonne chance!
Réagir contre cet avis?

[1]*data* [2]*laptop computer* [3]*high-resolution screen* [4]*solid-state hard drive* [5]*power, speed* [6]*software* [7]*great bargains* [8]*would download* [9]*theft* [10]*firewall*

Observation et analyse

1. Décrivez le portable de Sophie.
2. Comment est-ce que Sophie passe son temps sur Internet?
3. D'après Allal, pourquoi est-ce que les vendeurs utilisent les données personnelles sur Internet?
4. Quelles mesures de sécurité est-ce que les blogueurs suggèrent à Sophie?
5. Est-ce que les services gratuits sur Internet comme la recherche, le mél, les actualités, la musique et les vidéos sont vraiment gratuits? Expliquez.

Réactions

1. Est-ce que vous avez un ordinateur? un iPod? un Android? une tablette? Vous en êtes content(e)? Expliquez. Comment est-ce que vous vous en servez?
2. Est-ce que vous avez un compte Facebook? un compte Twitter? d'autres comptes? Lequel de ces réseaux sociaux est-ce que vous aimez le mieux? Combien de temps y passez-vous par jour?
3. Est-ce que la collecte des données personnelles est un échange équitable pour avoir accès aux services gratuits en ligne? Expliquez.

Expressions typiques pour...

Comparer

Souligner les ressemblances

Il n'y a aucune différence entre ces deux articles.

Ils sont { pareils. / semblables *(similar)*. / identiques.

Ils sont (plus ou moins) comparables.

C'est le même (logiciel), mais l'un est en version francaise, l'autre en anglais.

Ils se ressemblent comme deux gouttes d'eau. *(They are as alike as two peas in a pod.)*

Cet iPod ressemble à l'autre.

Ils ont beaucoup de choses en commun.

Il n'y a pas beaucoup / Il y a peu } de différence(s).

Cet iPod a autant de mémoire que l'autre.

Il est aussi petit que l'autre.

Souligner les différences

Ils sont différents l'un de l'autre.
Cet iPod est (bien, beaucoup, un peu) plus/moins grand que l'autre.
Il n'est pas aussi rapide que l'autre.
Il a moins de/plus de mémoire que l'autre iPod.
Ils ont très peu de choses en commun. / Ils n'ont rien en commun.
C'est mieux/pire.
La qualité est (bien) meilleure.
Cet appareil n'a rien à voir avec *(has nothing to do with)* celui-là: il n'est pas comparable!

Mots utiles: une carte vidéo *video card;* **les commandes** [f pl] *commands;* **un tableau** *chart;* **brancher** *to plug in;* **programmer des menus** *to program (create) menus;* **zapper** *to zap, switch between channels or sites;* **suivre sur Twitter** *to follow someone on Twitter;* **importer ou exporter un document; une application** *software application;* **une fonctionalité** *function, such as email or YouTube;* **un signet** *icon;* **la technologie GPS** *global positioning system technology;* **le cédérom (CD-ROM)** *CD-ROM;* **formater** *to format;* **le traitement de texte** *word processing;* **le graveur de CD/DVD** *CD/DVD burner;* **recharger** *to recharge;* **déplacer** *to move (something);* **effacer** *to erase;* **enlever** *to take out;* **enregistrer** *to store, record;* **reculer** *to backspace;* **le lecteur de DVD** *DVD drive*

Mots et expressions utiles

La technologie/Les communications

l'informatique [f] *computer science; data processing*
être dans l'informatique *to be in the computer field*
un micro(-ordinateur) *desktop computer*
un portable *laptop computer; cell phone*
le logiciel *software*
le matériel *hardware*
une clé USB *flash/memory stick*
le clavier *keyboard*
compatible *compatible*
le contrôle vocal *voice activated control*
le disque dur *hard (disk) drive*
l'écran [m] *screen*
un écran haute résolution *high resolution screen*
un écran multi-touch *touch screen*
l'imprimante (à laser) [f] *(laser) printer*
la mémoire *memory*
envoyer des textos/SMS *to send text messages*
une pile *battery*
la puissance *power, speed*
un stockage flash *solid state hard drive*
la souris *mouse*
la touche *key*
les données [f pl] *data*
un fichier adjoint *attachment*
les graphiques [m pl] *graphics*
le programme *program*
appuyer *to press, push (a key)*
cliquer *to click*
faire marcher *to make something work*
synchroniser *to synch*
(re)taper *to (re)type*
le navigateur (le browser) *browser*
se connecter/se brancher à l'Internet *to connect to the Internet*
le courrier électronique (le mail, le mél, le courriel) *email*
l'internaute *one who enjoys the Web*
importer *to download, import from the Web*
Internet [m] *the Internet*
le moteur de recherche *search engine*
le podcast *podcast*
le réseau *network*
télécharger un message/un dossier *to download a message/a file*
le site Web *website*
le Web *World Wide Web*

Mise en pratique

—De quels **logiciels** est-ce que tu te sers?
—Oh, j'ai beaucoup de **programmes** et de jeux. Mais j'utilise surtout un **logiciel de traitement de texte.** Je **tape** mes notes de cours, je fais mes devoirs, je fais tout avec.
—Et est-ce que tu te sers d'une **clé USB**?
—Ça dépend. Quand j'ai beaucoup de **données,** je les **sauvegarde** sur le **disque dur.** Mais si c'est quelque chose de très important, je le **sauvegarde** aussi sur une **clé USB,** au cas où **j'effacerais** par accident le contenu du **disque dur.**
—Et **Internet**?
—Je **me connecte à Internet** tous les jours à partir de mon **portable.** Je suis une vraie accro des réseaux sociaux… C'est presque de la folie dans mon cas… Enfin, c'est ce que ma sœur me dit...

Activités

A. Petites annonces – Informatique. À quelle(s) annonce(s) ci-dessous est-ce que vous répondriez si vous vouliez ce qui est décrit? Expliquez votre réponse.

1. un portable d'occasion avec Windows 8
2. quelqu'un de diplômé en informatique qui pourrait tout faire pour votre ordinateur
3. une tablette avec garantie
4. une imprimante
5. un disque dur externe

INFORMATIQUE

J'vends mon iPad Mini noir/ardoise qui date de la sortie. Complet, état strictement neuf. Boîte et accessoires au complet. 6.0.1. Je vends avec une smartcase (protection complète avant-arrière). Vente car je l'utilise trop peu. 380 € frais de port inclus.

Ingénieur en Informatique avec plus de 10 ans dans le support pour ordinateurs. Je vous propose la réparation, la mise à jour logicielle ou matérielle de votre ordinateur. Je vous propose également de vous former à l'informatique et à l'utilisation de votre PC, des conseils sur l'utilisation d'Internet. L'adaptation à votre besoin est mon principal moyen de vous apporter mon aide. Alors n'hésitez pas, contactez moi.

Ordinateur Portable Tout neuf , Windows 8 , 1 go, écran 10,4 modèle (EEe pc) exploitation 32 bits. 150 €

Bonjour Je vends une tablette état neuf avec sa boîte et tous ses accessoires sous garantie. C'est un cadeau que j'ai déjà. Points forts: tablette Android 0.4 connectée jusqu'à 250 GB. Vidéo HD Webcam et micro intégrés. Une tablette révolutionnaire avec wifi. Votre propre univers d'applications Android 0.4. 80 €

Vends imprimante multifonction wifi, bon état avec une cartouche couleurs neuve et une cartouche pour photo entamée. 45 €.

Ensemble PC. À vendre ordinateur - Windows XP avec scanner - Imprimante - Écran plat 15' - Clavier - Souris. 50 €

Macbook Pro Neuf Apple MacBook Pro SuperDrive 13.3" LED - Core i5 à 2,5 GHz NEUF SOUS BLISTER. 1 200 €

2 Disques Durs Externes 2.5" - 500 Go Chacun (neufs) Vente de 80 euros de disques, c'est-à-dire: Je vends 40 euros un mini disque dur externe (portable - 2.5") de 500 Go - USB 3.0 & 2.0 Dimension 119mm x 78.9mm x 13.5mm (N'a jamais servi). Je vends 40 euros un mini disque dur externe (portable - 2.5") de 500 Go - USB 2.0 125 grammes dimension 77mm x 114mm x14mm (N'a jamais servi). Disques Neufs. 80 €

PC Complet. Bonne occasion. À vendre Ordinateur avec Windows 8, disque dur 38 Go - Mémoire vive 1 Go. Vous n'avez plus qu'à vous connecter sur Internet. Mon fils a laissé le logiciel de connexion. Tour complète, Écran 17" utilisé que 4 ans, clavier et souris. Ainsi que le meuble pour la tour. 150 €

© Kitch Bain/AgeFotostock

Helene Rogers/Art Directors & TRIP / Alamy

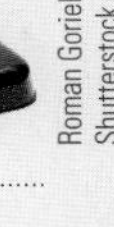
Roman Gorielov/ Shutterstock.com

Portfolio/Shutterstock.com

B. Comparaisons. En petits groupes, comparez quatre des sujets présentés ci-dessous.

MODÈLES les livres

Les livres de poésie sont plus difficiles à lire que les romans de science-fiction.

Les livres de James Joyce sont plus difficiles à lire que ceux de Scott Turow.

les villes touristiques	les universités	les films
les boissons	les émissions de télé	la poésie
les téléphones portables	les cours	les iPhones
les télés à écran plat	les vêtements	les restaurants

C. Une société d'informatique. Vous travaillez pour une petite entreprise américaine d'informatique qui souhaite vendre ses ordinateurs dans des pays africains francophones. Traduisez cette publicité.

We are presenting IZT's new laptop computer with a high-resolution screen and a solid-state hard drive. It is compatible with all systems on the market **(tous les systèmes sur le marché).** It can use all software developed for IBT. The keyboard is sensitive **(sensible),** the screen is easy to adjust **(régler).** It is perfect for word processing and for searching the Internet while you are traveling. It can read almost all printers' software. Isn't it time you bought the IZT portable computer?

La grammaire à apprendre

Le comparatif et le superlatif des adjectifs

A. When comparing two things or people, **plus**, **moins**, or **aussi** is placed before the adjective and **que** after it.

Cet ordinateur-ci est **plus** rapide **que** celui-là.
This computer is faster than that one.

Cet ordinateur-ci est **moins** cher **que** celui-là.
This computer is less expensive than that one.

Cet ordinateur-ci est **aussi** puissant **que** celui-là!
This computer is as powerful as that one!

B. The superlative is used to compare three or more things or people. It is formed by placing **le**, **la**, or **les** and **plus** or **moins** before the adjective. The adjective is placed in its normal position—before or after the noun depending on the adjective. Use **de**, NOT **dans**, to express *in* or *of* in English.

C'est l'ordinateur **le plus** cher **de** ce magasin d'informatique.
That is the most expensive computer in this computer store.

C'est **le plus** petit écran **du** magasin.
That is the smallest screen in the store.

With the adjectives that normally precede the noun, it is also correct to put them after the noun:

C'est l'écran **le plus grand et le plus facile à lire.**
That is the biggest screen and the easiest to read.

NOTE The following construction can always be used:

Cet ordinateur est **le plus cher** de tous les ordinateurs qu'on vend dans ce magasin d'informatique.
That computer is the most expensive of all the computers they sell in this computer store.

C. The adjectives **bon** and **mauvais** are irregular in some forms.

	Comparatif	Superlatif
bon(ne)	meilleur(e)	le meilleur la meilleure les meilleur(e)s
	moins bon(ne)	le moins bon la moins bonne les moins bon(ne)s
	aussi bon(ne)	
mauvais(e)	plus mauvais(e), pire	le plus mauvais, le pire la plus mauvaise, la pire les plus mauvais(es), les pires
	moins mauvais(e)	le moins mauvais la moins mauvaise les moins mauvais(es)
	aussi mauvais(e)	

NOTE **Pire** is often used to express abstract judgment, whereas **plus mauvais** expresses concrete judgment:

—J'ai **le meilleur** portable du monde! *I have the best cell phone in the world!*

—Mais tu as **la plus mauvaise facture d'abonnement.**

But you have the worst monthly bill.

—Tu as raison, mais ce n'est pas **la pire** des choses !

You are right, but it's not the worst possible scenario!

Le comparatif et le superlatif des adverbes

A. The same constructions **(plus que, moins que, aussi que)** are used to compare adverbs.

Cette application fonctionne **plus** vite **que** celle de Cheta.

That application runs faster than Cheta's.

Ce portable fonctionne **moins** vite **que** l'autre.

That laptop runs less quickly than the other.

Ce portable fonctionne **aussi** vite **que** l'autre.

That laptop runs as fast as the other one.

B. When forming the superlative of adverbs, the articles do not change to agree in number and gender because adverbs are invariable.

Ce sont les portables qui fonctionnent **le plus** vite.

Those are the laptops that run the fastest.

C. The adverbs **bien** and **mal** are irregular.

	Comparatif	Superlatif
bien	mieux	le mieux
	moins bien	le moins bien
	aussi bien	
mal	plus mal	le plus mal
	(pis *[rarely used]*)	(le pis *[rarely used]*)
	moins mal	le moins mal
	aussi mal	

Cet ordinateur-ci marche **le mieux.**

This computer works the best.

Celui-là fonctionne **le moins bien.** Il est plus vieux.

That one works the worst. It is older.

Le comparatif et le superlatif des noms

A. When comparing amounts or quantities of nouns, the expressions **plus de, moins de,** and **autant de** are used.

Cet ordinateur a **plus de** mémoire **que** l'autre.

That computer has more memory than the other.

Cet écran a **moins de** résolution **que** l'autre.

This screen has less resolution than the other.

Cet ordinateur-ci a **autant de** puissance **que** l'autre.

This computer has as much power as the other.

B. To form the superlative of nouns, the expressions **le plus de** and **le moins de** are used. As with adverbs, articles do not change.

Mais cet ordinateur-là a **le plus de** mémoire.

But that computer has the most memory.

Activités

A. La vie au lycée et à l'université. Vous écrivez une composition qui a pour sujet la comparaison entre la vie au lycée et la vie à l'université. Choisissez l'expression appropriée en complétant les phrases suivantes avec le comparatif des adjectifs. Faites tous les changements nécessaires.

1. Les lycéens / être / plus (moins, aussi) / libre / que… parce que…
2. Les cours au lycée / être / moins (plus, aussi) / difficile / que… parce que…
3. Les repas au lycée / être / aussi (plus, moins) / bon / que… parce que…
4. La responsabilité des étudiants / être / moins (plus, aussi) / grand / que… parce que…
5. La vie sociale à l'université / être / plus (moins, aussi) / intéressant / que… parce que…

B. Super! Pour Vincent tout est super – surtout quand il parle de tous ses gadgets. Complétez ses phrases avec le superlatif. Attention! Certains superlatifs sont irréguliers. Connaissez-vous quelqu'un comme Vincent?

1. je / avoir / plus / bon / ordinateur / de / monde
2. il / marcher / plus / bien / tous / autres / ordinateurs
3. il / avoir / plus / mémoire / tous / autres / ordinateurs
4. écran / avoir / plus / bon / résolution / possible
5. imprimante / marcher / plus / vite / toutes / autres / imprimantes
6. programme que j'ai écrit / avoir / graphiques / plus / intéressants
7. ordinateur / être / moins / cher / de tous portables
8. de tous les nouveaux iPods / iPod / avoir / plus / bon / qualité audio

C. Trouvez quelqu'un qui… Pendant cinq minutes, posez ces questions en français à vos copains/copines pour savoir qui dans la classe…

1. has less money on him/her than you
2. had a better grade than you on the last French test
3. takes as many courses as you
4. likes classical (popular, jazz, etc.) music more than you do
5. watched TV less than you this week
6. recycles more than you

D. Comparaisons. Répondez aux questions suivantes. Comparez vos réponses à celles des autres étudiants de la classe.

1. Est-ce que vous avez déjà eu un job d'été? Si vous avez eu plusieurs jobs d'été, comparez-les. Parlez des horaires, de la nature du travail, du patron, des clients, etc.
2. Est-ce que vous avez vécu ailleurs qu'ici? Où? Comparez les endroits où vous avez vécu. Parlez du climat, des loisirs, de vos amis, de la vie nocturne, etc.
3. Est-ce que vous avez voyagé? Où? Comparez vos voyages. Parlez des endroits, du climat, des loisirs, des gens, etc.
4. Est-ce que vous avez lu plusieurs livres récemment? Lesquels? Comparez-les en parlant des personnages, de l'intrigue, du genre, de l'auteur, etc.
5. Est-ce que vous avez mangé au restaurant récemment? Dans quels restaurants? Comparez-les en parlant du service, de la cuisine, de l'ambiance, etc.

Interactions

A. Tout change dans la vie. Étudiez le tableau qui montre les changements dans la répartition des dépenses des ménages français. Comparez les pourcentages des années 1960 jusqu'à 2011. Pour quelles catégories est-ce que les Français ont dépensé le plus au cours des années récentes? le moins?

Transferts et arbitrages

Évolution de la structure des dépenses de consommation effective des ménages[1] (en %, aux prix courants)

	1960	1970	1980	1990	2000	2011
Produits alimentaires, boissons non alcoolisées	23,2	18,0	14,5	13,1	11,4	10,2
Boissons alcoolisées, tabac	5,4	3,8	2,8	2,4	2,7	2,4
Articles d'habillement et chaussures	9,7	8,1	6,1	5,4	4,0	3,2
Logement, chauffage, éclairage	10,7	15,8	16,8	17,4	19,1	19,1
Équipement du logement	8,4	7,3	6,8	5,6	5,1	4,4
Santé	1,5	2,1	2,0	2,7	2,9	2,9
Transports	9,3	10,4	12,1	12,6	12,2	10,9
Communications	0,5	0,6	1,3	1,5	1,7	2,0
Loisirs et culture	6,2	6,8	7,1	7,0	7,1	6,4
Éducation	0,5	0,5	0,4	0,5	0,5	0,6
Hôtels, cafés, restaurants	6,5	5,4	5,5	6,0	6,0	5,4
Autres biens et services	5,7	6,0	6,2	6,1	6,0	8,4
Solde territorial						-0,6
Total dépenses de consommation des ménages	87,6	84,9	81,5	80,4	78,7	75,4
Dépenses de consommation des ISBLSM[2]	1,1	0,8	0,7	0,7	0,9	2,8
Dépenses de consommation des APU[3]	11,3	14,3	17,8	18,9	20,4	21,8
Consommation effective des ménages	**100,0**	**100,0**	**100,0**	**100,0**	**100,0**	**100,0**

(1) Les dépenses effectives sont celles directement supportées par les ménages, auxquelles on ajoute celles supportées par l'État mais dont les bénéficiaires peuvent être précisément définis (remboursements de Sécurité sociale, coûts d'hospitalisation publique, frais d'éducation). (2) Dépenses de consommation des institutions sans but lucratif au service des ménages en biens et services individualisés. (3) Dépenses de consommation des administrations publiques en biens et services individualisables.

Source: INSEE - [2013]

B. Le choix de l'université. Un(e) ami(e) est en train de choisir une université. Aidez-le/la à comparer plusieurs universités. Comparez les choses suivantes:

1. les cours
2. les professeurs
3. les étudiants
4. les frais d'inscription
5. les ressources du campus
6. le logement

DOSSIER D'EXPRESSION ÉCRITE Premier brouillon

Begin the directions that you drafted in **Leçon 1** with an introductory note that presents the subject. In this section, you will give an overview or explanation of what you will discuss.

1. If appropriate, include a list of materials or ingredients and illustrations. Provide any warnings or cautionary notes about any dangers. Look ahead to the expressions on pages 374–375 for some ideas.
2. The main body of your text will contain the description of the procedures or plans. You should pay particular attention to whether your explanation is clear and shows the steps clearly. You should go from the simple to the complex, from beginning to end, from general to specific, or in chronological order depending on what you are explaining.
3. Be sure to define any words or terms for the non-specialist. Try to do this through illustrations or writing descriptive phrases or sentences explaining the word. It might also help to give the semantic category.
4. Write a title that will give readers an idea of what they'll be learning to do.

Liens culturels

Elena Elisseeva/Shutterstock

Les Français, la technologie et l'environnement

En 2000, les ménages français avaient un taux d'équipement en ordinateurs de 27% mais aujourd'hui, la France se trouve au même niveau que les États-Unis (respectivement 76% et 77%). Un nombre croissant de Français téléchargent des *ebooks*, et de plus en plus en lisent sur des tablettes ou sur des smartphones. Plus de 75% des ménages disposent d'une connexion Internet à domicile. Le Minitel, technologie vidéotex de 1982–2012, dont les services ont migré sur Internet, a servi de précurseur mondial dans l'informatique grand public.

Internet continue à transformer la vie et la perception du monde. Il propose de nouvelles formes de communication, à travers les mails, les textos, les blogs, les forums et les réseaux sociaux. Il se caractérise par la diversité de ses utilisations: information, divertissement, achats, communication. Mais il crée aussi certains problèmes, par exemple, les inégalités entre ceux qui sont connectés et ceux qui ne le sont pas, le caractère solitaire lié à son utilisation aux dépens du contact en personne, et des intrusions illicites dans la vie privée en raison de l'utilisation de données personnelles.

La technologie va bien au-delà des ordinateurs et d'Internet, cependant. Elle touche tous les aspects de la vie française, entre autres, où et comment on travaille, comment on écoute de la musique, comment on se tient au courant des nouvelles, comment on fait la connaissance de gens de son âge ou encore comment on rompt le contact avec des amis.

Dans le monde du travail, la technologie a remplacé certains emplois, mais des «technologies vertes» créent de nouveaux métiers liés à la protection de l'environnement, par exemple la production d'énergies renouvelables, la construction de bâtiments à énergie neutre ou positive et les moyens de transport non polluants.

44% de la population française se déclarait «écolo-sceptique» en 2011, mais les choses changent. Avec des années de grosses inondations[1] suivies d'années de sécheresse[2], l'épuisement[3] de certaines ressources naturelles, la destruction de la couche d'ozone et la disparition de nombreuses espèces animales et végétales, les Français se préoccupent de plus en plus de la protection de l'environnement. Du coup, on voit des changements de comportement dans la vie quotidienne: on pense à éteindre les appareils électriques plutôt que de les laisser en veille; on trie les déchets[4] et on recycle; on prend des douches plutôt que des bains; on ferme le robinet d'eau pendant qu'on se brosse les dents; on conduit plus souplement et moins vite. Même ceux qui croient que les menaces qui pèsent sur la planète sont exagérées pensent que le prix de l'énergie ne fera qu'augmenter.

Adapté de Gérard Mermet, *Francoscopie 2013*, Larousse, pp. 286, 288–289, 291, 322, 489, 491–494, 499, 500–501.

[1]*floods* [2]*droughts* [3]*using up* [4]*sort the garbage*

Compréhension

1. Comparez le taux d'équipement d'ordinateurs chez les Français et les Américains.
2. Nommez trois problèmes qu'Internet peut causer.
3. Parlez des effets positifs et négatifs de la technologie sur le monde du travail.
4. Quels changements dans la vie quotidienne des Français reflètent leur désir de protéger l'environnement?

Réactions

1. Lisez-vous souvent des *ebooks* ou préférez-vous les livres imprimés aux livres électroniques? Pourquoi?
2. Pensez-vous qu'Internet augmente les inégalités entre les gens? Expliquez.
3. Qu'est-ce que vous faites pour protéger l'environnement et que feriez-vous si vous aviez plus de temps?

Extension

Choisissez un de ces sujets et préparez un rapport: 1) la technologie et l'économie; 2) les technologies vertes dans le monde francophone; 3) l'avenir de l'énergie nucléaire. Trouvez des renseignements sur Internet et à la bibliothèque et exprimez votre opinion.

LEÇON 3

COMMENT DONNER DES INSTRUCTIONS, DES INDICATIONS ET DES ORDRES

Conversation (conclusion)

 Track 19

Premières impressions

1. Identifiez: les expressions pour donner des instructions et pour dire qu'on ne comprend pas
2. Trouvez: où l'on met le fromage dans un croque-monsieur: sur le dessus, dedans ou sur les deux côtés

Sophie donne une leçon de cuisine à Emily.

EMILY Alors, Sophie, c'est quoi, ton secret pour les croque-monsieur? Je serais vraiment curieuse de savoir!

SOPHIE Bon, écoute, je vais te montrer ça… Alors, d'abord tu prends deux tranches de pain de mie°, du pain de mie frais, évidemment… Tu prends ta poêle, tu mets un petit peu de beurre dedans, tu le fais fondre° un peu, et une fois que le beurre est chaud, tu mets du beurre sur une première tranche de pain que tu mets dans la poêle.

EMILY Ah, tu mets du beurre sur le pain aussi… D'accord.

SOPHIE Oui, sinon tu vas avoir un croque-monsieur qui va coller° à la poêle, tu vois? Ensuite, tu mets une première tranche de fromage, du gruyère[1]… peu importe, selon tes goûts… Et puis, tu mets une tranche de jambon et tu laisses cuire° un petit peu, euh, pour que le fromage fonde.

EMILY Et tu fais griller° ton pain d'abord ou…

SOPHIE Tu fais griller le pain dans la poêle avec le jambon et le gruyère, si tu veux. Fais attention de ne pas laisser coller le pain à la poêle. Ensuite, ce que tu fais, tu remets une tranche de fromage sur le dessus, tu laisses fondre le tout et tu mets bien une deuxième tranche de pain avec toujours du beurre mais sur l'extérieur parce qu'il faudra retourner le croque-monsieur pour faire dorer° l'autre côté.

EMILY Je ne pige pas°! Tu ne mets pas de fromage sur le dessus? Juste dedans?

SOPHIE Oui. Sur le dessus, ça risquerait de coller!

EMILY Oh, mais c'est trop compliqué pour moi! Comprendre la technologie est vraiment plus facile qu'apprendre à faire la cuisine!

SOPHIE Mais ce n'est pas compliqué du tout! Oh là là… ! Tiens on va aller acheter ce qu'il faut.

pain… *sandwich bread*
fais fondre *melt*
coller *stick*
laisses… *let (it) cook*
fais griller *toast*
faire dorer *to brown*
Je ne… (piger *familiar) I don't get it; I don't understand*

[1]Le gruyère est un fromage suisse à pâte dure qui vient à l'origine de la région de Gruyère, dans le Jura suisse. Le Comté est l'équivalent français, aussi fabriqué dans les laiteries (*dairies*) du Jura, une chaîne de montagnes que se partagent la France et la Suisse.

Observation et analyse

1. Quels ingrédients est-ce qu'il faut pour faire un croque-monsieur?
2. Quelle sorte de fromage est-ce que Sophie recommande?
3. À quoi faut-il faire attention pour bien réussir un croque-monsieur?
4. Est-ce qu'Emily sera une bonne cuisinière? Expliquez.

Réactions

1. Est-ce que vous aimez faire la cuisine? Pourquoi? Est-ce que vous avez déjà fait des recettes françaises? Si oui, lesquelles? Sinon, est-ce qu'il y en a qui vous intéressent?
2. Est-ce que vous avez déjà donné une leçon de cuisine à une autre personne? Si oui, décrivez cette expérience. Sinon, est-ce que vous avez déjà donné des instructions à une autre personne? Expliquez.

Expressions typiques pour...

Donner des indications ou des instructions

D'abord/La première chose que vous faites, c'est...

Après cela/Puis/Ensuite... {
- suivez cette rue, puis allez à gauche...
- prenez du beurre et, après cela, faites-le fondre dans une casserole...
- vous branchez l'appareil; ensuite vous sélectionnez la température...

Il faut d'abord faire bouillir l'eau avant de mettre les œufs dans la casserole...

Je vous explique comment vous devez faire pour faire marcher *(make something work)*... Vous allez mettre...

Maintenant...

Là, vous enfoncez *(insert)* bien la clé, vous tirez la porte vers vous et...

N'oubliez pas de (+ infinitif)...

Faites attention à ne pas (+ infinitif)...

Pensez bien à (+ infinitif)...

S'assurer que l'on comprend

Tu comprends?/Vous comprenez jusque là?
Tu y es?/Vous y êtes? *(Do you understand? Do you "get it"?)*
Tu vois/Vous voyez ce que je veux dire?
Tu piges? *(familiar—Do you understand? Do you "get it"?)*

Encourager

C'est bien... maintenant...
Très bien. Continue(z).
Tu te débrouilles/Vous vous débrouillez très bien *(getting along very well)*.
Tu t'y prends/Vous vous y prenez très bien *(are doing it the right way)*.
Tu es/Vous êtes doué(e) *(gifted)* pour ça.

Dire qu'on ne comprend pas

Je m'excuse mais je ne comprends pas ce que je dois faire.
Excuse-moi/Excusez-moi, mais je ne comprends pas.
Peux-tu répéter, s'il te plaît?/Pouvez-vous répéter, s'il vous plaît?
Je (ne) pige pas. Tu peux répéter?

Donner des ordres

Imprime cette lettre et trouve-moi.../Imprimez cette lettre et trouvez-moi...
Je veux que tu téléphones/vous téléphoniez à...
Tu veux me chercher..., s'il te plaît?/Vous voulez me chercher..., s'il vous plaît?
Plus fort!/À gauche!/Pas si vite!/À table!

Mots et expressions utiles

La cuisine

une casserole *(sauce) pan*
un couvercle *lid*
un grille-pain *toaster*
un faitout *large cooking pot*
le plat *dish (container); dish (part of meal), course*
la poêle *frying pan*
coller *to stick*
passer au beurre *to sauté briefly in butter*
verser *to pour*
le pain de mie *sandwich bread*

Suivre des instructions

(faire) bouillir *to boil*
(faire) cuire *to cook*
(faire) dorer *to brown*
(faire) fondre *to melt*
(faire) frire *to fry*
(faire) griller *to toast (bread); to grill (meat, fish)*
(faire) mijoter *to simmer*
(faire) rôtir *to roast*
(faire) sauter/revenir *to sauté (brown or fry gently in butter)*
se débrouiller *to manage, get along*
doué(e) *gifted, talented*
piger *(familiar) to understand, to "get it"*
s'y prendre bien/mal *to do it the right/wrong way*
Tu y es?/Vous y êtes? *Do you understand? Do you "get it"?*

Mots utiles: ***La cuisine:*** **un batteur pâtissier** *mixer;* **une cafetière** *coffee maker;* **un mixeur** *blender;* **un robot ménager** *food processor,* **une mijoteuse électrique** *slow cooker*

Mise en pratique

Supprimer le gras *(fat)* de mon régime! Impossible! Même si je dois en mourir! J'adore mes steaks et mes pommes de terre au beurre, avec une goutte d'huile pour empêcher que le beurre ne brûle. Pour les haricots, les choux et les autres légumes, c'est **passés au beurre,** au vrai beurre, qu'ils sont les meilleurs. Et je **fais fondre** du fromage sur presque tout ce que je **fais cuire.** Je devrais commencer à **faire griller,** à **faire rôtir,** ou bien pire, à **faire bouillir**? Il n'en est pas question!

Activités

A. Vous êtes le prof. Vos étudiants de cuisine ne comprennent pas les expressions et les mots suivants. Donnez une définition, un synonyme ou un exemple pour chaque expression.

MODÈLE: un couvercle
C'est ce que vous mettez au-dessus d'une casserole.

1. faire dorer
2. un faitout
3. faire fondre
4. s'y prendre bien
5. faire mijoter
6. un(e) étudiant(e) doué(e)

Vrai ou faux ?

1. L'ananas est un fruit exotique.
2. Le radis et le navet font partie de la même famille.
3. Les épinards se mangent cuits.
4. Les fraises cueillies en juin ont un meilleur goût.
5. La tomate est un légume.

1. Vrai, il pousse dans les pays chauds.
2. Vrai, la famille des légumes racines.
3. Faux, on peut aussi manger les jeunes pousses d'épinards crues en salade.
4. Vrai.
5. Faux, c'est un fruit, mais qu'on mange comme un légume.

B. Une décoration. Regardez les images suivantes. Donnez les instructions à suivre pour fabriquer un artichaut-bougeoir *(artichoke candlestick)*.
MOT UTILE: **un pinceau** *(paintbrush)*

C. Instructions. Avec un(e) partenaire, donnez des instructions pour: (1) préparer un citron pressé *(fresh lemonade)*, un latte, un hamburger ou votre petit déjeuner préféré; (2) ouvrir la porte de votre appartement/maison; (3) prononcer votre prénom en français; et (4) faire marcher un ordinateur ou écrire une lettre de recommandation. N'oubliez pas de poser des questions si vous ne comprenez pas les instructions. Les instructions ci-dessous sur la préparation de certains fruits peuvent servir de modèles.

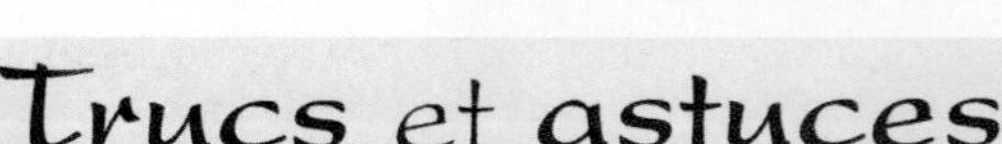

Trucs et astuces

LES CERISES
Comment les congeler ?
Préférez les variétés acides (griottes et montmorency). Ne gardez que les plus belles. Lavez-les et équeutez-les. Séchez-les au sèche-cheveux. Disposez-les dans des barquettes d'aluminium en une seule couche et recouvrez-les de sucre. Fermez les barquettes. Congelez-les 4 heures à puissance maximale puis redescendez à température normale (-18° C). Elles se conservent pendant environ 8 mois.

LES FRAISES
Éviter les risques d'urticaire...
- Pelez légèrement les grains externes pour les faire tomber (ce sont eux les responsables),
- Rincez les fraises dans une eau citronnée, ou...
- Immergez-les rapidement, plusieurs fois de suite, dans une eau vinaigrée.

LES GROSEILLES
Comment les égrapper ?
Vous éviterez de les écraser et vous gagnerez du temps en utilisant une fourchette. Tenez la fourchette face bombée vers le haut dans une main, et dans l'autre la grappe de groseilles. Faites ensuite de petits mouvements brefs.

Des glaçons surprises !
Prenez un bac à glaçons vide et déposez dans chaque case un fruit au choix : framboise, myrtille, groseille, cassis, etc. Recouvrez d'eau et mettez au congélateur. En démoulant vos glaçons, le fruit apparaît en transparence !

La grammaire à apprendre

Faire causatif et les verbes de perception

A. The verb **faire** is commonly followed by an infinitive when meaning: (1) to have someone do something for you; (2) to make someone do something; or (3) to cause something to be done. These constructions will be very useful as you practice giving instructions and orders in this lesson.

Elle **a fait faire** une robe pour sa fille.
She had a dress made for her daughter.

Elle **a fait travailler** les mannequins pour les clients.
She made the models work for the customers.

Ses commentaires **feront réfléchir** les clients.
Her comments will cause the customers to think.

The expression **se faire + infinitif** is used when the action is done for oneself. There is no agreement of the past participle.

Elle **s'est fait faire** une robe. *She had a dress made for herself.*

NOTE If one were performing the action oneself, the expression would be:

Elle **a fait** une robe pour sa fille. *She made a dress for her daughter.*

B. The causative construction may have one or two objects. When there is only one object, it is a direct object.

Le couturier **a fait** travailler **ses mannequins.** *The fashion designer made his models work.*

Il **les a** vraiment **fait** travailler. *He really made them work.*

When the construction has two objects, the person is the indirect object and the thing is the direct object.

Il **a fait** couper **cette robe à son assistante.** (Il **la lui a fait** couper.)
He had his helper cut the dress. (He had her cut it.)

NOTE The object pronouns are placed before the form of **faire.** The past participle is invariable in the causative construction because the real object is the infinitive phrase.

In affirmative commands, however, the object pronouns follow **faire.**

Le jambon de pays? Fais-le couper. *The country ham? Have it cut.*

C. The following are some very useful constructions with faire:

faire venir	*to have someone come; to send for*
faire voir	*to show*
faire tomber	*to drop something*
Ça me fait rire/pleurer/penser à...	*That makes me laugh/cry/ think about . . .*

NOTE The expression **rendre + pronom personnel** or **nom** is used with an adjective.

Cette nouvelle **me rend heureux.** Ça me fait sourire!
That news makes me happy. That makes me smile!

D. The verbs of perception **laisser, entendre,** and **voir** resemble the construction of the ***faire causatif,*** and the placement of the object pronouns follows the same pattern.

J'**entends venir** le couturier.
I hear the fashion designer coming.

J'**ai vu arriver** le mannequin il y a dix minutes.
I saw the model arrive ten minutes ago.

Je me demande s'il la **laissera partir** de bonne heure.
I wonder if he will let her leave early.

Activités

A. Une recette. On vous a donné cette recette. Aujourd'hui, avec votre famille, vous décidez de l'essayer. Décrivez comment préparer ce plat.

wavebreakmedia/Shutterstock.com

Aimeriez-vous aller à une école de cuisine?

MOTS UTILES: **les haricots** [m pl] *(beans);* **les moules** [f pl] *(mussels);* **refroidir** *(to cool down);* **mélanger** *(to mix);* **orner** *(to decorate);* **une rondelle** *(slice)*

Salade de haricots aux moules

Nous / faire / cuire / haricots / avec / carotte, / deux oignons, / sel / et / poivre. Je / les / laisser / refroidir. Julien / ouvrir / les moules. Tu / préparer / vinaigrette. Tout ça / faire / réfléchir / mère. Elle / n'a pas l'habitude de / nous / entendre / travailler / la cuisine.

Au moment de servir, / nous / mélanger / les haricots / les moules (après en avoir réservé quelques-unes pour orner les rondelles de tomates) et les trois quarts de la vinaigrette. Tu / décorer / plat de rondelles de tomates. Je / verser / reste / de vinaigrette dessus. Julien / faire / voir / salade / maman. Ça / la / faire / sourire / et elle / nous / féliciter.

B. Questions indiscrètes. Parlez avec un(e) partenaire. Ensuite, comparez vos réponses avec celles des autres étudiants.

Qu'est-ce qui te fait…

1. rire?
2. chanter?
3. réfléchir longuement?
4. rêver?
5. perdre patience?
6. crier *(yell out)*?
7. pleurer?

C. Votre réaction. Comment réagissez-vous et que décidez-vous de faire ou de faire faire dans les situations suivantes? **(Ça me fait… / Ça me rend… / Ça me donne envie de…)**

1. Votre mère/père vous offre un cadeau dont vous aviez envie depuis longtemps.
2. Vous lisez un livre très triste.
3. Vous regardez un ancien film de Bradley Cooper.
4. Vous regardez un programme sur les sans-abri.
5. Votre fils/fille revient de l'école avec un deuxième zéro en maths.
6. Vous organisez une fête pour célébrer le vingt-cinquième anniversaire de mariage de vos parents.

D. Échange de recettes! Avec un(e) partenaire, échangez une recette, oralement, puis par écrit. La recette à droite peut servir de modèle. Voici quelques idées:

coq au vin	**omelette aux champignons**
crêpes ou gaufres	**soupe de légumes**
salade de thon	**mousse au chocolat**

Confiture de fraises express

La recette

Préparation : 20 minutes
Cuisson : 10 minutes

Pour 4 verrines de 200 g :
500 g de fraises, 400 g de sucre gélifiant, 1 citron, 1 orange.

1 - Laver les fraises. Les équeuter et les couper en morceaux. Les verser dans une jatte. Saupoudrer de sucre gélifiant. Ajouter les jus de citron et d'orange. Laisser macérer 1/2 heure.

2 - Faire cuire à couvert 5 minutes au micro-ondes, puissance maximale. Mélanger. Cuire à nouveau pendant 5 minutes, puissance maximale, à découvert cette fois. Verser dans les verrines. Laisser refroidir avant de fermer.

Apports nutritionnels pour 100 g (1/2 verrine) :
230 kcalories (960 kJoules),
54 g de glucides,
1,4 g de fibres,
110 mg de potassium.

MSPhotographic/Shutterstock.com; Source: Santé Magazine

Quels plats ou desserts est-ce que vous aimez préparer? Quels plats est-ce que vous n'aimez pas préparer?

Interactions

A. Comment faire. Circulez parmi vos copains/copines de classe pour faire l'activité suivante. À la fin de votre description, votre copain/copine doit deviner le nom de ce que vous avez décrit.

- Dites au premier/à la première copain/copine de classe comment aller à votre endroit préféré sur le campus pour étudier.
- Dites au suivant/à la suivante comment faire votre sandwich préféré.
- Dites au suivant/à la suivante comment trouver votre petit café préféré.

B. Descriptions. Avec un(e) partenaire, décrivez une activité liée à vos loisirs, à votre travail ou à vos études. Si vous n'êtes pas sûr(e) de la façon de dire quelque chose, essayez d'utiliser d'autres mots pour exprimer ce que vous voulez dire. Votre partenaire va vous poser des questions, puis va décrire une de ses activités. Après, dites à la classe ce dont vous avez discuté.

DOSSIER D'EXPRESSION ÉCRITE Deuxième brouillon

1. Write a second draft of the explanation you started in **Leçon 1**, focusing primarily on the use of details to clarify the instructions.
2. Discuss any cause and effects **(causes et effets)** in the steps you will mention. This will help you focus on the consequences of certain moves or actions. You might want to incorporate some of the following expressions that deal with cause and effect.

   EXPRESSIONS UTILES: **par conséquent, en effet, alors, donc, ainsi, en résumé, en conclusion**
3. Review **Chapitre 2 Dossier d'expression écrite,** p. 76, to see how you can strengthen comparing and contrasting by adding details. Use any of the following terms to compare and contrast some of the ideas: **contrairement à, par contre, au contraire, ne pas être compatible avec.**
4. Write a conclusion or ending line to give closure to your directions.

Liens culturels

Se renseigner et l'amitié

Que faites-vous quand vous êtes perdu(e)? Consultez-vous un plan ou un guide? Demandez-vous votre chemin à un(e) inconnu(e)? Et quand vous voulez utiliser un appareil que vous ne connaissez pas bien? Est-ce que vous lisez le mode d'emploi ou est-ce que vous préférez demander à un(e) ami(e) de vous aider?

Dans ce type de situations, la première chose que les Français font est de demander à quelqu'un de les aider. Un Français consulte peu les modes d'emploi insérés dans les emballages des appareils car ceux-ci sont souvent insuffisants ou mal traduits de l'anglais. Ils préfèrent demander de l'aide à quelqu'un. Cela explique la facilité avec laquelle les Français se demandent des petits services.

Quand un Français demande un renseignement ou un service, il affirme l'importance d'une amitié. Les amis font tout leur possible pour s'entraider. On explique son problème à un(e) proche et, si c'est un(e) véritable ami(e), il/elle proposera une solution. Si l'on mentionne qu'on ne veut pas ennuyer la personne à qui on demande de l'aide, l'ami(e) doit insister. Pour les Américains, cette insistance peut représenter une invasion de la vie privée. En effet, aux États-Unis, on accorde plus d'importance à la capacité à se débrouiller seul. On veut montrer qu'on n'a besoin de personne alors qu'en France, on donne *l'occasion* à quelqu'un de rendre service: c'est un signe de la force de l'amitié.

La réciprocité de l'amitié et des services est aussi perçue autrement. En France, si quelqu'un est souvent invité à dîner chez un(e) ami(e) mais n'aime pas recevoir chez lui/elle, il/elle fait d'autres choses pour montrer son amitié. Par exemple, il/elle apporte des petits cadeaux, offre de garder les enfants ou invite son ami(e) à sortir. Les Américains, eux, préfèrent les échanges de même nature. On dîne chez les uns et les autres et on s'offre des cadeaux à tour de rôle. Ces pratiques éliminent la possibilité qu'une personne se sente exploitée, ce qui risquerait de nuire à l'amitié.

Adapté de Raymonde Carroll, *Évidences invisibles. Américains et Français au quotidien*, Édition du Seuil, 1987, pp. 167–168.

Robert Fried/Alamy

Alors, pour aller au centre commercial, traversez, puis suivez cette rue. Le centre commercial est sur la place Voltaire, ici.

Compréhension

1. En général est-ce que les Français consultent les modes d'emploi? Pourquoi?
2. Pourquoi les amis en France font-ils tout leur possible pour s'entraider?
3. Comment un(e) Américain(e) réagirait-il/elle si un(e) ami(e) insistait pour l'aider, malgré son désir de se débrouiller seul(e)? Comment expliquez-vous ce comportement?
4. Parlez de la réciprocité entre amis. Comment est-ce qu'on la voit en France? Et en Amérique?

Réactions

1. Qu'est-ce que vous faites quand vous êtes perdu(e)? Est-ce que vous consultez un plan ou un guide? Est-ce que vous demandez le chemin à quelqu'un dans la rue? Expliquez.
2. Aimez-vous demander des petits services aux autres ou préférez-vous vous débrouiller tout(e) seul(e)? Pourquoi?
3. Voudriez-vous avoir de bons amis français? Expliquez.

Extension

Votre opinion de l'amitié? Interviewez au moins trois personnes sur leur concept de l'amitié. Trouvez des gens d'origines, de pays et d'âges différents. Faites d'abord une liste de questions que vous voulez poser. Ensuite, faites les interviews et enfin écrivez un rapport que vous présenterez à la classe.

SYNTHÈSE

Activités musicales

France Gall: *Évidemment*

Biographie

- Née à Paris en 1947 de parents musiciens
- À 16 ans est devenue une des plus grandes stars de la chanson française avec «Ne sois pas si bête»
- A gagné le Grand Prix au Concours Eurovision en 1965 avec «Poupée de cire, poupée de son»
- A collaboré avec le compositeur-chanteur Michel Berger, l'a épousé et a eu deux enfants
- Depuis le décès de son mari en 1992 et de sa fille en 1997, elle n'a sorti aucun album mais elle travaille toujours sur des projets humanitaires

Benjamin Auger/Paris Match via Getty Images

France Gall, chanteuse

Avant d'écouter: Le contexte et les réflexions

1. Dans la chanson que vous allez entendre, France Gall parle des sentiments qu'on ressent après la disparition d'une personne chère. Qu'est-ce qui change quand on perd quelqu'un soudainement? Qu'est-ce qui ne change pas?
2. Qu'est-ce qu'on peut faire pour surmonter *(to overcome)* ce genre de tragédie? Qu'est-ce qu'il faut éviter de faire?

Pendant que vous écoutez: Compréhension

1. Combien de fois la chanteuse répète-t-elle les mots suivants: «évidemment» et «mais pas comme avant»?
2. Nommez les choses mentionnées dans la chanson qu'on continue à faire après la disparition d'une personne chère.

Après avoir écouté: Communication

1. Après la mort d'une personne qu'on aimait beaucoup, est-ce qu'on vit sa vie de la même manière qu'avant? Expliquez.
2. Qu'est-ce qui est différent après sa mort, d'après la chanson?
3. En vous inspirant des paroles, essayez d'imaginer et de comparer la vie de ceux qui ont aimé la personne disparue avant et après sa disparition. Utilisez des comparatifs et des superlatifs.
4. À votre avis, pourquoi est-ce que l'adverbe «évidemment» a été choisi comme titre de cette chanson? Est-ce que vous pensez que c'est un bon titre? Si oui, expliquez pourquoi. Sinon, suggérez un autre adverbe que vous trouvez plus approprié et expliquez votre choix.
5. Faites des recherches sur Internet sur France Gall. Nommez plusieurs chansons qu'elle a chantées. Puis, comparez-la à un chanteur (une chanteuse) américain(e) ou canadien(ne).

Activités orales

A. Un repas parfait. Avec un(e) partenaire, créez le menu d'un repas parfait. Décrivez les hors-d'œuvre que vous voulez préparer. Discutez de vos préférences. Expliquez comment préparer le plat principal, les légumes et le dessert. Expliquez pourquoi vous préférez ces recettes en les comparant à d'autres que vous aimez moins.

Nigel Blythe/Cephas Picture Library/Photolibrary

Quel(s) poisson(s) est-ce que vous préférez: la sole, le saumon, les sardines, le thon, un autre poisson? Connaissez-vous quelqu'un qui sache bien préparer le poisson? Vous avez une recette à suggérer?

B. Vous avez gagné! Un(e) copain/copine et vous avez le billet de loterie gagnant pour le gros lot *(jackpot)* de 20 millions d'euros! Décidez de la façon dont vous allez dépenser l'argent. Comparez vos préférences en matière de voitures, de maisons, de vêtements, de fondations de bienfaisance *(charities)*, de destinations de vacances, etc. Si vous n'êtes pas d'accord, vous devrez faire un compromis.

Activité écrite

Un gadget. Faites la description d'un gadget. Décrivez comment il marche et comparez-le à d'autres choses. Les autres étudiants et le professeur vont deviner ce que vous décrivez.

DOSSIER D'EXPRESSION ÉCRITE Révision finale

1. Reread your instructions, paying particular attention to whether what you say is clear. You may want to try to follow the directions yourself before you take them to class. If you can't follow them, be sure to revise by adding another step or switching steps around.
2. Examine your instructions one last time. Check for correct spelling, grammar, and punctuation. Pay special attention to your use of demonstrative adjectives and adverbs, the comparative and superlative, and **faire causatif.**
3. Prepare your final version.
4. Present your **instructions** to two classmates who will follow your directions.

LA PHOTO
de Dany Laferrière

MIGUEL MEDINA/AFP/Getty Images

Dany Laferrière, écrivain, journaliste, scénariste

Biographie

- Né en 1953 à Port-au-Prince, d'une famille de classe moyenne
- A grandi à Petit-Goâve, une petite ville en Haïti
- A quitté son pays natal pour Montréal en 1976 à la suite de l'assassinat d'un ami sous la dictature de Jean-Claude Duvalier (Baby Doc)
- A publié son premier roman en 1985: *Comment faire l'amour avec un nègre sans se fatiguer* et a eu un succès fou
- A reçu plusieurs prix, y compris le Prix Médicis 2009 pour son roman *L'Énigme du retour*
- A vécu à Miami et à New York mais vit aujourd'hui à Montréal
- Se considère comme un citoyen de l'Amérique

Sujets à discuter

- Où est-ce que vous avez passé votre enfance? Décrivez la ville et la région. Est-ce que vous étiez fier/fière de votre ville natale? Expliquez. Qu'est-ce que vous faisiez pour vous amuser? Est-ce que vous voyagiez souvent? Si oui, où?
- Décrivez une chose que vous teniez beaucoup à faire mais qui n'était pas possible. Expliquez. Quelles émotions est-ce que vous éprouviez?
- Qu'est-ce que vous savez de Haïti (langue, statut socio-économique, situation politique, etc.)? Avez-vous entendu parler du tremblement de terre de janvier 2010?
- Comment imaginez-vous la vie de l'auteur, Dany Laferrière, pendant son enfance en Haïti?

Stratégies de lecture

Trouvez les détails. Avant de lire le texte suivant, parcourez-le rapidement et trouvez: 1) une chose qui est sur la photo que le narrateur décrit; 2) le nombre de personnes qui sont sur la photo; 3) l'endroit où la photo a été prise; 4) l'endroit où le narrateur habite; 5) la date de la photo; et 6) la date du livre dont le texte est extrait. Faites une liste de vos réponses. Quel est probablement le thème de ce passage?

Introduction

In Le Charme des après-midi sans fin, *the author, Dany Laferrière, recounts his youth through a series of brief sketches describing life in Petit-Goâve, the small town in Haiti where he grew up. The sketch that follows demonstrates how the description of an evocative moment in the past can illuminate the present and set up an unstated comparison.*

Lecture

Rien n'a changé dans la chambre de mon grand-père. Son chapeau, sa canne encore accrochée° au mur, près du lit, à côté de la photo d'un immense tracteur jaune dans un champ de blé. Il m'arrive de passer des heures devant cette photo.

Un homme est au volant° du tracteur. Ses deux fils (le plus jeune doit avoir à peu près mon âge) ne sont pas loin.

On les voit jusqu'à la taille°. Le reste du corps disparaît dans l'herbe haute. Je remarque qu'ils ne portent pas de chapeau. Mon grand-père n'aurait jamais toléré une pareille chose. À travailler tête nue dans les champs, on risque à coup sûr une insolation°. Ils portent tous les trois la même chemise à carreaux° dont les manches sont retroussées° jusqu'aux coudes. L'homme et ses deux fils sont aussi blonds que des épis de maïs°. Je les regarde longtemps, surtout le plus jeune, me demandant ce qui arriverait si, lui et moi, on changeait de place. Il viendrait vivre dans cette maison, à Petit-Goâve, et moi, j'irais à Chicago. Je me sens, chaque fois, tout drôle à dire ce nom qui me paraît aussi impressionnant que le plus grand des tracteurs: Chicago. Chicago. Chicago. Trois syllabes qui claquent au vent. Chicago. Je trouve ça bon dans ma bouche. Petit-Goâve sonne-t-il aussi bien? Je ne peux pas le savoir. Je suis né ici. Je ne sais plus quand j'ai entendu ce nom (Chicago) pour la première fois. Lui, le petit garçon de Chicago, peut-être mourra-t-il sans jamais avoir entendu parler de Petit-Goâve. Je me sens tout triste d'y penser. Triste pour lui, pour moi, et pour Petit-Goâve. Tout le monde connaît Chicago à cause de ses tracteurs jaunes. Et Petit-Goâve, par quoi sera-t-il connu dans le monde, un jour? Je remarque, pour la première fois, dans le coin gauche de la photo (en bas) cette inscription: Chicago, US, 1950. Même cette photo est plus vieille que moi. Ce genre de chose peut vous foutre un tel cafard°.

Dany Laferrière, *Le Charme des après-midi sans fin* © Le Serpent à plumes / Éditions du Rocher, Paris, 1998

hung

au volant *at the steering wheel*

waist

sunstroke

à carreaux *checked / rolled up*

épis... *ears of corn*

(familiar) foutre... *to produce a fit of depression*

Compréhension

A. Observation et analyse

1. Décrivez la photo dans la chambre du grand-père du narrateur.
2. Pourquoi est-ce que le narrateur est fasciné par la photo? Donnez deux ou trois raisons.
3. Qu'est-ce qu'il rêve de faire?
4. Est-ce qu'il connaît le nom de Chicago? Depuis quand? Est-ce qu'il croit que Petit-Goâve est aussi connu?
5. Comment est-ce qu'il voit Petit-Goâve? Trouvez quelques lignes dans le texte qui illustrent ses sentiments envers cette ville.
6. Expliquez la dernière ligne du texte: «Ce genre de chose peut vous foutre un tel cafard.»

B. Grammaire/Vocabulaire Révisez d'abord la formation des phrases affirmatives et des phrases négatives aux pages 313–314. Ensuite, lisez les phrases suivantes adaptées de la lecture. Changez les phrases affirmatives en phrases négatives et vice versa.

1. Je remarque qu'ils ne portent plus de chapeau.
2. Mon grand-père n'aurait jamais toléré une pareille chose.
3. Rien n'a changé dans la chambre.
4. Je ne sais plus quand j'ai entendu ce nom pour la première fois.
5. Sa canne est encore accrochée au mur.
6. Le petit garçon de Chicago a déjà entendu parler de Petit-Goâve.
7. Tout le monde connaît Chicago à cause de ses tracteurs jaunes.

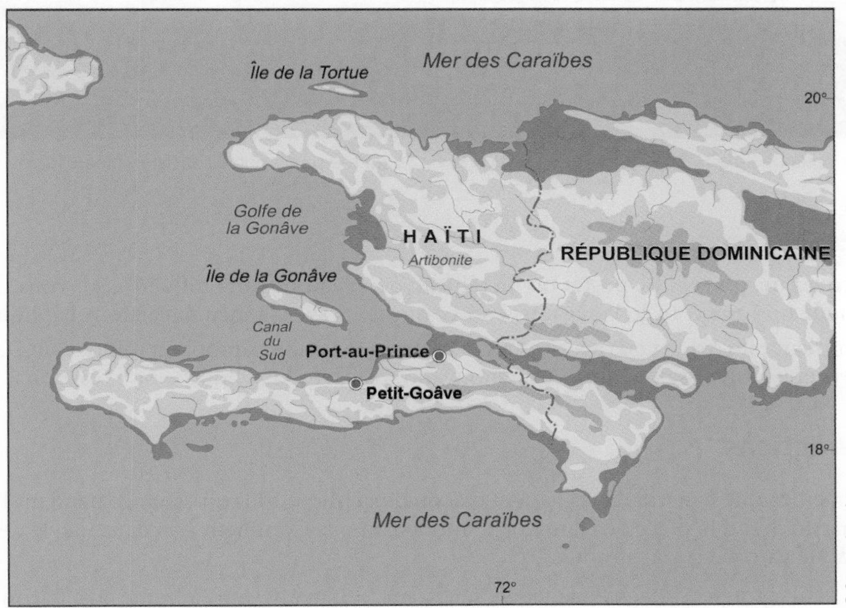

Petit-Goâve

Kosarev Alexander/Shutterstock.com

Décrivez cette photo d'Haïti. Comment est-ce que la vie suggérée par la photo est différente de la vôtre?

C. Réactions

1. Décrivez une photo, un poster ou un tableau qui a eu une forte influence sur vous. Chaque fois que vous le/la regardez, est-ce que vous avez la même réaction? Expliquez.
2. Comment est-ce que vous avez trouvé cet extrait de l'œuvre autobiographique de Dany Laferrière – intéressant, ennuyeux, émouvant, triste, etc.? Expliquez votre réaction.

Interactions

A. Imaginez que le narrateur et le petit garçon de la photo font un échange pendant l'été: Chacun prend la place de l'autre pendant deux mois. Comment est-ce que la vie de chaque garçon est transformée?

B. En petits groupes, imaginez la vie du narrateur à vingt ans, puis à trente ans. Racontez un épisode de sa vie.

Expansion

1. Surfez sur le Web ou cherchez dans des livres, des magazines (par exemple, *National Geographic*) et des journaux pour trouver des renseignements sur Haïti avant et après le séisme dévastateur de janvier 2010 (la situation politique, le statut socio-économique, le climat, le tourisme, la population, etc.). Expliquez à la classe ce qui se passe actuellement dans le pays dans un domaine particulier.
2. Cherchez des renseignements (sur le Web ou dans des journaux) sur les Haïtiens qui ont quitté leur pays natal. Pourquoi sont-ils partis? Dans quelles régions des États-Unis habitent-ils? Pourquoi? Quels Haïtiens célèbres trouvez-vous aux États-Unis? Au Canada? En France?

VOCABULAIRE

LES MEUBLES ET LES APPAREILS MÉNAGERS *(FURNITURE AND HOUSEHOLD APPLIANCES)*

l'armoire [f] *wardrobe, armoire*

le coussin *cushion, pillow*

la cuisinière *stove*

l'étagère [f] *shelf; shelves*

le four à micro-ondes *microwave oven*

le lave-vaisselle *dishwasher*

la machine à laver (le linge) *washing machine*

le placard *cupboard; closet*

le sèche-linge *clothes dryer*

le tapis *carpet*

le tiroir *drawer*

LES VÊTEMENTS ET LA MODE

les bas [m pl] *stockings*

les bijoux [m pl] *jewelry*

la bague *ring*

les boucles [f pl] d'oreilles *earrings*

le bracelet *bracelet*

le collier *necklace*

les bottes [f pl] *boots*

le blouson (en cuir/de cuir) *(leather) jacket*

Ce vêtement lui va bien. *This piece of clothing looks good on him/her.*

changer de vêtements *to change clothes*

les chaussettes [f pl] *socks*

les chaussures [f pl] à hauts talons/à talons plats *high-heeled shoes/low-heeled shoes*

la chemise *man's shirt*

le chemisier *woman's shirt*

le collant *pantyhose*

le costume *man's suit*

enlever (un vêtement) *to take off (a piece of clothing)*

essayer (un vêtement) *to try on (a piece of clothing)*

être mal/bien habillé(e) *to be poorly/well dressed*

s'habiller/se déshabiller *to get dressed/to get undressed*

l'imperméable [m] *raincoat*

Je vous le fais (à...) *I'll give (sell) it to you (for . . .)*

le maillot de bain *swimsuit*

mettre un vêtement *to put on a piece of clothing*

le parapluie *umbrella*

le pardessus *overcoat*

les sous-vêtements [m pl] *underwear*

le tailleur *woman's tailored suit*

le tissu *fabric*

la veste (de sport) *(sports) jacket*

UN VÊTEMENT EST...

chic; élégant; en bon/mauvais état; sale; déchiré *(torn)*; râpé *(threadbare, worn)*; lavable *(washable)*; chouette *(familiar—great, nice, cute)*; génial *(fantastic)*; d'occasion *(secondhand, bargain)*; dans ses prix *(in one's price range)*; une trouvaille *(a great find)*

ON VEND DES VÊTEMENTS...

dans une boutique *in a shop, small store*

dans un grand magasin *in a department store*

dans une grande surface *in a huge discount store*

à un marché aux puces *at a flea market*

LA TECHNOLOGIE/LES COMMUNICATIONS

appuyer *to press, push (a key)*

le clavier *keyboard*

une clé USB *flash/memory stick*

cliquer *to click*

compatible *compatible*

se connecter/se brancher à l'Internet *to connect to the Internet*

le contrôle vocal *voice activated control*

le courrier électronique (le mail, le mél, le courriel) *email*

le disque dur *hard (disk) drive*

les données [f pl] *data*

l'écran [m] *screen*

un écran haute résolution *high-resolution screen*

un écran multi-touch *touch screen*

envoyer des textos/SMS *to send text messages*

être dans l'informatique *to be in the computer field*

faire marcher *to make something work*

un fichier adjoint *attachment*

les graphiques [m pl] *graphics*

importer *to download, import from the Web*

l'imprimante (à laser) [f] *(laser) printer*

l'informatique [f] *computer science; data processing*

l'internaute *one who enjoys the Web*

Internet [m] *the Internet*

le lecteur de DVD *DVD drive*

le logiciel *software*

le matériel *hardware*

la mémoire *memory*

un micro(-ordinateur) *desktop computer*

le moteur de recherche *search engine*

le navigateur (le browser) *browser*

une pile *battery*

le podcast *podcast*

un portable *laptop computer; cell phone*

le programme *program*

la puissance *power, speed*

le réseau *network*

le site Web *website*

la souris *mouse*

un stockage flash *solid-state hard drive*

synchroniser *to synch*

(re)taper *to (re)type*

télécharger un message/un dossier *to download a message/a file*

la touche *key*

le Web *World Wide Web*

LA CUISINE

une casserole *(sauce) pan*

coller *to stick*

un couvercle *lid*

un faitout *large cooking pot*

un grille-pain *toaster*

le pain de mie *sandwich bread*

passer au beurre *to sauté briefly in butter*

le plat *dish (container); dish (part of meal), course*

la poêle *frying pan*

verser *to pour*

SUIVRE DES INSTRUCTIONS

se débrouiller *to manage, get along*

doué(e) *gifted, talented*

(faire) bouillir *to boil*

(faire) cuire *to cook*

(faire) dorer *to brown*

(faire) fondre *to melt*

(faire) frire *to fry*

(faire) griller *to toast (bread) to grill (meat, fish)*

(faire) mijoter *to simmer*

(faire) rôtir *to roast*

(faire) sauter/revenir *to sauté (brown or fry gently in butter)*

piger *(familiar) to understand, to "get it"*

s'y prendre bien/mal *to do it the right/wrong way*

Tu y es?/Vous y êtes? *Do you understand? Do you "get it"?*

HAÏTI

Histoire et géographie

En 1697, les Français créent la colonie de Saint-Domingue dans l'ouest de l'île antillaise d'Hispaniola. Fondée sur un système de plantations utilisant des milliers d'esclaves africains pour produire une grande partie du sucre consommé en Europe, Saint-Domingue se développe rapidement et devient la colonie européenne la plus riche du monde à la fin du XVIIIe siècle. En 1791, deux ans après la Révolution française, les esclaves se révoltent contre leurs maîtres blancs ou noirs. La révolution haïtienne va durer douze ans. Les esclaves sont émancipés par décret le 29 août 1793. Sous la direction du général noir Toussaint-Louverture, la colonie se rend autonome.

En 1802–1803, Napoléon Bonaparte, qui dirige la France, envoie une expédition militaire pour reprendre le contrôle de Saint-Domingue et y rétablir l'esclavage. Les noirs résistent et chassent l'armée française de la colonie. Le 1er janvier 1804, ils proclament l'indépendance de Saint-Domingue, qu'ils renomment Haïti[1]. La France reconnaît cette indépendance en 1825 mais force Haïti à payer une énorme indemnité aux anciens colons blancs qui ont perdu leurs plantations. Les États-Unis reconnaîtront Haïti le 5 juillet 1862.

Les premiers temps de l'indépendance ont été difficiles politiquement, financièrement et économiquement. À part quelques hommes exceptionnels, les dirigeants ont été confrontés à des opposants déterminés ou à des rébellions populaires. Entre 1908 et 1915, neuf présidents se sont succédés. Dans le contexte de la Première Guerre

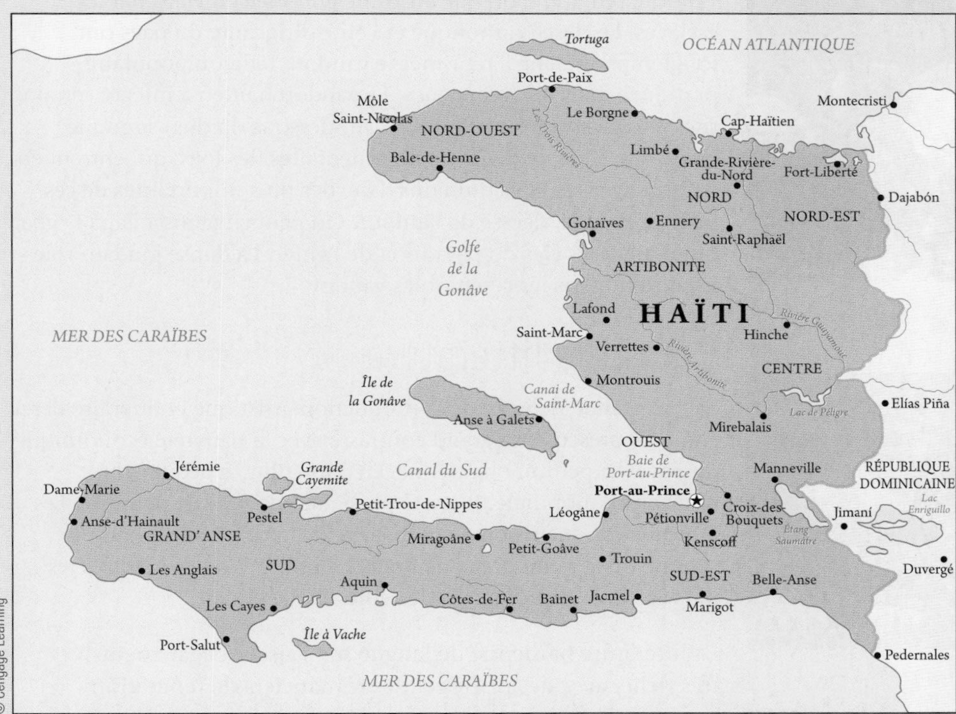

[1]Le 20 décembre 1803, les États-Unis prennent possession de la Louisiane que Napoléon a vendue en avril.

mondiale, les États-Unis s'inquiètent de leurs intérêts financiers et stratégiques. En 1915, le président Woodrow Wilson envoie un contingent de Marines à Port-au-Prince. L'occupation militaire, qui va durer jusqu'en 1934, va marquer les Haïtiens.

Après les dictatures des Duvalier (Papa Doc et Baby Doc), la démocratie semble se rétablir avec l'élection, en 1991, d'un ancien prêtre, Jean-Bertrand Aristide. Chassé du pays par un coup d'état militaire, il est rétabli au pouvoir par une intervention militaire américaine, réélu en 2000, puis forcé à démissionner en 2004 à la suite d'abus commis par son entourage. Aujourd'hui, Haïti est une république démocratique qui a pour président Michel Martelly. Le retour à la prospérité économique est marqué d'embûches *(pitfalls)*. Malgré les efforts déployés, Haïti est devenu le pays le plus pauvre d'Amérique. Un grand nombre d'Haïtiens ont émigré au Canada, aux États-Unis ou en France. La monnaie nationale est la gourde.

Haïti est un pays montagneux avec quelques grandes plaines comme celle de l'Artibonite. Le climat et la végétation sont tropicaux. Haïti est souvent atteint par les ouragans qui se forment dans l'Océan atlantique en été et causent des dégâts considérables. Le 12 janvier 2010, un terrible tremblement de terre a détruit Port-au-Prince et d'autres villes du sud-est du pays, faisant plus de 200 000 morts. Les principales ressources d'Haïti sont l'extraction de la bauxite [minerai *(ore)* pour fabriquer l'aluminium] et la production de coton, de café, de cacao et de mangues.

Cérémonie vaudou

La religion

Il y a deux religions principales en Haïti: le catholicisme et le vaudou, religion d'origine africaine apportée en Haïti par les esclaves. Le clergé catholique et l'élite dirigeante du pays ont longtemps cherché à réprimer le vaudou, religion populaire pratiquée dans les campagnes. Le vaudou haïtien a intégré certains rites et conceptions catholiques. Au-dessous du dieu suprême existe une série de divinités intermédiaires, les loas, qui entrent en contact avec les êtres humains. Une des plus importantes de ces loas est Erzulie, déesse de l'amour. On peut citer aussi Papa Legba, qui détient les clés du paradis et de l'enfer. La danse joue un rôle important dans les cérémonies vaudou.

Un tableau de Préfète Duffaut

L'art et la littérature

La très grande richesse de la production artistique et littéraire des Haïtiens présente un grand contraste avec la pauvreté économique du pays. La peinture haïtienne, en particulier, a acquis une renommée mondiale. Il existe plusieurs «écoles» de peinture. Les tableaux évoquent souvent l'histoire d'Haïti, le vaudou ou un monde imaginaire. Ceux de Préfète Duffaut, un des peintres les plus célèbres, représentent des villes fantastiques.

La littérature haïtienne de langue française est également très riche, avec des poètes et des romanciers de réputation mondiale. Parmi les plus connus, on peut citer Jacques Roumain, auteur du célèbre roman *Gouverneurs de la rosée*, Jacques Stephen Alexis, René Depestre, Jean Métellus, Franckétienne, Dany Laferrière, Edwige Danticat, Marie-Célie Agnant, Myriam Chancy et Louis-Philippe Dalembert. Voici un extrait d'un poème de Jacques Roumain:

Afrique j'ai gardé ta mémoire
Afrique tu es en moi
Comme l'écharde *(splinter)* dans la blessure
Comme un fétiche tutélaire *(protecting mascot)* au centre du village
Fais de moi la pierre de ta fronde *(slingshot)*
De ma bouche les lèvres de ta plaie
De mes genoux les colonnes brisées de ton abaissement *(humiliation)*...
(extrait de *Bois d'Ébène*)

La cuisine

La cuisine haïtienne a subi l'influence de la cuisine française et de la cuisine africaine. Certains des ingrédients les plus utilisés sont produits localement (haricots, riz, épices, tomates, viande de porc ou de chèvre, fruits tropicaux, canne à sucre). D'autres, comme la morue *(cod)* sèche, sont importés depuis longtemps. Le poulet au riz et haricots rouges est un des plats les plus courants. On apprécie aussi le «griot» (porc frit), les «accras» (beignets) de morue et le «pain-patate» (gâteau aux patates douces et bananes). La «soupe au giraumon» (citrouille) est traditionnellement servie le dimanche et le 1er janvier, jour anniversaire de l'indépendance. Le café et le rhum haïtiens sont très réputés.

Plat de griot (porc frit)

La langue

Deux langues sont écrites et parlées en Haïti: le français et le créole. Le français a toujours été utilisé par les membres de la classe riche et très instruite de la société haïtienne. C'est traditionnellement la langue de l'éducation. Le créole, langue née d'une fusion du français avec des langues africaines, est parlé par les classes populaires. Cette langue, autrefois méprisée par les élites parce qu'elle était la langue des classes populaires, est aujourd'hui considérée comme une des grandes richesses du patrimoine culturel haïtien. Voici quelques proverbes en créole haïtien:

Pitit se batonvyeyès (Les enfants c'est le bâton de la vieillesse)

Twoprese pas fèjoulouvri (Être trop pressé ne fait pas se lever le jour)

Compréhension

1. Décrivez la colonie de Saint-Domingue à la fin du XVIIIe siècle.
2. Qu'est-ce qui s'est passé à Saint-Domingue en 1791?
3. En quelle année est-ce que Saint-Domingue a été renommé Haïti?
4. Qu'est-ce que la France a exigé d'Haïti pour reconnaître son indépendance?
5. Est-ce que Jean-Bertrand Aristide a été un bon président pour Haïti? Expliquez.
6. Quel type de gouvernement existe en Haïti aujourd'hui?
7. Quand est-ce que l'économie d'Haïti a commencé à souffrir? Qu'en est-il aujourd'hui?
8. Quelles sont les deux religions en Haïti? Qui les pratique?
9. Qui parle et écrit les deux langues principales en Haïti?
10. Quels désastres naturels menacent Haïti?

Vocabulaire. Trouvez l'équivalent des mots suivants.

1. la bauxite	a. du porc frit
2. Baby Doc	b. un peintre haïtien
3. une loa	c. le jour anniversaire de l'indépendance
4. Toussaint-Louverture	d. la déesse de l'amour
5. la gourde	e. une ressource naturelle en Haïti
6. le 1er janvier	f. un romancier haïtien
7. le griot	g. la monnaie haïtienne
8. Erzulie	h. le général noir qui a lutté pour l'indépendance d'Haïti
9. Jacques Roumain	i. une divinité intermédiaire
10. Préfète Duffaut	j. un dictateur d'Haïti

Expansion

1. Explorez plus à fond le vaudou pratiqué en Haïti. Quelles sont les croyances principales? Faites des recherches sur les stéréotypes associés aux petites poupées piquées d'aiguilles *(needles)* et sur les sacrifices d'animaux? Comment est-ce qu'on va au paradis (ou en enfer), d'après cette religion.

2. Choisissez un(e) musicien(ne), un peintre, un poète ou un(e) romancier/romancière haïtien(ne) et faites un rapport pour la classe. Illustrez votre présentation avec des photos et un extrait de son travail.

3. Faites des recherches sur la situation actuelle en Haïti, y compris l'économie, le gouvernement et la reconstruction après le tremblement de terre de 2010. Que peut-on faire pour améliorer la situation? Connaissez-vous des gens qui sont allés en Haïti? Si oui, décrivez leur expérience.

EN SOMME... 10

© incamerastock / Alamy

THÈME Les loisirs (les sports et le cinéma)

www.cengagebrain.com

iLrn Heinle Learning Center

Audio

LEÇON 1

COMMENT FAIRE UN COMPLIMENT ET FÉLICITER

Conversation

Track 20

Roland-Garros est un stade de tennis à Paris où est joué un grand tournoi de tennis sur terre battue. Ce stade a été nommé Roland-Garros en souvenir de l'aviateur français qui a été le premier à survoler la Méditerranée en 1913.

Premières impressions

1. Identifiez: les expressions qu'on utilise pour faire ou accepter un compliment et pour féliciter *(to congratulate)*
2. Trouvez: qui a gagné le match et quel était le set le plus important

Après un match de tennis important à Nice, une journaliste interviewe le gagnant, Pierre Duchêne.

LA JOURNALISTE Merci, Pierre, d'être venu nous rejoindre aussi rapidement dans nos studios. Vous avez disputé un match° absolument extraordinaire! Toutes nos félicitations. Ces cinq sets nous ont tenus en haleine° jusqu'à la fin! Bravo! Que pensez-vous de votre victoire?

PIERRE Eh bien, je suis évidemment très content d'avoir gagné ce match... Le premier set a été très, très serré°...

LA JOURNALISTE Les deux premiers même.

PIERRE Peut-être... Je pense avoir pris le dessus°... j'ai senti Jean-Jacques faiblir à la fin du deuxième set. En effet, j'aurais peut-être pu faire mieux... même au début du deuxième set, mais Jean-Jacques jouait très bien... et d'ailleurs, je dois le féliciter d'avoir joué comme il l'a fait parce qu'il m'a vraiment donné du fil à retordre°.

LA JOURNALISTE Oui, c'est vrai. Bravo, Jean-Jacques! Mais, vous aussi, vous devez être très fier.

PIERRE Merci. Oui, je suis content d'avoir réussi comme cela. Enfin, je dois dire que je m'étais entraîné très sérieusement avant ce tournoi° mais on ne sait jamais.

LA JOURNALISTE Alors, quel avenir envisagez-vous maintenant?

PIERRE Écoutez... l'avenir est loin, mais enfin bon... il faut d'abord gagner le tournoi à Roland-Garros la semaine prochaine.

LA JOURNALISTE En attendant, merci beaucoup, Pierre, d'être venu nous rejoindre...

PIERRE Je vous en prie. Ça m'a fait plaisir.

À suivre

disputé... *played a match*
nous ont tenus... *held us spellbound*

tight, closely fought

pris... *got the upper hand*

il m'a... *he really gave me trouble*

tournament

Observation et analyse

1. Décrivez le match. Quels sets ont été très difficiles pour Pierre? Expliquez.
2. Selon Pierre, pourquoi est-ce qu'il a gagné?
3. Parlez de Jean-Jacques. Comment est-ce qu'il a joué?
4. Quel est le but de Pierre maintenant qu'il a gagné ce match?
5. Pensez-vous que Pierre atteigne son but?

Réactions

1. Est-ce que vous avez déjà assisté à un match de tennis professionnel? Si oui, décrivez cette expérience. Sinon, est-ce que ça vous plairait de le faire?
2. Quels sports est-ce que vous préférez? Parlez de votre sport préféré.
3. Est-ce que vous aimez les sports compétitifs? Et les sports extrêmes? Lesquels? Et pourquoi?

Expressions typiques pour...

Faire un compliment *(To compliment someone)*

Tu as/Vous avez bonne mine *(You look well)* aujourd'hui.
Quelle jolie robe!
J'adore tes/vos cheveux comme ça.
Qu'est-ce qu'elle est belle, ta/votre jupe!
Comme tu es/vous êtes joli(e)/élégant(e)!
Ça te/vous va à merveille *(wonderfully)*!
Tu as/Vous avez fait un match extraordinaire.

Accepter un compliment

Tu trouves?/Vous trouvez?
Tu crois?/Vous croyez?
Cette robe? Je l'ai depuis longtemps.

Puis, si la personne qui vous complimente persiste, répondez aimablement:
Tu es/Vous êtes très gentil(le) de dire ça.
C'est gentil de me dire ça.
Que tu es/vous êtes gentil(le).
Moi aussi, je l'aime bien. C'est un cadeau de ma mère.

Vous ferez la même chose pour accepter un compliment pour des résultats scolaires ou au travail:
Merci. Oui, je suis content(e) d'avoir réussi comme cela.
J'avais beaucoup travaillé, mais on ne sait jamais.
Merci. Tu sais, j'ai eu peur jusqu'à la dernière minute.
Merci. J'ai eu de la chance.

Accepter des remerciements

Je vous en prie. Ça m'a fait plaisir.
J'aurais voulu (en) faire plus.
Tu es/Vous êtes trop bon(ne).
C'est normal. Je voulais vous (t')aider.
Ce n'est rien.
Je n'ai rien fait de si extraordinaire!
N'importe qui en aurait fait autant. *(Anyone would have done as much.)*

Féliciter

Félicitations!
Toutes mes félicitations!
Tous mes compliments.
Bravo!
Chapeau! *(familiar)*
C'est fantastique/formidable/génial!
Je suis content(e) pour toi (vous).
Je suis fier/fière de toi (vous).

Pour un mariage ou des fiançailles

Tous mes vœux *(wishes)* de bonheur.

Accepter des félicitations

Pour un mariage

Merci, c'est gentil.

Pour une réussite au travail

Merci. Je te/vous dois beaucoup.

Pour une compétition sportive

Les conditions étaient bonnes.
J'étais en forme.
On a bien joué ensemble.
C'est à la portée *(within the reach)* de tout le monde.

Qu'est-ce qu'on dirait pour féliciter ce jeune couple?

🔊 Mots et expressions utiles

La compétition

le classement *ranking*
un(e) concurrent(e) *competitor*
un coureur/une coureuse *runner/cyclist*
une course *race*
une épreuve (athlétique) *an (athletic) event*
un(e) fana de sport *jock, an enthusiastic fan*
sportif/sportive *athletic, fond of sports*
un tournoi *tournament*

la douleur *pain*
s'entraîner *to train*
l'entraîneur/l'entraîneuse *coach*
épuisant(e) *grueling, exhausting*

la pression *pressure*
se prouver *to prove oneself*

à la portée de *within the reach of*
arriver/terminer premier *to finish first*
battre *to beat, break*
faillir (+ infinitif) *to almost (do something)*
prendre le dessus *to get the upper hand*
reprendre haleine *to get one's breath back*
serré(e) *tight; closely fought*
survivre (à) (*past part.* survécu) *to survive*

la défaite *defeat, loss*
le défi *challenge*
un match nul *tied game*
le record du monde *world record*
une victoire *win, victory*

Mise en pratique

—C'est la première fois que j'assiste à une **course.** C'est passionnant, hein?
—Absolument. J'y viens chaque année, mais j'**ai failli** ne pas pouvoir y assister cette fois-ci. J'avais beaucoup de travail. Mais je suis une **fana de sport.** Surtout quand mon cousin est un des participants.
—Vraiment? Un **coureur** dans la famille? Est-ce qu'il a des chances de gagner?
—Non, pas du tout. Il veut tout simplement **se prouver** qu'il peut **survivre** à ce genre **d'épreuves athlétiques.** C'est un **défi.**

Marion Bartoli, la joueuse de tennis française qui a remporté *(won)* le tournoi de Wimbledon en 2013.

Activités

A. Félicitations! Pour chacune des circonstances suivantes, félicitez la personne indiquée, jouée par votre partenaire. Votre partenaire répondra de façon appropriée.

1. votre ami(e) qui a fini cinquième au marathon de New York
2. votre mari/femme qui a obtenu une promotion à son travail
3. de bons amis qui viennent de se marier
4. votre sœur/frère qui vient d'adopter un enfant
5. votre voisin(e) qui a trouvé un nouveau poste

B. Faire une leçon de vocabulaire. Votre petite sœur a une liste de vocabulaire à apprendre. Aidez-la en lui donnant un synonyme pour chacune des expressions suivantes. Utilisez les ***Mots et expressions utiles.***

Les participants

1. personne qui court
2. personne qui s'occupe de la préparation à un sport
3. personne qui adore les sports

Les événements

4. le succès
5. l'action de perdre
6. une épreuve sportive

C. Questions indiscrètes. Posez les questions suivantes à un(e) copain/copine. Faites un résumé de ses réponses à la classe.

1. Est-ce que tu préfères les sports en tant que spectateur/spectatrice ou en tant que participant(e)? Quel(s) sport(s) est-ce que tu pratiques régulièrement?
2. Est-ce que tu prends part à des compétitions sportives? Lesquelles? Qu'est-ce que tu dis quand tu perds ou quand ton équipe perd?
3. Décris une compétition sportive à laquelle tu as récemment pris part ou assisté. Il y avait combien de participants et de spectateurs? Qui a terminé premier ou quelle équipe a gagné/perdu? Quel était le score final?

D. Tu trouves? Avec un(e) partenaire, créez de petites conversations dans lesquelles vous faites et acceptez des compliments. Discutez de vêtements, bijoux, voitures, chiens/chats, logements et iPads.

MOTS UTILES: **une coiffure** *(hairstyle)*, **une coupe** *(cut)*, **un collier, une cravate, une montre** *(watch)*, **une bague, des boucles d'oreilles, des chaussures**

MODÈLE: *—Comme elle est belle, ta robe!*
—Tu trouves? Je l'ai achetée en solde il y a longtemps.
—On ne dirait pas. Elle a l'air toute neuve.
—Tu es trop gentille.

La grammaire à apprendre

Les mots exclamatifs

A. Compliments are often in the form of exclamatory phrases or sentences. In French, the appropriate form of the interrogative adjective **quel** is used before the noun or another adjective designating the person or thing that you wish to compliment. The indefinite article is not used in the French construction.

Quel beau service!
What a beautiful serve!

Quelle persévérance!
What perseverance!

Quels spectateurs enthousiastes!
What enthusiastic spectators!

Of course not all exclamations are necessarily complimentary or positive.

Quel idiot!
What an idiot!

B. The exclamatory adverbs **comme, que, ce que,** and **qu'est-ce que** can be used at the beginning of a clause to express a compliment or an exclamation. Contrary to English, the grammatical structures that follow the exclamatory words are in the usual declarative word order.

Qu'est-ce que vous devez travailler dur!
How hard you must work!

Comme vous vous concentrez bien!
How well you are concentrating!

Ce que j'aime vous regarder servir les balles de jeux!
How I love to watch you serve tennis balls!

Que vous jouez bien!
How well you play!

PeskyMonkey/Getty Images

La Coupe du monde de la Fédération Internationale de Football Association (FIFA) aura lieu au Brésil du 12 juin au 13 juillet 2014. En Afrique du Sud, en 2010, l'Espagne a été le vainqueur. L'équipe de France (les Bleus) a gagné en 1998.

Activités

A. Le match de rugby. Un ami belge vient de jouer un match de rugby important. Traduisez les compliments et les commentaires qu'on lui fait pour qu'il les comprenne.

1. How well you play!
2. What a wonderful player!
3. How we loved your game!
4. What a tight **(serrée)** competition!
5. How sore **(avoir des courbatures)** you must be!
6. You are all so filthy **(sale)**!

B. À merveille! C'est vendredi après-midi et vous êtes de bonne humeur. En utilisant des mots exclamatifs, complimentez votre partenaire (qui doit répondre de façon appropriée) sur:

1. trois de ses vêtements
2. son écriture
3. sa capacité à bien s'entendre avec les autres
4. son/sa colocataire
5. son intelligence
6. un autre trait de votre choix

C. Quelle mauvaise journée! C'est lundi matin et vous arrivez au travail. Vous n'êtes d'humeur à faire de compliments à personne et vous rouspétez *(familiar—to groan, moan)* à propos de tout (par exemple: les horaires de travail, la monotonie des journées, vos collègues, votre salaire, la durée des congés, le temps qu'il fait). Défoulez-vous *(Let out some steam)* en utilisant des mots exclamatifs!

Vous préférez le football ou le rugby?

La grammaire à apprendre

Le participe présent

A. Formation

The present participle of both regular and irregular verbs is formed by dropping the **-ons** ending from the present tense **nous** form and adding **-ant.** It is the equivalent of the verbal *-ing* form in English.

			EXCEPTIONS		
utilisons	→	utilisant			
finissons	→	finissant	être	→	étant
battons	→	battant	avoir	→	ayant
faisons	→	faisant	savoir	→	sachant

B. Usage

The present participle functions as either a verb or an adjective.

- When used as an adjective, agreement is made with the noun that the present participle modifies:

  Le chalet où nous étions hébergés n'avait pas l'eau **courante.**
  The chalet where we were staying had no running water.

- When used as a verb, no agreement is made:

  En **sautant** à la corde, la jeune fille s'est fait mal au pied.
  While jumping rope, the little girl hurt her foot.

- Although it may be used alone, the present participle is usually preceded by the preposition **en,** to express a condition or to show that two actions are going on simultaneously:

  À chacun ses goûts. Moi, j'aime écouter mon iPod mini **en faisant** mon footing.
  To each his/her own. As for me, I like to listen to my iPod mini while jogging.

  Les jours de compétition, je commence à me concentrer **en me levant.**
  On competition days, I begin concentrating as soon as I get up.

NOTE **Tout** can be used before **en + participe présent** to accentuate the simultaneity or opposition of two actions. In this case, **tout** does not change form.

Tout en paraissant détendu, je me prépare à la course: je m'en fais une image mentale.
While looking relaxed, I prepare myself for the race: I picture it in my mind.

- The present participle can also express by what means something can be done:

  Comme me le dit mon entraîneur, c'est **en travaillant** à son propre rythme qu'on réussit.
  As my coach tells me, it's by working at your own pace that you succeed.

One of the main uses of the present participle is to express a causal relationship between two actions: **Il s'est foulé la cheville *en faisant* du ski.** *He sprained his ankle while skiing.*

C. Différences entre le français et l'anglais

- After all prepositions except **en,** the French infinitive form is used to express the equivalent of the English present participle:

  J'ai passé tout mon temps libre **à me préparer** pour le triathlon. (passer son temps **à...**)
  I spent all my free time preparing for the triathlon.

  J'ai fini **par me placer** deuxième. (finir **par...**)
  I ended up placing second.

- The preposition **après** must be followed by the past infinitive, even though it may translate as *after* + verb + *-ing:*

  Après avoir pris une douche et **m'être changé,** j'ai mangé comme quatre.
  After taking a shower and changing, I ate like a horse.

- An infinitive in French is also used when the English present participle functions as the subject or object of a verb:

  Faire du sport est bon pour la santé.
  Practicing sports is good for your health.

Activités

A. Comme vous êtes doué(e)! Quelles activités est-ce que vous pouvez faire en même temps? Finissez chaque phrase en utilisant un participe présent.

1. J'écoute le professeur en…
2. Je dîne en…
3. Je fais mes devoirs en…
4. Je fais des promenades en…
5. Je regarde la télé en…

Mais il y a des limites! Quelles activités est-ce que vous trouvez impossibles à faire en même temps? Utilisez un participe présent.

6. Je ne peux pas parler en…
7. Je ne peux pas mâcher du chewing-gum en…
8. Je ne peux pas étudier en…
9. Je ne peux pas écrire un texto en…
10. Il est dangereux de boire en…

Anne-Caroline Graffe

B. Écoute-moi! Anne-Caroline Graffe, née à Papeete à Tahiti, en Polynésie française, est une athlète française spécialisée en taekwondo. Elle a obtenu la médaille d'argent aux jeux Olympiques de Londres en 2012. Voici des conseils qu'elle donnerait peut-être aux athlètes qui se préparent pour les jeux Olympiques de 2016 à Rio de Janeiro. Choisissez le verbe approprié et remplissez les blancs avec le participe présent ou l'infinitif, selon le cas.

1. On dit qu'on gagne des compétitions sportives en ________ régulièrement, et c'est tout à fait vrai. (s'entraîner/survivre)
2. La préparation comprend souvent beaucoup de séances d'entraînement ________ (épuiser/pleurer)
3. À moins d' ________ le soutien de ses amis, il est difficile de persévérer. (être/avoir)
4. Avant de/d' ________ en compétition, il faut connaître ses adversaires. (partir/entrer)
5. Tout en ________ une compétition précise, il faut toujours penser à la suivante. (se préparer à/se concentrer sur)
6. Après ________ un but, il faut immédiatement commencer à s'entraîner pour le suivant. (attendre/atteindre)
7. Plus on approche du début des Jeux, plus les journées longues et ________ deviennent la norme. (fatiguer/relaxer)
8. Mais sur le podium de la victoire en ________ une médaille d'or, d'argent ou de bronze, vous vous rendez compte que tous les sacrifices en valaient la peine. (recevoir/savoir)

Additional Olympics vocabulary: accueillir les jeux Olympiques *to host the Olympics;* **battre le record** *to break the record;* **la cérémonie d'ouverture** *opening ceremony;* **le Comité international olympique** *International Olympic Committee;* **déclarer forfait** *to default;* **disqualifier** *to disqualify;* **l'échec** [m] *loss;* **être à égalité (avec)** *to tie (with);* **les Jeux d'hiver/d'été** *winter/summer Olympics;* **jouer un hymne national** *to play a national anthem;* **une médaille d'or/d'argent/de bronze** *gold/silver/bronze medal;* **la pompe** *pageantry;* **le porteur de la flamme** *torch bearer;* **le record du monde de distance** *world distance record;* **la série éliminatoire** *qualifying round*

C. Les proverbes. Beaucoup de proverbes français utilisent le participe présent ou l'infinitif. Avec un(e) copain/copine de classe, discutez de ce que ces proverbes veulent dire et inventez un autre proverbe du même genre. Soyez prêt(e)s à l'expliquer à la classe.

1. C'est en forgeant *(forging)* que l'on devient forgeron *(blacksmith)*.
2. L'appétit vient en mangeant.
3. Vouloir, c'est pouvoir.

Interactions

A. La lettre d'un admirateur. Préparez une lettre qu'un(e) fan écrirait à un chanteur/une chanteuse célèbre. Faites beaucoup de compliments parce que vous adorez cette personne. (Vous espérez aussi qu'il/qu'elle vous offrira un CD gratuit.)

MOTS UTILES: **sensationnel(le)** *(fabulous)*
l'orchestration [f] *(instrumentation)*
des paroles [f pl] **qui ont du sens** *(meaningful lyrics)*
le vidéoclip *(music video)*
la sortie de son nouvel album *(the release of his/her new album)*

B. L'interview. Vous êtes journaliste pour le journal de votre université. Votre partenaire est un(e) athlète très connu(e) qui passe plusieurs jours dans votre ville. Il/Elle vous a accordé la permission de l'interviewer pour le journal. Apprenez tout ce que vous pouvez sur lui/elle. Commencez, bien sûr, par le/la féliciter et par lui faire des compliments.

SUJETS DE DISCUSSION POSSIBLES: s'il/si elle veut bien vous donner des détails personnels (sur son âge, sa famille, etc.); comment il/elle s'entraîne pour les compétitions; comment il/elle réagit après une victoire quand tout le monde se presse autour de lui/d'elle; s'il/si elle peut donner des conseils aux jeunes qui veulent réussir dans un sport ou dans la vie; s'il/si elle a battu un record du monde; quelle compétition a été la plus difficile pour lui/pour elle; etc.

DOSSIER D'EXPRESSION ÉCRITE Préparation

The focus of this chapter is writing a critical review of a film, book, or play that you have seen or read. A critical review almost always involves an opinion or judgment about the quality or effectiveness of something. It may also provide readers with a basis for making judgments or decisions. Like any statement of opinion, a critical review depends upon sound reasons and clear examples to make its point convincing.

1. Choose a film, book, or play about which you have strong positive or negative feelings.
2. Make a list of both good and bad aspects of the work you are evaluating. You may want to refer to pages 414–415 for helpful vocabulary related to your topic. Also consider the importance or lack of importance of this work.
3. After reviewing the good and bad aspects on your list, choose the overall point you want to make. Were you delighted, bored, angry, or stimulated by the work?
4. Show your list to a classmate to get helpful feedback.

Liens culturels

L'art de la conversation: Ne dites pas merci!

Quand vous répondez à un compliment en français, «merci» n'est pas toujours la réponse appropriée. Si vous remerciez simplement, vous allez donner l'impression de vous vanter[1], comme si vous approuviez le compliment. Il vaut donc mieux refuser le compliment ou le minimiser. Par exemple, si vous dites à une Française «Quel joli tailleur tu as là», au lieu de dire «merci», elle répondra plutôt: «Oh, je l'ai acheté en solde l'année dernière». Minimiser le compliment met en valeur la gentillesse de celui ou de celle qui complimente. Ce comportement est aussi une façon de se camoufler, de se cacher, comme une maison entourée d'un mur. Ceci reflète l'importance de la vie privée dans l'éducation des Français. Pour être bien élevés, les enfants français apprennent très jeunes la conduite à avoir en société et les mots à dire pour paraître respectueux et raisonnables (voir *Liens culturels*, Chapitre 3, Leçon 3; Chapitre 8, Leçon 1).

Pour se distinguer et être appréciés des autres, les Français ont recours à l'élégance verbale. C'est ainsi que, dans leur jugement des individus et de leurs actions, ils attribuent souvent une plus grande importance à l'art de la conversation et aux qualités intellectuelles qu'aux qualités morales. L'intelligence, la vivacité d'esprit, la lucidité et le savoir sont les qualités les plus importantes chez un individu.

Adapté de *Les Français*, 3e édition, Laurence Wylie et Jean-François Brière (Englewood Cliffs, NJ: Prentice Hall, 2001, p. 61) et de *Société et culture de la France contemporaine*, Georges Santoni, ed. (Albany: State University of New York, 1981, pp. 59–60).

[1] *to boast, brag*

mimagephotography/Shutterstock.com

Quels compliments pourriez-vous faire aux deux jeunes femmes?

Compréhension

1. Pourquoi ne dit-on pas «merci» quand on répond à un compliment en France?
2. Quel est l'effet de minimiser le compliment?
3. Que symbolise le mur dans la société française?
4. Quelles qualités ont une grande importance pour beaucoup de Français?

Réactions

1. Qu'est-ce que vous dites quand vous répondez à un compliment?
2. Selon vous, quelles sont les qualités les plus importantes? Est-ce que vous admirez les mêmes traits de caractère chez les hommes que chez les femmes?
3. Quelle est l'attitude envers la vie privée dans votre pays natal? Est-elle différente de l'attitude de la plupart des Français? Expliquez.

Extension

Faites un sondage. Donnez des compliments à au moins dix amis et membres de votre famille. Faites un résumé de leurs réponses: Que répondent-ils? Disent-ils «merci»? Est-ce qu'ils essaient de minimiser le compliment? Est-ce qu'ils vous donnent un compliment aussi? Les réponses sont-elles différentes selon l'âge de la personne?

Écrivez un paragraphe pour la classe et comparez les résultats aux informations données dans les *Liens culturels* que vous avez lus.

LEÇON 2

COMMENT EXPRIMER LE REGRET ET FAIRE DES REPROCHES

Blog (suite)

Premières impressions

1. Identifiez: les expressions qu'on utilise pour exprimer le regret et pour faire des reproches
2. Trouvez: a. la stratégie que Jean-Jacques a utilisée
   b. l'excuse qu'il donne à propos de Monte Carlo

Jean-Jacques Dumas, qui a perdu le match, réfléchit sur sa performance dans son blog.

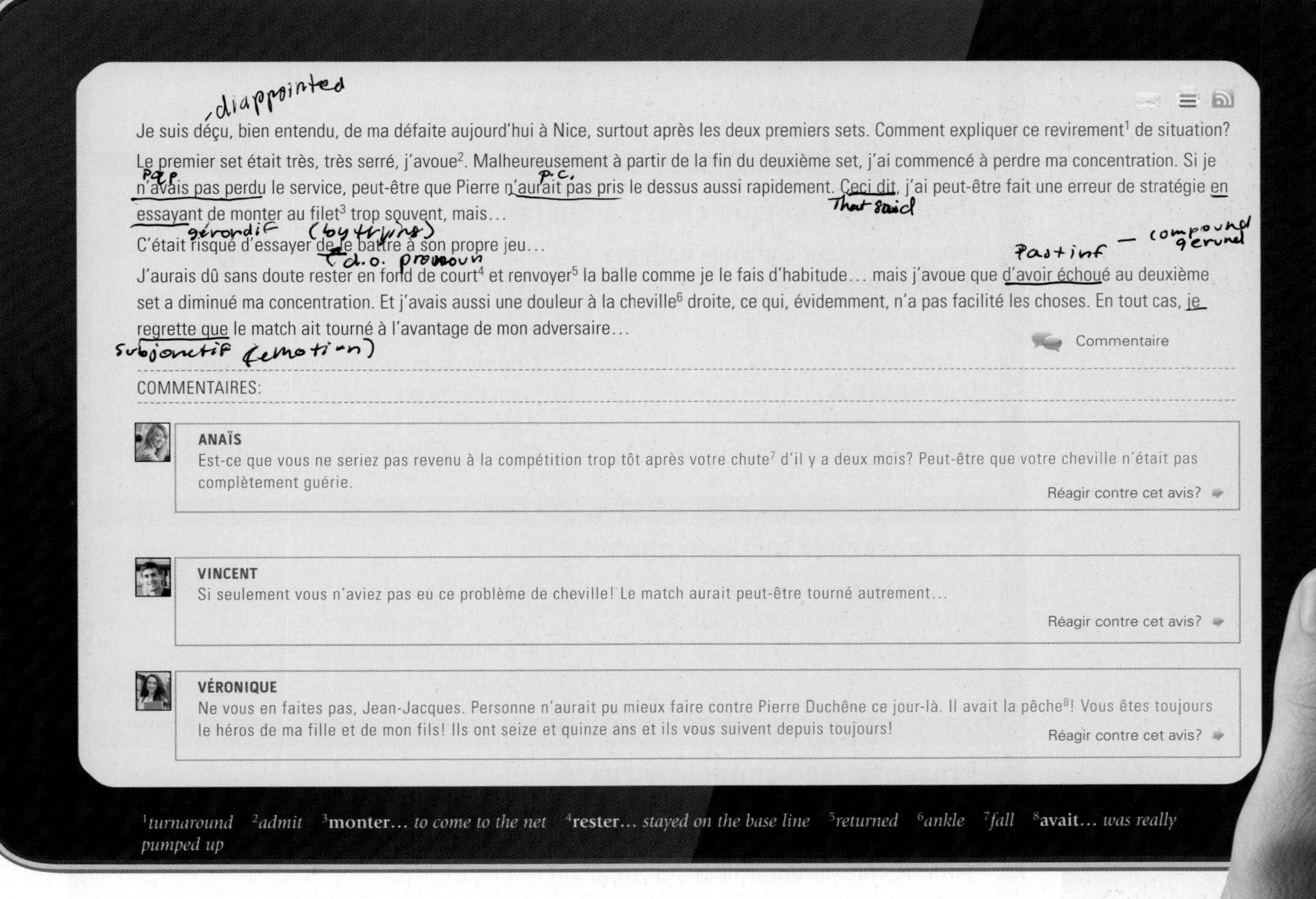

Je suis déçu, bien entendu, de ma défaite aujourd'hui à Nice, surtout après les deux premiers sets. Comment expliquer ce revirement[1] de situation? Le premier set était très, très serré, j'avoue[2]. Malheureusement à partir de la fin du deuxième set, j'ai commencé à perdre ma concentration. Si je n'avais pas perdu le service, peut-être que Pierre n'aurait pas pris le dessus aussi rapidement. Ceci dit, j'ai peut-être fait une erreur de stratégie en essayant de monter au filet[3] trop souvent, mais…

C'était risqué d'essayer de le battre à son propre jeu…

J'aurais dû sans doute rester en fond de court[4] et renvoyer[5] la balle comme je le fais d'habitude… mais j'avoue que d'avoir échoué au deuxième set a diminué ma concentration. Et j'avais aussi une douleur à la cheville[6] droite, ce qui, évidemment, n'a pas facilité les choses. En tout cas, je regrette que le match ait tourné à l'avantage de mon adversaire…

Commentaire

COMMENTAIRES:

ANAÏS
Est-ce que vous ne seriez pas revenu à la compétition trop tôt après votre chute[7] d'il y a deux mois? Peut-être que votre cheville n'était pas complètement guérie.
Réagir contre cet avis?

VINCENT
Si seulement vous n'aviez pas eu ce problème de cheville! Le match aurait peut-être tourné autrement…
Réagir contre cet avis?

VÉRONIQUE
Ne vous en faites pas, Jean-Jacques. Personne n'aurait pu mieux faire contre Pierre Duchêne ce jour-là. Il avait la pêche[8]! Vous êtes toujours le héros de ma fille et de mon fils! Ils ont seize et quinze ans et ils vous suivent depuis toujours!
Réagir contre cet avis?

[1]*turnaround* [2]*admit* [3]**monter…** *to come to the net* [4]**rester…** *stayed on the base line* [5]*returned* [6]*ankle* [7]*fall* [8]**avait…** *was really pumped up*

Observation et analyse

1. Est-ce que la performance de Jean-Jacques a été à la mesure de ce qu'il attendait de lui-même? Expliquez.
2. Jean-Jacques donne plusieurs raisons pour expliquer sa défaite. Quelles sont ses raisons?
3. D'après vous, pourquoi est-ce que Jean-Jacques ne mentionne pas Pierre et ses talents de joueur? Expliquez.

Réactions

1. Maintenant que vous avez lu l'interview de Pierre Duchêne et le blog de Jean-Jacques Dumas, qu'est-ce que vous pensez de leur personnalité et du match qui les a opposés?
2. Et vous, dans quelles situations est-ce que vous exprimez des regrets?
3. Et dans quelles circonstances est-ce que vous vous faites des reproches?

Expressions typiques pour...

Exprimer le regret

Je regrette qu'elle soit déjà partie.

C'est bien regrettable/dommage que... (+ subjonctif)

Malheureusement, je suis arrivé(e) en retard.

Je suis désolé(e) *(sorry)* { que Paul (+ subjonctif)... / de te/vous dire que (+ indicatif)...

Si seulement elle était restée plus longtemps!

Si seulement j'avais pu venir plus tôt!

Reprocher quelque chose à quelqu'un

Pour une action que vous ne jugez pas trop grave

Tu n'aurais/Vous n'auriez pas dû faire ça.
Il ne fallait pas...
Ce n'était pas bien de...
Je n'aurais pas fait cela comme ça.

Pour une action que vous jugez assez grave

Tu devrais/Vous devriez avoir honte.
Comment as-tu/avez-vous pu faire ça?
C'est très grave ce que tu as/vous avez fait.
C'est inadmissible! C'est scandaleux!

Se reprocher quelque chose

Je n'aurais pas dû faire ça.
Que je suis bête/imbécile/idiot(e)!
J'ai eu tort de...
J'aurais dû...
J'aurais mieux fait de...
Je n'aurais pas perdu si... (+ plus-que-parfait)

Présenter ses condoléances

Nous vous présentons nos sincères condoléances.
Nous prenons part à votre douleur.
Nous sommes tous touchés par votre grand malheur.
Nous avons appris avec beaucoup de peine le deuil *(sorrow)* qui touche votre famille.

Vers chez Antoine, le 19 février

Bonjour Linda,

Je m'appelle Magaly, je suis la femme de Michel, c'est moi qui vous écris parce qu'il nous est arrivé un grand malheur, ma belle-maman est décédée le 20 janvier de cette année. Elle m'avait très souvent parlé de vous, c'est pourquoi je me permets de vous écrire ces quelques lignes.

Nous avons tous beaucoup de peine à surmonter ce deuil. Nos 3 enfants sont aussi vivement touchés.

J'espère que vous continuerez à nous donner de vos nouvelles chaque année et qui sait, peut-être que vous nous rendrez visite une fois, cela nous ferait vraiment plaisir.

Sachez qu'elle avait gardé un très bon souvenir de vous.

Bonnes salutations à votre petite famille et à bientôt.

Grosses bises

Jean-Pierre, Michel
Magaly et Marjory 8½ ans
Michèle 5 ans
Johnny 3 ans

Famille M.-Dubois
Vers chez Antoine
2115 Mont-de-Bains

Quelles sont les nouvelles de Magaly? Pourquoi est-ce qu'elle écrit à Linda? Quels sont les rapports entre Linda et la famille de Magaly? Quelle sorte de réponse est-ce que Linda va probablement écrire?

Mots et expressions utiles

Situations regrettables

attraper un coup de soleil *to get sunburned*
ne pas mettre d'huile [f]/de lotion [f] solaire *to not put on suntan oil/lotion*
avoir un accident de voiture *to have an automobile accident*
conduire trop vite/rapidement *to drive too fast*
oublier d'attacher/de mettre sa ceinture de sécurité *to forget to fasten/put on one's seat belt*
échouer à/rater un examen *to fail/flunk an exam*
sécher un cours *to cut a class*
être fauché(e) *to be broke (out of money)*
être sans le sou *to be without a penny*

Divers

avouer *to admit*
grossir/prendre des kilos *to put on weight*
un rendez-vous avec un(e) inconnu(e) *blind date*
ne pas se réveiller à temps *to oversleep*

Mise en pratique

—**C'est bien regrettable** que Marc n'ait pas pu finir ses cours cette année.
—Oui, **il a eu un accident de voiture**. Il **conduisait trop vite**, et en plus il **avait oublié de mettre sa ceinture de sécurité**. Il a été éjecté de la voiture.
—Et comment il va?
—Il a passé deux semaines à l'hôpital, mais quand il a repris les cours, il a eu du mal à rattraper son retard. Il a été forcé de laissé tomber ses études ce semestre. C'est dommage.

Activités

A. Les regrets. En utilisant les ***Expressions typiques pour...***, exprimez votre regret dans chaque situation.

1. Votre voisin(e) déménage et va s'installer dans une autre ville. C'est la dernière fois que vous vous voyez avant qu'il/elle ne déménage.
2. Vous n'avez pas terminé votre devoir pour le cours de français. Excusez-vous auprès du professeur.
3. Parlez avec votre ami(e) au sujet d'un(e) autre ami(e) que vous aviez invité(e) à votre soirée, mais qui n'est pas venu(e).
4. Vous vous trouvez aux obsèques *(funeral)* d'un ami de votre famille. Exprimez vos condoléances à son épouse.

© Hemis / Alamy

«L'environnement influence le sport et le sport influence l'environnement» dit Cordula Sandwald dans son article pour le Centre de formation pour le développement et la solidarité internationale en Belgique. Elle fait remarquer que le sport consomme beaucoup d'énergie et que les grands événements sportifs laissent des traces (poubelles pleines, papiers et emballages oubliés dans les rues et sur les pelouses, meubles de café ou vitrines cassés, etc.). Êtes-vous d'accord? Expliquez.

B. Vous êtes fâché(e)! Faites un reproche à la personne indiquée dans chacune des circonstances suivantes. (Attention: Évaluez la sévérité de chaque action avant de formuler votre reproche.)

1. Votre fils de sept ans a demandé à son grand-père de l'argent pour acheter un nouveau jouet.
2. Votre copain/copine a admis qu'il/elle sortait avec quelqu'un d'autre depuis un mois.
3. Votre professeur vous a donné une interro-surprise.
4. Vous rendez visite à votre ami(e) et vous voyez qu'il/elle jette tous ses papiers, plastiques, etc. dans sa poubelle *(wastebasket)* au lieu de les trier et de les recycler.
5. Un copain/Une copine a oublié de vous dire qu'il/elle ne pourrait pas venir vous voir à sept heures ce soir.

C. Que je suis bête! Vous vous faites des reproches dans les situations suivantes.

1. C'est le week-end et vous êtes sans le sou!
2. Vous avez raté votre examen de chimie.
3. Un(e) ami(e) vous donne un cadeau de Noël, mais vous ne lui avez rien acheté.
4. Vous êtes très fatigué(e) ce matin parce que vous n'avez dormi que trois heures la nuit dernière.
5. Vos vêtements ne vous vont plus. Ils vous serrent trop *(are too tight)*.
6. Vous avez attrapé un coup de soleil.
7. Vous avez raté une interro-surprise parce que vous aviez séché le cours précédent. Par conséquent, vous n'avez pas su répondre aux questions.
8. Vous avez eu un accident de voiture, et maintenant vous êtes hospitalisé(e) pour plusieurs jours.

La grammaire à apprendre

Le conditionnel passé

The past conditional in French expresses what *would have happened* if another event had taken place or if certain conditions had been present. Thus, it is commonly used in expressions of regret and reproach.

Je **serais venu** plus tôt si j'avais su que tu avais besoin de mon aide.

I would have come earlier if I had known that you needed my help.

A. Formation

- To form the past conditional, an auxiliary verb in the simple conditional is followed by the past participle. The rules of agreement common to all compound tenses are observed.

Je serais arrivée... Nous aurions fini...

Tu lui aurais parlé... Vous vous seriez fâchés...

Cette lettre? Paul ne l'**aurait** pas **écrite.**

Et Jeanne et Guillaume, ils l'**auraient écrite**?

B. Usage

- Common ways of expressing regret and reproach in English are *could have* and *should have.* In French, *could have done something* is expressed by the past conditional of **pouvoir + infinitif.**

Tu **aurais pu** me téléphoner!

You could have called me!

- *Should have done something* is expressed by the past conditional of **devoir + infinitif**.

Tu as raison. J'**aurais dû** te téléphoner.

You're right. I should have called you.

NOTE Either the simple conditional or the past conditional must be used following the expression **au cas où.**

Au cas où tu **aurais** encore des problèmes, tu **pourrais** me donner un coup de fil.

In case you have further problems, you could give me a call.

Au cas où le technicien n'**aurait** pas **pu** venir réparer ta machine à laver, donne-moi un coup de fil.

In case the repair person isn't able to come repair your washing machine, give me a call.

Les phrases conditionnelles

The past conditional is seen most often in conditional sentences in which the verb in the **si**-clause is in the **plus-que-parfait.**

Si tu me l'**avais dit,** j'**aurais pu** apporter tous les outils nécessaires pour réparer ta machine à laver.

Tu n'**aurais** pas **eu** à faire venir un plombier si tu m'**avais parlé** de tes difficultés.

SUMMARY OF CONDITIONAL SENTENCES

Si-clause	Main clause
présent	futur/présent/impératif
imparfait	conditionnel
plus-que-parfait	conditionnel passé

Other sequences of tenses may occur occasionally; however, future or conditional tenses can *never* be used in the **si**-clause.

Activités

A. Dans ma boule de cristal. Prévoyez ce qui se serait passé dans les cas suivants, en formant des phrases avec les éléments donnés. Faites tout changement nécessaire.

Si j'avais étudié davantage pour l'examen de français hier soir…

1. … je / obtenir / une meilleure note
2. … professeur / être / content
3. … je / impressionner / copains/copines de classe
4. … je / recevoir / mon diplôme / cette année

Si l'ouragan Sandy n'avait pas perturbé la côte est des États-Unis en octobre 2012,…

5. la vie / continuer / normalement / Breezy Point, Queens et / les états du New Jersey et de New York des États-Unis
6. la campagne présidentielle / ne pas être obligé / arrêter / pendant plusieurs jours
7. les employeurs / garder / tous / leurs employés
8. les habitants / ne pas perdre / leurs maisons

B. Ah, les regrets… Avec un(e) copain/copine, complétez chaque phrase en utilisant le plus-que-parfait ou le conditionnel passé, selon le cas.

1. Je n'aurais pas échoué à l'examen si…
2. J'aurais fait du jogging ce matin si…
3. Si tu m'avais invité(e) à ta soirée…
4. Si j'avais passé plus de temps à la bibliothèque le semestre/trimestre passé…
5. J'aurais dormi plus de cinq heures hier soir si…

C. Si seulement… La grand-mère d'Emma et de Léo, qui a quatre-vingts ans et qui souffre de nombreuses maladies, leur parle des regrets de sa vie passée. Elle donne aussi des conseils aux jeunes gens d'aujourd'hui pour prolonger leur vie. Utilisez le mode (indicatif, conditionnel, infinitif, participe présent, impératif) et le temps approprié pour compléter chaque phrase.

Mes médecins me disent que je _________ (pouvoir) vivre au moins dix ans de plus si j'avais suivi leurs conseils. Donc, si je les avais écoutés, je _________ (faire) davantage de gymnastique et je _________ (consommer) moins de sel et moins de graisses *(fat)*. Oh là là, _________ (regarder) comme ma peau est sèche! Je _________ (ne pas devoir) prendre de bains de soleil sans _________ (mettre) de lotion solaire. Et mes poumons! Après _________ (fumer) pendant plus de cinquante ans, ils ne sont plus en bonne santé! Je _________ (ne jamais devoir) commencer à fumer.

Si j'étais vous, je _________ (s'arrêter de fumer) aujourd'hui. De plus, je _________ (manger) moins de viande et plus de légumes et de fruits frais. Au cas où vous _________ (douter) de la valeur de ces conseils, vous _________ (n'avoir que) à regarder l'espérance de vie des Japonais.

Mais surtout, si vous _________ (vouloir) vivre bien et longtemps, il faut rester en bonne forme en _________ (faire) du sport et en _________ (éviter) les excès d'une vie trop sédentaire.

_________ (Écouter) cette vieille femme qui vous aime et _________ (ne pas faire) les mêmes erreurs!

D. Questions indiscrètes: Les fantasmes. Posez les questions suivantes sur ses fantasmes à un(e) copain/copine. Puis faites un résumé de ses réponses à la classe.

1. Si tu avais pu choisir n'importe quelle université, laquelle est-ce que tu aurais choisie?
2. Si tu pouvais habiter n'importe où, où est-ce que tu habiterais?
3. Si tu pouvais faire la connaissance de quelqu'un de célèbre, qui est-ce que tu choisirais?
4. Si tu pouvais faire une bonne action *(do a good deed)*, laquelle est-ce que tu ferais?
5. Si tu avais eu beaucoup de temps et d'argent le week-end dernier, qu'est-ce que tu aurais fait?
6. Si tu pouvais changer quelque chose dans ta vie, qu'est-ce que tu changerais?

Interactions

A. Jouez le rôle. Vous allez avoir une très mauvaise note dans une de vos classes à la fin de ce semestre/trimestre. Deux copains/copines de classe vont jouer le rôle de vos parents. Vous allez leur annoncer la mauvaise nouvelle. Ils vont vous reprocher la mauvaise note et ils vont expliquer tout ce que vous auriez pu faire pour éviter la situation (étudier davantage, passer moins de temps à texter, leur dire plus tôt pour qu'ils puissent payer des leçons particulières, etc.).

B. Composition. Vous finissez l'année universitaire. Le professeur de votre cours de français vous demande de faire un bilan en répondant aux trois questions suivantes:

En quoi est-ce que vous avez bien réussi votre année? Qu'est-ce que vous auriez pu faire de différent ou de mieux (suggestions: étudier à l'étranger; vivre sur le campus; faire partie du club de français; etc.)? Qu'est-ce qui aurait changé si vous aviez eu une bourse de $6 000?

DOSSIER D'EXPRESSION ÉCRITE Premier brouillon

1. To guide you as you write your critical review, draft a statement that sums up your overall evaluation of the work, using the list of positive and negative aspects that you developed in the previous lesson. This statement can be placed early in the review or used as a summary point in the last sentence.
2. Begin your draft with a summary of the work. The summary can be short or more extensive, but don't reveal the whole plot of the movie, book, or play. Give your readers a chance to find it out for themselves.
3. Incorporate specific material from the work that supports your opinion. You may begin with supporting evidence and end with a statement of opinion. Or you may start with your opinion and follow it up with reasons, facts, and examples. If your review is not entirely supportive, you may want to hypothesize about what could have been different in the work or what would have improved it.

Liens culturels

Les Français et le sport

Les Français sont de plus en plus nombreux à pratiquer une activité sportive, même occasionnellement. On croit qu'une meilleure résistance physique aide à mieux supporter les agressions de la vie moderne. De plus, on sait que les activités physiques sont importantes pour garder la santé et pour prolonger la vie. Le sport est considéré comme un loisir important.

De façon générale, la pratique des sports est en forte hausse. Les sports les plus pratiqués sont: la marche de loisir, la natation de loisir, le vélo de loisir, la pétanque, le bowling et le football. Aujourd'hui, parmi les Français, «88% disent exercer une activité sportive régulière ou occasionnelle, y compris celles qui ne se pratiquent qu'en vacances, contre 83% en 2000» [p. 516]. La popularité des sports individuels comme le jogging, l'aérobic, le tennis, l'équitation et la musculation reflète sans doute l'individualisme des Français. Cependant, beaucoup de Français pratiquent des sports individuels en groupe, par exemple, la randonnée, la danse, le vélo et le roller, pour profiter de la convivialité sans subir les contraintes des sports d'équipes, qui impliquent des entraînements et des compétitions. Parmi les sports d'équipe, le basket connaît une popularité qui profite de la médiatisation des champions américains. Les Français adorent le foot (le football), mais c'est surtout en tant que spectateurs qu'ils aiment «participer». Le championnat du monde en 1998 (Coupe du monde) et le championnat d'Europe en 2000 dominaient la mémoire collective des Français jusqu'à la qualification des Bleus en finale de la Coupe du monde de 2006 et le malheureux coup de tête de leur star Zinedine Zidane. L'intérêt des Français pour le football, surtout après les performances pas toujours bonnes de leurs équipes, comme par exemple celle des Bleus à la Coupe du monde de 2010, explique, en partie, pourquoi les Français s'intéressent de plus en plus au rugby. Ceci dit, les Français rêvent d'un grand succès en foot à Rio de Janeiro où aura lieu la Coupe du monde en 2014.

Adapté de Gérard Mermet, *Francoscopie 2013* (Larousse, pp. 516–529).

Zdenek Krchak/Shutterstock.com

Vous faites du vélo? De la danse sportive? Du baseball? De l'équitation? Vous avez participé à une course à pied quelconque? À quelle occasion? Savez-vous d'où vient le mot «marathon»?

Compréhension

1. Pourquoi est-ce que les Français pratiquent de plus en plus de sports?
2. Quels sont les sports les plus populaires en France?
3. Quelle est l'attitude des Français envers le football? Expliquez.
4. Quel est le nom du footballeur qu'on mentionne dans le texte?

Réactions

1. Quels sports sont les plus populaires aux États-Unis?
2. Quels sports préférez-vous pratiquer?
3. Est-ce que vous suivez les matchs à la télé tout(e) seul(e) ou en groupe? Expliquez.

Extension

1. Trouvez des renseignements sur Zinedine Zidane. Parlez des hauts et des bas de sa carrière. Que fait-il maintenant?
2. Choisissez un sport et faites des recherches sur la pratique de ce sport dans un pays francophone. Faites une présentation orale ou écrivez un paragraphe.

LEÇON 3

COMMENT RÉSUMER

Conversation (conclusion)

 Track 21

Premières impressions

1. Identifiez: les expressions pour résumer
2. Trouvez: a. combien de personnages principaux il y aura dans le film
   b. quel acteur célèbre va jouer dans le film

Ayant remarqué dans le public la réalisatrice° Laurence Miquel qui a assisté au match, la journaliste décide de profiter de l'occasion. — *director*

LA JOURNALISTE J'accueille maintenant Laurence Miquel qui va nous parler un peu de sa nouvelle réalisation°. Alors de quoi s'agit-il? Quel est le thème du film que vous tournez? — *production*

LAURENCE MIQUEL Eh bien, c'est plutôt un documentaire fictionnel car l'intrigue° est basée sur une histoire vraie, celle d'une famille de pionniers américains. L'histoire se déroule° sur quatre générations. Avec tout un jeu de retours en arrière°, je montre en fait combien le couple d'aujourd'hui vit une histoire semblable à celle de ses grands-parents. Au fond, il s'agit de l'histoire d'un amour contrarié qui aboutit à un dénouement heureux au bout de cinquante ans. Les liens complexes qui se sont tissés° entre les personnages principaux°, cinq pour être précis, expliquent les obstacles auxquels les jeunes sont confrontés. Mais ils permettent aussi la démarche de réconciliation qui prend place. — *plot* / *takes place* / **retours...** *flashbacks* / *woven* / **personnages** [m pl]... *main characters*

LA JOURNALISTE Oh! Ça a l'air intéressant! Vous nous mettez l'eau à la bouche. Et l'action se déroule où?

LAURENCE MIQUEL Dans l'Ouest américain. Le contraste entre le passé et le présent a beaucoup à voir avec° le thème. En deux mots, j'essaie de créer un dialogue entre ce qui était rural et très peu développé au siècle dernier et le monde moderne d'aujourd'hui. D'où le titre «Le Retour vers l'Ouest». Le contraste fait ressortir les parallélismes. — **a beaucoup...** *has a lot to do with*

LA JOURNALISTE Je ne crois pas que les interprètes° que vous avez choisis soient tellement connus. C'est vrai? — [m pl] *the cast, actors, performers*

LAURENCE MIQUEL Non. Le public va les découvrir. À part une apparition éclair° de Romain Duris, ce sont tous de jeunes débutants°. — **apparition...** *quick appearance (cameo)* / *beginners*

LA JOURNALISTE Eh bien! J'espère que ce film sera aussi bien reçu des critiques que vos deux derniers films et qu'il sera sélectionné pour le Festival de Cannes de l'an prochain.

LAURENCE MIQUEL On verra... En tous cas, je vous remercie beaucoup.

Observation et analyse

1. Quelle sorte de film est-ce que Laurence Miquel est en train de faire?
2. Quel est le thème? Parlez de la signification *(meaning)* du titre.
3. Où est-ce que l'action se déroule?
4. À quelle époque se déroule le film?
5. Quelles sortes de gens iront probablement voir ce film? Pourquoi?

Réactions

1. Est-ce que vous avez envie de voir ce film? Expliquez.
2. Est-ce que vous avez déjà vu un film français? Lequel? Parlez-en.
3. Quels films est-ce que vous avez vus et aimés récemment? Pourquoi?
4. Qui est votre acteur préféré/actrice préférée?

Since summarizing can involve telling a shortened version of a story, you may find it helpful to review the expressions used for telling a story in **Chapitre 4.**

Expressions typiques pour…

Résumer

Donc,…
Enfin bref,…
Pour résumer, je dirai que…
Je résume en quelques mots…
En bref,…
Pour tout dire,…
En somme,…
Ceci dit,…
Somme toute *(When all is said and done)*,…
Ce qu'il a dit, c'était que…
Ce qu'il faut (en) retenir *(retain)*, c'est que…
Ce qui s'est passé, c'est que…
En deux mots, le gangster a été tué par la police…

Guide pour vous aider à résumer un film/une pièce/un roman

Est-ce que vous savez le nom du réalisateur/du metteur en scène *(stage director)*/de l'écrivain? (Non, je ne sais pas…)
Combien de personnages principaux est-ce qu'il y a dans le film/la pièce/le roman *(novel)*? (Il y en a…)
Qui sont-ils? Décrivez ces personnages. Parlez des interprètes. (Ils sont…)
Quand est-ce que l'action se déroule? Où?
Est-ce qu'il y a des retours en arrière?
De quoi s'agit-il dans le film/la pièce/le roman? *(What is the film/play/novel all about?)* (Il s'agit de…)
Résumez l'intrigue./Racontez un peu l'histoire.
Quelle est la signification du titre? (Le titre signifie…)
Quel est le thème principal?
Comment est-ce que vous trouvez le film/la pièce/le roman? Est-ce qu'il/elle est intéressant(e)? passionnant(e)? ennuyeux/ennuyeuse? médiocre? (Je le/la trouve…)

Guide pour vous aider à résumer un article

Est-ce que vous savez le nom de l'auteur? (Oui, il/elle s'appelle…)
De quoi traite *(treats, deals with)* l'article? (L'article traite de…)
Quelles sont les idées les plus importantes présentées par l'auteur? (Les idées les plus importantes sont…/Ce que l'auteur a dit d'important, c'est que…)
Donnez plusieurs exemples que l'auteur utilise pour exprimer ses idées ou développer des arguments.
Est-ce que le titre s'explique?
Pour quelle(s) raison(s) est-ce qu'on lirait cet article? (On le lirait pour…/parce que…)
Quelle est votre réaction à la lecture de cet article? (J'ai trouvé cet article…)

Mots et expressions utiles

Une pièce

une comédie musicale *musical*
l'éclairage [m] *lighting*
l'entracte [m] *intermission*
frapper les trois coups *to knock three times (heard just before the curtain goes up in French theaters)*
jouer à guichets fermés *to play to sold-out performances*
le metteur en scène *stage director*
la mise en scène *staging*
l'ouvreuse [f] *usher*
une représentation *performance*
(avoir) le trac *(to have) stage fright*
la troupe *cast*

Un film

un acteur/une actrice *actor/actress*
un cinéaste *filmmaker*
un(e) débutant(e) *beginner*
le dénouement *ending*
se dérouler/se passer *to take place*
un(e) interprète *actor/actress*
les interprètes [m/f pl] *cast*
l'intrigue [f] *plot*
le personnage (principal) *(main) character*
un producteur *producer (who finances)*
le réalisateur/la réalisatrice *director*
la réalisation *production*
un retour en arrière *flashback*
un(e) scénariste *scriptwriter*
le thème *theme*
tourner un film *to shoot a film*
la vedette *star (male or female)*
des genres de films *types of films*
- une comédie *comedy*
- un dessin animé *cartoon*
- un documentaire *documentary*
- un film d'amour *love story*
- un film d'animation *animated film*
- un film d'aventures *adventure film*
- un film d'épouvante *horror movie*
- un film d'espionnage *spy movie*
- un film de guerre *war movie*
- un film policier *police story, mystery story*
- un western *western*

un film doublé *dubbed film*
avec sous-titres [m pl] *(with) subtitles*
en version originale (v.o.) *in the original language*

Réactions

avoir à voir avec *to have something to do with*
C'est complet. *It's sold out.*
un compte rendu *review (of film, play, book)*
un(e) critique de théâtre/de cinéma *theater/film critic*
un four *flop*
un navet *third-rate film*
réussi(e) *successful*

Additional vocabulary: **un épisode** *episode;* **un rappel** *curtain call;* **un rebondissement** *revival*

Mise en pratique

Décidément, **les comédies musicales** sont de retour à Paris! Aux côtés des festivals d'été qui font le bonheur de bien des Français et des touristes à travers la France, le Théâtre du Châtelet reprend *Les Misérables* dans une nouvelle adaptation. Avec une **mise en scène** de Claude-Michel Schöenberg et d'Alain Boubil en 1980, ce spectacle a fait le tour du monde. Le **producteur** anglais Cameron MackIntosh a misé sur *(bet on)* le marché anglo-saxon qui a été séduit par l'histoire de Cosette et de Jean Valjean. Avec des **acteurs** de premier ordre, cet opéra moderne a souvent été **joué à guichets fermés.** Il est resté sur Broadway pendant dix-huit ans. En 2013, **des vedettes** comme Hugh Jackman, Russell Crowe et Anne Hathaway ont joué dans le film **réalisé** par Tom Hooper. Qui aurait cru que le roman le plus connu et le plus aimé de Victor Hugo (1802–1885) devienne un jour un spectacle et un film à ne pas manquer?

Activités

A. Résumez. Racontez en une ou deux phrase(s) les faits suivants en utilisant les expressions pour résumer.

1. votre dernière conversation avec votre professeur de français
2. votre dernière conversation avec votre patron ou un autre professeur
3. un programme de télévision
4. un événement d'actualité

B. En bref... Résumez en une ou deux phrase(s) le contenu des deux conversations et du blog d'un des chapitres précédents, en utilisant les expressions pour résumer.

MODÈLE: *(Chapitre 5, Leçon 2, blog)*

Il s'agit d'un père de famille français, M. Cézanne, qui décrit dans son blog les petits soucis que lui donne sa fille Julie. Selon lui, elle passe trop de temps à regarder la télé et en oublie ses devoirs. Ce qui le consterne* (saddens him), *c'est qu'elle a pris goût aux navets et aux séries médiocres qui passent le soir.

C. Êtes-vous cinéphile? Écrivez les titres de dix films que vous avez vus (américains et étrangers) pendant les deux dernières années. Classez chaque film d'après son genre. Comparez votre liste et votre classification avec celles de vos copains/copines. Discutez de votre genre de film préféré.

D. Oscar/César. Quels sont les films qui ont reçu des «Oscar» cette année (ou l'année dernière) pour les catégories suivantes: meilleur film, meilleur réalisateur, meilleur acteur, meilleure actrice? Qu'est-ce que vous avez pensé des décisions des membres du jury? Est-ce que vous avez vu les films qui ont reçu le plus d'«Oscar»? Est-ce que vous savez quels films français ont gagné le plus de «César» cette année (ou l'année dernière)? Voir **www.lescesarducinema.com.**

E. En peu de mots... Choisissez une pièce ou un film que vous avez vu(e) ou un article que vous avez lu récemment. Faites-en un petit résumé.

PAR ANOUK BRISSAC / PHOTO : DR

COMÉDIE DRAMATIQUE / 01H49
RÉALISÉ PAR ALEXANDRA LECLÈRE
AVEC MATHILDE SEIGNER, MARINA FOÏS, JOSIANE BALASKO

Un pitch tonique : "Deux sœurs kidnappent leur mère pour l'obliger à les aimer". Ajoutez à ça une affiche inoffensive et un casting rôdé à la blague, et vous pensez voir une comédie sans conséquences. Faux. Alexandra Leclère gravit une marche sur ses précédents films en nous prenant aux tripes. Certes, on rit. Mais pas que. Ce trio figé dans ses blocages se débat dans un huis clos où le malaise le dispute au chagrin. Et fait réfléchir. À découvrir : Mathilde Seigner, dépoussiérée de son registre habituel. Révélation.

Quel est le thème de cette comédie dramatique? Pourquoi les filles ont-elles kidnappé leur mère? Est-ce que ça vous tente de voir ce film? Si vous aviez le temps ce week-end, avec qui iriez-vous le voir?

La grammaire à apprendre

La voix passive

A. Formation

The passive voice is useful in a number of contexts, including reporting the facts and summarizing what went on.

Ce qui se passe à la fin du roman *Une rage fatale*, c'est que le mari **est tué** par sa femme qui est jalouse.

An active voice construction is characterized by normal word order, where the subject of the sentence performs the action and the object receives the action.

Sujet	Verbe actif	Objet	Complément de lieu
La femme	a vu	son mari et sa maîtresse	dans un restaurant.

In a passive voice construction, the subject is acted upon by the object (called the agent) and thus switches roles with the object.

Sujet	Verbe passif	Agent	Complément de lieu
Le mari et sa maîtresse	ont été vus	par la femme	dans un restaurant.

In French, only verbs that are followed directly by an object (i.e., no preposition precedes the object) can be put into the passive voice.

NOTE The past participle agrees with the subject of the verb **être.** The formation is as follows:

subject + **être** + past participle (+ **par/de** + agent)

La femme **avait été arrêtée par** la police à une autre occasion; elle **était soupçonnée d'**avoir commis un vol.

An agent is not always mentioned. If one is expressed, it is usually introduced by **par.** However, **de** is used when the passive voice denotes a state. Typical past participles that are likely to be used with the preposition **de** are **aimé, détesté, haï, respecté, admiré, craint, connu, dévoré, entouré,** and **couvert.**

Durant toutes leurs années de mariage, elle **avait été dévorée de** jalousie.

B. Pour éviter la voix passive

The passive voice construction is used much less often in French than in English. The following are alternatives to the use of the passive voice.

- If an agent is expressed, transform the sentence to the active voice. Thus, the agent is made the subject of the sentence and the passive subject becomes the direct object.

  PASSIVE: *Une rage fatale* **a été écrit** par un romancier célèbre.

  ACTIVE: Un romancier célèbre **a écrit** *Une rage fatale.*

- If an agent is not expressed and is a person, use the indefinite pronoun **on** as the subject, followed by the active verb in the third-person singular form.

  PASSIVE: Ce roman **est connu** dans de nombreux pays.

  ACTIVE: On **connaît** ce roman dans de nombreux pays.

- Certain common, habitual actions in English expressed in the passive voice can be rendered in French by pronominal verbs, assuming that the subject is inanimate. Common pronominal verbs used in this situation are **se manger, se boire, se parler, se vendre, s'ouvrir, se fermer, se dire, s'expliquer, se trouver, se faire,** and **se voir.**

  Ce roman ne **se vend** pas bien en ce moment.
  This novel is not selling very well right now.
  Mais cela **s'explique** facilement, puisqu'il vient seulement de sortir en librairie.
  But that is easily explained, since it just came out in the bookstores.

Quels films est-ce que les critiques ont aimés? Êtes-vous d'accord avec leur opinion? Et le public? Quels films le public a-t-il choisis? Connaissez-vous le film de Jacques Audiard *De rouille et d'os (Rust and Bone)* avec Marion Cotillard et Matthias Schoenaerts?

cinéma | hit parade |

l'avis des critiques

Chaque cote est attribuée par les critiques eux-mêmes, à notre demande.

Signification :
passionnément : ★★★, beaucoup : ★★, un peu : ★, pas du tout : ❑

	D. Denorme A. Gaillard PARISCOPE	Gérard Delorme PREMIERE	Bernard Achour VSD	Bruno Cras EUROPE 1	Alain Spira PARIS MATCH	Pierre Murat TELERAMA
De rouille et d'os	★★★	★★★			★★★	★★
Miss Bala		★★★	★★		★★★	★★
Moonrise kingdom	★★★	★★			★★★	★★
Margin call	★★★	★★	★	★★★		★★★
Sea, no sex and sun	★★	★	★★		★	
Babycall		★	★		★★	★
Querelles	★★★		❑	★		★
Chroniques sexuelles d'une famille d'aujourd'hui	★★★	❑	★★★		❑	❑
W./E.: Wallis & Edouard	★★★	★	❑		❑	
Dark shadows		★	❑		★	★

hit parade du public

Semaine du 02/05/12 au 08/05/12

Nombre d'entrées nationales

	entrées de la semaine	nombre de semaines d'exploitation	Total des entrées
Avengers	1 101 255	2	3 142 617
American pie 4	829 241	1	
Le prénom	701 507	2	1 787 820
Sur la piste du Marsupilami	318 247	5	4 965 077
Dépression et des potes	183 898	1	
La cabane dans les bois	154 872	1	
Margin call	130 532	1	
Sans issue	94 055	1	
Barbara	85 620	1	

Informations Le Film français

Activités

A. Une pièce à ne pas manquer. Vous trouverez ci-dessous des phrases adaptées de plusieurs comptes rendus et d'une interview avec Catherine Frot qui a joué Winnie dans *Oh Les Beaux Jours* de Beckett au Théâtre de l'Atelier. Mettez ces phrases à la voix active et faites les changements nécessaires.

1. *Oh les beaux jours*, une pièce bouleversante et une farce tragique, a été écrite par Beckett.
2. Le rôle principal est interprété par Catherine Frot, une comédienne de talent.
3. Les vides sont remplies par les gestes et le monologue nuancé de Winnie.
4. Winnie et son mari Willie ont été usés par le temps.
5. Dans cette pièce, la vitalité de l'humanité est expliquée avec élégance par le personnage de Winnie.
6. Le public sera frappé par ce spectacle d'une grande force.
7. La mise en scène a été réalisée par Marc Paquin.
8. Si vous aimez le théâtre exigeant mais accessible à tout le monde, une excellente soirée vous sera offerte par *Oh les beaux jours*.

Adapté de plusieurs articles dans Première.fr Paris, le 21 mars 2013

B. Un drame psychologique. Voici des extraits d'un compte rendu du film *Le silence de Lorna*, de Jean-Pierre et Luc Dardenne, Belgique, 2008. Mettez ces phrases à la voix passive. Le Prix du scénario a récompensé le nouveau film des frères Dardenne au Festival de Cannes.

1. Encore une fois, les Dardenne nous plongent sans prévenir dans un drame qui est largement original.
2. Lorna, jeune réfugiée albanaise, a contracté un mariage blanc *(marriage of convenience)* avec Claudy, un toxicomane *(drug addict)* appâté *(enticed)* par l'argent.
3. Mais un autre homme, Fabio, utilise Lorna pour contracter un autre mariage blanc dès qu'elle aura acquis la nationalité belge.
4. Arta Dobroshi, Jérémie Rénier et Fabrizio Rongione interprètent les rôles principaux de ce drame psychologique.

Adapté d'un article du Grignoux.be, Journal des cinémas, du 2 juillet au 9 septembre 2008

C. Au cinéma. Un touriste américain est au cinéma en France. Il cherche dans son dictionnaire les mots pour poser les questions ci-dessous. Aidez-le en utilisant des verbes pronominaux.

1. Is French spoken here?
2. Where is popcorn **(le pop-corn)** sold?
3. Are soft drinks **(boissons non-alcoolisées)** sold in this theater?
4. Tipping the ushers—is that still done in France?
5. I'm not French. Does it show?

D. Le Karaoké: la machine à chanter. Voici les extraits d'un article sur le vidéo-disque à lecture laser *(video disk player)*. Mettez les phrases suivantes à la voix passive (si elles sont à la voix active) ou à la voix active (si elles sont à la voix passive).

1. Au cours des années 80, le Karaoké est inventé par les ingénieurs de Pioneer.
2. On a emprunté le mot Karaoké, qui veut dire «orchestre vide», du japonais.
3. La musique originale d'une chanson est offerte par un lecteur de DVD, de CD-G, de VCD ou de Laserdisc.
4. On projette les paroles de la chanson sur l'écran.
5. Cet appareil est utilisé par ses amateurs pour démontrer leurs talents de chanteur.
6. Des appareils de Karaoké ont été installés par beaucoup de commerçants dans les bars et dans les hôtels il y a vingt ans.
7. Plusieurs logiciels transforment un ordinateur en appareil de Karaoké aujourd'hui.

Interactions

A. En bref... Regardez un quotidien (français, si possible). Jetez un coup d'œil aux gros titres et parcourez plusieurs articles. Faites un résumé de trois ou quatre événements importants qui sont présentés dans le journal que vous avez choisi. (Possibilités: **www.figaro.fr**; **www.lemonde.fr**)

MODÈLE: **Le Monde** ***(journal français), du 31 mars***

En peu de mots, voici les événements principaux: États-Unis: Un accident fait un mort dans une centrale nucléaire dans l'état de l'Arkansas. Selon l'opérateur, il n'y a aucun danger pour la population. Égypte: Le célèbre animateur de télévision satirique égyptien Bassem Youssef a été libéré après un interrogatoire d'environ cinq heures. Il est accusé d'avoir insulté l'islam et le Président d'Égypte. Venezuela: Nicolas Maduro a réitéré son désir d'ouvrir une enquête sur la mort d'Hugo Chavez. Politique française: La plupart des Français qui ont regardé François Hollande à la télévision jeudi ne l'ont pas trouvé convaincant à propos de la lutte contre le chômage. Sport: Le cycliste suisse Fabian Cancellara remporte pour la deuxième fois le prix du Tour des Flandres. Il est arrivé avec près d'une minute et demie d'avance sur le Slovaque Peter Sagan et le Belge Jurgen Roelandts.

B. Pour résumer... Résumez un livre que vous avez lu récemment. Faites attention à l'utilisation de la voix active et de la voix passive. Utilisez les suggestions aux pages 414–415 pour vous aider à organiser votre résumé. Soyez prêt(e) à faire une présentation orale devant vos copains/copines de classe. Ils vont vous poser des questions sur votre présentation.

DOSSIER D'EXPRESSION ÉCRITE Deuxième brouillon

1. Write a second draft of your paper from **Leçon 2.** Fine-tune your work using the ***Expressions typiques pour...*** on pages 414–415, the expressions for summarizing in this lesson, and the expressions presented in ***Dossier d'expression écrite: Deuxième brouillon,*** in **Chapitre 1** (p. 32).
2. You may also want to incorporate some of the following adjectives commonly used to discuss the style of writing used in movies, books, or plays: **gauche** *(awkward)*; **maladroit** *(clumsy)*; **vigoureux** *(energetic)*; **banal** *(hackneyed, trite)*; **passionné** *(impassioned)*; **ironique; vivant** *(lively)*; **émouvant** *(moving)*; **ampoulé** *(pompous)*; **plein de verve** *(racy)*; **négligé** *(slipshod)*; **guindé** *(stilted)*; **lourd** *(stodgy)*; **direct** *(straightforward)*; **attendrissant** *(touching)*; **plat, insipide** *(vapid, flat)*; **vulgaire; spirituel** *(witty)*; **prolixe** *(wordy)*

Liens culturels

Le septième art

Si les Français vont au cinéma moins souvent que les Américains, ceci ne veut pas dire que les Français manquent de passion pour le septième art. Au contraire, ils le célèbrent chaque année, surtout pendant la Fête du cinéma. On achète une Carte Fête du cinéma au prix normal du billet d'entrée de la salle où l'on se rend. Cette carte est ensuite validée, pendant sept jours et dans toutes les salles de la ville, moyennant 3 € à chaque séance supplémentaire. Divers spectacles ont aussi lieu à Paris et en province à cette occasion et des soirées sont organisées dans des bars et des discothèques. Pour en savoir plus, visitez le site www.feteducinema.com.

Cette passion des Français pour le cinéma remonte à plus d'un siècle. En fait, c'est en France, en 1895, que le cinéma est né. Antoine Lumière avait organisé la première projection publique de ses «photographies animées» à l'hôtel Scribe, un haut lieu de la vie parisienne à l'époque. Ses fils, Auguste et Louis, ont inventé la machine qui permettait de les montrer de façon successive. Lorsque Louis Lumière a montré les dessins de son premier cinématographe à son constructeur, Jules Charpentier, ce dernier lui a dit: «C'est intéressant mais ça n'a aucun avenir!» Aujourd'hui, avec plus de 216 millions de spectateurs par an, l'avenir du cinéma en France n'est guère en danger. Pourtant, il faut dire que les nouvelles technologies permettent de plus en plus de «faire venir le cinéma chez soi». Beaucoup de Français se sont équipés de télés à haute définition, avec écrans[1] larges et plats, et d'un système de vidéo-projection. Par ailleurs, les chaînes numériques[2] accessibles par le câble, le satellite ou Internet, et les lecteurs de DVD à disque dur donnent aux Français la possibilité de recréer l'expérience du cinéma chez eux. Un troisième facteur qui entre peut-être en ligne de compte est le prix des places de cinéma: les entrées de cinéma coûtent plus cher en France qu'aux États-Unis (presque 10 euros). Il n'existe pas beaucoup de salles bon marché permettant aux familles modestes de s'offrir ce plaisir. Malgré les prix, après trois ans de progression, la fréquentation des salles de cinéma en 2012 a battu le record de 1996 avec 216 millions d'entrées payantes (*Francoscopie 2013*, p. 460).

La récompense la plus prestigieuse du cinéma français est le «César», l'équivalent français de l'«Oscar» d'Hollywood. La première nuit des «César» s'est déroulée en 1976. À la cérémonie des «César» de 2013, *Amour* de Michael Haneke a remporté le prix du meilleur film de l'année. Emmanuelle Riva et Jean-Louis Trintignant ont reçu les «César» des meilleurs interprètes féminin et masculin pour *Amour*. Le «César» du meilleur film étranger a été décerné à *Argo* de Ben Affleck. Visitez le site www.lescesarducinema.com pour en savoir plus.

Le cinéma américain et le cinéma français sont-ils différents? Pas vraiment, mais une des différences les plus souvent citées est l'importance du rôle du metteur en scène, ou «auteur», dans le choix des sujets et dans le style des films français (et européens en général). Alors que les films américains sont plutôt basés sur des aventures au rythme rapide, les films français ont toujours tendance à être plus lents, plus psychologiques et souvent plus intellectuels. Les grands metteurs en scène considèrent leurs films comme des œuvres d'art.

Adapté de *Francoscopie 2013* (Larousse, pp. 460–466); www.lescesarducinema.com; www.feteducinema.com

[1]*screens* [2]*digital channels*

Compréhension

1. Qu'est-ce que la Fête du cinéma?
2. Qui sont Louis et Auguste Lumière?
3. Pouvez-vous expliquer ce qu'est un César dans le monde du cinéma?
4. Comment le cinéma américain diffère-t-il du cinéma français?

Réactions

1. Quel style de film est-ce que vous préférez? Pourquoi?
2. Connaissez-vous des films qui ont été primés *(awarded a prize)* il y a deux ans? dix ans? quinze ans?
3. Allez-vous souvent au cinéma? Expliquez.
4. Pourquoi, à votre avis, est-ce que le cinéma continue à occuper une place importante dans la vie sociale des Français et des Américains?

Extension

1. Faites des recherches sur le cinéma français, sur les «César», sur le Festival de Cannes ou sur un acteur ou une actrice francophone. Écrivez deux paragraphes sur ce que vous avez appris et sur ce qui vous intéresse.
2. Imaginez que quelqu'un vous donne $100 000 pour interviewer un(e) comédien(ne) de votre choix pour un programme à la télévision. Décidez qui vous allez interviewer, où le tournage va avoir lieu, quels renseignements vous voulez obtenir, la durée de l'interview et quels points de vue vous allez présenter. Présentez ces informations à la classe et sollicitez l'opinion de vos copains/copines sur les chances de succès de votre interview.

SYNTHÈSE

s_bukley/Shutterstock.com

Céline Dion, chanteuse

To experience this song, go to **www.cengagebrain.com**

Activités musicales

Céline Dion: *Le blues du businessman*

Biographie

- Née en 1968 à Charlemagne, Québec
- Lance ses premiers albums en 1981
- Représente la Suisse et gagne le Concours Eurovision de la Chanson en 1988
- Lance son premier album en anglais en 1990
- Passe plusieurs années à chanter au Caesars Palace de Las Vegas

Avant d'écouter: Le contexte et les réflexions

1. Comment est-ce que vous décririez la musique «blues»? D'où est-ce qu'elle vient? Avec quoi est-ce que vous l'associez? Est-ce que vous connaissez des artistes qui chantent le blues? Lesquels? Est-ce que vous aimez ce genre de musique? Expliquez.
2. Cherchez l'expression «avoir le blues» dans un dictionnaire et expliquez son sens en utilisant vos propres mots. À votre avis, pourquoi est-ce que Céline Dion a choisi ce titre pour sa chanson? De quoi est-ce qu'elle va parler, d'après vous?
3. Et vous, est-ce que vous avez parfois «le blues»? Dans quelles situations?

Pendant que vous écoutez: Compréhension

1. À quels temps est-ce que cette chanson est écrite? À votre avis, pourquoi est-ce que le compositeur n'a choisi que ces trois temps?
2. «J'aurais voulu être» est répété plusieurs fois dans la chanson. Complétez la première partie de la phrase qui est sous-entendue: «… si je (j')…»
3. Beaucoup de noms à la forme masculine apparaissent dans la chanson. Pouvez-vous en donner la forme féminine?

un artiste	un auteur	un anarchiste
un chanteur	un acteur	un millionnaire

Après avoir écouté: Communication

1. Faites un résumé de la chanson. Utilisez les expressions utiles pour résumer que vous avez apprises dans ce chapitre et les questions suivantes pour vous aider: Quel est le sujet de la première partie de la chanson? De quoi est-ce que le «businessman» parle? Est-ce qu'il a l'air d'avoir réussi sa vie? Et dans la deuxième partie, de quoi est-ce qu'il parle? Est-ce qu'il a l'air heureux? Pourquoi?
2. Imaginez que vous êtes un(e) collègue du «businessman» et que vous essayez de le réconforter *(to comfort him)*. Écrivez-lui une lettre dans laquelle vous le félicitez de sa réussite dans le monde des affaires. Utilisez le vocabulaire du chapitre.
3. Imaginez maintenant que vous êtes le (la) meilleur(e) ami(e) du «businessman». Vous lui écrivez aussi une lettre, mais vous lui faites des reproches parce qu'il n'a pas eu le courage de faire ce qu'il voulait vraiment faire dans la vie. Utilisez le conditionnel passé et des phrases conditionnelles.
4. Trouvez une autre chanson de blues française. Écrivez-en un résumé à présenter en classe. Faites aussi écouter la chanson à vos copains/copines. Ils vont vous poser des questions.

Activités orales

A. En somme... En une ou deux phrase(s), faites un résumé très bref de ce qui s'est passé dans chacune des situations suivantes. Dans chaque résumé, utilisez des expressions appropriées à la circonstance.

1. une conversation que vous avez eue récemment au téléphone
2. ce qui s'est passé pendant votre dernier cours de français
3. la météo de votre région pour demain
4. les instants les plus marquants d'un événement sportif que vous avez vu en personne ou regardé à la télé récemment
5. ce qui s'est passé pendant la dernière réunion à laquelle vous avez assisté

B. Imaginez... Imaginez que vous avez participé au seul Ironman organisé sur le territoire français, à Nice (le berceau du triathlon européen), l'année dernière. Vous avez terminé le triathlon mais vous vous êtes classé(e) 869 sur 1400 au classement général. Votre partenaire est journaliste pour *Triathlète magazine*, un journal français pour ceux qui sont passionnés de triathlon. Il/Elle veut vous interviewer pour un article qui présente les gagnants et ceux qui ont moins bien réussi pendant la compétition.

SUJETS POSSIBLES: des informations personnelles; pourquoi vous avez participé au triathlon; ce que vous auriez dû faire pour être parmi les 10 premiers au classement; si vous avez déjà participé à un triathlon avant cet événement; si vous le referiez; etc.

Activité écrite

Mon journal... Écrivez une page dans votre journal où vous résumez les événements majeurs de votre vie pendant le dernier semestre/trimestre. Mentionnez ce que vous avez fait et ce que vous auriez pu ou auriez dû faire pendant ce semestre/trimestre.

DOSSIER D'EXPRESSION ÉCRITE Révision finale

1. Reread your paper for the extent of your coverage. Does your review tell enough about the work so that a reader can understand what it is about? Does it tell too much? Is your review an interesting piece of writing in itself? Is your opinion stated clearly, argued fairly, and supported by reasons, facts, and examples?
2. Examine your composition one last time. Check for correct spelling, grammar, and punctuation. Pay special attention to your use of participles, conditional phrases, and passive voice.
3. Prepare your final version.
4. Go to a French website such as **http://www.premiere.fr/Cinema/Critique-Film** where one can find movie reviews and reader comments. Select a review of a movie you've seen and post a comment in French.

MERMOZ
d'Antoine de Saint-Exupéry

Biographie

- Né à Lyon en France en 1900 dans une famille issue de la noblesse
- Adore les avions depuis son tout jeune âge
- Devient pilote pendant son service militaire en 1921 et transporte le courrier de Toulouse au Sénégal et ensuite en Amérique du Sud
- Publie en même temps des romans inspirés de ses expériences d'aviateur
- Devient journaliste mais en 1939 est mobilisé dans l'armée de l'air
- Disparaît au cours d'une mission en 1944 pendant laquelle il est chargé de photographier les côtes de Sardaigne et de Corse pour aider le débarquement des Alliés en Provence

Sujets à discuter

- Avez-vous déjà pratiqué une de ces activités aventureuses: sauter en parachute? piloter un avion? faire une course d'auto ou de bateau? faire du deltaplane *(hang gliding)*? faire de l'alpinisme? faire du «bungee jumping»? descendre des cascades? Décrivez vos expériences.
- Connaissez-vous quelqu'un qui pilote un avion? Parlez de cette personne, de sa personnalité, de son caractère, des raisons pour lesquelles il/elle a choisi de passer son permis de pilote d'avion, etc.
- Connaissez-vous quelqu'un qui adore l'aventure? Décrivez cette personne. Avez-vous de l'admiration pour elle? Expliquez.

Stratégies de lecture

Trouvez les détails. Parcourez le texte et trouvez les détails suivants:

1. la profession de Mermoz
2. le nom du désert que Mermoz a traversé avec difficulté
3. le nombre de jours que Mermoz a passés comme prisonnier des Maures
4. le nom des montagnes dans lesquelles Mermoz et son ami ont été bloqués
5. le nom de l'océan que Mermoz a traversé avec difficulté
6. le nombre d'années que Mermoz a passées à pratiquer sa profession

Introduction

As you've read in this chapter, although the French do play team sports, their culture inclines them to a preference for individual performance. Individual sports and activities still provide an opportunity for dazzling displays of individual courage. The French have always been fascinated by solitary daring acts, and both Antoine de Saint-Exupéry (1900–1944) and the subject of this excerpt provided their countrymen with superb examples of individual courage and daring.

Saint-Exupéry, one of France's most admired figures, is well known as the author of Le Petit Prince, *a story about a lonely prince from an asteroid who explores the planets searching for a friend. In addition to a successful writing career, Saint-Exupéry enjoyed a career as an aviator, both as a test pilot and a military pilot. During World War II, in 1944, he took off on a spy mission for the Allies and was never seen again. Sixty years later, the twisted wreckage of his plane was found near Provence. In his autobiographical novel* Terre des hommes, *Saint-Exupéry remembers his friend Jean Mermoz (1901–1936), a famous pilot who set up the first airmail liaison from France to West Africa and then from France to South America in the early 1930s.*

Albert Harlingue/Roger-Viollet/The Image Works

Antoine de Saint-Exupéry, aviateur et écrivain célèbre, dans son avion

Lecture

Quelques camarades, dont Mermoz, fondèrent la ligne française de Casablanca à Dakar, à travers le Sahara insoumis[1]. Les moteurs d'alors ne résistant guère, une panne° livra° Mermoz aux Maures[2], ils hésitèrent à le massacrer, le gardèrent quinze jours prisonnier, puis le revendirent°. Et Mermoz reprit ses courriers au-dessus des mêmes territoires.

Lorsque s'ouvrit la ligne d'Amérique, Mermoz, toujours à l'avant-garde, fut chargé d'étudier le tronçon° de Buenos Aires à Santiago, et, après un pont sur le Sahara, de bâtir un pont au-dessus des Andes. On lui confia un avion qui plafonnait à° cinq mille deux cents mètres. Les crêtes° de la Cordillère s'élèvent à sept mille mètres. Et Mermoz décolla° pour chercher des trouées°. Après le sable, Mermoz affronta° la montagne, ces pics qui, dans le vent, lâchent° leur écharpe° de neige, ce pâlissement° des choses avant l'orage, ces remous° si durs qui, subis entre deux murailles de rocs, obligent le pilote à une sorte de lutte au couteau. Mermoz s'engageait dans ces combats sans rien connaître de l'adversaire, sans savoir si l'on sort en vie de telles étreintes°, Mermoz «essayait» pour les autres.

Enfin, un jour, à force d'«essayer», il se découvrit prisonnier des Andes. Échoués, à quatre mille mètres d'altitude, sur un plateau aux parois° verticales, son mécanicien et lui cherchèrent pendant deux jours à s'évader°. Ils étaient pris. Alors, ils jouèrent leur dernière chance, lancèrent° l'avion vers le vide, rebondirent° durement sur le sol inégal, jusqu'au précipice, où ils coulèrent°. L'avion, dans la chute°, prit enfin assez de vitesse pour obéir de nouveau aux commandes. Mermoz le redressa° face à une crête, toucha la crête, et, l'eau fusant° de toutes les tubulures° crevées° dans la nuit par le gel°, déjà en panne après sept minutes de vol, découvrit la plaine chilienne, sous lui, comme une terre promise.

Le lendemain, il recommençait.

breakown / left
sold
segment
could not fly above
ridges
took off / gaps
attacked / let go / scarf
fading / wind currents
grips, pressures
walls
to escape
hurled / bounced
sank
fall
straightened up / gushing
pipes / burst / frost

[1]*région au sud du Maroc dont les habitants étaient en rébellion contre la domination française ou espagnole*
[2]*populations nomades du Sahara occidental*

Quand les Andes furent bien explorées, une fois la technique des traversées bien au point, Mermoz confia ce tronçon à son camarade Guillaumet et s'en fut explorer la nuit.

L'éclairage° de nos escales° n'était pas encore réalisé, et sur les terrains d'arrivée, par nuit noire, on alignait en face de Mermoz la maigre illumination de trois feux d'essence. Il s'en tira° et ouvrit la route.

Lorsque la nuit fut bien apprivoisée°, Mermoz essaya l'Océan. Et le courrier, dès 1931, fut transporté, pour la première fois, en quatre jours, de Toulouse à Buenos Aires. Au retour, Mermoz subit une panne d'huile au centre de l'Atlantique Sud et sur une mer démontée°. Un navire° le sauva, lui, son courrier et son équipage. [...]

Enfin après douze années de travail, comme il survolait une fois de plus l'Atlantique Sud, il signala par un bref message qu'il coupait le moteur arrière droit. Puis le silence se fit.

La nouvelle ne semblait guère inquiétante, et, cependant, après dix minutes de silence, tous les postes radio de la ligne de Paris jusqu'à Buenos Aires commencèrent leur veille° dans l'angoisse. Car si dix minutes de retard n'ont guère de sens dans la vie journalière°, elles prennent dans l'aviation postale une lourde signification. Au cœur de ce temps mort, un événement encore inconnu se trouve enfermé. [...] Nous espérions, puis les heures se sont écoulées° et, peu à peu, il s'est fait tard. Il nous a bien fallu comprendre que nos camarades ne rentreraient plus, qu'ils reposaient dans cet Atlantique Sud dont ils avaient si souvent labouré le ciel.

Antoine de Saint-Exupéry, *Terre des hommes* © Éditions GALLIMARD, www.gallimard.fr

runway lights / stop(over)s
s'en... *came out of it*
tamed
stormy / ship
watch
daily
passed

Compréhension

A. Observation et analyse. Répondez aux questions suivantes.

1. Pendant combien de temps est-ce que Mermoz a été prisonnier des Maures?
2. Pourquoi devait-il chercher des trouées dans les Andes?
3. Nommez des pays et des continents dans lesquels Mermoz a voyagé.
4. Qu'est-ce que Mermoz a exploré après les Andes?
5. Quel message Mermoz a-t-il laissé le jour où il a disparu?
6. Pensez-vous que Mermoz était satisfait de sa vie? Expliquez.

B. Grammaire/Vocabulaire. Récrivez les phrases suivantes au passé, et ensuite, mettez-les dans l'ordre chronologique selon l'histoire.

__________ Mermoz devient pilote en Amérique du Sud.
__________ Mermoz se perd dans les Andes.
__________ Mermoz meurt entre Paris et Buenos Aires.
__________ Mermoz a une panne d'huile mais il est sauvé dans l'océan Atlantique.
__________ Mermoz est prisonnier d'un peuple nomade.
__________ Les pilotes fondent une ligne aérienne postale en Afrique du Nord.

C. Réactions

1. Comment est-ce que vous trouvez cet extrait: triste, motivant, émouvant, etc.? Expliquez votre réaction.
2. Nommez des chercheurs et des explorateurs que vous admirez. Expliquez pourquoi.
   MOTS UTILES: **trouver des remèdes pour sauver des vies, découvrir un pays, explorer,** etc.
3. Connaissez-vous quelqu'un qui exerce une profession dangereuse? Parlez de cette personne.
   IDÉES: parachutiste, agent de police, pompier, bûcheron *(lumberjack)*

Interactions

A. Une liste. Faites une liste des mots qui démontrent le sens de l'initiative, la détermination et le courage de Mermoz et des autres pilotes. En petits groupes, comparez vos listes et parlez du caractère de Mermoz.

B. L'aventure

1. Saint-Exupéry, aviateur et écrivain, a décrit dans ses œuvres la vie des pilotes. Il a lui-même disparu au cours d'une mission pendant la Seconde Guerre mondiale. Est-ce que les problèmes auxquels les pilotes d'avion doivent faire face aujourd'hui sont différents de ceux que devait affronter Mermoz? Expliquez.
2. En groupe de trois personnes, racontez une aventure que vous avez vécue pendant les vacances, à l'école ou pendant une soirée. Qui a vécu l'aventure la plus intéressante? la plus amusante? la plus effrayante?

C. Une histoire. Étudiez les expressions suivantes. Avec un(e) partenaire, racontez une histoire en utilisant tous ces mots. Ensuite, comparez l'histoire de Mermoz avec celle que vous avez racontée.

être pilote pour une ligne aérienne postale
être en panne de moteur
être prisonnier/prisonnière
continuer à transporter le courrier
explorer les Andes
tomber en panne d'huile *(run out of oil)* au-dessus de l'Atlantique
être sauvé(e) par un navire
disparaître un jour

Expansion

Faites des recherches sur Internet ou à la bibliothèque sur un(e) de vos héros ou héroïnes. Faites une petite biographie de sa vie, y compris une description de son caractère. Expliquez pourquoi il/elle est votre héros/héroïne. Comparez votre choix avec celui des autres étudiants de la classe. Discutez des traits de caractère qu'il faut avoir ou de ce qu'il faut avoir fait pour être considéré(e) comme un héros ou comme une héroïne.

VOCABULAIRE

LA COMPÉTITION

à la portée de *within the reach of*

arriver/terminer premier *to finish first*

battre *to beat, break*

le classement *ranking*

un(e) concurrent(e) *competitor*

un coureur/une coureuse *runner/cyclist*

une course *race*

la défaite *defeat, loss*

le défi *challenge*

la douleur *pain*

s'entraîner *to train*

l'entraîneur/l'entraîneuse *coach*

une épreuve (athlétique) *an (athletic) event*

épuisant(e) *grueling, exhausting*

faillir (+ infinitif) *to almost (do something)*

un(e) fana de sport *jock, an enthusiastic fan*

un match nul *tied game*

prendre le dessus *to get the upper hand*

la pression *pressure*

se prouver *to prove oneself*

le record du monde *world record*

reprendre haleine *to get one's breath back*

serré(e) *tight; closely fought*

sportif/sportive *athletic, fond of sports*

survivre (à) (past part. survécu) *to survive*

un tournoi *tournament*

une victoire *win, victory*

SITUATIONS REGRETTABLES

attraper un coup de soleil *to get sunburned*

avoir un accident de voiture *to have an automobile accident*

conduire trop vite/rapidement *to drive too fast*

échouer à/rater un examen *to fail/flunk an exam*

être fauché(e) *to be broke (out of money)*

être sans le sou *to be without a penny*

ne pas mettre d'huile [f]/de lotion [f] solaire *to not put on suntan oil/lotion*

oublier d'attacher/de mettre sa ceinture de sécurité *to forget to fasten/put on one's seatbelt*

sécher un cours *to cut a class*

UNE PIÈCE

une comédie musicale *musical*

l'éclairage [m] *lighting*

l'entracte [m] *intermission*

frapper les trois coups *to knock three times (heard just before the curtain goes up in French theaters)*

jouer à guichets fermés *to play to sold-out performances*

le metteur en scène *stage director*

la mise en scène *staging*

l'ouvreuse [f] *usher*

une représentation *performance*

(avoir) le trac *(to have) stage fright*

la troupe *cast*

UN FILM

un acteur/une actrice *actor/actress*

un cinéaste *filmmaker*

un(e) débutant(e) *beginner*

le dénouement *ending*

se dérouler/se passer *to take place*

un film doublé *dubbed film*

des genres de films *types of films*

- **une comédie** *comedy*
- **un dessin animé** *cartoon*
- **un documentaire** *documentary*
- **un film d'amour** *love story*
- **un film d'animation** *animated film*
- **un film d'aventures** *adventure film*
- **un film d'épouvante** *horror movie*
- **un film d'espionnage** *spy movie*
- **un film de guerre** *war movie*
- **un film policier** *police story, mystery story*
- **un western** *western*

un(e) interprète *actor/actress*

les interprètes [m/f pl] *cast*

l'intrigue [f] *plot*

le personnage (principal) *(main) character*

un producteur *producer (who finances)*

le réalisateur/la réalisatrice *director*

la réalisation *production*

un retour en arrière *flashback*

un(e) scénariste *scriptwriter*

(avec) sous-titres [m pl] *(with) subtitles*

le thème *theme*

tourner un film *to shoot a film*

la vedette *star (male or female)*

en version originale (v.o.) *in the original language*

RÉACTIONS

avoir à voir avec *to have something to do with*

C'est complet. *It's sold out.*

un compte rendu *review (of film, play, book)*

un(e) critique de théâtre/de cinéma *theater/ movie critic*

un four *flop*

un navet *third-rate film*

réussi(e) *successful*

DIVERS

avouer *to admit*

grossir/prendre des kilos *to put on weight*

un rendez-vous avec un(e) inconnu(e) *blind date*

ne pas se réveiller à temps *to oversleep*

PRIX ET RÉCOMPENSES

- **Festival du dessin animé – 1984, Les Ménuires – France:** Prix l'Étagne – Grand Prix, Prix Le Bouquetin, Prix Le Cabri
- **Learning A-V Magazine – 1982:** Prix du magazine
- **Itinérant – American Film and Video Festival – 1982:** Prix Red Ribbon
- **British Academy of Film & Television Awards, 1981:** Prix du meilleur court métrage

Pour en savoir plus sur ce film, visitez le site officiel: **www.onf-nfb.gc.ca.**

NOTE CULTURELLE

Bien avant la production de ce court métrage, le livre, *Le chandail de hockey* de Roch Carrier, a eu un succès énorme au Canada. Sur le nouveau billet canadien de 5 dollars, vous trouverez une citation tirée du texte: «Les hivers de mon enfance étaient des saisons longues, longues. Nous vivions en trois lieux: l'école, l'église et la patinoire; mais la vraie vie était sur la patinoire.»

À CONSIDÉRER AVANT LE FILM

Le célèbre Québécois Maurice Richard a joué pour les Canadiens de Montréal de 1942 à 1960. Il a été le premier joueur à marquer 50 buts en 50 matchs et à aider son équipe à gagner 8 coupes Stanley. Son talent exceptionnel a fait de lui un héros pour les Québécois de son époque. Qui était le plus grand héros de votre enfance? Pour quelles raisons admiriez-vous cette personne? Est-ce que votre enthousiasme était partagé par d'autres?

On va au cinéma?

1. **Souvenir d'enfance.** *Le chandail* est un souvenir d'enfance. De quels éléments de votre jeunesse vous souvenez-vous le mieux?
   a. Les vêtements: Quels types de vêtements portiez-vous quand vous étiez enfant? Qui choisissait ces vêtements pour vous? Y avait-il des vêtements que vous refusiez de porter? Vous souvenez-vous d'un vêtement préféré?
   b. Le sport: Quels sports aimiez-vous pendant votre enfance? Dans quelles circonstances et avec qui y jouiez-vous? Si vous n'aimiez pas le sport, à quels autres passe-temps collectifs participiez-vous?
   c. Le climat: Tandis qu'on associe la plupart des régions francophones à la chaleur des Tropiques, la neige et le froid font vraiment partie de la vie québécoise. Comment est-ce que le climat de votre ville vous influence?
2. **Jouons au hockey!** Chaque sport a son vocabulaire spécifique. Trouvez l'équivalent anglais (dans la liste a. à l.) des mots français suivants associés au hockey.

1. la patinoire	7. le disque	a. game	g. captain
2. la partie	8. siffler	b. to whistle	h. skating
3. l'arbitre	9. la glace	c. ice	i. to lace skates
4. le baton	10. lacer les patins	d. stick	j. maple leaf
5. le chef	11. l'équipe	e. ice rink	k. puck
6. la feuille d'érable	12. le patinage	f. referee	l. team

ÇA COMMENCE!

Premier visionnage

1. **Le décor.** À travers les images présentées, quelles idées nous faisons-nous de la ville dans laquelle le narrateur a grandi? Notez les éléments visuels associés à la vie québécoise. Quelles impressions vous donnent-ils de ce lieu à cette époque?

2. **Des expressions à chercher.** Indiquez les expressions que vous entendez dans le film.

briser *(to break)*	**être mal habillé** *(to be poorly dressed)*
la déception *(disappointment)*	**le vicaire** *(the priest)*
la douleur *(pain)*	**les mites** *(moths)*
étroit et déchiré *(narrow and torn)*	**prier** *(to pray)*
les formules de commande *(order forms)*	**lavable** *(washable)*
la colle *(hair cream)*	**s'élancer** *(to hurry forward)*
l'emballage *(packing)*	**se mettre en colère** *(to get angry)*
pleurer *(to cry)*	

Deuxième visionnage

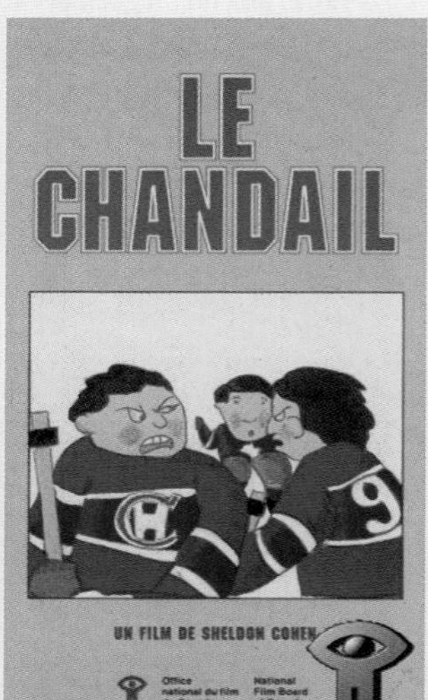

Quelles actions (de la liste a. à g.) accompagnent les répliques suivantes?

1. C'était injuste! C'est de la persécution!
2. Et Goal – Maurice Richard! Et maintenant 3 à 2 pour les Canadiens.
3. Les larmes aux yeux, je trouvais assez de force pour dire que je ne porterais jamais cet uniforme-là.
4. J'avais toujours porté le chandail bleu, blanc, rouge des Canadiens de Montréal.
5. Si tu te fais une idée des choses sans même les essayer, mon garçon, tu n'iras pas bien loin dans la vie.
6. Le printemps va arriver et tu n'auras pas joué une seule partie.
7. Vous ne me mettrez jamais dans la tête de porter le chandail des Maple Leafs de Toronto.

a. Roch court dans sa chambre pour célébrer avec son chandail.
b. Il imagine les vaches à la place de la patinoire.
c. Il regarde le chandail avec horreur.
d. Il essaie d'échapper à sa mère.
e. Sa mère lui met le chandail de force.
f. Il croise les bras et imagine le soutien de son héros.
g. Il jette son bâton sur la glace.

ET APRÈS

Observations

1. Pour quelles raisons est-ce que Maurice Richard est devenu le héros de son village? Comment est-ce que les garçons comme Roch montrent leur admiration pour lui?
2. Pourquoi est-ce que Roch ne veut pas mettre le nouveau chandail qui arrive de Toronto? Comment est-ce que sa mère arrive à le lui faire mettre?
3. Comment expliquez-vous l'erreur dans la commande?
4. Qu'est-ce qui arrive à Roch quand il essaie de jouer avec son nouveau chandail? Êtes-vous d'accord avec lui quand il dit qu'on le persécute?

Avant et après

1. Imaginez d'autres activités qui intéressaient Roch quand il était jeune.
2. Si le chandail de Roch n'est pas dévoré par des milliers de mites, que deviendra-t-il? Est-ce que Roch continuera à le mettre? Est-ce que les autres apprendront à l'accepter?
3. Quels sont les jeunes joueurs de hockey québécois qui peuvent être des héros aujourd'hui? Où et quand jouent-ils? Comment s'habillent-ils? Quelles autres différences, par rapport à la période pendant laquelle le petit Roch vivait, imaginez-vous dans leurs vies quotidiennes?

À vous de jouer

iLrn Share It!

La plus grande déception de votre vie. En groupes de trois, parlez d'un moment de déception ou d'injustice dans votre enfance. Utilisez les questions suivantes pour raconter votre histoire. Vos partenaires vont réagir.

Quel âge aviez-vous à l'époque? Où et avec qui habitiez-vous? Qu'est-ce qui vous est arrivé(e)? Pourquoi était-ce un moment difficile pour vous? Comment est-ce que cet événement vous a influencé(e) plus tard?

C'est une histoire qui s'appelle...

L'histoire de Roch et de son chandail a eu d'abord pour titre, *Une abominable feuille d'érable sur la glace.* Quel titre préférez-vous? Pourquoi? Quelle traduction anglaise donneriez-vous à ce titre?

Appendix A

ÉVALUATION DES COMPOSITIONS

Grammaire

AA	adjective agreement wrong
AC	accent wrong or missing
ADV	adverb wrong or misplaced after negative or expression of quantity
AUX	auxiliary verb problem
CONJ	conjunction wrong or missing
E	failure to make elision, or inappropriate elision
GN	gender wrong
MD	mood incorrect (indicative, imperative, or subjunctive)
NB	number wrong—sing./plur.
NEG	negative wrong, misplaced, or missing
OP	object pronoun wrong or missing
POS	possessive adjective wrong or missing, lacks agreement
PP	past participle in wrong form or has wrong agreement
PR	preposition wrong or missing
PRO	**y** or **en** wrong or missing
REL	relative pronoun wrong or missing
RP	reflexive pronoun wrong or missing
SP	spelling error
SPN	subject pronoun problem
SVA	subject/verb agreement lacking
TN	tense incorrect
VC	vocabulary wrong, wrong word choice
VF	verb form (e.g., stem) wrong or missing words
WM	word missing
WO	word order wrong

Style

AWK	acceptable, but awkward
COM	combine sentences
INC	incomprehensible, due to structure or vocabulary choice that makes it difficult to pinpoint the error
NC	not clear
NL	not logical in terms of paragraph development
POL	incorrect level of politeness (make more or less polite)
REP	use pronoun to avoid repetition
RS	repetitive structure
SYN	find synonym to avoid repetition

Appendix B

VOCABULAIRE UTILE

CHAPITRE 1

Salut/Prendre congé *(To take leave)*

à la prochaine *until next time*
(se) connaître *to meet, get acquainted with; to know*
(s')embrasser *to kiss; to kiss each other*
se faire la bise *(familiar) to greet with a kiss*
faire la connaissance (de) *to meet, make the acquaintance (of)*
(se) rencontrer *to meet (by chance); to run into*
(se) retrouver *to meet (by prior arrangement)*
(se) revoir *to meet; to see again*

Les voyages

un aller-retour *round-trip ticket*
annuler *to void, cancel*
l'arrivée [f] *arrival*
atterrir *to land*
un (billet) aller simple *one-way ticket*
un billet électronique *an electronic ticket*
la consigne *checkroom*
décoller *to take off*
un demi-tarif *half-fare*
le départ *departure*
desservir une gare, un village *to serve a train station, a village*
la destination *destination*
les frais d'annulation [m pl] *cancellation fees*
le guichet *ticket window, office; counter*
un horaire *schedule*
indiquer *to show, direct, indicate*
le panneau d'affichage électronique *electronic schedule*
partir en voyage d'affaires *to leave on a business trip*
le quai *platform*
une réduction *discount*
les renseignements [m pl] *information*
un tarif *fare, rate*
valable *valid*
un vol *flight; theft*

La conversation

les actualités [f pl] *current events*
avoir l'air *to look, have the appearance of*
bavarder *to chat*
le boulot *(familiar) work*
être en forme *to be in good shape*
les loisirs [m pl] *leisure activities*
le paysage *countryside*

L'argent

une carte de crédit *a credit card*
un chèque de voyage *traveler's check*
le chéquier *checkbook*
emprunter *to borrow*
encaisser *to cash (a check)*
le portefeuille *wallet, billfold; portfolio*
un prêt *a loan*
prêter *to lend*

Rendre un service

aider quelqu'un (à faire quelque chose) *to help someone (do something)*
Ce n'est pas la peine. *Don't bother.*
donner un coup de main à quelqu'un *(familiar) to give someone a hand*
déranger, ennuyer *to bother*

Le voyage

les Antilles [f pl] *the West Indies*
descendre *to go down; to get off (train, etc.); to bring down (luggage)*
enlever *to take something out, off, down*
monter *to go up; to get on (train, etc.); to bring up (luggage)*
le porte-bagages *suitcase rack*
le quai *(train) platform*

Divers

à propos *by the way*
une couchette *cot, train bed*
s'installer *to get settled*
une place (de) libre *an unoccupied seat*
une place réservée *a reserved seat*

CHAPITRE 2

L'invitation

un agenda *engagement calendar*
avoir envie de (+ infinitif) *to feel like (doing something)*

avoir quelque chose de prévu *to have plans*
donner (un) rendez-vous à quelqu'un *to make an appointment with someone*
emmener quelqu'un *to take someone (somewhere)*
être pris(e) *to be busy (not available)*
ne rien avoir de prévu *to have no plans*
passer un coup de fil à quelqu'un *(familiar) to give (someone) a telephone call*
poser un lapin à quelqu'un *(familiar) to stand someone up*
prévoir/projeter de (+ infinitif) *to plan on (doing something)*
les projets [m pl] *plans*
faire des projets *to make plans*
regretter/être désolé(e) *to be sorry*
remercier *to thank someone*
vérifier *to check*

Qui?

le chef *head, boss*
un(e) collègue *fellow worker*
un(e) copain/copine *a friend*
le directeur/la directrice *director*
le/la patron(ne) *boss*

Quand?

dans une heure/deux jours *in an hour/two days*
samedi en huit/en quinze *a week/two weeks from Saturday*
la semaine prochaine/mardi prochain *next week/ next Tuesday*
tout de suite *right away*

Où?

aller au cinéma/à un concert/au théâtre *to go to a movie/ a concert/the theater*
aller à une soirée *to go to a party*
aller en boîte *to go to a nightclub*
aller voir une exposition de photos/de sculptures *to go see a photography/sculpture exhibit*
prendre un verre/un pot *(familiar) to have a drink*

La nourriture et les boissons

les anchois [m pl] *anchovies*
l'assiette [f] **de charcuterie** *cold cuts*
une brochette de poulet *chicken skewer*
le buffet chaud *warm dishes*
le buffet froid *cold dishes*
de la (crème) chantilly *whipped cream*
le chèvre *goat cheese*
la choucroute *sauerkraut*
les côtelettes [f pl] **de porc** *pork chops*
les côtes [f pl] **d'agneau** *lamb chops*
la coupe de fruits *fruit salad*
les épinards [m pl] *spinach*
la glace *ice cream*
les gourmandises [f pl] *delicacies*
le lapin *rabbit*
l'œuf [m] **dur** *hard-boiled egg*
l'omelette [f] **nature** *plain omelette*
les pâtes [f pl] *noodles, pasta*
les petits pois [m pl] *peas*
le poivron vert *green pepper*
la pression *draft beer*
les salades [f pl] **composées** *salads*
la salade de saison *seasonal salad*
le sorbet *sherbet*
la tarte (aux pommes) *(apple) pie*
le thon *tuna*
le veau *veal*
le yaourt *yogurt*

Au repas

un amuse-gueule *appetizer, snack*
un apéritif *before-dinner drink*
À votre santé! (À la vôtre! À la tienne) *To your health!*
une boisson gazeuse *carbonated drink*
Bon appétit! *Have a nice meal!*
de l'eau plate/de l'eau gazeuse *plain, non-carbonated water/ sparkling, carbonated water*
Tchin-tchin! *(familiar) Cheers!*

L'enseignement

assister à un cours *to attend a class*
une conférence *lecture*
un congrès *conference*
se débrouiller *to manage, get along*
échouer (à) *to fail*
facultatif/facultative *elective; optional (subject of study)*
les frais [m pl] **d'inscription** *registration fees*
une leçon particulière *private lesson*
une lecture *reading*
manquer, sécher *(familiar)* **un cours** *to miss, skip a class*
une matière *subject, course*
la note *grade*
obligatoire *required*
passer un examen *to take an exam*
rater *to flunk*
rattraper *to catch up*
réussir à un examen *to pass an exam*
réviser (pour) *to review (for)*
se spécialiser en *to major in*
tricher à *to cheat*

Divers

discuter de choses et d'autres *to talk about this and that*
pareil(le) *same, such a*
la rentrée *start of the new school year*
volontiers *gladly, willingly*

CHAPITRE 3

La famille

les arrière-grands-parents *great-grandparents*
le beau-frère/beau-père *brother-/father-in-law or stepbrother/-father*
la belle-sœur/belle-mère *sister-/mother-in-law or stepsister/-mother*
célibataire/marié(e)/divorcé(e)/remarié(e) *single/married/divorced/remarried*
le demi-frère/la demi-sœur *half brother/sister*
un époux/une épouse *spouse*
être de la famille *to be a parent, relative, cousin*
une famille nombreuse *large family*
une femme/un homme au foyer *housewife/househusband*
les gens du troisième âge [m pl]**/les personnes âgées** [f pl] *people over 70*
le mari/la femme *spouse; husband/wife*
une mère célibataire *single mother*
un père célibataire *single father*
la vie de famille *home life*

Les enfants

l'aîné(e) *elder, eldest*
bien/mal élevé(e) *well/badly brought up*
le cadet/la cadette *younger, youngest*
un fils/une fille unique *only child*
gâté(e) *spoiled*
un(e) gosse *(familiar) kid*
un jumeau/une jumelle *twin*
le siège-voiture/siège-bébé *car seat*

La possession

C'est à qui le tour? *Whose turn is it? (Who's next?)*
C'est à lui/à toi. *It's his/your turn.*
être à (+ pronom disjoint) *to belong to (someone)*

Les affaires

l'appareil photo [m] *camera*
l'appareil photo numérique *digital camera*
le Blu-ray disc *Blu-Ray disc*
le caméscope *camcorder*
le DVD *DVD*
les écouteurs [m pl] *headphones*
l'iPod [m] *iPod*
le lecteur Blu-ray (de) CD *CD player*
le lecteur Blu-ray (de) DVD/DVD HD *high definition DVD player*
le logiciel *software*
l'ordinateur [m] *computer*
le scanner *scanner*
la tablette *tablet computer*

Les personnes

avoir des boucles d'oreille/un anneau au nez *to have earrings/a nose ring*
avoir la vingtaine/la trentaine, etc. *to be in one's 20s/30s, etc.*
avoir les cheveux... *to have . . . hair*
- **roux** *red*
- **châtains** *chestnut*
- **bruns** *dark brown*
- **noirs** *black*
- **raides** *straight*
- **ondulés** *wavy*
- **frisés** *curly*

avoir les yeux marron *to have brown eyes*
avoir une barbe/une moustache/des pattes *to have a beard/moustache/sideburns*
être aveugle *to be blind*
être chauve *to be bald*
être dans une chaise roulante *to be in a wheelchair*
être de bonne/mauvaise humeur *to be in a good/bad mood*
être de petite taille *to be short*
être de taille moyenne *to be of average height*
être d'un certain âge *to be middle-aged*
être fort(e) *to be heavy, big, stout*
être fort(e)/mince *to be big, fat/thin, slim*
être grand(e) *to be tall*
être infirme *to be disabled*
être marrant(e)/gentil (gentille)/mignon (mignonne) *to be funny/nice/cute, sweet*
être muet(te) *to be mute, silent*
être paralysé(e)/tétraplégique *to be paralysed/quadriplegic*
être sourd(e) *to be deaf*
faire jeune *to look young*
marcher avec des béquilles *to be on crutches*
marcher avec une canne *to use a cane*
ne pas faire son âge *to not look one's age*
porter des lunettes/des lentilles de contact *to wear glasses/contact lenses*

Les objets

être en argent/or/acier/coton/laine/plastique *to be made of silver/gold/steel/cotton/wool/plastic*
être grand(e)/petit(e), bas (basse) *to be big, tall, high/small, short/low*

être gros (grosse)/petit(e)/minuscule *to be big/small/tiny*
être large/étroit(e) *to be wide/narrow*
être long (longue)/court(e) *to be long/short*
être lourd(e)/léger (légère) *to be heavy/light*
être pointu(e) *to be pointed*
être rond(e)/carré(e)/allongé(e) *to be round/square/oblong*

Les bons rapports

le coup de foudre *love at first sight*
s'entendre bien avec *to get along well with*
être en bons termes avec quelqu'un *to be on good terms with someone*
se fiancer *to get engaged*
fréquenter quelqu'un *to go steady with someone*
les liens [m pl] *relationship*
les liens de parenté *family ties*
les rapports [m pl] *relationship*
se revoir *to see each other again*
tomber amoureux/amoureuse de quelqu'un *to fall in love with someone*

Les rapports difficiles

se brouiller avec quelqu'un *to get along badly with someone*
une dispute *a quarrel*
se disputer *to argue*
être en mauvais termes avec quelqu'un *to be on bad terms with someone*
exigeant(e) *demanding*
le manque de communication *communication gap*
se plaindre (de quelque chose à quelqu'un) *to complain (to someone about something)*
rompre avec quelqu'un *to break up with someone*
taquiner *to tease*
tendu(e) *tense*

Divers

déménager *to move*
en avoir marre *(familiar) to be fed up*
faire la grasse matinée *to sleep late*
hausser les sourcils *to raise one's eyebrows*
s'occuper de *to take care of, handle*
quotidien(ne) *daily*

CHAPITRE 4

Les vacances

une agence de voyages *travel agency*
une brochure/un dépliant *pamphlet*
les congés [m pl] **payés** *paid vacation*
l'office [m] **de tourisme** *tourist bureau*
passer des vacances magnifiques/épouvantables *to spend a magnificent/horrible vacation*
un séjour *stay, visit*
un souvenir *memory* **(avoir un bon souvenir)**; *souvenir* **(acheter des souvenirs)**
visiter (un endroit) *to visit (a place)*

Des choix

aller à l'étranger *to go abroad*
aller voir quelqu'un *to visit someone*
un appartement de location *rental apartment*
descendre dans un hôtel *to stay in a hotel*
rendre visite (à quelqu'un) *to visit (someone)*
un terrain de camping *campground* **(aller dans un...)**

Les transports

atterrir *to land*
avoir une contravention *to get a ticket, fine*
avoir un pneu crevé *to have a flat tire*
être pris(e) dans un embouteillage *to be caught in a traffic tie-up/jam*
un car *bus (traveling between towns)*
la circulation *traffic*
décoller *to take off (plane)*
descendre (de la voiture/du bus/du taxi/de l'avion/du train) *to get out of (the car/bus/taxi/plane/train)*
faire le plein *to fill up (gas tank)*
flâner *to stroll*
garer la voiture *to park the car*
manquer le train *to miss the train*
monter dans (une voiture/un bus/un taxi/un avion/un train) *to get into (a car/bus/taxi/plane/train)*
se perdre *to get lost*
ramener *to bring (someone, something) back; to drive (someone) home*
se tromper de train *to take the wrong train*
tomber en panne d'essence *to run out of gas*
un vol (direct/avec escale) *flight (direct/with a stopover)*

À la douane *(customs)*/Aux contrôles de sûreté *(security)*

l'agent/l'agente de sûreté *security officer*
confisquer *to confiscate*
déclarer (ses achats) *to declare (one's purchases)*
déclencher une alarme sonore *to set off the alarm*
le douanier/la douanière *customs officer*
faire de la contrebande *to smuggle goods*
faire une fouille corporelle *to do a body search*
fouiller les bagages/les valises *to search, go through baggage/luggage*

montrer son passeport/sa carte d'identité *to show one's passport/identification card*
le passager/la passagère *passenger (on an airplane)*
passer à la douane/aux contrôles de sûreté *to go through customs/security*
passer dans un appareil de contrôle radioscopique *to go through x-ray security*
poser les objets sur le tapis *to put objects on the belt*
payer des droits *to pay duty/tax*
reprendre les objets ou vêtements après le passage sous le portique de détection *to take back objects or clothes after passing through the x-ray machine*
se présenter à la douane/aux contrôles de sûreté *to appear at customs/security*

L'avion

débarquer *to get off*
embarquer *to go on board*

L'hôtel

un ascenseur *elevator*
une chambre à deux lits *double room (room with two beds)*
une chambre avec douche/salle de bains *room with a shower/ bathroom*
une chambre de libre *vacant room*
une chambre simple *single room*
la clé *key*
un grand lit *double bed*
payer en espèces/par carte de crédit/avec des chèques de voyage/par carte bancaire *to pay in cash/by credit card/ in traveler's checks/by bank card*
la réception *front desk*
le/la réceptionniste *hotel desk clerk*
régler la note *to pay, settle the bill*
réserver/retenir une chambre *to reserve a room*
le service d'étage *room service*

Divers

se débrouiller *to manage, get along*
grossier (grossière) *rude*
jurer *to swear*
piquer *(slang) to steal*

CHAPITRE 5

La volonté

avoir envie de (+ infinitif) *to feel like (doing something)*
compter *to intend, plan on, count on, expect*
tenir à *to really want; to insist on*

La télévision

les actualités/les informations [f pl] *news (in the press, but especially on TV)*
allumer la télé *to turn on the TV*
augmenter le son *to turn up the volume*
baisser le son *to turn down the volume*
une causerie/un talk-show *talk show*
une chaîne *channel*
un débat *debate*
diffuser/transmettre (en direct) *to broadcast (live)*
l'écran [m] *screen*
une émission *broadcast, TV show*
une émission de téléréalité *reality show*
éteindre la télé *to turn off the TV*
un feuilleton *serial; soap opera*
un jeu télévisé *game show*
le journal télévisé *TV news*
mettre la 3, 6, etc. *to put on channel 3, 6, etc.*
le poste de télévision *TV set*
le programme *program listing*
une publicité (pub) *TV commercial*
rater *to miss*
une rediffusion *rerun*
un reportage en direct *live report*
une série *series*
une télécommande *remote control*
un téléspectateur/une téléspectatrice *TV viewer*
la télévision par câble *cable TV*

Les études

bien se débrouiller en maths *to do well in mathematics*
bien se défendre en français *to speak French well*
un contrôle *test*
s'embrouiller *to become confused*

Les émotions

agacer *to annoy*
barber *(familiar) to bore*
la crainte *fear*
embêter *to bother*
en avoir assez *to have had enough*
en avoir marre *(familiar) to be fed up*
ennuyé(e) *bored, annoyed, bothered*
ennuyeux/ennuyeuse *annoying, boring, tedious, irritating*
génial(e) *fantastic*
heureusement *thank goodness*
inquiet/inquiète *worried, anxious*
s'inquiéter *to worry*

l'inquiétude [f] *worry, anxiety*
insupportable *unbearable, intolerable*
On a eu chaud! *(familiar) That was a narrow escape!*
le soulagement *relief*
supporter *to put up with*

La radio

un animateur/une animatrice *radio or TV announcer*
un auditeur/une auditrice *member of (listening) audience*
une station *(TV, radio) station*

La presse

un abonnement *subscription*
être abonné(e) à *to subscribe to*
une annonce *announcement, notification*
les petites annonces *classified advertisements*
annuler *to cancel*
un bi-mensuel *bimonthly publication*
un hebdomadaire *weekly publication*
un journal *newspaper*
un lecteur/une lectrice *reader*
un magazine *magazine*
un mensuel *monthly publication*
les nouvelles [f pl] *printed news; news in general*
un numéro *issue*
une publicité *advertisement*
un quotidien *daily publication*
un reportage *newspaper report; live news or sports commentary*
une revue *magazine (of sophisticated, glossy nature)*
une rubrique *heading, item; column*
le tirage *circulation*

La persuasion

aboutir à un compromis *to come to or reach a compromise*
avoir des remords *to have (feel) remorse*
avoir gain de cause *to win the argument*
changer d'avis *to change one's mind*
convaincre (quelqu'un de faire quelque chose) *to persuade (someone to do something)*
se décider (à faire quelque chose) *to make up one's mind (to do something)*
défendre (à quelqu'un de faire quelque chose) *to forbid (someone to do something); to defend*
une dispute *an argument*
s'efforcer de *to try hard, try one's best*
l'esprit [m] **ouvert** *open mind*
indécis(e) (sur) *indecisive; undecided (about)*
interdire (à quelqu'un de faire quelque chose) *to forbid (someone to do something)*
je te/vous prie (de faire quelque chose) *will you please (do something)*
le point de vue *point of view*
prendre une décision *to make a decision*
renoncer *to give up*
têtu(e) *stubborn*

CHAPITRE 6

La politique

une campagne électorale *election campaign*
un débat *debate*
désigner/nommer *to appoint*
un deuxième tour *run-off election*
discuter (de) *to discuss*
un électeur/une électrice *voter*
élire (past part.: **élu**) *to elect*
être candidat(e) (à la présidence) *to run (for president)*
se faire inscrire *to register (to vote)*
la lutte (contre) *fight, struggle (against)*
un mandat *term of office*
la politique étrangère *foreign policy*
la politique intérieure *internal (domestic) policy*
un problème/une question *issue*
un programme électoral *platform*
réélire (past part.: **réélu**) *to reelect*
se (re)présenter *to run (again)*
soutenir *to support*
voter *to vote*

La guerre *(War)*

l'armée [f] *army*
les armes de destruction massive (ADM) [f pl] *weapons of mass destruction*
attaquer *to attack*
un attentat *attack*
céder à *to give up; to give in*
les combats [m pl] *fighting*
le conflit *conflict*
une embuscade *ambush*
l'engin explosif improvisé (EEI) [m] *improvised explosive device*
les forces [f pl] *forces*
le front *front; front lines*
libérer *to free*
livrer *to deliver*
la mort *death;* **les morts** [m pl] *the dead*
la négociation *negotiation*
la paix *peace*
la peine de mort *death penalty*

la polémique *controversy*
les pourparlers [m pl] *talks; negotiations*
prendre en otage *to take hostage*
se produire *to happen, take place*
le soldat *soldier*
le terrorisme *terrorism*
tuer *to kill*

Les arts/L'architecture

la conception *(from* **concevoir***)* *design, plan*
en verre, en métal, en terre battue *made of glass, metal, adobe*
une œuvre *work (of art)*
rénover *to renovate*

Les perspectives

s'accoutumer à *to get used to*
attirer *to attract*
chouette *(familiar) neat, nice, great*
convaincre *to convince*
honteux (honteuse) *shameful*
insupportable *intolerable, unbearable*
laid(e) *ugly*
moche *(familiar) ugly, ghastly*
passionnant(e) *exciting*
remarquable/spectaculaire *remarkable/spectacular*
réussi(e) *successful, well executed*
super *(familiar) super*
supprimer *to do away with*

L'immigration et le racisme

s'accroître *to increase*
l'accueil [m] *welcome*
accueillant(e) *welcoming, friendly*
s'aggraver *to get worse*
la banlieue *the suburbs*
blesser *to hurt*
un bouc émissaire *scapegoat, fall guy*
le chômage *unemployment*
un chômeur/une chômeuse *unemployed person*
croissant(e) *increasing, growing*
éclairer *to enlighten*
les émeutes [f] *riots*
empirer *to worsen*
un(e) immigrant(e) *newly arrived immigrant*
un(e) immigré(e) *an immigrant well established in the foreign country*
un incendie *fire*
maghrébin(e) *from the Maghreb (Northwest Africa: Morocco, Algeria, Tunisia)*
la main-d'œuvre *labor*
une manifestation/manifester *demonstration, protest (organized)/to demonstrate, protest*
une menace *threat*
les quartiers [m pl] **sensibles** *slums*
répandre *to spread*
rouer quelqu'un de coups *to beat someone black and blue*
la xénophobie *xenophobia (fear/hatred of foreigners)*

Divers

un sans-abri *homeless person*

CHAPITRE 7

La recherche d'un emploi *(Job hunting)*

les allocations [f pl] **de chômage** *unemployment benefits*
l'avenir [m] *future*
avoir une entrevue/un entretien *to have an interview*
changer de métier *to change careers*
chercher du travail *to look for work*
le curriculum vitae (le C.V.) *résumé, CV*
être candidat(e) à un poste *to apply for a job*
être à la retraite *to be retired*
la formation professionnelle *professional education, training*
occuper un poste *to have a job*
l'offre [f] **d'emploi** *opening, available position*
la pension de retraite *retirement pension*
en profiter *to take advantage of the situation; to enjoy*
la promotion *promotion*
remplir une demande d'emploi *to fill out a job application*
la réussite *success*
le salaire *pay (in general)*
la sécurité de l'emploi *job security*
le service du personnel *personnel services, Human Resources*
le traitement mensuel *monthly salary*
trouver un emploi *to find a job*

Les métiers *(Trades, professions, crafts)*

les artisans: un(e) chauffagiste *(heating-cooling service engineer)*, un électricien/une électricienne, un mécanicien/une mécanicienne, un menuisier/une menuisière *(carpenter)*, un plombier/une plombière, un serrurier/une serrurière *(locksmith)*, un paysagiste *(landscaper)*, un plâtrier-peintre/une plâtrière-peintre *(plasterer-painter)*
les professions [f pl] **libérales:** un médecin/une femme médecin, un(e) dentiste, un(e) avocat(e), un architecte, un infirmier/une infimière *(nurse)*, un notaire, un pharmacien/une pharmacienne, un vétérinaire, etc.
les fonctionnaires (employés de l'État): un agent de police, un douanier/une douanière, un magistrat *(judge)*, etc.

les affaires [f pl] *(business)* **(travailler pour une entreprise)**: un homme/une femme d'affaires *(businessman/woman)*, un(e) secrétaire, un(e) employé(e) de bureau, un(e) comptable *(accountant)*, un(e) représentant(e) de commerce *(sales rep)*, etc.

le commerce (servir les clients): un boucher/une bouchère, un boulanger/une boulangère, un coiffeur/une coiffeuse *(hairdresser)*, un épicier/une épicière, un(e) commerçant(e) *(shopkeeper)*

l'industrie [f] **(travailler dans une usine)**: un ouvrier/une ouvrière *(worker)*, un(e) employé(e), un(e) technicien(ne), un chef d'atelier *(shop)*, un ingénieur, un cadre/une femme cadre *(manager)*, un directeur/une directrice, etc.

l'informatique [f] *(computer science)*: un(e) informaticien(ne) *(computer expert)*, un(e) analyste en informatique, un programmeur/une programmeuse, etc.

l'enseignement [m]: un instituteur/une institutrice ou un professeur des écoles, un professeur, un enseignant, etc.

la sécurité: un agent de police, un(e) gardien(ne) d'immeuble ou de prison, un gendarme, un inspecteur/une inspectrice, un(e) militaire, un(e) surveillant(e), un veilleur/une veilleuse de nuit *(night guard)*, etc.

Un métier peut être...

ingrat *(thankless)*, **dangereux**, **malsain** *(unhealthy)*, **ennuyeux**, **fatigant**, **mal payé**, **sans avenir**

ou...

intéressant, **stimulant** *(challenging)*, **passionnant**, **fascinant**, **enrichissant** *(rewarding)*, **bien payé**, **d'avenir**

Le logement

acheter à crédit *to buy on credit*
l'agent [m] **immobilier** *real estate agent*
l'appartement [m] *apartment*
la chambre de bonne *room for rent (formerly maid's quarters)*
les charges [f pl] *utilities (for heat and maintenance of an apartment or condominium)*
la Cité-U(niversitaire)/résidence universitaire *student residence hall(s)*
une HLM (habitation à loyer modéré) *low income housing*
l'immeuble [m] *apartment building*
le/la locataire *tenant*
le logement en copropriété *condominium*
louer *to rent*
le loyer *rent*
le/la propriétaire *owner; householder*
le studio *efficiency apartment*

Une habitation peut être...

grande, petite, vieille, ancienne, neuve *(brand new)*, **récente, moderne, rénovée** *(remodeled)*, **confortable, agréable, sale, propre** *(clean)*, **commode** *(convenient)*, **pratique, facile à entretenir** *(to maintain)*, **au prix fort** *(at a high price)*

Les avantages/inconvénients *(disadvantages)*

bien/mal conçu(e) *(designed)*, **situé(e), équipé(e), entretenu(e)** *(maintained)*; **beau/belle; moche; laid(e); solide; tranquille; calme; bruyant(e)** *(noisy)*; **isolé(e)**

La banque

le carnet de chèques *checkbook*
la carte de crédit *credit card*
la carte électronique *automatic teller card*
changer de l'argent *to change money*
le compte chèques *checking account*
déposer *to deposit*
le distributeur automatique de billets *automatic teller machine*
emprunter *to borrow*
encaisser un chèque *to cash a check*
l'intérêt [m] *interest*
le livret d'épargne *savings account*
ouvrir un compte *to open an account*
prendre son mal en patience *to wait patiently*
le prêt *loan*
prêter *to lend*
retirer de l'argent *to make a withdrawal*
le taux d'intérêt *interest rate*

L'économie [f] *(Economy)*

un abri *shelter*
aller de mal en pis *to go from bad to worse*
s'améliorer *to improve*
l'assurance-maladie [f] *health insurance*
être assuré(e) *to be insured*
les bénéfices [m pl] *profits*
le budget *budget*
la consommation *consumption*
la cotisation *contribution*
le développement *development*
une entreprise *business*
exporter *to export*
importer *to import*
les impôts [m pl] *taxes*
le marché *market*
une mutuelle *mutual benefit insurance company*

la prime *premium; free gift, bonus; subsidy*
le progrès *progress*
un restaurant du cœur *soup kitchen*
un(e) sans-abri *homeless person*
un SDF (sans domicile fixe) *person without a permanent address*
souscrire *to contribute, subscribe to*

Les conditions de travail

une augmentation de salaire *pay raise*
le bureau *office*
le chef (de bureau, d'atelier, d'équipe) *leader (manager) of office, workshop, team*
compétent(e)/qualifié(e) *competent/qualified*
le congé *holiday, vacation*
le directeur/la directrice *manager (company, business)*
l'employeur [m] *employer*
le/la gérant(e) *manager (restaurant, hotel, shop)*
l'horaire [m] *schedule*
la maison, la société *firm, company*
motivé(e) *motivated*
le personnel *personnel*
les soins [m pl] **médicaux** *medical care and treatment*
l'usine [f] *factory*

CHAPITRE 8

Les tribulations de la vie quotidienne

annuler *to cancel*
au secours! *help!*
un cas d'urgence *emergency*
en cas d'urgence *in case of emergency*
ça ne fait rien *it doesn't matter; never mind*
une commission *errand*
débordé(e) de travail *swamped with work*
en vouloir à quelqu'un *to hold a grudge against someone*
être navré(e) *to be sorry*
faire exprès *to do on purpose*
n'en plus pouvoir (je n'en peux plus) *to be at the end of one's (my) rope; to have had it (I've had it)*
une panne *breakdown*
tomber en panne *to have a (car) breakdown*

Les problèmes de voiture

la batterie *car battery*
démarrer *to get moving (car); to start*
dépanner *to repair a breakdown*
un embouteillage *traffic jam*
l'essence [f] *gasoline*
être en panne d'essence *to be out of gas*
être/tomber en panne *to break down*
les heures [f pl] **de pointe** *rush hours*
la station-service *gas station*

Les pannes à la maison

le congélateur *freezer*
l'électricien(ne) *electrician*
le frigo *(familiar) fridge, refrigerator*
marcher *to run; work (machine)*
l'outil [m] *tool*
le plombier *plumber*

Les achats en magasin

le chef de rayon/de service *departmental/service supervisor*
demander un remboursement *to ask for a reimbursement*
faire une réclamation *to make a complaint*
les frais [m pl] *costs, charges*
le grand magasin *department store*
gratuit(e) *free, at no cost*
la quincaillerie *hardware store*
le rayon *section, aisle*
une tache *stain*
un trou *hole*
vendu(e) en solde *sold at a reduced price, on sale*

Les événements imprévus et oubliés

amener quelqu'un *to bring someone over (along)*
assister à *to attend*
changer d'avis *to change one's mind*
un congrès *conference; professional meeting*
emmener quelqu'un *to take someone (somewhere)*
emprunter quelque chose à quelqu'un *to borrow something from someone*
imprévu(e)/inattendu(e) *unexpected*
prêter quelque chose à quelqu'un *to lend something to someone*
une réunion *meeting*

Comment réagir

s'arranger *to work out*
consentir à *to consent to*
défendre à quelqu'un de *to forbid someone to*
embêter *to bother; to annoy*
raccrocher *to hang up (the telephone)*
se rattraper *to make up for it*
résoudre *to resolve, solve*

Vous êtes déconcerté(e) *(confused, muddled)*

avoir du mal à (+ infinitif) *to have problems (doing something)*
désorienté(e)/déconcerté(e) *confused, muddled*

faire comprendre à quelqu'un que *to hint to someone that*
mal comprendre (past part. **mal compris**) *to misunderstand*
une méprise/une erreur/un malentendu *misunderstanding*
provoquer *to cause*
le sens *meaning*
la signification/l'importance [f] *significance, importance*
signifier *to mean*

Vous êtes irrité(e)

avoir du retard *to be late*
C'est la goutte d'eau qui fait déborder le vase! *That's the last straw!*
couper *to disconnect (telephone, gas, electricity, cable)*
débrancher *to disconnect, unplug (radio, television)*
se décharger de ses responsabilités sur quelqu'un *to pass off one's responsibilities onto somebody*
faire la queue *to stand in line*
rentrer tard *to get home late*
valoir la peine (past part. **valu**) *to be worth the trouble*

Vous êtes lésé(e) *(injured; wronged)*

bouleversé(e)/choqué(e) *shocked*
céder à quelqu'un (quelque chose) *to give in to someone (something)*
être en grève *to be on strike*
faire la grève *to go on strike*
le/la gréviste *striker*
léser quelqu'un *to wrong someone*
le syndicat *union*

Divers

autrement dit *in other words*

CHAPITRE 9

Les meubles et les appareils ménagers *(Furniture and household appliances)*

l'armoire [f] *wardrobe, armoire*
le coussin *cushion, pillow*
la cuisinière *stove*
l'étagère [f] *shelf; shelves*
le four à micro-ondes *microwave oven*
le lave-vaisselle *dishwasher*
la machine à laver (le linge) *washing machine*
le placard *cupboard; closet*
le sèche-linge *clothes dryer*
le tapis *carpet*
le tiroir *drawer*

Les vêtements et la mode

les bas [m pl] *stockings*
les bijoux [m pl] *jewelry*
- **la bague** *ring*
- **les boucles** [f pl] **d'oreilles** *earrings*
- **le bracelet** *bracelet*
- **le collier** *necklace*

le blouson (en cuir/de cuir) *(leather) jacket*
les bottes [f pl] *boots*
Ce vêtement lui va bien. *This piece of clothing looks good on him/her.*
changer de vêtements *to change clothes*
les chaussettes [f pl] *socks*
les chaussures [f pl] **à hauts talons/à talons plats** *high-heeled shoes/low-heeled shoes*
la chemise *man's shirt*
le chemisier *woman's shirt*
le collant *pantyhose*
le costume *man's suit*
enlever (un vêtement) *to take off (a piece of clothing)*
essayer (un vêtement) *to try on (a piece of clothing)*
être mal/bien habillé(e) *to be poorly/well dressed*
s'habiller/se déshabiller *to get dressed/to get undressed*
l'imperméable [m] *raincoat*
le maillot de bain *swimsuit*
mettre un vêtement *to put on a piece of clothing*
le parapluie *umbrella*
le pardessus *overcoat*
les sous-vêtements [m pl] *underwear*
le tailleur *woman's tailored suit*
le tissu *fabric*
la veste (de sport) *(sports) jacket*

Un vêtement est...

chic; élégant; en bon/mauvais état; sale; déchiré *(torn);* **râpé** *(threadbare, worn);* **lavable** *(washable);* **chouette** *(familiar—great, nice, cute);* **génial** *(fantastic);* **d'occasion** *(secondhand, bargain);* **dans ses prix** *(in one's price range);* **une trouvaille** *(a great find)*

On vend des vêtements...

dans une boutique *in a shop, small store*
dans un grand magasin *in a department store*
dans une grande surface *in a huge discount store*
à un marché aux puces *at a flea market*

La technologie/Les communications

appuyer *to press, push (a key)*
le browser *browser*

le clavier *keyboard*
une clé USB *flash/memory stick*
cliquer *to click*
compatible *compatible*
se connecter/se brancher à l'Internet *to connect to the Internet*
le contrôle vocal *voice activated control*
le courrier électronique (le mail, le mél, le courriel) *email*
le disque dur *hard (disk) drive*
les données [f pl] *data*
l'écran [m] *screen*
un écran multi-touch *touch screen*
envoyer des SMS *to send text messages*
faire marcher *to make something work*
un fichier adjoint *attachment*
les graphiques [m pl] *graphics*
importer *to download, import from the Web*
l'imprimante (à laser) [f] **(laser)** *printer*
l'informatique [f] *computer science; data processing*
être dans l'informatique *to be in the computer field*
l'internaute [m/f] *one who enjoys the Web*
Internet [m] *the Internet*
le lecteur de DVD *DVD drive*
le lecteur zip *zip drive*
le logiciel *software*
le matériel *hardware*
la mémoire *memory*
la messagerie texte *text message*
un micro(-ordinateur) *desktop computer*
le moteur de recherche *search engine*
une pile *battery*
le podcast *podcast*
un portable *laptop computer*
le programme *program*
la puissance *power, speed*
le réseau *network*
le site Web *website*
la souris *mouse*
synchroniser *to synch*
(re)taper *to (re)type*
télécharger un message/un dossier *to download a message/ a file*
la touche *key*
le Web *World Wide Web*

La cuisine

une casserole *(sauce) pan*
coller *to stick*
un couvercle *lid*
un faitout *large cooking pot*
un grille-pain *toaster*
une marmite *large cooking pot*
le pain de mie *sandwich bread*
passer au beurre *to sauté briefly in butter*
le plat *dish (container); dish (part of meal), course*
la poêle *frying pan*
verser *to pour*

Suivre des instructions

se débrouiller *to manage, get along*
doué(e) *gifted, talented*
(faire) bouillir *to boil*
(faire) cuire *to cook*
(faire) dorer *to brown*
(faire) fondre *to melt*
(faire) frire *to fry*
(faire) griller *to toast (bread); to grill (meat, fish)*
(faire) mijoter *to simmer*
(faire) rôtir *to roast*
(faire) sauter/revenir *to sauté (brown or fry gently in butter)*
piger *(familiar) to understand, to "get it"*
s'y prendre bien/mal *to do it the right/wrong way*
Tu y es?/Vous y êtes? *Do you understand? Do you "get it"?*

CHAPITRE 10

La compétition

à la portée de *within the reach of*
arriver/terminer premier *to finish first*
battre *to beat, break*
le classement *ranking*
un(e) concurrent(e) *competitor*
un coureur/une coureuse *runner/cyclist*
une course *race*
la défaite *defeat, loss*
le défi *challenge*
la douleur *pain*
s'entraîner *to train*
l'entraîneur/l'entraîneuse *coach*
une épreuve (athlétique) *an (athletic) event*
épuisant(e) *grueling, exhausting*
faillir (+ infinitif) *to almost (do something)*
un(e) fana de sport *jock, an enthusiastic fan*
un match nul *tied game*
prendre le dessus *to get the upper hand*
la pression *pressure*
se prouver *to prove oneself*
le record du monde *world record*

reprendre haleine *to get one's breath back*
serré(e) *tight; closely fought*
sportif/sportive *athletic, fond of sports*
survivre (à) (past part. **survécu**) *to survive*
un tournoi *tournament*
une victoire *win, victory*

Situations regrettables

attraper un coup de soleil *to get sunburned*
avoir un accident de voiture *to have an automobile accident*
conduire trop vite/rapidement *to drive too fast*
échouer à/rater un examen *to fail/flunk an exam*
être fauché(e) *to be broke (out of money)*
être sans le sou *to be without a penny*
ne pas mettre d'huile [f]/**de lotion** [f] **solaire** *to not put on suntan oil/lotion*
oublier d'attacher/de mettre sa ceinture de sécurité *to forget to fasten/put on one's seatbelt*
sécher un cours *to cut a class*

Une pièce

une comédie musicale *musical*
l'éclairage [m] *lighting*
l'entracte [m] *intermission*
frapper les trois coups *to knock three times (heard just before the curtain goes up in French theaters)*
jouer à guichets fermés *to play to sold-out performances*
le metteur en scène *stage director*
la mise en scène *staging*
l'ouvreuse [f] *usher*
une représentation *performance*
(avoir) le trac *(to have) stage fright*
la troupe *cast*

Un film

un acteur/une actrice *actor/actress*
un cinéaste *filmmaker*
un(e) débutant(e) *beginner*
le dénouement *ending*
se dérouler/se passer *to take place*
un film doublé *dubbed film*
des genres de films *types of films*
  une comédie *comedy*
  un dessin animé *cartoon*
  un documentaire *documentary*
  un film d'amour *love story*
  un film d'aventures *adventure film*
  un film d'épouvante *horror movie*
  un film d'espionnage *spy movie*
  un film de guerre *war movie*
  un film policier *police story, mystery story*
  un western *western*
un(e) interprète *actor/actress*
les interprètes [m/f pl] *cast*
l'intrigue [f] *plot*
le personnage (principal) *(main) character*
un producteur *producer (who finances)*
le réalisateur/la réalisatrice *director*
la réalisation *production*
un retour en arrière *flashback*
un(e) scénariste *scriptwriter*
(avec) sous-titres [m pl] *(with) subtitles*
le thème *theme*
tourner un film *to shoot a film*
la vedette *star (male or female)*
en version originale (v.o.) *in the original language*

Réactions

avoir à voir avec *to have something to do with*
C'est complet. *It's sold out.*
un compte rendu *review (of film, play, book)*
un(e) critique de théâtre/de cinéma *theater/film critic*
un four *flop*
un navet *third-rate film*
réussi(e) *successful*

Divers

avouer *to admit*
grossir/prendre des kilos *to put on weight*
ne pas se réveiller à temps *to oversleep*
un rendez-vous avec un(e) inconnu(e) *blind date*

Appendix C

EXPRESSIONS SUPPLÉMENTAIRES

Les nombres

Les nombres cardinaux

1	un/une	12	douze	23	vingt-trois	41	quarante et un	80	quatre-vingts
2	deux	13	treize	24	vingt-quatre	42	quarante-deux	81	quatre-vingt-un
3	trois	14	quatorze	25	vingt-cinq	50	cinquante	82	quatre-vingt-deux
4	quatre	15	quinze	26	vingt-six	51	cinquante et un	90	quatre-vingt-dix
5	cinq	16	seize	27	vingt-sept	52	cinquant-deux	91	quatre-vingt-onze
6	six	17	dix-sept	28	vingt-huit	60	soixante	92	quatre-vingt-douze
7	sept	18	dix-huit	29	vingt-neuf	61	soixante et un	100	cent
8	huit	19	dix-neuf	30	trente	62	soixante-deux	101	cent un
9	neuf	20	vingt	31	trente et un	70	soixante-dix	200	deux cents
10	dix	21	vingt et un	32	trente-deux	71	soixante et onze	201	deux cent un
11	onze	22	vingt-deux	40	quarante	72	soixante-douze		

1 000	mille
1 001	mille un
1 300	treize cents/mille trois cents
1 740	dix-sept cent quarante/ mille sept cent quarante
8 000	huit mille
10 000	dix mille
100 000	cent mille
1 000 000	un million
1 000 000 000	un milliard

note

→ When **quatre-vingts** and multiples of **cent** are followed by another number, the **s** is dropped.

quatre-vingts	quatre-vingt-trois
deux cents	deux cent quinze

Mille is always invariable: quatre mille habitants.

→ French and English are exactly the opposite in their use of commas and decimal points.

3.5 in English is 3,5 in French.

→ However, in numbers above 999, the French use a space.

15,000 in English is 15 000 in French.

Les nombres ordinaux

1er (**1ère**)	premier (première)	*first*
2e	deuxième, second(e)	*second*
3e	troisième	*third*
4e	quatrième	*fourth*
5e	cinquième	*fifth*
6e	sixième	*sixth*
7e	septième	*seventh*
8e	huitième	*eighth*
9e	neuvième	*ninth*
10e	dixième	*tenth*
11e	onzième	*eleventh*
20e	vingtième	*twentieth*
21e	vingt et unième	*twenty-first*
100e	centième	*one hundredth*

note

→ In titles and dates, cardinal numbers are always used, except for "the first."

François **1er** (Premier)	le **1er** (premier) avril
Louis **XVI** (Seize)	le **25** (vingt-cinq) décembre

→ Contrary to English, the cardinal number always precedes the ordinal number when both are used.

les deux premiers groupes *the first two groups*	les vingt premières pages *the first twenty pages*

Les jours

lundi
mardi
mercredi
jeudi
vendredi
samedi
dimanche

Les mois

janvier	juillet
février	août
mars	septembre
avril	octobre
mai	novembre
juin	décembre

Les saisons

l'été	en été
l'automne	en automne
l'hiver	en hiver
BUT: le printemps	au printemps

Les dates

le ________ ________ ________
(nombre) *(mois)* *(année)*

exemples

→ le 15 juin 1989
le 1er avril 1992

L'heure

Quelle heure est-il?

1h	Il est une heure.
3h	Il est trois heures.
6h10	Il est six heures dix.
5h50	Il est six heures moins dix.
8h15	Il est huit heures et quart.
8h45	Il est neuf heures moins le quart.
10h30	Il est dix heures et demie.
12h	Il est midi/minuit.

note

→ The French equivalents of A.M. and P.M. are **du matin** (*in the morning*), **de l'après-midi** (*in the afternoon*), and **du soir** (*in the evening*). The 24-hour clock is also used, especially for schedules.

6 P.M. would be **dix-huit heures**.

Les expressions de temps

Il fait beau.	*The weather is nice.*
Il fait mauvais.	*The weather is bad.*
Il fait (du) soleil.	*It is sunny.*
Il fait chaud.	*It is warm.*
Il fait froid.	*It is cold.*
Il fait frais.	*It is cool.*
Il fait du vent.	*It is windy.*
Il fait humide.	*It is humid.*
Il fait sec.	*It is dry.*
Il fait brumeux.	*It is misty.*
Il fait jour.	*It is daylight.*
Il fait nuit.	*It is dark.*
Il se fait tard.	*It is getting late.*
Il pleut.	*It is raining.*
Il neige.	*It is snowing.*
Il gèle.	*It is freezing.*
Il grêle.	*It is hailing.*
Il y a un orage.	*There is a storm.*
Le temps est couvert/ *nuageux.*	*It is cloudy.*
La température est de 20°C.	*The temperature is 20 degrees Celsius.*

Les couleurs

beige	*beige*
blanc/blanche	*white*
bleu/bleue	*blue*
brun/brune	*brown*
crème	*cream*
jaune	*yellow*
gris/grise	*gray*
marron	*chestnut brown*
noir/noire	*black*
orange	*orange*
pourpre	*crimson*
rose	*pink*
rouge	*red*
vert/verte	*green*
violet/violette	*purple*
bleu clair	*light blue*
rouge foncé	*dark red*

note

→ **Marron**, **orange**, and **crème** are invariable, as is any adjective modified by **clair** or **foncé**.

Expressions au téléphone

Allô? Bonjour, monsieur. — Allô, oui. Bonjour.

C'est bien le 03.12.53.55.87?
- Oui.
- Non, vous faites erreur.
- Quel numéro demandez-vous?

Ici, c'est Madame Dubois.
À qui ai-je l'honneur (de parler)?
Qui est-ce?
- C'est...

Pourrais-je parler à... ?
Puis-je parler à... ?
- En personne.
- Mais oui. Ne quittez pas. *(Hold on.)*
- Je l'appelle./Je vous le (la) passe. *(I'll put him/her on.)*
- Ne coupez pas. *(Don't hang up.)*
- Non, il n'est pas là.
- Est-ce que je peux prendre un message?
- Il vous rappellera quand il rentrera.

Appendix D

LES TEMPS LITTÉRAIRES

Four past tenses, two indicative and two subjunctive, are used in written French in formal literary style. The literary tenses are the **passé simple**, the **passé antérieur**, the **imparfait du subjonctif**, and the **plus-que-parfait du subjonctif**.

Le passé simple

Many French authors express themselves in writing using the tense **le passé simple**, and thus it is used in several of your readings. This literary tense is the equivalent of the **passé composé**; in fact, the same distinctions that exist between the **passé composé** and the **imparfait** are made with the **passé simple** and the **imparfait.** However, whereas the **passé composé** is used in all forms of the spoken language and in correspondence, the **passé simple** is reserved exclusively for use in literary narrative writing. Since it is not likely that you will need to actively use this tense, you only need to learn to recognize and understand the forms.

The **passé simple** is composed of just one form. Regular verbs use the infinitive minus the **-er**, **-ir**, or **-re** endings as the stem, and add the following endings:

- **-er** verbs, including **aller**

je parl**ai**	nous parl**âmes**
tu parl**as**	vous parl**âtes**
il/elle/on parl**a**	ils/elles parl**èrent**

- **-ir** verbs, including verbs like **partir**, **dormir**, **servir**

je pun**is**	nous pun**îmes**
tu pun**is**	vous pun**îtes**
il/elle/on pun**it**	ils/elles pun**irent**

- **-re** verbs

je rend**is**	nous rend**îmes**
tu rend**is**	vous rend**îtes**
il/elle/on rend**it**	ils/elles rend**irent**

As for the irregular verbs, some verbs use the past participle as the stem, while others do not. Most irregular verbs and their stems are listed below. The endings for the irregular verbs are:

je	**-s**	nous	**-mes**
tu	**-s**	vous	**-tes**
il/elle/on	**-t**	ils/elles	**-rent**

A circumflex (ˆ) is placed above the last vowel of the stem in the **nous** and **vous** forms, as in the example below.

croire

je crus	nous crûmes
tu crus	vous crûtes
il/elle/on crut	ils/elles crurent

Stems of irregular verbs

apercevoir	**aperçu-**	mettre	**mi-**
asseoir	**assi-**	mourir	**mouru-**
atteindre	**atteigni-**	naître	**naqui-**
avoir	**eu-**	offrir	**offri-**
boire	**bu-**	ouvrir	**ouvri-**
conduire	**conduisi-**	paraître	**paru-**
convaincre	**convainqui-**	plaire	**plu-**
connaître	**connu-**	pleuvoir	**il plut**
courir	**couru-**	pouvoir	**pu-**
craindre	**craigni-**	prendre	**pri-**
croire	**cru-**	recevoir	**reçu-**
devenir	**devin-**	résoudre	**résolu-**
devoir	**du-**	rire	**ri-**
dire	**di-**	savoir	**su-**
écrire	**écrivi-**	suivre	**suivi-**
être	**fu-**	taire	**tu-**
faillir	**failli-**	valoir	**valu-**
faire	**fi-**	venir	**vin-**
falloir	**il fallut**	vivre	**vécu-**
fuir	**fui-**	voir	**vi-**
lire	**lu-**	vouloir	**voulu-**

Le passé antérieur

The **passé antérieur** is a literary tense used to designate a past event that occurred prior to another past event that is usually expressed in the **passé simple.** It often appears after the conjunctions **quand**, **lorsque**, **dès que**, **aussitôt que** and **après que.** The **passé antérieur** is formed with the **passé simple** of **avoir** or **être** and the past participle.

parler

j'eus parlé	nous eûmes parlé
tu eus parlé	vous eûtes parlé
il eut parlé	ils eurent parlé
elle eut parlé	elles eurent parlé
on eut parlé	

partir

je fus parti(e)	nous fûmes parti(e)s
tu fus parti(e)	vous fûtes parti(e)(s)
il fut parti	ils furent partis
elle fut partie	elles furent parties
on fut parti	

se réveiller

je me fus réveillé(e)	nous nous fûmes réveillé(e)s
tu te fus réveillé(e)	vous vous fûtes réveillé(e)(s)
il se fut réveillé	ils se furent réveillés
elle se fut réveillée	elles se furent réveillées
on se fut réveillé	

L'imparfait du subjonctif

The **imparfait du subjonctif** may be used in subordinate clauses when the verb in the main clause is in a past tense or in the conditional. It is formed by dropping the ending of the **passé simple** and adding the endings below. The **imparfait du subjonctif** corresponds in meaning to the present subjunctive and, in fact, in spoken language the present subjunctive is used.

aller

(passé simple: **j'allai**, etc.)

que j'allasse	que nous allassions
que tu allasses	que vous allassiez
qu'il allât	qu'ils allassent
qu'elle allât	qu'elles allassent
qu'on allât	

finir

(passé simple: **je finis**, etc.)

que je finisse	que nous finissions
que tu finisses	que vous finissiez
qu'il finît	qu'ils finissent
qu'elle finît	qu'elles finissent
qu'on finît	

croire

(passé simple: **je crus**, etc.)

que je crusse	que nous crussions
que tu crusses	que vous crussiez
qu'il crût	qu'ils crussent
qu'elle crût	qu'elles crussent
qu'on crût	

Le plus-que-parfait du subjonctif

The **plus-que-parfait du subjonctif** may replace the **plus-que-parfait** or the **conditionnel passé**. It may be used in subordinate clauses for events that occurred prior to the time of the verb in the main clause. Like the **imparfait du subjonctif**, it is used when the main-clause verb is in a past tense or in the conditional. It is formed with the **imparfait du subjonctif** of **avoir** or **être** and the past participle. The **plus-que-parfait du subjonctif** corresponds in meaning to the **passé du subjonctif**.

parler

que j'eusse parlé	que nous eussions parlé
que tu eusses parlé	que vous eussiez parlé
qu'il eût parlé	qu'ils eussent parlé
qu'elle eût parlé	qu'elles eussent parlé
qu'on eût parlé	

venir

que je fusse venu(e)	que nous fussions venu(e)s
que tu fusses venu(e)	que vous fussiez venu(e)(s)
qu'il fût venu	qu'ils fussent venus
qu'elle fût venue	qu'elles fussent venues
qu'on fût venu	

Appendix E

LES VERBES

Les verbes réguliers

INFINITIF	PRÉSENT	IMPÉRATIF	PASSÉ COMPOSÉ	IMPARFAIT
parler *(to talk, speak)*	je **parle** tu **parles** il **parle** nous **parlons** vous **parlez** ils **parlent**	**parle** **parlons** **parlez**	j'**ai parlé** tu **as parlé** il **a parlé** nous **avons parlé** vous **avez parlé** ils **ont parlé**	je **parlais** tu **parlais** il **parlait** nous **parlions** vous **parliez** ils **parlaient**
finir *(to finish)*	je **finis** tu **finis** il **finit** nous **finissons** vous **finissez** ils **finissent**	**finis** **finissons** **finissez**	j'**ai fini** tu **as fini** il **a fini** nous **avons fini** vous **avez fini** ils **ont fini**	je **finissais** tu **finissais** il **finissait** nous **finissions** vous **finissiez** ils **finissaient**
rendre *(to give back)*	je **rends** tu **rends** il **rend** nous **rendons** vous **rendez** ils **rendent**	**rends** **rendons** **rendez**	j'**ai rendu** tu **as rendu** il **a rendu** nous **avons rendu** vous **avez rendu** ils **ont rendu**	je **rendais** tu **rendais** il **rendait** nous **rendions** vous **rendiez** ils **rendaient**
se laver *(to wash oneself)*	je **me lave** tu **te laves** il **se lave** nous **nous lavons** vous **vous lavez** ils **se lavent**	**lave-toi** **lavons-nous** **lavez-vous**	je **me suis lavé(e)** tu **t'es lavé(e)** il/elle **s'est lavé(e)** nous **nous sommes lavé(e)s** vous **vous êtes lavé(e)(s)** ils/elles **se sont lavé(e)s**	je **me lavais** tu **te lavais** il **se lavait** nous **nous lavions** vous **vous laviez** ils **se lavaient**

PASSÉ SIMPLE	FUTUR	CONDITIONNEL	SUBJONCTIF	PARTICIPE PRÉSENT
je **parlai** tu **parlas** il **parla** nous **parlâmes** vous **parlâtes** ils **parlèrent**	je **parlerai** tu **parleras** il **parlera** nous **parlerons** vous **parlerez** ils **parleront**	je **parlerais** tu **parlerais** il **parlerait** nous **parlerions** vous **parleriez** ils **parleraient**	que je **parle** que tu **parles** qu'il **parle** que nous **parlions** que vous **parliez** qu'ils **parlent**	**parlant**
je **finis** tu **finis** il **finit** nous **finîmes** vous **finîtes** ils **finirent**	je **finirai** tu **finiras** il **finira** nous **finirons** vous **finirez** ils **finiront**	je **finirais** tu **finirais** il **finirait** nous **finirions** vous **finiriez** ils **finiraient**	que je **finisse** que tu **finisses** qu'il **finisse** que nous **finissions** que vous **finissiez** qu'ils **finissent**	**finissant**
je **rendis** tu **rendis** il **rendit** nous **rendîmes** vous **rendîtes** ils **rendirent**	je **rendrai** tu **rendras** il **rendra** nous **rendrons** vous **rendrez** ils **rendront**	je **rendrais** tu **rendrais** il **rendrait** nous **rendrions** vous **rendriez** ils **rendraient**	que je **rende** que tu **rendes** qu'il **rende** que nous **rendions** que vous **rendiez** qu'ils **rendent**	**rendant**
je **me lavai** tu **te lavas** il **se lava** nous **nous lavâmes** vous **vous lavâtes** ils **se lavèrent**	je **me laverai** tu **te laveras** il **se lavera** nous **nous laverons** vous **vous laverez** ils **se laveront**	je **me laverais** tu **te laverais** il **se laverait** nous **nous laverions** vous **vous laveriez** ils **se laveraient**	que je **me lave** que tu **te laves** qu'il **se lave** que nous **nous lavions** que vous **vous laviez** qu'ils **se lavent**	**se lavant**

Les verbes en *-er* avec changement d'orthographe

INFINITIF	PRÉSENT	IMPÉRATIF	PASSÉ COMPOSÉ	IMPARFAIT
acheter *(to buy)*	j'**achète** tu **achètes** il **achète** nous **achetons** vous **achetez** ils **achètent**	**achète** **achetons** **achetez**	j'**ai acheté** tu **as acheté** il **a acheté** nous **avons acheté** vous **avez acheté** ils **ont acheté**	j'**achetais** tu **achetais** il **achetait** nous **achetions** vous **achetiez** ils **achetaient**
Verbs like **acheter:**	**amener** *(to bring [someone])*, **élever** *(to raise)*, **emmener** *(to take away [someone])*, **enlever** *(to take off, remove)*, **peser** *(to weigh)*			
appeler *(to call)*	j'**appelle** tu **appelles** il **appelle** nous **appelons** vous **appelez** ils **appellent**	**appelle** **appelons** **appelez**	j'**ai appelé** tu **as appelé** il **a appelé** nous **avons appelé** vous **avez appelé** ils **ont appelé**	j'**appelais** tu **appelais** il **appelait** nous **appelions** vous **appeliez** ils **appelaient**
Verbs like **appeler:**	**épeler** *(to spell)*, **jeter** *(to throw)*, **rappeler** *(to recall, call back)*, **rejeter** *(to reject)*			
préférer *(to prefer)*	je **préfère** tu **préfères** il **préfère** nous **préférons** vous **préférez** ils **préfèrent**	**préfère** **préférons** **préférez**	j'**ai préféré** tu **as préféré** il **a préféré** nous **avons préféré** vous **avez préféré** ils **ont préféré**	je **préférais** tu **préférais** il **préférait** nous **préférions** vous **préfériez** ils **préféraient**
Verbs like **préférer:**	**célébrer** *(to celebrate)*, **espérer** *(to hope)*, **inquiéter** *(to worry)*, **posséder** *(to own)*, **protéger** *(to protect)*, **répéter** *(to repeat)*, **sécher** *(to dry)*, **suggérer** *(to suggest)*			
manger *(to eat)*	je **mange** tu **manges** il **mange** nous **mangeons** vous **mangez** ils **mangent**	**mange** **mangeons** **mangez**	j'**ai mangé** tu **as mangé** il **a mangé** nous **avons mangé** vous **avez mangé** ils **ont mangé**	je **mangeais** tu **mangeais** il **mangeait** nous **mangions** vous **mangiez** ils **mangeaient**
Verbs like **manger:**	**arranger** *(to fix, arrange)*, **changer** *(to change)*, **corriger** *(to correct)*, **déménager** *(to move one's residence)*, **déranger** *(to disturb)*, **diriger** *(to manage, run)*, **nager** *(to swim)*, **négliger** *(to neglect)*, **obliger** *(to oblige)*, **partager** *(to share)*, **plonger** *(to dive)*, **protéger** *(to protect)*, **ranger** *(to put in order, put away)*, **songer à** *(to think of)*, **voyager** *(to travel)*			
commencer *(to start, begin)*	je **commence** tu **commences** il **commence** nous **commençons** vous **commencez** ils **commencent**	**commence** **commençons** **commencez**	j'**ai commencé** tu **as commencé** il **a commencé** nous **avons commencé** vous **avez commencé** ils **ont commencé**	je **commençais** tu **commençais** il **commençait** nous **commencions** vous **commenciez** ils **commençaient**
Verbs like **commencer:**	**annoncer** *(to announce)*, **avancer** *(to move forward)*, **effacer** *(to erase)*, **lancer** *(to throw, launch)*, **menacer** *(to threaten)*, **placer** *(to put, set, place)*, **remplacer** *(to replace)*, **renoncer** *(to give up, renounce)*			
payer *(to pay, pay for)*	je **paie** tu **paies** il **paie** nous **payons** vous **payez** ils **paient**	**paie** **payons** **payez**	j'**ai payé** tu **as payé** il **a payé** nous **avons payé** vous **avez payé** ils **ont payé**	je **payais** tu **payais** il **payait** nous **payions** vous **payiez** ils **payaient**
Verbs like **payer:**	**employer** *(to use, employ)*, **ennuyer** *(to bore, annoy)*, **envoyer** *(to send) (except in future and conditional)*, **essayer** *(to try)*, **essuyer** *(to wipe)*, **nettoyer** *(to clean)*			

PASSÉ SIMPLE	FUTUR	CONDITIONNEL	SUBJONCTIF	PARTICIPE PRÉSENT
j'**achetai**	j'**achèterai**	j'**achèterais**	que j'**achète**	**achetant**
tu **achetas**	tu **achèteras**	tu **achèterais**	que tu **achètes**	
il **acheta**	il **achètera**	il **achèterait**	qu'il **achète**	
nous **achetâmes**	nous **achèterons**	nous **achèterions**	que nous **achetions**	
vous **achetâtes**	vous **achèterez**	vous **achèteriez**	que vous **achetiez**	
ils **achetèrent**	ils **achèteront**	ils **achèteraient**	qu'ils **achètent**	
j'**appelai**	j'**appellerai**	j'**appellerais**	que j'**appelle**	**appelant**
tu **appelas**	tu **appelleras**	tu **appellerais**	que tu **appelles**	
il **appela**	il **appellera**	il **appellerait**	qu'il **appelle**	
nous **appelâmes**	nous **appellerons**	nous **appellerions**	que nous **appelions**	
vous **appelâtes**	vous **appellerez**	vous **appelleriez**	que vous **appeliez**	
ils **appelèrent**	ils **appelleront**	ils **appelleraient**	qu'ils **appellent**	
je **préférai**	je **préférerai**	je **préférerais**	que je **préfère**	**préférant**
tu **préféras**	tu **préféreras**	tu **préférerais**	que tu **préfères**	
il **préféra**	il **préférera**	il **préférerait**	qu'il **préfère**	
nous **préférâmes**	nous **préférerons**	nous **préférerions**	que nous **préférions**	
vous **préférâtes**	vous **préférerez**	vous **préféreriez**	que vous **préfériez**	
ils **préférèrent**	ils **préféreront**	ils **préféreraient**	qu'ils **préfèrent**	
je **mangeai**	je **mangerai**	je **mangerais**	que je **mange**	**mangeant**
tu **mangeas**	tu **mangeras**	tu **mangerais**	que tu **manges**	
il **mangea**	il **mangera**	il **mangerait**	qu'il **mange**	
nous **mangeâmes**	nous **mangerons**	nous **mangerions**	que nous **mangions**	
vous **mangeâtes**	vous **mangerez**	vous **mangeriez**	que vous **mangiez**	
ils **mangèrent**	ils **mangeront**	ils **mangeraient**	qu'ils **mangent**	
je **commençai**	je **commencerai**	je **commencerais**	que je **commence**	**commençant**
tu **commenças**	tu **commenceras**	tu **commencerais**	que tu **commences**	
il **commença**	il **commencera**	il **commencerait**	qu'il **commence**	
nous **commençâmes**	nous **commencerons**	nous **commencerions**	que nous **commencions**	
vous **commençâtes**	vous **commencerez**	vous **commenceriez**	que vous **commenciez**	
ils **commencèrent**	ils **commenceront**	ils **commenceraient**	qu'ils **commencent**	
je **payai**	je **paierai**	je **paierais**	que je **paie**	**payant**
tu **payas**	tu **paieras**	tu **paierais**	que tu **paies**	
il **paya**	il **paiera**	il **paierait**	qu'il **paie**	
nous **payâmes**	nous **paierons**	nous **paierions**	que nous **payions**	
vous **payâtes**	vous **paierez**	vous **paieriez**	que vous **payiez**	
ils **payèrent**	ils **paieront**	ils **paieraient**	qu'ils **paient**	

LES VERBES IRRÉGULIERS

Sommaire

In the list below, the number at the right of each irregular verb corresponds to the number of the verb, or of a similarly conjugated verb, in the tables that follow. Verbs conjugated with **être** as an auxiliary verb in the compound tenses are marked with an asterisk *(*)*. All other verbs are conjugated with **avoir**.

absoudre *(to forgive)* 1
accueillir *(to receive, welcome)* 15
acquérir *(to acquire, get)* 2
admettre *(to admit)* 26
***aller** *(to go)* 3
***s'en aller** *(to go away)* 3
apercevoir *(to catch a glimpse of)* 34
***apparaître** *(to appear)* 10
appartenir *(to belong)* 43
apprendre *(to learn)* 33
***s'asseoir** *(to sit down)* 4
atteindre *(to attain)* 13
avoir *(to have)* 5
battre *(to beat)* 6
***se battre** *(to fight)* 6
boire *(to drink)* 7
combattre *(to combat)* 6
comprendre *(to understand)* 33
conclure *(to conclude)* 8
conduire *(to drive; to conduct)* 9
connaître *(to know)* 10
conquérir *(to conquer)* 2
construire *(to construct)* 9
contenir *(to contain)* 43
convaincre *(to convince)* 41
convenir *(to agree)* 43
coudre *(to sew)* 11
courir *(to run)* 12
couvrir *(to cover)* 29
craindre *(to fear)* 13
croire *(to believe)* 14
cueillir *(to pick, gather)* 15
cuire *(to cook)* 9
décevoir *(to deceive)* 34
découvrir *(to discover)* 29
décrire *(to describe)* 19
déplaire *(to displease)* 30
détruire *(to destroy)* 9
***devenir** *(to become)* 43
devoir *(must, to have to; to owe)* 16
dire *(to say, tell)* 17
disparaître *(to disappear)* 10
dormir *(to sleep)* 18
écrire *(to write)* 19
élire *(to elect)* 25
***s'endormir** *(to fall asleep)* 18
envoyer *(to send)* 20
éteindre *(to turn off)* 13
être *(to be)* 21
faire *(to do, make)* 22
falloir *(to be necessary)* 23
fuir *(to flee)* 24
***s'inscrire** *(to join, sign up)* 19
interdire *(to forbid, prohibit)* 17
joindre *(to join)* 13
lire *(to read)* 25
maintenir *(to maintain)* 43
mentir *(to lie)* 38
mettre *(to put, place)* 26
***mourir** *(to die)* 27

	INFINITIF	PRÉSENT	IMPÉRATIF	PASSÉ COMPOSÉ	IMPARFAIT
1.	**absoudre** *(to forgive)*	j'**absous** tu **absous** il **absout** nous **absolvons** vous **absolvez** ils **absolvent**	**absous** **absolvons** **absolvez**	j'ai **absous** tu **as absous** il **a absous** nous **avons absous** vous **avez absous** ils **ont absous**	j'**absolvais** tu **absolvais** il **absolvait** nous **absolvions** vous **absolviez** ils **absolvaient**
2.	**acquérir** *(to acquire, get)*	j'**acquiers** tu **acquiers** il **acquiert** nous **acquérons** vous **acquérez** ils **acquièrent**	**acquiers** **acquérons** **acquérez**	j'ai **acquis** tu **as acquis** il **a acquis** nous **avons acquis** vous **avez acquis** ils **ont acquis**	j'**acquérais** tu **acquérais** il **acquérait** nous **acquérions** vous **acquériez** ils **acquéraient**
3.	**aller** *(to go)*	je **vais** tu **vas** il **va** nous **allons** vous **allez** ils **vont**	**va** **allons** **allez**	je **suis allé(e)** tu **es allé(e)** il/elle **est allé(e)** nous **sommes allé(e)s** vous **êtes allé(e)(s)** ils/elles **sont allé(e)s**	j'**allais** tu **allais** il **allait** nous **allions** vous **alliez** ils **allaient**
4.	**s'asseoir** *(to sit down)*	je **m'assieds** tu **t'assieds** il **s'assied** nous **nous asseyons** vous **vous asseyez** ils **s'asseyent**	**assieds-toi** **asseyons-nous** **asseyez-vous**	je **me suis assis(e)** tu **t'es assis(e)** il/elle **s'est assis(e)** nous **nous sommes assis(es)** vous **vous êtes assis(e)(s)** ils/elles **se sont assis(es)**	je **m'asseyais** tu **t'asseyais** il **s'asseyait** nous **nous asseyions** vous **vous asseyiez** ils **s'asseyaient**

***naître** *(to be born)* 28
obtenir *(to obtain, get)* 43
offrir *(to offer)* 29
ouvrir *(to open)* 29
paraître *(to appear)* 10
parcourir *(to travel over)* 12
***partir** *(to leave)* 38
***parvenir** *(to arrive; to succeed)* 43
peindre *(to paint)* 13
permettre *(to permit)* 26
***se plaindre** *(to complain)* 13
plaire *(to please)* 30
pleuvoir *(to rain)* 31
poursuivre *(to pursue)* 39
pouvoir *(can, to be able)* 32
prédire *(to predict)* 17
prendre *(to take)* 33
prévoir *(to foresee)* 45
produire *(to produce)* 9
promettre *(to promise)* 26
recevoir *(to receive, get)* 34
reconnaître *(to recognize)* 10
reconstruire *(to reconstruct)* 9
recouvrir *(to recover)* 29
***redevenir** *(to become again)* 43
réduire *(to reduce)* 9
remettre *(to postpone)* 26
reprendre *(to take back)* 33
résoudre *(to resolve, solve)* 35
retenir *(to reserve)* 43
***revenir** *(to come back)* 43
revoir *(to see again)* 45
rire *(to laugh)* 36
rompre *(to break)* 6
savoir *(to know)* 37
sentir *(to smell)* 38
***se sentir** *(to feel)* 38
servir *(to serve)* 38
***se servir de** *(to use)* 38
***sortir** *(to go out)* 38
souffrir *(to suffer)* 29
soumettre *(to submit)* 26
sourire *(to smile)* 36
soutenir *(to support)* 43
***se souvenir** *(to remember)* 43
suivre *(to follow)* 39
surprendre *(to surprise)* 33
survivre *(to survive)* 44
***se taire** *(to be quiet)* 40
tenir *(to hold)* 43
traduire *(to translate)* 9
transmettre *(to transmit)* 26
vaincre *(to conquer)* 41
valoir *(to be worth; to deserve, merit)* 42
***venir** *(to come)* 43
vivre *(to live)* 44
voir *(to see)* 45
vouloir *(to wish, want)* 46

PASSÉ SIMPLE	FUTUR	CONDITIONNEL	SUBJONCTIF	PARTICIPE PRÉSENT
n'existe pas	j'**absoudrai** tu **absoudras** il **absoudra** nous **absoudrons** vous **absoudrez** ils **absoudront**	j'**absoudrais** tu **absoudrais** il **absoudrait** nous **absoudrions** vous **absoudriez** ils **absoudraient**	que j'**absolve** que tu **absolves** qu'il **absolve** que nous **absolvions** que vous **absolviez** qu'ils **absolvent**	**absolvant**
j'**acquis** tu **acquis** il **acquit** nous **acquîmes** vous **acquîtes** ils **acquirent**	j'**acquerrai** tu **acquerras** il **acquerra** nous **acquerrons** vous **acquerrez** ils **acquerront**	j'**acquerrais** tu **acquerrais** il **acquerrait** nous **acquerrions** vous **acquerriez** ils **acquerraient**	que j'**acquière** que tu **acquières** qu'il **acquière** que nous **acquérions** que vous **acquériez** qu'ils **acquièrent**	**acquérant**
j'**allai** tu **allas** il **alla** nous **allâmes** vous **allâtes** ils **allèrent**	j'**irai** tu **iras** il **ira** nous **irons** vous **irez** ils **iront**	j'**irais** tu **irais** il **irait** nous **irions** vous **iriez** ils **iraient**	que j'**aille** que tu **ailles** qu'il **aille** que nous **allions** que vous **alliez** qu'ils **aillent**	**allant**
je **m'assis** tu **t'assis** il **s'assit** nous **nous assîmes** vous **vous assîtes** ils **s'assirent**	je **m'assiérai** tu **t'assiéras** il **s'assiéra** nous **nous assiérons** vous **vous assiérez** ils **s'assiéront**	je **m'assiérais** tu **t'assiérais** il **s'assiérait** nous **nous assiérions** vous **vous assiériez** ils **s'assiéraient**	que je **m'asseye** que tu **t'asseyes** qu'il **s'asseye** que nous **nous asseyions** que vous **vous asseyiez** qu'ils **s'asseyent**	**s'asseyant**

	INFINITIF	PRÉSENT	IMPÉRATIF	PASSÉ COMPOSÉ	IMPARFAIT
5.	avoir	**j'ai**	**aie**	**j'ai eu**	**j'avais**
	(to have)	tu **as**	**ayons**	**tu as eu**	tu **avais**
		il **a**	**ayez**	**il a eu**	il **avait**
		nous **avons**		nous **avons eu**	nous **avions**
		vous **avez**		vous **avez eu**	vous **aviez**
		ils **ont**		ils **ont eu**	ils **avaient**
6.	battre	je **bats**	**bats**	**j'ai battu**	je **battais**
	(to beat)	tu **bats**	**battons**	**tu as battu**	tu **battais**
		il **bat**	**battez**	**il a battu**	il **battait**
		nous **battons**		nous **avons battu**	nous **battions**
		vous **battez**		vous **avez battu**	vous **battiez**
		ils **battent**		ils **ont battu**	ils **battaient**
7.	boire	je **bois**	**bois**	**j'ai bu**	je **buvais**
	(to drink)	tu **bois**	**buvons**	**tu as bu**	tu **buvais**
		il **boit**	**buvez**	**il a bu**	il **buvait**
		nous **buvons**		nous **avons bu**	nous **buvions**
		vous **buvez**		vous **avez bu**	vous **buviez**
		ils **boivent**		ils **ont bu**	ils **buvaient**
8.	conclure	je **conclus**	**conclus**	**j'ai conclu**	je **concluais**
	(to conclude)	tu **conclus**	**concluons**	**tu as conclu**	tu **concluais**
		il **conclut**	**concluez**	**il a conclu**	il **concluait**
		nous **concluons**		nous **avons conclu**	nous **concluions**
		vous **concluez**		vous **avez conclu**	vous **concluiez**
		ils **concluent**		ils **ont conclu**	ils **concluaient**
9.	conduire	je **conduis**	**conduis**	**j'ai conduit**	je **conduisais**
	(to drive; to conduct)	tu **conduis**	**conduisons**	**tu as conduit**	tu **conduisais**
		il **conduit**	**conduisez**	**il a conduit**	il **conduisait**
		nous **conduisons**		nous **avons conduit**	nous **conduisions**
		vous **conduisez**		vous **avez conduit**	vous **conduisiez**
		ils **conduisent**		ils **ont conduit**	ils **conduisaient**
10.	connaître	je **connais**	**connais**	**j'ai connu**	je **connaissais**
	(to know)	tu **connais**	**connaissons**	**tu as connu**	tu **connaissais**
		il **connaît**	**connaissez**	**il a connu**	il **connaissait**
		nous **connaissons**		nous **avons connu**	nous **connaissions**
		vous **connaissez**		vous **avez connu**	vous **connaissiez**
		ils **connaissent**		ils **ont connu**	ils **connaissaient**
11.	coudre	je **couds**	**couds**	**j'ai cousu**	je **cousais**
	(to sew)	tu **couds**	**cousons**	**tu as cousu**	tu **cousais**
		il **coud**	**cousez**	**il a cousu**	il **cousait**
		nous **cousons**		nous **avons cousu**	nous **cousions**
		vous **cousez**		vous **avez cousu**	vous **cousiez**
		ils **cousent**		ils **ont cousu**	ils **cousaient**
12.	courir	je **cours**	**cours**	**j'ai couru**	je **courais**
	(to run)	tu **cours**	**courons**	**tu as couru**	tu **courais**
		il **court**	**courez**	**il a couru**	il **courait**
		nous **courons**		nous **avons couru**	nous **courions**
		vous **courez**		vous **avez couru**	vous **couriez**
		ils **courent**		ils **ont couru**	ils **couraient**
13.	craindre	je **crains**	**crains**	**j'ai craint**	je **craignais**
	(to fear)	tu **crains**	**craignons**	**tu as craint**	tu **craignais**
		il **craint**	**craignez**	**il a craint**	il **craignait**
		nous **craignons**		nous **avons craint**	nous **craignions**
		vous **craignez**		vous **avez craint**	vous **craigniez**
		ils **craignent**		ils **ont craint**	ils **craignaient**

PASSÉ SIMPLE	FUTUR	CONDITIONNEL	SUBJONCTIF	PARTICIPE PRÉSENT
j'**eus** tu **eus** il **eut** nous **eûmes** vous **eûtes** ils **eurent**	j'**aurai** tu **auras** il **aura** nous **aurons** vous **aurez** ils **auront**	j'**aurais** tu **aurais** il **aurait** nous **aurions** vous **auriez** ils **auraient**	que j'**aie** que tu **aies** qu'il **ait** que nous **ayons** que vous **ayez** qu'ils **aient**	**ayant**
je **battis** tu **battis** il **battit** nous **battîmes** vous **battîtes** ils **battirent**	je **battrai** tu **battras** il **battra** nous **battrons** vous **battrez** ils **battront**	je **battrais** tu **battrais** il **battrait** nous **battrions** vous **battriez** ils **battraient**	que je **batte** que tu **battes** qu'il **batte** que nous **battions** que vous **battiez** qu'ils **battent**	**battant**
je **bus** tu **bus** il **but** nous **bûmes** vous **bûtes** ils **burent**	je **boirai** tu **boiras** il **boira** nous **boirons** vous **boirez** ils **boiront**	je **boirais** tu **boirais** il **boirait** nous **boirions** vous **boiriez** ils **boiraient**	que je **boive** que tu **boives** qu'il **boive** que nous **buvions** que vous **buviez** qu'ils **boivent**	**buvant**
je **conclus** tu **conclus** il **conclut** nous **conclûmes** vous **conclûtes** ils **conclurent**	je **conclurai** tu **concluras** il **conclura** nous **conclurons** vous **conclurez** ils **concluront**	je **conclurais** tu **conclurais** il **conclurait** nous **conclurions** vous **concluriez** ils **concluraient**	que je **conclue** que tu **conclues** qu'il **conclue** que nous **concluions** que vous **concluiez** qu'ils **concluent**	**concluant**
je **conduisis** tu **conduisis** il **conduisit** nous **conduisîmes** vous **conduisîtes** ils **conduisirent**	je **conduirai** tu **conduiras** il **conduira** nous **conduirons** vous **conduirez** ils **conduiront**	je **conduirais** tu **conduirais** il **conduirait** nous **conduirions** vous **conduiriez** ils **conduiraient**	que je **conduise** que tu **conduises** qu'il **conduise** que nous **conduisions** que vous **conduisiez** qu'ils **conduisent**	**conduisant**
je **connus** tu **connus** il **connut** nous **connûmes** vous **connûtes** ils **connurent**	je **connaîtrai** tu **connaîtras** il **connaîtra** nous **connaîtrons** vous **connaîtrez** ils **connaîtront**	je **connaîtrais** tu **connaîtrais** il **connaîtrait** nous **connaîtrions** vous **connaîtriez** ils **connaîtraient**	que je **connaisse** que tu **connaisses** qu'il **connaisse** que nous **connaissions** que vous **connaissiez** qu'ils **connaissent**	**connaissant**
je **cousis** tu **cousis** il **cousit** nous **cousîmes** vous **cousîtes** ils **cousirent**	je **coudrai** tu **coudras** il **coudra** nous **coudrons** vous **coudrez** ils **coudront**	je **coudrais** tu **coudrais** il **coudrait** nous **coudrions** vous **coudriez** ils **coudraient**	que je **couse** que tu **couses** qu'il **couse** que nous **cousions** que vous **cousiez** qu'ils **cousent**	**cousant**
je **courus** tu **courus** il **courut** nous **courûmes** vous **courûtes** ils **coururent**	je **courrai** tu **courras** il **courra** nous **courrons** vous **courrez** ils **courront**	je **courrais** tu **courrais** il **courrait** nous **courrions** vous **courriez** ils **courraient**	que je **coure** que tu **coures** qu'il **coure** que nous **courions** que vous **couriez** qu'ils **courent**	**courant**
je **craignis** tu **craignis** il **craignit** nous **craignîmes** vous **craignîtes** ils **craignirent**	je **craindrai** tu **craindras** il **craindra** nous **craindrons** vous **craindrez** ils **craindront**	je **craindrais** tu **craindrais** il **craindrait** nous **craindrions** vous **craindriez** ils **craindraient**	que je **craigne** que tu **craignes** qu'il **craigne** que nous **craignions** que vous **craigniez** qu'ils **craignent**	**craignant**

	INFINITIF	PRÉSENT	IMPÉRATIF	PASSÉ COMPOSÉ	IMPARFAIT
14.	croire *(to believe)*	je **crois** tu **crois** il **croit** nous **croyons** vous **croyez** ils **croient**	**crois** **croyons** **croyez**	j'ai **cru** tu as **cru** il a **cru** nous **avons cru** vous **avez cru** ils **ont cru**	je **croyais** tu **croyais** il **croyait** nous **croyions** vous **croyiez** ils **croyaient**
15.	cueillir *(to pick, gather)*	je **cueille** tu **cueilles** il **cueille** nous **cueillons** vous **cueillez** ils **cueillent**	**cueille** **cueillons** **cueillez**	j'ai **cueilli** tu as **cueilli** il a **cueilli** nous **avons cueilli** vous **avez cueilli** ils **ont cueilli**	je **cueillais** tu **cueillais** il **cueillait** nous **cueillions** vous **cueilliez** ils **cueillaient**
16	devoir *(must, to have to; to owe)*	je **dois** tu **dois** il **doit** nous **devons** vous **devez** ils **doivent**	**dois** **devons** **devez**	j'ai **dû** tu as **dû** il a **dû** nous **avons dû** vous **avez dû** ils **ont dû**	je **devais** tu **devais** il **devait** nous **devions** vous **deviez** ils **devaient**
17.	dire *(to say, tell)*	je **dis** tu **dis** il **dit** nous **disons** vous **dites** ils **disent**	**dis** **disons** **dites**	j'ai **dit** tu as **dit** il a **dit** nous **avons dit** vous **avez dit** ils **ont dit**	je **disais** tu **disais** il **disait** nous **disions** vous **disiez** ils **disaient**
18.	dormir *(to sleep)*	je **dors** tu **dors** il **dort** nous **dormons** vous **dormez** ils **dorment**	**dors** **dormons** **dormez**	j'ai **dormi** tu as **dormi** il a **dormi** nous **avons dormi** vous **avez dormi** ils **ont dormi**	je **dormais** tu **dormais** il **dormait** nous **dormions** vous **dormiez** ils **dormaient**
19.	écrire *(to write)*	j'**écris** tu **écris** il **écrit** nous **écrivons** vous **écrivez** ils **écrivent**	**écris** **écrivons** **écrivez**	j'ai **écrit** tu as **écrit** il a **écrit** nous **avons écrit** vous **avez écrit** ils **ont écrit**	j'**écrivais** tu **écrivais** il **écrivait** nous **écrivions** vous **écriviez** ils **écrivaient**
20.	envoyer *(to send)*	j'**envoie** tu **envoies** il **envoie** nous **envoyons** vous **envoyez** ils **envoient**	**envoie** **envoyons** **envoyez**	j'ai **envoyé** tu as **envoyé** il a **envoyé** nous **avons envoyé** vous **avez envoyé** ils **ont envoyé**	j'**envoyais** tu **envoyais** il **envoyait** nous **envoyions** vous **envoyiez** ils **envoyaient**
21.	être *(to be)*	je **suis** tu **es** il **est** nous **sommes** vous **êtes** ils **sont**	**sois** **soyons** **soyez**	j'ai **été** tu as **été** il a **été** nous **avons été** vous **avez été** ils **ont été**	j'**étais** tu **étais** il **était** nous **étions** vous **étiez** ils **étaient**
22.	faire *(to do, make)*	je **fais** tu **fais** il **fait** nous **faisons** vous **faites** ils **font**	**fais** **faisons** **faites**	j'ai **fait** tu as **fait** il a **fait** nous **avons fait** vous **avez fait** ils **ont fait**	je **faisais** tu **faisais** il **faisait** nous **faisions** vous **faisiez** ils **faisaient**

PASSÉ SIMPLE	FUTUR	CONDITIONNEL	SUBJONCTIF	PARTICIPE PRÉSENT
je **crus**	je **croirai**	je **croirais**	que je **croie**	**croyant**
tu **crus**	tu **croiras**	tu **croirais**	que tu **croies**	
il **crut**	il **croira**	il **croirait**	qu'il **croie**	
nous **crûmes**	nous **croirons**	nous **croirions**	que nous **croyions**	
vous **crûtes**	vous **croirez**	vous **croiriez**	que vous **croyiez**	
ils **crurent**	ils **croiront**	ils **croiraient**	qu'ils **croient**	
je **cueillis**	je **cueillerai**	je **cueillerais**	que je **cueille**	**cueillant**
tu **cueillis**	tu **cueilleras**	tu **cueillerais**	que tu **cueilles**	
il **cueillit**	il **cueillera**	il **cueillerait**	qu'il **cueille**	
nous **cueillîmes**	nous **cueillerons**	nous **cueillerions**	que nous **cueillions**	
vous **cueillîtes**	vous **cueillerez**	vous **cueilleriez**	que vous **cueilliez**	
ils **cueillirent**	ils **cueilleront**	ils **cueilleraient**	qu'ils **cueillent**	
je **dus**	je **devrai**	je **devrais**	que je **doive**	**devant**
tu **dus**	tu **devras**	tu **devrais**	que tu **doives**	
il **dut**	il **devra**	il **devrait**	qu'il **doive**	
nous **dûmes**	nous **devrons**	nous **devrions**	que nous **devions**	
vous **dûtes**	vous **devrez**	vous **devriez**	que vous **deviez**	
ils **durent**	ils **devront**	ils **devraient**	qu'ils **doivent**	
je **dis**	je **dirai**	je **dirais**	que je **dise**	**disant**
tu **dis**	tu **diras**	tu **dirais**	que tu **dises**	
il **dit**	il **dira**	il **dirait**	qu'il **dise**	
nous **dîmes**	nous **dirons**	nous **dirions**	que nous **disions**	
vous **dîtes**	vous **direz**	vous **diriez**	que vous **disiez**	
ils **dirent**	ils **diront**	ils **diraient**	qu'ils **disent**	
je **dormis**	je **dormirai**	je **dormirais**	que je **dorme**	**dormant**
tu **dormis**	tu **dormiras**	tu **dormirais**	que tu **dormes**	
il **dormit**	il **dormira**	il **dormirait**	qu'il **dorme**	
nous **dormîmes**	nous **dormirons**	nous **dormirions**	que nous **dormions**	
vous **dormîtes**	vous **dormirez**	vous **dormiriez**	que vous **dormiez**	
ils **dormirent**	ils **dormiront**	ils **dormiraient**	qu'ils **dorment**	
j'**écrivis**	j'**écrirai**	j'**écrirais**	que j'**écrive**	**écrivant**
tu **écrivis**	tu **écriras**	tu **écrirais**	que tu **écrives**	
il **écrivit**	il **écrira**	il **écrirait**	qu'il **écrive**	
nous **écrivîmes**	nous **écrirons**	nous **écririons**	que nous **écrivions**	
vous **écrivîtes**	vous **écrirez**	vous **écririez**	que vous **écriviez**	
ils **écrivirent**	ils **écriront**	ils **écriraient**	qu'ils **écrivent**	
j'**envoyai**	j'**enverrai**	j'**enverrais**	que j'**envoie**	**envoyant**
tu **envoyas**	tu **enverras**	tu **enverrais**	que tu **envoies**	
il **envoya**	il **enverra**	il **enverrait**	qu'il **envoie**	
nous **envoyâmes**	nous **enverrons**	nous **enverrions**	que nous **envoyions**	
vous **envoyâtes**	vous **enverrez**	vous **enverriez**	que vous **envoyiez**	
ils **envoyèrent**	ils **enverront**	ils **enverraient**	qu'ils **envoient**	
je **fus**	je **serai**	je **serais**	que je **sois**	**étant**
tu **fus**	tu **seras**	tu **serais**	que tu **sois**	
il **fut**	il **sera**	il **serait**	qu'il **soit**	
nous **fûmes**	nous **serons**	nous **serions**	que nous **soyons**	
vous **fûtes**	vous **serez**	vous **seriez**	que vous **soyez**	
ils **furent**	ils **seront**	ils **seraient**	qu'ils **soient**	
je **fis**	je **ferai**	je **ferais**	que je **fasse**	**faisant**
tu **fis**	tu **feras**	tu **ferais**	que tu **fasses**	
il **fit**	il **fera**	il **ferait**	qu'il **fasse**	
nous **fîmes**	nous **ferons**	nous **ferions**	que nous **fassions**	
vous **fîtes**	vous **ferez**	vous **feriez**	que vous **fassiez**	
ils **firent**	ils **feront**	ils **feraient**	qu'ils **fassent**	

INFINITIF	PRÉSENT	IMPÉRATIF	PASSÉ COMPOSÉ	IMPARFAIT
23. falloir *(to be necessary)*	il **faut**	n'existe pas	il **a fallu**	il **fallait**
24. fuir *(to flee)*	je **fuis** tu **fuis** il **fuit** nous **fuyons** vous **fuyez** ils **fuient**	**fuis** **fuyons** **fuyez**	**j'ai fui** tu **as fui** il **a fui** nous **avons fui** vous **avez fui** ils **ont fui**	je **fuyais** tu **fuyais** il **fuyait** nous **fuyions** vous **fuyiez** ils **fuyaient**
25. lire *(to read)*	je **lis** tu **lis** il **lit** nous **lisons** vous **lisez** ils **lisent**	**lis** **lisons** **lisez**	**j'ai lu** tu **as lu** il **a lu** nous **avons lu** vous **avez lu** ils **ont lu**	je **lisais** tu **lisais** il **lisait** nous **lisions** vous **lisiez** ils **lisaient**
26. mettre *(to put, place)*	je **mets** tu **mets** il **met** nous **mettons** vous **mettez** ils **mettent**	**mets** **mettons** **mettez**	**j'ai mis** tu **as mis** il **a mis** nous **avons mis** vous **avez mis** ils **ont mis**	je **mettais** tu **mettais** il **mettait** nous **mettions** vous **mettiez** ils **mettaient**
27. mourir *(to die)*	je **meurs** tu **meurs** il **meurt** nous **mourons** vous **mourez** ils **meurent**	**meurs** **mourons** **mourez**	je **suis mort(e)** tu **es mort(e)** il/elle **est mort(e)** nous **sommes mort(e)s** vous **êtes mort(e)(s)** ils/elles **sont mort(e)s**	je **mourais** tu **mourais** il **mourait** nous **mourions** vous **mouriez** ils **mouraient**
28. naître *(to be born)*	je **nais** tu **nais** il **naît** nous **naissons** vous **naissez** ils **naissent**	**nais** **naissons** **naissez**	je **suis né(e)** tu **es né(e)** il/elle **est né(e)** nous **sommes né(e)s** vous **êtes né(e)(s)** ils/elles **sont né(e)s**	je **naissais** tu **naissais** il **naissait** nous **naissions** vous **naissiez** ils **naissaient**
29. ouvrir *(to open)*	**j'ouvre** tu **ouvres** il **ouvre** nous **ouvrons** vous **ouvrez** ils **ouvrent**	**ouvre** **ouvrons** **ouvrez**	**j'ai ouvert** tu **as ouvert** il **a ouvert** nous **avons ouvert** vous **avez ouvert** ils **ont ouvert**	**j'ouvrais** tu **ouvrais** il **ouvrait** nous **ouvrions** vous **ouvriez** ils **ouvraient**
30. plaire *(to please)*	je **plais** tu **plais** il **plaît** nous **plaisons** vous **plaisez** ils **plaisent**	**plais** **plaisons** **plaisez**	**j'ai plu** tu **as plu** il **a plu** nous **avons plu** vous **avez plu** ils **ont plu**	je **plaisais** tu **plaisais** il **plaisait** nous **plaisions** vous **plaisiez** ils **plaisaient**
31. pleuvoir *(to rain)*	il **pleut**	n'existe pas	il **a plu**	il **pleuvait**
32. pouvoir *(can, to be able)*	je **peux** tu **peux** il **peut** nous **pouvons** vous **pouvez** ils **peuvent**	n'existe pas	**j'ai pu** tu **as pu** il **a pu** nous **avons pu** vous **avez pu** ils **ont pu**	je **pouvais** tu **pouvais** il **pouvait** nous **pouvions** vous **pouviez** ils **pouvaient**

PASSÉ SIMPLE	FUTUR	CONDITIONNEL	SUBJONCTIF	PARTICIPE PRÉSENT
il **fallut**	il **faudra**	il **faudrait**	qu'il **faille**	n'existe pas
je **fuis** tu **fuis** il **fuit** nous **fuîmes** vous **fuîtes** ils **fuirent**	je **fuirai** tu **fuiras** il **fuira** nous **fuirons** vous **fuirez** ils **fuiront**	je **fuirais** tu **fuirais** il **fuirait** nous **fuirions** vous **fuiriez** ils **fuiraient**	que je **fuie** que tu **fuies** qu'il **fuie** que nous **fuyions** que vous **fuyiez** qu'ils **fuient**	**fuyant**
je **lus** tu **lus** il **lut** nous **lûmes** vous **lûtes** ils **lurent**	je **lirai** tu **liras** il **lira** nous **lirons** vous **lirez** ils **liront**	je **lirais** tu **lirais** il **lirait** nous **lirions** vous **liriez** ils **liraient**	que je **lise** que tu **lises** qu'il **lise** que nous **lisions** que vous **lisiez** qu'ils **lisent**	**lisant**
je **mis** tu **mis** il **mit** nous **mîmes** vous **mîtes** ils **mirent**	je **mettrai** tu **mettras** il **mettra** nous **mettrons** vous **mettrez** ils **mettront**	je **mettrais** tu **mettrais** il **mettrait** nous **mettrions** vous **mettriez** ils **mettraient**	que je **mette** que tu **mettes** qu'il **mette** que nous **mettions** que vous **mettiez** qu'ils **mettent**	**mettant**
je **mourus** tu **mourus** il **mourut** nous **mourûmes** vous **mourûtes** ils **moururent**	je **mourrai** tu **mourras** il **mourra** nous **mourrons** vous **mourrez** ils **mourront**	je **mourrais** tu **mourrais** il **mourrait** nous **mourrions** vous **mourriez** ils **mourraient**	que je **meure** que tu **meures** qu'il **meure** que nous **mourions** que vous **mouriez** qu'ils **meurent**	**mourant**
je **naquis** tu **naquis** il **naquit** nous **naquîmes** vous **naquîtes** ils **naquirent**	je **naîtrai** tu **naîtras** il **naîtra** nous **naîtrons** vous **naîtrez** ils **naîtront**	je **naîtrais** tu **naîtrais** il **naîtrait** nous **naîtrions** vous **naîtriez** ils **naîtraient**	que je **naisse** que tu **naisses** qu'il **naisse** que nous **naissions** que vous **naissiez** qu'ils **naissent**	**naissant**
j'**ouvris** tu **ouvris** il **ouvrit** nous **ouvrîmes** vous **ouvrîtes** ils **ouvrirent**	j'**ouvrirai** tu **ouvriras** il **ouvrira** nous **ouvrirons** vous **ouvrirez** ils **ouvriront**	j'**ouvrirais** tu **ouvrirais** il **ouvrirait** nous **ouvririons** vous **ouvririez** ils **ouvriraient**	que j'**ouvre** que tu **ouvres** qu'il **ouvre** que nous **ouvrions** que vous **ouvriez** qu'ils **ouvrent**	**ouvrant**
je **plus** tu **plus** il **plut** nous **plûmes** vous **plûtes** ils **plurent**	je **plairai** tu **plairas** il **plaira** nous **plairons** vous **plairez** ils **plairont**	je **plairais** tu **plairais** il **plairait** nous **plairions** vous **plairiez** ils **plairaient**	que je **plaise** que tu **plaises** qu'il **plaise** que nous **plaisions** que vous **plaisiez** qu'ils **plaisent**	**plaisant**
il **plut**	il **pleuvra**	il **pleuvrait**	qu'il **pleuve**	**pleuvant**
je **pus** tu **pus** il **put** nous **pûmes** vous **pûtes** ils **purent**	je **pourrai** tu **pourras** il **pourra** nous **pourrons** vous **pourrez** ils **pourront**	je **pourrais** tu **pourrais** il **pourrait** nous **pourrions** vous **pourriez** ils **pourraient**	que je **puisse** que tu **puisses** qu'il **puisse** que nous **puissions** que vous **puissiez** qu'ils **puissent**	**pouvant**

INFINITIF	PRÉSENT	IMPÉRATIF	PASSÉ COMPOSÉ	IMPARFAIT
33. prendre *(to take)*	je **prends** tu **prends** il **prend** nous **prenons** vous **prenez** ils **prennent**	**prends** **prenons** **prenez**	j'**ai pris** tu **as pris** il **a pris** nous **avons pris** vous **avez pris** ils **ont pris**	je **prenais** tu **prenais** il **prenait** nous **prenions** vous **preniez** ils **prenaient**
34. recevoir *(to receive, get)*	je **reçois** tu **reçois** il **reçoit** nous **recevons** vous **recevez** ils **reçoivent**	**reçois** **recevons** **recevez**	j'**ai reçu** tu **as reçu** il **a reçu** nous **avons reçu** vous **avez reçu** ils **ont reçu**	je **recevais** tu **recevais** il **recevait** nous **recevions** vous **receviez** ils **recevaient**
35. résoudre *(to resolve, solve)*	je **résous** tu **résous** il **résout** nous **résolvons** vous **résolvez** ils **résolvent**	**résous** **résolvons** **résolvez**	j'**ai résolu** tu **as résolu** il **a résolu** nous **avons résolu** vous **avez résolu** ils **ont résolu**	je **résolvais** tu **résolvais** il **résolvait** nous **résolvions** vous **résolviez** ils **résolvaient**
36. rire *(to laugh)*	je **ris** tu **ris** il **rit** nous **rions** vous **riez** ils **rient**	**ris** **rions** **riez**	j'**ai ri** tu **as ri** il **a ri** nous **avons ri** vous **avez ri** ils **ont ri**	je **riais** tu **riais** il **riait** nous **riions** vous **riiez** ils **riaient**
37. savoir *(to know)*	je **sais** tu **sais** il **sait** nous **savons** vous **savez** ils **savent**	**sache** **sachons** **sachez**	j'**ai su** tu **as su** il **a su** nous **avons su** vous **avez su** ils **ont su**	je **savais** tu **savais** il **savait** nous **savions** vous **saviez** ils **savaient**
38. sortir *(to go out)*	je **sors** tu **sors** il **sort** nous **sortons** vous **sortez** ils **sortent**	**sors** **sortons** **sortez**	je **suis sorti(e)** tu **es sorti(e)** il/elle **est sorti(e)** nous **sommes sorti(e)s** vous **êtes sorti(e)(s)** ils/elles **sont sorti(e)s**	je **sortais** tu **sortais** il **sortait** nous **sortions** vous **sortiez** ils **sortaient**
39. suivre *(to follow)*	je **suis** tu **suis** il **suit** nous **suivons** vous **suivez** ils **suivent**	**suis** **suivons** **suivez**	j'**ai suivi** tu **as suivi** il **a suivi** nous **avons suivi** vous **avez suivi** ils **ont suivi**	je **suivais** tu **suivais** il **suivait** nous **suivions** vous **suiviez** ils **suivaient**
40. se taire *(to be quiet)*	je **me tais** tu **te tais** il **se tait** nous **nous taisons** vous **vous taisez** ils **se taisent**	**tais-toi** **taisons-nous** **taisez-vous**	je **me suis tu(e)** tu **t'es tu(e)** il/elle **s'est tu(e)** nous **nous sommes tu(e)s** vous **vous êtes tu(e)(s)** ils/elles **se sont tu(e)s**	je **me taisais** tu **tu taisais** il **se taisait** nous **nous taisions** vous **vous taisiez** ils **se taisaient**
41. vaincre *(to conquer)*	je **vaincs** tu **vaincs** il **vainc** nous **vainquons** vous **vainquez** ils **vainquent**	**vaincs** **vainquons** **vainquez**	j'**ai vaincu** tu **as vaincu** il **a vaincu** nous **avons vaincu** vous **avez vaincu** ils **ont vaincu**	je **vainquais** tu **vainquais** il **vainquait** nous **vainquions** vous **vainquiez** ils **vainquaient**

PASSÉ SIMPLE	FUTUR	CONDITIONNEL	SUBJONCTIF	PARTICIPE PRÉSENT
je **pris** tu **pris** il **prit** nous **prîmes** vous **prîtes** ils **prirent**	je **prendrai** tu **prendras** il **prendra** nous **prendrons** vous **prendrez** ils **prendront**	je **prendrais** tu **prendrais** il **prendrait** nous **prendrions** vous **prendriez** ils **prendraient**	que je **prenne** que tu **prennes** qu'il **prenne** que nous **prenions** que vous **preniez** qu'ils **prennent**	**prenant**
je **reçus** tu **reçus** il **reçut** nous **reçûmes** vous **reçûtes** ils **reçurent**	je **recevrai** tu **recevras** il **recevra** nous **recevrons** vous **recevrez** ils **recevront**	je **recevrais** tu **recevrais** il **recevrait** nous **recevrions** vous **recevriez** ils **recevraient**	que je **reçoive** que tu **reçoives** qu'il **reçoive** que nous **recevions** que vous **receviez** qu'ils **reçoivent**	**recevant**
je **résolus** tu **résolus** il **résolut** nous **résolûmes** vous **résolûtes** ils **résolurent**	je **résoudrai** tu **résoudras** il **résoudra** nous **résoudrons** vous **résoudrez** ils **résoudront**	je **résoudrais** tu **résoudrais** il **résoudrait** nous **résoudrions** vous **résoudriez** ils **résoudraient**	que je **résolve** que tu **résolves** qu'il **résolve** que nous **résolvions** que vous **résolviez** qu'ils **résolvent**	**résolvant**
je **ris** tu **ris** il **rit** nous **rîmes** vous **rîtes** ils **rirent**	je **rirai** tu **riras** il **rira** nous **rirons** vous **rirez** ils **riront**	je **rirais** tu **rirais** il **rirait** nous **ririons** vous **ririez** ils **riraient**	que je **rie** que tu **ries** qu'il **rie** que nous **riions** que vous **riiez** qu'ils **rient**	**riant**
je **sus** tu **sus** il **sut** nous **sûmes** vous **sûtes** ils **surent**	je **saurai** tu **sauras** il **saura** nous **saurons** vous **saurez** ils **sauront**	je **saurais** tu **saurais** il **saurait** nous **saurions** vous **sauriez** ils **sauraient**	que je **sache** que tu **saches** qu'il **sache** que nous **sachions** que vous **sachiez** qu'ils **sachent**	**sachant**
je **sortis** tu **sortis** il **sortit** nous **sortîmes** vous **sortîtes** ils **sortirent**	je **sortirai** tu **sortiras** il **sortira** nous **sortirons** vous **sortirez** ils **sortiront**	je **sortirais** tu **sortirais** il **sortirait** nous **sortirions** vous **sortiriez** ils **sortiraient**	que je **sorte** que tu **sortes** qu'il **sorte** que nous **sortions** que vous **sortiez** qu'ils **sortent**	**sortant**
je **suivis** tu **suivis** il **suivit** nous **suivîmes** vous **suivîtes** ils **suivirent**	je **suivrai** tu **suivras** il **suivra** nous **suivrons** vous **suivrez** ils **suivront**	je **suivrais** tu **suivrais** il **suivrait** nous **suivrions** vous **suivriez** ils **suivraient**	que je **suive** que tu **suives** qu'il **suive** que nous **suivions** que vous **suiviez** qu'ils **suivent**	**suivant**
je **me tus** tu **te tus** il **se tut** nous **nous tûmes** vous **vous tûtes** ils **se turent**	je **me tairai** tu **te tairas** il **se taira** nous **nous tairons** vous **vous tairez** ils **se tairont**	je **me tairais** tu **te tairais** il **se tairait** nous **nous tairions** vous **vous tairiez** ils **se tairaient**	que je **me taise** que tu **te taises** qu'il **se taise** que nous **nous taisions** que vous **vous taisiez** qu'ils **se taisent**	**se taisant**
je **vainquis** tu **vainquis** il **vainquit** nous **vainquîmes** vous **vainquîtes** ils **vainquirent**	je **vaincrai** tu **vaincras** il **vaincra** nous **vaincrons** vous **vaincrez** ils **vaincront**	je **vaincrais** tu **vaincrais** il **vaincrait** nous **vaincrions** vous **vaincriez** ils **vaincraient**	que je **vainque** que tu **vainques** qu'il **vainque** que nous **vainquions** que vous **vainquiez** qu'ils **vainquent**	**vainquant**

INFINITIF	PRÉSENT	IMPÉRATIF	PASSÉ COMPOSÉ	IMPARFAIT
42. valoir *(to be worth; to deserve, merit)*	je **vaux** tu **vaux** il **vaut** nous **valons** vous **valez** ils **valent**	**vaux** **valons** **valez**	**j'ai valu** tu **as valu** il **a valu** nous **avons valu** vous **avez valu** ils **ont valu**	je **valais** tu **valais** il **valait** nous **valions** vous **valiez** ils **valaient**
43. venir *(to come)*	je **viens** tu **viens** il **vient** nous **venons** vous **venez** ils **viennent**	**viens** **venons** **venez**	je **suis venu(e)** tu **es venu(e)** il/elle **est venu(e)** nous **sommes venu(e)s** vous **êtes venu(e)(s)** ils/elles **sont venu(e)s**	je **venais** tu **venais** il **venait** nous **venions** vous **veniez** ils **venaient**
44. vivre *(to live)*	je **vis** tu **vis** il **vit** nous **vivons** vous **vivez** ils **vivent**	**vis** **vivons** **vivez**	**j'ai vécu** tu **as vécu** il **a vécu** nous **avons vécu** vous **avez vécu** ils **ont vécu**	je **vivais** tu **vivais** il **vivait** nous **vivions** vous **viviez** ils **vivaient**
45. voir *(to see)*	je **vois** tu **vois** il **voit** nous **voyons** vous **voyez** ils **voient**	**vois** **voyons** **voyez**	**j'ai vu** tu **as vu** il **a vu** nous **avons vu** vous **avez vu** ils **ont vu**	je **voyais** tu **voyais** il **voyait** nous **voyions** vous **voyiez** ils **voyaient**
46. vouloir *(to wish, want)*	je **veux** tu **veux** il **veut** nous **voulons** vous **voulez** ils **veulent**	**veuille** **veuillons** **veuillez**	**j'ai voulu** tu **as voulu** il **a voulu** nous **avons voulu** vous **avez voulu** ils **ont voulu**	je **voulais** tu **voulais** il **voulait** nous **voulions** vous **vouliez** ils **voulaient**

PASSÉ SIMPLE	FUTUR	CONDITIONNEL	SUBJONCTIF	PARTICIPE PRÉSENT
je **valus** tu **valus** il **valut** nous **valûmes** vous **valûtes** ils **valurent**	je **vaudrai** tu **vaudras** il **vaudra** nous **vaudrons** vous **vaudrez** ils **vaudront**	je **vaudrais** tu **vaudrais** il **vaudrait** nous **vaudrions** vous **vaudriez** ils **vaudraient**	que je **vaille** que tu **vailles** qu'il **vaille** que nous **valions** que vous **valiez** qu'ils **vaillent**	**valant**
je **vins** tu **vins** il **vint** nous **vînmes** vous **vîntes** ils **vinrent**	je **viendrai** tu **viendras** il **viendra** nous **viendrons** vous **viendrez** ils **viendront**	je **viendrais** tu **viendrais** il **viendrait** nous **viendrions** vous **viendriez** ils **viendraient**	que je **vienne** que tu **viennes** qu'il **vienne** que nous **venions** que vous **veniez** qu'ils **viennent**	**venant**
je **vécus** tu **vécus** il **vécut** nous **vécûmes** vous **vécûtes** ils **vécurent**	je **vivrai** tu **vivras** il **vivra** nous **vivrons** vous **vivrez** ils **vivront**	je **vivrais** tu **vivrais** il **vivrait** nous **vivrions** vous **vivriez** ils **vivraient**	que je **vive** que tu **vives** qu'il **vive** que nous **vivions** que vous **viviez** qu'ils **vivent**	**vivant**
je **vis** tu **vis** il **vit** nous **vîmes** vous **vîtes** ils **virent**	je **verrai** tu **verras** il **verra** nous **verrons** vous **verrez** ils **verront**	je **verrais** tu **verrais** il **verrait** nous **verrions** vous **verriez** ils **verraient**	que je **voie** que tu **voies** qu'il **voie** que nous **voyions** que vous **voyiez** qu'ils **voient**	**voyant**
je **voulus** tu **voulus** il **voulut** nous **voulûmes** vous **voulûtes** ils **voulurent**	je **voudrai** tu **voudras** il **voudra** nous **voudrons** vous **voudrez** ils **voudront**	je **voudrais** tu **voudrais** il **voudrait** nous **voudrions** vous **voudriez** ils **voudraient**	que je **veuille** que tu **veuilles** qu'il **veuille** que nous **voulions** que vous **vouliez** qu'ils **veuillent**	**voulant**

Lexique français–anglais

A

abîmer *to ruin*
abonnement *(m) subscription*
abonner: s'— à *to subscribe to (a magazine)*
abord: d'— *first; at first; first of all*
abordable *affordable*
aborder *to reach; to arrive at*
aboutir à *to reach*
aboyer *to bark*
abri *(m) shelter;* **sans —** *(m, f) homeless person*
abriter *to shelter*
absolument *absolutely*
accord *(m) agreement;* **d'—** *o.k., agreed*
accouchement *(m) childbirth, delivery*
accoutumer: s'— à *to get used to*
accrochages: avoir de petits — *to disagree with*
accrocher *to run into; to hang*
accroître: s'— *to increase*
accueil *(m) welcome*
accueillant(e) *welcoming, friendly*
accueillir *to welcome, greet*
accumuler *to accumulate*
acheter à crédit *to buy on credit*
acier *(m) steel;* **être en —** *to be made of steel*
acquérir (*pp* **acquis**) *to acquire*
acteur/actrice *(m, f) actor/actress*
action: faire une bonne — *to do a good deed*
actualités *(f pl) current events, news (in the press, but especially on television)*
actuellement *at the moment; at present*
aérien(ne) *aerial*
affaire: avoir — à *to be faced with*
affaires *(f pl) business*
affectueux(-euse) *affectionate*
afféterie *(f) affectation*
affiche *(f) poster*
afficher *to put up; to display*
affrontement *(m) confrontation*
afin que/pour que *in order that, so that*
agacer *to annoy, provoke*
âge *(m) age;* **ne pas faire son —** *to not look one's age;* **les gens du troisième —** *people over 70;* **— d'or** *golden age*
âgé(e) *elderly;* **les personnes** *(f pl)* **âgées** *people over 70*
agence *(f)* **de voyages** *travel agency*
agenda *(m) engagement calendar*
agent(e) *agent, security officer;* **— de police** *policeman;* **— immobilier** *real estate agent*
aggraver *to aggravate;* **s'—** *to worsen*
agir *to act;* **s'— de** *to be about*
aide *(f) help, aid;* **appeler quelqu'un à l'—** *to call someone for help*
aide *(m) helper*
aider *to help;* **— quelqu'un (à faire quelque chose)** *to help someone (do something)*
ailleurs *someplace else;* **d'—** *moreover, besides;* **par —** *furthermore*
aimer *to like, love*
aîné(e) *(m, f) elder, eldest*
ainsi *in this way, thus*
air *(m) air;* **avoir l'— en forme** *to look in good shape*
aisé(e) *easy; well-off*
alarme (sonore) *(f) alarm*
alentours *(m pl) surroundings*
allée *(f) driveway*
alléguer *to put forward*
aller *to go;* **— de mal en pis** *to go from bad to worse;* **il lui va bien** *it looks good on him/her;* **s'en —** *to go away*
aller-retour *(m) round-trip*
allocation *(f)* **de chômage** *unemployment benefits*
allongé(e) *oblong*
allumer *to turn on*
allumette *(f) match*
allusion: faire — à *to allude to*
alors *then*
amateur de musique *music lover*
ambiance *(f) atmosphere*
améliorer *to improve*
aménager *to move in*
amener *to bring;* **— quelqu'un** *to bring someone over (along)*
amical(e) *friendly;* **amicalement** *best wishes; kind regards*
amoureux(-euse): tomber — de quelqu'un *to fall in love with someone*
ampoulé(e) *pompous*
amuse-gueule *(m) appetizer, snack*
amuser: s'— *to have fun*
anchois *anchovies*
ancien(ne) *former; ancient*
animateur/animatrice *(m, f) announcer, disc jockey*
anneau *(m) ring;* **— au nez** *nose ring*
annonce *(f) announcement, notification;* **les petites —s** *classified announcements*
annuler *to void, cancel*
Antilles *(f pl) West Indies*
anxieux(-euse) *anxious*
apercevoir (*pp* **aperçu**) *to notice, see;* **s'—** *to realize*
apéritif *(m) before-dinner drink;* **apéro** *(fam)*
aplatir (*pp* **aplati**) *to flatten*
apparaître (*pp* **apparu**) *to appear; to come into view; to become evident*
appareil *(m) apparatus, machine;* **— ménager** *household appliance;* **— photo (numérique)** *(digital) camera*
apparition éclair *(f) quick appearance (cameo)*
appartement *(m)* **de location** *rental apartment*
appeler *to call;* **— quelqu'un à l'aide** *to call for help*
approfondir *to deepen*
appuyer *to press, push (a key)*
après *after;* **— que** *when*
après-demain *the day after tomorrow*
arabe *Arab; Arabic*
argent *(m) silver; money;* **— de poche** *pocket money;* **être en —** *to be made of silver*
argot *(m) slang*
armature *(f) framework*
armée *(f) army*
armes *(f pl) arms, weapons;* **— de destruction massive (ADM)** *weapons of mass destruction*
armoire *(f) wardrobe, armoire*
arranger *to arrange;* **s'—** *to work things out*
arrestation *(f) arrest*
arrêter: s'— *to stop*
arrière-grand-parent *(m) great-grand-parent*
arrivée *(f) arrival*
arriver *to arriver;* **— premier** *to finish first;* **— à** *to happen*
artichaut *(m)* **bougeoir** *artichoke candlestick*
artisan(e) *(m, f) artisan; craftsman*
ascenseur *(m) elevator*
assaisonné(e) *seasoned*
asseoir: s'— *to sit (down)*
assez *rather, quite;* **— de** *enough;* **en avoir —** *[fam] to be fed up*
assiette *(f) plate;* **— de charcuterie** *plate of coldcuts*
assis(e) *seated*
assister à *to attend*
associer *to associate*
assurance-maladie *(f) health insurance*
assuré(e): être — *to be insured*
atelier *(m) workshop; artist's studio*

attaquer *to attack*
atteindre *to reach; to arrive at*
attendre *to wait (for);* **en attendant que** *waiting for;* **s'— à** *to expect*
attendrissant(e) *touching*
attentat *(m) attack*
attente *(f) wait*
atterrir *to land*
attirer *to attract*
aucun(e) *no; none*
auditeur/auditrice *(m, f) listener; member of (listening) audience;* **assister en tant qu'— libre** *to audit (a course)*
au fait *in fact*
au fur et à mesure *as; at the same time as*
augmentation *(f)* **de salaire** *pay raise*
augmenter: — le son *to turn up the volume;* **— la température** *to raise the temperature*
auparavant *before*
auquel = à + lequel *to, at, in which one*
aussi *also; as*
aussitôt *soon;* **— que** *as soon as*
autant (de) *as much, as many, so much*
autoroute *(f) highway*
autrefois *in the past, formerly*
autrement *otherwise;* **— dit** *in other words*
autrui *(m) others*
avant (de, que) *before*
avantageux(-euse) *advantageous*
avant-hier *the day before yesterday*
avant-veille *(f) two nights before*
avec *with*
avenir *(m) future*
avertir *to alert; to notify*
avis *(m) opinion;* **changer d'—** *to change one's mind;* **être de l'— de quelqu'un** *to agree with someone*
avocat(e) *(m, f) lawyer*
avoir (*pp* **eu**) *to have;* **— à** *to have to;* **— l'air** *to look, have the appearance of;* **en — assez** *to have had enough;* **n'en — que pour quelques minutes** *to be only a few minutes*
avortement *(m) abortion*
avouer *to admit*

B

bac *(m) [fam] high school diploma:* **le baccalauréat**
bague *(f) ring*
baguette *(f) stick; bread*
baisser *to lower; to decrease*
balance *(f) scale*
balancer *to swing*
balayer *to sweep*
banal(e) *trite*
bande dessinée *(f) comic strip*
banlieue *(f) suburbs*
banlieusard(e) *(m, f) suburb dweller*
banque *(f) bank*
banquette *(f) (booth) seat*
banquier/banquière *(m, f) banker*
barbant(e) *boring*
barbe *(f) beard;* **ça me —** *[fam] that bores me*
barque *(f) small boat*
bas *(m pl) stockings*
bas(se) *short; low*
bassin *(m) pelvis*
bataille *(f) battle*
bâtiment *(m) building*
batterie *(f) car battery*
battre *to beat, break*
bavarder *to chat*
beau (belle) *beautiful;* **avoir — crier** *to scream and scream*
beau-frère/beau-père *(m) brother-/father-in-law or stepbrother/-father*
beignet *(m) doughnut*
belle-sœur/belle-mère *(f) sister-/mother-in-law or stepsister/-mother*
bénéfices *(m pl) profits; benefits*
bête *(f) beast; animal*
bête *stupid*
béton: laisse béton *let it go (slang; inverted pronunciation of tomber)*
beurre *(m) butter;* **— de cacahouète** *peanut butter*
bibliothèque *(f) library*
bien *well;* **faire du — à quelqu'un** *to do someone some good;* **— que** *although*
bienveillance: avec — *kindly*
bijou(x) *(m) jewel(s)*
billet *(m) ticket;* **(—) aller simple** *(m) one-way ticket;* **— électronique** *electronic ticket*
bi-mensuel *(m) bimonthly publication*
biscuit *(m) cookie*
bise *(f) kiss;* **se faire la —** *[fam] to greet with a kiss*
bistrot *(m) pub; café*
blanc *(m) blank*
blessé(e) *hurt; wounded*
blesser *to hurt*
blindage *(m) screening; plating*
blouson *(m)* **de cuir** *leather jacket*
Blu-ray *(m) Blu-Ray disc*
boire (*pp* **bu**) *to drink;* **— quelque chose ensemble** *to have a drink together*
bois *(m) wood;* **avoir la gueule de —** *(fam) to have a hangover*
boisson *(f) drink;* **— alcoolisée** *alcoholic drink;* **— gazeuse** *carbonated drink;* **— non-alcoolisée** *soft drink*
boîte: aller en — *[fam] to go to a nightclub*
bon marché *cheap; inexpensive*
bonhomme: le petit — *(term of endearment) little man*
bon(ne) *good*
bonté *(f) goodness*
bord *(m):* **à bord** *on board (a ship)*
bosser (un examen) *[fam] to cram (for a test)*
botte *(f) boot*
boucle *(f) buckle;* **—s d'oreilles** *earrings*
bouillir: faire — *to boil*
boulanger(-ère) *baker*
bouleversé(e) *shocked, distressed*
boulot *(m) [fam] work*
bourse *(f):* **— d'études** *scholarship, grant*
bousculer *bump into*
boussole *(f) compass*
bout de chou *(m) [fam] little darling*
boutique *(f) shop, small store*
bracelet *(m) bracelet*
brancher *to plug in;* **se —** *to connect; to be connected*
brasserie *(f) bar; brewery*
brochette *(f) skewer;* **— de poulet** *chicken skewer*
brochure *(f) pamphlet*
bronzer: se faire — *to get a tan*
brouiller: se — *to become confused, mixed-up*
brouillon *(m) draft*
browser (navigateur) *(m) browser*
bruit *(m) noise;* **faire beaucoup de —** *to make a great fuss about*
brûler *to burn*
brun(e) *dark brown (hair)*
bruyant(e) *noisy*
budget *(m) budget*
buffet chaud *(m) warm dishes*
buffet froid *(m) cold dishes*
bureau *(m) office; desk*
but *(m) goal*

C

cacher *to hide;* **se —** *to hide oneself*
cadeau *(m) gift*
cadet(te) *(m, f) younger, youngest*
cadre *(m) manager; executive; frame; setting*
cahier *(m) notebook*
caillou(x) *(m) pebble(s), stone(s)*
cajoler *to be protective of*
cambrioleur *(m) burglar*
caméra *(f)* **vidéo** *video camera*
camoufler *to camouflage*
campagne *(f) country; campaign;* **— électorale** *election campaign*
candidat(e) *(m, f) candidate;* **être — (à la présidence)** *to run (for president)*

cantine *(f)* *cafeteria; dining hall*
capacité *(f)* *capacity; ability*
car *(m)* *bus (traveling between towns)*
carnaval *(m)* *carnival*
carnet *(m)* **de chèques** *checkbook;* **— d'adresses** *address book*
carré(e) *square*
carrière *(f)* *career*
cartable *(m)* *school bag*
carte *(f)* *card;* **— de crédit** *credit card;* **— d'identité** *identification card;* **— électronique** *automatic teller card*
cas *(m)* *case;* **en — d'urgence** *in case of emergency;* **un — d'urgence** *emergency*
casser *to break;* **— la croûte** *(fam) to eat*
casserole *(f)* *(sauce)pan*
cauchemar *(m)* *nightmare*
causer *to chat; to talk*
ceci *this*
céder (à) *to give up; to give in*
cédérom *(m)* *CD-ROM*
ceinture *(f)* *belt;* **— de sécurité** *seat belt*
cela (ça) *that*
célèbre *famous*
célibataire *single*
censé(e) *supposed (to do something)*
cependant *however*
certain(e) *certain, particular; sure*
chacun(e) *each one*
chaîne *(f)* *channel*
chaleur *(f)* *heat*
chaleureux(-euse) *warm*
chambre *(f)* *(bed)room;* **— à deux lits** *double room (room with two beds);* **— avec douche/salle de bains** *room with a shower/bathroom;* **— de bonne** *room for rent (formerly maid's quarters);* **— double** *double room (room with one big bed);* **— simple** *single room*
champignon *(m)* *mushroom*
chance *(f)* *luck;* **avoir de la —** *to be lucky*
chandail *(m)* *sweater*
changer de l'argent *to change money*
chanson *(f)* *song*
chanter *to sing*
chanteur/chanteuse *(m, f)* *singer*
chantilly *(f)* *whipped cream*
chapelet *(m)* *rosary*
chaque *each*
charges *(f pl)* *utilities (for heat and maintenance of an apartment or condominium)*
chasser *to chase; to hunt*
châtain *chestnut (color);* **— clair** *light brown;* **— foncé** *dark brown*
chaud(e) *hot;* **on a eu —** *[fam] that was a narrow escape*
chauffage *(m)* *heat; heating*
chauffagiste *(m, f)* *heating-cooling service engineer*
chaussettes *(f pl)* *socks*
chaussure *(f)* *shoe;* **—s à hauts talons/à talons plats** *high-heeled shoes/low-heeled shoes*
chauve *bald*
chef *(m)* **(de bureau, d'atelier, d'équipe)** *leader (manager) of office, workshop, team;* **— de rayon** *departmental supervisor;* **— de service** *service supervisor*
chef d'œuvre *(m)* *masterpiece*
chemise *(f)* *man's shirt*
chemisier *(m)* *woman's blouse*
chêne *(m)* *oak*
chenil *(m)* *kennel*
chèque *(m)* *check;* **— de voyage** *traveler's check;* **— sans provision** *bounced check*
chèquier *(m)* *checkbook*
cher/chère *(m, f)* *dear; expensive*
chercher *to look for;* **aller — quelqu'un** *to pick someone up*
chevauchement *(m)* *overlapping*
cheville *(f)* *ankle*
chez *with; at the home of*
chiffon *(m)* *rag;* **—s** *[fam] clothes*
chiffre *(m)* *number; figure*
choc *(m)* *shock*
chocolat chaud *(m)* *hot chocolate*
choisir *to choose*
chômage *(m)* *unemployment;* **être au —** *to be unemployed*
chômeur/chômeuse *(m, f)* *unemployed person*
choqué(e) *shocked*
choquer *to shock*
chou(x) *(m)* *cabbage(s)*
choucroute *(f)* *sauerkraut*
chouette *[fam] great, nice, cute*
chrétien(ne) *Christian*
chute *(f)* *fall; waterfall*
ciel *(m)* *sky*
cinéaste *(m)* *filmmaker*
cinéma *(m)* *movie theater;* **aller au —** *to go to a movie*
circulation *(f)* *traffic*
ciseaux *(m pl)* *scissors*
Cité-U(niversitaire)/résidence universitaire *(f)* *student residence hall(s)*
citoyen(ne) *(m, f)* *citizen*
citron pressé *(m)* *fresh lemonade*
classement *(m)* *ranking*
claustrophobe *claustrophobic*
clavier *(m)* *keyboard*
clé *or* **clef** *(f)* *key;* **— USB** *flash/memory stick*
client(e) *(m, f)* *guest, client, customer*
cliquer sur *to click (on computer)*
clôture *(f)* *fence*
clou(s) *(m)* *nail(s)*
cœur *(m)* *heart*
coiffeur(-euse) *hairdresser*
coiffure *(f)* *hairstyle*
coin *(m)* *area, corner*
coincé(e): être — *to be stuck*
colère *(f)* *anger;* **se mettre en —** *to lose one's temper*
collant *(m)* *pantyhose;* **—s** *tights*
collectionner *to collect*
collègue *(m, f)* *co-worker;* **— de bureau** *fellow office worker*
coller *to stick*
collier *(m)* *necklace*
combat *(m)* *combat, fight;* **les —s** *fighting*
lecteur CD/DVD/DVD DVX *(m)* *CD/DVD/high definition DVD player*
comédie *(f)* *comedy;* **— musicale** *musical*
comédien(ne) *comedian; actor*
comique *comical; funny*
commander *to order*
commerçant(e) *(m, f)* *shopkeeper*
commerce *(m)* *business*
commissariat (de police) *(m)* *police station*
commission *(f)* *errand*
comparaison *(f)* *comparison*
compatible *compatible*
compétent(e) *qualified, competent*
complet(-ète) *complete; sold out (movie, show)*
compliqué(e) *complicated*
comportement *(m)* *behavior*
comprendre **(*pp* compris)** *to understand;* **mal —** *to misunderstand*
compromis *(m)* *compromise;* **aboutir à un —** *to come to or reach a compromise*
comptabilité *(f)* *accounting; bookkeeping*
comptable *(m, f)* *accountant*
compte *(m)* *account;* **— chèques** *checking account;* **ouvrir un —** *to open an account;* **— rendu** *review (of film, play, book);* **tenir ses —s** *to keep one's accounts*
compter *to count; to intend;* **— sur** *to plan on, count on, expect*
conception *(f)* *(from* **concevoir***) design, plan*
concert *(m)* *concert;* **aller à un —** *to go to a concert*
concevoir **(*pp* conçu)** *conceive, design, plan*
concierge *(m, f)* *caretaker/manager (of building or hotel)*
concours *(m)* *competition, contest*
concurrent(e) *(m, f)* *contestant*
condition: à — que *on the condition that*

conduire (*pp* **conduit**) *to drive*
conduite *(f) driving; conduct*
confection industrielle *(f) clothing business*
conférence *(f) lecture*
confisquer *to confiscate*
conflit *(m) conflict*
confort *(f) comfort;* **— ménager** *household conveniences*
confus(e) *confused*
congé *(m) holiday, vacation, leave;* **— de maladie** *sick leave;* **—s payés** *paid vacation;* **prendre — de** *to take leave of*
congélateur *(m) freezer*
congrès *(m) conference*
connaissance *(f) acquaintance;* **faire la — (de)** *to meet, to make the acquaintance (of);* **des —s** *knowledge*
connaître (*pp* **connu**) *to know; to be acquainted with, be familiar with;* **se —** *to meet, get acquainted with*
connecter: se — à l'Internet *to connect to the Internet*
connivence *(f) complicity*
Conseil *(m) Council; Board*
conseil *(m) piece of advice;* **des —s** *guidance*
conseiller *to advise*
consentir à *to consent to*
conserves *(f) canned goods*
consigne *(f) checkroom*
consommation *(f) consumption*
constat *(m) certified report*
construire (*pp* **construit**) *to construct*
contenir *to contain*
content(e) *content*
contraste *(m) contrast;* **par — avec** *in contrast with*
contravention *(f) ticket, fine*
contre *against*
contrebande: faire de la — *to smuggle goods*
contrefaçon *(f) counterfeiting*
contremaître *(m) factory supervisor*
contrôle *(m) test; control;* **—s de sûreté** *security check;* **— vocal** *voice activated control*
convaincre (*pp* **convaincu**) *to convince;* **— quelqu'un de faire quelque chose** *to persuade someone to do something*
convenir *to suit*
convoqué(e) *convened*
copain/copine *(m, f) a friend*
copropriété *(f) condominium*
coquillage *(m) (sea)shell*
Coran *(m) the Koran*
cordon-bleu: un vrai — *gourmet cook*
costume *(m) man's suit*
côte *(f) chop; coast;* **— d'agneau** *lamb chop;* **sur la —** *on the coast*
côté *(m) side;* **chacun de son —** *each on his/her own side*
côtelette *(f) chop;* **— de porc** *pork chop;* **— de veau** *veal chop*
cotière *coastal*
cotisation *(f) contribution (money)*
couche *(f) level;* **des —s de la société** *social levels;* **—s moyennes salariées** *middle salary levels*
couchette *(f) cot, train bed*
couloir *(m) hallway*
coup *(m) hit, blow;* **— de foudre** *love at first sight;* **— de soleil** *sunburn;* **donner un — de main à quelqu'un** *[fam] to help someone;* **frapper les trois —s** *to announce the start of a performance;* **passer un — de fil (de téléphone)** *to give (someone) a telephone call*
coupe *(f) cut (clothing, hair); cup;* **— de fruits** *fruit salad*
couper *to disconnect (telephone, gas, electricity, cable);* **se —** *to cut oneself*
courageux(-euse) *brave; courageous*
couramment *fluently*
courant *(m) current; standard;* **être au — de** *to know (about)*
courant(e) *running;* **eau —e** *running water*
courbature *(f)*: **avoir des —s** *to be sore*
coureur(-euse) *(m, f) runner, cyclist*
courir (*pp* **couru**) *to run*
courriel *(m) email*
courrier électronique *(m) email*
cours *(m)* **magistral** (*pl* **magistraux**) *lecture*
course *(f) errand; race; job;* **faire des —s** *to do errands, go shopping*
coursier *(m) delivery man*
court(e) *short*
courtisan(e) *(m, f) flatterer*
courtois(e) *courteous*
coussin *(m) cushion, pillow*
coûter *to cost;* **— les yeux de la tête** *to cost a fortune*
couture *(f) sewing; fashion;* **haute —** *high fashion*
couturier/couturière *(m, f) seamstress; fashion designer*
couvercle *(m) lid*
couvre-lit *(m) bedspread*
craindre (*pp* **craint**) *to fear*
crainte *(f) fear*
crèche *(f) day-care center*
créer *to create*
crème de cassis *(f) black currant liqueur*
crêpe *(f) pancake*
crever *to burst;* **pneu crevé** *flat tire*
crier *to yell*
crise *(f) crisis;* **— de nerfs** *fit of hysterics*
critique *(f) criticism*
critique *(m, f) critic;* **un(e) — de cinéma** *movie critic;* **un(e) — de théâtre** *theater critic*
croire (*pp* **cru**) *to believe*
croisière *(f) cruise*
croissant *(m) crescent*
croissant(e) *increasing, growing*
cru(e) *raw*
crudité *(f) raw vegetables*
cuire (*pp* **cuit**) *to cook;* **trop cuit** *overcooked*
cuisiner *to cook*
cuisinière *(f) stove*
cuivre *(m) copper*
cure-dents *(m) toothpick*
curieux(-euse) *curious, odd*
curriculum vitae (le C.V.) *(m) résumé, CV*

D

d'abord *first, at first*
davantage (que) *more (than)*
débarquer *to land*
débarrasser *to get rid of*
débat *(m) debate*
débile *idiotic;* **un(e) — mental(e)** *mental idiot*
débitant *(m) tobacco dealer*
débordé(e) de travail *swamped with work*
déborder *to overflow; overwhelm*
debout *standing;* **se tenir —** *to stand*
débrancher *to disconnect, unplug (radio, television)*
débrouiller: se — *to manage, get along;* **bien se — en** *to do well in*
débutant(e) *(m, f) beginner*
décalage *(m) gap; interval; discrepancy*
déception *(f) disappointment*
décevoir (*pp* **déçu**) *to disappoint*
décider *to decide;* **se — (à faire quelque chose)** *to make up one's mind (to do something)*
décision: prendre une — *to make a decision*
déclarer (ses achats) *to declare (one's purchases)*
déclencher *to set off;* **— une alarme sonore** *to set off the alarm*
décocher *to shoot; to fire*
décoller *to take off*
déconcerté(e) *confused, muddled*
décoré(e) *decorated*
découper *to cut*
décrocher *to pick up; to obtain*
décupler *to increase tenfold*
dedans *inside*
défaite *(f) defeat, loss*

défavorisé(e) *disadvantaged, under-privileged*
défendre de *to forbid; to defend*
défendu(e) *forbidden*
défense *(f) defense*
défi *(m) challenge*
défouler: se — *to let off steam*
dégager *to make way*
dégraisser *to take grease marks out; to dry-clean*
dehors *outside*
déjà *already*
déjeuner *(m) lunch;* **petit —** *breakfast*
déjeuner *to have lunch*
demande *(f)* **d'emploi** *application for employment;* **remplir une —** *to fill out an application*
demander *to ask (for);* **se —** *to wonder*
démarrer *to start (car); to get moving*
déménager *to move*
déminage *(m) minesweeping*
demi-tarif *(m) half-fare*
démolir *destroy*
dénouement *(m) ending*
dépanner *to repair a breakdown;* **nous —** *to help us out*
départ *(m) departure*
dépit: en — de *in spite of*
déplacement *(m) travel expenses*
déplaire *(pp* **déplu)** *to displease*
dépliant *(m) leaflet, pamphlet*
déposer *to put down; to deposit (a check)*
déranger *to bother, disturb*
dernier(-ière) *final; last*
dérouler: se — *to take place*
dès *from; since;* **— l'enfance** *since childhood;* **— que** *as soon as*
désaccord *(m) disagreement*
descendre *to go down; to bring down;* **— dans un hôtel** *to stay in a hotel;* **— de (la voiture, etc.)** *to get out of (the car, etc.)*
descente *(f) downhill skiing*
déshabiller: se — *to get undressed*
désigner *to appoint*
désinvolture *(f) casualness*
désolé(e): être — *to be sorry*
désorienté(e) *confused, muddled*
dès que *as soon as*
desserrer *to loosen*
desservi(e) *served*
desservir *to serve*
dessin *(m) design;* **— animé** *cartoon*
dessous *underneath;* **ci- —** *below*
dessus *on top;* **ci- —** *above;* **prendre le —** *to get the upper hand*
détail *(m) detail*
détendre: se — *to relax*
détendu(e) *stretched-out (material)*

détester *to dislike*
détruire *(pp* **détruit)** *to destroy*
deuil *(m) sorrow; grief*
deuxième *second*
devancer *to get ahead of*
développement *(m) development*
devenir *(pp* **devenu**) *to become;* **qu'est-ce qu'il devient?** *[fam] what's become of him?*
déverser *to pour out*
dévisager *to stare, look hard at*
devoir *(m) duty; homework*
devoir *(pp* **dû)** *to have to; to owe*
diapositive *(f) (photographic) slide*
diffuser (en direct) *to broadcast (live)*
dîner *to have dinner;* **le —** *dinner*
dire *(pp* **dit**) *to say, tell*
directeur/directrice *manager (company, business)*
direction *(f) management*
diriger *to direct; to manage (business)*
discours *(m) speech*
discrètement *discreetly*
discuter (de) *to discuss;* **— de choses et d'autres** *to talk about this and that*
disparaître *(pp* **disparu)** *to disappear*
disponible *available*
dispute *(f) argument, quarrel*
disputer: se — *to argue;* **— un match** *to play a match*
disque dur *(m) hard (disk) drive*
dissertation *(f) term paper*
distributeur *(m)* **automatique de billets** *automatic teller machine*
divertir *to divert; to entertain*
divertissement *(m) entertainment; diversion*
documentaire *(m) documentary*
domaine *(m) domain; area*
dommage: c'est — *it's too bad*
don *(m) gift*
donc *therefore, so*
donjon *(m) dungeon*
données *(f pl) data*
dont *whose; of which; of whom*
dorer: faire — *to brown*
dormir *to sleep*
douane *(f) customs*
douanier(-ière) *(m, f) customs officer*
doubler *to pass (another car); to dub (a film)*
douche *(f) shower*
doué(e) *gifted*
douleur *(f) pain*
doute *(m) doubt;* **sans —** *probably*
douter *to doubt;* **se — de** *to suspect*
douteux(-euse) *doubtful*
douzaine *(f) dozen*
doux/douce *soft; sweet*

dramaturge *(m) playwright*
dresser *to train*
droit *(m) law*
dru: tomber — *to fall thickly (snow)*
duquel = de + lequel *of, about, from which one*
dur(e) *hard*

E

eau *(f) water;* **— plate** *plain, non-carbonated water;* **— gazeuse** *sparkling, carbonated water*
ébattre: s'— *to frolic*
ébloui(e) *bedazzled*
écart *(m) distance; space; gap*
échelle *(f) ladder; scale (figurative)*
échouer à *to fail*
éclairage *(m) lighting*
éclairer *to enlighten*
éclatement *(m) blow-out*
éclater *to explode*
économie *(f)* **de marché** *market economy*
économies *(f pl)*: **faire des —** *to save money*
écouter *to listen to*
écouteurs *(m pl) headphones*
écran *(m) screen;* **— haute résolution** *high-resolution screen;* **— multi-touch** *touch screen*
écrivain *(m) writer*
efforcer: s'— de *to force oneself to; to try hard, try one's best*
effrayer *to frighten*
égard *(m) consideration;* **à l'— de** *with regard to*
élaboré(e) *elaborate, complicated*
électeur/électrice *(m, f) voter*
élection *(f) election;* **perdre les —s** *to lose the election*
électricien(ne) *(m, f) electrician*
élevé(e) *high;* **bien/mal —** *well/badly brought up*
élire *(pp* **élu)** *to elect*
éloge *(m) eulogy, praise;* **faire des —s** *to praise*
emballage *(m) packaging;* **— d'origine** *original packaging*
emballer: (s')emballer *to get carried away*
embarquer *to go on board*
embouteillage *(m) traffic tie-up/jam;* **être pris(e) dans un —** *to be caught in a traffic jam*
embrasser *to kiss;* **s'—** *to kiss each other*
embrouiller: s'— *to become confused*
embuscade *(f) ambush*
émeute *(f) riot*

émission *(f) television show, radio broadcast;* **— de téléréalité** *reality show*
emmener *to bring;* **— quelqu'un** *to take someone (somewhere)*
émouvant(e) *moving*
émouvoir (*pp* **ému**) *to move (emotionally)*
empêcher de *to impede; to prevent from*
empirer *to worsen*
emplacement *(m) location*
emploi *(m) job;* **trouver un —** *to find a job*
employé(e) *(m, f) employee*
employeur *(m) employer*
empoigner *to grab*
empreinte *(f) mark; impression*
emprunt *(m) loan*
emprunter *to borrow*
encaisser *to cash (a check)*
enceinte: être — *to be pregnant*
encore *again, still*
endommagé(e) *damaged*
endroit *(m) place*
énerver *to unnerve*
enfant *(m, f) child*
enfer *(m) hell*
enfermer *to close*
enfin *finally*
enfoncer *insert*
engin *(m) device;* **— explosif improvisé (EEI)** *improvised explosive device (IED)*
enlever *to take something out, off, down; to remove*
ennuyer *to bore, annoy, bother, worry;* **s'—** *to be bored, get bored*
ennuyeux(-euse) *boring, tedious, annoying*
enquête *(f) poll*
enraciner *to implant;* **s'—** *to take root*
enseignement *(m) teaching, education*
enseignant(e) *(m, f) teacher, instructor*
ensemble: dans l'— *for the most part*
ensuite *then; next*
entendre *to hear;* **— dire** *to hear it said;* **j'entends par là** *I mean by this;* **s'— avec** *to get along with*
entourer *to surround*
entracte *(m) intermission*
entraînement *(m) training;* **séance** *(f)* **d'—** *training session*
entraîner *to lead;* **s'—** *to train*
entraîneur/entraîneuse *(m, f) coach*
entrée *(f) entrance; first course (of a meal)*
entrepôt *(m) warehouse*
entreprise *(f) business*
entretien *(m)*/**entrevue** *(f) interview*
entrouvrir (*pp* **entrouvert**) *to half open*
envahir *invade*
envie: avoir — de *to feel like*
envier *to envy*
environnement *(m) environment*
envisager *to imagine*
envoyer *to send;* **— des SMS/textos** *(m) to send text messages*
épaule *(f) shoulder*
épice *(f) spice*
épinard *(m) spinach*
épingle *(f) pin*
épisode *(m) episode*
épouvantable *horrible*
épouvante: film *(m)* **d'—** *horror film*
époux/épouse *(m, f) spouse*
épreuve (athlétique) *(f) athletic event, test*
éprouvant(e) *nerve-racking*
épuisant(e) *grueling, exhausting*
équipe rédactionnelle *(f) editorial team*
ère *(f) era*
erreur *(f) misunderstanding*
escalade *(f) rock-climbing*
espèces: payer en — *to pay cash*
espérer *to hope*
espionnage *(m) spying;* **film** *(m)* **d'—** *spy movie*
esprit *(m) spirit; mind;* **l'— ouvert** *open mind*
essayer *to try; to try on*
essence *(f) gasoline;* **être en panne d'—** *to be out of gas*
essentiel(le) *essential*
estudiantin(e) *related to university students*
établir *to establish*
établissement *(m) establishment*
étage *(m) floor; story*
étagère *(f) shelf, shelves*
étalage *(m) display (in store)*
étaler *to spread out*
étape *(f) stage; phase*
état *(m) state; federal government;* **en bon/mauvais —** *in good/bad condition*
été *(m) summer*
éteindre *to turn off/out;* **— la lumière** *to turn off the light*
étendard *(m) standard*
étendre: s'— *to spread*
étendu(e) *extensive, wide-ranging*
ethnologique *ethnological*
étonner *to surprise, astonish*
étouffer *to suffocate; to cramp one's style*
étrange *strange*
étranger: aller à l'— *to go abroad*
être (*pp* **été**) *to be;* **— à** *to belong to (someone);* **— d'un certain âge** *to be middle-aged;* **— en forme** *to be in good shape;* **vous y êtes?** *do you understand? do you get it?*
étroit(e) *narrow*
étude: en — *in study hall*
éveiller: s'— *to awaken*
événement *(m) event*
évidemment *obviously*
examen *(m) test; exam*
exaucer *to fulfill; to grant*
exhaler *to exhale*
exigeant(e) *demanding*
exigence *(f) demand*
exiger *to demand*
exode *(m) exodus*
exporter *to export*
exposition *(f) exhibit*
exprès *on purpose*
extra *[fam] great*

F

fabricant(e) *(m, f) manufacturer*
fabrication *(f) manufacture*
fâcher: se — contre *to get angry with*
façon *(f) way;* **la même —** *the same way*
facultatif(-ve) *elective; optional*
faculté *(f) department (in university)*
faible *weak*
faiblesse *(f) weakness*
faillir *(+ infinitive) to almost (do something)*
faim *(f) hunger;* **avoir —** *to be hungry*
faire (*pp* **fait**) *to do, make;* **ça ne te fait rien** *it does not bother you, it's ok;* **— jeune** *to look young;* **je vous le fais** *I'll give (sell) it to you;* **— des folies** *to be extravagant, to have a lot of fun;* **— une fouille corporelle** *to do a body search;* **s'en —** *to be worried*
fait: au — *by the way, come to think of it;* **en —** *in fact*
faitout *(m) large cooking pot*
falloir (*pp* **fallu**) *to be necessary;* **il faut** *it's necessary; we must*
fana *(m, f)* **de sport** *jock, enthusiastic fan*
fantasme *(m) fantasy; dream*
fatigué(e) *tired*
fauché(e) *[fam] broke (out of money)*
fauve *tawny; musky;* **les Fauvistes** *(m pl) school of French painters*
faux/fausse *false*
favori/favorite *favorite*
femme *(f) woman; wife; spouse;* **— d'affaires** *businesswoman*
féliciter *to congratulate*
fête *(f) feast; party; holiday; Saint's day*
feu: avoir du — *to have a light*
feuilleton *(m) serial; soap opera*
fenêtre *(f) window;* **le rebord des —s** *windowsills*

fiançailles *(f pl) engagement (to be married)*
fiancer: se — *to get engaged*
fichier *(m)* **adjoint** *attachment*
figurer: se — *to imagine;* **figurez-vous** *[slang] believe you me, believe it or not*
fil *(m) line; wire;* **passer un coup de — à quelqu'un** *to give someone a call*
filet *(m) net;* **monter au —** *to come to the net*
fille *(f) girl; daughter;* **— unique** *only child*
film *(m) movie;* **— d'amour** *love story;* **— d'aventures** *adventure film;* **— d'épouvante** *horror movie;* **— d'espionnage** *spy movie;* **— de guerre** *war movie;* **— policier** *police story, mystery story;* **— western** *western*
fils *(m) son;* **— unique** *only child*
financier(-ière) *financial*
finir *to finish;* **— par** *to end up*
flâner *to stroll*
flanquer: se — *to fall flat*
flic *(m) [fam] cop*
foi *(f) faith*
fonctionnaire *(m, f) civil servant*
fond: au — *basically;* **rester en — de court** *to stay on the base line*
fondé(e) *founded*
fondre: faire — *to melt*
forces *(f pl) forces*
fôret *(f) forest*
forger *to forge*
forgeron *(m) blacksmith*
formation *(f) training, education;* **— professionnelle** *professional education, training*
forme: être en — *to be in good shape*
formidable: c'est — *that's fantastic*
fort(e) *strong; heavy, big, stout; high; loud*
fossé *(m) ditch; gap*
fou/folle *crazy; insane*
fouille *(f)* **corporelle** *body search*
fouiller les bagages/les valises *to search, go through baggage/luggage*
four *(m) oven; flop;* **— à micro-ondes** *microwave oven*
fournir *to furnish*
foyer *(m) household;* **homme/femme au —** *househusband/ housewife*
frais *(m pl) costs, charges;* **— d'annulation** *cancellation fees;* **— d'inscription** *registration fees*
frais/fraîche *fresh*
franchise *(f) candor; frankness*
francophone *French-speaking;* **le monde —** *the French-speaking world*
fréquemment *frequently*
fréquenter: — quelqu'un *to go steady with someone*
frigo *(m) [fam] fridge, refrigerator*
fringues *(f) [fam] clothing*
friperie *(f) second-hand clothing store*
frire: faire — *to fry*
frisé(e) *curly*
froideur *(f) cold; coldness*
froisser *to crush; to hurt*
fromage *(m) cheese*
front *(m) front; front lines; forehead*
frontière *(f) border*
fumer *to smoke*
fumeur/fumeuse *(m, f) smoker;* **une place non —** *a non-smoking seat*
furieux(-euse) *furious*
fusée *(f)* **spatiale** *space rocket*

G

gâcher *to spoil*
gaffe: faire — (à) *[fam] to be careful, watch out*
gagner *to win*
garder *to keep;* **— un enfant** *to baby-sit*
gardien(ne) *(m, f) guard, keeper, warden;* **— d'immeuble** *apartment manager, super;* **— de prison** *prison guard, warden*
gare *(f) train station*
garer *to park;* **— la voiture** *to park the car*
gaspiller *to waste*
gâté(e) *spoiled (person)*
gauche *left; awkward*
gauffre *(f) waffle*
gazeux(-euse) *carbonated;* **une boisson —** *a carbonated drink*
gendarme *(m) policeman*
gendre *(m) son-in-law*
gêner *to bother*
générations: au fil des — *with the passing generations*
génial(e) *super*
géni(e) *(m, f) genius*
genou(x) *(m) knee(s)*
genre *(m) gender; kind, type*
gentil(le) *nice, kind*
gentillesse *(f) kindness*
géographie *(f) geography*
gérant(e) *(m, f) manager (restaurant, hotel, shop)*
geste *(m) gesture*
gestion *(f) management*
glace *(f) ice cream*
glaçon *(m) ice cube*
globalement *globally*
gorgée *(f) mouthful*
gosse *(m, f) [fam] kid*
gourde *(f) flask*
gourmandise *(f) gluttony; delicacy*
goût *(m) taste*
goûter *to taste*
goûter *(m) snack around 4 P.M.*
goutte *(f) drop;* **c'est la — d'eau qui fait déborder le vase** *that's the last straw*
grand(e) *great; big, tall*
grand-mère *(f) grandmother*
grand-père *(m) grandfather*
graphiques *(m pl) graphics*
gras *(m) grease*
grasse matinée *(f):* **faire la —** *to sleep in*
gratte-ciel *(m) skyscraper*
gratuit(e) *free, at no cost*
grave *serious*
graveur *(m)* **de CD/DVD** *CD/DVD burner*
grève *(f) strike;* **être en —** *to be on strike;* **faire la —** *to go on strike*
gréviste *(m, f) striker*
grignoter *to snack*
grille-pain *(m) toaster*
griller: faire — *to toast (bread); to grill (meat, fish)*
gros(se) *big; fat*
grossesse *(f) pregnancy*
grossier(-ière) *rude*
grossir *to put on weight*
guère *hardly*
guérir *to cure*
guérisseur(-euse) *(m, f) healer*
guerre *(f) war*
gueule *(f) mouth (of animal)*
guichet *(m) ticket window, office; counter;* **jouer à —s fermés** *to play to sold-out performances*
guindé(e) *stilted*

H

habiller *to dress;* **s'—** *to get dressed*
habitude *(f) habit;* **d'—** *usually*
habituellement *usually*
habituer: s'— à *to get used to*
haïr *(pp* **haï[e]**) *to hate*
haleine *(f) breath;* **reprendre —** *to get one's breath back;* **tenir quelqu'un en —** *to hold someone spellbound*
hareng *(m) herring*
hasard *(m) coincidence; chance;* **par —** *by chance*
hausse *(f) rise;* **être en —** *to be on the rise*
hausser *to raise*
haut(e) *tall; high*
hautain(e) *haughty*
hauteur *(f) height*
hebdomadaire *(m) weekly publication*

hébergement *(m) accommodations*
herbe *(f) grass*
heure *(f) hour;* **dans une —** *in an hour;* **—s de pointe** *rush hour*
heureusement *fortunately*
heureux(-euse) *happy*
hibou(x) *(m) owl(s)*
hier *yesterday*
histoire *(f) history; story*
HLM *(f)* **(habitation à loyer modéré)** *low income housing*
homme *(m) man;* **— d'affaires** *businessman*
honnête *honest*
honnêteté *(f) honesty*
honte *(f) shame*
honteux(-euse) *shameful;* **c'est —** *it's a disgrace; shameful*
hôpital *(m) hospital*
hoquet *(m) hiccup*
horaire *(m) schedule*
horloge *(f) clock*
huile *(f) oil;* **— solaire** *suntan oil;* **— d'olive** *olive oil*
humeur *(f) mood;* **être de bonne/mauvaise —** *to be in a good/bad mood*
humour *(m) humor*

I

île *(f) island*
illégitime *illegitimate*
imaginer *to imagine;* **je t'imagine bien** *I can just see you*
immeuble *(m) apartment building*
immigrant(e) *(m, f) newly arrived immigrant*
immigré(e) *(m, f) an established immigrant*
immobilier *(m) real estate business;* **une agence immobilière** *real estate agency;* **un agent immobilier** *real estate agent*
impeccable *perfect; faultless*
imperméable *(m) raincoat*
importance *(f) significance, importance*
importer *to import; to download, import from the Web*
impôts *(m pl) taxes*
imprévu(e) *unexpected*
imprimante *(f) printer;* **— à laser** *laser*
inacceptable *unacceptable*
inadmissible *inadmissable*
inattendu(e) *unexpected*
incarner *to embody a role*
incendie *(m) fire*
inciter *to incite*
inconnu(e) *unknown*
inconvénient *(m) inconvenience; disadvantage*
incrédule *incredulous*
indécis(e) (sur) *indecisive; undecided (about)*
indiquer *to show, direct, indicate*
industrie *(f)* **du livre** *publishing business*
infirmier(-ière) *(m, f) nurse*
informaticien(ne) *(m, f) computer expert*
informatique *(f) computer science; data processing;* **être dans l'—** *to be in the computer field*
ingénieur *(m) engineer*
ingrat(e) *(m, f) ungrateful (person); thankless (job)*
initiative *(f) drive*
inlassable *tireless*
inquiet(-ète) *worried*
inquiéter: s'— (de) *to worry, be anxious (about);* **ne vous inquiétez pas** *don't worry*
inquiétude *(f) worry, anxiety*
inscrire (*pp* **inscrit**)**: se faire —** *to sign up; to register (to vote)*
insister *to insist*
inspecteur(-trice) *(m, f) police detective*
installer: s'— *to get settled*
instituteur(-trice) *(m, f) elementary school teacher*
insupportable *intolerable, unbearable*
interdire (*pp* **interdit**) *to prohibit;* **— à quelqu'un de faire quelque chose** *to forbid (someone to do something)*
intéresser: s'— à *to be interested in*
intérêt *(m) interest;* **t'as — à** *you'd better*
intermittent *(m)* **(du spectacle)** *actor employed for a short term period*
internaute *(m, f) one who enjoys the Web*
interprète *(m, f) actor/actress;* **—s** *(m, f pl) the cast*
interro *(f) quiz*
interrompre *to interrupt*
intrigue *(f) plot*
introuvable *cannot be found*
iPod *(m) iPod*
ivre *drunk*

J

jamais *never*
jardin *(m) garden; yard*
jeu *(m) game;* **—x d'argent/de hazard** *gambling;* **— de société** *board game;* **— télévisé** *game show*
joindre (*pp* **joint**) *to join; to enclose*
joli(e) *pretty*
joue *(f) cheek*
jouer *to play;* **— aux durs** *to act tough*
joujou(x) *(m) toy(s)*
jour *(m) day*
journal *(m) newspaper;* **— télévisé** *television news*
journée *(f) day*
juif(-ve) *Jewish*
jumeau(-elle) *(m, f) twin*
jurer *to swear*
jusqu'à ce que *until*
juste *correct; fair*
justement *exactly*

L

là-bas *over there*
laid(e) *ugly*
laine *(f) wool;* **être en —** *to be made of wool*
laisser *to leave;* **— quelqu'un partir** *to let someone go;* **— quelqu'un tranquille** *to leave someone alone*
lait *(m) milk*
lancer *to throw; to launch*
lapin *(m) rabbit;* **poser un — à quelqu'un** *[fam] to stand someone up*
large *wide*
larme *(f) tear*
lavable *washable*
lave-linge *(m) washing machine*
lave-vaisselle *(m) dishwasher*
laver *to wash*
leçon *(f) lesson;* **— particulière** *private lesson*
lecteur(-trice) *(m, f) reader*
lecteur *(m)***: — de CD/DVD** *CD/DVD player*
lecture *(f) reading*
léger(-ère) *light*
légitime *legitimate*
légume *(m) vegetable*
lenteur *(f) slowness*
lentille *(f) lentil; contact lens;* **porter des —s** *to wear contact lenses*
lequel/laquelle *which one, which*
léser *to injure, wrong*
lessive *(f) laundry*
libérer *to free*
librairie *(f) bookstore*
licence *(f) degree (academic)*
licencier: se faire — *to get laid off*
lien *(m) link, tie;* **— de parenté** *family tie*
lieu *(m) place;* **avoir —** *to take place*
ligue *(f) league (baseball)*
lire *to read*
lit *(m) bed;* **grand —** *double bed*
livre *(f) pound*
livre *(m) book*
livrer *to deliver*
livret *(m)* **d'épargne** *savings account book (bank book)*
locataire *(m, f) tenant*

logement *(m) housing; accommodations;* **— en copropriété** *condominium*
logiciel *(m) software*
loisir *(m) leisure, spare time;* **—s** *leisure activities*
long(ue) *long*
longtemps *long, a long time*
lors de *at the time of, during*
lorsque *when*
loterie *(f) lottery*
lotion solaire *(f) suntan lotion*
louer *to rent*
lourd(e) *heavy*
loyauté *(f) loyalty*
loyer *(m) rent*
lumière *(f) light*
lune de miel *(f) honeymoon*
lunettes *(f pl) glasses;* **porter des —** *to wear glasses*
lutte *(f) struggle; wrestle*
lutter *to struggle, wrestle, fight*
lycée *(m) high school*
lycéen(ne) *(m, f) high-school student*

M

mâcher *to chew*
machine à laver (le linge) *(f) washing machine*
mâchoire *(f) jaw*
maçon *(m) stonemason*
magasin *(m) store;* **grand —** *department store*
magazine *(m) magazine*
maghrébin(e) *(m, f) North African; from the Maghreb*
magistrat *(m) judge*
mail *(m) email*
maillot de bain *(m) swimsuit*
main d'œuvre *(f) labor*
maintenant *now*
mairie *(f) city hall*
mais *but*
maison *(f) house; firm, company;* **— d'édition** *publishing company*
maître d'hôtel *(m) headwaiter*
mal *(m) evil, ill, wrong;* **avoir du — à** *to have difficulty with*
maladroit(e) *clumsy*
malentendu *(m) misunderstanding*
malgré *in spite of*
malheur *(m) misfortune*
malheureusement *unfortunately*
malhonnête *dishonest*
malhonnêteté *(f) dishonesty*
malin/maligne *clever; shrewd*
malsain(e) *unhealthy*
manche *(f) sleeve; inning*
mandat *(m) term of office*
manette *(f) joystick*
manifestation *(f) demonstration, protest (organized)*
manifester *to protest; to demonstrate;* **se —** *to arise; to emerge*
mannequin *(m) model;* **— de cire** *mannequin (in store)*
manque *(m) lack;* **— de communication** *communication gap*
manquer *to miss;* **— le train** *to miss the train;* **il manque un bouton** *it's missing a button;* **— à quelqu'un** *to be missed by someone*
maquette *(f) model*
marais *(m) swamp;* **le Marais** *4th district of Paris*
marchander *to bargain (haggle)*
marché *(m) market;* **— aux puces** *flea market;* **— conclu** *it's a deal*
marcher *to work; to walk; to run, work (machine);* **faire —** *to make something work*
mardi *(m) Tuesday;* **Mardi gras** *Fat Tuesday*
mari *(m) husband, spouse*
mariée *(f) bride*
marier: se — *to get married*
marocain(e) *Moroccan*
marque *(f) brand*
marrant(e) *(slang) funny, strange*
marre: en avoir — *[fam] to be fed up*
marron *chestnut; brown*
Marseillaise *(f) French national anthem*
martelé(e) *drummed in*
martiniquais(e) *from Martinique*
match nul *(m) tied game*
matériel *(m) hardware*
matière *(f) subject, course*
matinée *(f) morning;* **faire la grasse —** *to sleep late*
mécanicien(ne) *mechanic*
mécanique *mechanical*
méchant(e) *mean; naughty*
mécontent(e) *discontented; displeased*
médecin *(m) doctor*
médecine *(f) medicine;* **la —** *the field of medicine*
médias *(m pl) the media*
médiatisation *(f) mediatization; promotion through media*
médicament *(m) medicine, drug*
méfait *(m) wrongdoing*
méfier: se — de *to be wary, suspicious*
mél *(m) email*
mélange *(m) mixture*
mélanger *to mix*
même *same; even*
mémoire *(f) memory*
menace *(f) threat*
menacer *to threaten*
mensuel *(m) monthly publication*
menteur(-euse) *(m, f) liar*
menthe *(f) mint;* **thé** *(m)* **à la —** *mint tea*
mentir *(pp* **menti**) *to lie*
menu *(m) menu*
menuisier(ière) *carpenter*
méprisant(e) *contemptuous*
méprise *(f) misunderstanding, mistake*
mépriser *to despise*
merde *(f) excrement (vulgar)*
mère *(f) mother;* **belle-—** *mother-in-law; stepmother;* **— célibataire** *single mother*
merveilleux(-euse) *marvelous, fantastic*
métal *(m) metal;* **être en —** *to be made of metal*
métier *(m) job, profession*
métro-boulot-dodo *(m) daily grind of commuting, working, sleeping*
metteur en scène *(m) stage director*
mettre *to put, place;* **se — à** *to begin;* **— la 3, 6, etc.** *to put on channel 3, 6, etc.*
meubles *(m pl) furniture*
micro-onde *(m) microwave;* **un four à —** *a microwave oven*
micro-ordinateur *(m) desk-top computer*
mieux *better*
mignon(ne) *cute;* **super —** *very cute*
mijoter: faire — *to simmer*
militaire *(m, f) soldier*
mince *thin; slim*
mine *(f) mine;* **avoir bonne/mauvaise —** *to look good/bad*
minuscule *tiny*
mise en scène *(f) staging*
moche *[fam] ugly, ghastly*
mode *(f) fashion; style;* **— (m) d'emploi** *user's manual*
moine *(m) monk*
moins *less;* **à — que** *unless*
mois *(m) month*
monde: du — *people*
mondial(e) *worldwide*
monter *to climb, go up;* **— dans (une voiture/un bus/un taxi/un avion/un train)** *to get into (a car/bus/taxi/plane/train); to bring up (luggage)*
montre *(f) watch*
montrer son passeport *to show one's passport*
moquer: se — de *to make fun of*
morceau *(m) piece*
mordre *to bite*
mort *(f) death;* **les —s** *(m pl) the dead*
mosquée *(f) mosque*
moteur *(m) engine;* **— de recherche** *search engine*
motivé(e) *motivated*
mou (mol)/molle *soft*
mouche *(f) fly*

moucher: se — *to blow one's nose*
moules *(f pl) mussels*
moulin *(m) mill*
moulinets *(m pl):* **faire des — avec les bras** *whirl one's arms around*
mourir (*pp* **mort**) *to die*
moyen(ne) *medium; average*
moyens *(m pl) means*
muet(te) *mute*
musée *(m) museum*
musulman(e) *Islamic*
muter *to transfer*
mutuelle *(f) mutual benefit insurance company*

N

naître *to be born;* **— libres et égaux** *to be born free and equal*
nanti(e) *affluent, well off*
nappe *(f) tablecloth*
narine *(f) nostril*
natal(e) *native*
natation *(f) swimming*
nature: une omelette — *plain omelette*
naturel(le) *natural, native*
navet *(m) third-rate film*
navette *(f)* **spatiale** *space shuttle*
navigateur (browser) *(m) browser*
navré(e) *sorry (formal)*
néanmoins *nevertheless*
nécessaire *necessary*
néerlandais(e) *Dutch*
négligé(e) *neglected; slipshod*
négliger *to neglect*
négociation *(f) negotiation*
nerveux(-euse) *high-strung*
nettoyer *to clean*
neuf/neuve *new*
neutre *neutral*
noir(e) *black*
nombreux(-euse) *numerous*
nommer *to appoint*
normal(e) *normal, regular*
notaire *(m) notary*
notamment *notably; in particular*
note *(f) grade;* **—s de classe** *class notes*
nounours *(m) teddy bear*
nourrice *(f) babysitter*
nourriture *(f) food; nutrition*
nouveau: à — *again, anew*
nouvelles *(f pl) printed news; news in general;* **vous allez avoir de mes —** *you're going to hear from me*
noyer: se — *to drown*
nulle part *not anywhere*
numéro *(m) number; issue (of a periodical)*

O

obéir *to obey*
obéissant(e) *obediant*
objet *(m) object*
obligatoire *required*
obliger *to obligate*
obsèques *(f pl) funeral*
obtenir *to obtain; to get*
occasion *(f) opportunity; chance;* **d'—** *secondhand*
occuper *to occupy;* **s'— de** *to take care of, handle*
œil: mon — *you can't fool me*
œuf *(m) egg;* **— dur** *hard-boiled egg*
œuvre *(f) work (of art)*
office *(m)* **de tourisme** *tourist office*
offre *(f)* **d'emploi** *opening, available position;* **— de mariage** *marriage proposal*
offrir (*pp* **offert**) *to offer*
ombre *(f) shade; shadow*
ondulé(e) *wavy*
ongle *(m) nail (of finger or toe);* **se ronger les —s** *to bite one's fingernails*
opposition *(f) opposition*
orchestration *(f) instrumentation*
ordinateur *(m) computer*
oreiller *(m) pillow*
orner *to decorate*
otage *(m) hostage;* **prendre en —** *to take hostage*
oublier *to forget*
oubliettes *(f pl) the deepest and dankest of prisons in medieval castles*
ouragan *(m) hurricane*
outil *(m) tool*
outre: en — *besides*
ouvert(e) *open*
ouvrage *(m) work; piece of work*
ouvreuse *(f) usher*
ouvrier(-ière) *(m, f) worker*
ouvrir (*pp* **ouvert**) *to open*

P

pain *(m)* **de mie** *sandwich bread*
pair: jeune homme/jeune fille au — *one who works in exchange for room and board*
paix *(f) peace*
palier *(m) landing*
panier *(m)* **à linge** *laundry basket*
panne *(f) breakdown;* **être/tomber en — d'essence** *to run out of gas*
panneau *(m) board; sign*
Pâques *(f pl) Easter*
paquet *(m) package*
paraître (*pp* **paru**) *to appear, to seem; to come out;* **il paraît que** *it seems that; they say that*
parapluie *(m) umbrella*
par contre *on the other hand*
parcourir *to travel up and down*
pardessus *(m) overcoat*
par-dessus *on top of that*
pareil(le) *similar, alike;* **une vie pareille** *such a life*
parent(e) *(m, f) parent, relative*
paresseux(-euse) *lazy*
parfois *at times*
parier *to bet*
parole *(f) word;* **—s** *lyrics*
partager *to share;* **— les vues de quelqu'un** *to share one's views*
particulier(-ère) *particular;* **une leçon —** *a private lesson*
partir: laisser — quelqu'un *to let someone go*
partout *everywhere*
parvis *(m) square (in front of church)*
pas du tout *not at all*
pas mal *quite a few*
passager/passagère *(m, f) passenger*
passe: et j'en — *(slang) and that's not all*
passer *to pass; to go by; to spend;* **— à la douane/aux contrôle de sûreté** *to go through customs/security;* **— au beurre** *to sauté briefly in butter;* **— aux rayons X** *to go through x-ray security* **— un examen** *to take an exam;* **se — de** *to do without*
passionnant(e) *exciting*
passionné(e) *impassioned*
pâte *(f) dough; crust (of cheese)*
pâtes *(f pl) noodles, pasta*
patience: avoir de la — *to have patience, be patient*
patrimoine *(m) heritage*
patron(ne) *(m, f) boss*
pattes *(f pl) sideburns*
paumé(e) *lost, misfit*
paupière *(f) eyelid*
pauvre *poor; unfortunate*
payer *to pay;* **— par carte de crédit** *to pay by credit card;* **— avec des chèques de voyage** *to pay with traveler's checks;* **— des droits** *to pay duty/tax;* **— en espèces** *to pay in cash*
paysage *(m) landscape, countryside*
paysagiste *(m) landscaper*
PDG *(m)* **(président directeur général)** *CEO*
peigner: se — *to comb one's hair*
peine *(f) trouble;* **à —** *scarcely;* **ce n'est pas la —** *it's not worth the trouble; don't bother;* **— de mort** *death penalty;* **faire de la —** *to cause pain*
peintre *(m) painter;* **— impressionniste** *impressionist painter;* **-plâtrier(-ière)—** *plasterer-painter*
peinture *(f) painting; paint*
péniche *(f) barge*

penser *to think*
pension *(f)* **de retraite** *retirement pension*
percer *to pierce*
percevoir *to perceive*
perdre: se — *to get lost*
père *(m) father;* **beau- —** *father-in-law; stepfather;* **— célibataire** *single father*
permettre (*pp* **permis**) *to permit*
personnage *(m) character;* **— principal** *main character*
personne *no one*
personnel *(m) personnel;* **service** *(m)* **du —** *personnel services, Human Resources*
persuader *to persuade*
perte *(f) loss*
petit(e) *small*
petites annonces *(f pl) classified advertisements*
petits pois *(m pl) peas*
peur *(f) fear;* **avoir —** *to be afraid;* **de — que/de crainte que** *for fear that*
peut-être *possibly*
pharmacien(ne) *pharmacist*
pièce *(f) room; play;* **— de rechange** *spare part*
piège *(m) trap*
piger *[fam] to understand; to "get it"*
pile *(f) battery*
pilier *(m) pillar*
pinceau *(m) paintbrush*
piquer *(slang) to steal*
pire/pis *worse;* **le —** *the worst*
piste *(f) slope; trail; run*
pitié *(f) pity; mercy*
placard *(m) cupboard; closet*
place *(f) square; seat;* **une — de libre** *unoccupied seat;* **une — réservée** *reserved seat*
plafond *(m) ceiling*
plage *(f) beach*
plaindre (*pp* **plaint**) *to pity;* **se — (de quelque chose à quelqu'un)** *to complain (to someone about something)*
plainte *(f) complaint*
plaire (*pp* **plu**) *to please*
plaisanter *to joke*
plancher *(m) floor*
plastique *(m) plastic;* **être en —** *to be made of plastic*
plat *(m) dish (container); dish (part of meal), course;* **— à micro-ondes** *microwave dish*
plat(e) *flat*
plâtrier(-ière)-peintre *plasterer-painter*
plein(e) *full;* **— de** *[fam] a lot of;* **faire le plein** *to fill up (gas tank);* **être en plein air** *to be outside*
pleuvoir (*pp* **plu**) *to rain*
plombier(-ière) *plumber*
plonger *to dive*
plupart: la — (de) *most (of)*
plus *more;* **de —** *besides, furthermore;* **en —** *besides*
plusieurs *several*
plutôt *rather*
pneu *(m) tire;* **— crevé** *flat tire*
podcast *(m) podcast*
poêle *(m) stove*
poids *(m) weight*
point *(m) sharp pain;* **— de vue** *point of view*
pointu(e) *pointed*
poisson *(m) fish*
poivron *(m)* **vert** *green pepper*
polémique *(f) controversy*
poli(e) *polite*
politesse *(f) politeness*
politique *(f) politics; policy;* **— étrangère** *foreign policy;* **— intérieure** *internal (domestic) policy*
pop-corn *(m) popcorn*
portable *(m) laptop computer, cell phone*
porte *(f) door;* **aux —s de Paris** *on the outskirts of Paris;* **— d'embarquement** *departure gate*
porte-bagages *(m) suitcase rack*
portée: à la — de *within reach*
portefeuille *(m) wallet, billfold; portfolio*
portique de détection *(m) x-ray machine (security)*
poser *to ask (a question);* **— les objets sur le tapis** *to put objects on the belt*
poste *(f) post office*
poste *(m) job, radio, television set;* **occuper un —** *to have a job*
poster *to mail (a letter)*
pot: prendre un — *[fam] to have a drink*
pote *(m) [fam] friend*
pou(x) *(m) louse (lice)*
poubelle *(f) trash can;* **sortir les —s** *to take out the garbage*
pouce *(m) 2.5 centimeters (1 inch)*
poulet *(m) chicken;* **brochette** *(f)* **de —** *chicken skewer*
poumon *(m) lung*
pourboire *(m) tip (restaurant)*
pourcentage *(m) percentage*
pourparlers *(m pl) talks; negotiations*
pour que/afin que *in order that, so that*
pourtant *however*
pourvu(e) de *equipped with*
pourvu que *provided that*
poussière *(f) dust*
pouvoir (*pp* **pu**) *to be able to;* **n'en plus —** *to be at the end of one's rope; to have had it*
pratique *practical, convenient*
précoce *early; premature*
prélever *to levy (a tax)*
prémonitoire *that predicts the future*
prendre (*pp* **pris**) *to take;* **— congé de** *to take leave;* **— des kilos** *to put on weight;* **— fin** *to end;* **— position** *to take a stand;* **s'y — bien/mal** *to do it the right/wrong way;* **— un verre/un pot** *[fam] to have a drink*
préoccuper: se — de *to be concerned with*
près (de) *near, close to;* **à peu —** *more or less*
présenter *to introduce;* **se —** *to present oneself, to appear*
presque *almost*
pression *(f) pressure;* **une —** *a (glass of) draft beer*
prêt *(m) loan*
prêt-à-porter *(m) ready-to-wear*
prétendant *(m) suitor*
prêter *to lend*
prévenir (*pp* **prévenu**) *to warn*
prévoir (*pp* **prévu**) *to plan; to foresee*
prévu: quelque chose/rien de — *something/nothing planned*
prier *to pray; to beg;* **je t'en/je vous en prie** *you're welcome;* **je te/vous prie (de faire quelque chose)** *will you please (do something)*
prime *(f) premium; free gift, bonus; subsidy*
printemps *(m) spring*
pris(e): être — *to be busy (not available)*
prise *(f) catch*
prise *(f)* **de courant** *outlet*
privatiser *to take into private hands*
prix *(m) price; prize;* **au — fort** *at a high price;* **dans ses —** *in one's price range*
prochain(e) *next time (in a series); next (one coming);* **à la —e** *until next time*
proches *(m pl) close friends, relatives*
producteur *(m) producer (who finances)*
produire (*pp* **produit**)**: se —** *to happen, take place*
produit *(m) product;* **—s d'entretien** *cleaning products*
profaner *to desecrate, violate*
professeur *(m) teacher, instructor;* **— des écoles** *elementary school teacher*
professions *(f pl)* **libérales** *liberal professions*
profiter *to profit;* **— de** *to take advantage of;* **en —** *to enjoy life*
programme *(m) program listing; broadcast* **— électoral** *platform*
progrès *(m) progress*
proie *(f) prey*
projeter de *to plan on*
projets *(m pl) plans;* **faire des —** *to make plans*

prolixe *wordy*
promenade *(f) walk*
promettre *to promise*
promotion *(f) promotion*
propre *own; clean*
propriétaire *(m, f) owner; householder;* **— terrienne** *landowner*
propriété *(f) property; ownership*
prouesse *(f) feat*
prouver: se — *to prove oneself*
provoquer *to cause*
prune *(f) ticket (slang)*
publicité *(f) advertisement; TV commercial*
pudeur *(f) modesty*
puissant(e) *powerful*
purement *purely*

Q

quai *(m) (train) platform*
qualifié(e) *qualified, competent*
quand *when;* **— même** *nonetheless, even so*
quartier *(m)* **sensible** *slum*
quel(le) *what, which*
quelconque *some; any*
quelque chose (de) *something*
quelquefois *sometimes*
quelque part *somewhere*
quelques *a few, some, several*
quelques-un(e)s *some, a few*
quelqu'un *someone, somebody*
queue: faire la — *to wait in line*
quincaillerie *(f) hardware store*
quoi *what;* **— que ce soit anything**
quoique *although*
quoi que ce soit *anything whatso-ever*
quotidien(ne) *(m) daily;* **un quotidien** *newspaper published daily*

R

raccrocher *to hang up (telephone)*
racisme *(m) racism*
raciste *racist*
raconter *to tell (a story)*
raffiné(e) *refined*
raffiner *to refine*
raide *straight (hair)*
raisin *(m) grape;* **— sec** *raisin*
raison *(f) reason*
raisonnable *sensible*
ralenti: travailler au — *to work at a slow pace; to experience slowdowns*
ramasser *to pick up; to clean up*
rame *(f) subway train*
ramener *to bring someone (something) back; to drive someone home*
randonnée *(f)* **pédestre** *sport walking (power walking), hiking*
ranger *to put away*
râpé(e) *threadbare, worn*
rappel *(m) curtain call*
rappeler: se — *to remember*
rapport *(m) relationship;* **avoir de bons/mauvais —s** *to have a good/bad relationship*
rare *rare, exceptional, unusual*
rater *to flunk; to miss*
rattraper *to catch up; to retake;* **se —** *to make up for*
ravi(e) *delighted, pleased*
rayon *(m) department (in store)*
rayonnant(e) *radiant*
réagir *to react*
réalisateur(-trice) *(m, f) director;* **— de télévision** *television producer*
réalisation *(f) production*
réalité: en — *actually*
rebord *(m)* **des fenêtres** *windowsills*
récépissé *(m) receipt*
réception *(f) front desk*
réceptionniste *(m, f) hotel desk clerk*
recette *(f) recipe*
recevoir *(pp* **reçu**) *to receive; to entertain*
recherche *(f) search;* **—s** *research;* **faire des —s** *to do research*
réclamation *(f) complaint;* **faire une —** *to make a complaint*
recommander *to recommend*
reconnaissant(e) *grateful, thankful*
record du monde *(m) world record*
récréation *(f) recreation; recess*
rectitude *(f) uprightness*
redoubler *to redouble; to reiterate*
réduction *(f) discount*
réélire *(pp* **réélu**) *to reelect*
réfléchir *to reflect, think*
réfrigérateur *(m) refrigerator*
refroidir *to cool down*
refuser *to refuse*
régal *(m) treat, pleasure*
regarder *to look at*
règle *(f) rule*
régler *to regulate, arrange, adjust;* **— la note** *to pay, settle the bill*
règne *(m) reign*
regretter *to be sorry*
rejoindre *(pp* **rejoint**) *to meet;* **se —** *to meet (by prior arrangement)*
réjouir *to delight, gladden;* **se — à l'idée (de)** *to look forward (to)*
remarquable *remarkable, spectacular*
remarquer *to notice*
remboursement *(m) refund*
rembourser *to reimburse*
remercier (de) *to thank someone (for)*
remettre *(pp* **remis**) *to hand in*
remords: avoir des — *to have (feel) remorse*
rencontrer *to meet (by chance), to run into;* **se —** *to meet at a set time*
rendement *(m) productivity*
rendez-vous *(m) meeting;* **— avec un(e) inconnu(e)** *blind date;* **se donner — avec quelqu'un** *to make an appointment with someone*
rendre *to return, give back; to make, render;* **se — compte de** *to account for; to realize;* **— service** *to do a favor; render a service;* **— visite à quelqu'un** *to visit someone*
renommée *(f) fame*
renoncer à *to give up*
renouveau *(m) revival*
rénover *to renovate*
renseignements *(m pl) information*
renseigner *to inform;* **se —** *to get information*
rentrée *(f) start of new school year*
rentrer *to go home, come home; to put away;* **— tard** *to get home late*
renvoyer *to send back*
réparer *to repair*
répartition *(f) dividing-up; distribution*
repas *(m) meal*
repassage *(m) ironing*
repérer: se — *to find one's place*
répéter *to repeat*
répit *(m) respite, rest*
réplique *(f) response*
reportage *(m) newspaper report;* **— en direct** *live news or sports commentary*
reposer: se — *to rest*
reprendre *to take back;* **— les objets ou vêtements après le passage sous le portique de détection** *to take back objects or clothes after passing through the x-ray machine*
représentant(e) *(m, f)* **de commerce** *sales rep*
représentation *(f) performance*
représenter *to represent;* **se —** *to run again (for office)*
reprocher *to reproach, criticize*
requin *(m) shark*
réseau *(m) network*
réserver une chambre *to reserve a room*
résolu(e) *resolved*
résoudre *to resolve, solve*
respectif(-ive) *respective*
respectueux(-euse) *respectful*
respirer à fond *to take a deep breath*
responsabilités *(f pl) duties*
restaurant *(m) restaurant;* **— du cœur** *soup kitchen;* **— universitaire** *university cafeteria*

rester *to remain; to stay;* **— en bas de l'échelle** *to remain at the bottom of the ladder or financial scale*

retard *(m) lateness;* **avoir du —** *to be late;* **partir en —** *to get a late start*

retenir (*pp* **retenu**) *to hold back; to retain; to reserve (a room);* **être retenu(e)** *to be held up (late)*

réticence *(f) hesitation*

retirer *to withdraw;* **— de l'argent** *to make a withdrawal*

retordre: donner du fil à — *to give someone trouble*

retoucher *to retouch; to alter*

retour *(m) return;* **— en arrière** *flashback*

retourner *to go back; to turn again; to turn over;* **se tourner et se —** *to toss and turn*

retraite *(f) retirement;* **être à la —** *to be retired*

retrouver *to find again;* **se —** *to meet (by prior arrangement);* **s'y —** *to find one's way*

réunion *(f) meeting*

réunir *to gather;* **se —** *to get together*

réussi(e) *successful, well executed*

réussir *to succeed;* **— à un examen** *to pass an exam*

réussite *(f) success*

revanche: en — *on the other hand*

réveiller *to wake;* **se —** *to wake up*

révéler *to reveal;* **se —** *to prove to be*

rêver *to dream*

revirement *(m) turnaround*

réviser (pour) *to review (for)*

revoir (*pp* **revu**) *to review, look over;* **se —** *to see again;* **au —** *goodbye*

révolter *to revolt, shock*

revue *(f) magazine (sophisticated, glossy)*

rez-de-chaussée *(m) ground floor*

rideau *(m) curtain*

rien *(m) nothing;* **ça ne fait —** *it's nothing;* **ne —** *nothing;* **n'avoir — à voir avec** *to have nothing to do with*

rigoler *to laugh*

rire (*pp* **ri**) *to laugh*

rive *(f) bank*

robe *(f) dress*

roman *(m) novel*

rompre (*pp* **rompu**)**: — avec quelqu'un** *to break up with someone*

rond(e) *round*

rondelle *(f) slice*

rôtir: faire — *to roast*

rouer quelqu'un de coups *to beat someone black and blue*

rouler *to roll;* **— à grande vitesse** *to drive fast*

rouspéter *[fam] to groan, moan*

route: être en — *to be on the way*

roux/rousse *(m, f) redhead;* **avoir les cheveux roux** *to have red hair*

rubrique *(f) heading, item; column*

S

sac *(m) bag;* **— à dos** *backpack*

saigner *to bleed*

saisissant(e) *gripping; startling*

salades *(f pl)* **composées** *salads*

salaire *(m) pay (in general)*

salam aleïkoum *peace be with you (Arabic equivalent of* **bonjour***)*

sale *dirty*

salé(e) *salty*

salir *to make dirty, soil*

saluer *to greet*

samedi *(m) Saturday*

sanctionner *to sanction*

sanglant(e) *bloody*

sans *without;* **les — -abri** *homeless;* **les — domicile fixe (SDF)** *persons without a permanent address;* **— blague** *[fam] no kidding*

sans-abri *(m, f) homeless person*

sans domicile fixe (SDF) *(m, f) person without a permanent address*

santé *(f) health;* **à votre (ta) — (à la vôtre/à la tienne)** *to your health;* **se refaire la —** *to recover one's health*

santiags *(m pl) cowboy boots*

sapes *(f pl) [fam] clothing*

sarcasme *(m) sarcasm*

sauce *(f) sauce;* **à leur —** *to their liking (fam)*

saumon *(m) salmon;* **— fumé** *smoked salmon*

sauter: faire — *to sauté (brown or fry gently in butter)*

savoir (*pp* **su**) *to know from memory or from study; to know how to do something; to be aware of*

scandaleux(-euse) *scandalous*

scanner *(m) scanner*

scénariste *(m, f) scriptwriter*

séance *(f) session; showing*

sec/sèche *dry*

sèche-linge *(m) clothes dryer*

sécher *to dry;* **— un cours** *[fam] to cut a class*

secours *(m) help;* **au —** *help*

secrétaire *(m, f) secretary*

secrétariat *(m) position or office of secretary*

sécurité *(f) security;* **— de l'emploi** *job security*

séduire (*pp* **séduit**) *to seduce; to charm; to bribe*

séisme *(m) earthquake*

séjour *(m) stay; visit*

sel *(m) salt*

selon *according to*

semaine *(f) week;* **chaque —** *every week*

semblable *similar*

sembler *to seem*

sens *(m) meaning;* **— unique** *one way*

sensationnel(le) *fabulous*

sensible *sensitive;* **quartier** *(m)* **—** *slum*

sentir *to feel (an object); to smell;* **se —** *to feel (an emotion)*

série *(f) series*

serment *(m) sermon*

serrer *to press;* **— la main de quelqu'un** *to shake one's hand;* **serré(e)** *tight, closely fought*

serrurerie *(f) locksmithing*

serrurier(-ière) *locksmith*

service *(m) service;* **— d'étage** *room service;* **— du personnel** *personnel services, Human Resources;* **— compris** *tip included*

servir *to serve;* **ne — à rien** *to do no good;* **se — de** *to use*

seul(e) *only; solitary*

seulement *only*

si *if; yes*

sidérer *to stagger*

siècle *(m) century*

siège *(m)***: — -bébé** *infant (car) seat;* **— -voiture** *car seat*

sieste *(f) nap;* **faire la —** *to take a nap*

sigle *(m) abbreviation*

signaler *to point out*

signification *(f) signification, meaning*

signifier *to mean*

s'il te plaît *please [fam]*

SMS *(m) text message;* **envoyer des —** *to send text messages*

sino- *Asian;* **—américain** *Asian-American*

sirop *(m)* **d'érable** *maple syrup*

site *(m) site;* **— Web** *website*

situé(e) *located*

sociétaire *member of a society, of an institution*

soif *(m) thirst;* **avoir —** *to be thirsty*

soins *(m pl)* **médicaux** *medical care and treatment*

soirée: aller à une — *to go to a party*

soldat *(m) soldier*

solde: en — *on sale;* **les —s** *sales*

soleil *(m) sun*

son *(m) sound*

sondage *(m) opinion poll*

sorbet *(m) sherbet*

sorte *(f) kind; type;* **toutes —s** *all kinds*

sortie *(f) exit; outing; release (of a film or song)*

sortir (*pp* **sorti**) *to go out; to take out;* **— un revolver** *to pull out a gun*
sou: être sans le — *to be without a penny*
souci *(m) worry;* **se faire du —** *to worry*
soucoupe *(f) saucer;* **— volante** *flying saucer*
soudain(e) *sudden*
souffrir (*pp* **souffert**) *to suffer*
souhait *(m) wish*
souhaiter *to wish*
soulagement *(m) relief*
soulagé(e) *relieved*
soulager *to relieve*
soulèvement *(m) spontaneous uprising*
soulever *to lift (up)*
souligner *to underline*
sourcil *(m) eyebrow*
sourdine: mettre en — *to turn on mute*
sourire (*pp* **souri**) *to smile*
souris *(f) mouse*
sous *under*
souscrire *to contribute, subscribe to*
sous-titrage *(m) closed captioning*
sous-titre *(m) subtitle;* **(avec) —s** *(with) subtitles*
sous-vêtements *(m pl) underwear*
soutenir *to support*
soutien *(m) support*
souvenir *(m) memory; souvenir*
souvenir (*pp* **souvenu**)**: se — de** *to remember*
souvent *often*
spécialiser: se — en *to major in*
spectacle *(m) show*
spectaculaire *remarkable, spectacular*
spectateurs/spectatrices *(m, f pl) studio audience*
sportif(-ive) *athletic, fond of sports*
station *(f) (TV, radio) station;* **— -service** *gas station*
stationnement *(m) parking*
statut *(m) status*
statu quo *(m) status quo*
steak-frites *(m) steak with fries*
stimulant(e) *challenging*
stockage flash *(m) solid-state hard drive*
studio *(m) efficiency apartment*
submerger *submerge*
suffire (*pp* **suffi**)**:** *to be sufficient;* **il suffit** *it is enough*
suffisant(e) *sufficient; enough*
suggérer *to suggest*
suite *(f) series;* **de —** *in a row, in succession*
suivant(e) *following; next*
suivre (*pp* **suivi**) *to follow;* **à —** *to be continued;* **— un cours** *to take a course*
sujet *(m) subject, topic;* **au — de** *job regarding, concerning*
super *[fam] super*
supplément *(m) supplement;* **payer un — pour excès de bagages** *to pay extra for excess luggage*
supporter *to put up with, endure*
supprimer *to do away with; to take out*
sûr(e) *sure*
sûreté *(f) security;* **les contrôles** *(m pl)* **de —** *security checks*
surface *(f)***: grande —** *huge discount store*
surprenant(e) *surprising*
surpris(e) *surprised*
survécu(e) *survived*
surveillance *(f) supervision*
surveillant(e) *(m, f) guard, supervisor, monitor*
survenu(e) *intervening*
survivre (à) (*pp* **survécu**) *to survive*
survoler *to fly over*
sympa *[fam] nice; friendly*
synchroniser *to synch*
syndicat *(m) union*

T

tabagisme *(m) use of tobacco*
tableau *(m) chart;* **— noir** *blackboard*
tache *(f) spot*
tâche *(f) task*
tâcher de *to try*
taille *(f) size; waist;* **être de petite —** *to be short;* **être de — moyenne** *to be of average height*
tailleur *(m) woman's tailored suit*
taire (*pp* **tu**)**: se —** *to be quiet*
talk-show *(m) talk show*
talon *(m) heel*
tandis que *while; whereas*
tant (de) *so much*
taper *to type;* **retaper** *to retype*
tapis *(m) rug, carpet;* **poser les objets sur le —** *to put objects on the belt (security)*
tapisserie *(f) tapestry*
taquiner *to tease*
tare *(f) defect*
tarif *(m) fare, rate*
tarte *(f)* **aux pommes** *apple pie*
tas *(m) pile, heap;* **un — de** *a lot of*
taux *(m) rate;* **— de chômage** *rate of unemployment;* **— d'intérêt** *interest rate;* **— de natalité** *birth rate*
tchin-tchin *[fam] cheers*
technologie *(f) technology*
tel(le) *such, such a*
télécharger (un message/un dossier) *to download (a message/a file)*
télécommande *(f) remote control*
téléphoner *to telephone;* **— à quelqu'un** *to telephone someone*
téléréalité *(f) reality TV*
télésiège *(m) chairlift*
téléspectateur/téléspectatrice *(m, f) television viewer*
télévision *(f)* **par câble/satellite** *cable/satellite television*
tellement *so much, so; really*
témoignage *(m) testimony; witnessing*
témoin *(m) witness*
temps *(m) time;* **le bon vieux —** *the good old days*
tendre *to tense*
tendu(e) *tense*
tenir à *to really want, to insist on*
tenter *to tempt; to try;* **je me laisse —** *I'll give in to temptation*
tenue *(f)* **habillée** *dressy clothes*
termes: être en mauvais — *to be angry with, on bad terms*
terminer *to finish*
ternir *to tarnish*
terrain *(m)* **de camping** *campground*
terre *(f) earth; soil; dirt;* **être en — battue** *to be made of adobe*
terrine *(f) pâté*
terrorisme *(m) terrorism*
têtu(e) *stubborn*
texto *(m) text message;* **envoyer des—s** *to send text messages*
TGV *(m)* **train à grande vitesse** *high-speed train*
théâtre *(m) theater;* **aller au —** *to go to the theater*
thé *(m)* **glacé** *iced tea*
thème *(m) theme*
thèse *(f)* **de doctorat** *doctoral thesis, dissertation*
thon *(m) tuna*
tirage *(m) circulation*
tirer *to pull*
tiroir *(m) drawer*
tissu *(m) fabric*
titre *(m) title headline*
toilette *(f) toilet;* **les —s** *bathroom; washroom;* **faire sa —** *to have a wash;* **être à sa —** *to be dressing*
tomber *to fall;* **— d'aplomb** *to beat straight down (sun);* **— en panne** *to break down*
tonalité *(f) dialing tone*
toqué (e): t'es — *[fam] you're nuts*
tort *(m) wrong;* **avoir —** *to be wrong*
touche *(f) key*
toujours *always; still;* **— est-il que** *it remains that, nevertheless*
tour *(f) tower*

tour *(m) trip;* **c'est à qui le —?** *whose turn is it? (who's next?);* **deuxième —** *run-off election*
tourner *to turn; to shoot (a film);* **se — et se retourner** *to toss and turn*
tournoi *(m) tournament*
tout, tous, toute, toutes *all;* **— à fait** *absolutely, completely;* **— de même** *in any case;* **— de suite** *right away;* **tous les jours** *every day*
trac: avoir le — *to have stage fright*
tracé(e) *marked;* **tout(e) —** *clearly marked*
trahir *to betray*
train: être en — de *to be in the process of (doing something)*
traitement *(m) treatment;* **— mensuel** *monthly salary*
traiter *to treat, deal with;* **— en ami** *to befriend*
tranche *(f) slice*
tranquille *calm;* **laisser quelqu'un —** *to leave someone alone*
transmettre (en direct) *to broadcast (live)*
transporter *to transport;* **— d'urgence à** *to rush to*
travail *(m) work*
travaux *(m pl)* **ménagers** *chores*
travers: à — *across;* **de —** *crooked*
traverser *to cross*
trentaine: avoir la — *to be in one's 30s*
trésor *(m) treasure*
tricher à *to cheat*
triste *sad*
tristesse *(f) sadness*
tromper *to deceive; to cheat on;* **se —** *to be mistaken;* **se — de train** *to take the wrong train*
trompeur(-euse) *deceptive*
trottoir *(m) sidewalk*
trou *(m) hole*
troué(e) *with holes*
troupe *(f) cast*
trouvaille *(f) great find*
trouver *to find;* **se —** *to be located*
truc *(m) [fam] thing; trick*
tube *(m) [fam] hit (music)*
tuer *to kill*
tutoyer *to use* ***«tu»***

U

une: la — des journaux *front page*
unique: sens — *one way*
université *(f) university*
urgence *(f) emergency*
usine *(f) factory*
utile *useful*
utilité *(f) usefulness*

V

vacances *(f pl) vacation;* **être en —** *to be on vacation;* **passer des — magnifiques/épouvantables** *to spend a magnificent/horrible vacation*
vachement *[fam] very*
vague *(f) wave*
vaisselle *(f) dishes;* **faire la —** *to wash the dishes*
valable *valid*
valoir *(pp* **valu)** *to be worth;* **— la peine** *to be worth the trouble;* **— mieux** *to be better*
vanter: se — *to boast, brag*
veau *(m) veal*
vedette *(f) star*
vendeur/vendeuse *(m, f) salesman/ saleswoman*
vendre *to sell*
vendu(e) en solde *sold at a reduced price, on sale*
vénerie *(f) venery (hunting on horseback)*
venir *to come;* **— de + infinitif** *to have just*
vente *(f) sale*
vergogne: sans — *shameless; shamelessly*
vérifier *to verify, check*
véritable *real; genuine*
verre *(m) glass;* **en —** *made of glass;* **prendre un —** *[fam] to have a drink*
verrouiller *to lock*
verser *to pour; to pay a deposit or down payment*
version: en — originale (v.o.) *in the original language*
vertu *(f) virtue*
verve *(f):* **plein de —** *racy*
veste *(f)* **(de sport)** *(sports) jacket*
vêtements *(m pl) clothing;* **ce (vêtement) lui va bien** *this (piece of clothing) looks good on her/him;* **changer de —** *to change clothes;* **— d'occasion** *secondhand clothes;* **enlever (un vêtement)** *to take off (a piece of clothing);* **essayer (un vêtement)** *to try on (a piece of clothing);* **mettre (un vêtement)** *to put on (a piece of clothing)*
vétérinaire *(m) veterinarian*
veuf/veuve *widower; widow*
veilleur(-euse) de nuit *night guard*
veuillez *please*
victoire *(f) win, victory*
vidéo-clip *(m) music video*
vie *(f) life;* **— de famille** *home life*
vieux (vieil)/vieille *old;* **les vieux de la vieille** *the oldest;* **mon —** *[fam] old man*
vigoureux(euse) *impressive*
villa *(f) summer or country house*
vingtaine: avoir la — *to be in one's 20s*
violent(e) *fierce*
violer *to violate*
visage *(m) face*
vis-à-vis *with regard to*
visite *(f) visit;* **rendre — à quelqu'un** *to visit (someone)*
visiter (un endroit) *to visit (a place)*
vitesse *(f) speed*
vitrerie *(f) glaziery*
vivant(e) *lively*
vivifiant(e) *invigorating*
vivifier *to invigorate*
vivre *(pp* **vécu)** *to live*
vœu *(pl* **vœux)** *(m) wish*
voir *to see;* **aller — quelqu'un** *to visit someone;* **avoir (beaucoup) à — avec** *to have (a lot) to do with*
voire *even*
voisin(e) *(m, f)* **(d'à côté)** *(next-door) neighbor*
voiture *(f) car;* **accident de —** *automobile accident*
vol *(m) flight; robbery;* **faire du — libre** *to go hang-gliding;* **— direct/ avec escale** *direct flight/flight with a stopover*
voler *to steal;* **se faire —** *to be robbed*
volontaire *(m, f) volunteer*
volontiers *gladly, willingly*
volupté *(f) delight; pleasure*
voter *to vote*
vouloir *(pp* **voulu)** *to want;* **en — à quelqu'un** *to hold a grudge against someone*
voûte *(f) vault (cathedral);* **en —** *vaulted*
vouvoyer *to use* ***«vous»***
voyage *(m)* **d'affaires** *business trip*
voyager *to travel*
voyant(e) *(m, f) fortune-teller, clairvoyant*
voyou *(m) [fam] hoodlum*
vue *(f) view*

X

xénophobie *(f) xenophobia (fear/ hatred of foreigners)*

Y

yaourt *(m) yogurt*
yeux *(m pl) eyes*

Z

zapping *(m) switching channels repeatedly* **(zapper)**

Index A

«EXPRESSIONS TYPIQUES POUR...»

Index B

«MOTS ET EXPRESSIONS UTILES»

Index C

«GRAMMAIRE»